ETAPAS PLUS

Curso de español por módulos

Libro del profesor

Nivel C1

Edinumen

Coordinación: Anabel de Dios Martín y Sonia Eusebio Hermira

ISBN: 978-84-9848-907-1
Depósito legal: M-22970-2019

Coordinación editorial:
Mar Menéndez

Edición:
Amelia Guerrero

Diseño de cubierta:
Carlos Casado

Maquetación:
Carlos Casado y Susana Fernández

Impresión:
Gráficas Printek. Zamudio. Bizkaia

Editorial Edinumen
José Celestino Mutis, 4.
28028 Madrid
Teléfono: (34) 91 308 51 42
Fax: (34) 91 319 93 09
Correo electrónico: edinumen@edinumen.es
www.edinumen.es

Introducción a Etapas Plus

Etapas es un curso de español cuya característica principal es su distribución modular y flexible. **Etapas Plus C1** está compuesto por **12 unidades** didácticas, el nexo de cada una de las cuales es un tema o concepto a partir del cual se trabajan diferentes actividades y tareas siguiendo un enfoque orientado a la acción.

Características:

- **14 módulos de 30 horas**, correspondientes a los niveles A1, A2, B1 y B2, y el **módulo 15**, correspondiente al nivel C1, según las orientaciones del *Marco Común Europeo de Referencia para las lenguas* (MCER) y su concreción en el nuevo *Plan Curricular del Instituto Cervantes. Niveles de referencia* (PCIC).
- Cada módulo presenta la opción de acortarse, si se prescinde de las actividades opcionales que se incluyen, o ampliarse, si se aprovecha el material extra, lo que permite ajustarse a las necesidades particulares de cada grupo.

Se ofrece en los siguientes **itinerarios**:

- Dos itinerarios estándar: **ETAPAS** y **ETAPAS PLUS**, diseñado cada uno de ellos según una organización de contenidos y estructura específica.
- **Mis ETAPAS a medida:** los módulos se pueden adaptar a las distintas necesidades y contextos de aprendizaje combinándolos para obtener los manuales más adecuados a cada centro.

Más información: **comercial@edinumen.es** y **www.edinumen.es/etapas**

1. ESTRUCTURA Y ORGANIZACIÓN DE CONTENIDOS

Los contenidos de **Etapas Plus** se materializan en módulos que siguen una secuencia estructurada, dosificada y adecuada al tiempo recomendado para su aprendizaje y asimilación.

Cada nivel de **Etapas Plus** aporta al docente:

- Unos contenidos y actividades fundamentales para trabajar en el aula, estructurados en bloques de 30 horas hasta el nivel B2.2 y en un solo volumen de unas 120 a 240 horas para el nivel C1.
- Unos contenidos y actividades con horas extras de materiales:
  - **Material complementario** incorporado en el **Libro del profesor**.
  - Actividades de la extensión digital en www.edinumen.es/eleteca, cuyo código de acceso figura en el **Libro del alumno** correspondiente.
  - Actividades del **Libro de ejercicios**.

El profesor podrá decidir si desea trabajar con estos últimos a modo de refuerzo y complemento, o bien obviarlos en función del ritmo y necesidades de su grupo.

2. LAS UNIDADES DIDÁCTICAS, LAS TAREAS Y LAS ACTIVIDADES

Las unidades de cada **Etapas Plus** están organizadas en torno a un tema, que dota de coherencia y contexto a cada una de las actividades que las conforman, pudiendo así ofrecer al alumno espacios que le permitan **aprender español para usarlo**. Se proponen, así, tareas de aula ficticias (aprender **para usar**), pero no se olvida que la clase es una situación real con unos participantes que tienen una finalidad y que, por tanto, justifica la realización de actividades para la práctica y sistematización de contenidos lingüísticos (**aprender** para usar).

En **Etapas Plus** las unidades contemplan, pues, los siguientes tipos de actividades:

- **Tareas:** actividades que permiten a los alumnos utilizar la lengua para conseguir un fin o resultado. En palabras del MCER: "Las tareas de aula de carácter 'pedagógico' se basan en la naturaleza social e interactiva del aula y en su inmediatez. En estas circunstancias, los alumnos acceden a participar en situaciones ficticias…". (**Aprender para la acción**).
- **Actividades de lengua** a través de interacciones orales y escritas, comprensiones auditivas, comprensiones lectoras, expresiones orales y escritas, con las que se pretende que el alumno sea capaz de conseguir las destrezas que el MCER determina para cada nivel en cada una de ellas. (**Aprender para usar**).
- **Actividades de aprendizaje** con las que se presentan y practican contenidos lingüísticos. (**Aprender**).
- **Actividades de reflexión** sobre el aprendizaje. (**Aprender a aprender**).
- **Juegos o actividades lúdicas.** (**Aprender divirtiéndose**).

3. LA METODOLOGÍA

Como hemos podido ver, **Etapas Plus** se basa en un **enfoque orientado a la acción**. Parte de una concepción comunicativa de la lengua y de la creencia de que el aprendizaje es constructivo y significativo, y que infiriendo, deduciendo y relacionando formas y significados, usando y haciendo cosas con la lengua es como se aprende. El método o forma de conseguirlo dependerá de los gustos y estilos de aprendizaje de los alumnos: **Etapas Plus** no sigue una metodología rígida y única. En **Etapas Plus**, **Libro del profesor** se ofrecen alternativas, sugerencias y distintos itinerarios en las actividades, porque creemos que siempre es el profesor quien decide según las necesidades de sus alumnos. El **Libro de ejercicios** será utilizado por el alumno como apoyo a los contenidos de la unidad.

4. LOS COMPONENTES

El nivel C1 de Etapas Plus se compone de:

- **Libro del alumno** y **Libro de ejercicios** en un volumen.

  Cada unidad didáctica del *Libro del alumno* consta de las siguientes secciones:

  - **Portadilla**, en la que se ofrece una imagen para comenzar a contextualizar la unidad; a partir de esta, además, se podrán explorar algunos conocimientos previos de los alumnos.
  - **En contexto:** doble página que anticipa diferentes temas que se abordarán a lo largo de la unidad e introduce contenidos útiles para la realización de las actividades.
  - **Tres apartados** con subtemas independientes, todos ellos conectados con el tema que constituye el eje central de la unidad.
  - **Evaluación:** dos páginas de actividades encaminadas a evaluar el nivel de uso de la lengua por parte de los estudiantes a través de las diferentes destrezas del lenguaje.
- **Resumen lingüístico-gramatical** y **audios descargables** (en la ELEteca).
- En el **Libro del profesor** se incluyen, además de las sugerencias y explicaciones didácticas de las secuencias del *Libro del alumno*, las claves y transcripciones del *Libro del alumno* y del *Libro de ejercicios*. Las fichas y proyecciones que sirven al profesor para complementar y apoyar las explicaciones y actividades del *Libro del alumno* puede encontrarlas en https://eleteca.edinumen.es
- Los estudiantes pueden consultar las soluciones y transcripciones del *Libro de ejercicios*, así como material complementario, en la misma web https://eleteca.edinumen.es, para utilizarlos de forma independiente y autónoma, si así lo desean.

Índice de contenidos Nivel C1 - Profesor

En la **ELEteca** (https://eleteca.edinumen.es) el profesor encontrará el siguiente material complementario:

- Fichas fotocopiables.
- Proyecciones.
- Fichas de Cultura hispanoamericana.
- Explotación de vídeos.
- Resumen lingüístico-gramatical.
- Audios descargables.

Índice del Libro del alumno

GUÍA VISUAL DEL LIBRO DEL PROFESOR

El **Libro del profesor** reproduce a doble página el *Libro del alumno* de modo que el profesor pueda encontrar en un solo volumen los contenidos de ambos libros, facilitándole su consulta y manejo y permitiéndole trabajar de forma óptima con **Etapas Plus Nivel C1**.

Explotación del Libro del alumno

Sugerencias de explotación y alternativas a las actividades propuestas en cada una de las secciones de la unidad.

Iconos de las diferentes destrezas:

- Actividad de interacción oral.
- Actividad de reflexión lingüística.
- Actividad de producción escrita.
- Actividad de comprensión auditiva.
- Actividad de comprensión lectora.
- Actividad opcional.

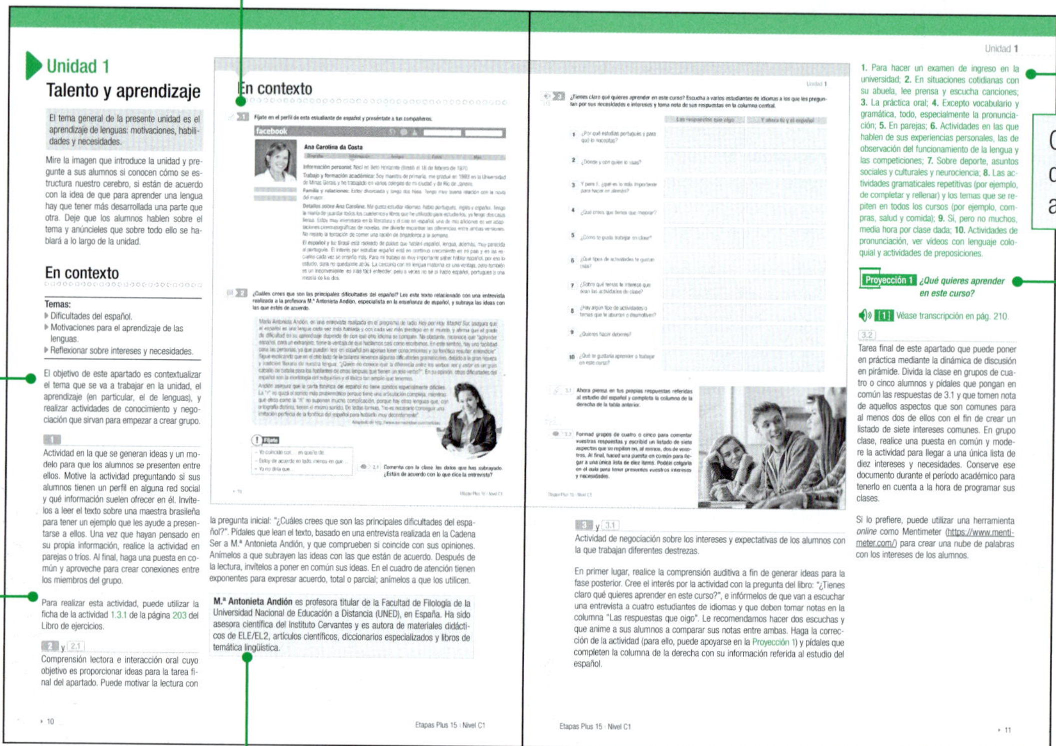

Unidad 1

Talento y aprendizaje

El tema general de la presente unidad es el aprendizaje de lenguas: motivaciones, habilidades y necesidades.

Mire la imagen que introduce la unidad y pregunte a sus alumnos si conocen cómo se estructura nuestro cerebro, si están de acuerdo con la idea de que para aprender una lengua hay que tener más desarrollada una parte que otra. Deje que los alumnos hablen sobre el tema y anúncieles que sobre todo ello se hablará a lo largo de la unidad.

En contexto

Temas:
- Dificultades del español.
- Motivaciones para el aprendizaje de las lenguas.
- Reflexionar sobre intereses y necesidades.

El objetivo de este apartado es contextualizar el tema que se va a trabajar en la unidad, el aprendizaje (en particular, el de lenguas), y realizar actividades de conocimiento y negociación que sirvan para empezar a crear grupo.

1

Actividad en la que se generan ideas y un modelo para que los alumnos se presenten entre ellos. Motive la actividad preguntando si sus alumnos tienen un perfil en alguna red social y qué información suelen ofrecer en él. Invítelos a leer el texto sobre una maestra brasileña para tener un ejemplo que les ayude a presentarse a ellos. Una vez que hayan pensado en su propia información, realice la actividad en parejas o tríos. Al final, haga una puesta en común y aproveche para crear conexiones entre los miembros del grupo.

Para realizar esta actividad, puede utilizar la ficha de la actividad 1.3.1 de la página 203 del Libro de ejercicios.

2 y 2.1

Comprensión lectora e interacción oral cuyo objetivo es proporcionar ideas para la tarea final del apartado. Puede motivar la lectura con la pregunta inicial: "¿Cuáles crees que son las principales dificultades del español?". Pídales que lean el texto, basado en una entrevista realizada en la Cadena Ser a M.ª Antonieta Andión, y que comprueben si coincide con sus opiniones. Anímelos a que subrayen las ideas con las que estén de acuerdo. Después de la lectura, invítelos a poner en común lo que han subrayado. En el cuadro de atención tienen exponentes para expresar acuerdo, total o parcial; anímelos a que los utilicen.

M.ª Antonieta Andión es profesora titular de la Facultad de Filología de la Universidad Nacional de Educación a Distancia (UNED), en España. Ha sido asesora científica del Instituto Cervantes y es autora de materiales didácticos de ELE/EL2, artículos científicos, diccionarios especializados y libros de temática lingüística.

1. Para hacer un examen de ingreso en la universidad; 2. En situaciones cotidianas con su abuela, lee prensa y escucha canciones; 3. La práctica oral; 4. Excepto vocabulario y gramática, todo, especialmente la pronunciación; 5. En parejas; 6. Actividades en las que hablen de sus experiencias personales, las de observación del funcionamiento de la lengua y las competiciones; 7. Sobre deporte, asuntos sociales y culturales y neurociencia; 8. Las actividades gramaticales repetitivas (por ejemplo, de completar y rellenar) y los temas que se repiten en todos los cursos (por ejemplo, compras, salud y comida); 9. Sí, pero no muchos, media hora por clase dada; 10. Actividades de pronunciación, ver vídeos con lenguaje coloquial y actividades de preposiciones.

Proyección 1 *¿Qué quieres aprender en este curso?*

1.1 Véase transcripción en pág. 210.

3.2

Tarea final de este apartado que puede poner en práctica mediante la dinámica de discusión en pirámide. Divida la clase en grupos de cuatro o cinco alumnos y pídales que pongan en común las respuestas de 3.1 y que tomen nota de aquellos aspectos que son comunes para al menos dos de ellos con el fin de crear un listado de siete intereses comunes. En grupo clase, realice una puesta en común y modere la actividad para llegar a una única lista de diez intereses y necesidades. Conserve ese documento durante el periodo académico para tenerlo en cuenta a la hora de programar sus clases.

Si lo prefiere, puede utilizar una herramienta *online* como Mentimeter (https://www.mentimeter.com/) para crear una nube de palabras con los intereses de los alumnos.

3 y 3.1

Actividad de negociación sobre los intereses y expectativas de los alumnos con la que trabajan diferentes destrezas.

En primer lugar, realice la comprensión auditiva a fin de generar ideas para la fase posterior. Cree el interés por la actividad con la pregunta del libro: "¿Tienes claro qué quieres aprender en este curso?", e infórmelos de que van a escuchar una entrevista a cuatro estudiantes de idiomas y que deben tomar notas en la columna "Las respuestas que oigo". Le recomendamos hacer dos escuchas y que anime a sus alumnos a comparar sus notas entre ambas. Haga la corrección de la actividad (para ello, puede apoyarse en la Proyección 1) y pídales que completen la columna de la derecha con su información referida al estudio del español.

Claves de las actividades.

Referencia a las actividades relacionadas del *Libro de ejercicios.*

Cuadros con información extra de carácter cultural o léxico.

Referencia a las fichas y proyecciones que se encuentran disponibles en la plataforma, con indicaciones sobre su objetivo didáctico, sugerencias de explotación o claves correspondientes.

Claves del Libro de ejercicios

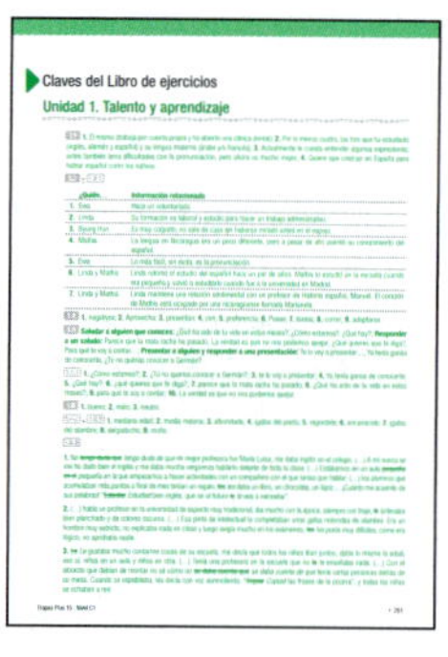

Transcripciones del Libro del alumno y del Libro de ejercicios

Fichas y proyecciones en miniatura

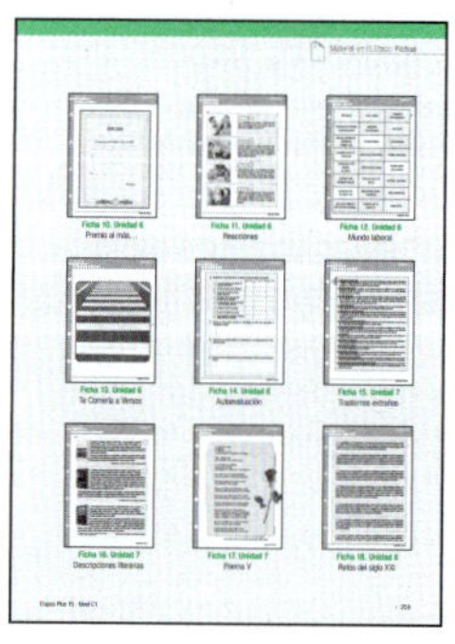

Unidad 1

Talento y aprendizaje

Contenidos funcionales

- Saludar y presentar.
- Contar historias.
- Hablar sobre el aprendizaje y los talentos.

Contenidos lingüísticos

- Expresiones de saludos y presentaciones.
- Algunas incorrecciones frecuentes (loísmo, laísmo, queísmo, etc.).
- Las perspectivas en el uso de los pasados.
- El marcador discursivo *ya que*.
- Expresiones con pronombres reflexivos y personales.

Contenidos léxicos

- El aprendizaje de idiomas.
- El cerebro.
- Los talentos.

Contenidos culturales

- Dificultades del español.
- El Año Europeo de las Lenguas.
- Los españoles y los idiomas.
- El cerebro en el aprendizaje.
- Las conexiones entre la magia y el cerebro.
- Los factores de personalidad en el aprendizaje.

En **ELEteca** tienes material y actividades complementarias a esta unidad.

Tareas

- Crear un perfil personal.
- Hacer un listado de necesidades y expectativas.
- Recordar a un profesor de manera especial.
- Escribir cartas adoptando diferentes perspectivas.
- Crear historias.
- Debatir sobre los factores que influyen en el aprendizaje.

Unidad 1
Talento y aprendizaje

El tema general de la presente unidad es el aprendizaje de lenguas: motivaciones, habilidades y necesidades.

Mire la imagen que introduce la unidad y pregunte a sus alumnos si conocen cómo se estructura nuestro cerebro, si están de acuerdo con la idea de que para aprender una lengua hay que tener más desarrollada una parte que otra. Deje que los alumnos hablen sobre el tema y anúncieles que sobre todo ello se hablará a lo largo de la unidad.

En contexto

Temas:
- Dificultades del español.
- Motivaciones para el aprendizaje de las lenguas.
- Reflexionar sobre intereses y necesidades.

El objetivo de este apartado es contextualizar el tema que se va a trabajar en la unidad, el aprendizaje (en particular, el de lenguas), y realizar actividades de conocimiento y negociación que sirvan para empezar a crear grupo.

En contexto

1 Fíjate en el perfil de esta estudiante de español y preséntate a tus compañeros.

facebook

Ana Carolina da Costa

Biografía | Información | Amigos | Fotos | Más

Información personal: Nací en Belo Horizonte (Brasil) el 18 de febrero de 1970.

Trabajo y formación académica: Soy maestra de primaria, me gradué en 1993 en la Universidad de Minas Gerais y he trabajado en varios colegios de mi ciudad y de Rio de Janeiro.

Familia y relaciones: Estoy divorciada y tengo dos hijos. Tengo muy buena relación con la novia del mayor.

Detalles sobre Ana Carolina: Me gusta estudiar idiomas: hablo portugués, inglés y español. Tengo la manía de guardar todos los cuadernos y libros que he utilizado para estudiarlos, ya tengo dos cajas llenas. Estoy muy interesada en la literatura y el cine en español; una de mis aficiones es ver adaptaciones cinematográficas de novelas, me divierte encontrar las diferencias entre ambas versiones. No resisto la tentación de comer una ración de *brigadeiros* a la semana.

El español y tú: Brasil está rodeado de países que hablan español, lengua, además, muy parecida al portugués. El interés por estudiar español está en continuo crecimiento en mi país y en las escuelas cada vez se enseña más. Para mi trabajo es muy importante saber hablar español, por eso lo estudio, para no quedarme atrás. La cercanía con mi lengua materna es una ventaja, pero también es un inconveniente: es más fácil entender, pero a veces no sé si hablo español, portugués o una mezcla de los dos.

2 **¿Cuáles crees que son las principales dificultades del español? Lee este texto relacionado con una entrevista realizada a la profesora M.ª Antonieta Andión, especialista en la enseñanza de español, y subraya las ideas con las que estés de acuerdo.**

María Antonieta Andión, en una entrevista realizada en el programa de radio *Hoy por Hoy, Madrid Sur*, asegura que el español es una lengua cada vez más hablada y con cada vez más prestigio en el mundo, y afirma que el grado de dificultad en su aprendizaje depende de con qué otro idioma se compare. No obstante, reconoce que "aprender español, para un extranjero, tiene la ventaja de que hablamos casi como escribimos. En este sentido, hay una facilidad para las personas, ya que pueden leer en español sin apenas tener conocimientos y su fonética resultar entendible". Sigue explicando que en el otro lado de la balanza tenemos algunas dificultades gramaticales, debido a la gran riqueza y tradición literaria de nuestra lengua: "¿Quién no conoce que la diferencia entre los verbos *ser* y *estar* es un gran caballo de batalla para los hablantes de otras lenguas que tienen un solo verbo?". En su opinión, otras dificultades del español son la morfología del subjuntivo y el léxico tan amplio que tenemos.

Andión asegura que la carta fonética del español no tiene sonidos especialmente difíciles. La "r" es quizá el sonido más problemático porque tiene una articulación compleja, mientras que otros como la "ñ" no suponen mucha complicación, porque hay otras lenguas que, con ortografía distinta, tienen el mismo sonido. De todas formas, "no es necesario conseguir una imitación perfecta de la fonética del español para hablarlo muy decentemente".

Adaptado de http://www.sermadridsur.com/noticias

Fíjate
- Yo coincido con… en que/lo de…
- Estoy de acuerdo en todo, menos en que…
- Yo no diría que…

2.1 **Comenta con la clase los datos que has subrayado. ¿Estáis de acuerdo con lo que dice la entrevista?**

10 Etapas Plus 15 | Nivel C1

1

Actividad en la que se generan ideas y un modelo para que los alumnos se presenten entre ellos. Motive la actividad preguntando si sus alumnos tienen un perfil en alguna red social y qué información suelen ofrecer en él. Invítelos a leer el texto sobre una maestra brasileña para tener un ejemplo que les ayude a presentarse a ellos. Una vez que hayan pensado en su propia información, realice la actividad en parejas o tríos. Al final, haga una puesta en común y aproveche para crear conexiones entre los miembros del grupo.

Para realizar esta actividad, puede utilizar la ficha de la actividad 1.3.1 de la página 203 del Libro de ejercicios.

2 y **2.1**

Comprensión lectora e interacción oral cuyo objetivo es proporcionar ideas para la tarea final del apartado. Puede motivar la lectura con la pregunta inicial: "¿Cuáles crees que son las principales dificultades del español?". Pídales que lean el texto, basado en una entrevista realizada en la Cadena Ser a M.ª Antonieta Andión, y que comprueben si coincide con sus opiniones. Anímelos a que subrayen las ideas con las que están de acuerdo. Después de la lectura, invítelos a poner en común sus ideas. En el cuadro de atención tienen exponentes para expresar acuerdo, total o parcial; anímelos a que los utilicen.

M.ª Antonieta Andión es profesora titular de la Facultad de Filología de la Universidad Nacional de Educación a Distancia (UNED), en España. Ha sido asesora científica del Instituto Cervantes y es autora de materiales didácticos de ELE/EL2, artículos científicos, diccionarios especializados y libros de temática lingüística.

3 ¿Tienes claro qué quieres aprender en este curso? Escucha a varios estudiantes de idiomas a los que les preguntan por sus necesidades e intereses y toma nota de sus respuestas en la columna central.

	Las respuestas que oigo	Y ahora tú y el español
1 ¿Por qué estudias portugués y para qué lo necesitas?		
2 ¿Dónde y con quién lo usas?		
3 Y para ti, ¿qué es lo más importante para hacer en alemán?		
4 ¿Qué crees que tienes que mejorar?		
5 ¿Cómo te gusta trabajar en clase?		
6 ¿Qué tipos de actividades te gustan más?		
7 ¿Sobre qué temas te interesa que sean las actividades de clase?		
8 ¿Hay algún tipo de actividades o temas que te aburran o desmotiven?		
9 ¿Quieres hacer deberes?		
10 ¿Qué te gustaría aprender o trabajar en este curso?		

3.1 Ahora piensa en tus propias respuestas referidas al estudio del español y completa la columna de la derecha de la tabla anterior.

3.2 Formad grupos de cuatro o cinco para comentar vuestras respuestas y escribid un listado de siete aspectos que se repiten en, al menos, dos de vosotros. Al final, haced una puesta en común para llegar a una única lista de diez ítems. Podéis colgarla en el aula para tener presentes vuestros intereses y necesidades.

3 y **3.1**

Actividad de negociación sobre los intereses y expectativas de los alumnos con la que trabajan diferentes destrezas.

En primer lugar, realice la comprensión auditiva a fin de generar ideas para la fase posterior. Cree el interés por la actividad con la pregunta del libro: "¿Tienes claro qué quieres aprender en este curso?", e infórmelos de que van a escuchar una entrevista a cuatro estudiantes de idiomas y que deben tomar notas en la columna "Las respuestas que oigo". Le recomendamos hacer dos escuchas y que anime a sus alumnos a comparar sus notas entre ambas. Haga la corrección de la actividad (para ello, puede apoyarse en la Proyección 1) y pídales que completen la columna de la derecha con su información referida al estudio del español.

1. Para hacer un examen de ingreso en la universidad; **2.** En situaciones cotidianas con su abuela, lee prensa y escucha canciones; **3.** La práctica oral; **4.** Excepto vocabulario y gramática, todo, especialmente la pronunciación; **5.** En parejas; **6.** Actividades en las que hablen de sus experiencias personales, las de observación del funcionamiento de la lengua y las competiciones; **7.** Sobre deporte, asuntos sociales y culturales y neurociencia; **8.** Las actividades gramaticales repetitivas (por ejemplo, de completar y rellenar) y los temas que se repiten en todos los cursos (por ejemplo, compras, salud y comida); **9.** Sí, pero no muchos, media hora por clase dada; **10.** Actividades de pronunciación, ver vídeos con lenguaje coloquial y actividades de preposiciones.

Proyección 1 ***¿Qué quieres aprender en este curso?***

[1] Véase transcripción en pág. 210.

3.2

Tarea final de este apartado que puede poner en práctica mediante la dinámica de discusión en pirámide. Divida la clase en grupos de cuatro o cinco alumnos y pídales que pongan en común las respuestas de 3.1 y que tomen nota de aquellos aspectos que son comunes para al menos dos de ellos con el fin de crear un listado de siete intereses comunes. En grupo clase, realice una puesta en común y modere la actividad para llegar a una única lista de diez intereses y necesidades. Conserve ese documento durante el período académico para tenerlo en cuenta a la hora de programar sus clases.

Si lo prefiere, puede utilizar una herramienta *online* como Mentimeter (https://www.mentimeter.com/) para crear una nube de palabras con los intereses de los alumnos.

Sin fronteras lingüísticas

Temas:

- El Año Europeo de las Lenguas: aumento del interés por el aprendizaje de idiomas.
- Recordar a un profesor especial: sus características y cualidades.

Contenidos:

- Expresiones de saludos y presentaciones.
- Algunas incorrecciones frecuentes (loísmo, laísmo, queísmo, etc.).

1 y **1.1**

Actividad de comprensión lectora con la que se introduce la importancia del aprendizaje de lenguas. Sondee el conocimiento que tienen sus alumnos sobre el Consejo de Europa y céntrese en la labor de este con las lenguas. A continuación, active el conocimiento previo de los estudiantes pidiéndoles que discutan en parejas las preguntas que hay en su libro. Una vez que está creado el interés, dígales que lean el texto para buscar las respuestas y compararlas con las suyas.

1. En 2001. Intensificar y diversificar la enseñanza de lenguas en Europa para fomentar el plurilingüismo; **2.** El incremento de horas lectivas en la enseñanza obligatoria, la incorporación de programas de educación bilingüe en muchos colegios públicos, la obligatoriedad del estudio de una segunda lengua extranjera y la reducción de la edad de inicio del aprendizaje de idiomas; **3.** Sirve para subrayar la importancia de aprender lenguas, incrementar el conocimiento y la conciencia del valor de las mismas y motivar su aprendizaje continuo a lo largo de toda la vida; **4.** Según el Consejo de Europa, tres lenguas comunitarias.

Sin fronteras lingüísticas

1 **El Consejo de Europa es una organización política que impulsa una mayor unidad entre todos los países europeos que forman parte de él. Una de sus funciones es promover dentro de sus Estados miembro la capacidad de los ciudadanos para comunicarse en varias lenguas. Discute con tu compañero/a las siguientes cuestiones.**

1. ¿Sabes cuándo se celebró el Año Europeo de las Lenguas? ¿Qué objetivos crees que se pueden establecer con una celebración de este tipo?
2. ¿Qué acciones crees que se llevaron a cabo gracias a la celebración del Año Europeo de las Lenguas?
3. El 26 de septiembre de cada año se celebra el Día Europeo de las Lenguas. ¿Para qué crees que sirve?
4. Para estar plenamente integrado en la sociedad europea, ¿cuántas lenguas crees que debería hablar un ciudadano europeo?

1.1 **Lee el siguiente texto y compara tus respuestas anteriores.**

En el año 2001 se celebró el Año Europeo de las Lenguas y, de las diferentes acciones y debates que tuvieron lugar, se llegó a la conclusión de que había que intensificar y diversificar la enseñanza de lenguas en Europa para que los europeos pudieran hacer frente a los retos que planteaba una realidad cada vez más plurilingüe y multicultural. Se establecieron los compromisos de ampliar el aprendizaje permanente de idiomas, aumentar la calidad de su enseñanza y crear un entorno más favorable a las lenguas. La Europa plurilingüe tiene como objetivo general que los ciudadanos podamos hablar tres lenguas comunitarias, ya que la capacidad de comunicarse en dos o más lenguas, incluso de forma básica, abre oportunidades de movilidad personal, de empleo, de educación y de acceso a la información; en definitiva, la posibilidad de movernos en un espacio sin fronteras.

Algunas de las acciones que se llevaron a cabo para la consecución de los objetivos marcados en 2001 fueron el incremento de horas lectivas en la enseñanza obligatoria, la incorporación de programas de educación bilingüe en muchos colegios públicos, la obligatoriedad del estudio de una segunda lengua extranjera y la reducción de la edad de inicio del aprendizaje de idiomas.

La citada celebración tuvo una secuela que se renueva cada año con el Día Europeo de las Lenguas, el 26 de septiembre, cuyos objetivos son subrayar la importancia de aprender lenguas, incrementar el conocimiento y la conciencia del valor de las mismas y motivar su aprendizaje de manera continua a lo largo de toda la vida. Se trata, al fin y al cabo, de celebrar la diversidad lingüística y cultural en Europa.

El **Consejo de Europa** es una organización internacional que tiene como objetivo principal la defensa y protección de la democracia, el Estado de derecho y los derechos humanos, en particular los civiles y políticos. Se trata de la institución de este tipo más antigua de nuestro continente y engloba a la totalidad de las naciones europeas con la sola excepción de Bielorrusia. Tiene su sede en la ciudad francesa de Estrasburgo.

La línea de política lingüística del Consejo de Europa consiste en ayudar a sus estados miembros a adoptar las medidas necesarias para contribuir a que toda persona adquiera una cierta capacidad de comunicación en varias lenguas. Para ello ayuda a los estados miembros a aplicar nuevos programas de enseñanza de lenguas y promueve técnicas innovadoras de aprendizaje y de formación de profesores.

2 Lee únicamente el texto que te asigne tu profesor/a para extraer las ideas principales. Después, formad grupos con representantes de los tres textos e intercambiad la información. ¿Qué es lo que más os ha llamado la atención?

3 [2] Al mismo tiempo que el estudio de lenguas extranjeras crece, se diversifica la oferta de actividades relacionadas con ello. Un popular sistema para la práctica de idiomas son las fiestas internacionales de intercambio. Varios estudiantes están en una de estas fiestas, escúchalos y marca en la columna correspondiente si ya se conocían o se ven por primera vez en esta fiesta.

	Ya se conocían	Se ven por primera vez
Carlos y Olga	✓	
Olga y Sergio		✓
Carlos y Gloria		✓
Sergio y Gloria	✓	
Rui y Sergio		✓
Eleonora y Rui	✓	

3.1 ¿Para qué crees que se utilizan estas expresiones extraídas de la conversación que acabas de escuchar? Clasifícalas en el listado.

Conocer y presentar a otras personas

1. ¿Cómo andamos/estamos?
2. No me puedo quejar, la verdad.
3. ¿Qué hay/pasa?
4. Bueno, qué quieres que te diga...
5. ¿Recuerdas que te hablé de...? Pues aquí está.
6. Ya tenía ganas de conocerte, me han hablado mucho de ti.
7. ¿No querías conocer a...?
8. ¿Qué es de tu vida?
9. Para qué te voy a contar...
10. ¿Me lo presentas? Me gustaría conocerlo.
11. Te voy a presentar a...
12. Me alegro de conocerte.
13. Bueno, tirando.
14. Parece que la mala racha ha pasado.

- Para saludar a alguien que conoces: 1, 3, 8
- Para responder a un saludo: 2, 4, 9, 13, 14
- Para presentar a alguien: 5, 11
- Para responder a una presentación: 6, 12
- Para ofrecerse a hacer una presentación: 7
- Para solicitar ser presentado: 10

3.2 [2] Vuelve a escuchar la conversación y comprueba tu respuesta anterior.

2

Actividad opcional que puede realizar o no en función del interés que muestren sus alumnos por este tema. Se trata de un ejercicio de comprensión lectora y expresión oral que aporta un contenido cultural sobre los españoles y el aprendizaje de idiomas. Le sugerimos que haga la dinámica del grupo de expertos dividiendo la clase en tres grupos. Reparta a cada uno únicamente un texto de la Ficha 1 (A, B o C) para extraer las ideas principales y después forme nuevos grupos con un representante de cada letra para intercambiar información. Puede hacer una puesta en común con la pregunta que aparece en el Libro del alumno: "¿Qué es lo que más os ha llamado la atención?".

Ficha 1 ***Los españoles y los idiomas.***

3

Introducción de los exponentes funcionales de presentaciones y saludos a través de una comprensión auditiva con los modelos de lengua. Motive la escucha preguntando qué podemos hacer para practicar idiomas; intente que mencionen las fiestas de intercambio organizadas por algunos locales como método para esa práctica. Aproveche para que sus alumnos cuenten sus experiencias con ellas, si las tuvieran. A continuación informe de que van a escuchar a un grupo de seis jóvenes hablando en una fiesta de intercambio. Explíqueles que no se conocen todos y que deben marcar si las parejas de personajes que hay en su libro se conocían o no.

[2] Véase transcripción en pág. 211.

3.1 y 3.2

Reflexión acerca de los exponentes presentados en la actividad anterior. Dígales a sus estudiantes que las catorce frases que tienen en el cuadro han aparecido en la conversación anterior y que deben pensar para qué se utiliza cada una; pídales que escriban el número de la frase al lado de cada función comunicativa. Corrija la actividad con una nueva audición de la conversación y resuelva dudas al final de la misma.

Si quiere reforzar estas estructuras, le recomendamos las actividades 1.5 y 1.5.1 de la página 204 del Libro de ejercicios.

4 y **4.1**

Empieza aquí la secuencia dedicada a reflexionar sobre algunas incorrecciones lingüísticas frecuentes. Estas primeras actividades sirven de motivación para la comprensión lectora posterior. Para introducir el tema, pida a los alumnos que piensen en algún profesor que dejara huella en ellos intentando responder a las dos preguntas planteadas en su libro. Posteriormente, conduzca su atención hacia las imágenes de los cuatro personajes y déjeles un par de minutos para que especulen sobre la asignatura que impartían en sus clases.

4.2

Comprensión lectora con la tarea de rellenar huecos. Diga a los alumnos que los cuatro profesores anteriores fueron especiales para algunas personas en el pasado y que van a leer sus testimonios con sus recuerdos y motivos.

Antes de leer, pídales que solucionen entre todos las posibles dudas del vocabulario relacionado con la descripción física. Después anímelos a resolver la tarea de completar los espacios con el vocabulario dado.

1. media melena; **2.** gafas de alambre; **3.** regordeta; **4.** mejillas coloradas; **5.** tirante; **6.** moño; **7.** patillas; **8.** gafas de pasta; **9.** despeinado/alborotado; **10.** despeinado/alborotado.

Página 15

4.3

Informe de que en los textos anteriores hay algunas incorrecciones lingüísticas frecuentes entre los hablantes nativos. En caso de que algún alumno ya hubiera detectado algún error, utilícelo para transitar a la reflexión. Indíqueles que tienen las explicaciones de seis de esas incorrecciones y que deben buscar ejemplos de las mismas en los textos de 4.2. Advierta de que el número entre paréntesis detrás de cada explicación marca la cantidad de ejemplos de esa incorrección que pueden encontrar en los textos. Para la corrección de la actividad, ayúdese de la Proyección 2.

4 Piensa en un profesor que haya tenido un impacto perdurable y positivo en ti. ¿Qué edad tenías? ¿Qué tenía ese profesor que te dejó tal impresión?

4.1 Observa las imágenes de estos profesores. ¿Qué asignaturas crees que daban? Física, Lengua y Literatura, Química, Educación Física, Latín, Griego, Matemáticas...

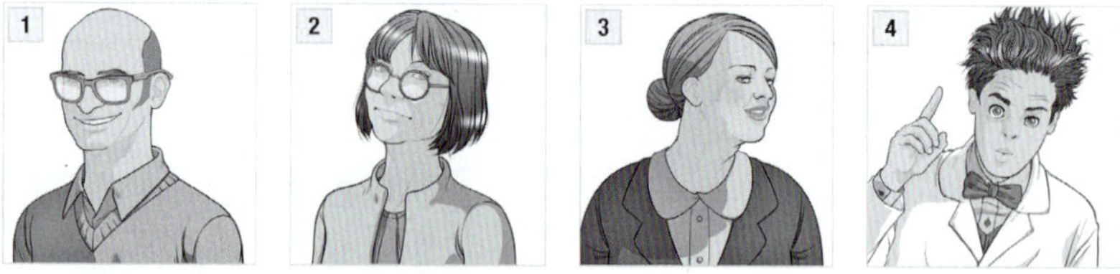

4.2 Lee los testimonios de estas personas sobre profesores que dejaron huella en sus vidas y complétalos con las palabras propuestas.

- gafas de alambre
- regordete/a
- alborotado/a
- mejillas coloradas
- gafas de pasta
- moño
- patillas
- media melena
- (pelo) tirante
- despeinado/a

a Una de las mejores profesoras de mi vida fue mi profesora de Francés en el instituto. Se llamaba Concha, tenía el pelo a ❶ ...., liso y moreno. Tendría unos cuarenta y tantos años y llevaba ❷ .... redondas. Nos obligaba a repetir las palabras y las frases si no las pronunciábamos bien. No la importaba el tiempo que pasáramos repitiendo. Cuando la preguntábamos si íbamos a utilizar el libro, siempre nos decía lo mismo: "Dejarle quieto, que ya habrá tiempo...".

b Yo me acuerdo de mi profesora Amalia; me dio clases en el colegio. Era una mujer ❸ .... con ❹ ...., que siempre vestía de manera muy formal, con traje oscuro de chaqueta y falda. Tenía el pelo largo y le llevaba muy ❺ .... recogido en un gran ❻ .... en la nuca. No sé si era por ser la directora, pero siempre estaba pendiente de todos los alumnos. Antes de llegar a clase, ya nos había dejado dicho: "Estudiar de tal a tal página, que luego os pregunto". Llevábamos uniforme con corbata y me acuerdo de que un día me la quité para jugar y la perdí. ¡Lo que recé para que no se diera cuenta que no la llevaba!

c Si tuviera que elegir al mejor profesor de mi vida, me costaría; sin embargo, uno de los que más recuerdo es mi profesor de Latín. Es curioso, pero no me acuerdo de su nombre, ya que todos le llamábamos con un apodo: Bandolero. Estaba calvo por arriba y solo tenía pelo en los laterales y por atrás, se dejaba unas enormes ❼ .... que casi lo llegaban a la boca y llevaba ❽ .... marrón grandes y cuadradas. Me acuerdo que sus exámenes daban tanto miedo que, una vez que no lo tenía bien preparado, me pasé la noche delante del libro bebiendo agua para ver si me ponía mala. El agua estaba muy frío y lo conseguí. Por la mañana vomité y le dije a mi madre que estaba enferma, ella me hizo un justificante y al día siguiente se lo entregué al Bandolero. ¡Qué harta acabé de traducir *La guerra de las Galias*!

d El mejor profesor de mi vida fue Alberto Ríos, mi profesor de Física en la universidad. Recuerdo que el primer día estaba muy despistado y no sabía dónde tenía que ir. Llevaba debajo del brazo una cartera llena de papeles que rebosaban por la cremallera, parecía un profesor chiflado, con ese pelo siempre ❾ .... y ❿ ....
Desde el primer momento noté que era un profesor especial, que transmitía energía positiva por todos los poros de su piel. En sus explicaciones nos ponía muchos ejemplos en los que colaborábamos nosotros para ver si lo entendíamos o no, y ponía especial énfasis en que le explicáramos cómo habíamos llegado a nuestras conclusiones. Me alegro mucho que fuera mi profesor.

! Estos textos contienen errores

1. No ~~la~~ *le* importaba el tiempo que pasáramos repitiendo; Cuando ~~la~~ *le* preguntábamos si íbamos a utilizar el libro; **2.** se dejaba unas enormes patillas que casi ~~lo~~ *le* llegaban a la boca; **3.** ~~Dejarle~~ *Dejadlo* quieto, que ya habrá tiempo; Tenía el pelo largo y ~~le~~ *lo* llevaba muy tirante; **4.** ¡Lo que recé para que no ~~se diera cuenta que~~ *se diera cuenta de que* no la llevaba!; ~~Me acuerdo que~~ *Me acuerdo de que* sus exámenes daban tanto miedo; ~~Me alegro mucho que~~ *Me alegro mucho de que* fuera mi profesor; **5.** ~~Dejarle~~ *Dejadlo* quieto; ~~estudiar~~ *estudiad* de tal a tal página; **6.** El agua estaba muy ~~frío~~ *fría*.

Proyección 2 *Incorrecciones frecuentes.*

En la frase: "Es curioso, pero no me acuerdo de su nombre, ya que todos le llamábamos con un apodo: Bandolero", ***le*** es un leísmo de persona admitido por la RAE. El uso recomendado es "... ***lo*** llamábamos...".

4.3 **En los textos anteriores hay incorrecciones frecuentes entre los españoles. Lee en qué consisten y busca tantos ejemplos como indique el número entre paréntesis. Después, intentad corregirlas en parejas.**

1. **Laísmo.** Consiste en utilizar el pronombre ***la*** de manera inadecuada, cuando se refiere a un objeto indirecto: (2)
2. **Loísmo.** Consiste en utilizar el pronombre ***lo*** de manera inadecuada, cuando se refiere a un objeto indirecto: (1)
3. **Leísmo de cosa.** Consiste en utilizar el pronombre ***le*** de manera inadecuada cuando se refiere a una cosa y es objeto directo: (2)
4. **Queísmo.** Consiste en omitir la preposición ***de*** que rigen algunos verbos y locuciones verbales cuando va seguida de una frase subordinada que empieza con ***que***. Se hace por ultracorrección, ya que algunos hablantes comenten el error a la inversa (dequeísmo): decir ***de que*** cuando el verbo no lleva preposición *(Pienso de que…)*, algo que se relaciona con el lenguaje vulgar: (3)
5. Uso del infinitivo por el imperativo de ***vosotros***. Consiste en cambiar la ***d*** final del imperativo por una ***r***: (2)
6. Concordancia del adjetivo con los sustantivos femeninos que empiezan por ***a*** tónica. Estos sustantivos se utilizan con los artículos ***el*** y ***un***, lo que hace que muchos hablantes se confundan y usen los adjetivos en masculino a pesar de que el sustantivo sea femenino: (1)

5 **Di si las siguientes frases son correctas o incorrectas. Trabaja con tu compañero/a.**

	Correcta	Incorrecta
1. ¡Está sonando el teléfono! ¡Cogedlo, por favor!	✓	
2. El policía llevaba el arma colgado en la cintura.		✓
3. Andrea fue ayer a hacer la matrícula de la universidad y le dijeron que la faltaba un papel.		✓
4. Hace tantos años que Arturo y yo somos amigos que no me acuerdo ni de dónde lo conocí.	✓	
5. Otra vez se te ha caído un botón, guárdatele en el bolsillo para coserle luego.		✓
6. ¿Dónde estarán mis llaves? Estoy seguro que las dejé encima de esta mesa…		✓
7. ¡Adiós! ¡Que tengáis buen viaje! ¡Llamar en cuanto lleguéis!		✓
8. Me alegra mucho que hayas podido venir a mi fiesta de cumpleaños.	✓	
9. A Manuel ya no lo doy nada, nunca me ha agradecido los favores que le he hecho.		✓
10. La invité a cenar en la pizzería de enfrente y no quiso venir.	✓	
11. ¿La contesto yo o lo haces tú?		✓
12. ¡Niños! Hablar más bajo, que la abuela está durmiendo.		✓
13. ¡Este niño tiene un habla muy gracioso! Parece un dibujo animado.		✓

6 **Ahora tú: ¿te acuerdas de algún profesor o profesora de una manera especial? Haz un dibujo de él o de ella y cuenta a tus compañeros tus recuerdos.**

5

Práctica de lenguaje que consiste en clasificar frases con o sin incorrecciones lingüísticas. Puede hacerla individual y corrigiendo en cuanto acaben (ayudándose de la Proyección 3) o con la dinámica de subasta de frases. Divida la clase en tríos y entregue a cada uno 500 euros para poder pujar. Dígales que, al igual que en la subasta de obras de arte, aquí tenemos también falsificaciones (las frases con incorrecciones) que tienen que diferenciar de las auténticas (las frases sin incorrecciones) marcando a la derecha si son correctas o incorrectas. Indíqueles que tienen que comprar el mayor número de frases (correctas o incorrectas) posible con su dinero. Lo importante es saber si compran una frase correcta o incorrecta. Inicie la subasta con un precio de salida de 50 euros para la primera frase y deje que suban las pujas hasta adjudicársela al grupo que esté dispuesto a ofrecer más. Repita la operación con el resto de frases. Cuando ya hayan subastado todas, pida que el grupo que ha comprado cada una explique si ha adquirido una frase correcta o incorrecta y por qué.

Si aciertan, deles un punto. Al final, haga recuento de puntos para proclamar un ganador.

1. Correcta; **2.** Incorrecta: El policía llevaba el arma *colgada* en la cintura; **3.** Incorrecta: … le dijeron que *le* faltaba un papel; **4.** Correcta; **5.** Incorrecta: … *guárdatelo* en el bolsillo para *coserlo* luego; **6.** Incorrecta: Estoy seguro *de* que las dejé encima de esta mesa; **7.** Incorrecta: … ¡*Llamad* en cuanto lleguéis!; **8.** Correcta; **9.** Incorrecta: A Manuel ya no *le* doy nada…; **10.** Correcta; **11.** Incorrecta: *Le* contesto yo…; **12.** Incorrecta: … *Hablad* más bajo…; **13.** Incorrecta: ¡Este niño tiene un habla muy *graciosa*!…

Proyección 3 ***¿Correcto o incorrecto?***

6

Para concluir este apartado, anime a sus alumnos a que evoquen algún buen profesor de su pasado para dibujarlo y explicar por qué lo recuerdan. Puede hacer la puesta en común en grupo clase mostrando los dibujos realizados o en pequeños grupos si su clase es muy numerosa.

Si desea seguir trabajando la descripción física y el correcto uso de los pronombres, tiene las actividades 1.6 a 1.7 de la página 205 del Libro de ejercicios.

El cerebro

Temas:

- Ilusiones sensoriales y cognitivas que experimenta el cerebro.
- Diferentes perspectivas que se pueden adoptar ante una historia.

Contenidos:

- Las perspectivas en el uso de los pasados.
- Expresiones con pronombres reflexivos y personales.

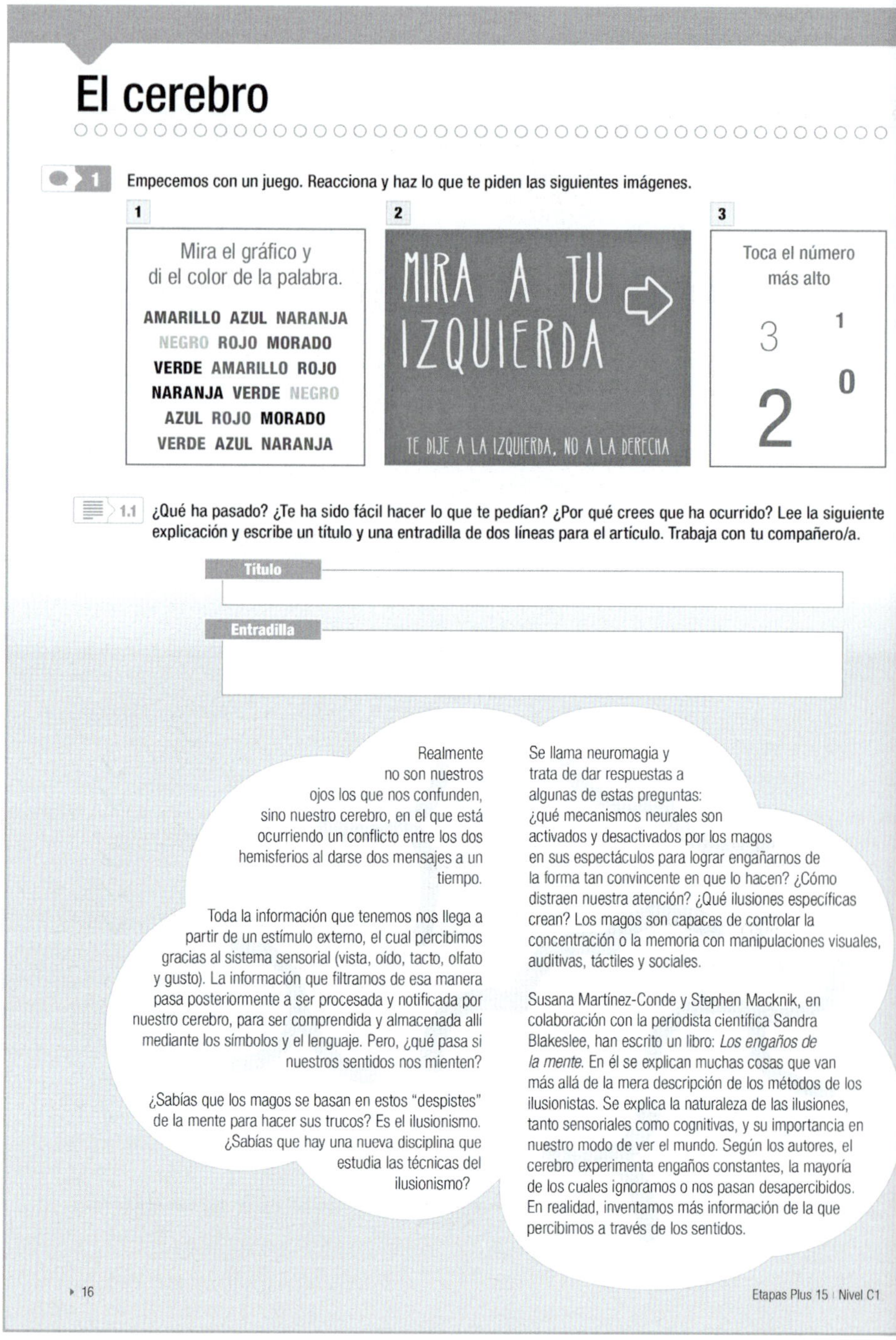

El cerebro

1 Empecemos con un juego. Reacciona y haz lo que te piden las siguientes imágenes.

1

Mira el gráfico y di el color de la palabra.

AMARILLO AZUL NARANJA
NEGRO ROJO MORADO
VERDE AMARILLO ROJO
NARANJA VERDE NEGRO
AZUL ROJO MORADO
VERDE AZUL NARANJA

2

MIRA A TU IZQUIERDA

TE DIJE A LA IZQUIERDA, NO A LA DERECHA

3

Toca el número más alto

3 1
2 0

1.1 ¿Qué ha pasado? ¿Te ha sido fácil hacer lo que te pedían? ¿Por qué crees que ha ocurrido? Lee la siguiente explicación y escribe un título y una entradilla de dos líneas para el artículo. Trabaja con tu compañero/a.

Título ______

Entradilla ______

Realmente no son nuestros ojos los que nos confunden, sino nuestro cerebro, en el que está ocurriendo un conflicto entre los dos hemisferios al darse dos mensajes a un tiempo.

Toda la información que tenemos nos llega a partir de un estímulo externo, el cual percibimos gracias al sistema sensorial (vista, oído, tacto, olfato y gusto). La información que filtramos de esa manera pasa posteriormente a ser procesada y notificada por nuestro cerebro, para ser comprendida y almacenada allí mediante los símbolos y el lenguaje. Pero, ¿qué pasa si nuestros sentidos nos mienten?

¿Sabías que los magos se basan en estos "despistes" de la mente para hacer sus trucos? Es el ilusionismo. ¿Sabías que hay una nueva disciplina que estudia las técnicas del ilusionismo?

Se llama neuromagia y trata de dar respuestas a algunas de estas preguntas: ¿qué mecanismos neurales son activados y desactivados por los magos en sus espectáculos para lograr engañarnos de la forma tan convincente en que lo hacen? ¿Cómo distraen nuestra atención? ¿Qué ilusiones específicas crean? Los magos son capaces de controlar la concentración o la memoria con manipulaciones visuales, auditivas, táctiles y sociales.

Susana Martínez-Conde y Stephen Macknik, en colaboración con la periodista científica Sandra Blakeslee, han escrito un libro: *Los engaños de la mente*. En él se explican muchas cosas que van más allá de la mera descripción de los métodos de los ilusionistas. Se explica la naturaleza de las ilusiones, tanto sensoriales como cognitivas, y su importancia en nuestro modo de ver el mundo. Según los autores, el cerebro experimenta engaños constantes, la mayoría de los cuales ignoramos o nos pasan desapercibidos. En realidad, inventamos más información de la que percibimos a través de los sentidos.

16 Etapas Plus 15 | Nivel C1

1

Actividad de introducción y motivación al tema del apartado. La idea es hablar sobre los engaños del cerebro, que se desarrollan en la siguiente actividad. Pida a los alumnos que contesten a las preguntas que les plantean las imágenes. Es de esperar que ellos mismos se den cuenta del engaño sensorial al que les está sometiendo cada una de las tareas. Llame la atención de los alumnos y rápidamente pase a la siguiente actividad planteándoles las preguntas que aparecen en el enunciado.

1.1

Puede preguntarles también si conocen otros engaños similares a los que acaban de experimentar. Si es el caso, deje que se los cuenten unos a otros. Cuando lo crea conveniente, pase a la lectura del texto explicándoles que en él se da la explicación a esos fenómenos de nuestro cerebro. Se trata de una lectura general en la que tendrán que escribir un título y una entradilla que resuma el contenido. No hay una respuesta única. Valore la corrección de los estudiantes y compruebe que su título y su entradilla muestran la comprensión del texto.

2 Mira la siguiente imagen, ¿qué ves?

2.1 ¿Has oído hablar de la Copa de Rubin? Lee las siguientes explicaciones y comenta con tu compañero/a lo que sabes sobre este tipo de ilusiones ópticas. ¿Cuál es la figura y cuál es el fondo en la imagen?

La Copa o Vaso de Rubin debe su nombre al psicólogo danés Edgar Rubin, que la introdujo en 1915 como un ejemplo de las ilusiones ópticas de figura y fondo, en las que existe ambigüedad porque entre dos imágenes con una frontera común cada una de ellas puede ser la figura o el fondo, como en este caso ocurre con la copa y las dos caras que se miran.

Rubin demostró que la distinción entre la figura y el fondo se debe a distintos factores. Así, por ejemplo, suele ser elegida como figura la parte que es más pequeña. También influyen la concavidad y la convexidad de las imágenes.

La imagen que suele distinguirse como fondo es la convexa (la de color gris), independientemente de su color. También influye la orientación de cada parte de la imagen, de forma que normalmente nuestro cerebro elige como figura la que tiene una orientación próxima bien a la horizontal o bien a la vertical. ¿Y qué sucede cuándo las partes de una misma imagen presentan similares características? Que es cuando entra en juego la subjetividad de cada observador para elegir una u otra opción.

2.2 Algunas gramáticas han utilizado la idea de las diferentes perspectivas (fondo y figura) para describir el contraste entre imperfecto e indefinido. Lee la siguiente explicación, fíjate en los ejemplos y haz un dibujo-esquema que represente cada uno de ellos. Trabaja con tu compañero/a.

Contraste imperfecto / indefinido

Ambos tiempos verbales representan, desde ángulos diferentes, la misma escena: con el imperfecto, el hablante nos muestra la acción desde dentro, en su proceso, mientras que con el indefinido nos la muestra desde fuera, ya acabada.

Imperfecto

Fondo
El emisor está dentro de la imagen, forma parte del fondo.

Indefinido

Figura
El emisor está fuera de la imagen, ve la figura.

El imperfecto nos presenta la acción desde dentro, como si pudiéramos ver cómo se marcaba el gol:
– *En el minuto 50, Ronaldo* ***marcaba*** *el gol del empate.*

El indefinido nos la presenta desde fuera, el gol ya está marcado:
– *En el minuto 50, Ronaldo* ***marcó*** *el gol del empate.*

2

Actividad que introduce los conceptos de figura y fondo con los que trabajaremos posteriormente. Proponga a los alumnos seguir indagando en los engaños sensoriales de los que hemos estado hablando, ahora con la imagen que se les ofrece en la actividad. Es muy probable que muchos estudiantes la conozcan (unas personas ven un jarrón mientras que otras ven unas caras enfrentadas). Si es el caso, no es un problema, ya que la finalidad es hablar de las diferentes perspectivas que se pueden adoptar ante una imagen o a la hora de contar un relato. Este último punto es el que nos interesa para trabajar los pasados en las siguientes actividades.

En cualquier caso, pida a los alumnos que lean el texto de 2.1 para seguir profundizando en la idea de figura y fondo.

Proyección 4 *¿Qué ves?*

2.1

La respuesta dependerá de la perspectiva que haya adoptado cada persona.

Aproveche este momento para hablar de la importancia que tiene la perspectiva de cada individuo, ya que, según sea esta, la imagen será diferente. Explíqueles que esto es lo que ocurre con el uso de los pasados en español a la hora de contar relatos. Pase a la siguiente actividad.

2.2

Deje claro a los alumnos que desde la gramática cognitiva se explica que el uso de un tiempo del pasado frente a otro depende de la perspectiva que adopte el hablante.

Puede trabajar el contraste entre imperfecto e indefinido con las actividades 1.9 y 1.9.1 de la página 206 del Libro de ejercicios.

"La **Gramática Cognitiva** es un campo de estudio dentro de la Lingüística Cognitiva (LC) que considera que el lenguaje es una habilidad mental que surge de nuestra interacción física y motora con el entorno que nos rodea y, por tanto, es experiencial. Es la gramática que muchos profesores aplicamos en clase cuando intentamos buscar una lógica a lo que significan las formas lingüísticas que va más allá de la mera explicación formalista de las reglas descriptivas del lenguaje. ¿Gesticulamos y nos movemos por la clase para explicar el valor de significado de los verbos? ¿Dibujamos un esquema abstracto para representar una preposición? Entonces, seguramente estamos haciendo gramática cognitiva". (Dra. Reyes LLopis, Universidad de Columbia)

3

Contextualice la lectura. Explique a los alumnos que el texto trata de una persona que por un accidente sufrió un desprendimiento de retina y que tuvo que estar quince días acostada con los ojos vendados. Pregúnteles cómo creen que pudo pasar ese tiempo. Anímelos a que aventuren respuestas: escuchando música, oyendo audiolibros, cantando…

Pase a las actividades y pídales que contesten a las preguntas que se les formulan. En la corrección, deténgase en la cuestión 3 para seguir hablando de la perspectiva del narrador.

1. Se le desprendió la retina, no podía ver y tuvo que permanecer quince días en cama sin poder moverse; **2.** Pasaba el tiempo jugando a inventarse imágenes e historias relacionadas con ellas; **3.** Según la explicación lingüística anterior, el narrador pretende que el lector se introduzca de lleno en la historia.

3.1

Práctica de lenguaje con la que se pretende que los alumnos adopten diferentes perspectivas ante una narración. Pídales primero que lean la situación y asegúrese de que esta queda clara. A continuación, indíqueles que, en parejas, elijan uno de los personajes para escribir un relato desde su punto de vista.

Como alternativa, ofrecemos la información en fichas recortables para dotar a la actividad de más dinamismo.

Ficha 2 *Primavera con una esquina rota.*

3.2

Actividad que tiene como objetivo presentar expresiones con pronombres.

Transite a la actividad diciendo a los alumnos que van a leer algunos textos donde se dan más detalles de lo que le pasó a nuestro protagonista. Pueden comparar si algunas de las cosas que se cuentan coinciden con sus escritos anteriores.

a. 3; **b.** 1; **c.** 5; **d.** 2; **e.** 4; **f.** 6.

---

3 Lee la siguiente historia y contesta a las preguntas.

1. ¿Qué consecuencia tuvo su accidente?
2. ¿Cómo pasaba el tiempo? ¿De qué forma se entretenía?
3. ¿Por qué crees que la mayoría de los verbos están en imperfecto? ¿Quién cuenta la historia?

Seis meses antes había resbalado en un encerado piso de hotel, en otra ciudad, golpeándose violentamente la cabeza contra el suelo. Como consecuencia de esa caída, se le había desprendido la retina y ahora lo habían operado. Por indicación médica debía permanecer quince días acostado, con los dos ojos ven-

3.1 Vamos a jugar con la figura y el fondo de la historia anterior. Lee la situación, elige uno de los personajes y escr

Situación

La mujer del protagonista no ha sido capaz de aguantar la presión que le originaba la enfermedad del marido y se ha ido de casa. Tan solo dejó una nota que decía: "Lo siento, pero tengo que irme. Perdóname".

La mujer

Escribe a una gran amiga que vive en otra ciudad contándole que se ha ido de casa. Su amiga no sabe nada del accidente del marido. Tiene que contar cómo vivió los quince días de la enfermedad de su marido.

3.2 Lee estos textos relacionados con la actividad anterior y elige el significado adecuado de la expresión en negrita.

1. Convertir a alguien en centro de odio o burla.
2. Tener un alto concepto de sí mismo.
3. Hacer algo mal.
4. Aceptar de buen/mal grado una situación.

a 3 Con el accidente tenía menos paciencia y estaba más sensible. Reprochó a su mujer que no se ponía en su lugar y eso provocó una gran discusión. **La fastidió**. Ella pensó que estaba siendo muy injusto con ella y empezó a pasar menos tiempo con él.

b 1 El cirujano sabía por lo que estaba pasando su paciente, así que no comprendía la actitud de su mujer. Cada vez pasaba menos tiempo en casa y, cuando aparecía, le molestaba la actitud amable y servicial del médico. Estaba claro que **la había tomado con él**, se oponía y tachaba de exagerada cualquier recomendación u observación de este.

c 5 Cuando fue consciente de la marcha de su mujer, le asustó su soledad, pensó que no iba a ser capaz de **arreglárselas** sin su ayuda, pero pronto se dio cuenta de que no sería tan difícil vivir sin ella.

d 2 Nunca se había parado a pensar si era un buen marido o no, daba por hecho que ambos eran felices en la relación y no se planteaba nada más. Nunca había sido alguien que presumiera de nada, pero es verdad que **se las daba de** ser una persona paciente y comprensiva, por eso no entendió que su mujer no actuara de igual manera después del accidente.

! Fíjate

Todas estas expresiones llevan pronombres que no hacen referencia a un sustantivo concreto y expreso.

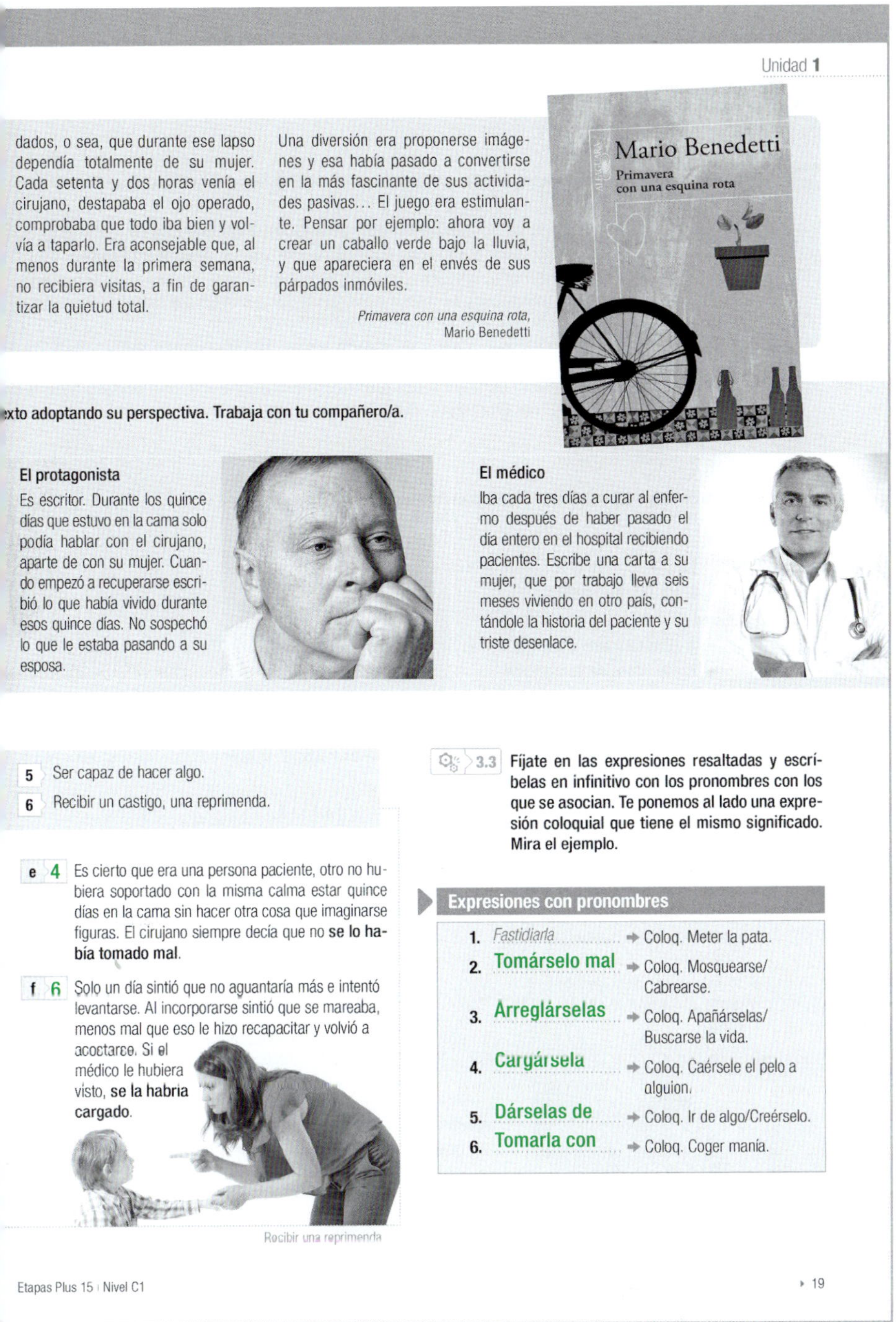

dados, o sea, que durante ese lapso dependía totalmente de su mujer. Cada setenta y dos horas venía el cirujano, destapaba el ojo operado, comprobaba que todo iba bien y volvía a taparlo. Era aconsejable que, al menos durante la primera semana, no recibiera visitas, a fin de garantizar la quietud total. Una diversión era proponerse imágenes y esa había pasado a convertirse en la más fascinante de sus actividades pasivas... El juego era estimulante. Pensar por ejemplo: ahora voy a crear un caballo verde bajo la lluvia, y que apareciera en el envés de sus párpados inmóviles.

Primavera con una esquina rota, Mario Benedetti

xto adoptando su perspectiva. Trabaja con tu compañero/a.

El protagonista
Es escritor. Durante los quince días que estuvo en la cama solo podía hablar con el cirujano, aparte de con su mujer. Cuando empezó a recuperarse escribió lo que había vivido durante esos quince días. No sospechó lo que le estaba pasando a su esposa.

El médico
Iba cada tres días a curar al enfermo después de haber pasado el día entero en el hospital recibiendo pacientes. Escribe una carta a su mujer, que por trabajo lleva seis meses viviendo en otro país, contándole la historia del paciente y su triste desenlace.

5 Ser capaz de hacer algo.
6 Recibir un castigo, una reprimenda.

e 4 Es cierto que era una persona paciente, otro no hubiera soportado con la misma calma estar quince días en la cama sin hacer otra cosa que imaginarse figuras. El cirujano siempre decía que no **se lo había tomado mal**.

f 6 Solo un día sintió que no aguantaría más e intentó levantarse. Al incorporarse sintió que se mareaba, menos mal que eso le hizo recapacitar y volvió a acostarse. Si el médico le hubiera visto, **se la habría cargado**.

Recibir una reprimenda

3.3 **Fíjate en las expresiones resaltadas y escríbelas en infinitivo con los pronombres con los que se asocian. Te ponemos al lado una expresión coloquial que tiene el mismo significado. Mira el ejemplo.**

Expresiones con pronombres

1.	*Fastidiarla*	→ Coloq. Meter la pata.
2.	**Tomárselo mal**	→ Coloq. Mosquearse/ Cabrearse.
3.	**Arreglárselas**	→ Coloq. Apañárselas/ Buscarse la vida.
4.	**Cargársela**	→ Coloq. Caérsele el pelo a alguien.
5.	**Dárselas de**	→ Coloq. Ir de algo/Creérselo.
6.	**Tomarla con**	→ Coloq. Coger manía.

3.3

Actividad de sistematización de las expresiones que estamos presentando.

Para practicar este contenido, tiene la actividad 1.9.4 de la página 207 del Libro de ejercicios.

Mario Benedetti fue un escritor, dramaturgo y poeta uruguayo nacido en 1920 en Paso de los Toros. En 1922 se trasladó con su familia a Tacuarembó, y poco después a Montevideo. Cursó la Enseñanza Primaria en el Deutsche Schule de Montevideo, donde aprendió alemán, lo que le sirvió para ser el primer traductor de Kafka en Uruguay.

Estudió Secundaria primero en el liceo Miranda y después como estudiante libre. A los 14 años empezó a trabajar, primero como taquígrafo, luego como vendedor, funcionario público, contable, periodista, locutor de radio y traductor. Se formó como periodista en el semanario *Marcha*.

En 1948 fundó y dirigió la revista *Marginalia* e integró la redacción del semanario *Marcha*, en el que llegó a dirigir la sección literaria. Como periodista trabajó en *El Diario* y *La Mañana* publicando intensamente crítica cinematográfica y teatral. Colaboró también con otros periódicos y revistas.

Entre los años 1968 y 1973 dirigió el Centro de Investigaciones Literarias, de la Casa de las Américas, en La Habana, y el Departamento de Literatura Hispanoamericana, en la Facultad de Humanidades y Ciencias de Montevideo. A partir de 1973, a raíz del golpe militar, vivió en el exilio entre Argentina, Perú, Cuba y España. A partir de 1985, con el restablecimiento de la democracia en su país, residió entre Montevideo y Madrid.

Con más de 80 libros publicados, ha sido traducido a más de 25 lenguas. Su obra aborda diversos géneros: poesía, cuento, novela, ensayo, crítica literaria...

Ha recibido numerosos premios, entre los cuales se incluye el Premio Llama de Oro por su novela *Primavera con una esquina rota,* que le otorgó Amnistía Internacional en Bruselas en 1987.

Falleció en 2009 en Montevideo.

Extraído y adaptado de https://www.fundacionmariobenedetti.org/mario_benedetti/vida

Talentos

Temas:

- Talento y aprendizaje. Habilidades.
- Factores que pueden influir en el aprendizaje de lenguas.

Contenidos:

- El marcador discursivo *ya que*.
- Léxico y expresiones relacionadas con las habilidades.

La siguiente secuencia tiene como objetivo presentar léxico relacionado con los talentos y las habilidades.

1

Actividad que introduce y motiva la siguiente. Inicie la secuencia escribiendo en la pizarra la palabra *talento*; pregúnteles si ellos consideran que tienen alguno y que lo expliquen. Pídales nombres de personas conocidas con talentos especiales (Picasso, Michael Jackson, Steve Jobs...).

2

Motive la actividad mostrando las imágenes de la Proyección 5. Presente a María y a Alberto y pregunte a los alumnos sobre los talentos que podrían tener estas personas. Cree interés por conocerlos e introduzca la actividad.

María: 1. La música. Le encanta hablar de música, tiene facilidad para recordar melodías, canciones, grupos...; **2.** De no haber aprendido a tocar algún instrumento. **Alberto: 1.** No; es abogado y su talento tiene que ver con actividades manuales; **2.** De su caja de herramientas; **3.** No.

Proyección 5 *Talentos.*

[3] Véase transcripción en pág. 211.

2.1

Actividad que centra la atención de los alumnos en las formas que pueden expresar habilidades. Pídales que, por el sentido del texto, inserten las frases en el espacio adecuado.

Fíjese que en este caso se ha optado por presentar los contenidos como unidades léxicas, de manera que los alumnos tengan modelos que puedan aplicar a su realidad y necesidades en la siguiente actividad.

Talentos

1 **Lee la definición de talento. ¿Estás de acuerdo con todo lo que se dice? ¿Crees que tú tienes algún talento?**

El talento, como aptitud, es la capacidad para desempeñar o ejercer una actividad.

El talento puede ser heredado (intrínseco) o adquirido mediante el aprendizaje.

El talento intrínseco, a diferencia del talento aprendido, se puede dejar de ejercer por mucho tiempo y volver a usarse con la misma destreza que cuando se abandonó; el talento aprendido requiere ser ejercitado continuamente.

Todo el mundo tiene algún talento, solo hay que tomarse tiempo para descubrirlo. Para que puedas descubrir cuáles son tus habilidades innatas, es importante que te dejes llevar por lo que sientes que te apasiona, que te conecta con el momento presente y hace que te olvides de todo lo demás durante esa actividad.

2 [3] **Escucha a María y a Alberto hablar de sus talentos. Responde a las siguientes preguntas.**

María:

1. ¿Cuál cree que es su talento? ¿Por qué lo piensa? ....
2. ¿De qué se lamenta? ....

Alberto:

1. ¿Está su talento relacionado con su profesión? ¿Por qué? ....
2. ¿De qué se siente orgulloso? ....
3. ¿Se arrepiente de haber elegido su profesión? ....

2.1 **Lee las transcripciones de la actividad anterior e inserta las frases en el lugar correspondiente. Junto con tu compañero/a, hablad de su significado.**

María

- puedo tirarme horas y horas hablando
- se me queda fácilmente la música
- no haber aprendido a tocar algún instrumento, porque hubiera sido un fenómeno
- se me hubiera dado bien dedicarme a algo relacionado con la música

María: Pues creo que a mí **1** .... la verdad es que **2** .... de música, me acuerdo con facilidad de las canciones y de las melodías; soy capaz de tararearlas sin problema. Por ejemplo, cuando estoy en una discoteca, reconozco rápidamente la canción y el grupo, aunque sea muy antiguo. En mi casa siempre está la radio puesta y, aunque esté haciendo otras cosas y parezca que no estoy escuchando, **3** .... que ponen, y muchas veces la gente se sorprende de que conozca a grupos actuales, que no son de mi época y que no tienen nada que ver con mi estilo musical. Si lo pienso, es una pena **4** ...., je, je, je.

Entrevistador: ¿Tienes predilección por alguno en especial?

María: Tendría que pensarlo más despacio...

¡Fíjate!

El pronombre ***se*** en las frases anteriores expresa involuntariedad.

20 — Etapas Plus 15 | Nivel C1

No obstante, si lo considera, puede detenerse y reflexionar sobre las estructuras gramaticales que aparecen en cada expresión.

Para la corrección de la actividad, puede ayudarse de la Proyección 5.

María: 1. se me hubiera dado bien dedicarme a algo relacionado con la música; **2.** puedo tirarme horas y horas hablando; **3.** se me queda fácilmente la música; **4.** no haber aprendido a tocar algún instrumento, porque hubiera sido un fenómeno.

Alberto

- soy un manitas
- porque tengo de todo
- Si me dan a elegir, me quedo con el motor
- ya que estoy, pues pinto el mueble completo
- ya están pidiéndomelo
- y ya de paso

Alberto: Puf, no sé, mi familia y mis amigos dicen que **1** .... Me encanta arreglar las cosas que se estropean: los aparatos, poner enchufes, lijar las puertas, barnizarlas. No sé..., si se rompe el cajón de un armario, pues ahí estoy yo, y **2** ...., y ya puestos, me pongo también con el armario... La verdad es que me entretiene hacer todo este tipo de cosas... Tengo una caja de herramientas bastante completita, de la que me siento muy orgulloso **3** ...., je, je, je. De hecho, los amigos, que lo saben, cuando necesitan arreglar algo, **4** .... Y yo lo hago con gusto,... **5** .... les pregunto si hay algo más que reparar.

Entrevistador: Sí, los hay que son terribles, ja, ja, ja...

Alberto: No sé por qué me apasionan estas cosas, porque yo soy abogado, que no tiene nada que ver.

Entrevistador: ¿Y si te dieran a elegir entre pasar una mañana de sábado en el juzgado o arreglando el motor de un coche, con qué te quedarías?

Alberto: ¿Un sábado? ¿Después de una semana de toga y leyes? Lo tengo claro. **6** .... Pero tampoco me veo de lunes a viernes rodeado de destornilladores y martillos.

! Fíjate

- **Ya que estoy,** (pues pinto el mueble completo).
- **Ya** (están pidiéndomelo).
- **Ya de paso,** (les pregunto si hay algo más que reparar).
- **Ya puestos,** (me pongo también con el armario).

Ya, en estas expresiones, significa "aprovecharse de una circunstancia para hacer algo".

3 **Piensa en los siguientes asuntos relacionados con tu vida y completa las frases que tienes debajo. Habla con tu compañero/a.**

- Estudios
- Trabajo
- Relaciones sociales
- Aspecto
- Relaciones familiares
- Aficiones / Ocio / Intereses

1. Soy un fenómeno / Se me da bien/mal...
2. Si me dan a elegir entre... y..., me quedo...
3. Se me hubiera dado bien...
4. Es una pena no haber...
5. *Puedo tirarme horas y horas* + gerundio...
6. Ya puestos,...
7. Se me queda fácilmente...

▶ *Pues yo creo que es una pena no haber estudiado algo relacionado con la comunicación, porque se me da bastante bien relacionarme con la gente.*

▷ *¿Sí? Pues yo al contrario, podría tirarme horas y horas leyendo en casa o viendo películas... Prefiero las actividades más solitarias.*

Alberto: 1. soy un manitas; **2.** ya que estoy, pues pinto el mueble completo; **3.** porque tengo de todo; **4.** ya están pidiéndomelo; **5.** y ya de paso; **6.** Si me dan a elegir, me quedo con el motor.

Según la propuesta didáctica del **enfoque léxico**, el aprendizaje de unidades léxicas es una estrategia que ayudará después al aprendiente a recuperar más fácilmente esas unidades necesarias en una situación concreta.

3

Práctica de transferencia que trata de personalizar los contenidos aprendidos y ayudar a los alumnos a la recuperación de las estructuras vistas en situaciones concretas.

Deje que los alumnos de manera individual piensen en la respuesta. A continuación, póngalos en parejas para que hagan la interacción oral. Puede hacer una puesta en común con algunos datos de los estudiantes.

4

Actividad de comprensión lectora que introduce y motiva la siguiente.

El objetivo en esta secuencia es aplicar el tema de los talentos y los dones al aprendizaje de lenguas. Contextualice e introduzca la lectura con las preguntas que se plantean en el enunciado. Sondee la opinión de los alumnos acerca de si para aprender una lengua es necesario un talento especial o poseer algunas características concretas. Trate de que enumeren cuáles serían.

Indíqueles que pueden usar sus diccionarios para buscar las palabras que no entiendan de los párrafos señalados en negrita.

4.1

Realice la interacción en grupos pequeños. Haga una puesta en común con los factores que los alumnos hayan señalado e introduzca la siguiente actividad.

5

Interacción oral a partir de la cual se introduce vocabulario necesario para la discusión. Como el objetivo de la actividad es también la presentación de léxico, deje que los alumnos primero traten de resolver en parejas las posibles dudas con la ayuda de un diccionario. Una vez que se haya asegurado de que no hay problemas de comprensión, distribuya a los alumnos en grupos pequeños para que discutan sobre el tema. Anímelos a establecer conclusiones y a hacer un pequeño resumen con ellas. Realice una puesta en común con los resultados.

4 **Otro de los talentos que más se observan tiene que ver con el aprendizaje de lenguas. ¿Has oído hablar de la aptitud lingüística? ¿A qué crees que se refiere? Lee el siguiente texto y explica con tus palabras qué significan los fragmentos resaltados.**

En 1967, el psicólogo John Carroll elaboró una prueba para medir la aptitud para las lenguas extranjeras de un estudiante, a partir de la cual la Fundación de Evaluación de Segundas Lenguas creó la conocida *Modern Language Aptitude Test* (MLAT), prueba que desarrolló durante el año lectivo 2004-2005. En ella se describen las habilidades que pueden favorecer el aprendizaje de una lengua:

- Capacidad de **codificación fonética**. Consiste en la **habilidad para discriminar, codificar, recordar y reproducir sonidos** de una segunda lengua (L2).
- **Sensibilidad gramatical**. Capacidad para **reconocer y comprender las diferentes funciones de las palabras**.
- **Capacidad inductiva** de análisis de la L2. Se trata aquí de la capacidad de **inferir reglas** (generalmente gramaticales) **sobre la L2** a partir de las muestras a las que el aprendiz tiene acceso.
- **Memoria asociativa** para **retener y recuperar vocabulario**.

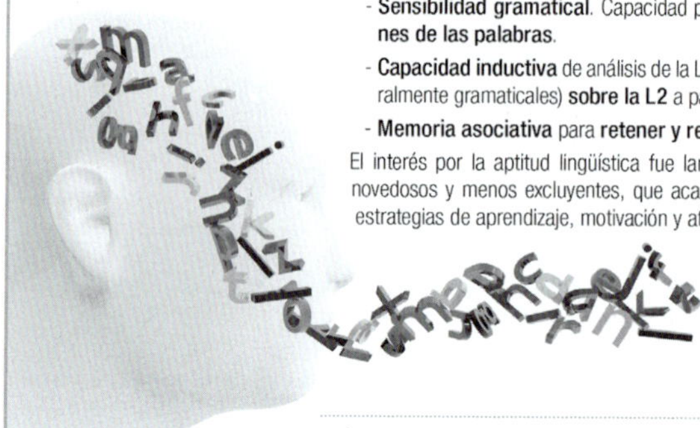

El interés por la aptitud lingüística fue languideciendo al tiempo que surgían otros temas, más novedosos y menos excluyentes, que acaparaban la atención de teóricos y profesores (estilos y estrategias de aprendizaje, motivación y atención...).

En los últimos años, el estudio sobre la aptitud lingüística se ha retomado y presenta las siguientes interrogantes: ¿es un talento innato? ¿Es una habilidad distintiva o está relacionada con otras habilidades más generales, como la inteligencia? ¿Funciona de manera independiente de otros factores también influyentes?

4.1 **¿Qué respuestas se te ocurren para las preguntas que se plantean al final del texto? ¿Qué otros factores crees que pueden influir en el aprendizaje de una L2?**

5 **Mira la lista de los factores que expertos en enseñanza de lenguas consideran que influyen en el mayor o menor éxito del aprendizaje de una lengua y comenta con tu compañero/a de qué manera pueden incidir. Pregunta el significado de las palabras que no entiendas o búscalo en el diccionario.**

1. La lengua materna: monolingüe, bilingüe...
2. Las actitudes: apertura de los estudiantes hacia nuevas experiencias, otras personas, ideas, pueblos, sociedades y culturas, así como el interés que muestran hacia ello.
3. Las motivaciones: intrínsecas y extrínsecas.
4. Los estilos cognitivos: holístico, analítico y sintético.
5. Los factores de personalidad; por ejemplo:
   - locuacidad o parquedad;
   - espíritu emprendedor o indecisión;
   - optimismo o pesimismo;
   - extraversión e introversión;
   - el miedo y la vergüenza;
   - espontaneidad o autocontrol;
   - grado de inteligencia;
   - capacidad memorística;
   - diligencia o pereza;
   - ambición o conformismo;
   - seguridad en uno mismo o falta de seguridad;
   - autoestima o falta de autoestima.

▸ *Yo creo que la lengua materna es muy importante, pero no solo te favorece que sea más parecida, también si en tu sistema de estudios le dan importancia a analizar y reflexionar sobre la lengua...*

‣ 22 Etapas Plus 15 | Nivel C1

Evaluación

Interacción oral

Los magos utilizan en sus trucos manipulaciones visuales, auditivas, sociales y táctiles. ¿Sabes lo que es una ilusión? ¿Conoces algún truco de magia? Lee este breve texto y coméntalo con tus compañeros.

El principio psicológico define una ilusión como lo que ocurre cuando la realidad física no coincide con la percepción que se tiene de ella. Si nuestros ojos ven la profundidad de un paisaje cuando miramos un cuadro, seguramente se debe a cómo interactúan en la mente los bordes y contornos de la imagen, pero eso no nos informa de cómo el cerebro produce dicha ilusión. Un atributo fundamental del cerebro es el de ser capaz de detectar el contraste. Esta propiedad constituye la base de cualquier cognición, incluyendo la capacidad de ver, oír, sentir, pensar y centrar la atención en algo.

Introducción del libro *Los engaños de la mente* de Susana Martínez-Conde y Stephen Macknik

Comprensión auditiva

[4]

Escucha la explicación a un truco de magia. En 1 completa los espacios en blanco y en 2 ordena las imágenes para conocer el truco.

1 En esencia, lo que los magos realizan durante toda la noche ante su audiencia no son más que experimentos de ❶ ...... ciencia cognitiva ......, y pueden llegar a ser mucho más eficientes que nosotros, los científicos, en nuestros laboratorios.

Los trucos de magia funcionan porque el proceso de atención y consciencia del ser humano tiene, por así decirlo, un ❷ ...... cableado ...... fácil de ❸ ...... piratear .... Entender cómo los magos logran hackear nuestro cerebro nos ayudará a comprender mejor cómo funcionan los trucos cognitivos en las estrategias ❹ ...... publicitarias ......, en las negociaciones de las ❺ ...... empresas ...... y en cualquier tipo de relación ❻ ...... interpersonal .... Cuando comprendamos cómo funciona la ❼ ...... magia ...... en la mente del espectador, habremos desvelado las bases ❽ ...... neuronales ...... de la consciencia misma.

2

a 2

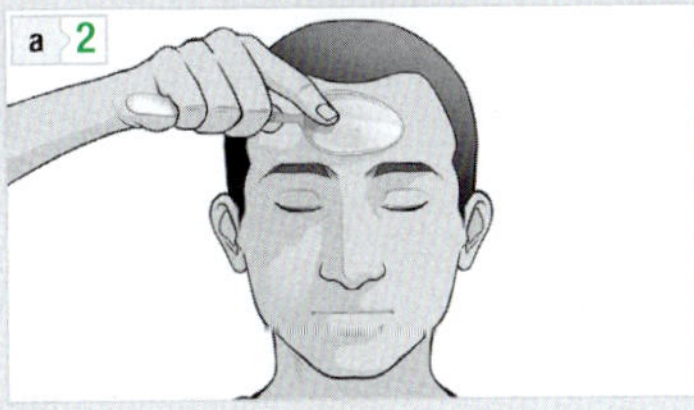

b 3

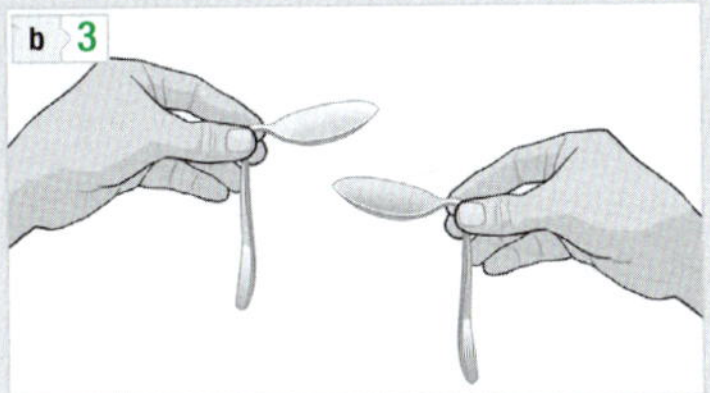

c 1

d 4

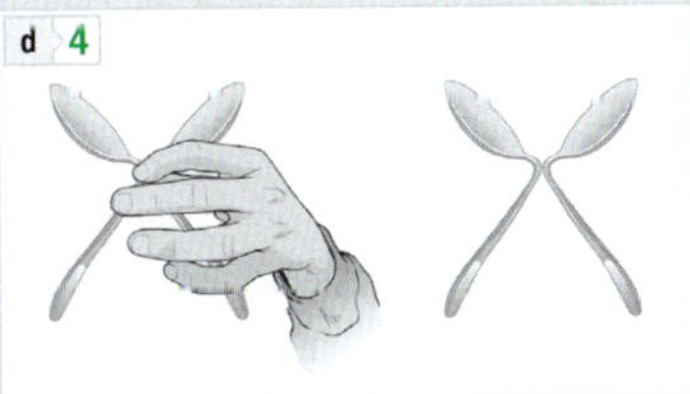

Evaluación

La finalidad de este apartado es evaluar, por un lado, las habilidades y estrategias de los alumnos en las cuatro destrezas y, por otro, la asimilación de los contenidos de la unidad a través de un test que podrá encontrar en la **ELEteca** de Edinumen (eleteca.edinumen.es).

Este cuestionario es interactivo y corregido por la plataforma, de manera que el estudiante podrá examinar sus errores y aciertos y reflexionar sobre su aprendizaje. Cada apartado se evaluará de manera independiente, ya que se trata de que el estudiante valore su competencia en cada una de las destrezas y sea consciente de sus necesidades.

Interacción oral

Se trata de evaluar la habilidad del estudiante para verbalizar una idea, teniendo en cuenta el uso y medida de los silencios, las estrategias comunicativas, los conectores del discurso, los aspectos fonéticos y el paralenguaje, así como los exponentes gramaticales y el vocabulario seleccionados por este de acuerdo con su nivel.

La respuesta de esta prueba es abierta. El profesor la valorará atendiendo a una escala de 0 a 3 (0: suspenso, 1: aprobado, 2: notable, 3: sobresaliente), en función de los siguientes criterios:

- Ha incluido todos los elementos mencionados en la instrucción (0-3).
- Logra con éxito transmitir sus mensajes (0-3).
- Utiliza un estilo adecuado al contexto y a la situación (0-3).
- Presenta una corrección lingüística y gramatical acorde con el nivel exigido (0-3).
- Usa vocabulario variado y se expresa con una precisión léxica acorde con su nivel (0-3).

Haga la actividad en pequeños grupos y circule entre los alumnos para valorar y evaluar la expresión oral de estos.

Comprensión auditiva

Se trata de evaluar la habilidad del estudiante para comprender de una forma intensiva, selectiva o global un texto oral.

Cada pregunta valdrá un punto. Su calificación dependerá del porcentaje de preguntas acertadas.

Aprobado: a partir del 50 %
Notable: entre el 50 % y el 80 %
Sobresaliente: más del 80 %

[4] Véase transcripción en pág. 211.

Comprensión lectora

Se trata de evaluar la habilidad del estudiante para comprender de una forma intensiva, selectiva o global un texto escrito.

Cada pregunta valdrá un punto. Su calificación dependerá del porcentaje de preguntas acertadas.

Aprobado: a partir del 50 %
Notable: entre el 50 % y el 80 %
Sobresaliente: más del 80 %

1. V; **2.** F: Es también químico, intervienen la melanina y los neurotransmisores; **3.** F: Según el texto, se localiza en el hemisferio izquierdo, que es el lado analítico y reflexivo; **4.** V.

Expresión escrita

Se trata de evaluar la habilidad del estudiante para desarrollar una idea, teniendo en cuenta las estrategias comunicativas, el estilo, los conectores del discurso, la estructura del texto, el orden conceptual, la puntuación y la ortografía, así como los exponentes gramaticales y el vocabulario seleccionados por él de acuerdo con su nivel.

La respuesta de esta prueba es abierta. El profesor la valorará atendiendo a una escala de 0 a 3 (0: suspenso, 1: aprobado, 2: notable, 3: sobresaliente), en función de los siguientes criterios:

- Ha incluido todos los elementos mencionados en la instrucción (0-3).
- Logra con éxito transmitir sus mensajes (0-3).
- Utiliza un estilo adecuado al contexto y a la situación (0-3).
- Presenta una corrección lingüística y gramatical acorde con el nivel exigido (0-3).
- Usa vocabulario variado y se expresa con una precisión léxica acorde con su nivel (0-3).

Para generar ideas, puede recordar los diferentes temas en grupo clase y hacer un pequeño guion para desarrollar los temas elegidos.

Comprensión lectora

Lee el siguiente texto sobre el cerebro y contesta si las siguientes afirmaciones son verdaderas o falsas. En el caso de ser falsas, corrígelas.

1. Todos los humanos nacemos con un cerebro igual, pero después va cambiando en cada persona. .... (V) F
2. El aprendizaje tiene lugar a partir de un impulso eléctrico que conecta unas neuronas con otras. .... V (F)
3. El lenguaje se localiza en el hemisferio considerado de la creatividad y la imaginación. .... V (F)
4. La cultura influye en la configuración de nuestro cerebro. .... (V) F

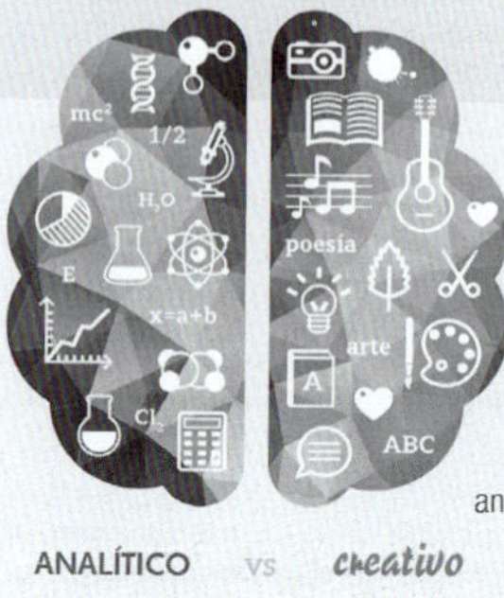

El sistema nervioso está formado por millones de células nerviosas, llamadas neuronas, que tienen la función de transmitir información mediante dos procesos completamente científicos: uno eléctrico y otro químico. Se trata de un sistema de cableado discontinuo, porque hay espacios entre las neuronas (los espacios sinápticos) donde se encuentran unas sustancias químicas, los neurotransmisores (dopamina, serotonina, noradrenalina...), que serán los mediadores entre una información y otra. Es aquí, en ese espacio sináptico, donde dejamos de ser cerebros generales para ser cerebros individuales y pasamos a tener un mapa mental diferente. Cuando nacemos, nuestra estructura anatómica y funcional es común a todos los seres humanos, pero conforme vamos relacionándonos con nuestro entorno, el mapa mental de cada uno se va individualizando.

Anatómicamente, el cerebro está formado por dos hemisferios, el derecho y el izquierdo, cada uno con características diferentes. El hemisferio izquierdo engloba el territorio de las ideas, del contenido. Es analítico, abstracto y racional, y abarca el lenguaje, el análisis, la secuencia lineal, las formulaciones químicas, las operaciones matemáticas y las partituras musicales. El hemisferio derecho es más espacial. En él predominan las formas y los espacios, el arte y la emoción. Es más intuitivo, creativo e imaginativo. Aquí el pensamiento es más expansivo y asociativo.

En realidad, ambos hemisferios están unidos por el cuerpo calloso y existe conexión entre ellos. Los dos están en funcionamiento, pero puede ocurrir que un hemisferio predomine sobre el otro o que exista un equilibrio interhemisferial. Según sea el caso, tendremos una manera u otra de aprender y procesar la información que recibamos.

En Occidente, se ha tendido al dominio de la hemisfericidad izquierda. Sin embargo, en otras culturas no ocurre lo mismo; por ejemplo, en Japón, tienen un mayor equilibrio interhemisferial, ya que, desde niños, el aprendizaje de su idioma se produce a través de dos sistemas: *kana* y *kanji* y cada uno se procesa por un hemisferio cerebral. Además, podemos añadir que, en Japón, las emociones, que aquí se procesan en el hemisferio derecho, se procesan en el izquierdo. Esto puede provocar que la emoción experimentada se convierta en una emoción analizada.

Expresión escrita

Elige un tema de los que han aparecido a lo largo de la unidad y escribe un texto que refleje tu opinión (180-220 palabras).

Contenidos lingüísticos

Haz el cuestionario que te proponemos en ELEteca

▸ 24 Etapas Plus 15 | Nivel C1

Unidad

2 La vivienda

Tareas

- Describir un edificio.
- Debatir sobre la ocupación de viviendas.
- Elaborar un cartel con casas museo inventadas de personajes ficticios.

Contenidos funcionales

- Expresar objeción o rechazo.
- Expresar censura, sorpresa, excusa e incertidumbre.

Contenidos lingüísticos

- Diferencia entre futuro y condicional.
- Diferentes usos del pretérito imperfecto de indicativo.
- Concordancia sujeto-verbo (concordancia *ad sensum*).

Contenidos léxicos

- Tipos de vivienda.
- Vocabulario relacionado con los edificios.
- Sinónimos del adjetivo *raro*.

Contenidos culturales

- El movimiento okupa.
- Cervantes, Sorolla y Picasso.
- El Ratoncito Pérez.

En **ELEteca** tienes material y actividades complementarias a esta unidad.

Unidad 2
La vivienda

El tema vertebrador de esta unidad son los edificios en general y la vivienda en particular.

Invite a sus alumnos a observar la imagen que aparece en la portadilla de la unidad y pregúnteles qué les sugiere. Si los estudiantes dirigen sus ideas hacia las energías renovables, hágales preguntas sobre cómo se pueden aplicar a los edificios y qué consecuencias podrían tener. Pregúnteles si conocen algún edificio especial y por qué lo es. De esta manera, habrá introducido el tema de la unidad.

En contexto

Temas:

- La personalidad y el carácter.
- Tipos de vivienda.
- La construcción sostenible.

El objetivo de este apartado es contextualizar el tema de la unidad, vivienda, así como desarrollar las destrezas de comprensión lectora y de interacción oral.

1

Despierte el interés de sus alumnos utilizando las dos preguntas que aparecen en el libro: "¿Qué es para ti una vivienda?" y "¿Crees que podemos saber cómo es el carácter de una persona a partir de cómo dibuja una casa?". A continuación, pídales que dibujen una casa en un papel en formato apaisado.

1.1

Actividad en la que, a partir del dibujo de una vivienda y a través de una comprensión lectora, se intenta definir el carácter de una persona.

Pídales que, en parejas, intercambien sus dibujos. Haciendo uso de la información que aparece en el texto, deben observar el dibujo y tratar de definir el carácter del autor del mismo. Déjeles unos minutos para realizar esta tarea y después pídales que cuenten sus conclusiones a su compañero/a.

Para realizar la puesta en común, pregunte a los autores de los dibujos si están de acuerdo con el análisis que ha hecho su pareja de su dibujo.

En contexto

1 **¿Qué es para ti una vivienda? ¿Crees que podemos saber cómo es el carácter de una persona a partir de cómo dibuja una casa? Vamos a intentarlo. Dibuja una casa en un papel en horizontal y entrégaselo a un/a compañero/a.**

1.1 **Lee la siguiente información e interpreta el dibujo de tu compañero/a. ¿Está de acuerdo?**

Casa grande Refleja alegría y afectuosidad. Se asocia con un carácter extravertido. Si es pequeña, refleja introversión, timidez e, incluso, dificultad en las relaciones con sus iguales.

Casa alargada Es una señal de la necesidad de crecer. Si es baja, refleja sentimientos de opresión, angustia y preocupación. Cuando se dibuja una casa en dos niveles, se posee un carácter sensible, observador y detallista.

Con jardín En general es un signo positivo. Denota una personalidad extravertida, sensible y abierta a los demás.

Puerta Es el elemento que regula la entrada a nuestro espacio vital. Omitirla significa un bloqueo o necesidad de aislamiento con respecto al mundo exterior. Si la puerta es grande, refleja dependencia de los demás, pero también puede indicar una generosidad extrema.

Ventanas Su ausencia puede indicar que no se es capaz de afrontar la realidad externa. Si, por el contrario, la casa sí tiene ventanas, significa que la persona es muy observadora y capaz de encajar las críticas. Si están adornadas, denota personalidad detallista y sensible.

Tejado Se asocia con la mente humana. Si el techo sobresale, denota carácter temperamental; en cambio, el techo pequeño significa idealismo, utopía.

2 **A lo largo de la historia, la vivienda ha evolucionado adaptándose a la sociedad. Observa las fotos y contesta a las siguientes preguntas.**

1. ¿Sabes cómo se llaman estos tipos de viviendas?
2. ¿Cuáles son sus características?
3. ¿Qué ventajas e inconvenientes tienen?
4. ¿En cuál de ellas te gustaría vivir?

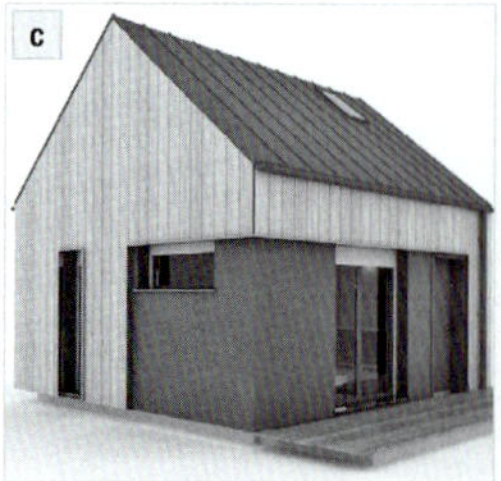

2 y **2.1**

Comprensión lectora sobre tipos de casas. Comience con la preactividad propuesta en 2; si tiene medios, utilice la Proyección 6 con las imágenes y pida a sus alumnos que cierren el libro. Con esta interacción oral se intenta activar su conocimiento previo sobre el tema del texto posterior. Distribuya a los alumnos en parejas y dígales que hablen sobre las cuatro preguntas planteadas. Después, indíqueles que lean el texto de la actividad 2.1 para comprobar si las hipótesis formuladas son correctas o no. Haga una puesta en común de la actividad terminando con la pregunta de en dónde les gustaría vivir a ellos y por qué.

Pág. 27

Unidad 2

2.1 **Lee los siguientes textos y comprueba tus respuestas.**

Casas sostenibles/ecológicas

En los últimos años la arquitectura sostenible ha cobrado una gran relevancia, tanto por su ahorro energético como por su funcionalidad, confort y respeto al medioambiente.

Para desarrollar una construcción ecológica, se tienen que tomar en cuenta factores como la topografía, la utilización de materiales renovables y que exista un proyecto de eficiencia energética con el objetivo de ser autosuficiente e incluso producir más energía de la consumida.

Respecto a su coste, un proyecto de casa sostenible implica un presupuesto mayor comparado con el de una casa tradicional, pero a largo plazo se rentabiliza.

Casas inteligentes

Las llamadas casas inteligentes ya son una realidad. Su origen está en la domótica, cuya principal finalidad es hacer de nuestro hogar un lugar más confortable, seguro, accesible y eficiente. Esto se consigue mediante una gestión inteligente enfocada al ahorro de energía, utilizando la electricidad, la electrónica, la informática y las telecomunicaciones simultáneamente.

En cuanto a los aspectos negativos, la característica más sobresaliente es la vulnerabilidad frente a los *hackers* o piratas informáticos, que podrían acceder a la información del hogar e invadir la privacidad de la casa.

Casas prefabricadas

A veces se piensa que la prefabricación es una manera poco eficiente de creación de edificios; sin embargo, reduce el costo, permite que la construcción del edificio se realice de una forma más rápida y eficiente, y hay gran variedad de diseños a elegir. También se disminuye de manera considerable el daño ambiental, ya que los desechos de la construcción pueden ser reutilizados. Los módulos que componen una casa prefabricada se construyen en fábricas, y luego se transportan, se ensamblan y se ubican en el lugar elegido.

Estas casas se suelen construir donde el suelo es más barato (en las afueras de las ciudades, en el campo, en entornos naturales...), ya que en el centro de la ciudad es casi una tarea imposible por el precio desorbitado que tendría la parcela.

2.2 **Vuelve a leer el texto y escribe la palabra al lado de su definición.**

1. Eficiencia energética: práctica que tiene como objeto reducir el consumo de energía.
2. Presupuesto: estimación del coste de una obra o un servicio.
3. Rentabilizar: hacer que algo sea productivo o provechoso.
4. Simultáneamente: de forma simultánea, al mismo tiempo.
5. Vulnerabilidad: debilidad o fragilidad.
6. Desechos: residuos o desperdicios en una industria.
7. Ensamblar: unir dos o más piezas encajándolas.
8. Parcela: porción pequeña de terreno en la que se puede construir un edificio.

3 **Earthship Biotecture es una organización dedicada a fomentar la construcción sostenible. Escucha el siguiente reportaje y contesta a las preguntas.**

1. ¿Cómo denomina el arquitecto a este tipo de construcción?
2. ¿Qué características tienen sus viviendas?
3. ¿Qué materiales usa?
4. ¿Por qué perdió el título de arquitecto durante una época?
5. ¿Con qué nombre se conoce popularmente a Michael Reynolds?
6. ¿Frente a qué desastres naturales colaboró el arquitecto construyendo este tipo de casas?

Etapas Plus 15 | Nivel C1 ▸ 27

1. **a.** Casas sostenibles; **b.** Casas inteligentes; **c.** Casas prefabricadas. **2. a.** Son viviendas autosuficientes energéticamente; **b.** Se aplica la tecnología a la vivienda; **c.** Son casas compuestas por módulos; **3. a.** La ventaja es el ahorro energético y el respeto al medioambiente, y la desventaja es que, aunque a largo plazo se rentabilice, implica un presupuesto mayor comparado con el de una casa tradicional; **b.** Las ventajas son el ahorro de energía, el confort, la accesibilidad y la eficiencia, y la desventaja es el peligro de *hackers*; **c.** La ventaja es la rapidez de construcción y el coste más barato, la desventaja es el precio de la parcela en el centro de la ciudad; **4.** Respuesta abierta.

Proyección 6 *Tipos de vivienda.*

2.2

Segunda tarea de la comprensión lectora, encaminada a ampliar vocabulario. Las definiciones de las unidades léxicas se encuentran en el mismo orden en que aparecen en los textos, por lo que es recomendable que lea con sus estudiantes el primer párrafo para poner como ejemplo la primera definición. Cuando hayan completado la actividad, pídales que comparen sus respuestas antes de pasar a su corrección.

3

Actividad de comprensión auditiva de escucha selectiva. Pregunte a sus alumnos si conocen la organización Earthship Biotecture; si la respuesta es positiva, deje que cuenten la información de la que disponen. En esta fase de preescucha puede ayudarle proyectar desde internet alguna imagen con viviendas construidas por Michael Reynolds. Infórmelos de que van a escuchar un reportaje sobre esta organización y el tipo de construcción que fomenta, y de que deben responder a las preguntas. Deles unos minutos para leerlas y advierta de que no van a encontrar las respuestas en orden.

1. Nave terrestre; **2.** Hacen todo por sí mismas y no necesitan ninguna infraestructura, generan su electricidad del sol, tratan sus aguas residuales, se calientan, se enfrían e incluso producen su propia comida; **3.** Tierra, latas, neumáticos y botellas de plástico y de cristal; **4.** Realmente no se lo retiraron, lo entregó él porque recibió quejas de sus clientes por defectos en la construcción; **5.** El Guerrillero de la Basura; **6.** En el tsunami de las islas Andaman y en el huracán Katrina.

[5] Véase transcripción en pág. 212.

Edificios raros

Temas:
- Edificios singulares.
- Edificios emblemáticos de España.
- Arquitectura y arquitectos.

Contenidos:
- Sinónimos del adjetivo *raro*.
- Usos del futuro y el condicional y contraste entre ambos.

1

Actividad de interacción oral. Motive la actividad sondeando el grado de interés que poseen sus alumnos acerca del tema de la arquitectura y si ellos mismos disponen de una definición personal sobre lo que significa la palabra *arquitectura*. Pídales que, de manera individual, lean las frases de afamados arquitectos y un escultor que tienen en las páginas 28 y 29 de su libro (también disponibles en la Proyección 7) y que elijan las dos que más les gusten. Posteriormente, haga una puesta en común animándolos a justificar sus respuestas y haciendo que el grupo se quede únicamente con la que consideren la mejor; para ello, puede seguir la dinámica de discusión en pirámide.

Proyección 7 *¿Qué es arquitectura?*

1.1

Para concluir la actividad anterior, pida a sus estudiantes que expliquen lo que saben del escultor o de cada arquitecto citados. Guíelos con las preguntas propuestas en el libro y, si trabajó el nivel B2 con *Etapas*, recuerde que en la *Etapa 11* se habló de algunos arquitectos y se nombró a Norman Foster con sus modelos de ciudad difusa y ciudad compacta. Anímelos, si lo saben, a nombrar arquitectos de sus países y a hablar de sus obras más representativas.

2

Actividad de interacción oral que introduce la comprensión lectora posterior. Si en la tarea anterior han hablado de algún edificio singular o raro, aprovéchelo para transitar a esta actividad. Dirija la atención de los alumnos hacia las fotos de edificios que hay en su libro (también disponibles en la Proyección 8) y pídales que

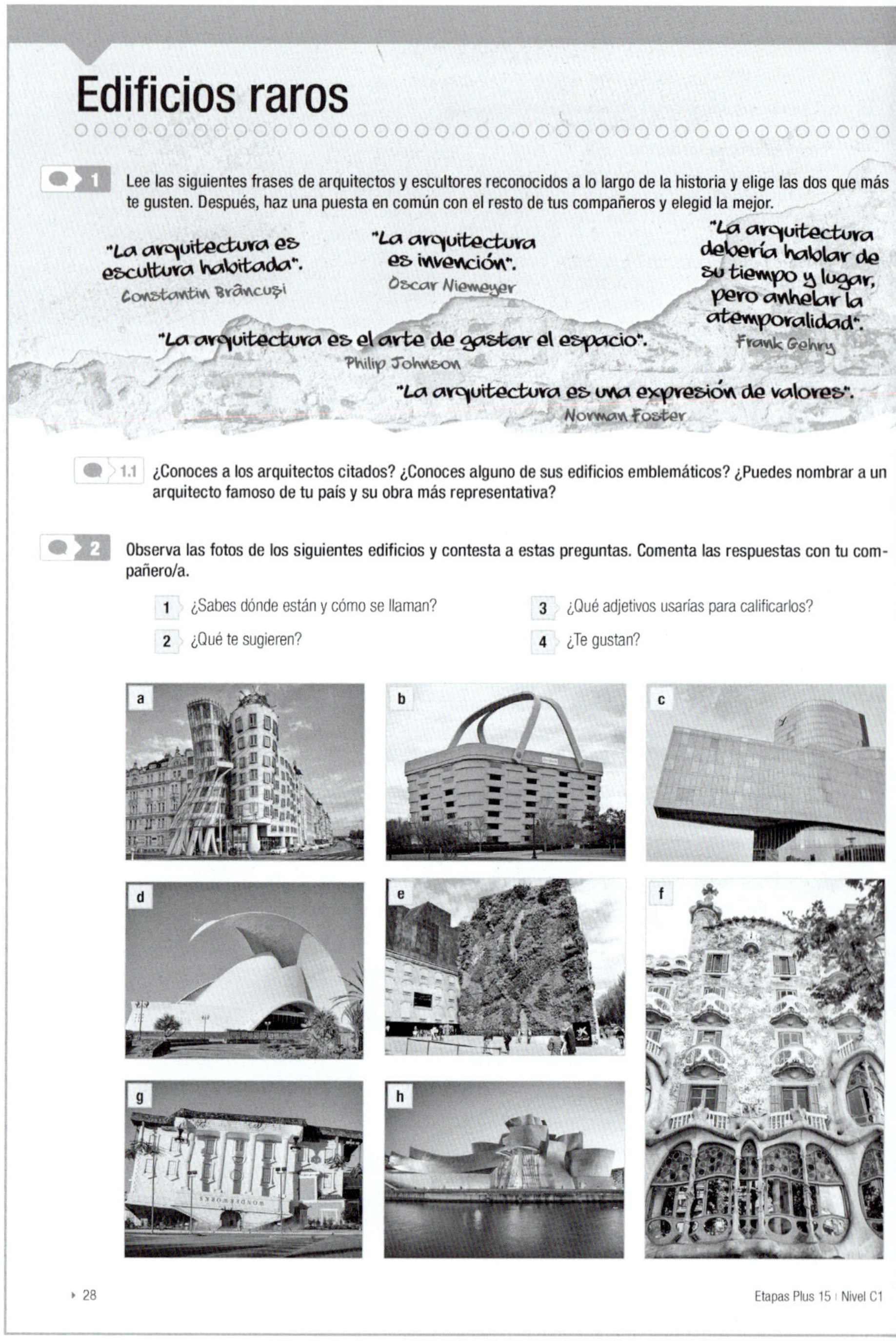

Edificios raros

1 Lee las siguientes frases de arquitectos y escultores reconocidos a lo largo de la historia y elige las dos que más te gusten. Después, haz una puesta en común con el resto de tus compañeros y elegid la mejor.

"La arquitectura es escultura habitada". Constantin Brâncuşi

"La arquitectura es invención". Óscar Niemeyer

"La arquitectura debería hablar de su tiempo y lugar, pero anhelar la atemporalidad". Frank Gehry

"La arquitectura es el arte de gastar el espacio". Philip Johnson

"La arquitectura es una expresión de valores". Norman Foster

1.1 ¿Conoces a los arquitectos citados? ¿Conoces alguno de sus edificios emblemáticos? ¿Puedes nombrar a un arquitecto famoso de tu país y su obra más representativa?

2 Observa las fotos de los siguientes edificios y contesta a estas preguntas. Comenta las respuestas con tu compañero/a.

1. ¿Sabes dónde están y cómo se llaman?
2. ¿Qué te sugieren?
3. ¿Qué adjetivos usarías para calificarlos?
4. ¿Te gustan?

a b c d e f g h

28 Etapas Plus 15 | Nivel C1

respondan a las preguntas en parejas. Pasee por el aula para escuchar sus producciones orales y tome nota de lo que quiera comentar o corregir al final.

1. a. Casa Danzante, en Praga; **b.** Edificio Cesta de la Compra, en Ohio; **c.** Torre Marenostrum, en Barcelona; **d.** Auditorio de Tenerife; **e.** CaixaForum, en Madrid; **f.** Casa Batlló, en Barcelona; **g.** Edificio WonderWorks, en Orlando; **h.** Museo Guggenheim, en Bilbao; **2.** Respuesta abierta; **3.** Respuesta abierta; **4.** Respuesta abierta.

Proyección 8 *Edificios singulares.*

2.1 **Los siguientes textos describen los edificios ubicados en España de la actividad anterior. Léelos y escribe la letra de la imagen que corresponde a cada uno.**

"La madre del arte es la arquitectura. Sin la arquitectura de nuestro propio ser no tenemos alma de nuestra propia civilización".
Frank Lloyd Wright

"Creo que los edificios deberían imitar los ecosistemas ecológicos".
Ken Yeang

1 e Jacques Herzog y Pierre de Meuron diseñaron en 2003 el nuevo proyecto de la sede de CaixaForum en Madrid. Los arquitectos suizos remodelaron por completo un antiguo edificio industrial (la central eléctrica de Mediodía), respetando solamente el perímetro de las fachadas. La nueva propuesta está proyectada como una estructura de ladrillo que se mantiene suspendida en el aire dando una apariencia etérea.

Adaptado de www.arquitecturaespectacular.blogspot.com/2010/10/caixa-forum.html

2 c La Torre Marenostrum es un proyecto de gran espectacularidad, tanto por su ubicación en el frente marítimo de la ciudad como por su concepción de sinuosa y moderna arquitectura, inspirada en una forma rocosa acristalada azotada por los vientos y el agua a los pies del Mediterráneo. Tiene una altura de 88 metros y destaca por su espectacular voladizo que se sostiene sobre el vacío y por su volumetría particular.

Adaptado de www.inmocolonial.com/torre-marenostrum

3 h Quizás uno de los aspectos más característicos de este museo sea el propio edificio, obra del arquitecto Frank Gehry. Se trata de un edificio de formas curvilíneas y retorcidas, recubiertas de piedra caliza, cristal y planchas de titanio que evocan el pasado industrial de la ciudad.
Tiene una forma similar a la de un barco, rindiendo homenaje a la ciudad bilbaína, que antaño tantas industrias navales albergó. Su interior está dotado de amplios espacios, torres de escaleras, largas barandillas y altas cristaleras.

Adaptado de www.esnoticiaweb.com/museo-guggenheim-bilbao

4 f Este edificio emblemático de principios del siglo XX cuenta con una fachada original, fantástica y repleta de imaginación. Gaudí cambió la antigua fachada por un conjunto de piedra y cristal, dio forma ondulada a los muros y los recubrió con *trencadís* de vidrios de colores y discos de cerámica. En la parte superior, el tejado tiene forma de lomo de animal y grandes escamas tornasoladas que evocan a un dragón.

Adaptado de https://www.casabatllo.es/antoni-gaudi/casa-batllo/historia/

5 d El majestuoso perfil del Auditorio se ha convertido en todo un símbolo de la ciudad de Santa Cruz de Tenerife. El edificio se compone de sucesivas plataformas de las que sobresale el gran volumen curvo de la cubierta de la sala principal, cuyo diseño caracteriza por completo al auditorio proporcionándole plasticidad. Está construido con hormigón blanco que, en palabras del propio Calatrava, le permite "moldear formas y desafiar las leyes de la gravedad".

Adaptado de www.arquitecturaespectacular.blogspot.com/2010/04/auditorio-de-tenerife.html

2.2 **Busca en internet información de un edificio poco común y escribe un breve texto describiéndolo. Después, léeselo a tu pareja para que pueda dibujarlo. ¿Se parece al original?**

2.1

Aproveche la puesta en común de la actividad anterior para destacar que cinco de los edificios anteriores se encuentran en ciudades españolas. Despierte el interés de sus alumnos y anímelos a leer los textos que tratan de dichas construcciones. Pídales que, después, relacionen cada texto con las imágenes anteriores escribiendo las letras que acompañan a las imágenes junto al número del texto correspondiente.

2.2

Para terminar esta secuencia sobre edificios especiales, invite a sus estudiantes a buscar otro edificio singular en internet. Pida que, de manera individual, escriban un texto para describirlo. Vaya pasando por las mesas para ayudarlos con el escrito. A continuación, distribuya la clase en parejas: un alumno lee su texto y el otro intenta dibujar el edificio. Después, intercambian roles. Finalmente, pregúnteles si los dibujos realizados se parecen al edificio original.

Constantin Brâncuşi (1876-1957): escultor, pintor y fotógrafo nacido en Rumanía que desarrolló su carrera en Francia. Es considerado pionero del arte moderno. En la ciudad rumana de Târgu Jiu hay un conjunto escultural creado por él en el que destaca la Columna del Infinito, monumento dedicado a los jóvenes fallecidos durante la Primera Guerra Mundial.

Norman Foster (1935): arquitecto inglés cuyos proyectos iniciales son de marcado estilo *high tech*. Entre los múltiples edificios que ha diseñado está una de las cuatro torres del norte de Madrid. Posee varios premios, entre ellos el Príncipe de Asturias de las Artes.

Oscar Niemeyer (1907-2012): arquitecto brasileño considerado uno de los personajes más influyentes de la arquitectura moderna internacional y gran seguidor del arquitecto suizo Le Corbusier. Entre sus obras, destaca la construcción de la nueva capital de Brasil, Brasilia, a mediados del siglo XX.

Frank Lloyd Wright (1867-1959): arquitecto estadounidense, precursor de la arquitectura orgánica e iniciador del estilo arquitectónico Prairie School. Diseñó el Museo Guggenheim de Nueva York y la Casa de la Cascada en Pensilvania.

Philip Johnson (1906-2005): arquitecto estadounidense perteneciente al movimiento de arquitectura posmoderna. En 1979 ganó el primer Premio Pritzker, el mayor galardón en arquitectura. Entre sus obras destaca la Catedral de Cristal (California).

Frank Gehry (1929): arquitecto canadiense reconocido por la peculiaridad de las formas de sus edificios. Posee varias condecoraciones internacionales y sus obras se encuentran tanto en ciudades de EE. UU. como de Europa.

Ken Yeang (1948): arquitecto malasio especialista en arquitectura sostenible. Ha escrito varios tratados sobre diseño ecológico y bioclimático y diseñó el edificio de la Biblioteca Nacional de Singapur.

3

Actividad para mejorar la competencia léxica de sus alumnos en la que se trabaja con adjetivos que pueden utilizarse como sinónimos de *raro*. Déjeles unos minutos para que lean los adjetivos propuestos y busquen en el diccionario, monolingüe o bilingüe, aquellos cuyo matiz de significado desconozcan. Después de haber solucionado con ellos posibles dudas, realice la puesta en común preguntando si utilizarían todos los adjetivos vistos para describir un edificio.

Posible respuesta. Positivos: curioso/a, singular, exótico/a, original; **Negativos:** extraño/a, extravagante, chocante.

3.1

Siga trabajando el léxico desde la pragmática pidiendo a sus alumnos que, en parejas, clasifiquen los adjetivos anteriores según para qué los utilizarían.

Posible respuesta. Personas: curioso/a, atípico/a, singular, exótico/a, extraño/a, original, extravagante, excéntrico/a, insólito/a, particular; Lugares: curioso/a, atípico/a, singular, inusual, exótico/a, extraño/a, original, insólito/a, particular; **Situaciones:** curioso/a, atípico/a, singular, inusual, extraño/a, original, insólito/a, chocante, particular.

3.2

Asociado a personas, *curioso/a* significa entrometido/a, inclinado/a a enterarse de cosas ajenas; *extraño/a* significa persona desconocida, y *particular* significa que no tiene un título o cargo oficial o no es una empresa.

4

Comienza aquí una secuencia cuyo objetivo es presentar el contraste entre el futuro y el condicional para expresar objeciones. Contextualice la primera tarea informando de que van a leer varios comentarios extraídos de un blog sobre arquitectura referidos a los edificios que han visto en la actividad 2. El objetivo de esta primera tarea es exponer al alumnado a los modelos de lengua con la tarea de decidir si los comentarios son positivos o negativos. Pídales que marquen la opción correspondiente al principio de cada comentario. Si quiere rentabilizar más la actividad, puede invitar a sus estudiantes a que piensen y argumenten a qué edificio se refiere cada comentario.

---

3 **Los edificios de la actividad 2 no son muy comunes, son diferentes, un poco raros. Observa los siguientes adjetivos; se consideran sinónimos de *raro*, aunque cada uno expresa un matiz diferente. Busca en el diccionario el significado de los que no conozcas y clasifícalos en positivos (+) y negativos (-). Marca también cuáles usarías para describir un edificio.**

- ○ curioso/a .... + -
- ○ atípico/a .... + -
- ○ singular .... + -
- ○ inusual .... + -
- ○ exótico/a .... + -
- ○ extraño/a .... + -
- ○ original .... + -
- ○ extravagante .... + -
- ○ excéntrico/a .... + -
- ○ insólito/a .... + -
- ○ chocante .... + -
- ○ particular .... + -

3.1 **Decide con tu compañero/a cuáles de los anteriores adjetivos usaríais también para describir...**

Personas

Lugares

Situaciones

3.2 **¿Conoces otros significados de los adjetivos *curioso/a, extraño/a* y *particular*? Coméntalo con tu compañero/a.**

4 **En un blog de arquitectura hemos encontrado opiniones sobre los edificios anteriores. Léelas y marca cuáles son positivas y cuáles negativas.**

arquiblog

1. ⊕ ⊖ Mamen P., dices que es muy original?????? **Será** muy original pero a mí, la verdad, no me lo parece. Yo recuerdo un edificio de hace muchos años, uno de Miami, el Atlantis Condominium, que fue muy famoso precisamente por un gran agujero en la mitad de su estructura.
2. ⊕ ⊖ Respondiendo a Maribel 1982, en su época **sería** rompedor pero ahora mismo ya se ven bastantes edificios del mismo estilo, están todos cortados por el mismo patrón, ya estoy un poco cansada.
3. ⊕ ⊖ Parece un edifico sacado de un cuento. Los detalles de la fachada, el interior, los materiales, las vidrieras, el mármol, los azulejos, los acabados perfectos..., todo, es que no tengo palabras.
4. ⊕ ⊖ Es una construcción supermoderna. Yo recomiendo verla al atardecer, se te ponen los pelos de punta. No os arrepentiréis.
5. ⊕ ⊖ Pepe25 apunta que ha recibido bastantes premios, y los **habrá recibido**, pero desde luego que hay otros edificios que son bastante más interesantes. Lo que ocurre es que el arquitecto está de moda, y claro...
6. ⊕ ⊖ El edificio **tendrá** mucho estilo y todo lo que tú quieras (Sara80), pero no pega nada con el resto de los edificios, la verdad es que desentona bastante.
7. ⊕ ⊖ La arquitectura es una pasada, impresiona por su altura, por su forma y especialmente por las diferentes tonalidades. Es punto obligado de visita.

30 · Etapas Plus 15 | Nivel C1

Unidad 2

4.1 **Observa de nuevo las opiniones anteriores y completa el cuadro con el nombre de las formas verbales que se utilizan. Escribe también un ejemplo para cada caso.**

Contraste futuro / condicional

1. Usamos el **futuro** ...simple... para expresar objeciones sobre un hecho presente o futuro:
   – ....
   Usamos el **futuro** ...compuesto... para expresar objeciones sobre un hecho pasado:
   – ....
2. Usamos el **condicional** ...simple... para expresar objeciones sobre un hecho o situación pasados:
   – ....
   Usamos el **condicional** ...compuesto... para expresar objeciones anteriores a otro evento a su vez anterior al momento de la enunciación:
   – *Habrían invertido mucho en ese proyecto, pero por el resultado final nadie lo diría.*

4.2 **Ampliamos un poco de gramática. En los siguientes diálogos aparecen otros usos del futuro. ¿Cuáles expresan mandato? ¿Cuáles tienen el mismo significado que *espero que, no creo que, confío en que...*?**

1 ....

▸ Mamá, ¿puedo venir esta noche más tarde? Soy la única de mis amigas que se va tan pronto.
▹ ¡Ni hablar!, ya te lo he dicho mil veces.
▸ Anda..., solamente hoy, de verdad.
▹ Que no, que mientras vivas conmigo **harás** lo que yo diga.

2 ....

▸ Oye, ¿a qué hora vamos a quedar hoy?
▹ ¿Hoy?
▸ No me fastidies, no lo **habrás olvidado**, que te lo dije la semana pasada, hoy es la cena de Juan, recuérdalo.

3 ....

▸ Hola, cariño, ¿qué tal lo habéis pasado el fin de semana?
▹ Muy bien, mamá. Carol hizo unas pizzas el sábado y estuvimos escuchando música y viendo películas hasta las tantas. ¿Cuándo volvéis?
▸ Esta noche, salimos ya del hotel. **Habréis limpiado** toda la casa, ¿no?

4 ....

▸ Sabíais que la fecha límite de entrega era hoy, así que los que no hayan presentado el trabajo **harán** un examen sobre estos contenidos si quieren aprobar la asignatura.
▹ ¡Joooooo, profe! Solo una semana más...
▸ Lo siento mucho, pero no sería justo para los compañeros que sí lo han entregado. Si teníais algún problema con los plazos, me lo **deberíais haber comentado** antes.

5 **Trabaja con un/a compañero/a y escribid dos diálogos usando el futuro simple o el futuro compuesto. Después representadlos y votad cuál es el mejor, teniendo en cuenta la situación y la entonación.**

Etapas Plus 15 | Nivel C1 ▸ 31

4.1

Actividad de sistematización. Llame la atención de sus alumnos sobre los verbos resaltados en la actividad anterior y pregúnteles qué tiempos verbales son. Indíqueles que uno de los usos de estos tiempos es el de hacer objeciones y, a continuación, anímelos a observar las frases que los contienen para completar la reflexión gramatical del cuadro (disponible en la Proyección 9). Compruebe si los ejemplos elegidos son correctos y resuelva las dudas si las hubiera.

Proyección 9 *Contraste futuro / condicional.*

Si quiere reforzar este contenido, le recomendamos las actividades 2.3, 2.4 y 2.5 del Libro de ejercicios, páginas 209 y 210.

4.2

Actividad en la que se amplían los usos del futuro. Anime a sus alumnos a que lean los diálogos y escriban en la línea en blanco si creen que el futuro o el condicional en negrita expresan mandato o equivalen a *espero que, no creo que* o *confío en que*.

1. Expresa mandato; **2.** Tiene el mismo significado que *espero que, no creo que, confío en que...*; **3.** Tiene el mismo significado que *espero que, no creo que, confío en que...*; **4.** Expresa mandato.

Para practicar más, le recomendamos la actividad 2.6 de la página 210 del Libro de ejercicios.

5

Práctica comunicativa de los usos del futuro. Forme parejas y pídales que piensen en una situación para escribir un diálogo utilizando el futuro con los usos presentados en la unidad. Pasee por la clase para ayudarlos y corregir sus textos. Pídales que preparen una representación del diálogo ensayando la entonación. Al final, realice todas las representaciones y haga una votación para elegir el mejor diálogo, teniendo en cuenta la adecuación a la situación y la entonación.

El movimiento okupa

Temas:

- El movimiento okupa.
- El Patio Maravillas de Madrid.

Contenidos:

- Usos del pretérito imperfecto de indicativo.

1

Comience con una lluvia de ideas para activar el conocimiento previo de los estudiantes y así introducir y motivar el tema. Escriba *movimiento okupa* en la pizarra o use la Proyección 10 e invite a sus alumnos a escribir alrededor palabras que relacionen con dicho movimiento. A continuación, pregúnteles la razón por la que han escrito cada palabra y haga que se expliquen entre ellos significados desconocidos.

Deténgase en el cuadro de atención que ofrece información sobre la palabra *okupa*, incluida en el Diccionario de la RAE.

Proyección 10 *El movimiento okupa.*

2

Comprensión lectora donde se introduce contenido cultural sobre el movimiento okupa. Divida la clase en dos grupos: A y B, y asígnele a cada uno el texto identificado con la letra correspondiente. Dígales que, en grupo, intenten completarlo imaginando qué palabras pueden faltar en cada espacio. Después, distribuya la clase en parejas dejando un alumno A con uno B y anímelos a que se hagan preguntas, siguiendo la dinámica de un vacío de información para que comparen sus hipótesis con el texto original.

Estudiante A: 1. surge; **2.** inmuebles; **3.** fines; **4.** grupo social; **5.** reivindicación; **6.** especulación; **7.** popularizada. **Estudiante B: 1.** social; **2.** abandonados; **3.** culturales; **4.** justifica; **5.** digno; **6.** protesta; **7.** acepción.

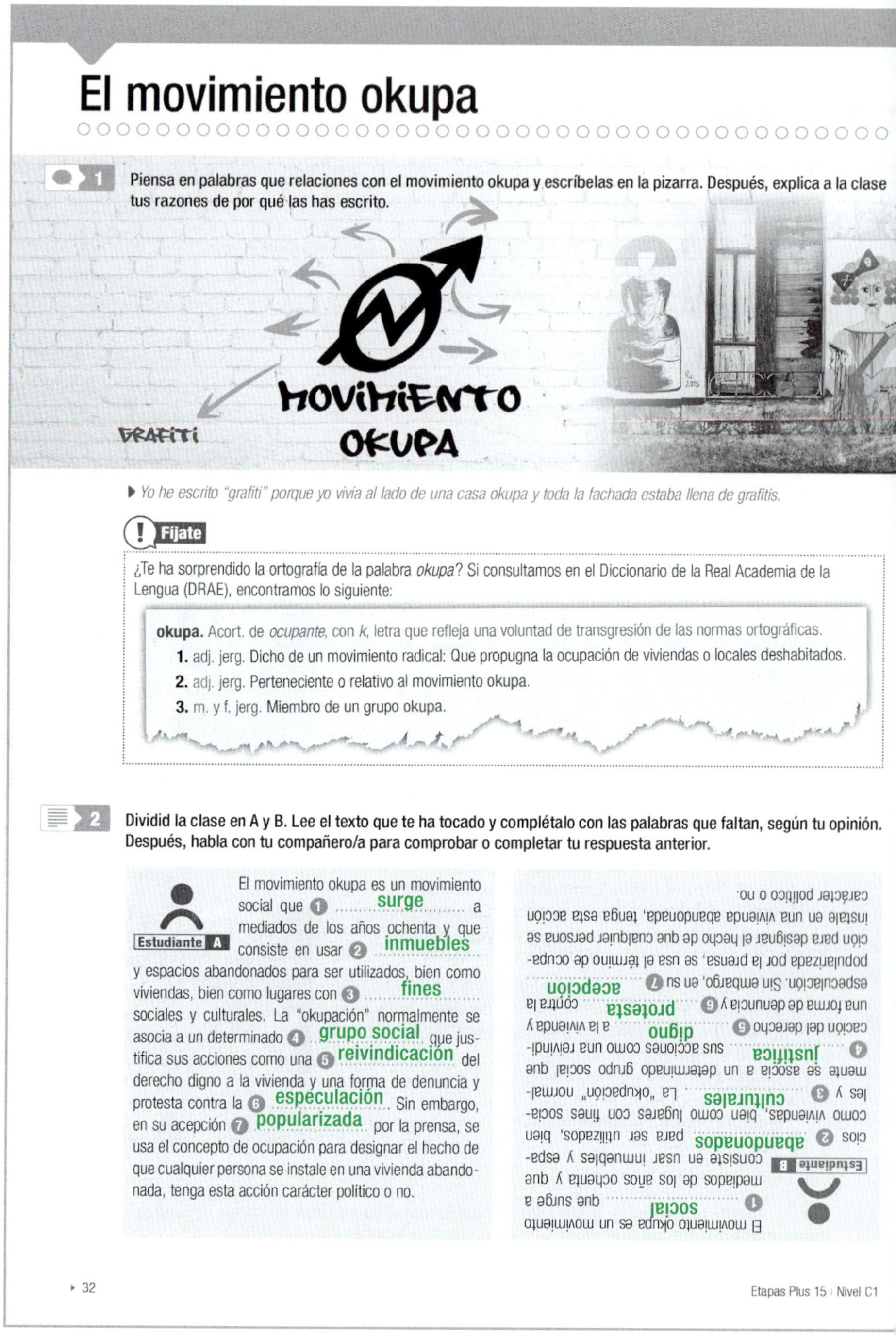

3 Lee las opiniones que alguna gente tiene sobre los okupas y comenta con tus compañeros si estás de acuerdo o no.

1. Los okupas son muy liberales.
2. Tienen muchos problemas económico-sociales.
3. Son anarquistas y se rebelan contra el sistema.
4. Los okupas realizan muchas actividades culturales.
5. Es más difícil okupar en zonas rurales que en las urbanas.
6. Los okupas luchan contra la especulación.

4 Escucha la entrevista que le hicieron a un okupa y escribe si las siguientes afirmaciones son verdaderas o falsas según lo que se dice en ella.

	V	F
1. Normalmente, cuando hay un desalojo se avisa con antelación.	✓	
2. Según el entrevistado, el fenómeno de la ocupación es debido a la falta de viviendas.		✓
3. A los okupas les gustaría que los ayuntamientos los apoyaran en la realización de las actividades culturales.		✓
4. La mayoría de los okupas pertenecen a asociaciones ecologistas.	✓	
5. La ocupación no desaparecerá mientras la sociedad no cambie.	✓	

4.1 Lee las siguientes frases y marca quién las dice en la entrevista. Después, discute con tu compañero/a qué crees que expresa el pretérito imperfecto en cada caso.

	Periodista	Héctor
1. Es que con todo este jaleo ni me acordaba de que habíamos quedado.		✓
2. ¿No tenías que habérmelo confirmado?		✓
3. La manifestación era mañana, ¿verdad?	✓	
4. Es que como la puerta estaba abierta y…	✓	
5. La entrevista era hoy, ¿no?	✓	
6. Anda, ¿estabas aquí?		✓
7. Y nosotros, ¿qué sabíamos?		✓
8. ¿No debían estar tus compañeros?	✓	

4.2 Completa la tabla con las frases de la actividad anterior y escribe tú otros ejemplos.

Usos del pretérito imperfecto de indicativo

Además de los usos básicos que ya conoces, existen otros usos del imperfecto:

Imperfecto de excusa	Imperfecto de incertidumbre
– Es que con todo este jaleo ni me acordaba de que habíamos quedado. – Es que como la puerta estaba abierta y… – Y nosotros, ¿qué sabíamos?	– La manifestación era mañana, ¿verdad? – La entrevista era hoy, ¿no? –
Imperfecto de censura	**Imperfecto de sorpresa**
– ¿No tenías que habérmelo confirmado? – ¿No debían estar tus compañeros? –	– Anda, ¿estabas aquí? –

3

Actividad de interacción oral. Para motivarla, puede comenzar preguntando si el movimiento okupa es positivo, negativo o neutro; deje un par de minutos para que los alumnos expresen sus opiniones. Después, pídales que lean las seis opiniones de su libro y que, individualmente, piensen si están o no de acuerdo con ellas. Con esto ya tendrá propiciada la polémica para debatir en grupo clase sobre las frases.

4

Compresión auditiva en la que aparecen contextualizados los modelos de lengua en imperfecto de indicativo con diferentes valores. Utilice alguna de las ideas de la interacción oral anterior para transitar a esta actividad. Dígales que van a escuchar una entrevista a un joven okupa y que así podrán entender mejor su punto de vista. Haga una primera escucha en la que los alumnos marquen si las frases son verdaderas o falsas.

1. V; **2.** F: Se debe a que la vivienda está muy mal repartida y tienes casi que empeñarte para tener una casa; **3.** F: Les gustaría poder llevar a cabo actividades sin la tutela ni la organización del Ayuntamiento ni de ninguna institución; **4.** V; **5.** V.

[6] Véase transcripción en pág. 212.

4.1

En una primera fase, ponga a sus alumnos en parejas para que decidan si esas frases las ha dicho el periodista o Héctor, el joven okupa. Si lo considera oportuno, vuelva a reproducir la pista 6 para que lo comprueben. Finalmente, guíelos hacia la reflexión sobre la intención comunicativa del imperfecto de indicativo en cada frase.

4.2

Reflexión sobre diferentes usos del pretérito imperfecto de indicativo. Pregunte al grupo en qué tiempo están los verbos de las frases de 4.1 (imperfecto de indicativo) y revise con ellos los usos de este tiempo que aparecen en el cuadro (disponible en la Proyección 11). A continuación, dígales que clasifiquen las frases de 4.1 colocándolas en el apartado correspondiente y anímelos a escribir sus propios ejemplos.

Proyección 11 *Usos del pretérito imperfecto de indicativo.*

5

Práctica formal de los usos del imperfecto de indicativo. Pida a los alumnos que piensen el valor (excusa, censura, incertidumbre o sorpresa) que tienen los verbos en ese tiempo en los diálogos y que lo escriban en el espacio en blanco.

5.1

Cierre la actividad animando a los alumnos a deducir por el contexto el significado de las dos expresiones que están destacadas en negrita en los diálogos anteriores. Dígales que elijan la opción correcta.

Si su grupo necesita más práctica con los usos del imperfecto, tiene las actividades 2.7, 2.8 y 2.8.1 de las páginas 210 y 211 del Libro de ejercicios.

6

Breve comprensión lectora que da pie a una interacción oral. Pregunte a los estudiantes si conocen algún espacio ocupado emblemático. Si la respuesta es afirmativa, no deje que ofrezcan mucha información y pase a presentar el Patio Maravillas de Madrid. Los alumnos leen el texto para tener más ideas y ampliar datos sobre lugares similares que conozcan.

5 **Lee los diálogos y escribe al lado el uso correspondiente del pretérito imperfecto destacado.**

1. *Censura* — ▶ Me voy a apuntar ahora mismo a la actividad de mañana. Tú vas, ¿no?
   ▷ Sí, pero te aviso que es jueves y que ya no quedan plazas, ¿no **tenías** que haberlo hecho antes?
2. **Censura** — ▶ Mamá, me ha llamado María para ir al cine. Te prometo que no vendré tarde.
   ▷ ¿Ahora?, ¿no **ibas** a hacer los deberes?
3. **Excusa** — ▶ **Me he quedado a cuadros** cuando has comentado delante de Juan lo que te conté sobre él. Él confiaba en mí y yo te lo dije porque nos lo contamos todo. No **tenías** que haber dicho nada.
   ▷ ¿Y yo qué **sabía**? No me dijiste que fuera un secreto.
4. **Sorpresa** — ▶ Pero, ¿no **estabas** en París?
   ▷ ¡Qué va!, cambié el billete.
5. **Incertidumbre** — ▶ El autobús a Segovia de mañana **salía** a las 8, ¿no?
   ▷ Creo que sí.
6. **Sorpresa** — ▶ ¡Anda! ¿**Eras** tú? **Qué callado te lo tenías**.
   ▷ Sí, lo que pasa es que no me apetecía airearlo.
7. **Excusa** — ▶ No me puedo creer lo que me has contado, es tremendo.
   ▷ Ya, ¿y yo qué **podía** hacer?, nada.
8. **Incertidumbre** — ▶ La exposición **se clausuraba** hoy, ¿verdad?
   ▷ Sí, sí, hoy termina.

5.1 **Mira las frases destacadas en negrita de los diálogos anteriores y elige cuál es su significado correcto.**

1. *Quedarse a cuadros* expresa:
   a. estar triste.
   (b.) estar sorprendido.
2. *Qué callado te lo tenías* se dice:
   (a.) cuando alguien esconde una información por interés o conveniencia propia.
   b. cuando alguien esconde una información porque no le está permitido contarla.

6 **El Patio Maravillas era un espacio ocupado muy famoso de Madrid. Lee la información y explica si conoces un centro similar.**

Fachada del antiguo Patio Maravillas.

El Patio Maravillas surgió como un espacio para promover múltiples iniciativas culturales (talleres, charlas, exposiciones...), diferentes proyectos de autoempleo, asambleas políticas, etc.

Este espacio tuvo diferentes ubicaciones, la mayoría de ellas en el céntrico barrio de Malasaña. Todos los centros fueron desalojados, el último en la calle San Mateo.

el patio maravillas

▸ 34 Etapas Plus 15 | Nivel C1

Unidad 2

7 En los periódicos podemos leer numerosas noticias sobre el fenómeno de la ocupación. Lee la que te proponemos y contesta a las preguntas.

1. ¿Cuál puede ser el titular de la noticia? Escríbelo en su lugar correspondiente.
2. ¿Cuál es el resumen?
3. ¿Qué ideas se te ocurren que puede llevar a cabo un gobierno para solucionar este tipo de problemas?
4. En esa situación, ¿harías lo mismo?
5. ¿Conoces casos similares en tu país?

Titular ....

Europa Press, Madrid

Un centenar de agentes de la Guardia Civil ha intervenido en el desalojo de un bloque de 60 viviendas ocupadas en Collado Villalba a raíz de la orden judicial emitida a tal efecto por el Juzgado de esta localidad.

Según han confirmado a Europa Press fuentes de la Guardia Civil, el desalojo se ha producido sin incidentes, y ha tenido lugar en la calle Madrid, 12, en el barrio de la Estación.

En el Ayuntamiento de la localidad, responsables municipales han explicado que, debido a que algunos de los okupas son familias con menores a su cargo, se les ha ofrecido ser realojados en viviendas sociales del municipio. Del mismo modo, han explicado que el inmueble en cuestión pertenecía a Bankia y que las personas que vivían en el mismo lo ocupaban desde hacía un año. "Debido a la situación de estas familias, el Ayuntamiento, a través de los Servicios Sociales, ha realizado una actuación asistencial urgente para que la vida de estas personas se viese alterada lo menos posible. Es una situación de extrema necesidad, por eso se ha actuado tan rápidamente", ha añadido la alcaldesa de Collado Villalba, Mariola Vargas.

8 Y para terminar, vamos a organizar un debate sobre la ocupación de edificios. Seguid los siguientes pasos.

A Completad la lista de los temas de los que podéis debatir:

1. Familias que no pueden pagar una hipoteca y ocupan casas vacías.
2. Ocupación de edificios de bancos, del gobierno...
3. Ocupación de casas cuando los inquilinos están de vacaciones.
4. Ocupación de edificios con fines sociales.
5. El movimiento okupa es una subcultura.
6. ....
7. ....
8. ....

B Elegid entre todos los temas de los que queréis debatir y desarrollad los argumentos a favor o en contra para iniciar el debate.

Etapas Plus 15 | Nivel C1

7

Comprensión lectora a partir de una noticia sobre un desalojo. Diga a los alumnos que lean el texto para responder a las preguntas. Como se trata de preguntas de respuesta abierta, haga una puesta en común final sobre sus ideas.

Respuesta abierta. El titular real de la noticia es el siguiente: "Desalojan por orden judicial un bloque de 60 viviendas ocupadas en Villalba".

8

Debate para desarrollar la interacción oral. El objetivo de la parte A de la actividad es generar ideas para el debate que se llevará a cabo posteriormente. En la parte B, divida la clase en dos grupos: uno a favor de la ocupación de edificios y otro en contra. Deje el tiempo suficiente para que los estudiantes piensen en los argumentos que utilizarán para defender su postura. Modere el debate y vaya tomando nota de errores que quiera corregir al final.

Casas museo

Temas:

- Personajes relevantes de la cultura española: Cervantes, Sorolla y Picasso.
- Las casas museo.
- El ratoncito Pérez.

Contenidos:

- La concordancia *ad sensum*.

1

Despierte el interés de sus alumnos preguntando si conocen a los personajes de las imágenes (disponibles en la Proyección 12). A continuación, deles los nombres e identifique a cada uno.

Proyección 12 *Casas museo.*

1.1 y **1.2**

Comprensión lectora sobre las biografías de los personajes anteriores encaminada a contextualizar el tema del apartado: las casas museo. Active el conocimiento previo de los estudiantes pidiéndoles que respondan, antes de la lectura, a las preguntas de selección múltiple de la actividad 1.1. Posteriormente, invítelos a confirmar sus hipótesis con la lectura de los textos.

Casas museo

1 Mira las siguientes imágenes de personajes relevantes españoles y escribe su nombre. ¿Qué sabes de ellos? Coméntalo con un/a compañero/a.

1 **Miguel de Cervantes**

2 **Joaquín Sorolla**

3 **Pablo Picasso**

1.2 Lee los siguientes textos para comprobar tus respuestas anteriores.

Miguel de Cervantes

(Alcalá de Henares, España, 1547 - Madrid, 1616) Cuarto hijo de un modesto médico, Rodrigo de Cervantes, y de Leonor de Cortinas, Cervantes vivió una infancia marcada por los acuciantes problemas económicos de su familia, que en 1551 se trasladó a Valladolid, sede de la corte, en busca de mejor fortuna.

En 1569 salió de España, probablemente por algún problema con la justicia, y se instaló en Roma. Allí ingresó en la milicia, en la compañía de don Diego de Urbina, con la que participó en la batalla de Lepanto. En este combate naval contra los turcos fue herido en la mano izquierda, que le quedó anquilosada.

En 1584 se casó con Catalina Salazar de Palacios, y al año siguiente se publicó su novela pastoril *La Galatea*. La primera parte de *El ingenioso hidalgo don Quijote de la Mancha* apareció en 1605; el éxito de este libro fue inmediato y considerable, y aunque no le sirvió para salir de la miseria, sí le valió para publicar otras obras que ya tenía escritas: las *Novelas ejemplares*, el *Viaje del Parnaso* y las *Comedias y entremeses*.

En 1615, meses antes de su muerte, envió a imprenta el segundo tomo del *Quijote*, con lo que quedaba completa la obra que lo sitúa como uno de los más grandes escritores de la historia y como el fundador de la novela en el sentido moderno de la palabra.

Adaptado de www.biografiasyvidas.com/biografia/c/cervantes.htm

Joaquín Sorolla

(Valencia, 1863 - Cercedilla, España, 1923) Pintor español. Formado en su ciudad natal con el escultor Capuz, estudió posteriormente las obras del Museo del Prado y, gracias a una beca, pudo residir y estudiar en Roma de 1884 a 1889. Un viaje a París en 1894 lo puso en contacto con la pintura impresionista, lo que supuso una verdadera revolución en su estilo. Abandonó los temas anteriores y comenzó a pintar al aire libre, dejándose invadir por la luz y el color del Mediterráneo. Son precisamente las obras de colores claros y pincelada vigorosa que reproducen escenas a orillas del mar las que más se identifican con el arte de Sorolla.

Su estilo agradable y fácil hizo que recibiera innumerables encargos, los cuales le permitieron gozar de una desahogada posición social. Su fama rebasó las fronteras españolas para extenderse por toda Europa y Estados Unidos, donde expuso en varias ocasiones. De 1910 a 1920 pintó una serie de murales con temas regionales para la Hispanic Society of America de Nueva York.

En el estilo más característico de Sorolla, el de técnica y concepción impresionista, destaca la representación de la figura humana (niños desnudos, mujeres con vestidos vaporosos) sobre un fondo de playa o de paisaje. Algunos críticos consideran estas obras un cruce entre los impresionistas franceses y los acuarelistas ingleses. Existe una importante colección de su pintura en el Museo Sorolla de Madrid.

www.biografiasyvidas.com/biografia/s/sorolla.htm

36 Etapas Plus 15 | Nivel C1

1.1 **Vamos a aprender más cosas de estos tres personajes. Lee las siguientes frases y elige la que piensas que es correcta.**

1. Cervantes nació en…
   - ✓ **a.** Alcalá de Henares.
   - **b.** Valladolid.
2. A Cervantes se le conocía como…
   - ✓ **a.** "el manco de Lepanto".
   - **b.** "el cojo de Lepanto".
3. La primera parte del *Quijote* se publicó en 1605. En esa época…
   - **a.** pasó totalmente desapercibido.
   - ✓ **b.** tuvo un éxito inmediato.
4. Cervantes murió…
   - **a.** antes de publicar la segunda parte del *Quijote*.
   - ✓ **b.** después de publicar la segunda parte del *Quijote*.
5. Sorolla fue un pintor que…
   - ✓ **a.** pudo vivir gracias a su obra.
   - **b.** pasó muchas dificultades en su época.
6. Sorolla estuvo influenciado por…
   - **a.** el expresionismo.
   - ✓ **b.** el impresionismo.
7. En la Hispanic Society of America se pueden ver lienzos de Sorolla que representan…
   - ✓ **a.** las diferentes regiones de España.
   - **b.** retratos de personajes relevantes españoles del siglo XIX.
8. Picasso fue el fundador del simbolismo.
   - **a.** Sí.
   - ✓ **b.** No.
9. La obra más influyente de Picasso en el arte del siglo XX fue…
   - **a.** El *Guernica*.
   - ✓ **b.** *Las señoritas de Avignon*.
10. El *Guernica* se pintó…
    - **a.** en 1939.
    - ✓ **b.** en 1937.

Pablo Picasso

(Málaga, 1881 - Mougins, Francia, 1973) Pintor español. La trascendencia de Picasso no se agota en la fundación del cubismo. A lo largo de su dilatada trayectoria, Pablo Picasso exploró incesantemente nuevos caminos e influyó en todas las facetas del arte del siglo XX, encarnando como ningún otro la inquietud y receptividad del artista contemporáneo.

Entre 1901 y 1904, Pablo Picasso alternó su residencia entre Madrid, Barcelona y París, mientras su pintura entraba en la etapa denominada *período azul*, fuertemente influida por el simbolismo. En la primavera de 1904, Picasso decidió trasladarse definitivamente a París y establecerse en un estudio en la ribera del Sena. En esta época su pintura experimentó una nueva evolución, caracterizada por una paleta cromática tendente a los colores tierra y rosa (*período rosa*).

A finales de 1906, Pablo Picasso empezó a trabajar en una composición de gran formato que iba a cambiar el curso del arte del siglo XX: *Las señoritas de Avignon*. En esta obra cumbre confluyeron numerosas influencias.

El estallido de la guerra civil española lo empujó a una mayor concienciación política, fruto de la cual es una de sus obras más universalmente admiradas, el mural de gran tamaño *Guernica* (1937). Se trata de una impresionante denuncia del bombardeo de la aviación alemana, que arrasó esta población vasca en una acción de apoyo a las tropas franquistas.

Convertido ya en una leyenda en vida, el artista se retiró al castillo de Vauvenargues, donde continuó trabajando incansablemente hasta el día de su muerte.

Adaptado de www.biografiasyvidas.com/biografia/p/picasso.htm

2 **Piensa en un artista relevante de tu país, busca información y escribe su biografía.**

3 **Lee las recientes estadísticas sobre las visitas a la casa museo de Cervantes y escribe un sinónimo de las palabras destacadas.**

1. **La media** mensual de visitantes ha sido de unos 3000.
2. Un 35 % viene con grupos **concertados**.
3. La mayoría de los visitantes acuden sin reserva **previa**.
4. El 58 % participa en **talleres** infantiles y juveniles.
5. El 20 % de los visitantes son **de nacionalidad extranjera**.

2

Actividad de expresión escrita en la que los alumnos escriben la biografía de un artista relevante de su país o de otro que les guste o interese. Puede recopilar todos los textos al final y hacer un libro de biografías.

3

Actividad para presentar la concordancia *ad sensum*. Informe a sus alumnos de que los tres personajes españoles cuyas biografías han leído tienen una casa museo y dígales que van a leer unas frases estadísticas sobre las visitas a la casa museo de Picasso. Pida que sustituyan las palabras resaltadas en las frases por un sinónimo. Aquí le ofrecemos una posible respuesta, aunque, si los alumnos contestan otras opciones, deberá comprobar si son acertadas o no.

Posible respuesta. 1. El promedio; **2.** acordados; **3.** anterior/anticipada; **4.** conferencias/actividades; **5.** extranjeros/de otros países.

El Museo Casa Natal de Picasso se encuentra en Málaga. Es la casa en la que el pintor nació en 1881 y en la que vivió hasta 1884. Cuenta con una exposición permanente que contiene obras y objetos personales del artista y de su familia. Además, hay una biblioteca especializada y un continuo programa de exposiciones temporales y de actividades culturales.

El Museo Casa Natal de Cervantes se halla en Alcalá de Henares, ubicado en el lugar donde, según los estudiosos, estaba la casa familiar de Miguel de Cervantes Saavedra, en la que el escritor nació y pasó sus primeros años. Las diferentes habitaciones evocan las costumbres, gustos y quehaceres cotidianos de los siglos XVI y XVII, buscando percibir la presencia de sus moradores. El museo cuenta, además, con un importante fondo bibliográfico de ediciones cervantinas de diversas épocas y diferentes idiomas que se exhiben en la sala de exposiciones temporales.

El Museo Sorolla se encuentra en Madrid, en el edificio donde el pintor tuvo su última casa y taller. Conserva el ambiente original, tanto de la vivienda como del taller, y alberga la más rica colección de sus obras. Es una de las casas de artista más completas y mejor conservadas de Europa, y su jardín, también diseñado por él, es un precioso oasis en medio de la ciudad.

3.1

Reflexión sobre el uso de la concordancia *ad sensum*. Haga que los estudiantes observen los modelos de lengua que aparecían en la actividad 3 y que elijan la opción correcta en cada caso.

Para practicar más este contenido, tiene la actividad 2.10 de la página 212 del Libro de ejercicios.

4

Compresión lectora que sirve para llevar a cabo una exposición oral y en la que se introduce el contenido cultural del Ratoncito Pérez. Siga las indicaciones del Libro del alumno para que los estudiantes hablen de algún personaje de ficción parecido.

5

Con esta actividad se pretende seguir generando ideas para la tarea final del apartado: inventar una casa museo de un personaje ficticio. Pida a los alumnos que lean el texto y piensen a qué personaje ficticio se refiere.

6 y 6.1

Tarea final del epígrafe con la que se trabajan diferentes destrezas. En parejas, los alumnos piensan en un personaje ficticio que les gustaría que tuviera una casa museo. Negocian para inventar los datos que se proponen en el Libro del alumno. Para finalizar, pídales que presenten sus casas museo y que elaboren un cartel con ellas, en el que podrán incluir la información y añadir dibujos.

3.1 Vuelve a leer las frases de la actividad anterior y marca la opción correcta en cada caso.

Concordancia *ad sensum* (sujeto-verbo)

1. Cuando las expresiones como *el 20 % de los visitantes* o *la mayoría de los visitantes* son el sujeto de la oración, el verbo está en singular / plural.
2. Cuando el sujeto es *el 35 %*, el verbo está en singular / plural.

En el primer caso, aunque el sujeto *(el 20 %... /la mayoría...)* es singular, el verbo es plural. Esto es posible por la concordancia *ad sensum* (por el sentido). La RAE reconoce estas alternancias de número en la concordancia sujeto-verbo con sustantivos de interpretación cuantitativa *(mayoría, resto, totalidad)* y cuando el sujeto va acompañado de un complemento *(... de los visitantes)*.

4 ¿Sabes quién es el Ratón Pérez o Ratoncito Pérez? ¿Sabes que este personaje ficticio también tiene su casa museo en Madrid? Lee la información y explica si hay un personaje parecido en tu país.

El Ratoncito Pérez es un personaje de leyenda muy popular entre los niños españoles e hispanoamericanos. La tradición se basa en un ritual consistente en que, cuando a un niño se le cae un diente de leche, lo coloca debajo de la almohada y, mientras duerme, este personaje mágico se lo cambia por un pequeño regalo.

En España, este personaje apareció por primera vez en un cuento infantil atribuido a Luis Coloma y fue escrito para el futuro rey Alfonso XIII, que entonces tenía ocho años y al que se le había caído un diente.

EL Ratoncito Pérez es el primer personaje ficticio al que el Ayuntamiento de Madrid homenajea con una placa conmemorativa, instalada en la calle Arenal, 8, lugar donde se ubica su casa museo.

5 La casa museo del Ratoncito Pérez no es la única del mundo dedicada a un personaje ficticio. Lee la siguiente información y escribe de quién se trata.

Casa museo de ...... Sherlock Holmes ......

Inaugurada en 1990, es una casa museo dedicada a la vida y la época de un famoso detective. Según las historias del novelista Sir Arthur Conan Doyle, la casa victoriana situada en Baker Street que ocupa el museo fue la vivienda de los personajes de sus famosas novelas.

La casa tiene tres plantas y está repleta de muebles y objetos decorativos que se encuentran en las mismas condiciones que describen los relatos. La primera planta es una de las más llamativas porque en ella se encuentra el dormitorio del personaje. En la segunda se sitúan las habitaciones del doctor Watson y Mrs Hudson, en las que se pueden observar las pertenencias de los personajes. En la tercera planta hay diversas figuras de cera que representan algunos de los personajes de los casos más representativos a los que se enfrentó el osado detective.

6 Piensa con un/a compañero/a qué casa museo de un personaje ficticio te gustaría que existiera. Fíjate en lo siguiente:

Nombre | Ubicación | Horario | Precios | Actividades | Edificio | Colección

6.1 Haced una puesta en común de las casas museo que habéis elegido y elaborad un cartel con dibujos para colgarlo en la clase.

▸ 38 Etapas Plus 15 | Nivel C1

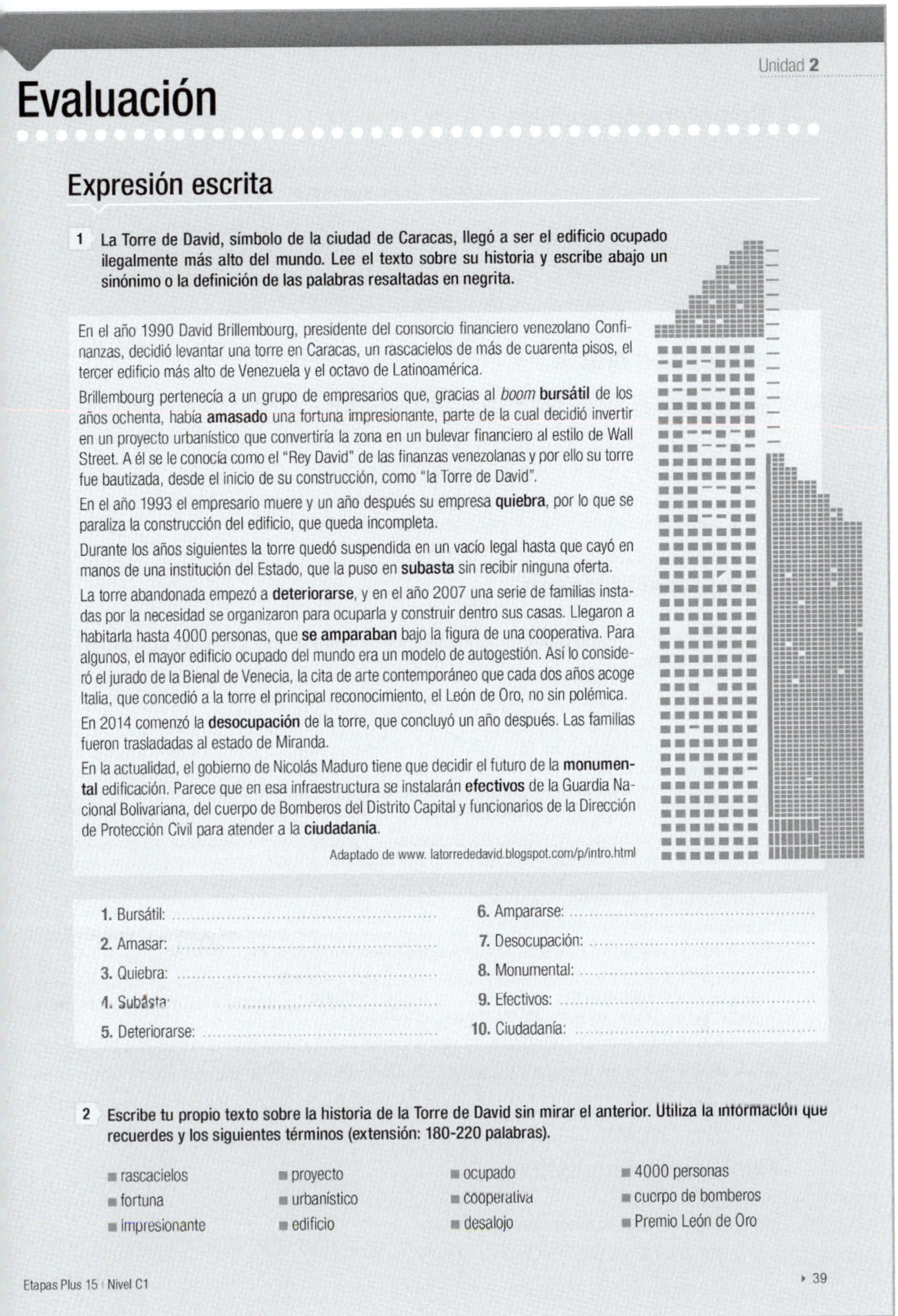

Evaluación

Expresión escrita

1 **La Torre de David, símbolo de la ciudad de Caracas, llegó a ser el edificio ocupado ilegalmente más alto del mundo. Lee el texto sobre su historia y escribe abajo un sinónimo o la definición de las palabras resaltadas en negrita.**

En el año 1990 David Brillembourg, presidente del consorcio financiero venezolano Confinanzas, decidió levantar una torre en Caracas, un rascacielos de más de cuarenta pisos, el tercer edificio más alto de Venezuela y el octavo de Latinoamérica.

Brillembourg pertenecía a un grupo de empresarios que, gracias al *boom* **bursátil** de los años ochenta, había **amasado** una fortuna impresionante, parte de la cual decidió invertir en un proyecto urbanístico que convertiría la zona en un bulevar financiero al estilo de Wall Street. A él se le conocía como el "Rey David" de las finanzas venezolanas y por ello su torre fue bautizada, desde el inicio de su construcción, como "la Torre de David".

En el año 1993 el empresario muere y un año después su empresa **quiebra**, por lo que se paraliza la construcción del edificio, que queda incompleta.

Durante los años siguientes la torre quedó suspendida en un vacío legal hasta que cayó en manos de una institución del Estado, que la puso en **subasta** sin recibir ninguna oferta.

La torre abandonada empezó a **deteriorarse**, y en el año 2007 una serie de familias instadas por la necesidad se organizaron para ocuparla y construir dentro sus casas. Llegaron a habitarla hasta 4000 personas, que **se amparaban** bajo la figura de una cooperativa. Para algunos, el mayor edificio ocupado del mundo era un modelo de autogestión. Así lo consideró el jurado de la Bienal de Venecia, la cita de arte contemporáneo que cada dos años acoge Italia, que concedió a la torre el principal reconocimiento, el León de Oro, no sin polémica.

En 2014 comenzó la **desocupación** de la torre, que concluyó un año después. Las familias fueron trasladadas al estado de Miranda.

En la actualidad, el gobierno de Nicolás Maduro tiene que decidir el futuro de la **monumental** edificación. Parece que en esa infraestructura se instalarán **efectivos** de la Guardia Nacional Bolivariana, del cuerpo de Bomberos del Distrito Capital y funcionarios de la Dirección de Protección Civil para atender a la **ciudadanía**.

Adaptado de www. latorrededavid.blogspot.com/p/intro.html

1. Bursátil: ....

2. Amasar: ....

3. Quiebra: ....

4. Subasta: ....

5. Deteriorarse: ....

6. Ampararse: ....

7. Desocupación: ....

8. Monumental: ....

9. Efectivos: ....

10. Ciudadanía: ....

2 **Escribe tu propio texto sobre la historia de la Torre de David sin mirar el anterior. Utiliza la información que recuerdes y los siguientes términos (extensión: 180-220 palabras).**

- rascacielos
- fortuna
- impresionante
- proyecto
- urbanístico
- edificio
- ocupado
- cooperativa
- desalojo
- 4000 personas
- cuerpo de bomberos
- Premio León de Oro

Evaluación

La finalidad de este apartado es evaluar, por un lado, las habilidades y estrategias de los alumnos en las diferentes destrezas y, por otro, la asimilación de los contenidos de la unidad a través de un test que podrá encontrar en la **ELEteca** de Edinumen (eleteca.edinumen.es).

Este cuestionario es interactivo y corregido por la plataforma, de manera que el estudiante podrá examinar sus errores y aciertos y reflexionar sobre su aprendizaje. Cada apartado se evaluará de manera independiente, ya que se trata de que el estudiante valore su competencia en cada una de las destrezas y sea consciente de sus necesidades.

Expresión escrita

Se trata de evaluar la habilidad del estudiante para desarrollar una idea, teniendo en cuenta las estrategias comunicativas, el estilo, los conectores del discurso, la estructura del texto, el orden conceptual, la puntuación y la ortografía, así como los exponentes gramaticales y el vocabulario seleccionados por este de acuerdo con su nivel.

La respuesta de esta prueba es abierta. El profesor la valorará atendiendo a una escala de 0 a 3 (0: suspenso, 1: aprobado, 2: notable, 3: sobresaliente), en función de los siguientes criterios:

- Ha incluido todos los elementos mencionados en la instrucción (0-3).
- Logra con éxito transmitir sus mensajes (0-3).
- Utiliza un estilo adecuado al contexto y a la situación (0-3).
- Presenta una corrección lingüística y gramatical acorde con el nivel exigido (0-3).
- Usa vocabulario variado y se expresa con una precisión léxica acorde con su nivel (0-3).

1

1. financiero, bancario, relacionado con la bolsa; **2.** reunir una gran cantidad de dinero; **3.** fracaso, cuando deja de funcionar un negocio; **4.** venta pública en la que se adjudican bienes; **5.** estropearse, dañarse; **6.** ponerse bajo la protección de alguien; **7.** acción de desocupar: dejar un lugar libre de obstáculos o sacar lo que hay dentro de algo; **8.** que es muy grande o impresionante; **9.** cuerpos de seguridad bajo un mismo mando a quienes se les asigna una misión en equipo; **10.** conjunto de habitantes de una nación.

2

Utilice el texto para generar el contenido de la expresión escrita. Después, pida a los estudiantes que no lo miren y que intenten reconstruirlo con lo que recuerden y las palabras propuestas.

Comprensión auditiva

Se trata de evaluar la habilidad del estudiante para comprender de una forma intensiva, selectiva o global un texto oral.

Cada pregunta valdrá un punto. Su calificación dependerá del porcentaje de preguntas acertadas.

Aprobado: a partir del 50 %
Notable: entre el 50 % y el 80 %
Sobresaliente: más del 80 %

1. Consiste en ofrecer hospedaje desinteresadamente; **2.** Surgió porque un joven americano quería viajar gratis a Islandia; **3.** En 2004; **4.** Hay que registrarse en la página y completar el perfil; **5.** El anfitrión tiene que proporcionar un lugar donde dormir y puede ofrecer otros servicios como desayuno o comida; **6.** Si se usa correctamente, sí, y además, se pueden leer las referencias de otros usuarios; **7.** Ofrece también foros de intercambio de información y la posibilidad de organizar eventos y diferentes actividades.

[7] Véase transcripción en pág. 213.

Interacción oral

Se trata de evaluar la habilidad del estudiante para verbalizar una idea, teniendo en cuenta el uso y medida de los silencios, las estrategias comunicativas, los conectores del discurso, los aspectos fonéticos y el paralenguaje, así como los exponentes gramaticales y el vocabulario seleccionados por este de acuerdo con su nivel.

La respuesta de esta prueba es abierta. El profesor la valorará atendiendo a una escala de 0 a 3 (0: suspenso, 1: aprobado, 2: notable, 3: sobresaliente), en función de los siguientes criterios:

- Ha incluido todos los elementos mencionados en la instrucción (0-3).
- Logra con éxito transmitir sus mensajes (0-3).
- Utiliza un estilo adecuado al contexto y a la situación (0-3).
- Presenta una corrección lingüística y gramatical acorde con el nivel exigido (0-3).
- Usa vocabulario variado y se expresa con una precisión léxica acorde con su nivel (0-3).

Tome como punto de partida el contenido de la comprensión auditiva anterior y proponga a los estudiantes conversar sobre las preguntas de prueba. Haga la actividad en pequeños grupos y circule entre los alumnos para tomar notas que le ayuden a evaluar la expresión e interacción oral de estos.

Comprensión auditiva

[7]

¿Sabes que es posible viajar por todo el mundo gratis alojándote en diferentes viviendas? Lo puedes hacer a través del *couchsurfing*. Escucha la audición y contesta a las siguientes preguntas.

1. ¿En qué consiste?
2. ¿Cómo surgió el proyecto?
3. ¿En qué año empezó?
4. ¿Qué hay que hacer para poder usar el *couchsurfing*?
5. ¿Qué tiene que ofrecer el anfitrión?
6. ¿Es una forma de alojarse segura?
7. ¿Qué ofrece esta red además de buscar y facilitar alojamiento?

Interacción oral

Responde a las siguientes preguntas relacionadas con el *couchsurfing*.

1. ¿Utilizarías la red para alojarte gratis?, ¿por qué?
2. ¿Acogerías a un inquilino en tu casa?, ¿por qué?
3. ¿Crees que el *couchsurfing* tiene relación con la crisis económica o con una filosofía de vida?
4. ¿Conoces a alguien que lo haya hecho? ¿Cómo fue su experiencia?

Comprensión lectora

Otro tipo de viaje alternativo gratuito es el *wwoofing*. Lee el siguiente texto y completa la información con las palabras del cuadro.

acuerda ■ invita ■ formulario ■ cuota ■ trueque ■ nativas ■ sostenibles
abarca ■ facilita ■ acrónimo ■ sustenta ■ accede

El *wwoofing* es una red mundial que (1) ...**facilita**... el trabajo voluntario en granjas ecológicas a cambio de hospedaje y manutención sin que haya dinero de por medio. *WWOOF* proviene de World Wide Opportunities on Organic Farms (oportunidades internacionales en granjas orgánicas), una organización internacional que (2) ...**abarca**... más de cien países, y que (3) ...**invita**... a trabajar y a vivir en establecimientos que desarrollen actividades (4) ...**sostenibles**...

La idea nació en Londres en 1971, cuando Sue Coppard invitó a unos compañeros de trabajo a una granja orgánica en las afueras de la ciudad. Lo pasaron fenomenal y decidieron repetir la experiencia. Crearon una organización que llamaron Working Weekends on Organic Farms (WWOF), trabajando los fines de semana en granjas orgánicas, y, con el tiempo, cambiaron su (5) ...**acrónimo**... al actual.

La mayoría de los voluntarios son jóvenes, graduados universitarios, que quieren vivir una experiencia viajera diferente. Lo que buscan es conocer profundamente otras culturas, conviviendo con personas (6) ...**nativas**...

El wwoofing funciona de una forma muy sencilla: el voluntario (7) ...**accede**... a la página web de la organización, completa un (8) ...**formulario**... y paga anualmente una (9) ...**cuota**... cercana a los 38 dólares para acceder a toda la información que cada país le ofrece para contactar con los agricultores asociados. Una vez que se pone en contacto con el agricultor que elige, (10) ...**acuerda**... cuánto tiempo va a estar y las condiciones que tendrá que cumplir.

Es importante resaltar que este modo de viajar está relacionado con un tipo de filosofía que se opone al consumismo, puesto que la base económica que lo (11) ...**sustenta**... es un (12) ...**trueque**... de trabajo físico a cambio de alojamiento.

Contenidos lingüísticos

Haz el cuestionario que te proponemos en ELEteca

40 Etapas Plus 15 | Nivel C1

Comprensión lectora

Se trata de evaluar la habilidad del estudiante para comprender de una forma intensiva, selectiva o global un texto escrito.

Cada pregunta valdrá un punto. Su calificación dependerá del porcentaje de preguntas acertadas.

Aprobado: a partir del 50 %
Notable: entre el 50 % y el 80 %
Sobresaliente: más del 80 %

Unidad

3

Los beneficios del deporte

Tareas

- Debatir sobre la actividad de ir al gimnasio.
- Hacer un listado de advertencias y razones para hacer ejercicio.
- Descubrir deportes minoritarios.
- Crear el reglamento de un nuevo deporte.

Contenidos funcionales

- Controlar la atención del interlocutor.
- Hacer advertencias.
- Transmitir el grado de certeza o seguridad de una afirmación.
- Expresar concesión.
- Expresar sensaciones físicas.

Contenidos lingüísticos

- Uso de subjuntivo.
- El gerundio concesivo.
- Oraciones concesivas con imperfecto y pluscuamperfecto de subjuntivo.

Contenidos léxicos

- Material deportivo.
- Los beneficios del deporte.
- Sensaciones físicas.
- Expresiones relacionadas con el deporte.

Contenidos culturales

- Deportes poco conocidos.
- Biografías de deportistas.

En **ELEteca** tienes material y actividades complementarias a esta unidad.

Unidad 3

Los beneficios del deporte

El tema general de esta unidad es el deporte: sus beneficios, algunos deportes raros y diversos deportistas de élite.

Utilice la imagen que aparece en la portadilla para introducir el tema de la unidad. Haga que sus alumnos la miren para decir qué les sugiere. Una vez que se nombre el concepto de deporte, sondee con los objetos que aparecen en la foto qué léxico conocen. Realice una lluvia de ideas sobre otros deportes.

En contexto

Temas:

- Definición de deporte.
- Dificultad de empezar una actividad deportiva.
- El gimnasio.

El objetivo de este apartado es contextualizar el tema que se va a trabajar en la unidad, el deporte, y fomentar la relación con los compañeros en actividades que requieren un trabajo colaborativo.

1 y 1.1

Pida a sus alumnos que ordenen las palabras para crear la célebre frase latina. Después promueva una charla en clase a partir de las preguntas del enunciado de 1 y, a continuación, invítelos a comprobar sus hipótesis leyendo la definición que aparece en el texto de 1.1.

1.2

Informe a sus alumnos de que existen otras frases relacionadas con la práctica deportiva pronunciadas por personalidades del deporte, la política, la cultura, etc. Anímelos a leerlas y a marcar aquellas con las que estén de acuerdo. Después, provoque una interacción oral para opinar sobre estas definiciones comparando y justificando su elección.

En contexto

1 Ordena las siguientes palabras para formar una expresión del latín clásico. ¿Qué crees que significa? ¿De dónde procede? ¿Cuándo se usa? Habladlo en parejas.

SANA | IN | CORPORE | MENS | SANO

Mens sana in corpore sano

1.1 Lee ahora la definición y comprueba si es similar a lo que habéis comentado.

Parece ser que esta expresión proviene de uno de los poemas satíricos escritos por el autor romano Décimo Junio Juvenal sobre el siglo II d. C., época en la que se daba gran importancia a la mente, al cuerpo y al alma del individuo. Se puede traducir como "una mente sana en un cuerpo sano" y fue a partir del siglo XIX cuando empezó a utilizarse para popularizar y fomentar la práctica del deporte como una forma de vida saludable.

1.2 Existen otras frases históricas relacionadas con el deporte. ¿Qué opinas sobre ellas? Marca aquellas con las que estés de acuerdo.

1. ☐ "El segundo es el primero de los perdedores". Ayrton Senna
2. ☐ "Es imposible imaginar que Goethe o Beethoven pudieran ser buenos en el billar o el golf". H. L. Mencken
3. ☐ "El talento gana partidos, pero el trabajo en equipo y la inteligencia ganan campeonatos". Michael Jordan
4. ☐ "El deporte es el departamento de juguetes de la vida humana". Howard Cosell
5. ☐ "El deporte gusta porque halaga la avaricia, es decir, la esperanza de poseer más". Montesquieu
6. ☐ "El deporte tomado en serio es como la guerra pero sin tiros". George Orwell
7. ☐ "El deporte tiene el poder de transformar el mundo. Tiene el poder de inspirar, de unir a la gente como pocas otras cosas… Tiene más capacidad que los gobiernos de derribar las barreras sociales". Nelson Mandela

1.3 ¿Y cómo definirías tú el deporte en una frase? Escríbelo en tu cuaderno, después compara tu definición con la de tus compañeros.

2 Responde a estas preguntas antes de leer el texto. Después, lee y compara con tus respuestas.

1. ¿Por qué es tan difícil empezar a hacer ejercicio?
2. ¿Qué actividad física es la más recomendable para empezar?
3. ¿Qué actividades físicas requieren menos esfuerzo?
4. ¿Por qué correr es tan popular?
5. ¿Qué cosas debemos tener en cuenta si pensamos salir a correr?

Que ponerse a hacer ejercicio no es tarea fácil es algo que sabemos todos. Si llevamos una vida sedentaria, lo habitual es que cada pequeño esfuerzo físico que hagamos nos cueste mucho; pero lo importante es armarse de valor, calzarse unas zapatillas, atarse los cordones y empezar a sudar la camiseta. Poco a poco el cuerpo se adaptará al ejercicio y, con el tiempo, empezaremos a disfrutar de él.

Cuando una persona decide ponerse a hacer ejercicio, hay dos opciones frecuentes: salir a correr o apuntarse a un gimnasio. Una buena forma de empezar es salir a andar y darnos una buena caminata, y poco a poco ir aumentando

42 Etapas Plus 15 Nivel C1

1.3

Utilice de modelo las frases de la actividad anterior para pedir a sus estudiantes que escriban su propia definición de deporte en una frase. Haga una puesta en común y recójalas, si le parecen interesantes, para recopilarlas en un mural o en las redes sociales del centro.

2

Comprensión lectora sobre la dificultad que supone el hecho de comenzar una actividad deportiva. Distribuya la clase en parejas para que, antes de leer, respondan a las preguntas propuestas con el objetivo de despertar su interés y activar su conocimiento previo. De esa forma, además, asociamos una tarea a la lectura posterior: deben leer para comprobar sus anteriores hipótesis. Haga la puesta en común focalizando el interés en las diferencias entre sus opiniones antes y después de leer.

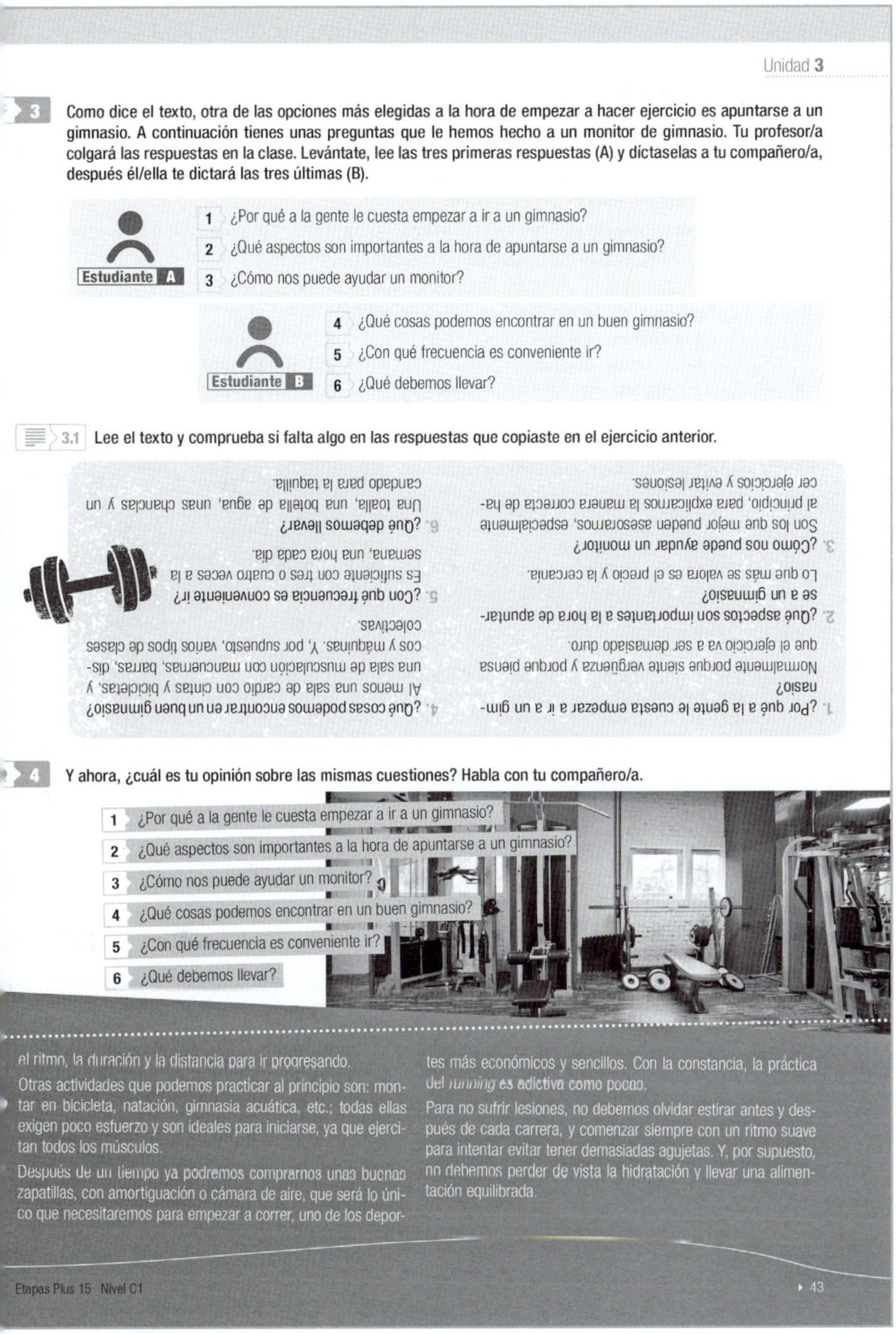
Unidad 3

3 Como dice el texto, otra de las opciones más elegidas a la hora de empezar a hacer ejercicio es apuntarse a un gimnasio. A continuación tienes unas preguntas que le hemos hecho a un monitor de gimnasio. Tu profesor/a colgará las respuestas en la clase. Levántate, lee las tres primeras respuestas (A) y díctaselas a tu compañero/a, después él/ella te dictará las tres últimas (B).

Estudiante A
1. ¿Por qué a la gente le cuesta empezar a ir a un gimnasio?
2. ¿Qué aspectos son importantes a la hora de apuntarse a un gimnasio?
3. ¿Cómo nos puede ayudar un monitor?

Estudiante B
4. ¿Qué cosas podemos encontrar en un buen gimnasio?
5. ¿Con qué frecuencia es conveniente ir?
6. ¿Qué debemos llevar?

3.1 Lee el texto y comprueba si falta algo en las respuestas que copiaste en el ejercicio anterior.

1. ¿Por qué a la gente le cuesta empezar a ir a un gimnasio? Normalmente porque siente vergüenza y porque piensa que el ejercicio va a ser demasiado duro.
2. ¿Qué aspectos son importantes a la hora de apuntarse a un gimnasio? Lo que más se valora es el precio y la cercanía.
3. ¿Cómo nos puede ayudar un monitor? Son los que mejor pueden asesorarnos, especialmente al principio, para explicarnos la manera correcta de hacer ejercicios y evitar lesiones.
4. ¿Qué cosas podemos encontrar en un buen gimnasio? Al menos una sala de cardio con cintas y bicicletas, y una sala de musculación con mancuernas, barras, discos y máquinas. Y, por supuesto, varios tipos de clases colectivas.
5. ¿Con qué frecuencia es conveniente ir? Es suficiente con tres o cuatro veces a la semana, una hora cada día.
6. ¿Qué debemos llevar? Una toalla, una botella de agua, unas chanclas y un candado para la taquilla.

4 Y ahora, ¿cuál es tu opinión sobre las mismas cuestiones? Habla con tu compañero/a.

1. ¿Por qué a la gente le cuesta empezar a ir a un gimnasio?
2. ¿Qué aspectos son importantes a la hora de apuntarse a un gimnasio?
3. ¿Cómo nos puede ayudar un monitor?
4. ¿Qué cosas podemos encontrar en un buen gimnasio?
5. ¿Con qué frecuencia es conveniente ir?
6. ¿Qué debemos llevar?

el ritmo, la duración y la distancia para ir progresando.
Otras actividades que podemos practicar al principio son: montar en bicicleta, natación, gimnasia acuática, etc.; todas ellas exigen poco esfuerzo y son ideales para iniciarse, ya que ejercitan todos los músculos.
Después de un tiempo ya podremos comprarnos unas buenas zapatillas, con amortiguación o cámara de aire, que será lo único que necesitaremos para empezar a correr, uno de los deportes más económicos y sencillos. Con la constancia, la práctica del *running* es adictiva como pocas.
Para no sufrir lesiones, no debemos olvidar estirar antes y después de cada carrera, y comenzar siempre con un ritmo suave para intentar evitar tener demasiadas agujetas. Y, por supuesto, no debemos perder de vista la hidratación y llevar una alimentación equilibrada.

Etapas Plus 15 Nivel C1 ▸ 43

3 y **3.1**

Actividad de dictado de carreras que contiene una entrevista a un entrenador de gimnasio. Divida la clase en parejas y asigne a cada miembro una letra (A o B); a continuación, dígales que van a hacer una competición y que ganará la pareja que consiga completar en primer lugar todas las respuestas de forma correcta. Cuelgue en su aula las tarjetas de la Ficha 3, en la que aparecen preguntas y respuestas. Pida al estudiante A que haga las preguntas correspondientes a su ficha al estudiante B; este se levanta y busca las respuestas en la tarjeta identificada con la letra A, intenta memorizarlas, vuelve a su sitio, se sienta y se las dicta a su pareja. Mientras, el estudiante A copia las respuestas. Al terminar, intercambian sus papeles y será A quien dicte y B quien escriba. Los estudiantes pueden levantarse todas las veces que quieran si no recuerdan el texto correctamente. De este modo, además de añadir el elemento lúdico de la competición, tratamos de trabajar la pronunciación en clase. Cuando termine la primera pareja, compruebe que están bien sus respuestas y dé por concluida la actividad. Los estudiantes pueden comprobar si es correcto lo que han escrito o terminar de copiar, en caso de que no hubieran tenido tiempo, dando la vuelta a su libro y mirando las respuestas en 3.1.

1. Por vergüenza y porque piensa que va a ser demasiado duro; **2.** El precio y la cercanía; **3.** Son los que mejor pueden asesorarnos y explicarnos la manera correcta de hacer ejercicios; **4.** Una sala de cardio con cintas y bicicletas, una sala de musculación con aparatos y máquinas y clases colectivas; **5.** Tres o cuatro veces a la semana, una hora cada día; **6.** Una toalla, una botella de agua, unas chanclas y un candado para la taquilla.

Ficha 3 *Entrevista a un entrenador de gimnasio.*

4

Actividad de interacción oral. Forme parejas distintas y anímelos a que comenten las preguntas que tienen en su libro. Mientras, pasee por la clase y detecte posibles errores para corregirlos después. Realice una puesta en común con la información más interesante para cerrar la tarea y el apartado.

Aficionarse a un deporte

Temas:

- Las grandes superficies comerciales dedicadas al deporte.
- Material deportivo necesario para iniciar un deporte.
- Razones y beneficios de practicar un deporte.

Contenidos:

- Léxico relacionado con el material deportivo.
- Controlar la atención del interlocutor.
- Hacer advertencias.

1 y **1.1**

Motive la comprensión lectora preguntando a sus alumnos dónde compran ellos habitualmente el material deportivo. Dirija su atención hacia las grandes superficies del deporte y deje que nombren las que conocen o son más populares en sus países. Pregúnteles si creen que esos establecimientos pueden haber influido en el aumento de adeptos al deporte. Pídales que, antes de leer, especulen sobre las posibles respuestas a las tres preguntas que tienen en su libro. Después, invítelos a comprobar sus hipótesis leyendo el texto.

1. Un 73 %; **2.** La tienda *online*, los grandes almacenes y la tienda pequeña en centro comercial; **3.** c, f, e, a, g, b, d.

Aficionarse a un deporte

1 **Cadenas de grandes superficies especializadas en el deporte han sido en gran medida responsables del auge de la práctica deportiva. ¿Sabrías contestar a estas preguntas?**

1. ¿Qué porcentaje de españoles crees que ha comprado alguna vez ropa deportiva en una gran superficie?
2. ¿Qué otras opciones elige la gente para este tipo de compras?
3. De los siguientes motivos por los que la gran superficie es el lugar predilecto para estos clientes, ¿cuál es el más importante? Ordénalos de mayor a menor importancia.

(4) **a.** La rapidez en el pago.	(3) **e.** La calidad de los productos.
(6) **b.** El catálogo en internet.	(2) **f.** El amplio surtido de productos.
(1) **c.** El precio.	(5) **g.** El trato de los dependientes.
(7) **d.** El servicio postventa.	

1.1 **Lee el siguiente texto y comprueba tus respuestas.**

Las grandes superficies y centros comerciales son los lugares de compra preferidos de los españoles en cuanto a productos de deporte se refiere. Eso dice un estudio que afirma que un 73 % de los encuestados declara haber hecho sus compras de ropa deportiva en una gran superficie especializada. Estos centros han experimentado un incremento en sus ventas de 12 puntos con respecto al año pasado (61 %).

El segundo lugar en el *ranking* lo ocupa la tienda *online*, con un 19 % y con un aumento bastante significativo respecto al año anterior de nada menos que 8 puntos. El tercer puesto es, con un 17 %, para los grandes almacenes, que han caído 9 puntos en solo un año. La tienda pequeña en centro comercial, con un 14 %, muestra una subida de 3 puntos con respecto al dato del año pasado.

Los tres principales motivos por los que los encuestados eligieron la gran superficie especializada son: el precio (78 %), la variedad de productos (72 %) y la calidad de los mismos (53 %). Estos tres motivos han experimentado un aumento significativo con respecto a los datos del año anterior, que eran del 70 %, 64 % y 42 % respectivamente.

Tras los tres motivos más importantes, se encuentran: la rapidez y la comodidad en el pago (35 %) y la atención de vendedores (25 %). Por último, con datos irrelevantes, estarían la facilidad de pago (13 %), la tienda con catálogo *online* (13 %) y el servicio postventa (3 %).

Todo esto muestra que el deporte no es un mero entretenimiento, sino una industria con un enorme potencial e influencia en la economía.

El sector de los deportes encuentra clientes en gran parte de la población, ya que el 77 % de los consumidores declara que tiene pensado adquirir algún tipo de producto relacionado con los deportes en general en los próximos 12 meses.

Adaptado de http://www.elobservatoriocetelem.es/2014/12/los-espanoles-apuestan-en-masa-por-las-grandes-superficies-para-la-compra-de-articulos-de-deporte/

44 Etapas Plus 15 Nivel C1

2 En los establecimientos anteriores podemos encontrar el material deportivo por secciones. Clasifica estos productos teniendo en cuenta el tipo de deporte en el que se usan. Algunos pueden aparecer en más de una sección.

pies de gato ■ polainas ■ esterilla ■ calas ■ arnés ■ barca ■ espuelas ■ cuerdas ■ carrete ■ bidón candado ■ cinta de correr ■ fusta ■ mantilla ■ mancuernas ■ banco de abdominales ■ anzuelos ■ vadeador reflectores ■ montura ■ pesas ■ magnesio ■ mosquetón ■ caña ■ cámara de aire

Ciclismo

Escalada y alpinismo

Pesca

Ejercicio en el gimnasio

Equitación / Hípica

2.1 [8] Escucha las siguientes conversaciones que hablan sobre estos cinco tipos de deporte y comprueba o completa la actividad anterior. Relaciona cada diálogo con el tipo de deporte del que hablan.

1 Ejercicio en el gimnasio
2 Equitación / Hípica
3 Ciclismo
4 Escalada y alpinismo
5 Pesca

2.2 Intenta explicar con tus palabras el significado de las siguientes expresiones. ¿En qué contextos las usamos?

a ¿Lo ves?
b No te he liado, ¿no?
c ¿Me sigues?
d (Pues) va y.../cogí y...
e Te estoy aburriendo, ¿verdad?

2.3 [8] Escucha de nuevo el audio, escribe en qué conversaciones aparece cada expresión y comprueba si el significado coincide con el que tú creías.

a 3 | b 4 | c 5 | d 2 | e 1

2

Actividad para presentar léxico específico de determinadas prácticas deportivas. Distribuya la clase en parejas y anímelos a clasificar el material deportivo del recuadro en las diferentes secciones de una tienda donde podrían encontrarlo. Adviértalos de que algunas palabras pueden estar en más de una sección. No corrija ahora la actividad, ya que lo hará con el audio posterior.

Ciclismo: calas, bidón, candado, reflectores y cámara de aire; **Escalada y alpinismo:** pies de gato, arnés, cuerdas, magnesio y mosquetón; **Pesca:** barca, carrete, anzuelos, vadeador y caña; **Ejercicio en el gimnasio:** esterilla, cinta de correr, mancuernas, banco de abdominales y pesas; **Equitación / Hípica:** polainas, espuelas, fusta, mantilla y montura. (Algunas de estas palabras pueden aparecer en más de una sección. Es el caso de *polainas*, *bidón* o *candado*).

2.1

Comprensión auditiva con un doble objetivo: por un lado, comprobar las respuestas de la actividad anterior y, por otro, reflexionar sobre algunas expresiones que se usan para controlar la atención del interlocutor (actividades 2.2 y 2.3) En primer lugar, diga a sus estudiantes que van a escuchar cinco conversaciones referidas a los deportes anteriores en las que aparece todo el léxico trabajado. Haga un tipo de escucha selectiva pidiendo que escriban el deporte del que se habla en cada diálogo al tiempo que comprueban la clasificación de la actividad anterior. Para concluir, puede realizar la puesta en común comprobando las respuestas con la Proyección 13. En la Ficha 4 tiene tarjetas con el léxico del material deportivo por si quiere utilizarlo para hacer la actividad en la pizarra o elaborar alguna competición en la que se deban relacionar las palabras con el deporte correspondiente.

Proyección 13 *Secciones deportivas.*

Ficha 4 *Material deportivo.*

[8] Véase transcripción en pág. 214.

Para seguir trabajando con este léxico, puede realizar las actividades 3.3 y 3.3.1 de la página 215 del Libro de ejercicios.

2.2 y 2.3

Presentación de algunas expresiones que se usan para controlar la atención del interlocutor. Informe a sus alumnos de que en los diálogos anteriores se han utilizado las expresiones que aparecen en la actividad 2.2. Sondee si las conocen pidiéndoles que las expliquen y las pongan en contexto. A continuación, reproduzca de nuevo la grabación para que escriban en la actividad 2.3 el número de la conversación en la que se utiliza cada expresión y comprueben sus significados.

3

Presentación de exponentes funcionales para hacer advertencias. Pida a sus estudiantes que lean los comentarios y que, en parejas, decidan qué razón para hacer ejercicio les parece más importante. De esta forma, expondrá a los estudiantes a un primer contacto con algunas formas para hacer advertencias.

3.1

Sistematización de los exponentes para hacer advertencias. Anime a sus alumnos a volver a leer los comentarios de la actividad 3 y a que completen el cuadro observando los modelos de lengua que contienen estos.

4 y **4.1**

Comienza aquí una secuencia de actividades en la que se tratará el tema de los beneficios del deporte. En esta primera fase, se trabaja la prelectura de un texto. Compruebe que sus alumnos conocen el léxico de la actividad 4 y pídales que, en parejas, piensen qué beneficios puede tener el deporte sobre los aspectos que aparecen en esta. Si no se les ocurren muchas ideas, tranquilícelos, puesto que las tareas posteriores las generarán. Después, dígales que van a leer algunos beneficios del deporte y anímelos a relacionarlos con los aspectos anteriores. Fomente la interacción oral en las parejas invitándolos a justificar las relaciones establecidas. No dé la solución en este momento, ya que se obtendrá con la comprensión lectora posterior que ya tiene motivada.

3 Lee los siguientes comentarios en los que encontrarás razones para hacer ejercicio. ¿Cuál te parece la más importante? Habladlo en parejas.

Hay una cosa que debes tener muy en cuenta: el ejercicio no solo mejora la forma física, también mejora la memoria y la sensación de bienestar. Además, la gente que hace ejercicio regularmente es más optimista. **Estás avisado.**

Todo el mundo sabe la importancia que tiene realizar actividades deportivas. Practicando deporte se previenen enfermedades como la obesidad, la hipertensión y la diabetes, por poner algunos ejemplos. **Tú sabrás lo que haces.**

Se calcula que al menos un 15 % de las muertes producidas en los países desarrollados podrían tener relación con un estilo de vida sedentario. Es posible que te sientas identificado con esta forma de vida. **Allá tú...**

Está comprobado que el deporte mejora la salud de las personas. Es cierto que también importa mucho la edad, la dieta y la dotación genética, pero con una práctica deportiva regular tendrás menos problemas. **Luego no digas que no te advertí.**

3.1 Fíjate en las expresiones marcadas en negrita del texto anterior. Las usamos para advertir a alguien sobre algo. Después, completa el cuadro con ellas.

Hacer advertencias

– Quedas/ Estás advertido-a/ avisado-a	– Allá tú/vosotros/vosotras.
– Luego no digas que no te avisé/ advertí	– Tú verás/ sabrás (lo que haces).

4 Piensa en los posibles beneficios del deporte sobre los siguientes aspectos. Habla con tu pareja.

- aspecto fisiológico
- sistema circulatorio
- metabolismo
- aspecto psicosocial
- corazón
- aparato locomotor
- aspecto psicológico

4.1 Relaciona los siguientes beneficios del deporte con el aspecto en el que influyen.

a. Aumenta el consumo de grasas durante la actividad, con lo que contribuye a la pérdida de peso.
b. Mejora la apariencia física en general.
c. Aumenta y fortalece la autoconfianza y la autoestima.
d. Previene la aparición de osteoporosis.
e. Durante el esfuerzo, aumenta la cantidad de sangre que expulsa el corazón en cada latido, y así la eficiencia cardíaca es mayor.
f. Ayuda a desarrollar un estilo de vida basado en el compromiso y la perseverancia.
g. Contribuye a la reducción de la tensión arterial.

http://www.madrid.org/sumadeporte/index.php/2016-02-19-07-17-00/informacion-y-recomendaciones/beneficios-del-ejercicio-fisico

1 b aspecto fisiológico
2 e corazón
3 g sistema circulatorio
4 d aparato locomotor
5 a metabolismo
6 c aspecto psicológico
7 f aspecto psicosocial

4.2 **Para comprobar las respuestas del ejercicio anterior, lee el siguiente texto. Antes, tendrás que completarlo con las palabras que faltan. Trabaja con tu pareja.**

- organismo
- frecuencia
- anómalas
- cardiorrespiratoria
- infecciones
- imagen
- músculos
- coágulos
- ideal
- elasticidad
- circulación
- diabetes
- energía
- modelos
- edad
- fortalecimiento
- deterioro
- calidad

Beneficios del ejercicio físico

Beneficios fisiológicos

- Aporta una mayor capacidad ① **cardiorrespiratoria**, que permite optimizar el funcionamiento general del organismo y su rendimiento frente a demandas específicas.
- Proporciona mayor flexibilidad a cualquier ② **edad**.
- Ayuda a reducir y a mantener el peso ③ **ideal**.
- Mejora la apariencia física en general.

Sobre el corazón

- Disminuye la ④ **frecuencia** cardíaca en reposo.
- Durante el esfuerzo, aumenta la cantidad de sangre que expulsa el corazón en cada latido; así, la eficiencia cardíaca es mayor "gastando" menos energía.

Sobre el sistema circulatorio

- Contribuye a la reducción de la tensión arterial.
- Favorece y aumenta la ⑤ **circulación** en todo el organismo.
- Disminuye el riesgo de formación de ⑥ **coágulos** dentro de los vasos sanguíneos, previniendo la aparición de infartos, trombosis y embolias.

Sobre el aparato locomotor

- Favorece el ⑦ **fortalecimiento** de estructuras articulares (huesos, cartílagos, ligamentos, tendones) contribuyendo a la ⑧ **calidad** de vida y al grado de independencia, especialmente entre las personas de edad.
- Aumenta la ⑨ **elasticidad** muscular y articular.
- Incrementa la fuerza y resistencia de los ⑩ **músculos**.
- Previene la aparición de osteoporosis.
- Previene el ⑪ **deterioro** muscular producido por los años.

Sobre el metabolismo

- Aumenta la capacidad de aprovechamiento del oxígeno que le llega al ⑫ **organismo** por la circulación.
- Mejora la respuesta inmunológica ante posibles ⑬ **infecciones** o agresiones de distinto tipo.
- Aumenta el consumo de grasas durante la actividad, con lo que contribuye a la pérdida de peso.
- Mejora la tolerancia a la glucosa, favoreciendo el tratamiento de la ⑭ **diabetes**.

Sobre los aspectos psicológicos

- Aumenta y fortalece la autoconfianza y la autoestima.
- Mejora la ⑮ **imagen** de uno mismo, contribuyendo al establecimiento de una relación positiva con el propio cuerpo.
- Disminuye la sensación de fatiga, proporcionando más ⑯ **energía** y capacidad de trabajo.

Sobre los aspectos psicosociales

- Contribuye a prevenir y a modificar ciertas conductas consideradas ⑰ **anómalas**, como la conducta antisocial.
- Ayuda a desarrollar un estilo de vida basado en el compromiso y la perseverancia, el optimismo, la cooperación.
- Establece valores y ⑱ **modelos** positivos.

http://www.madrid.org/sumadeporte/index.php/2016-02-19-07-17-00/informacion-y-recomendaciones/beneficios-del-ejercicio-fisico

4.3 **Pregunta a tus compañeros qué estilo de vida llevan, toma nota de sus respuestas y analízalas para escribir, si lo consideras necesario, advertencias sobre las consecuencias de llevar una vida sedentaria o de tener unos malos hábitos.**

▸ *Si no dedicas un poco de tu tiempo a hacer deporte, aumentará tu tensión arterial en el futuro. Tú verás.*

4.2

Actividad de comprensión lectora con la tarea de insertar palabras en un texto. Informe a sus alumnos de que van a comprobar si han relacionado correctamente los elementos de la actividad anterior leyendo el texto. Pídales que también lo completen con las palabras propuestas. Puede utilizar la Proyección 14 para facilitar la corrección.

Proyección 14 ***Beneficios del ejercicio físico.***

4.3

Pregunte a sus alumnos si conocían los beneficios del deporte nombrados hasta el momento y si ellos desarrollan alguna actividad física pensando en uno o varios de estos beneficios. Anímelos a que investiguen sobre el estilo de vida de sus compañeros: dígales que se pregunten sobre este tema y que tomen nota de las respuestas. Después, póngalos en parejas para analizar sus apuntes y pensar en posibles advertencias sobre las consecuencias de la vida sedentaria. Pídales que escriban algunas frases.

Deportes raros

Temas:

- Deportes raros o minoritarios.
- El club Deportistas Ambulantes.

Contenidos:

- Uso del indicativo / subjuntivo según la intención del hablante.

1 y **1.1**

Contextualice el apartado con la Proyección 15 preguntando a sus estudiantes si conocen alguno de esos deportes. En caso afirmativo, déjeles que expliquen lo que sepan e invítelos a que hablen de otros deportes raros que conozcan. Identifique con sus nombres, que aparecen en su libro, los cinco deportes de la proyección y anímelos a relacionar cada explicación con el deporte correspondiente. Permita que sus alumnos utilicen internet en caso de que lo necesiten, de esta forma pueden ampliar la información con datos que encuentren y les parezcan interesantes. No obstante, no les deje profundizar demasiado, ya que lo harán en la actividad 6 de este mismo apartado.

Proyección 15 *Deportes raros.*

2

Comprensión lectora en la que se presenta el club Deportistas Ambulantes. Para despertar su interés, puede preguntarles si conocen a alguien que practique varios deportes y que viaje para asistir a competiciones. Infórmelos de que van a leer un texto que habla de un grupo de amigos que hacen precisamente eso. Pídales que, mientras leen, elijan entre las tres opciones ofrecidas para completar cada espacio del texto.

Deportes raros

1 **¿Conoces algún deporte raro o minoritario o poco conocido? Habladlo en parejas.**

1.1 **Vamos a conocer algunos deportes raros o minoritarios. Lee los textos e intenta relacionarlos con el deporte correspondiente. Si no lo tienes claro, busca información en internet.**

■ *tamburello* ■ *pickleball* ■ *speed bádminton* ■ *tchoukball* ■ *spiribol*

1	***speed bádminton***	Es un deporte de raqueta de reciente creación que combina tres modalidades: bádminton, tenis y *squash*.
2	***tamburello***	Es un juego de pelota que enfrenta a dos equipos de cinco jugadores. Se juega sobre una superficie lisa y se usan unas panderetas a modo de raqueta.
3	***tchoukball***	Es una mezcla de balonmano y voleibol donde siete jugadores tienen que defender y atacar sin parar, haciendo de este deporte un espectáculo debido a su ritmo frenético.
4	***pickleball***	Es un deporte de pala que combina elementos del tenis, el pádel, el bádminton y el tenis de mesa o *ping-pong*. Fácil de aprender y muy divertido, porque tiene mucho ritmo y los peloteos normalmente son largos.
5	***spiribol***	En este deporte cada jugador, con la ayuda de una pala, debe enrollar a un mástil una pelota que está sujeta a este con una cuerda, en el sentido que previamente se haya elegido para poder ganar.

2 **A continuación, vas a conocer un club de amigos que comparten la pasión por el deporte. Lee y completa el texto con la opción correcta.**

Deportistas Ambulantes es un grupo de deportistas que (1) ...b... de hacer del deporte una forma de vida. Es un club de amigos que tiene una filosofía en común: participar en cualquier (2) ...a... deportiva en cualquier lugar del planeta. Este club surgió cuando dos amigos y compañeros de trabajo de un centro educativo, ambos (3) ...c... del deporte, decidieron crear un proyecto en el que pudieran acercar su pasión por el ejercicio a todo el mundo. Primero surgió pensando en sus estudiantes, a los que querían motivar para que el hecho de hacer deporte (4) ...a... algo divertido; pero a día de hoy tiene (5) ...b... toda persona con algo de interés, capacidad de esfuerzo y mucha ilusión.

El club lo forman (6) ...c... de deportistas, que se mueven principalmente entre dos (7) ...a...: triatlón y *running*, y compiten en sus diferentes modalidades (5 km, 10 km, media maratón, maratón, triatlón olímpico, triatlón de media distancia...).

Pero su pasión no se limita solo a esos deportes, sino que han empezado a competir en otros menos conocidos para el gran (8) ...c... como pueden ser el *tamburello*, el *spiribol*, el *pickleball*, el *korfbal*, el *tchoukball* y el *speed bádminton*, entre otros. En alguno de ellos han llegado a ser (9) ...b..., participando en mundiales y europeos.

1. **a.** intentan	**b.** tratan	**c.** piensan
2. **a.** modalidad	**b.** funcionalidad	**c.** singularidad
3. **a.** interesados	**b.** motivados	**c.** apasionados
4. **a.** supusiera	**b.** hiciera	**c.** transformara
5. **a.** solicitud	**b.** cabida	**c.** puesto
6. **a.** muchos	**b.** grandes	**c.** multitud
7. **a.** disciplinas	**b.** ejemplos	**c.** selecciones
8. **a.** aficionado	**b.** mundo	**c.** público
9. **a.** mundiales	**b.** internacionales	**c.** universales

48 Etapas Plus 15 | Nivel C1

3 Aquí tienes una entrevista a Kike, uno de los creadores de Deportistas Ambulantes. Lee las respuestas que dio e imagina y escribe las preguntas que le hicieron. Trabajad en parejas.

1 ____________________

Se trata de un club deportivo que tiene como principal objetivo fomentar el deporte para todos. Para nuestros integrantes, es una propuesta de ocio saludable, ya que ofrecemos multitud de posibilidades deportivas al alcance de todo el mundo.

____

El club surge de la loca idea de dos amigos y compañeros de trabajo. El nombre del club tiene historia, ya que la empresa del padre de uno de los "ambulantes" se llama Ciencia Ambulante, y de ahí surgió la idea de nuestro nombre. Además, **no creemos que el deporte y la ciencia sean muy diferentes**.

____

Actualmente somos multitud de deportistas los que formamos el club, ya que es de libre acceso. Sencillamente buscamos gente motivada y que busque practicar deporte con el simple motivo de divertirse y disfrutar.

Desde aquí, nos gustaría invitar a todos a unirse a nuestro club. **Es fantástico que la gente se aficione con nosotros**.

4 ____________________

Cada día somos más, y nos juntamos con deportistas conocidos y menos conocidos, pero eso no nos preocupa. Por otro lado, son muchos los atletas y deportistas que hemos ido conociendo y, lo que es más importante, son muchos los que nos conocen. **Es posible que hayas visto alguna foto nuestra con un deportista de renombre**, aunque lo que realmente nos interesa es que el aficionado medio se una a nuestro club y que siga nuestra filosofía de "Deporte para Todos".

5 ____________________

Sinceramente, nuestra planificación no sigue ninguna directriz concreta, nos gusta participar en carreras de todas las distancias y en todos los lugares posibles y disfrutar del lugar y de la propia carrera. Nos centramos en gran medida en distancias más cortas (5 km o 10 km) porque **queremos que sean asequibles para todos**, con el objetivo de captar al mayor número posible de deportistas que se apunten al ocio saludable.

También es cierto que cuando planificamos alguna maratón, sí nos gusta participar en varias medias maratones antes, pero sin ninguna característica especial.

6 ____________________

Principalmente nos dedicamos al *running* y al triatlón, pero somos un club que tiene como objetivo la práctica de multitud de deportes. En la actualidad nos hemos centrado en la práctica de deportes muy conocidos, como el fútbol, donde nuestro equipo ha conseguido importantes logros, y también en otros deportes menos conocidos, entre los que hemos logrado ser internacionales por España en algún campeonato, como con el *tamburello*. También practicamos *tchoukball*, *pickleball*, *speed bádminton* y *spiribol*. **Si en el futuro aparecieran más deportes, seguro que nos animaríamos a practicarlos**.

7 ____________________

No somos muy exigentes, pero sí nos gustaría pedir más ayudas a nivel de promoción, ya que de momento nos basamos en la autogestión, y nos facilitaría mucho nuestra labor la ayuda de organismos o empresas en forma de patrocinio.

En cuanto a lo deportivo, tenemos la vista puesta en continuar con la promoción de todos los deportes que practicamos, **aunque muchas veces no resulte tarea fácil**.

8 ____________________

Somos muy activos en las redes y se nos puede seguir en muchas de ellas, donde podréis conocer nuestro calendario, proyectos y multitud de aventuras que todavía están por suceder.

Textos adaptados de www.deportistasambulantes.com

3 y **3.1**

Actividad de comprensión lectora que contiene diferentes oraciones con subjuntivo. Diga a sus estudiantes que van a leer una entrevista que le hicieron a uno de los creadores del club Deportistas Ambulantes y en la que se amplía información sobre dicho club. Pídales que lean las respuestas e imaginen cuáles fueron las preguntas. Haga la corrección utilizando el audio con la entrevista completa de la actividad 3.1.

1. ¿Qué es y qué significa para vosotros los Deportistas Ambulantes?; **2.** ¿Cómo nació y quién lo fundó?; **3.** ¿Cuántas personas formáis el grupo? ¿Se puede apuntar cualquiera?; **4.** ¿Algún deportista conocido o famoso que se haya unido a vosotros?; **5.** ¿Cómo planificáis las carreras donde vais a participar? ¿Cómo las seleccionáis?; **6.** Aparte de correr y de ir a carreras, ¿se planifican otras actividades para fomentar la unión del grupo? ¿Qué deportes son los que practicáis?; **7.** ¿Qué le pedís a este año y qué objetivos tenéis?; **8.** ¿Dónde os podemos seguir?

Pág. 50 ▷▷

[9] Véase transcripción en pág. 214.

3.2

Reflexión sobre la alternancia de los modos indicativo / subjuntivo mediante la dicotomía de la declaración / no-declaración, simbolizada con un candado cerrado o abierto respectivamente. Dirija la atención de los estudiantes hacia las frases resaltadas en la entrevista de la actividad 3 para que las observen y las escriban en el espacio que crean adecuado. Para facilitar la tarea, puede proyectar las frases de la entrevista (Proyección 16) y, posteriormente, realizar la puesta en común y la resolución de dudas con la siguiente fase de la proyección, en la que aparece el cuadro completo sobre los usos de subjuntivo.

1. ... no creemos que el deporte y la ciencia sean muy diferentes; **2.** ... aunque muchas veces no resulte tarea fácil; **3.** Es fantástico que la gente se aficione con nosotros; **4.** Si en el futuro aparecieran más deportes, seguro que nos animaríamos a practicarlos; **5.** Es posible que hayas visto alguna foto nuestra con un deportista de renombre; **6.** ... queremos que sean asequibles para todos.

Proyección 16 ***Uso del subjuntivo.***

La **Gramática Cognitiva** ha puesto de manifiesto la poca operatividad de las listas de usos del modo subjuntivo. Desde este punto de vista, es mucho más provechoso centrarse en el hablante y en su intención comunicativa. Ruiz Campillo presenta una ley de significado en la que el indicativo representa una declaración hecho, mientras que el subjuntivo representa una no-declaración del mismo. Se entiende como declaración la expresión de lo que el hablante considera como cierto, mientras que la no-declaración es la abstención del hablante de afirmar o implicarse directamente con el hecho del que habla.

Para ampliar información, puede leer el capítulo 3, "Indicativo-subjuntivo", de *Qué gramática enseñar, qué gramática aprender* (Editorial Edinumen).

3.1 [9] **Escucha la entrevista y comprueba si las preguntas son similares a las que habíais pensando.**

3.2 **Lee de nuevo la entrevista y fíjate en las frases resaltadas: en todas ellas aparecen verbos en subjuntivo. En parejas, completad la tabla con los ejemplos del texto.**

Uso del subjuntivo

En algunas gramáticas se ha utilizado la idea del contraste entre una frase declarativa y no declarativa para explicar la **diferencia entre indicativo y subjuntivo**. Nosotros vamos a utilizar el símbolo del **candado cerrado** para representar el hecho de declarar algo y el **candado abierto** para representar aquello sobre lo que hablamos pero que personalmente no declaramos.

Declarar algo.	No declarar.
– *Pienso que* ***va a ganar*** *el partido.* ↘ Lo quiero declarar.	1 .... ↘ Opinión en negativo. No lo pienso, no lo quiero declarar.
– *Aunque* ***está*** *lloviendo, entrenaré.* ↘ Está lloviendo, estoy seguro.	2 .... ↘ No sé si será así. No tengo seguridad.
– *Es cierto que correr* ***es*** *muy saludable.* ↘ Expreso certeza. (*ser obvio/cierto/evidente...*)	3 .... ↘ Expreso valoración. Usamos cualquier otro adjetivo que no indique certeza. (*ser lógico/absurdo/bueno...*)
– *Si ganamos el partido,* ***pasamos*** *a semifinales.* ↘ Condición donde expresamos más convicción o seguridad.	4 .... ↘ Condición poco real o irreal. Expresamos poca seguridad.
– *Supongo que* ***se apunta*** *a todas las carreras.* ↘ Hipótesis más segura.	5 .... ↘ Hipótesis menos segura.

6 Cuando hacemos referencia a una intención del sujeto (deseo, finalidad, preferencia, etc.), no podemos declarar, simplemente planteamos una pretensión de que sea así. En ese caso, utilizamos subjuntivo o infinitivo.

– .... – *Espero* ***ganar*** *el partido de tenis.*

4 **Fíjate en las siguientes frases. Imagina que las has escuchado pero falta la primera parte. ¿Cómo podrías completarlas? Piensa en la idea a la que nos referíamos en la actividad anterior.**

1 *Creo que...* / *Él dice que...* / .... / .... } ... el deporte es bueno.

2 *No creo que...* / .... / .... / .... } ... el deporte sea bueno.

50 Etapas Plus 15 | Nivel C1

4

Invite a los alumnos a escribir posibles comienzos para las dos frases propuestas aplicando la explicación sobre el uso del subjuntivo que se acaba de dar.

Posible respuesta. 1. Creo que / Él dice que / Pienso que / Aunque / Es verdad que / Es cierto que / Supongo que; **2.** No creo que / Aunque / Espero que / Es lógico que / Es probable que / Es posible que.

5 Teniendo en cuenta la idea del candado cerrado y abierto, habla con tu pareja y trata de explicar los siguientes pares de frases. Después marcad el candado correcto en cada una.

1. **a.** Cuando tenía tiempo, jugaba al tenis. ✓ (candado cerrado)
   b. Cuando tenga tiempo, jugaré al tenis. ✓ (candado abierto)
2. **a.** Me encanta que practiques deporte. ✓ (candado abierto)
   b. Me encanta hacer deporte. ✓ (candado abierto)
3. **a.** Voy a comprar unas zapatillas que son muy ligeras. ✓ (candado cerrado)
   b. Voy a comprar unas zapatillas que sean muy ligeras. ✓ (candado abierto)
4. **a.** A pesar de la lluvia, creo que no van a cancelar el partido. ✓ (candado cerrado)
   b. No creo que se juegue el partido con esta lluvia. ✓ (candado abierto)
5. **a.** Me gustaría apuntarme a tu gimnasio. ✓ (candado abierto)
   b. Me gustaría que nos apuntáramos juntos al gimnasio. ✓ (candado abierto)

5.1 Escribid las conclusiones a las que habéis llegado para explicar las diferencias.

1. *Se usa cuando con subjuntivo cuando hablamos en futuro. Para el resto de casos usamos el indicativo.*
2. ...
3. ...
4. ...
5. ...

5.2 Usando la misma teoría, ¿cómo explicaríais el modo verbal de las formas destacadas en negrita? ¿Qué intención tiene o quiere transmitir el hablante de español en estas frases? Comentadlo en parejas.

1. No es que **sea** mejor que tú, es que entrena más.
2. No cree que **ha ganado** la competición.
3. Parece que **vaya** a llover.
4. He traído un balón para que **juguéis**.

6 Busca en internet más información sobre los deportes raros o minoritarios que viste en la actividad 1.1 y completa estas frases como en el ejemplo. Trabajad en parejas.

1. Es increíble que...
2. Aunque...
3. Si...
4. Espero que...
5. Es posible que...
6. No es verdad que...
7. Es curioso que...

5 y **5.1**

El objetivo de esta actividad es que los alumnos, aplicando la teoría vista anteriormente, elaboren sus propias explicaciones sobre el uso o no del subjuntivo en diferentes casos. Dígales que marquen la opción que crean más acertada para cada frase y que, después, escriban las conclusiones con las justificaciones sobre el uso o no de este modo verbal. Advierta de que, en algunos casos, pueden marcarse con la misma opción las dos frases del mismo par.

Posible respuesta. 1. Se usa *cuando* con subjuntivo cuando el momento no se declara, puesto que es indeterminado, por tanto es lógico que se refiera a un momento del futuro, que es impreciso. Cuando el momento está identificado, sí declaramos y usamos el modo indicativo. En 1.a elegimos el candado cerrado porque hablamos de una acción pasada, que sucedió en un momento identificado, y de la que, por tanto, estamos seguros; mientras que en 1.b elegimos el candado abierto porque nos referimos a una acción futura, y por lo tanto incierta e imprecisa; **2.** En estas dos frases, el hablante está manifestando sus gustos sobre un hecho, pero ese hecho no se declara en las oraciones subordinadas, con subjuntivo o infinitivo, sino que solo se pone de manifiesto el placer que se recibe a través de él; por tanto, en las dos marcamos el candado abierto; **3.** En 3.a declaramos que las zapatillas existen y que tienen esa característica (candado cerrado), pero en 3.b no hablamos de unas zapatillas en concreto, no declaramos (candado abierto); **4.** En 4.a quiero declarar una opinión, expreso mi confianza en que eso va a ocurrir (candado cerrado); sin embargo, en 4.b se está dudando de la celebración del partido y no puedo declarar aquello de lo que dudo o que no creo (candado abierto); **5.** En estas frases hacemos referencia a un deseo, no se declara nada, los deseos son solo pretensiones y no son seguros; en ambas frases marcamos el candado abierto.

5.2

Pida que, en parejas, traten de explicar el uso que se hace en las frases del modo verbal. Las frases 2 y 3, que *a priori* podrían considerarse ejemplos "antirregla", se oyen entre los hablantes nativos y tienen su explicación según el enfoque de la Gramática Cognitiva.

1. En este caso, lo que hacemos es corregir información, así que el verbo que va en subjuntivo no declara. Lo que corregimos, y por tanto no declaramos, se expresa en subjuntivo, mientras que lo que aseguramos va en indicativo. La estructura suele ser la siguiente:
– *No es que* + subjuntivo, *(lo que pasa) es que* + indicativo.
– *No es que* + subjuntivo, *sino que* + indicativo.
2. En esta frase el hablante mantiene el modo indicativo porque es verdad que ha ganado la competición y así lo declara, pero indica que la persona que ha competido no cree que haya ganado, seguramente porque todavía desconoce la información. **3.** En esta frase queremos dejar claro que no va a llover, aunque parezca lo contrario. **4.** Las frases finales se equiparan a las de deseo: en ellas no declaramos nada, el hecho de que "juguéis con el balón" es solo es una expectativa.

6

Práctica de lenguaje sobre el uso de los modos verbales. Haga que recuerden lo que se ha comentado en la primera actividad del apartado (1 y 1.1) sobre deportes raros y déjelos que amplíen la información sobre estos para escribir frases a partir de los comienzos propuestos y que reflejen sus impresiones.

Refuerce este contenido con las actividades 3.6, 3.7 y 3.7.1 de las páginas 216 y 217.

Deportistas de élite

Temas:

- Deportistas de alto nivel: Usain Bolt, Michael Phelps y Michael Jordan.

Contenidos:

- Las oraciones concesivas con imperfecto y pluscuamperfecto de subjuntivo.
- Expresiones para hablar de sensaciones físicas.
- Expresiones idiomáticas relacionadas con el deporte.

1 y **1.1**

Comprensión lectora con la que se crea un contexto para ofrecer posteriormente los modelos de lengua de oraciones concesivas. Con los libros cerrados, utilice la Proyección 17 y pregunte si conocen al deportista que aparece en ella: Usain Bolt. Divida la clase en parejas y anímelos a especular sobre el significado que tienen en la vida del atleta las palabras que hay alrededor de su figura. Con esta actividad está activando el conocimiento previo de los alumnos y despertando el interés para la comprensión lectora de 1.1. Después, pídales que abran su libro y que lean el texto con la biografía de Bolt para insertar las palabras de las que acaban de hablar.

Al terminar el ejercicio, se puede pedir a los alumnos que investiguen sobre otros logros conseguidos por el deportista en años posteriores: el año de su retirada y a qué se dedicó después.

Proyección 17 *Usain Bolt.*

2

Presentación de lenguaje de los exponentes de frases concesivas. Motive la actividad con alguna pregunta como "¿Alguno de vosotros se atrevería a competir con Usain Bolt en una prueba de velocidad?". Una vez que sus alumnos hayan contestado, indíqueles que van a leer las respuestas de algunos deportistas noveles a la pregunta "¿Crees que podrías ganar a Usain Bolt en una prueba de velocidad?", e invítelos a que escriban su propia respuesta después de leerlas.

Deportistas de élite

1 Usain Bolt ha sido un atleta especialista en pruebas de velocidad. Los siguientes datos están relacionados con su vida. ¿Sabes a qué se refieren? Habla con tu pareja.

récord | Londres | 2004 | Jamaica | medallas | Jennifer | 9.63

1.1 Lee el texto y comprueba tus hipótesis. Completa con la información anterior.

Usain St. Leo Bolt

Usain St. Leo Bolt vino al mundo en Trelawny (**1** ......Jamaica......) el 21 de agosto de 1986, hijo de Wellesley y **2** ......Jennifer...... Bolt. Cuando estudiaba primaria, empezó a destacar en carreras de velocidad. En la secundaria conoció al exatleta olímpico Pablo McNeil, quien años después sería su entrenador.

Su carrera profesional se inició en el **3** ......2004......, año a partir del cual su carrera fue imparable. En 2007 se hizo con dos **4** ......medallas...... de plata en el Campeonato Mundial de Osaka (200 m y 4 x 100 m).

Se convirtió en campeón mundial en Berlín 2009 (100 m, 200 m y 4 x100 m) y Daegu 2011 (200 m y 4 x 100 m). En Berlín implantó la plusmarca mundial de 9.58 segundos en los 100 m.

Su fama mundial se acrecentó con las medallas de oro obtenidas en las Olimpiadas de Pekín 2008. Compitió también en las Olimpiadas de **5** ......Londres...... 2012, donde se alzó con la medalla de oro en los 100 m, estableciendo un nuevo **6** ......récord...... olímpico con un tiempo de **7** ......9.63...... También ganó medallas doradas en los 200 m y en relevo 4 x 100 m.

Adaptado de http://biografiacorta.blogspot.com.es/2012/08/biografia-corta-de-usain-bolt.html

2 Lee las siguientes declaraciones de atletas que están empezando a competir ahora y escribe tú también una respuesta a la siguiente pregunta.

¿Crees que podrías ganar a Usain Bolt en una prueba de velocidad?

Atleta 1: Estando enfermo y todo, me ganaría. Estoy seguro.
Atleta 2: Incluso si estuviera lesionado, me ganaría.
Atleta 3: Hasta cojeando, llegaría antes que yo.
Atleta 4: Ni siquiera si yo entrenara todos los días, podría ganarle.
Atleta 5: Ni corriendo sin zapatillas, pierde. Estoy seguro.
Tu respuesta: ......

2.1 Con los ejemplos anteriores completa el cuadro donde se explica cómo se forman este tipo de frases.

Expresar concesión

Las **oraciones concesivas** indican que hay un obstáculo o inconveniente que no impide una resolución.
– Usamos un verbo en **gerundio** para expresar el obstáculo:

(obstáculo)	(resolución)
Estando enfermo y todo,	gana/ganaría.
1 ......Hasta...... + gerundio,	
Incluso + gerundio,	*me gana/ganaría.*
Gerundio + *y* **2** ......todo......	

! Fíjate

Si negamos el obstáculo, la resolución es la contraria:
– *Ni estando enfermo*, ***perdería***.

– Cuando el obstáculo va precedido de **3** ......incluso si...... o *ni siquiera si* utilizamos un verbo en **4** ......imperfecto...... o pluscuamperfecto de subjuntivo:
– **5** Incluso si estuviera lesionado, me ganaría / Ni siquiera si yo entrenara todos los días, podría ganarle.

▸ 52 Etapas Plus 15 | Nivel C1

2.1

Dirija la atención de sus estudiantes hacia las frases anteriores y anímelos a completar el cuadro con las diferentes estructuras empleadas para expresar la concesión. Se ofrece la Proyección 18 con el cuadro.

Proyección 18 *Expresar concesión.*

Si desear fijar este contenido, le recomendamos las actividades 3.8 y 3.8.1 del Libro de ejercicios, página 217.

3 Vamos a poner más ejemplos con otro deportista. ¿Lo conoces? Es el deportista olímpico que más medallas ha ganado. Completa pensando en una posible carrera contra él en una piscina. Usa las estructuras del cuadro anterior.

1	*Incluso si yo tuviera que nadar diez metros menos,*	Michael ganaría.
2		
3		
4		Michael perdería.
5		
6		

4 Después de la práctica de ejercicio suelen aparecer la sed, el hambre y el cansancio. Las siguientes expresiones se utilizan para hablar de estas sensaciones. Clasifícalas.

1. sensación de sed — 2. sensación de hambre — 3. sensación de cansancio

Expresión	1	2	3	Expresión	1	2	3
a. Estoy sediento/a.	✓	2	3	f. Me encuentro fatigado/a.	1	2	✓
b. Me fatigo.	1	2	✓	g. Estoy hecho/a polvo.	1	2	✓
c. Estoy hambriento/a.	1	✓	3	h. Tengo la garganta seca.	✓	2	3
d. Me muero de sed.	✓	2	3	i. No puedo con mi alma.	1	2	✓
e. Tengo un agujero en el estómago.	1	✓	3	j. Estoy muerto/a.	1	2	✓

5 Busca en esta sopa de letras siete deportes. Mira las imágenes para ayudarte.

V	A	E	R	N	R	O	S	U	E	R	B	E	L	Ñ	O
S	C	N	N	H	I	U	D	A	R	D	O	S	O	V	I
T	S	I	J	H	I	P	I	C	A	F	X	K	M	A	T
R	C	E	C	S	T	D	C	S	K	V	E	L	A	C	A
L	A	B	A	L	O	N	C	E	S	T	O	L	R	T	F
A	X	Q	U	S	I	M	T	N	A	R	I	I	A	G	U
S	S	A	R	H	O	S	S	F	Q	U	S	R	T	I	L
N	I	L	R	Ñ	K	E	M	U	I	A	D	A	O	R	W
A	Z	O	S	X	E	G	R	O	N	A	M	H	N	I	B

5.1 Las siguientes expresiones están relacionadas con los deportes. ¿Sabes a cuál de los anteriores hacen referencia? A veces puede ser a más de uno. Habladlo en parejas.

1. Tirar la toalla.
2. Tener el viento a favor.
3. Ser una sesión maratoniana.
4. Necesitar un tiempo muerto.
5. Estar contra las cuerdas.
6. Apostar a caballo ganador.
7. Dar en la diana.
8. Ir a piñón fijo.

5.2 Relaciona las expresiones anteriores con su definición.

a	3	De muy larga duración.	e	5	No tener salida, estar acorralado/a.
b	2	Tener unas circunstancias favorables.	f	6	Apoyar algo que es seguro.
c	1	Darse por vencido/a, rendirse.	g	7	Acertar, atinar.
d	8	No ceder, no cambiar de opinión.	h	4	Necesitar un descanso.

3

Práctica de lenguaje de oraciones concesivas. Pregunte si conocen a este otro deportista, Michael Phelps, y de nuevo déjeles que cuenten lo que saben de él. Póngalos en la situación hipotética de que compiten contra él en una carrera de natación y anímelos a usar las estructuras concesivas presentadas con anterioridad para completar las frases. La respuesta es abierta, asegúrese de que los alumnos usan las estructuras correctamente al escribir sus frases.

4

Comienza aquí una nueva secuencia en la que se trabajan las expresiones referidas a las sensaciones físicas. Relacione esta actividad con las anteriores preguntando cómo se sentirían después de competir con esos dos deportistas de élite, qué sensaciones físicas podrían tener. Infórmelos de que van a aprender algunas expresiones para manifestar hambre, sed y cansancio. Pídales que las lean y las relacionen con la sensación que transmiten.

5

Para comenzar esta secuencia en la que se presentan algunas expresiones idiomáticas relacionadas con el deporte, se propone una sopa de letras con los siguientes deportes: boxeo, baloncesto, vela, hípica, dardos, maratón y ciclismo. Divida a sus estudiantes en tres grupos y póngalos en filas mirando la imagen de la Proyección 19. Dé un rotulador o marcador de color diferente a cada grupo. Utilice la mecánica de carrera de relevos dentro de cada grupo para que busquen los deportes en la sopa de letras, fomente la idea de competición. Recuerde a los estudiantes que las imágenes que aparecen a los lados de la sopa de letras les pueden ayudar a encontrar las palabras. Cuando terminen, haga recuento de las palabras que ha encontrado cada grupo para asignar ganador a un equipo.

Proyección 19 *Deportes.*

5.1

Presentación de algunas expresiones idiomáticas relacionadas con el deporte. En primer lugar, informe a sus alumnos de que existen expresiones que se utilizan de manera cotidiana originadas en los deportes que acaban de encontrar en la sopa de letras. Pídales que, en parejas, piensen con qué deporte de los anteriores tiene relación cada una de ellas; tenga en cuenta que en algún caso puede haber más de una respuesta.

1. boxeo; **2.** vela; **3.** maratón; **4.** baloncesto; **5.** boxeo; **6.** hípica; **7.** dardos; **8.** ciclismo.

5.2

En esta segunda fase de la secuencia se trabaja con el significado de las expresiones anteriores. Pida a sus alumnos que las relacionen con su significado correspondiente. Resuelva las dudas que puedan surgir al respecto y pregúnteles si conocen en español alguna otra expresión relacionada con el deporte distinta de las mencionadas.

Si desear practicar el vocabulario de esta sección, le recomendamos las actividades 3.11, 3.11.1, 3.12 y 3.12.1 de la página 219 del Libro de ejercicios.

6

Práctica de lenguaje de las expresiones idiomáticas. Anime a sus alumnos a pensar en situaciones en las que se podrían utilizar las expresiones trabajadas. Después, dígales que escriban un breve texto que refleje esa situación; utilice el ejemplo que aparece en su libro para darles un modelo. Mientras escriben, pasee por el aula y deles ideas si las necesitan. Cuando terminen, agrúpelos en parejas y pídales que se lean los textos para que su compañero/a piense en la expresión que refleja la situación descrita.

7

Ponga en parejas a los alumnos para que busquen expresiones relacionadas con el deporte en su propia lengua. Pídales que las intenten traducir al español y, al final, haga una puesta en común para verificar si se utilizan o no del mismo modo en español y si tienen el significado que ellos creen.

8

Actividad de comprensión lectora sobre otro deportista de élite, Michael Jordan. Fíjese en que en el enunciado del ejercicio aparece una de las expresiones que hemos visto anteriormente: *dar en la diana*. Asegúrese de que sus estudiantes la entienden dentro del contexto. Pídales que completen el texto con las cifras propuestas, avisando de que sobran dos. Puede hacerlo en competición por grupos. Cuando terminen, anímelos a que sean ellos mismos quienes se corrijan con ayuda de internet y a que contabilicen los datos que han acertado.

8.1

Actividad que puede realizarse de manera oral o como tarea de expresión escrita en casa. En este último caso, puede hacer una puesta en común de sus tareas el siguiente día de clase. Hágalos la pregunta que aparece en el libro y anímelos a pensar en otros deportistas importantes. Después, propóngales la tarea en la forma que haya elegido.

6 **Piensa en alguna situación en la que puedas usar alguna de las expresiones anteriores y escribe un breve texto. Tu compañero/a lo leerá y tendrá que relacionarlo con una de ellas.**

Recuerdo que cuando era más joven todo el mundo me decía que empezar a estudiar esta carrera era muy complicado, que tendría que estudiar mucho y sacrificarme. Pero eso no me asustó y ya estoy en segundo curso.

7 **En parejas, pensad en expresiones en vuestro idioma relacionadas con el deporte e intentad traducirlas al español.**

8 **Para muchos, Michael Jordan ha sido el mejor deportista de la historia. Lee y completa con los datos que faltan. Sobran dos. Después, busca información en internet para comprobar si has dado en la diana.**

3000 · 2003 · 1963 · 1960 · 20 000 · 30 · 100 · 1994 · 1992

Nació el 17 de febrero de (1) **1963** en Brooklyn, Nueva York (Estados Unidos), aunque su infancia transcurrió en Wilmington, Carolina del Norte.

Fue en la universidad de esta ciudad donde le concedieron una beca de baloncesto. En la temporada 1983-1984 fue seleccionado como el mejor jugador universitario.

Después de la universidad pasó a jugar con los Chicago Bulls de la NBA. Finalizó la temporada de 1986-1987 anotando más de (2) **3000** puntos. Fue el máximo anotador de la NBA durante siete temporadas consecutivas (1987-1993), con una media de (3) **30** puntos por partido en todas las temporadas. Se convirtió en máximo anotador de los Chicago Bulls, con más de (4) **20 000** puntos, y batió muchos récords de puntuación de la NBA.

Jordan llevó a los Chicago Bulls a conseguir su primer campeonato de la NBA en 1991, título que revalidó de forma consecutiva en 1992 y 1993. Además, formó parte del equipo conocido como "Dream Team", que obtuvo la medalla de oro en los Juegos Olímpicos celebrados en Barcelona en (5) **1992**.

Antes de la temporada 1993-1994 anunció su retirada del baloncesto profesional con la pérdida de interés como excusa. La violenta muerte de su padre también influyó en gran medida en su decisión.

A principios de (6) **1994** Jordan regresó al deporte profesional, aunque fue como jugador de béisbol, contratado por los Chicago White Sox. Después de fracasar en el béisbol, en abril de 1995 volvió a la plantilla de los Chicago Bulls, y una temporada después fue el máximo anotador de la NBA.

La temporada 2002-2003 fue la última y definitiva. Su último partido como jugador de la NBA fue en Filadelfia el 16 de abril de (7) **2003** ante los 76ers.

Adaptado de http://www.buscabiografias.com/biografia/verDetalle/272/Michael%20Jordan

8.1 **¿Es también para ti Michael Jordan el mejor deportista de la historia? Piensa en otros deportistas que podrían merecer ese reconocimiento y justifica tu opinión con los logros o metas que hayan conseguido.**

54 · Etapas Plus 15 | Nivel C1

Unidad 3

Evaluación

Comprensión lectora

Lee el siguiente texto sobre un deporte poco conocido, el *ultimate*, y comprueba si las afirmaciones que aparecen a continuación son correctas. En el caso de no serlo, corrígelas.

El *ultimate* es un deporte competitivo en equipos jugado con un disco volador o *frisbee*. La forma de anotar en este deporte es similar a como lo hacen en el fútbol americano, y con frecuencia es practicado en clases de educación física en algunos colegios.

Este deporte fue inventado en 1967 por un grupo de estudiantes de New Jersey y poco a poco se fue extendiendo.

Se juega entre dos equipos de siete jugadores cada uno y no hay límite en el número de sustituciones. El campo de juego mide 100 x 37 m y el disco volador tiene que pesar 175 g. En la modalidad de *ultimate playa* las dimensiones del campo son menores (75 x 25 m) y se juega con cinco jugadores por equipo. En el *ultimate* no suele haber árbitro, son los propios jugadores los que se autojuzgan, fomentando así una filosofía de juego limpio.

El objetivo de este juego es anotar puntos recibiendo el *frisbee* en la zona de anotación del oponente. Ganará el equipo que más puntos consiga anotar al finalizar el tiempo de juego, que varía según la competición.

Cuando se inicia el partido, los jugadores se encuentran al borde de sus respectivas zonas de anotación, y el equipo que inicia defendiendo debe lanzar el disco hacia el equipo rival desde una marca.

Es posible pasar el disco en cualquier dirección, pero la persona que tiene el disco no puede moverse, tan solo pivotar. El reglamento dice que si recibes el *frisbee* mientras estás corriendo, deberás detenerte lo antes posible, de modo que si enlazas con otro pase, es posible que no llegues a detenerte del todo. La persona que tenga el disco deberá pasarlo en diez segundos.

Por último, un defensor no puede quitarle el disco de las manos al rival, pues el *ultimate* no es un juego de contacto.

Adaptado de https://deportesdesconocidos.wordpress.com/

1. El único material necesario para practicar este deporte es un disco volador. ✓V F
2. Hay un máximo de siete cambios de jugador por cada equipo en cada partido. V ✓F
3. El disco no se puede pasar hacia atrás. V ✓F
4. Si un jugador pasa más de diez segundos con el disco en la mano, un oponente del equipo contrario se lo puede quitar. V ✓F

Interacción oral

Después de leer el texto, ¿cuáles son las diferencias más significativas que encuentras entre el *ultimate* y el fútbol? Los equipos, los campos, el material… Comentadlo en parejas.

Expresión escrita

Inventa un nuevo deporte, completa la ficha y utiliza la información para redactar un texto que describa ese deporte (180 palabras aprox.).

Nombre: ...
Material deportivo necesario: ...
Lugar donde practicarlo: ...
Individual/parejas/equipos: ...
Reglamento: ...

Etapas Plus 15 | Nivel C1 ▸ 55

Evaluación

La finalidad de este apartado es evaluar, por un lado, las habilidades y estrategias de los alumnos en las cuatro destrezas y, por otro, la asimilación de los contenidos de la unidad a través de un test que podrá encontrar en la **ELEteca** de Edinumen (eleteca.edinumen.es).

Este cuestionario es interactivo y corregido por la plataforma, de manera que el estudiante podrá examinar sus errores y aciertos y reflexionar sobre su aprendizaje. Cada apartado se evaluará de manera independiente, ya que se trata de que el estudiante valore su competencia en cada una de las destrezas y sea consciente de sus necesidades.

Comprensión lectora

Se trata de evaluar la habilidad del estudiante para comprender de una forma intensiva, selectiva o global un texto escrito.

Cada pregunta valdrá un punto. Su calificación dependerá del porcentaje de preguntas acertadas.

Aprobado: a partir del 50 %
Notable: entre el 50 % y el 80 %
Sobresaliente: más del 80 %

1. V; **2.** F: No hay límite en el número de sustituciones; **3.** F: Es posible pasar el disco en cualquier dirección; **4.** F: Un jugador no puede pasar más de diez segundos con el disco en la mano; además, un rival nunca se lo puede quitar porque el *ultimate* no es un deporte de contacto.

Interacción oral

Se trata de evaluar la habilidad del estudiante para verbalizar una idea, teniendo en cuenta el uso y medida de los silencios, las estrategias comunicativas, los conectores del discurso, los aspectos fonéticos y el paralenguaje, así como los exponentes gramaticales y el vocabulario seleccionados por este de acuerdo con su nivel.

La respuesta de esta prueba es abierta. El profesor la valorará atendiendo a una escala de 0 a 3 (0: suspenso, 1: aprobado, 2: notable, 3: sobresaliente), en función de los siguientes criterios:

- Ha incluido todos los elementos mencionados en la instrucción (0-3).
- Logra con éxito transmitir sus mensajes (0-3).
- Utiliza un estilo adecuado al contexto y a la situación (0-3).
- Presenta una corrección lingüística y gramatical acorde con el nivel exigido (0-3).
- Usa vocabulario variado y se expresa con una precisión léxica acorde con su nivel (0-3).

Deje que piensen unos minutos en las diferencias entre ambos deportes y después haga la actividad en parejas. Circule entre los alumnos para evaluar la expresión oral de estos.

Pág. 56

Expresión escrita

Se trata de evaluar la habilidad del estudiante para desarrollar una idea, teniendo en cuenta las estrategias comunicativas, el estilo, los conectores del discurso, la estructura del texto, el orden conceptual, la puntuación y la ortografía, así como los exponentes gramaticales y el vocabulario seleccionados por este de acuerdo con su nivel.

La respuesta de esta prueba es abierta. El profesor la valorará atendiendo a una escala de 0 a 3 (0: suspenso, 1: aprobado, 2: notable, 3: sobresaliente), en función de los siguientes criterios:

- Ha incluido todos los elementos mencionados en la instrucción (0-3).
- Logra con éxito transmitir sus mensajes (0-3).
- Utiliza un estilo adecuado al contexto y a la situación (0-3).
- Presenta una corrección lingüística y gramatical acorde con el nivel exigido (0-3).
- Usa vocabulario variado y se expresa con una precisión léxica acorde con su nivel (0-3).

Pida a los estudiantes que completen la ficha con sus ideas y que después escriban el texto organizando esa información.

Interacción oral

Siga los mismos criterios de evaluación que en la interacción oral de la página 55.

Utilice como punto de partida el texto para proponer a los estudiantes conversar sobre el contenido del mismo. Plantee la actividad en pequeños grupos y circule entre los alumnos para tomar notas que le ayuden a evaluar la expresión e interacción oral de estos.

Comprensión auditiva

Se trata de evaluar la habilidad del estudiante para comprender de una forma intensiva, selectiva o global un texto oral.

Cada pregunta valdrá un punto. Su calificación dependerá del porcentaje de preguntas acertadas.

Aprobado: a partir del 50 %
Notable: entre el 50 % y el 80 %
Sobresaliente: más del 80 %

[10] Véase transcripción en pág. 215.

Interacción oral

La gente que sale a correr se encuentra con algunos problemas en los que no nos paramos a pensar. ¿Sabes cómo nos perjudica la contaminación que hay en el aire? Lee este breve texto y habla con tus compañeros sobre su contenido.

Preparas tu ropa deportiva, te tomas una barrita de cereales, te calzas las zapatillas y sales a correr. Y mientras limpias tu conciencia, es muy probable que tus pulmones se vayan ensuciando. ¿La razón? La contaminación que invade nuestras ciudades. Y no cantes victoria por vivir en un pueblo o una ciudad pequeña con poco tráfico porque, según la Organización Mundial de la Salud (OMS), incluso en estos casos podrías estar expuesto.

Cuando sales a correr, inhalas cerca de veinte veces más aire que en estado de reposo; y eso significa que entra mucha más porquería en tus pulmones que cuando entrenas en un lugar cerrado como un gimnasio, por ejemplo. En ocasiones, es tal la cantidad de aire contaminado que respiramos y que nos metemos sin querer entre pecho y espalda, que incluso puede llegar a arruinar los efectos saludables de la práctica de ejercicio físico al aire libre.

Los mayores emisores de las partículas contaminantes son los motores diésel de los coches, cuya reputación respecto al medioambiente se cuestiona cada vez más. De hecho, la alcaldesa de París anunció en una entrevista que los motores diésel estarán prohibidos en la capital francesa en 2020.

Adaptado de http://www.menshealth.es/salud/articulo/running-y-contaminacion

Comprensión auditiva

[10]

Escucha este audio donde nos cuentan cómo nos afecta la polución cuando hacemos deporte y qué podemos hacer al respecto. Toma notas.

¿Cómo nos afecta?

Puede ser causa de posible muerte prematura. Riesgo a padecer enfermedades como cáncer de pulmón, asma, neumonía, bronquitis, alergias, ictus o enfermedades del sistema circulatorio.

Advertencias: ¿qué podemos hacer?

Iniciativas como el Día sin Coches. Hacer deporte en zonas verdes o cerca del mar, a horas en las que el tráfico sea más reducido e intentando evitar el mediodía.

Contenidos lingüísticos

Haz el cuestionario que te proponemos en ELEteca

Unidad 4

La sociedad consumista

Contenidos funcionales

- Expresar opinión.
- Mostrar escepticismo.
- Mostrar acuerdo y desacuerdo total y atenuado.
- Lamentarse y arrepentirse.
- Expresar condición.

Contenidos lingüísticos

- *Si* + imperfecto/pluscuamperfecto de subjuntivo.
- Imperativo y gerundio con valor condicional.

Contenidos léxicos

- La obsolescencia.
- Las adicciones.
- La economía circular.
- Expresiones coloquiales y frases idiomáticas.

Contenidos culturales

- Los hábitos de consumo.
- La obsolescencia programada.
- Las nuevas adicciones del siglo XXI.
- La isla de la basura.
- La economía circular.

En **ELEteca** tienes material y actividades complementarias a esta unidad.

Tareas

- Representar un diálogo con expresiones coloquiales.
- Debatir sobre nuestro comportamiento consumista.
- Hacer un informe sobre las nuevas adicciones.
- Presentar un nuevo producto hecho con materiales reciclados.

Unidad 4

La sociedad consumista

El tema general de esta unidad es el hábito de consumo y sus consecuencias en la sociedad actual: un estilo de vida consumista y la frustración que se produce si no se alcanza este modelo impuesto. Aparecen así las nuevas adicciones del siglo XXI, los daños al medioambiente, el agotamiento de los recursos naturales... Una alternativa en desarrollo a esta situación es la economía circular, un paso más allá del reciclaje.

Observe la imagen que introduce la unidad y pregunte a sus alumnos qué les sugiere. Pregúnteles si creen que somos una sociedad consumista y discuta con ellos sobre las consecuencias de esto en el estilo de vida, la personalidad y el medioambiente. Deje que opinen sobre el tema y anúncieles que sobre todo ello se hablará a lo largo de la unidad.

En contexto

Temas:
- Observar nuestra relación con algunos productos de lujo.
- Reflexionar sobre nuestros hábitos de compra.

Contenidos:
- Expresiones idiomáticas coloquiales.

El objetivo de este apartado es contextualizar el tema que se va a trabajar en la unidad.

1

Interacción oral de contextualización y motivación en la que entran en contacto con el tema de la unidad hablando de algunos productos de lujo. Busque imágenes en internet de las marcas para ilustrar mejor la actividad y guiarlos para contestar a las preguntas.
La idea es presentar artículos exclusivos, sofisticados, nuevos y avanzados tecnológicamente para mostrar un abanico más amplio de consumo y que es más frecuente de lo que creemos.
La respuesta es abierta, dependerá de los gustos y opiniones de los alumnos. Aproveche cada uno de los apartados para comentar el significado de los adjetivos y expresiones que aparecen.

En contexto

1 Observa todos estos artículos y contesta a las preguntas con tu pareja.

(1)

¿Con cuál de los siguientes adjetivos relacionas estas marcas de zapatos?

1	Louboutin	a. minimalista
2	Prada	b. glamuroso
3	Jimmy Choo	c. sorprendente

(2)

¿Cuál sería para ti el adjetivo adecuado para los zapatos de Manolo Blahnik, los conocidos "manolos"?

(4)

Reloj con reproductor de audio MP3 y WMA, vídeo MP4, fotos en JPEG, grabadora de voz, conexión a un ordenador... ¿Te lo comprarías? ¿Por qué?

(5)

Vitrocerámica en la que podrían funcionar exprimidores, batidoras, tostadoras, simplemente colocándolos sobre la placa de inducción. ¡Incluso los teléfonos móviles podrían cargarse con este sencillo invento! ¿Te parece útil? ¿Por qué?

(6)

Robots aspiradores que vuelven a su enchufe para cargarse y seguir limpiando. ¿Cuánto crees que cuestan? ¿Conoces a alguien que lo tenga?

1.1 Vamos a hablar ahora de nuestros hábitos de compra. En parejas, contestad a las siguientes preguntas.

1. ¿Con qué frecuencia compras ropa, zapatos y complementos? ¿Cuáles de los siguientes criterios sigues a la hora de decidirte a comprar: un evento especial, nuevas tendencias en la moda, envejecimiento o deterioro del artículo, capricho, otros criterios...?
2. ¿Qué haces con los artículos que desechas: los llevas a una tienda de segunda mano, los donas a una ONG, los tiras en un contenedor de ropa, los guardas de recuerdo, los tiras a la basura o haces otras cosas?
3. ¿Cuándo fue la última vez que compraste un electrodoméstico? ¿Cuáles fueron las causas? ¿Qué hiciste con el anterior? ¿Crees que podrías prescindir de alguno de ellos? En caso afirmativo, ¿por qué lo tienes entonces?
4. ¿Qué importancia tiene la tecnología en tu vida? ¿Qué aparatos electrónicos tienes? ¿Para qué los usas? ¿Los has reparado alguna vez?

58 Etapas Plus 15 | Nivel C1

1.1

Actividad de interacción oral con la que se pretende que reflexionen sobre sus hábitos de compra y tomen conciencia de cómo, cuándo y por qué lo hacen.

Página 59

2

Tarea de comprensión auditiva que se desarrolla en dos fases y que servirá para presentar las expresiones coloquiales en las que aparecen palabras relacionadas con la ropa, el estilo, los precios y la forma de pago.
Despierte el interés de sus alumnos preguntando por los problemas más frecuentes que pueden tener los compañeros de piso. Infórmelos de que escucharán el monólogo de una joven hablando sobre su compañera de piso. Corrija esta primera tarea de carácter general después de la primera escucha.

[11] Véase transcripción en pág. 216.

3

"La esencia del lujo y el buen hacer...", ¿Te gustaría que te regalaran un bolso de diseñadores como Armani, Versace o Louis Vuitton? ¿Por qué?

7

¿Chanel o Gucci? ¿Qué diseñador te pega más? ¿Prefieres otro? ¿Por qué?

2 [11] **Escucha el monólogo de Nélida mientras recoge la casa que comparte con Julia y responde a estas preguntas.**

1 ¿Por qué está enfadada con Julia? **Porque toda la casa está llena de ropa, desordenada.**

2 ¿La ropa de Julia es cara o barata? **Cara.**

3 ¿Qué ha sido lo último que ha comprado Julia? ¿Dónde? **Un vestido en un *outlet*.**

4 ¿Te has sentido tú así alguna vez? **Respuesta abierta.**

2.1 [11] **Vuelve a escuchar y completa las expresiones coloquiales que te ofrecemos junto a su significado. Compáralo con tu pareja.**

1. Estar (todo) desordenado: *Estar todo* **manga** *por* **hombro**
2. Ser de muy buena calidad: *Dar la* **talla** *con creces.*
3. Fijarse en algo que te gusta: *Echar el* **ojo**.
4. Ser algo muy caro: *Costar un* **ojo** *de la* **cara**
5. No dar la información que se pide: *No soltar* **prenda**.
6. Hacer algo sin ganas: *Hacer algo* **a regañadientes**
7. Ser muy barato: *Ser una* **ganga**
8. Estar en una situación difícil: *Estar con el* **agua** *al* **cuello**
9. No ir bien vestida, vestir sin estilo: *Ir* **hecha** *un* **adefesio**
10. Pagar con dinero, no a crédito: *Pagar a* **tocateja**.
11. Molestar a alguien con insistencia: *Dar la* **tabarra**.
12. Estar un lugar lleno de gente: *Estar hasta la* **bandera**.

2.2 **En parejas, señalad los errores que aparecen en algunas de las siguientes frases y corregidlos.**

1 Cuando una casa está desordenada está todo manga por ~~brazo~~. **hombro**

2 En rebajas todo nos cuesta ~~un ojo de la cara~~. **más barato**

3 Si queremos saber algo pero no nos lo cuentan, decimos que esa persona no suelta prenda. ✓

4 Hacer tareas ~~con mucha~~ ilusión es hacerlas a regañadientes. **sin ninguna**

5 Dar la ~~baturra~~ significa ser pesado de forma insistente. **tabarra**

2.3 **Con tu misma pareja, escribe un diálogo en el que utilices seis de las anteriores expresiones y representadlo ante la clase.**

Etapas Plus 15 | Nivel C1 ▸ 59

Christian Louboutin: diseñador francés de zapatos de tacón de aguja de gama alta. La suela lacada en rojo de los tacones se ha convertido en su firma. **Prada:** firma italiana caracterizada por diseños atrevidos y modernos. **Jimmy Choo:** diseñador de moda malayo, establecido en Londres, conocido principalmente por sus zapatos de mujer hechos a mano. **Manolo Blahnik:** diseñador español, fundador de una de las marcas de calzado más prestigiosas del mundo: los manolos. Sus piezas sobrepasan el concepto de moda para convertirse en obras de arte; su innovación se debe a la mezcla de estilos. **Armani:** compañía de moda italiana que diseña y fabrica productos de lujo. **Versace:** marca italiana de diseño. Su fundador, Gianni Versace, creó vestidos para obras de teatro y películas. **Louis Vuitton:** empresa francesa de marroquinería de lujo especializada en artículos de viaje. **Chanel:** casa de modas francesa fundada por la famosa diseñadora Coco Chanel y que diseña ropa, accesorios, gafas, perfumes y cosméticos. **Gucci:** firma de lujo italiana dedicada al diseño y la fabricación de artículos de moda, maletas, relojes, perfumes...

2.1

Antes de volver a escuchar, dígales que lean todas las frases que ofrecen el significado de las expresiones. Sondee sus conocimientos previos pidiendo que traten de completar los espacios en blanco de las expresiones idiomáticas. Ponga el audio para hacer la actividad. Corríjala cuando hayan terminado de comparar sus anotaciones y resuelva posibles dudas.

2.2

Práctica de lenguaje donde los alumnos deben discriminar lo incorrecto y corregirlo. De esta manera fijan y memorizan las estructuras que están trabajando. Es aconsejable que no miren la actividad anterior, para hacer así un ejercicio mayor de memorización. Puede realizar la actividad como una subasta de frases si no utilizó esta dinámica en la unidad 1.

Le recordamos cómo hacer la subasta de frases: divida a los alumnos en grupos y pregúnteles si saben lo que es una subasta. Explíqueles que pueden comprar frases correctas o incorrectas, siempre que sepan cómo corregirlas. Para ello, antes de iniciarse la subasta, tienen unos minutos para discutirlo en grupo y nombrar un portavoz, que será el encargado de pujar durante la subasta. Dígales también que disponen de 1000 euros, que cada frase tiene un precio de salida de 50 euros y que la puja se hará de 50 en 50 euros.

Una vez que estén preparados, dirija la subasta siguiendo este ejemplo: Frase 1. Diga: "Precio de salida de 50 euros, ¿quién compra?". Cuando el portavoz del grupo que quiera comprar levante la mano, diga: "¿Quién da 100?". Así hasta que no haya más pujas. Pase a la siguiente frase y proceda del mismo modo hasta que se hayan comprado todas las frases. Corrija al final de la subasta y resuelva las dudas que haya. Gana el grupo que más frases haya comprado y resuelto correctamente.

Para reforzar este contenido, tiene las actividades 4.1 a 4.1.4 de las páginas 220 y 221.

2.3

Tarea final de este epígrafe con la que se pretende activar conocimientos nuevos y ponerlos en práctica en intercambios comunicativos reales. Para ello, los alumnos deben escribir un diálogo en parejas que representarán ante la clase. Puede realizar esta actividad como una competición: la clase votará el diálogo más divertido, el más original, el más sorprendente...

La obsolescencia programada

Temas:

- ¿Qué es la obsolescencia programada?

Contenidos:

- Hacer advertencias.
- Exponentes para debatir.
- Mostrar acuerdo, desacuerdo y escepticismo.

1

Actividad de motivación para introducir el tema de la secuencia. Centre la atención de los alumnos en la imagen para que, inicialmente, realicen la actividad de forma individual (si lo desea, utilice la Proyección 20). Después, pídales que compartan la información con su pareja y, si lo cree conveniente, haga una puesta en común en clase.

Proyección 20 *¿Qué te sugiere?*

1.1

Comprensión lectora para conocer el concepto con el que vamos a trabajar. Lance las preguntas y pida a los alumnos que comenten las respuestas en parejas para activar los conocimientos que tengan sobre el tema y facilitar la lectura.

2

Actividad de interacción oral con la que se pretende que los alumnos se involucren en el tema a partir de sus experiencias y opiniones. Haga la actividad tal y como se plantea en el libro. Mientras lo hace, pasee entre los grupos y valore la corrección de los estudiantes. Termine con una puesta en común y deje que comparen sus respuestas.

La obsolescencia programada

1 ¿Qué tres palabras son las primeras que te vienen a la mente al ver esta imagen? ¿Y a tus compañeros?

Tú: 1 ___ 2 ___ 3 ___

Ellos: A ___ B ___ C ___

1.1 ¿Has oído hablar de la obsolescencia? ¿Sabes qué es? Lee el texto y compruébalo. Los especialistas hablan de diferentes tipos, pon el título correcto a cada definición.

- Obsolescencia de deseo
- Obsolescencia de función
- Obsolescencia de calidad

No podemos negar que la durabilidad de los productos que utilizamos es muy importante desde el punto de vista ambiental. Hasta la segunda mitad del siglo pasado los equipos y bienes de consumo se consideraban algo que debía durar, ya que se invertía mucho dinero en ellos y debían estar en uso tanto tiempo como fuera posible.

Sin embargo, a partir de ese momento, con la producción en masa y los nuevos modelos de mercado, surgió el término de **obsolescencia programada** u **obsolescencia planificada**, es decir, la determinación o programación del fin de la vida útil de un producto, de modo que, tras un período de tiempo calculado de antemano por el fabricante o por la empresa durante la fase de diseño de dicho producto, este se torne obsoleto, no funcional, inútil o inservible.

Podemos hablar de tres tipos de obsolescencia:

1 **De función** **o tecnológica:** se da cuando un producto sustituye a otro por su funcionalidad superior.

2 **De calidad** **o incorporada:** se da cuando el producto se vuelve obsoleto por un mal funcionamiento programado.

3 **De deseo** **o psicológica:** ocurre cuando el producto, aun siendo completamente funcional y no habiendo sustituto mejor, deja de ser atractivo por cuestiones de moda o estilo, y se le asignan valores peyorativos que disminuyen su deseo de compra y animan a su sustitución.

Este fenómeno es parte de la lógica del esquema extraer – fabricar – eliminar de las sociedades de consumo del siglo XX y comienzos del XXI.

Adaptado de https://www.ecointeligencia.com/2014/06/obsolescencia-programada-tipos-formas/

2 ¿Crees que existe una obsolescencia programada? Piensa en ejemplos de productos en los que creas que se dan los diferentes tipos de obsolescencia y escríbelos. Después, compara lo que has escrito con tus compañeros y, en caso de estar de acuerdo con ellos, completa tu lista.

Obsolescencia de deseo	Obsolescencia de función	Obsolescencia de calidad

2.1 **Parece que la existencia de la obsolescencia como algo planificado por las empresas genera diferentes opiniones. Lee lo que algunas personas han escrito en el foro de consumidores y usuarios** esquinadelabuso.com **y compara con tus opiniones.**

esquinadelabuso.com

rpodri

10:35 I **A mi entender**, hay una razón más lógica que una conspiración de los fabricantes: se ha reducido la calidad de los materiales porque el consumidor exige precios bajos. Tomemos como ejemplo una lavadora: si nos compramos una lavadora básica de 250 euros, nos vamos a encontrar con materiales baratos y un control de calidad justito, que van a suponer una vida útil escasa. Si nos compramos una lavadora de rango industrial, vamos a tener materiales de muy buena calidad y un control de calidad muy alto, pero el rango de precios se nos disparará hasta siete u ocho veces el de la básica.

Responder · Votar a favor 4 · Votar en contra 0

toquitul

10:50 I **Para nada**, las grandes marcas también hacen unas castañas importantes. Hace 4 años me compré un portátil Jp y a los dos años ya iba fatal, fue acabarse la garantía y empezar a ir superlento. Sin embargo, con el ordenador fijo que me montaron con los componentes que elegí yo me gasté más o menos lo mismo (teniendo en cuenta el momento en el que lo compré) y va mucho mejor, a pesar de tener más de 10 años. **A mi juicio**, las grandes marcas también incluyen componentes basura en el interior de sus equipos, aunque creas que estás comprando calidad. Lo mismo me pasó con una impresora para casa de Jp de 120 euros, a los 2 años y un mes se estropeó, y el servicio técnico oficial de su web me la reparaba por 160 euros!! Si eso no está programado...

Responder · Votar a favor 6 · Votar en contra 0

nevital

11:15 I **No sé qué decirte**. Tengo una impresora Jp Deskjer. 10 años, perfecta. Una TV Mamsung de las primeras planas desde hace 8 años que funciona perfectamente. Una cafetera Rolac-exprés de 20 años y funciona como desde el primer día. Tuve un frigorífico Porberó, conmigo 25 años, y una encimera de gas Porberó, acero inoxidable, 30 años, perfecta.

Responder · Votar a favor 0 · Votar en contra 0

susijim

11:30 I **Pues yo sí diría que** es más que evidente que las multinacionales en su estrategia no plantean la reparación de sus productos, sino hacer que estos sean irreparables o tan costosos de reparar que no merezca la pena... **¿Verdad que esto no es ninguna tontería** en la electrónica y la informática?

Responder · Votar a favor 7 · Votar en contra 0

marijo

12:05 I **Estoy contigo**, en la telefonía móvil es incluso más descarado. Opple ofrece actualizaciones de *software* para un FPhone recién lanzado como mucho durante 4 años. A partir de ahí, las aplicaciones empiezan a solicitar una versión de *software* superior y poco a poco no puedes usar nada nuevo. En dispositivos PAndroid, lo mismo, aunque te compres el buque insignia de una marca, a los 4-5 años no tienes actualizaciones de *software* y las *apps* empiezan a no funcionarte en sus nuevas versiones. Todo esto por no hablar de cómo se nota que se va ralentizando el sistema de forma provocada con cada actualización de sistema operativo que se lanza. **¡Esto no tiene ni pies ni cabeza!**

Responder · Votar a favor 10 · Votar en contra 0

! En la escritura coloquial, como es el caso de los foros, es frecuente no respetar todos los signos ortográficos atendiendo a la economía del lenguaje.

2.2 **¿A qué tipo o tipos de obsolescencia se refieren principalmente los foristas anteriores? Justifica, después, tu respuesta con tu compañero/a.**

1. rpodri: de calidad
2. toquitul: de calidad
3. nevital: de función
4. susijim: de calidad
5. marijo: de función

2.1

Actividad que proporciona los modelos de lengua del contenido gramatical. Relacione esta actividad con la anterior informando a los alumnos de que van a leer un foro de consumidores para conocer lo que piensan sobre la obsolescencia y ver si coinciden con sus puntos de vista. Puede motivarlos preguntándoles si alguna vez han participado en algún foro de este tipo.

2.2

Extensión de la comprensión lectora que la que deberán identificar, en función de lo que se cuenta en los testimonios que han leído, el tipo de obsolescencia al que se refieren en cada caso. Deje que realicen la actividad individualmente y que, después, comparen en parejas argumentando su opinión. Haga, finalmente, una corrección en grupo clase.

2.3

Actividad para sistematizar los modelos de lengua presentados en la actividad 2.1. Vuelva al citado texto para que observen las expresiones destacadas y las clasifiquen. Para corregir la actividad, ayúdese de la Proyección 21.

Expresar opinión: A mi juicio..., **A mi entender; Expresar acuerdo:** Estoy contigo; **Expresar desacuerdo:** Para nada, ¡Esto no tiene ni pies ni cabeza!; **Invitar al acuerdo:** ¿Verdad que esto no es ninguna tontería...?; **Expresar escepticismo:** No sé qué decirte; **Atenuar el desacuerdo:** Pues yo sí diría que...

Proyección 21 ***Exponentes para debatir.***

Si quiere reforzar este contenido, le recomendamos las actividades 4.2.1, 4.2.2 y 4.2.3 del Libro de ejercicios, páginas 222 y 223.

2.4

Actividad de vocabulario sobre el texto anterior que trata de desarrollar la capacidad para inferir de los alumnos y, de esta manera, activar las estrategias de aprendizaje.

2.3 **Fíjate en las estructuras en negrita del texto de la página anterior y completa el cuadro.**

Exponentes para debatir

Expresar opinión
- A mí me da la sensación/impresión de que...
- En mi modesta/humilde opinión...
- ....
- .... /parecer...

Expresar acuerdo
- ¡Así es!/Exacto/Exactamente...
- De eso no hay duda...
- Es una gran verdad.
- Eso es indiscutible/innegable.
- Yo diría lo mismo.
- Comparto tu idea/tu postura.
- .... /Coincido (totalmente) contigo en lo de...

Expresar desacuerdo
- ....
- ¡(Pero) qué dices!
- ¿Pero cómo puedes decir una cosa así?
- No digas tonterías.
- ....
- Eso no tiene ningún sentido.

Invitar al acuerdo
- ¿Verdad que tengo razón...?
- ....

Expresar escepticismo
- Yo tengo mis dudas.
- .... /No me convence del todo.

Atenuar el desacuerdo
- Algo de razón tienes.
- Estoy de acuerdo en todo, salvo en...
- No digo que... pero...
- No diría lo mismo.
- Pues yo no/ ....

2.4 **Vuelve a leer el texto para buscar las siguientes estructuras y elige la opción correcta. Después, comparad vuestras respuestas en parejas.**

1. En la expresión *un control de calidad justito* el diminutivo *-ito* tiene...
   - **a.** valor afectivo.
   - ✓ **b.** valor enfático.
   - **c.** valor de empequeñecimiento.
2. La expresión *el rango de precios se nos disparará* significa que...
   - ✓ **a.** los precios subirán vertiginosamente.
   - **b.** los precios remontarán.
   - **c.** los precios bajarán rápidamente.
3. La frase idiomática *hacer unas castañas importantes* significa...
   - **a.** hacer algo del tamaño de las castañas.
   - ✓ **b.** hacer algo de mala calidad.
   - **c.** hacer algo de poca importancia.
4. Cuando hablamos de *componentes basura*, nos referimos...
   - **a.** a los materiales previamente desechados que se reutilizan.
   - ✓ **b.** a que los componentes son de mala calidad.
   - **c.** a que los componentes son nuevos pero anticuados.
5. El *buque insignia* de la marca hace referencia...
   - ✓ **a.** al producto más destacado de la marca.
   - **b.** al primer producto que lanzó la marca.
   - **c.** al último producto de la marca en el mercado.

A mí me da la impresión de que la publicidad es la única culpable de todo porque...

62 Etapas Plus 15 | Nivel C1

Unidad **4**

3 **En parejas, contestad a las siguientes preguntas para intentar llegar a un acuerdo sobre si existe o no la obsolescencia programada. Pensad en vuestras experiencias y poned ejemplos.**

1. Cuando compras un producto de consumo y este falla antes de lo que te parece razonable, ¿hubieras pagado más por un producto de similares características pero de mayor durabilidad?
2. ¿Por qué crees que los mismos modelos de producción y venta que hacen tan asequible la compra de un nuevo producto encarecen en la misma proporción el coste de la reparación?
3. ¿Crees que los procesos de diseño y fabricación son susceptibles de errores? ¿Crees que esta temporalidad es una medida destinada a asegurar el uso óptimo –en calidad y seguridad– del producto?
4. ¿Cómo valoras los productos diseñados de forma específica para ser asequibles a un público más amplio, aun a costa de su durabilidad?
5. ¿Merece la pena encarecer el coste de fabricación de productos que serán funcional y tecnológicamente obsoletos antes de finalizar su vida útil?
6. ¿Existe o no existe para ti la obsolescencia programada de función, de calidad o de deseo?

4 **Vamos a preparar un debate sobre la obsolescencia de deseo. Dividid la clase en dos grupos: uno a favor y otro en contra. Os ofrecemos algunas opiniones, pero podéis ampliar la lista con una lluvia de ideas previa. Utilizad las estructuras estudiadas para dar vuestra opinión.**

"La publicidad cumple realmente su función de crear en nosotros necesidades y deseos".

"Comprar es necesario para mantener equilibrada la economía del país".

"Me preocupa dónde van los productos que desecho".

"Cambio mis cosas transformándolas yo mismo/a en otras. Doy importancia a lo hecho a mano".

"Forma parte de la condición humana adquirir para facilitar nuestra vida, mejorar, destacar...".

No sé qué decirte, a mi juicio informa pero no obliga porque...

Otras sugerencias para el debate

Opiniones:

....

A favor

....

En contra

....

3

Actividad de interacción oral y práctica del lenguaje con las estructuras de opinión, acuerdo, desacuerdo y escepticismo. Ponga a los alumnos en parejas y pasee entre ellos para tomar nota de los posibles errores que observe. Haga al final una puesta en común y deles la oportunidad de corregirse entre ellos.

4

Tarea final del epígrafe. Rescate alguna de las ideas de las conversaciones anteriores y escríbala en la pizarra. Si lo considera necesario, haga una lluvia de ideas para ampliar las sugerencias que se dan en el libro. Divida la clase en dos grupos y déjeles tiempo para preparar sus argumentos antes de comenzar el debate. Puede proyectar los exponentes aprendidos para hacer conscientes a los estudiantes de su uso durante el debate.

Adicciones, una enfermedad de la época

Temas:

- Las nuevas adicciones del siglo XXI.

Contenidos:

- Expresiones para lamentarse y arrepentirse.
- Estructuras condicionales.

1

Actividad de interacción oral en la que los alumnos comentan el uso de las redes sociales para ir acercándose al tema de este apartado: las dependencias de la sociedad actual. Disponga a los alumnos en parejas para posteriormente hacer una breve puesta en común.

2

Introduzca la actividad proyectando la imagen de los logotipos de las redes sociales (Proyección 22) y pregunte a los estudiantes si las conocen y cómo se llaman. A continuación, pídales que realicen la actividad en parejas, relacionando el nombre con la imagen, y que hablen sobre las características de estas redes en caso de que las conozcan. Tras la corrección, anímelos a hablar de sus experiencias en relación con estas redes.

Proyección 22 *Redes sociales.*

3

En esta tarea los alumnos deben señalar cuáles son las redes más populares. Se trata de motivar y despertar su interés por la solución que se ofrece en la siguiente actividad, proponiéndoles aventurarse en la respuesta.

3.1

De más a menos popular: 1 (Facebook), 3 (WhatsApp), 13 (QQ), 10 (Messenger), 14 (QZone), 11 (WeChat), 9 (Tumblr), 15 (Instagram), 8 (Twitter), 6 (Baidu Tieba), 5 (Skype), 4 (Viber), 2 (Sina Weibo), 7 (Line), 12 (Snapchat).

Para facilitar la corrección de la actividad, proyecte la imagen con la solución (Proyección 23).

Proyección 23 *Las redes sociales más populares del mundo.*

Adicciones, una enfermedad de la época

1 En parejas, contestad a las siguientes preguntas sobre las redes sociales.

1. ¿Por qué crees que se ha extendido tanto el uso de las redes sociales en los últimos años?
2. ¿Qué problemas y beneficios crees que pueden ocasionar estas en las relaciones personales?
3. ¿La irrupción de las redes sociales ha cambiado el concepto de privacidad?
4. ¿Qué rango de población crees que es más permeable a ellas?
5. ¿Qué peligros pueden acarrear?
6. ¿Cuándo crees que el uso de estas webs se convierte en una dependencia?

2 Intenta relacionar el nombre de las diferentes redes con el logo que las representa. ¿Cuáles conoces? Describid en parejas las características que las definen y diferencian.

12 Snapchat	6 Baidu Tieba	14 QZone
7 Line	8 Twitter	1 Facebook
2 Sina Weibo	15 Instagram	10 Messenger
4 Viber	9 Tumblr	13 QQ
5 Skype	11 WeChat	3 WhatsApp

3 Observa el siguiente gráfico en el que se representa el número de usuarios activos de redes sociales y relaciona cada cifra con la red que crees que ocupa esa posición.

Las redes sociales más populares del mundo

Red	Número de usuarios activos de redes sociales en enero de 2016 (en millones)
1	1550
3	900
13	860
10	800
14	653
11	650
9	555
15	400
8	320
6	300
5	300
4	249
2	222
7	212
12	200

3.1 Después de ver el gráfico completo que te muestra tu profesor/a, comenta con tu pareja tus aciertos y errores. ¿Te ha sorprendido algún dato?

› 64 Etapas Plus 15 | Nivel C1

Snapchat es una aplicación de mensajería para teléfonos inteligentes con soporte multimedia de imagen, vídeo y filtros de realidad aumentada. Es una de las aplicaciones más utilizadas a nivel mundial junto a Facebook, Twitter, WhatsApp e Instagram, con la que mantiene una fuerte competencia entre la población más joven.

QQ, QZone, WeChat, Baidu Tieba y Sina Weibo son aplicaciones de redes sociales en China.

Página 65

4

Introduzca la actividad escribiendo en la pizarra el título del corto y pida a sus alumnos que especulen sobre el argumento. Cree interés acerca de este y, a continuación, muestre las imágenes de los protagonistas para que imaginen sus perfiles y se aventuren en la trama.

Unidad 4

4 Vas a ver el cortometraje titulado *Cuestión de #Likes*, en el que una joven modelo, activa en todo lo referente a las redes sociales, conoce a través de un blog a un fotógrafo, Hugo. Antes, comentad en parejas cómo imagináis que son estos jóvenes.

4.1 Ahora podéis visualizar el corto. ¿Son los protagonistas como los imaginabais? Después, contestad a las siguientes preguntas.

1. ¿Dónde y cómo se conocen los dos jóvenes?
2. ¿Qué tipo de relación se establece entre ellos?
3. ¿Qué actividades e intereses comparten?

4. ¿Cómo es su primer encuentro cuando se ven en persona?
5. ¿Qué hacen cuando no están juntos?
6. ¿Cómo se comunican y relacionan estos jóvenes?

7. ¿Qué caracteriza la forma de hablar de la chica?
8. ¿Qué desencadena la crisis que lleva al desenlace en su historia?
9. ¿Qué redes utilizan en su relación?

Extraído y adaptado del corto *Cuestión de #Likes*

4.2 Volved a ver el vídeo y, en parejas, contestad a las siguientes preguntas.

1. Anota apelativos y frases que muestren los sentimientos de la pareja en momentos diferentes de su historia de amor.
2. Candy utiliza palabras como *Holis, tonti, bromis* o *porfis*. ¿Por qué? ¿En qué momento de la relación lo hace?
3. Escribe alguna palabra que digan en inglés. ¿Por qué crees que las utilizan tanto?
4. ¿Qué crees que significa *CandyCandela*? ¿Por qué crees que ha elegido este nombre?
5. ¿Cuándo dice Candy *fus fus*? ¿En qué otro contexto se utiliza esta expresión?
6. *Estoy flipando* es un coloquialismo; ¿qué significa? ¿Puedes escribir alguna expresión que signifique lo mismo?

4.3 En parejas, escribid un diálogo que se ajuste a la vida real de los personajes del corto en alguna de las diferentes situaciones que aparecen durante su historia de amor. Elige entre las siguientes opciones:

1. Cuando se presentan.
2. Cuando quedan por primera vez y toman algo.
3. Cuando se enfadan y se separan.

▶ *Hola, ¿qué tal? ¡Qué ganas tenía de verte en persona!*

▷ *Hola, ¡qué corte! Pero sí, a mí también me hacía ilusión.*

Etapas Plus 15 | Nivel C1 ▸ 65

Cuestión de #Likes es un corto, dirigido por Ángela Santos y David García de León, en el que una joven modelo, activa en las redes sociales, conoce a través de un blog a un fotógrafo. A pesar de vivir en la misma ciudad, toda su relación se articula a través de las redes: comentarios de amor en Twitter, selfis en Instragram, conversaciones por WhatsApp... Hasta que un día la obsesión de ella por la vida en la red hace que todo se termine.

Selfi/selfis son las formas recomendadas, pero se acepta el uso de *selfie/selfies*. *Me gusta* es la forma recomendada, aunque en la lengua hablada se alterna con *like/likes*. Se aceptan y están generalizadas las formas *tuit* y *tuitear*.

4.1

Contextualice el primer visionado dando solo la información del enunciado. Acceda al vídeo a través del enlace https://youtu.be/lxE4TcxYKuo o escribiendo su título en internet. Dispone de la transcripción del vídeo en la Ficha 5.

Durante la proyección, van contestando individualmente a las preguntas para, después, comparar las respuestas en parejas. Finalmente, las ponen en común en la corrección. Corregida la actividad, puede trabajar el contenido del corto con la transcripción.

1. En Facebook; **2.** Cuando se conocen, hablan de hacer un *book* (ella es modelo y él fotógrafo) y rápidamente inician una relación amorosa; **3.** La fotografía, las redes sociales, el cine y el juego Candy Crush; **4.** Se hacen un *selfie*; **5.** Él hace deporte en su casa, dibuja (por las láminas de su habitación) y toca la guitarra. Ella se prueba ropa, escribe en el ordenador y se pinta las uñas; **6.** Principalmente a través de las redes, comunicando al mundo la intensidad de sus sentimientos. También quedan en un café, pero no se toman la consumición: la fotografían y la suben a las redes, buscando *likes*; **7.** Usa diminutivos, palabras en inglés, abreviaturas, onomatopeyas y expresiones coloquiales; **8.** Hugo no ha contestado al wasap de Candela inmediatamente y, además, ha ocultado la hora de su última conexión; **9.** Facebook, Twitter, Instagram y WhatsApp.

Ficha 5 **Cuestión de #Likes *(transcripción)*.**

4.2

Actividad de escucha más detallada para mostrar el lenguaje específico de las redes sociales y el significado de algunas frases coloquiales. Antes de volver a poner el vídeo, deje que lean las preguntas y resuelva dudas de vocabulario.

Posible respuesta. 1. Al principio de la relación. Ella: he encontrado a mi media naranja @hugomodelo22 #orange #mitonti #boyfriend #bebeto #lovetime, cari, El mejor novio del mundo es el mío @ guapo #tek.; **Él:** princesa, @candycandela19 #tonti #mehasrobadoelcorazón #princesadesuprincipe, Mi cámara se rinde a la belleza de candycandela19 #preciosísima. **Al final. Ella:** #BadBoy #Sad #Unhappiness #jealousboyfriends, #fusfus #bye; **2.** Usa diminutivos y variaciones de palabras terminadas en *-i* para mostrarse cariñosa, simpática y para seguir la moda y la forma de comunicarse de los jóvenes en estos espacios. Lo hace al principio de la relación; **3.** *Thanks, cupcake, likes, boyfriend, lovetime, badboy*... Las usan para estar más integrados en los grupos y seguir las tendencias; **4.** Sus amigos la llaman así por el juego de Candy Crush; **5.** Lo dice cuando se enfada con Hugo y quiere que se aleje de ella. Esta expresión se utiliza para ahuyentar a los gatos; **6.** Expresión coloquial para expresar sorpresa. También se puede decir *flipo* o *alucino*.

4.3

Actividad de escritura colaborativa de creación. Pídales que elijan una de las opciones del libro. Mientras realizan la tarea, paséese para servir de guía y ayuda. Después de corregir los diálogos, anímelos a interpretarlos.

5 Lee la información de estos tres jóvenes: ¿por qué piensas que dedican tanto tiempo a ir al gimnasio y al ejercicio físico? ¿Qué problemas crees que han tenido por dar tanta importancia a su cuerpo?

5.1 [12] Ahora escucha sus testimonios y contesta a las preguntas.

Benito

1. ¿Qué ha dejado por asistir al gimnasio?
2. ¿De qué se lamenta?

David

1. ¿Cómo se relacionaba David con la comida?
2. ¿En qué cambiaron sus rutinas diarias por su obsesión?
3. ¿Cómo era la relación con su familia?
4. ¿De qué se arrepiente?

Roberto

1. ¿Cómo era su vida antes de su obsesión por el ejercicio?
2. ¿Cómo reaccionó su entorno social a sus cambios físicos?
3. ¿Cuándo fue consciente de que tenía un problema?
4. ¿Se lamenta?

5.2 [12] En sus testimonios, los jóvenes se lamentan de un pasado que desearían que hubiera sido de otro modo o de un presente que les gustaría cambiar. Escucha de nuevo y completa con las frases que utilizan para ello.

Lamentarse y arrepentirse

1. ***Si*** + imperfecto o pluscuamperfecto de subjuntivo con enunciado suspendido:
   - *Si volviera a nacer...*
   - **¡Si pudiera controlarme!**
   - *¡Si lo hubiera conocido antes...!*
   - **¡Si hubiera buscado ayuda antes!**
2. ¡***Quién*** + imperfecto de subjuntivo!:
   - **¡Quién pudiera volver atrás!**
   - *¡Quién tuviera otra oportunidad...!*
3. ***(No) debería/tendría que*** + infinitivo compuesto:
   - *No tendría que haberlo confesado.*
   - *Debería haber ido a las clases.*

66 Etapas Plus 15 | Nivel C1

5

En esta secuencia se aborda otro de los temas de la unidad: las obsesiones o nuevas enfermedades del siglo XXI, y se presentan las estructuras para lamentarse y arrepentirse.

Introduzca la actividad diciendo a los alumnos cómo puede afectar a las personas (en su estilo de vida, inquietudes, etc.) una sociedad consumista como la que hemos estado viendo. Pregúnteles qué enfermedades o adicciones nuevas podemos encontrar en la sociedad de este siglo. Lleve la lluvia de ideas hacia el tema de los gimnasios y el culto al cuerpo y transite a la comprensión lectora.

Las preguntas de la actividad tratan de prepararlos para el contenido del audio de la siguiente actividad, activando estrategias de escucha. No corrija la actividad, pues el objetivo es despertar el interés por conocer las respuestas que se encuentran en los testimonios que escucharán en la siguiente actividad.

5.1

Actividad de comprensión auditiva con la que se presentan, además, los modelos de lengua de los contenidos de la secuencia. Antes de poner el audio, deje que lean las preguntas que se les formulan. Asegúrese de que conocen el significado de *lamentarse*, ya que es el contenido que se quiere presentar.

Benito: 1. Ha dejado de ver a sus amigos, discute con la familia porque le cuestionan su tiempo en el gimnasio; **2.** Se lamenta de su falta de control; por ejemplo, de su enfado cuando su aparato favorito está en reparación.
David: 1. Solía apuntar y pesar cada gramo de lo que comía. Se levantaba a las 3 de la mañana para tomar su proteína; **2.** Se convirtió en un ermitaño, no salía de casa para no comer cosas fuera de su dieta; **3.** No pasaba tiempo con sus hijos y dejó de tener relaciones con su esposa; **4.** Querría volver atrás para evitar los trastornos emocionales y sociales sufridos.
Roberto: 1. Un joven normal, que se veía muy delgado; **2.** Al principio sus amigos elogiaban los cambios de su cuerpo, había desarrollado musculatura. Sus padres también estaban contentos y veían su asistencia al gimnasio como algo positivo; **3.** Su situación fue descubierta por una carta de la universidad a sus padres informándoles de sus ausencias y del riesgo de expulsión. Ellos creían que tenía un problema con las drogas y, al hacerle estudios médicos, descubrieron que sufría graves trastornos físicos a causa de los productos que tomaba; **4.** Sí, cree que debería haber buscado ayuda antes de que las consecuencias de la ingesta de estos productos fueran tan graves.

[12] Véase transcripción en pág. 216.

5.2

Actividad de escucha con atención a la forma. Se trata de registrar y sistematizar los modelos de lengua para expresar lamento y arrepentimiento. En la corrección de la actividad, aclare todas las dudas que hubiera.

Si quiere reforzar este contenido, le recomendamos las actividades 4.3, 4.3.1 y 4.3.2 del Libro de ejercicios, páginas 223 y 224.

5.3 ¿Qué comportamientos y actitudes tienen en común los tres jóvenes? ¿Conoces algún caso parecido? Comentadlo en parejas.

6 Las adicciones siempre han existido, pero parece que ahora aumentan y surgen otras nuevas. En parejas, hablad sobre cuáles pueden ser esas nuevas adicciones y sus causas.

6.1 El siguiente texto trata sobre algunas de estas nuevas adicciones. Leedlo y comprobad si coincidís con lo que se dice en él.

Vivimos una época difícil, contradictoria. Una época que nos llena de cosas mientras, en diversas áreas, nos vacía. Una época que nos presiona con niveles altos de exitismo y rendimiento mientras propone, de múltiples maneras, aliviar los conflictos o tensiones personales a través de la adquisición de diferentes "cosas". Una época de ineludibles urgencias, de redes y vínculos cada vez más frágiles, de creciente soledad. Es ese marco –complejo, controvertido– el que alimenta un problema que crece en todas las edades, y en todo el mundo: las adicciones.

Hay adictos al juego, a la comida, al cigarrillo, a las drogas, al sexo, a internet, a los psicofármacos, a la lectura, al trabajo, al móvil, a la vigorexia, a los videojuegos, a las cirugías, a las compras, a las actividades de riesgo, a recorrer las calles, a mentir, al dinero, a viajar, a las relaciones que nos dañan. La sociedad de consumo, todo el tiempo, nos llena de objetos, servicios y actividades, impulsando hábitos y conductas que arrastran a mucha gente a diferentes adicciones. Los especialistas hablan de "espejismos" y explican que cada una de esas variantes son atajos que nos regalan la "ilusión" de poder desatender las señales del campo emocional, tapando carencias y vacíos que nos pesan.

Fuente: https://entremujeres.clarin.com/entremujeres/vida-sana/adicciones-drogas-drogadictos-consumo-adiccion-limites-signos-sintomas_0_SkV8iy9Dme.amp.html

7 En parejas, elegid una de esas nuevas adicciones, buscad información en internet y elaborad un informe. Los siguientes puntos pueden ayudaros:

1. Perfil de los adictos.
2. Motivos para caer en la adicción.
3. Acciones que se realizan como consecuencia de la adicción.
4. La responsabilidad y/o la falta de ella por parte del adicto, del entorno social y familiar, de las autoridades y el Estado…
5. El deseo de felicidad.

7.1 Presentad a la clase vuestro informe.

7.2 Ahora vamos a hacer una simulación:

a. Cada una de las parejas anteriores representará ante la clase la adicción que ha trabajado. Un miembro de la pareja da su testimonio explicando la situación en la que se encuentra por su adicción, y el otro miembro es una persona de su entorno que también se ve afectada por la situación. Ambos se lamentarán.
b. Los demás compañeros intentarán ayudarlos dando su opinión y buscando soluciones.

5.3

Interacción oral. Cierre la secuencia con esta actividad. Trate de que los alumnos se involucren comentando sus experiencias y opiniones.

6

Primera de las dos actividades que preparan a los alumnos para la tarea final del epígrafe. Introduzca la actividad mediante la lluvia de ideas sobre las adicciones de nuestro siglo que realizó en la actividad 5, a fin de presentar y motivar la comprensión lectora de la actividad siguiente.

6.1

El texto ofrece ideas para preparar la tarea final. Pida a los alumnos que lo lean y que completen la información poniendo ejemplos de las adicciones que se señalan.

7

Tarea final del epígrafe. Explique a los alumnos en qué consiste la tarea. Divídalos en grupos y dígales que tienen que preparar una exposición sobre una de las adicciones que han leído en la actividad anterior, u otra que ellos prefieran. Para la elaboración del informe, se propone una actividad de escritura colaborativa y de investigación. Guíe a los alumnos para que desarrollen estrategias de escritura y pongan en funcionamiento los procesos que intervienen en la composición. Pídales que preparen sus escritos con la ayuda de los apartados que se exponen en el libro y que sigan los siguientes pasos:

- Planificación: fase de escritura en la que se incluyen los siguientes subprocesos: formulación de objetivos, génesis del cuerpo conceptual a través de lluvia de ideas y organización de estas mediante la elaboración del esquema o estructura del texto.
- Textualización: escritura del texto eligiendo las estructuras (léxico y gramática) y elementos de coherencia y cohesión que les permitan estructurarlo de forma planificada.
- Revisión: lectura y relectura del texto para comprobar que este expresa de forma clara los objetivos planificados.

Pasee entre los grupos para ayudar y corregir los posibles errores.

7.1

Pida a los alumnos que pongan en común sus informes. Adviértales de que no se trata de que lean sus escritos, sino de que expliquen el contenido de estos.

7.2

La simulación trata de que los alumnos practiquen de forma oral los contenidos lingüísticos (lamentos y arrepentimientos) vistos en el epígrafe. Deje un tiempo a las parejas para que preparen la situación.

La sopa de la basura

Temas:

- La isla de la basura.
- La economía circular.

Contenidos:

- El imperativo y el gerundio con valor condicional.

En este último epígrafe se aborda otro de los temas que preocupan a la sociedad actual: la contaminación de los mares por la cantidad de desechos y basura.

1

Para hacer esta actividad, pida que cierren el libro de manera que no puedan ver las imágenes de 2. Guíe la secuencia secuenciándola en dos fases: primero, motive la actividad con una música adecuada para visionar una isla ideal (primera parte de la Proyección 24). Se trata de crear un contraste entre nuestra imagen mental de una isla y la realidad de la que vamos a hablar. Después, pida que compartan sus visiones en parejas.

Proyección 24 *Mi isla ideal (1).*

1.1

Actividad de vocabulario para completar la descripción que hayan hecho anteriormente los alumnos y que trata de enseñar léxico a partir de las necesidades que provoca la actividad propuesta, de manera que dote de mayor significatividad al aprendizaje de este. Presénteles la segunda parte de la Proyección 24. Permítales usar el diccionario para resolver las posibles dudas.

Proyección 24 *Mi isla ideal (2).*

2

Actividad que contextualiza e introduce el tema de la comprensión lectora siguiente. Deje que los alumnos comparen la idea de su isla con lo que muestra la imagen y que expresen sus reacciones. Por el momento, no preste atención a los espacios en blanco de las fotos, se trabajará con ellos posteriormente.

Proyección 25 *La sopa de la basura.*

La sopa de la basura

1 Cierra los ojos y piensa en una isla. ¿Qué imágenes aparecen en tu mente? Descríbeselo a tu compañero/a.

1.1 Marca las palabras que se ajustan a tu descripción y a tu imagen. ¿Has coincidido con tu pareja?

☐ paraíso	☐ bosques	☐ plástico	☐ barco	☐ tortugas	☐ tropical
☐ gaviotas	☐ playas	☐ rascacielos	☐ suciedad	☐ bañador	☐ caníbales
☐ verde	☐ vacaciones	☐ aves exóticas	☐ peces	☐ crucero	☐ mar
☐ agua	☐ azul	☐ palmeras	☐ hamaca	☐ náufrago	☐ turistas
☐ ciudad	☐ arena	☐ sol	☐ cocos	☐ piña colada	☐ relax

2 Observa las fotos. ¿Era así tu imagen? ¿Qué crees que es?

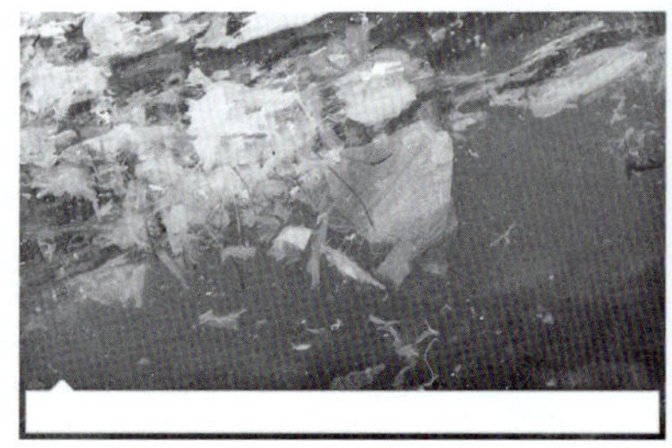

2.1 Lee el texto que explica las imágenes anteriores y contesta a las preguntas.

1. ¿Dónde está la isla de la basura?
2. ¿Qué es exactamente?
3. ¿Por qué y cómo se ha formado?

La isla de la basura existe, y se conoce también como la sopa de basura, el remolino de basura del Pacífico y otros nombres semejantes. Es una concentración de desechos ubicada en el centro del océano Pacífico que se extiende sobre un área de alta presión entre Hawái y California, en Estados Unidos. Contiene altas cantidades de plásticos pelágicos, lodos químicos, metales y todo tipo de basura sólida que queda atrapada por las corrientes.

No es posible distinguir el parche de basura desde una fotografía satelital, debido a que las partículas sumergidas no son visibles desde el espacio. No se trata de un monte, sino de una masa de partículas de desecho y microplásticos suspendidos en la superficie del agua que contiene debajo una cantidad de basura mayor.

La isla de la basura se formó por el resultado de la contaminación marina general. Toda la basura que contiene proviene de fuentes terrestres y de los barcos que arrojan sus desechos en alta mar. En el caso de las fuentes terrestres, se da un proceso encadenado: 1) las fábricas elaboran productos, 2) las personas los compran, 3) los usan y los desechan, 4) la basura llega a los ríos, 5) los ríos desembocan en el mar y conducen consigo los desechos, 6) la basura que llega al mar entra a formar parte de la "isla".

La basura se concentra en una misma área por los patrones de rotación de las corrientes marinas. El giro subtropical del Pacífico Norte es un área remota que se mueve lentamente, captura el material de desecho de las corrientes marinas y, con el tiempo, esta basura es atraída hacia el centro del giro, se acumula y queda atrapada ahí.

Adaptado de www.bioenciclopedia.com/la-isla-de-la-basura

2.1

Actividad de comprensión lectora. Una vez creado el interés por el texto con la actividad anterior, pase a la lectura de este.

1. Está situada en el centro del océano Pacífico, en una zona de alta presión entre Hawái y California, en Estados Unidos; **2.** Es una masa de partículas de desecho y microplásticos suspendidos en la superficie del mar que contiene debajo una cantidad de basura mayor; **3.** Es el resultado de la contaminación marina. Toda la basura que contiene proviene de la tierra y de los barcos. Se ha formado en ese lugar en concreto por el giro subtropical del Pacífico Norte.

2.2 Vuelve a leer el texto y descubre el significado de las siguientes palabras y expresiones. Trabajad en parejas.

1. Remolino: ....
2. Desechos: ....
3. Lodo: ....
4. Parche de basura: ....
5. Patrones de rotación: ....

3 Lee las siguientes frases y elige dos de ellas para ser pie de foto en las imágenes de la actividad 2.

1. ☐ Usando botellas de plástico, harás aumentar la basura.
2. ☐ No uses latas en tus bebidas y protegerás la vida.
3. ☐ Dejando tus restos en la playa, crecerá el tamaño de la isla tóxica.
4. ☐ Recicla y mantendrás el equilibrio natural de la tierra.

¡Fíjate! El gerundio y el imperativo pueden usarse con un valor condicional.

4 Hablad en parejas sobre las consecuencias que creéis que provoca esta situación.

4.1 Lee la continuación del texto anterior donde se explican las consecuencias que la isla de la basura produce en nuestro entorno. ¿Son las mismas que habéis señalado vosotros?

La fauna marina es la principal afectada por el gran parche de basura. A menudo, tortugas y aves marinas confunden las bolsas de plástico con sus alimentos o pueden estrangularse con arillos de plástico. A nivel microscópico, algunos tipos de basura flotante absorben contaminantes orgánicos, por lo que si son ingeridos por cualquier animal, provocan trastornos hormonales. Además, los animales afectados pueden ser comidos por otros animales más grandes, con el resultado de que el problema se magnifica. Por ejemplo, los peces que sirven de alimento a los seres humanos pueden ser fuente de intoxicación.

Otra consecuencia del parche de basura reside en el poder de perturbación de las redes alimentarias marinas, pues cuando la basura se acumula y forma una gruesa capa en el océano, bloquea la luz solar que necesitan el plancton y las algas; y si es así, las especies que los consumen ven reducidas sus fuentes de alimento y pueden morir. Si se toma en cuenta que unas especies se alimentan de otras, está claro que la cadena alimentaria se perturba.

4.2 Escribe cinco condiciones que deben darse para que la situación mejore en esta zona del Pacífico. Utiliza el gerundio y el imperativo para expresarlas.

▸ *Limitándose el uso de plásticos, se reduciría la basura.*

1. ....
2. ....
3. ....
4. ....
5. ....

5 ¿Cómo podemos generar menos basura? ¿Qué te parece la siguiente opción como posible solución? Coméntalo con tus compañeros.

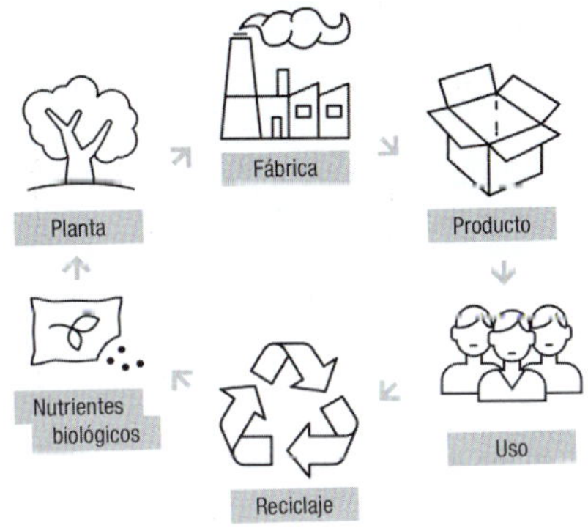

2.2

Lectura más detallada para inferir significados y desarrollar estrategias de aprendizaje.

1. movimiento rápido de una masa de polvo, agua, aire o humo que gira sobre sí misma; **2.** residuos, basura; **3.** barro fino que se forma en el suelo cuando llueve o que se deposita en el fondo de una corriente o un depósito de agua; **4.** superficie creada con desechos y pegada sobre otra, en este caso el agua del océano; **5.** modelos de movimientos o giros.

3

Es el momento de ponerles título a las imágenes de la actividad 2. Advierta a los alumnos del uso del imperativo y del gerundio que aparecen en las muestras de lengua.

4

Estimule a sus alumnos a compartir sus ideas para motivar la lectura siguiente.

4.1

Actividad de comprensión lectora que servirá para contextualizar la práctica del imperativo y el gerundio de la siguiente actividad.

4.2

Proponga a los alumnos ofrecer soluciones al problema del Pacífico y anímelos a usar las estructuras aprendidas con gerundio e imperativo. Muéstreles el primer ejemplo.

Posible respuesta. 1. No tires basura al mar y disfrutarás más de él; **2.** Recogiendo tus desechos en la playa, ayudarás a preservar la vida de los animales marinos; **3.** Hazte socio de Greenpeace y colaborarás con la protección del medioambiente; **4.** Participando en la lucha por el entorno natural, ayudarías a salvar el mundo; **5.** No eches al inodoro toallitas ni discos desmaquillantes y contribuirás a no contaminar los ríos que desembocan en el mar.

5

Interacción oral que introduce el siguiente tema, la economía circular. Para motivar la actividad, utilice la Proyección 26 y anímelos a que interpreten el diagrama. No ofrezca soluciones, ya que se trata de anticipar conocimientos para facilitar la siguiente tarea de escucha. Cree interés por la respuesta y pase a la actividad 5.1.

Proyección 26 *Economía circular.*

5.1

Actividad de comprensión auditiva mediante la que se pretende desarrollar una habilidad cognitiva de comprensión: entender la idea, tomar notas y reformularla.

1. Una Europa que utilice eficazmente los recursos, que genere un crecimiento inteligente, sostenible e integrador, e incluso empleo; **2.** En la extracción, la fabricación, la utilización y la eliminación; **3.** Que la economía circular aprovecha los residuos de la economía lineal para convertirlos en materias primas y cree en la deconstrucción de los productos, lo que generaría, a su vez, nuevos empleos; **4.** Tanto los actores públicos encargados del desarrollo sostenible y del territorio, como las empresas que buscan resultados económicos, sociales y ambientales, y la sociedad que debe interrogarse acerca de sus necesidades reales; **5.** Respuesta abierta.

[13] Véase transcripción en pág. 217.

Si quiere reforzar este contenido, le recomendamos las actividades 4.4, 4.4.1 y 4.4.2 del Libro de ejercicios, páginas 224 y 225.

6

Interacción oral. Divida a la clase en grupos para que discutan y se ayuden entre ellos. Haga una puesta en común final.

7

Proyecte las imágenes de la actividad mediante la Proyección 27 y cree interés por ellas. Deje que expresen sus reacciones y opiniones. Pregúnteles si ellos compran objetos reciclados, o si fabrican alguno.

1. Lámpara hecha con cucharas de plástico; **2.** Muebles de terraza hechos con bidones de gasolina; **3.** Mesa hecha con palés; **4.** Gorila gigante hecho con neumáticos; **5.** Elefante hecho con botellas de plástico; **6.** Árbol de Navidad hecho con botellas de plástico.

Proyección 27 ***Objetos reciclados.***

5.1 [13] **El gráfico anterior explica el nuevo concepto económico de *economía circular*. Escucha y contesta a las preguntas.**

1. ¿Cuál es el objetivo de la economía circular?
2. ¿En qué consiste nuestro actual sistema o "sistema lineal"?
3. ¿Qué diferencia hay entre ambos conceptos, el sistema lineal y la economía circular?
4. ¿Quiénes son los implicados en este nuevo sistema económico?
5. ¿Cuál es tu opinión sobre el modelo económico cuya descripción has escuchado?

6 **Los expertos que defienden este nuevo sistema de reutilización aseguran que generaría trabajo y mejoraría la economía. Teniendo en cuenta todo lo visto hasta ahora sobre dicho sistema, ¿qué posibles negocios se te ocurren o cómo transformarías los que conoces?**

7 **Observa estos objetos. ¿Qué son? ¿De qué están hechos? ¿Cuál te gusta más?**

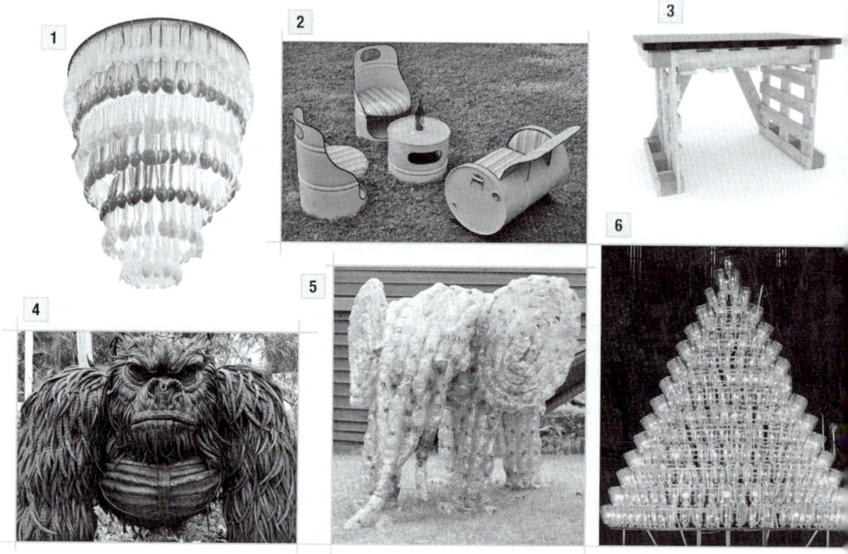

7.1 **En grupos de tres, decidid qué nuevos productos podríais crear con residuos: plásticos, papel, latas, chapas, tela..., puede ser algo artístico o funcional.**

7.2 **De todas vuestras ideas, elegid la que más os guste para desarrollar un proyecto y presentadlo a vuestros compañeros.**

‣ 70 Etapas Plus 15 | Nivel C1

7.1 y 7.2

Actividades finales del epígrafe. Anime a los estudiantes a que creen sus objetos reciclados. Siga el procedimiento señalado en el libro y convierta la actividad en un concurso, otorgando premios al más original, al más práctico, al más bonito, al más moderno...

Evaluación

Interacción oral

Observa y comenta con tu pareja el mensaje de este cómic. ¿Estás de acuerdo con él? ¿Cuál es tu opinión sobre la sociedad actual? ¿Cuáles crees tú que son los valores del hombre del siglo XXI?

Adaptado de Quino, *Nuevos valores*

Comprensión auditiva

[14]

Escucha la historia de Buzz Bissinger, escritor y ganador de un Pulitzer, donde se nos cuenta su adicción a las compras. Después, contesta a las preguntas en tu cuaderno.

1. ¿Qué marcas compraba más frecuentemente?
2. ¿Cuánto llegó a gastarse en una sola prenda?
3. ¿Qué otras adicciones reconoce haber sufrido el escritor?
4. ¿Cómo se sentía cuando compraba compulsivamente?
5. ¿Qué sucedió para decidir cambiar su vida? ¿Cómo lo hizo?
6. ¿Qué ha hecho con todo lo que ha comprado? ¿Lo utiliza?
7. ¿Qué aconseja a las personas que tienen problemas parecidos?

Expresión escrita

Elige uno de los siguientes temas para escribir un texto que refleje tu opinión (220-250 palabras).

1. La influencia de la publicidad en nuestros hábitos de compra.
2. ¿Existe o no la obsolescencia programada?
3. La creatividad en la reutilización de residuos es el futuro.

Evaluación

La finalidad de este apartado es evaluar, por un lado, las habilidades y estrategias de los alumnos en las diferentes destrezas y, por otro, la asimilación de los contenidos de la unidad a través de un test que podrá encontrar en la **ELEteca** de Edinumen (eleteca.edinumen.es).

Este cuestionario es interactivo y corregido por la plataforma, de manera que el estudiante podrá examinar sus errores y aciertos y reflexionar sobre su aprendizaje. Cada apartado se evaluará de manera independiente, ya que se trata de que el estudiante valore su competencia en cada una de las destrezas y sea consciente de sus necesidades.

Interacción oral

Se trata de evaluar la habilidad del estudiante para verbalizar una idea, teniendo en cuenta el uso y medida de los silencios, las estrategias comunicativas, los conectores del discurso, los aspectos fonéticos y el paralenguaje, así como los exponentes gramaticales y el vocabulario seleccionados por este de acuerdo con su nivel.

La respuesta de esta prueba es abierta. El profesor la valorará atendiendo a una escala de 0 a 3 (0: suspenso, 1: aprobado, 2: notable, 3: sobresaliente), en función de los criterios de la página 23 del libro.

Realice la actividad en grupos, circulando entre los alumnos para valorar y evaluar la expresión oral de estos.

Comprensión auditiva

Se trata de evaluar la habilidad del estudiante para comprender de una forma intensiva, selectiva o global un texto oral.

Cada pregunta valdrá un punto. Su calificación dependerá del porcentaje de preguntas acertadas.

Aprobado: a partir del 50 %
Notable: entre el 50 % y el 80 %
Sobresaliente: más del 80 %

1. Gucci y Prada; **2.** 22 000 dólares en un abrigo; **3.** Las drogas y el juego; **4.** Sentía que se estaba haciendo daño y que le parecía imperdonable el dolor que le estaba causando a su esposa. También tuvo algunas crisis frente a amigos y familiares; **5.** Escribió una nota en la revista *GQ* para dar testimonio de su adicción a Gucci y fue a un centro de rehabilitación; **6.** No, lo tiene guardado en bodegas, en un enorme armario de almacenamiento por el que paga un alquiler; **7.** Aconseja (a todo el mundo, no solo a quienes tienen problemas parecidos) ir a rehabilitación para iniciar una nueva vida.

[14] Véase transcripción en pág. 218.

Expresión escrita

Se trata de evaluar la habilidad del estudiante para desarrollar una idea, teniendo en cuenta las estrategias comunicativas, el estilo, los conectores del discurso, la estructura del texto, el orden conceptual, la puntuación y la ortografía, así como los exponentes gramaticales y el vocabulario seleccionados por él de acuerdo con su nivel.

Pág. 72

La respuesta de esta prueba es abierta. El profesor la valorará atendiendo a una escala de 0 a 3 (0: suspenso, 1: aprobado, 2: notable, 3: sobresaliente), en función de los siguientes criterios:

- Ha incluido todos los elementos mencionados en la instrucción (0-3).
- Logra con éxito transmitir sus mensajes (0-3).
- Utiliza un estilo adecuado al contexto y a la situación (0-3).
- Presenta una corrección lingüística y gramatical acorde con el nivel exigido (0-3).
- Usa vocabulario variado y se expresa con una precisión léxica acorde con su nivel (0-3).

Ayude a los alumnos a recordar los diferentes temas en grupo clase e indíqueles que escriban un guion para desarrollar los temas elegidos.

Comprensión lectora

Se trata de evaluar la habilidad del estudiante para comprender de una forma intensiva, selectiva o global un texto escrito.

Cada pregunta valdrá un punto. Su calificación dependerá del porcentaje de preguntas acertadas.

Aprobado: a partir del 50 %
Notable: entre el 50 % y el 80 %
Sobresaliente: más del 80 %

1. Incita a comprar artículos que no necesitamos haciéndonos creer que nos proporcionan la felicidad; **2.** Conseguir mayor significación social, mejorar nuestra autoestima y ser admirados y envidiados; **3.** La adicción al crédito, que trae como consecuencia el endeudamiento; **4.** En los jóvenes, el 46 %; **5.** Que no son las mujeres las más adictas, sino los jóvenes que se consideran guapos y los adultos menos satisfechos con su físico; **6.** Personalidad caprichosa, impulsividad, ansiedad, insatisfacción personal, falta de alicientes, credulidad y falta de actitud crítica.

Comprensión lectora

Lee el siguiente texto sobre la adicción al consumo y contesta a las preguntas.

1. ¿Qué función tiene la publicidad en los hábitos de compra?
2. ¿Qué causas mueven a comprar a una gran parte de la población?
3. ¿Qué advertencia se hace en el texto sobre el consumo excesivo?
4. ¿En qué grupos sociales se produce mayor adicción a la compra?
5. ¿Qué datos curiosos se desprenden del estudio que se menciona en el texto?
6. ¿Qué características presenta un adicto?

La ciudad se ha convertido en un gran hipermercado. Cada día unos mil mensajes nos incitan a comprar artículos que no necesitamos. Estamos inmersos en el consumismo, que se alimenta de la influencia de la publicidad, y esta se basa en ideas tan falsas como que la felicidad depende de la adquisición de productos. Consumir quiere decir tanto utilizar como destruir. En la sociedad de consumo no solo sentimos cada vez mayor dependencia de nuevos bienes materiales y derrochamos los recursos, sino que el consumo se ha convertido en un elemento de significación social. Se compra para mejorar la autoestima, para ser admirado, envidiado y/o deseado. El peligro es que las necesidades básicas pueden cubrirse, pero las ambiciones o el deseo de ser admirados son insaciables, según alertan los expertos.

En la sociedad de consumo encontramos tres fenómenos que le son propios y que, en conjunto, producen lo que se ha denominado adicción al consumo. Por un lado, la adicción a ir de compras: hay quien se habitúa a pasar su tiempo en grandes almacenes o mirando escaparates como fórmula para huir del tedio. Esta tendencia puede estar o no asociada a la compra compulsiva. En segundo lugar, un deseo intenso de adquirir algo que no se precisa y que, una vez adquirido, pierde todo su interés; esta inclinación se relaciona con situaciones de insatisfacción vital. Por último, y asociada a la compra compulsiva, está la adicción al crédito, que impide controlar el gasto de una forma racional. Las tarjetas de pago y otros instrumentos de crédito, que nos invitan a comprar cuanto se nos antoje y producen un sobreendeudamiento, facilitan esta adicción.

Según los datos, un 33 % de la población adulta (el 32 % de los hombres y el 34 % de las mujeres) tiene problemas de adicción a las compras, de compra impulsiva y de falta de control del gasto: un 18 % de ellos, de forma moderada; un 15 % presenta un nivel importante de adicción, mientras que un 3 % llega a niveles que pueden considerarse patológicos. Es decir, se trataría de una adicción en el sentido médico estricto. En cuanto a la población joven, el porcentaje de adictos sube hasta el 46 % (el 53 % de las mujeres y el 39 % de los varones) y el 8 % presenta niveles que pueden rozar lo patológico. El estudio rompe con la idea de que la adicción al consumo sea un problema de mujeres con tendencia depresiva y desvela datos tan curiosos como que los jóvenes tienden más a la adicción en la medida en la que se creen más guapos; mientras que, entre los adultos, son más consumistas aquellos que están menos satisfechos con su apariencia física. Además, desmiente la creencia popular de que las mujeres gastan más en ir de compras que los hombres.

La personalidad caprichosa, la impulsividad y la ansiedad caracterizan al adicto, así como la insatisfacción personal y la falta de alicientes o estímulos vitales no consumistas que le conducen al tedio. Además, el adicto presenta un alto grado de credulidad, falta de actitud crítica y vulnerabilidad hacia los mensajes publicitarios, así como una mayor exposición a medios de comunicación. Los adictos estudiados reconocen ver la televisión en un porcentaje que duplica a los no adictos.

De todos modos, y según señala el psiquiatra Jesús de la Gándara, hay que evitar psiquiatrizar la vida. Comprar es una actividad netamente humana y la mayoría pasamos de alguna manera por momentos de compra irracional compulsiva. "Solo se considera adicción cuando el individuo presenta estos tres rasgos de conducta: tolerancia, es decir, necesidad de consumir cada vez más para lograr la misma emoción; síndrome de abstinencia si no se puede comprar, y pérdida del control o incapacidad de frenar.

Adaptado de http://www.elmundo.es/magazine/m17/textos/conocer1.html

Contenidos lingüísticos

Haz el cuestionario que te proponemos en ELEteca

▸ 72 Etapas Plus 15 | Nivel C1

Unidad

5

Mitos y leyendas

Contenidos funcionales

- Mostrar escepticismo.
- Expresar ironía.
- Estructurar y organizar el discurso.
- Valorar informaciones y reaccionar ante ellas.
- Interactuar al relatar y escuchar narraciones.
- Debatir y argumentar.
- Expresar prohibiciones.

Contenidos lingüísticos

- Oraciones subordinadas temporales.
- Otros usos de los nexos temporales.
- Oraciones subordinadas de lugar.
- Imperativos lexicalizados.
- Estructuras de prohibición.

Contenidos léxicos

- Palabras relacionadas con los mitos, las leyendas y los enigmas.

Contenidos culturales

- Los mitos sociales.
- Las leyendas urbanas.
- Enigmas de la historia.

En **ELEteca** tienes material y actividades complementarias a esta unidad.

Tareas

- Mostrar escepticismo sobre explicaciones que desmontan mitos.
- Escribir un guion sobre un programa de radio o televisión.
- Resolver enigmas.
- Crear un cartel de prohibición.

Unidad 5
Mitos y leyendas

La primera parte de esta unidad trata sobre diversas creencias, mitos y leyendas. Se ofrecen explicaciones sobre su origen y algunas teorías que demuestran su falsedad o creencia errónea. En la segunda parte, se trabaja con enigmas populares y sus diferentes interpretaciones.

Mire la imagen que introduce la unidad y pregunte a los alumnos qué les sugiere. Relacione la foto con el título de la unidad y cree el interés por el tema, pidiéndoles que se aventuren a especular sobre las leyendas y mitos de los que creen que vamos a hablar.

En contexto

Temas:

- Creencias extendidas sobre determinados asuntos.
- Explicaciones psicológicas sobre la generalización de creencias erróneas.

El objetivo de este apartado es contextualizar el tema que se va a trabajar en la unidad y desarrollar las destrezas comunicativas: comprensión lectora, comprensión auditiva e interacción oral.

1

Esta actividad introduce y crea interés sobre la comprensión auditiva posterior. Introdúzcala haciendo la primera pregunta en grupo clase y sondeando la respuesta de los alumnos. Aproveche para presentar el tema: creencias populares sobre diferentes asuntos. Anímelos a responder diciéndoles que más tarde escucharán la respuesta correcta.

Si prefiere hacer la actividad en grupo clase e iniciar discusiones sobre las respuestas, utilice la Proyección 28. Pida a los alumnos que expliquen el porqué de sus opiniones. A continuación, ponga la audición de 1.1 y, posteriormente, corrija con la misma proyección.

Proyección 28 *Creencias.*

En contexto

1 **En la vida existen muchas creencias sobre diferentes temas que no sabemos si son verdaderas o falsas. Vamos a empezar con un test sobre tus creencias. En parejas, elegid la respuesta que creéis correcta en cada caso.**

1. Las neuronas dañadas, ¿se pueden regenerar?
   - **a.** No, no se puede recuperar la parte del cerebro lesionada.
   - ✓ **b.** Sí, es posible.
   - **c.** Depende de la edad de la persona.
2. El dominio de un hemisferio del cerebro sobre el otro determina…
   - **a.** que alguien sea más artístico o más racional.
   - **b.** que tengamos tendencia a ser solitarios o sociales.
   - ✓ **c.** No existe tal dominio.
3. ¿Cómo podemos diferenciar los sabores?
   - **a.** Gracias al paladar.
   - **b.** Por la lengua: cada sabor se percibe en una parte determinada de ella.
   - ✓ **c.** Por la lengua, aunque no existen en esta zonas especializadas para los sabores.
4. Tomar vitamina C previene los resfriados.
   - ✓ **a.** No, alivia síntomas, pero no los evita.
   - **b.** Sí, en especial comiendo naranjas.
   - **c.** Sí, en especial comiendo kiwis.

1.1 [15] **Comprueba tus respuestas escuchando a un investigador especialista en mitos científicos.**

1.2 **¿Has fallado en muchas preguntas? ¿Por qué piensas que existen creencias erróneas consideradas ciertas por casi todos? Comentadlo en parejas.**

2 **El psicólogo Daniel Kahneman obtuvo el Premio Nobel de Economía por su investigación sobre la emisión de juicios en las personas. El siguiente texto habla de ello. Léelo y ordena sus párrafos de forma lógica.**

a 3 Uno de los heurísticos más estudiados es el de accesibilidad. Según este, la emisión de juicios se ve **afectada** por la información que se encuentra más accesible en la memoria. Se justifica en el hecho de que los sucesos más frecuentes son los que más fácilmente se recuerdan y mejor se recuperan. Lo ya escuchado crea una referencia a la que nos es fácil acudir.

b 5 El otro heurístico es el de representatividad, en función del cual emitimos juicios de probabilidad basándonos en el parecido de una información concreta con el **prototipo**, o, dicho de otro modo, en lo representativo que sea A respecto a B, en vez de hacerlo de acuerdo a las probabilidades reales. Un ejemplo de esto es la homeopatía, cuya práctica se basa en que "lo parecido cura lo parecido", como recetar pulmón de zorro contra el asma.

c 1 El premio nobel Daniel Kahneman, junto con el también psicólogo Amos Tversky, estableció una **teoría** en los años setenta que explicaba por qué las personas tomamos decisiones aparentemente irracionales, especialmente en situaciones de **incertidumbre**. Ambos psicólogos demostraron que los humanos no somos totalmente racionales en la toma de decisiones, además de ser malos estadísticos intuitivos.

d 7 En definitiva, estas investigaciones son especialmente relevantes para entender muchas creencias erróneas que mantenemos sobre el mundo. Los heurísticos son fundamentales para comprender y explicar muchos **postulados** relacionados con muchas áreas del comportamiento humano. Tienen, además, el atractivo de poder aplicarse a cualquier actividad humana que **requiera** toma de decisiones o emisión de juicios en condiciones de incertidumbre. Por ello, constituyen una valiosa aportación científica para entender la irracionalidad humana.

e 4 Este heurístico es particularmente importante a la hora de comprender lo malos que somos cuando se trata de **estimar** sucesos que ocurren por puro azar. Existen miles de millones de eventos que ocurren en un mismo momento por simple casualidad. Sin embargo, nuestro cerebro busca **patrones** con significado para crear nuevos modelos que incluir en el proceso.

f 2 Estos investigadores descubrieron que solemos emitir juicios siguiendo **procedimientos** denominados *heurísticos*. Estos constituyen una especie de atajo cognitivo: estrategias no formales para resolver problemas que permiten la emisión de juicios. Una de las ventajas adaptativas de su empleo es la velocidad a la hora de tomar

74 Etapas Plus 15 | Nivel C1

1.1 y **1.2**

Ponga la audición dos veces, si lo considera necesario, pero deje que los alumnos comprueben sus respuestas antes de la segunda escucha. Haga una puesta en común y dedique unos minutos para comentar las respuestas y compararlas con sus creencias de la actividad anterior.

[15] Véase transcripción en pág. 218.

Si quiere hacer una escucha más detalla, puede realizar la actividad 5.1 del Libro de ejercicios, página 226.

2

Contextualice el texto diciendo a los alumnos que el autor describe por qué nuestra mente acepta respuestas o emite juicios que, si los pensáramos con detenimiento o en profundidad, serían diferentes.

Pág. 75

Unidad 5

5. El toro embiste el capote del torero por el movimiento que produce.
   - a. Es cierto, ya que no distinguen los colores.
   - ✓ b. Sí, aunque los toros sí distinguen los colores.
   - c. No, lo hacen porque es rojo y les llama la atención.
6. Los murciélagos se guían gracias a…
   - a. un sonar de ultrasonidos que han desarrollado por su ceguera.
   - b. una brújula interior que poseen debido a que son ciegos.
   - ✓ c. Por los dos sistemas anteriores, aunque no son ciegos.
7. ¿Cuánto tiempo vive una mosca?
   - ✓ a. Unos veinte días.
   - b. Veinticuatro horas.
   - c. Una semana.

8. ¿A cuántos años de una persona equivalen siete años de un perro?
   - a. A veintiún años.
   - b. A cuarenta y nueve años.
   - ✓ c. No se puede establecer una equivalencia.

9. Escuchar a Mozart agudiza la inteligencia.
   - a. No, es escuchando a Beethoven.
   - b. Sí, hay experimentos que lo prueban.
   - ✓ c. No hay ninguna prueba sobre esto.
10. Einstein fue mal estudiante de pequeño.
   - a. Cierto, incluso suspendió Matemáticas.
   - b. Es verdad, tuvo que repetir un curso.
   - ✓ c. No, fue un estudiante brillante.

decisiones o **posicionamientos** sobre cualquier materia; sin embargo, aunque es cierto que en muchas ocasiones nos llevan hacia soluciones adecuadas y correctas, son en esencia estrategias incorrectas que pueden dar lugar a **sesgos** y errores.

g 6 Además, este tipo de **sendas** de acceso demuestran una fuerte relación con el carácter selectivo de la memoria, que es el causante del denominado sesgo confirmatorio, es decir, tendemos a buscar (y a encontrar) evidencias que apoyen nuestras creencias, teorías o hipótesis más allá de lo justificado por los datos empíricos. No es nada difícil encontrar ejemplos de este heurístico en las pseudociencias: si creemos en los **horóscopos** y admitimos que los Acuario tienen unas características determinadas, el hecho de conocer a alguien que tiene esas características confirmará y reforzará nuestra hipótesis. Lo que ocurre es que no procesamos ni retenemos con el mismo **énfasis** todas aquellas ocasiones en las que encontramos a un Acuario sin dichas características o a personas de otro signo que sí las posean.

Adaptado de http://www.cienciaypseudociencias.es/archivo/archivob/articulos/CAG04.pdf

2.1 **Fíjate en las palabras resaltadas y relaciónalas con sus sinónimos, según su sentido en el texto.**

1	i	afectada	a.	exigir
2	c	prototipo	b.	principio
3	m	teoría	c.	modelo
4	n	incertidumbre	d.	camino
5	b	postulado	e.	postura
6	a	requerir	f.	muestra
7	k	estimar	g.	desviación
8	f	patrón	h.	intensidad
9	l	procedimiento	i.	influida
10	e	posicionamiento	j.	zodiaco
11	g	sesgo	k.	valorar
12	d	senda	l.	método
13	j	horóscopo	m.	conjetura
14	h	énfasis	n.	inseguridad

3 **Mira estos ejemplos y comenta con tu compañero/a de qué manera piensas que la teoría explicada en el texto influye en ellos.**

– los fenómenos paranormales – la pseudociencia
– los juegos de azar – la economía

Etapas Plus 15 | Nivel C1 ‣ 75

Explíqueles que deben ordenar los párrafos y adviértales que no se preocupen ahora por las palabras resaltadas, ya que se trabajarán más tarde. Intente que infieran el significado de estas por el contexto.

Si lo estima oportuno, puede indicar que realicen la actividad en parejas. Haga una puesta en común y pida a los alumnos sus opiniones sobre el texto. Aclare las dudas que hayan podido surgir.

2.1

El objetivo de esta segunda actividad de lectura es, además de ampliar el conocimiento léxico de los estudiantes, desarrollar estrategias de aprendizaje. Así, intente que no busquen las palabras en el diccionario, sino que sea el sentido del texto el que los acerque a su significado.

3

Actividad de interacción oral a partir del texto anterior. Antes de pedirles que realicen la actividad que se propone en el libro, haga una lluvia de ideas sobre cuestiones que podrían explicarse con las teorías del texto; ponga el primer ejemplo: los fenómenos paranormales. Pregúnteles si piensan que las personas que creen en estos sucesos pueden estar siguiendo uno de los "heurísticos" del texto.

Ejemplos: en relación con los **fenómenos paranormales**, ante un hecho inexplicable, recordamos otros casos parecidos que nos impresionaron y la explicación que alguien les dio, tendiendo a catalogarlo de igual modo. Sin embargo, no recordamos igual los casos de fenómenos parecidos y explicaciones razonables. En el caso de la **pseudociencia**, hacemos uso del heurístico de representatividad, ya que no empleamos las probabilidades reales de éxito, sino su relación con un prototipo: si a un conocido le funcionó, pensamos que a nosotros también nos funcionará, a pesar de que las circunstancias sean solo aparentemente similares y no haya pruebas de que así pudiera ser. Los **juegos de azar** son un caso en el que se prueba la teoría de la toma de decisiones irracionales en situaciones de incertidumbre, ya que demostramos ser pésimos estadísticos intuitivos, teniendo en cuenta que las probabilidades de ganar un gran premio son despreciables.

Después del trabajo en parejas, si considera que los temas han creado interés, puede decidir extender el intercambio de opiniones en clase abierta.

Mitos

Temas:

- Mitos populares.

Contenidos:

- Mostrar escepticismo.
- Oraciones subordinadas temporales.
- Identificar enunciados irónicos.
- Saber interactuar en una conversación.

1

Introduzca el apartado escribiendo en la pizarra la palabra *mito* y preguntando a los alumnos por sus posibles significados. Pregúnteles si se atreven a ordenar la definición que aparece en el libro y déjeles unos minutos para hacerlo. A continuación, ofrézcales la ayuda que se encuentra en la Proyección 29. Explíqueles que deben completar la acepción que nos interesa con las palabras que tienen en su libro.

Proyección 29 *Mitos.*

2

Tarea que anticipa y prepara la comprensión lectora posterior. Motive la actividad con una lluvia de ideas sobre afirmaciones que la mayoría creemos que son ciertas pero que se ha demostrado que son falsas, como pensar que la vitamina C previene los resfriados, tal y como vimos en la actividad 1.

Disponga a los alumnos en pequeños grupos o en parejas para realizar la actividad, corríjala sin detenerse en dar explicaciones e introduzca el texto de 2.1.

1. F: Usamos todas y cada una de las partes; **2.** V; **3.** F: Los resfriados vienen causados por un virus que viaja por vía aérea, a través de las gotitas originadas al hablar, toser o estornudar; **4.** F: El estrés hace que perdamos el cabello pigmentado, que es más débil; **5.** V; **6.** F: Bajan la cabeza a ras de suelo o salen huyendo; **7.** F: Hay otros animales, como los primates o los loros, que muestran la misma inteligencia; **8.** F: El efecto Coriolis, que es el que explica que esto suceda, solo afecta a aquellos objetos que recorren distancias más largas; **9.** F: En realidad es blanco; **10.** F: Su tamaño y su color hacen que esto no sea posible; **11.** V; **12.** F: Ambas especies tenemos un ancestro común, pero los hombres no descendemos de los monos.

Mitos

1 La palabra *mito* posee diferentes significados. A continuación tienes desordenada la acepción que nos interesa. Intenta ordenarla junto con tu compañero/a. Si lo prefieres, pide ayuda a tu profesor/a.

en realidad ■ imaginaria ■ de una persona
tienen ■ o cosa ■ del que ■ y les da
cualidades ■ más valor ■ que altera
~~Historia~~ ■ las verdaderas

Historia... imaginaria que altera las verdaderas cualidades de una persona o cosa y les da más valor del que tienen en realidad.

2 ¿Mito o realidad? En grupos de cuatro, decidid cuáles de estas afirmaciones pensáis que son mitos y cuáles creéis que son reales.

	V	F
1. Usamos menos del 10 % de nuestro cerebro.		✓
2. La miel no caduca nunca.	✓	
3. El frío es el causante de los resfriados.		✓
4. El estrés hace que el pelo se vuelva blanco.		✓
5. Los pulpos tienen tres corazones.	✓	
6. Los avestruces esconden la cabeza bajo la tierra.		✓
7. Los delfines son los animales más inteligentes.		✓
8. El agua del lavabo gira en sentido contrario en el hemisferio sur.		✓
9. El Sol es amarillo.		✓
10. Se puede ver la Gran Muralla China desde el espacio.		✓
11. Si no duermes, te vuelves paranoico.	✓	
12. El ser humano proviene del mono.		✓

2.1 A continuación tienes las refutaciones de las afirmaciones anteriores que son mitos. El resto son verdaderas. Léelas y sintetízalas en una sola frase.

Usamos menos del 10 % de nuestro cerebro

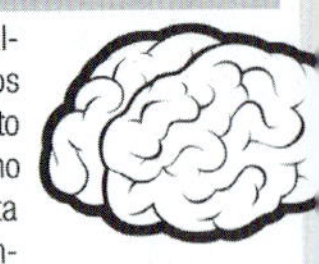

Tras ser el tema central de algunas películas en los últimos tiempos, el asunto se ha vuelto a poner de moda. Si bien no está claro el origen de esta creencia, ha llegado a convertirse en una realidad indiscutible **después de que** se generalizara entre la opinión pública. Pero lo cierto es que usamos todas y cada una de las áreas de nuestro cerebro, incluso **una vez que** hemos adoptado una posición de descanso. Es verdad que nuestro cerebro es muy plástico y que podemos vivir con solo la mitad, y que no lo usamos todo a la vez, sino solo algunas zonas concretas, pero esto se debe a que algunas de ellas están especializadas. **Al** andar, por ejemplo, las partes dedicadas a la actividad motora están más activas que otras.

Síntesis: ....

El frío causa los resfriados

Los resfriados vienen causados por un virus que viaja por vía aérea, a través de las gotitas originadas **al** hablar, toser o estornudar, no por el frío en sí. **A medida que** avanza el invierno, con la bajada de las temperaturas, vamos pasando más tiempo en espacios cerrados y comunes, por lo que es más fácil contagiarse. Además, en las regiones con poca humedad, las fosas nasales se secan más fácilmente facilitando el tránsito de los virus.

Síntesis: ....

El estrés hace que el pelo se vuelva blanco

El estrés provoca que perdamos el cabello pigmentado, que es más débil. **Antes de que** se caiga el pelo canoso se habrá caído aquel; así, los que ya tenían canas, cuando pasen por una situación de estrés, serán quienes mantengan el pelo, y los que no, se quedarán calvos.

Síntesis: ....

2.1 y **2.2**

Diga a sus alumnos que van a leer las explicaciones de los mitos. La tarea de lectura consiste en hacer un resumen de la idea principal de cada texto. Indíqueles que hagan esta primera actividad de manera individual y, posteriormente, pida que comparen sus respuestas con las de sus compañeros (parejas o tríos). Si ve que alguien tiene algo más que aportar sobre las informaciones que se han leído, puede dar paso a una puesta en común en clase abierta.

No se preocupe ahora por los nexos temporales que aparecen en negrita, ya que nos centraremos en ellos en la actividad 2.6. Adviértaselo a los estudiantes.

Los avestruces esconden la cabeza bajo la tierra

Bajan la cabeza a ras de suelo para parecer un arbusto y pasar desapercibidos, permaneciendo inmóviles **hasta que no** haya pasado el peligro. Sin embargo, en realidad, lo más normal es que salgan corriendo **después de** advertir la primera señal de amenaza, aprovechando su enorme velocidad.

Síntesis: ....

Los delfines son los animales más inteligentes

Parece que no es así. Comprenden signos, pero también lo hacen los primates y los loros, y recuerdan mucho menos que los perros. Además, se reconocen en los espejos **desde que** son unas crías, pero esto también lo hacen muchos otros animales.

Síntesis: ....

El agua del lavabo gira en sentido contrario en el hemisferio sur

El origen de esta creencia se basa en el efecto Coriolis, que estudia la aceleración que sufren los objetos que están dentro de otro objeto en rotación **cuando** se mueven. Sin embargo, este efecto solo es notorio cuando las distancias que recorren esos objetos son largas, como en los huracanes. Por ello, no tiene ningún efecto en un lavabo, donde el movimiento del agua se ve influido mucho más por factores como la forma del mismo o su inclinación **según** recorre su superficie en dirección al desagüe.

Síntesis: ....

El Sol es amarillo

Lo vemos amarillo por la atmósfera, pero en realidad es blanco. De hecho, las fotos que los astronautas hacen en el espacio se retocan **nada más** tomar tierra, con el objetivo de que parezca amarillo, que es como estamos acostumbrados a verlo siempre.

Síntesis: ....

Se puede ver la Gran Muralla China desde el espacio

La Gran Muralla en realidad solo tiene unos cuantos metros de ancho, tanto como una carretera. Además, es de un color similar al del suelo que la rodea. Por tanto, **conforme** fuéramos ganando altura iríamos notando cómo se funde con el paisaje hasta desaparecer.

Síntesis: ....

El ser humano proviene del mono

Darwin nunca dijo tal cosa. Lo que afirmó es que las dos especies tenemos un ancestro común, que fue un primate, **antes de** evolucionar por caminos distintos. Afirmarlo sería como decir que somos hijos de nuestros primos.

Síntesis: ....

Adaptado de *58 mitos que nos seguimos creyendo*, Verne, *El País*

2.2 Compara tus frases de síntesis con las de dos compañeros. ¿Coinciden?

2.3 [16] Escucha a una pareja hablar sobre uno de estos mitos y señala qué frase se refiere a ella, cuál a él y cuál a ninguno.

1. Está convencido/a de que el agua gira en sentido contrario en el hemisferio sur.
   Ella | Él | **Ninguno** (circled)
2. La explicación del texto le parece creíble.
   Ella | **Él** (circled) | Ninguno
3. Muestra escepticismo sobre la explicación.
   Ella (circled) | Él | Ninguno

2.4 Vuelve a escuchar y anota las expresiones que se usan para mostrar escepticismo.

Mostrar escepticismo

- Yo tengo mis dudas al respecto.
- No me convence del todo.
- Pues no sé qué decirte.
- ¿Estás seguro? Yo no me atrevería a afirmarlo tan rotundamente.

2.5 ¿Te han sorprendido las explicaciones para desmontar mitos que has leído? Habla con tu compañero/a y muestra escepticismo sobre al menos dos.

2.6 Las palabras destacadas en la actividad 2.1 son nexos que introducen oraciones subordinadas temporales. Clasifícalos según lo que expresan.

Oraciones subordinadas temporales

Indican el tiempo en el que sucede la acción de la oración principal.

Anterioridad: antes de que, antes de

Posterioridad: tras, después de que, una vez (que), después de, nada más

Delimitación: hasta que (no), desde que

Simultaneidad: al, a medida que, cuando, según, conforme

2.3

Comprensión auditiva en la que se presentan los modelos de lengua para mostrar escepticismo. Esta primera tarea se centra en el significado. Contextualice el audio explicando a los alumnos que van a escuchar a dos amigos hablar sobre el mito del texto 6 ("El agua del lavabo gira en sentido contrario en el hemisferio sur") y explíqueles la tarea que han de resolver.

[16] Véase transcripción en pág. 219.

2.4

Ponga la audición una segunda vez para que se fijen en las expresiones que usamos para mostrar escepticismo.

2.5

Introduzca la actividad con la pregunta que se hace en el Libro del alumno. Distribúyalos en parejas, circule entre estas y asegúrese de que usen las expresiones vistas anteriormente en sus intervenciones.

2.6

Sistematización de los nexos temporales que aparecieron en los textos de la actividad 2.1. Pida a los alumnos que se fijen en ellos y que completen el cuadro.

Haga mención especial a la estructura *hasta que no* + subjuntivo *(hasta que no haya pasado el peligro)*, como uso condicional temporal. Indique que es frecuente el uso de un *no* expletivo (es decir, innecesario) en la proposición como refuerzo de la negación de la oración principal, tanto en la lengua hablada como escrita. Debido a lo arraigado de este uso, se considera admisible, aunque no es necesario para que la frase adquiera el significado deseado. Si bien algunos gramáticos (Manuel Seco) desaconsejan su uso, otros (María Moliner) lo defienden, a pesar de admitir su inelegancia.

Explique a sus alumnos también que aunque el nexo *cuando* aparece en la actividad clasificado dentro del apartado "Simultaneidad" en función de su contexto, también puede expresar anterioridad en otros contextos.

2.7 Clasifica los nexos de la página anterior según la forma verbal que pueden introducir.

Oraciones subordinadas temporales

Con infinitivo	Con subjuntivo	Con indicativo/subjuntivo
tras, al, después de, nada más, antes de	*después de que,* antes de que	una vez (que), a medida que, hasta que (no), cuando, según, conforme

3 [17] **Escucha esta conversación entre una chica y un chico que hablan sobre mitos y otros temas e indica si las afirmaciones son verdaderas o falsas. Después, comentadlo en parejas justificando vuestra respuesta.**

1. Ella se ha cortado el pelo un poco más de lo normal. V ✓F
2. Él piensa que le quedaba mejor antes. ✓V F
3. A los ratones les gusta el queso por su olor intenso. V ✓F
4. El chico está muy concentrado arreglando un enchufe. V ✓F
5. Los peces tienen pocos recuerdos, pero sí mucha paciencia. V ✓F
6. Al chico le parece mala idea dedicar su tiempo a entrenar a los peces. ✓V F
7. Los camellos pueden triplicar el tamaño de sus jorobas con el agua. V ✓F

3.1 [17] **Escucha de nuevo y escribe palabras o expresiones que significan lo mismo que las siguientes.**

1. Preguntar si algo sienta bien: ....
2. Muy lleno/a: ....
3. Abandonar una afición: ....
4. Tener adicción a algo: ....
5. Burlarse de alguien: ....
6. Malgastar la riqueza: ....
7. Adelantarse indebidamente en una fila: ....
8. Artilugio que se pega al oído para escuchar sin molestar: ....
9. Hacer o decir cosas sin sentido o control. Volverse loco/a: ....

3.2 **En las siguientes intervenciones de la conversación anterior hay algunas frases que expresan ironía o burla disimulada. Subráyalas y comenta la nota de humor que intentan transmitir.**

1. ▶ Bueno. ¿Qué tal me queda? Me lo he teñido un poco más oscuro, como me decías.
   ▷ Ahora te veo un poco rara, creo que no te favorece…
   ▶ ¡De verdad! Después de que te hago caso, ahora dices que no te gusta.
2. ▶ ¿Sabes lo que he hecho mientras esperaba?
   ▷ Gastar la batería del móvil…
3. ▶ ¿En serio? Eso sería increíble. ¿Te imaginas presentar un numerito de acrobacias en nuestro acuario cuando vinieran amigos a casa?
   ▷ ¡Sí! ¡Nos quedaríamos con todo el mundo!
   ▶ Es verdad, lo que pasa es que, no sé tú, pero a mí no me sobra el tiempo como para estar entrenando a los peces todas las tardes durante meses.
4. ▶ Nunca hubiera imaginado todo lo que se podía aprender en la peluquería…

4 **Las siguientes frases aparecen en la conversación anterior. En ellas se utilizan nexos temporales que no indican el tiempo en el que sucede la acción, sino que añaden otro significado. Relaciónalas con lo que expresan.**

1	d	Mientras que no sea muy larga, vale.
2	a	Después de que te hago caso, ahora dices que no te gusta.
3	c	Antes que pagar un entrenador de peces, me como un lenguado.
4	b	Hasta un niño sabe eso.

a. reproche
b. menosprecio
c. preferencia
d. condición

‣ 78 Etapas Plus 15 | Nivel C1

2.7

Esta actividad se centra en el modo verbal que rigen los citados nexos temporales. Si lo considera, llame la atención sobre el uso *después de que* + indicativo con intención de reproche, tras la realización de una acción que no fue tomada en consideración o no tuvo el efecto esperado por el hablante. Explique a los alumnos que verán con más detalle estos usos más adelante.

3

Actividad de comprensión auditiva que nos servirá, por un lado, para reflexionar sobre la ironía y, por otro, para introducir otros usos no temporales de los nexos temporales. En esta primera audición, de escucha general, los alumnos solo deberán centrarse en responder si son verdaderas o falsas las afirmaciones que se les plantean.

1. F: Se lo ha teñido un poco más oscuro; **2.** V; **3.** F: Al contrario, su fuerte aroma les suele repeler; **4.** F: Está escuchando algo con el auricular puesto; **5.** F: Recuerdan cosas de meses atrás; **6.** V; **7.** F: Lo que triplica su tamaño son sus glóbulos rojos.

3.1

Con esta segunda audición se busca una escucha más detallada, además de introducir léxico de uso coloquial. Pida a los alumnos que, por el contexto de la conversación, traten de identificar las expresiones cuyo significado se ofrece. Déjeles primero un tiempo para que lean dichos significados.

1. ¿Qué tal me queda?; **2.** Estaba hasta arriba; **3.** Se me ha pasado lo de…; **4.** Estar todo el rato enganchada; **5.** Nos quedaríamos con todo el mundo; **6.** Tirar el dinero; **7.** Se me ha colado…; **8.** Auricular; **9.** Se te está yendo un poco la pinza.

[17] Véase transcripción en pág. 219.

3.2

Es importante explicar en clase que comprender la ironía y el sentido del humor en una lengua extranjera es uno de los logros más difíciles de alcanzar para el estudiante. Dé la oportunidad de que comenten en parejas la actividad y haga, después, una puesta en común.

1. *Después de que te hago caso, ahora dices que no te gusta*: ella hace con su pelo lo que él le sugirió, pero ahora resulta que a él no le gusta; **2.** *Gastar la batería del móvil*: referencia a su afición excesiva por usar el teléfono móvil; **3.** *A mí no me sobra el tiempo como para estar entrenando a los peces todas las tardes durante meses*: negativa a hacer una actividad que es absurda de por sí; **4.** *Nunca hubiera imaginado todo lo que se podía aprender en la peluquería*: referencia jocosa al estereotipo de conversaciones y tipo de revistas que suelen encontrarse en una peluquería…

4

Se han extraído de la audición las frases en las que queremos que los estudiantes se fijen para que puedan reflexionar sobre otros usos de los nexos temporales. Asegúrese de que saben el significado de las funciones que se están introduciendo (reproche, menosprecio…).

Unidad 5

4.1 **Observa estos pares de frases y elige la continuación adecuada para cada una. Compáralo con tu compañero/a.**

1	b	Antes de ir a ese hotel	**a.** me quedo en casa.
2	a	Antes que ir a ese hotel	**b.** tengo que hacer la maleta.
3	a	Después de hacer todo el viaje	**a.** estaba cansado.
4	b	Después de que hice todo el viaje	**b.** ella no estaba.
5	b	Mientras pagas la cena	**a.** podemos ir donde quieras.
6	a	Mientras pagues la cena	**b.** voy yendo al servicio.
7	b	Hasta el verano	**a.** necesita llevar una chaqueta.
8	a	Hasta en verano	**b.** no podré tenerlo finalizado.

4.2 **Escribe cuál de los usos vistos expresan los nexos que aparecen en los ejemplos de 4.1.**

1 temporal
2 preferencia/menosprecio
3 temporal
4 reproche
5 temporal
6 condición
7 temporal
8 menosprecio

4.3 **Elige cuatro de los usos anteriores de los nexos temporales y escribe cuatro frases. Después muéstraselas a tu compañero/a para que descubra el significado de cada uno. Haz tú lo mismo con sus frases.**

5 **Escucha de nuevo la conversación anterior y completa las siguientes expresiones.**

Interactuar al escuchar y relatar narraciones

Introducir el tema del relato
- ¿Sabes lo que (he hecho...)?
- No sé si lo sabrás, pero...
- No te puedes ni imaginar...

Controlar la atención del interlocutor
- ¿Me estás escuchando?
- ¿No estarás con el auricular puesto...?
- ¿Ya?
- ¿Te aburro?
- ¿Me sigues?
- ¿Lo ves?

Reaccionar solicitando el comienzo del relato
- Espera/Un momento/momentito, ya te escucho/atiendo.
- Espera, que acabo esto y ya te atiendo.
- Dime.

Indicar que se sigue el relato con interés
- ¡No me lo puedo creer!
- ¡Hala!
- ¿En serio?
- ¡Me lo puedo imaginar!

6 **Ahora, en parejas, vais a pensar en dos mitos que no hayan sido comentados en clase y en las argumentaciones para echarlos por tierra. Pueden ser explicaciones reales o inventadas.**

Temas posibles: amor, comida, amistad, cuerpo humano, viajes, trabajo, famosos...

Un mito sobre el precio de los billetes de avión es que son más baratos la primera vez que entras en la página web pero cada vez que vuelves a visitarla el precio sube. Esto no es cierto porque nuestras visitas no quedan guardadas. Podéis hacer la prueba y lo comprobaréis.

6.1 **Dividíos y cread nuevos grupos para contar vuestras explicaciones a los compañeros. Ellos deberán deciros si están de acuerdo con ellas o no.**

Etapas Plus 15 | Nivel C1 79

4.1 y 4.2

Prácticas de lenguaje que tienen como fin dejar totalmente claro el contraste entre el uso temporal y no temporal en cada uno de los pares de frases.

4.3

Actividad de creación para transferir los contenidos aprendidos a otros contextos. Pida a los alumnos que, individualmente, elijan cuatro usos de los nexos temporales y escriban cuatro frases. Mientras lo hacen, acérquese a ellos para asegurarse de que realizan correctamente la actividad. Después, colóquelos en parejas para que descubran los usos de las frases de su compañero/a.

Si quiere reforzar este contenido, le recomendamos las actividades 5.3 a 5.4.2 del Libro de ejercicios, páginas 227 y 228.

5

Aproveche la conversación de la actividad 3 para presentar expresiones que usamos para relatar e interactuar. Explíqueles primero la estructura del cuadro; dígales que cuando conversamos y contamos anécdotas o historias, debemos introducir el tema. A lo largo de la conversación el interlocutor debe mostrar que está escuchando, mostrando interés y reaccionando, y la persona que narra puede también comprobar que le están entendiendo y siguiendo el discurso. Ofrecemos la Proyección 30 como apoyo para la explicación y la posterior corrección de la actividad.

Proyección 30 *Interactuar.*

[17] Véase transcripción en pág. 219.

Si quiere reforzar este contenido, le recomendamos las actividades 5.5, 5.5.1 y 5.5.2 del Libro de ejercicios, páginas 228 y 229.

6 y 6.1

Actividades orales en las que los estudiantes deberán usar el máximo de contenidos vistos hasta ahora en la unidad, proponiendo ellos mismos nuevos mitos sobre los que discutir. Motive la actividad 6 con una lluvia de ideas; para ello, use la Proyección 31. Pregúnteles si conocen algunos mitos sobre los temas que aparecen proyectados. Si ve que necesitan más ayuda, vaya pinchado sobre las ideas que se les sugieren:

- Es necesario beber ocho vasos de agua al día.
- Cada persona tiene una media naranja en el mundo.
- La amistad entre un hombre y una mujer es imposible.
- Las baterías de los móviles no originales pueden explotar.
- El cambio de hora provoca depresiones en la población.

Proyección 31 *¿Conocemos otros mitos?*

Puede proponer que realicen la actividad en parejas o en grupo clase a partir de la proyección.

Leyendas urbanas

Temas:

- Historias reales o no que pueden aparecer en diferentes medios de comunicación y cuyo origen o autoría se desconoce.

Contenidos:

- Colocaciones léxicas.
- Oraciones subordinadas de lugar.
- Estructurar y organizar el discurso.

1

La imagen que acompaña a la actividad hace referencia a la noticia con la que se trabajará a continuación: la serpiente en el inodoro. Pertenece a un tipo de relato llamado *leyenda urbana*: relato popular presentado como hecho real a pesar de contener elementos inverosímiles.

Introduzca la actividad con la imagen del libro que aparece en la Proyección 32, pídales que describan lo que ven y, a continuación, pinche en el tic de la proyección para que aparezca el titular. Pregúnteles ahora si piensan que este tipo de noticias son reales o no. Sondee si saben cómo se llama este tipo de relatos y, si lo considera necesario, ofrézcales la definición de *leyenda urbana* que hemos dado anteriormente para guiarlos.

Proyección 32 *¿Real o no?*

1.1 y **1.2**

Deje un tiempo para que, en parejas, escriban el relato basado en los datos que se les presentan. A continuación, repártales la Ficha 6 en la que aparece la noticia completa y deje un tiempo para que la comparen con lo que han escrito ellos. Posteriormente, plantee en clase abierta su opinión sobre este tipo de noticias.

Ficha 6 *Una serpiente en el inodoro.*

2

Actividad que, junto con la siguiente, motiva y anticipa la lectura posterior. Motive a los alumnos diciéndoles que las imágenes de la Proyección 33 están relacionadas con diversas leyendas urbanas. Quizá alguien conozca

Leyendas urbanas

1 Observa la imagen, ¿qué te sugiere? ¿Sabes cómo se llaman este tipo de noticias? Comentadlo en parejas.

1.1 Leed el titular y los subtítulos sobre la noticia anterior y, en parejas, escribid el relato.

Psicosis en un pueblo coruñés por la serpiente que salió de un váter y mordió a una mujer

Los vecinos de Narón hacen frente al animal con litros de lejía y aguafuerte.

La víctima pasó la noche en un hospital, donde le aplicaron vacunas y corticoides.

Los agentes sospechan que el reptil pertenece a una especie tropical todavía sin identificar.

1.2 Tu profesor/a te va a dar la historia original. Léela y compárala con la vuestra. ¿Qué piensas de este tipo de noticias?

2 Las siguientes imágenes están relacionadas con algunas leyendas urbanas. Obsérvalas e intenta adivinar a cuál corresponde cada una. Comentadlo en parejas.

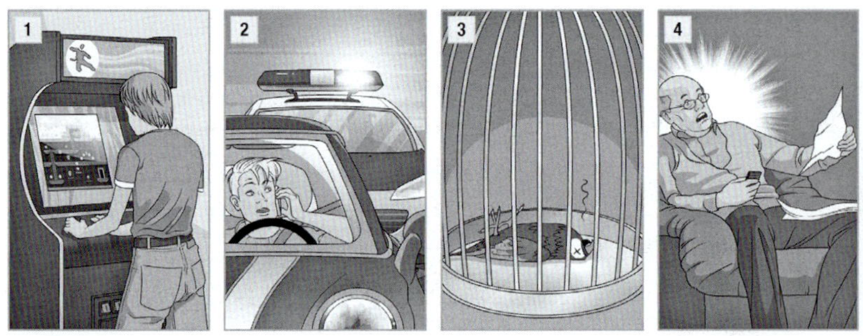

2.1 Vamos a conocer las leyendas anteriores. Pero primero trabajemos con colocaciones léxicas. Relaciona según la asociación más frecuente.

1 f	dejar	8 l	recriminar	a. la llamada	h. en la factura
2 j	producir	9 e	(no) hacer (ninguna)	b. castigados	i. subliminales
3 i	mensajes	10 c	dar	c. crédito	j. adicción
4 m	luctuoso	11 g	advertir	d. cantidad	k. atención
5 k	prestar	12 h	cargarse	e. gracia	l. una acción
6 b	severamente	13 d	desmedida	f. rastro	m. acontecimiento
7 a	atender			g. de los peligros	

80 Etapas Plus 15 | Nivel C1

alguna de estas historias. Deje unos minutos para que hablen en parejas sobre ello y compruebe después sus respuestas. Los dibujos se refieren, por orden, a las cuatro leyendas que se leerán a continuación: el videojuego Polibius, las llamadas a móviles provocadas por Tráfico, el loro de ida y vuelta y los fraudes en los móviles.

Proyección 33 *Leyendas urbanas.*

2.1

Actividad de vocabulario relacionado con la comprensión lectora. Permita a los estudiantes que, en parejas, intenten relacionar las palabras de ambos cuadros para formar colocaciones léxicas.

2.2 Lee solo el texto que te asigne tu profesor/a y complétalo seleccionando del cuadro anterior las colocaciones adecuadas en el tiempo y la forma correctos.

Existió un videojuego llamado Polybius que causaba efectos devastadores a sus jugadores

Polybius fue un videojuego arcade lanzado en el año 1981 y que al poco tiempo de su estreno fue retirado sin ❶ .... ningún tipo de ....

Este videojuego apareció en varias salas de los suburbios de la ciudad de Portland, en Estados Unidos. Fue fabricado por una empresa alemana llamada Sinneslöschen (en alemán, "pérdida de los sentidos") y consistía en manejar una nave que iba disparando a unos enemigos en diferentes fases. Una de sus peculiaridades consistía en que la nave no era conducida con el mando, sino que era la pantalla la que rotaba alrededor de ella. Rápidamente se hizo muy popular y ❷ .... en muchos jugadores. Los relatos de las personas que lo usaban hablaban de la presencia de ❸ .... El efecto de todo ello es que producía afecciones neurológicas, tales como mareos, alucinaciones, ataques epilépticos y terrores nocturnos. Incluso un jugador llegó a perder la vida mientras jugaba. Al día siguiente de este ❹ ...., unos empleados vestidos de negro acudieron a las salas donde habían sido instaladas las máquinas y se las llevaron para siempre.

Tráfico ha instalado dispositivos para provocar llamadas a móviles y detener a los infractores

Todo el mundo conoce la norma que prohíbe hablar por teléfono mientras se conduce. Pues a partir de ahora todos los conductores deberán ❺ .... mayor .... a ello si no quieren ser ❻ ....
Al parecer, la Guardia Civil de Tráfico ha instalado dispositivos para provocar llamadas a móviles y multar así a los infractores. Para ello, se estarían utilizando aparatos de barrido de frecuencias para hacer sonar teléfonos móviles en un radio de veinte metros. El conductor que ❼ .... sería multado con más de 300 euros e incluso con la retirada del permiso de conducir.

El loro de ida y vuelta

Una persona residía en una bonita urbanización de chalés. Cerca de ella vivía una señora que tenía como mascota a un insoportable loro que se pasaba el día fastidiando con sus gritos y silbidos. Un buen día el perro de la familia trajo entre los dientes el cuerpo sin vida del loro de la vecina. Después de ❽ .... al animal, su dueño pensó que a la vecina no le iba a ❾ .... lo sucedido, por lo que decidió saltar la valla del jardín e introducir de nuevo al loro en su jaula simulando un desenlace natural. Al cabo de unos días, la vecina le contó, visiblemente turbada, lo que no le cabía duda de que había sido un milagro: "No vas a ❿ .... a lo que ha pasado", comentó. "Hace unos días murió mi querido lorito, lo enterré en el jardín, donde la piscina, y ¿a que no sabes dónde ha aparecido de nuevo?".

Los fraudes en los móviles

¿Quién no ha recibido un mensaje en donde ⓫ .... de contestar llamadas o responder a mensajes de números desconocidos? Parece que son estafas muy extendidas y minuciosamente organizadas, de manera que si alguien recibe en su teléfono una llamada desconocida y contesta, inmediatamente se le ⓬ .... una ⓭ .... de dinero. De la misma forma, si recibimos un mensaje en nuestro móvil y se nos ocurre abrirlo, habremos entregado a partir de ese momento el control de nuestro aparato al desalmado de turno, que podrá acceder a todos nuestros datos: números de cuenta, claves, contactos, etc.

Oraciones subordinadas de lugar

Destino	Situación	Dirección/Límite o destino final
– a donde/adonde. – a dónde/adónde.	– *en donde* – *donde* sin antecedente (en este caso es más frecuente el uso sin preposición).	– hasta donde
Origen		**Tránsito/Lugar de paso**
– de donde		– por donde

2.2

Comprensión lectora donde aparecen las muestras de lengua de los adverbios de lugar que se presentarán posteriormente. Esta actividad y la siguiente siguen la dinámica del grupo de expertos: divida la clase en cuatro grupos y asigne a cada uno de los miembros del grupo la lectura de una de las leyendas; pídales que, al mismo tiempo, completen los espacios en blanco con la colocación léxica adecuada. Puede hacer que se corrijan ellos mismos juntando a todos los alumnos que hayan leído la misma historia para que comprueben las colocaciones que han seleccionado.

1. dejar … rastro; **2.** produjo adicción; **3.** mensajes subliminales; **4.** luctuoso acontecimiento; **5.** prestar … atención; **6.** severamente castigados; **7.** atendiera la llamada; **8.** recriminar la acción; **9.** hacer ninguna gracia; **10.** dar crédito; **11.** se advierte de los peligros; **12.** habrá cargado en la factura; **13.** desmedida cantidad.

2.3 y 2.4

Volviendo a los grupos originales de la actividad anterior, cada miembro contará, sin leer, a sus otros tres compañeros su historia. Deje que comenten entre ellos si les parecen creíbles o no. Permita después que comenten alguna otra leyenda urbana.

3

Llame la atención sobre el cuadro de la página anterior donde aparecen las oraciones subordinadas de lugar. Dígales que en los textos que han leído sobre las leyendas urbanas había algunos ejemplos de sus usos. Después, déjeles unos minutos para que completen los espacios en blanco del ejercicio con los adverbios de lugar adecuados y, en su caso, las preposiciones.

Si quiere reforzar este contenido, le recomendamos la actividad 5.8 del Libro de ejercicios, página 230.

4

Comprensión auditiva que se utilizará para analizar algunos marcadores discursivos. Ponga a los alumnos en situación explicando que en España son muy habituales las tertulias radiofónicas con invitados que defienden sus opiniones con mucho énfasis. Contextualice la tertulia diciéndoles que el tema de la misma son las leyendas urbanas: por qué existen, cuál es su finalidad, etc. Indíqueles que en esta primera audición se centren en responder a las preguntas que aparecen en el libro.

[18] Véase transcripción en pág. 220.

4.1

Se espera que los alumnos digan que el clima es de cierta crispación y el comportamiento de los participantes un poco brusco y descortés. Adviértales que no es excepcional que esto pueda ocurrir en ciertos medios de comunicación.

4.2

Se ofrecen ahora fragmentos de la tertulia para llamar la atención sobre cómo en la lengua hablada se interrumpe el discurso haciendo que las ideas que se quieren transmitir queden inconclusas. Deje que, en pequeños grupos, hagan hipótesis sobre cómo podrían continuar las argumentaciones que han quedado inacabadas. De esta manera, obligamos a los alumnos a involucrarse en el tema.

2.3 Cuenta a tus compañeros con tus palabras lo que has leído. Comentad si os parecen verosímiles o no las historias.

2.4 ¿Conoces otras leyendas urbanas? Coméntalo con tus compañeros.

3 Según la información del cuadro anterior, completa la columna central con los adverbios de lugar adecuados.

1. Voy a aceptarlo venga **de donde** venga.
2. Podíamos quedar **donde** la otra vez.
3. Me voy a preparar **hasta donde** alcancen mis fuerzas.
4. No me apetecería ir **a donde** nos puedan reconocer.
5. Ya puedes volverte **por donde** has venido, venga.
6. Me da igual **a dónde** haya encaminado sus pasos.
7. Aquel es el restaurante **(en) donde** cerramos el acuerdo.

4 [18] Escucha parte de un programa de radio en el que se habla de las leyendas urbanas y contesta a las siguientes preguntas.

1. ¿Cómo se llama el documental? ***Cuéntaselo a tu tía.***
2. ¿Qué relación tiene Severina con el Ministerio de Educación? **Colabora en el proyecto No Más Dogmas.**
3. ¿Qué animales se citan? **Dragones, serpientes.**
4. ¿Cómo se dice que son los medios que publican estas noticias? **De dudosa credibilidad y prestigio.**
5. ¿Ha ganado algún premio el documental? **No, ha sido finalista del festival DocumentaMadrid.**

4.1 Comenta con tu compañero/a la siguiente cuestión.

¿Qué te ha parecido el clima del programa?

¿Y el comportamiento de los participantes en el mismo?

4.2 En el programa, como hemos visto, los participantes se interrumpen y no desarrollan completamente sus ideas. Lee algunas de ellas y, con tus compañeros, intentad ampliarlas pensando en lo que ellos trataban de decir.

1

Manolo: A ver... Como iba diciendo..., ya ni me acuerdo. ¡Ah, sí! Decía que las leyendas urbanas modernas no son más que actualizaciones de algo que ha ocurrido siempre. Sin ir más lejos: las serpientes en los inodoros es una modernización de los dragones que... se usaban en la Edad Media...

Jacobo: Lamento interrumpirte, pero es que me parece que son dos cosas muy diferentes.

Manolo: Explícate, adelante.

Jacobo: Los dragones mostraban un mundo mágico, eran una excusa para crear héroes, ya que el dragón siempre era derrotado por el valiente de turno, que era admirado por todos, especialmente por la amada a la cual protegía. Con las serpientes no hay nada de todo esto: ni héroe, ni amada, ni admiración. Además, con los dragones se mezclaba la realidad con la fantasía.

2

Severina: (...) En otro orden de cosas, pienso que existe otro factor de índole económico: las clases sociales menos pudientes tienden a naturalizar estas historias mucho más fácilmente que las más acaudaladas, ya que...

Jacobo: Eso me parece bastante peregrino, y perdona que te interrumpa. No pienso que tenga absolutamente nada que ver con la riqueza.

(...)

Severina: A ver..., estaba diciendo que la publicación de estas noticias por parte de ciertos medios de dudosa credibilidad y prestigio, junto con las pobres expectativas en la vida, crea un cóctel perfecto para que estas historias susciten dudas sobre su veracidad...

Unidad 5

4.3 **Fíjate en las siguientes frases utilizadas para organizar el discurso y relaciónalas con su significado.**

Elementos organizadores del discurso		
1 e	Interrumpir.	a. Sin ir más lejos...
2 g	Conceder la palabra o indicar que se puede reanudar el discurso.	b. Con respecto a...
3 f	Indicar a alguien que guarde silencio.	c. Volvamos al tema que nos ocupa...
4 h	Indicar que se desea continuar el discurso.	d. Ese tema mejor lo dejamos, ¿no te parece?
5 i	Concluir el relato.	e. Disculpa la interrupción... Perdona, un inciso... Lamento interrumpirte...
6 a	Destacar un elemento.	f. De uno en uno. Déjala terminar. Así no hay quien se entienda. No habléis los dos a la vez. Cierra la boca. (coloq.)
7 j	Introducir un nuevo tema.	g. Te concedo la palabra. Explícate, adelante. Es tu turno. Adelante, tienes la palabra.
8 d	Rechazar un tema.	h. A ver..., estaba diciendo que... Como iba diciendo...
9 c	Cerrar una digresión.	i. En definitiva...
10 b	Abrir una digresión.	j. En otro orden de cosas... Ahora que lo dices...

4.4 **Lee la transcripción del fragmento del programa de radio que te va a dar tu profesor/a y completa los espacios con trece de las expresiones anteriores. Ten en cuenta que podría haber más de una opción.**

4.5 **Escucha de nuevo y comprueba la respuesta anterior.**
[18]

5 **Vamos a crear nuestro propio programa. En grupos de cuatro, escribid el guion de un programa de radio o televisión teniendo en cuenta lo siguiente:**

1 El tema del debate tratará sobre una leyenda urbana que podéis elegir entre las vistas en la sección u otra diferente que queráis incluir.
2 Tiene que haber un presentador-moderador y tres invitados con opiniones no siempre similares.
3 Utilizad el máximo posible de expresiones vistas anteriormente.

Etapas Plus 15 | Nivel C1 ‣ 83

4.3

Actividad que presenta operadores conversacionales aparecidos en la audición y que se contextualizarán con ayuda de la transcripción en la siguiente actividad. Antes de trabajar con el texto, déjeles un tiempo para que relacionen los elementos organizadores del discurso con su significado.

4.4 y 4.5

Entregue la Ficha 7 con la transcripción de la audición y dígales que completen los espacios en blanco con las expresiones anteriores, dejándoles claro que puede existir más de una opción en algunos casos. Después, ponga de nuevo la audición para que comprueben las respuestas.

Ficha 7 ***No me interrumpas.***

1. te concedo la palabra; **2.** con respecto; **3.** Disculpa la interrupción/Lamento interrumpirte/Perdona, un inciso; **4.** Ese tema mejor lo dejamos, ¿no te parece?; **5.** A ver..., estaba diciendo que/Como iba diciendo; **6.** Lamento interrumpirte/Disculpa la interrupción/Perdona, un inciso; **7.** no habléis los dos a la vez; **8.** volvamos al tema que nos ocupa; **9.** En definitiva; **10.** déjala terminar; **11.** A ver..., estaba diciendo que/Como iba diciendo; **12.** Perdona, un inciso/Disculpa la interrupción/Lamento interrumpirte; **13.** Así no hay quien se entienda.

[18] Véase transcripción en pág. 220.

Si quiere reforzar este contenido, le recomendamos la actividad 5.10 del Libro de ejercicios, página 231.

5

Tarea final del epígrafe. Motive a los alumnos diciéndoles que van a tener la oportunidad de practicar todo lo aprendido en la sección participando en una tertulia de televisión que ellos mismos van a crear.

En la Proyección 34 le ofrecemos pautas para ayudar a los alumnos a crear el guion. Proyéctela y explíqueles que se trata de discutir sobre la veracidad de una leyenda urbana, expresar el origen de esa leyenda, las razones de su aparición, etc.

Distribuya a los alumnos en grupos de cuatro y déjeles un tiempo para que preparen el guion siguiendo las pautas de la imagen proyectada. Una vez confeccionado el guion, deberán iniciar la tertulia. Pasee entre los grupos para comprobar que utilizan las expresiones vistas y anote las que no usen correctamente para corregirlas después en grupo clase. Si lo considera, puede animarlos a que representen la discusión entre todos.

Proyección 34 ***Un guion.***

Enigmas

Temas:
- Enigmas o misterios de la historia.
- Prohibiciones poco convencionales.

Contenidos:
- Expresiones con imperativo.
- Recursos para expresar prohibiciones.

1 y 1.1

El texto que aparece en la actividad 1 introduce el tema del apartado. Motive la actividad pidiendo a los alumnos que, en parejas, traten de encontrar una explicación al enigma en un tiempo limitado; por ejemplo, 2 minutos. Para evitar que miren la solución, ofrecemos la historia en la Proyección 35.

Haga una puesta en común de las hipótesis de los alumnos y proyecte la solución. Enseguida introduzca la siguiente actividad.

Proyección 35 *4 bombillas, 4 interruptores.*

2

Actividad de interacción oral sobre el tema iniciado. Puede hacer la actividad en grupo clase o en pequeños grupos, según prefiera.

3

Comprensión lectora que trata de diversos enigmas de la historia y en la que se contextualizan las expresiones en imperativo que posteriormente se presentarán. Introduzca el texto a partir del título y anime a los estudiantes a que piensen en misterios o sucesos en la historia que han quedado poco claros o que están sin resolver. Cree el interés y permita que lean los textos y hagan hipótesis, en parejas, acerca de a qué enigmas se refieren. Intente que no lean la siguiente página en la que aparecen todos ellos. Haga una puesta en común y explique las expresiones en negrita; después, remítalos al cuadro de la página siguiente en el que se fijan sus valores.

Enigmas

1 **Intenta resolver este enigma con tu compañero/a.**

En el sótano de una casa hay cuatro bombillas y en el piso de arriba hay cuatro interruptores, uno para cada bombilla. Cuando accionamos un interruptor desde la casa, es imposible ver qué bombilla se ha encendido en el sótano.

Sin embargo, el dueño de la casa pudo saber con un solo viaje al sótano qué interruptor enciende cada luz. ¿Cómo lo hizo?

1.1 **Lee la solución al enigma. ¿Era lo que habías imaginado?**

Existen varias soluciones similares para este problema. La más lógica es apretar dos interruptores durante un buen rato, y después apagar uno de ellos y encender un tercero. Cuando se baje habrá una bombilla apagada y fría (la que no se ha tocado), otra apagada y caliente (la que encendió y se apagó), una encendida y poco caliente (la que se acaba de encender), y otra encendida y muy caliente (la que lleva todo el rato encendida).

2 **Habla con tu compañero/a de las siguientes cuestiones.**

1. ¿Qué te parecen este tipo de enigmas?
2. ¿Te gustan o piensas que son una pérdida de tiempo y de energía?
3. ¿Piensas que resolverlos con facilidad implica ser más inteligente?

3 **La historia también está rodeada de numerosos enigmas. En parejas, leed las opiniones de estas personas e intentad averiguar a qué enigmas se refieren.**

ENIGMAS EN LA HISTORIA

1 Enigma

Sí, siempre se ha sospechado en este sentido, la verdad, pero **¡Vete tú a saber!** Los gobiernos de los estados guardan muchos secretos y actúan fuera de la ley mucho más de lo que pensamos en busca de un supuesto beneficio del país. Cometen atrocidades impunemente, ya que el aparato del Estado se ocupa de ocultar todo. Estamos hartos de verlo en las películas en donde la CIA y el FBI siempre están metidos en asuntos sucios tramando asesinar a este o al otro en aras de la seguridad nacional.

2 Enigma

¡Dale con eso! Estoy un poco cansado ya de escuchar siempre la misma canción. No hay programa de misterio en la tele que no haga un especial sobre ello. Mira, si no es verdad, ¿por qué continúan con el engaño tanto tiempo? Porque en su momento podía tener sentido, pero ahora, ya no estamos en la Guerra Fría ni nada.

3 Enigma

Me interesa mucho este tema, es más, me siento hipnotizada por ese mundo. Me atrae todo: su historia, su estética... ¡hasta los nombres! Todo tiene algo mágico. He ido allí tres veces y cuando las ves en persona sí que piensas **¡Mira que es increíble** que fueran capaces de hacer algo así! Pero de ahí a creer a pies juntillas eso..., no sé.

4 Enigma

Si te digo la verdad, es la primera noticia que tengo. No lo había escuchado en mi vida, pero ahora que lo dices y que veo las fotos **vaya si hay** algo raro, pero superraro. Se nota en la forma de la cabeza, en la nariz, hasta en la altura. Aunque la verdad es que tiene su lógica porque, si lo piensas bien, aquello era una máquina de hacer dinero por el éxito que habían alcanzado ya, y si no lo hubieran hecho, se habrían quedado sin la gallina de los huevos de oro.

5 Enigma

¡Anda ya! Esa es una historia originada intencionadamente en otros países con el único fin de quitarle importancia a España. No creo que debamos estar orgullosos de cómo ocurrió todo después, pero el mérito de apostar por él y conseguirlo no se puede negar. Buscar tres pies al gato diciendo que se ha encontrado una piedra aquí o un documento allí no demuestra nada.

84 Etapas Plus 15 | Nivel C1

1. JFK pudo no haber sido asesinado por un loco solitario; **2.** El ser humano pudo no haber pisado nunca la Luna; **3.** Las pirámides de Egipto pudieron no ser construidas por terrícolas; **4.** Paul McCartney pudo haber muerto en un accidente y haber sido sustituido por un doble; **5.** Cristóbal Colón pudo no haber sido el primer europeo que llegó a América.

3.1 **Para comprobar vuestras hipótesis, formad grupos de cinco y leed cada uno una explicación.**

JFK pudo no haber sido asesinado por un loco solitario

Que a Kennedy lo matara un solitario e inestable simpatizante comunista, en un simple arrebato, nunca resultó ser suficiente respuesta para una sociedad que quedó conmocionada durante varias generaciones. Por ello, el mismo día del magnicidio nacía uno de los mayores enigmas de la historia reciente, quizá el que mayor número de teorías de la conspiración ha generado en los últimos dos siglos. Los errores en la investigación y las sospechas de ocultación de información por parte de la CIA abonaron el terreno.

El ser humano pudo no haber pisado nunca la Luna

Durante las últimas décadas no cesan las teorías que ponen en duda la llegada del hombre a la Luna. En ellas se sostiene que todo fue un montaje cinematográfico orquestado por EE. UU. para vencer a la Unión Soviética en la carrera espacial. Este argumento se ve reforzado por los supuestos elementos extraños observados en las fotografías del lugar del alunizaje, tales como sombras inexplicables, la presencia de viento o las marcas de letras en el suelo.

Las pirámides de Egipto pudieron no ser construidas por terrícolas

Es quizá la construcción más estudiada de la historia, pero por mucho que se ha especulado al respecto, el modo en que los egipcios construyeron las pirámides sigue siendo hoy en día un auténtico misterio. Teniendo en cuenta que en esa época no existían excavadoras ni grúas, mover bloques de piedra de más de dos toneladas de peso cada una y ensamblarlas con una precisión digna del más sofisticado láser es una empresa para la que no existe explicación. A no ser que recibieran la inestimable ayuda de tecnología de origen extraterrestre…

Paul McCartney pudo haber muerto en un accidente y ser sustituido por un doble

Todo empezó en 1966 cuando, supuestamente, tuvo lugar un accidente en el cual Paul McCartney perdió la vida. El resto de miembros del grupo acordaron reemplazar a Paul por un doble, ya que en el momento en el que se encontraba el grupo no podían permitirse quedarse sin uno de sus iconos. Para ello, llevaron a cabo audiciones en secreto y eligieron a un bajista canadiense muy parecido a Paul al que sometieron a cirugía plástica. A su vez, llegaron a un acuerdo con Scotland Yard para no revelar la desaparición del verdadero McCartney. Las aparentes diferencias físicas entre ambos, unido a la multitud de pistas que se adivinan en las portadas de sus discos, deja abierta la puerta al enigma.

Cristóbal Colón pudo no haber sido el primer europeo que llegó a América

Los libros de historia explican desde hace siglos que Cristóbal Colón fue el primer europeo en pisar suelo americano. Sin embargo, existen sospechas de que pudieron existir otros visitantes anteriores, como pudieran hacer sospechar hallazgos de pictogramas chinos en Norteamérica que datan de más de 2500 años atrás, posibles evidencias genéticas escandinavas o incluso construcciones medievales que aún se conservan. Sin embargo, parece que los primeros en llegar a suelo americano pudieron ser recolectores siberianos que cruzaron el estrecho de Bering para pasar a Norteamérica en época prehistórica.

3.2 **Contad con vuestras palabras al resto del grupo lo que habéis leído.**

Imperativos lexicalizados

Las siguientes expresiones con imperativo tienen diferentes significados.

Valor	Expresión
1. Resaltar la cualidad	¡Mira que es increíble!
2. Mostrar incredulidad	¡Anda ya! / ¡Venga ya!
3. Confirmar un hecho	¡Vaya si hay! / ¡Anda que no hay!
4. Desconocimiento	¡Vete tú a saber!
5. Molestia por insistencia	¡Dale con eso! / ¡Y dale!

3.1 y 3.2

Forme grupos de cinco alumnos y pídales que lean cada uno un enigma. Después lo deberán explicar con sus palabras al resto del grupo. Indíqueles que usen las expresiones con imperativo que se han visto en la actividad 3 para reaccionar a lo que escuchen.

Si quiere reforzar este contenido, le recomendamos las actividades 5.9 y 5.9.1 del Libro de ejercicios, página 231.

4

Fase de preactividad que sirve para contextualizar las expresiones de prohibición que se presentarán en las siguientes actividades. Deje un tiempo para que comenten en parejas las preguntas que se plantean sin mirar aún el siguiente punto.

Puede utilizar la Proyección 36 para la puesta en común o en caso de que prefiera hacer la actividad en grupo clase.

Proyección 36 *Está prohibido.*

4.1

Actividad que presenta expresiones que usamos para prohibir. Posiblemente los alumnos tiendan a asociar la señal número 1 con la letra *a*, pero resalte que lo que pretende la prohibición es evitar el hablar alto o de manera ruidosa.

Haga también mención a que cada una de las frases muestra una manera diferente de expresar una prohibición.

Utilice la proyección anterior para corregir la actividad.

4.2

Práctica de lenguaje de los contenidos anteriores. Reparta una hoja en blanco para que, en parejas, dibujen una prohibición que siga la línea presentada de "no ser habitual". Asegúrese de que dejan un espacio debajo, ya que la idea es colgarlas en la pared para que todos pasen por cada una de las prohibiciones y escriban debajo cuál piensan que es el mensaje que transmiten. Después, los autores de los dibujos los recogerán y explicarán en grupo clase cuál es la hipótesis más acertada.

Si quiere reforzar este contenido, le recomendamos la actividad 5.11 del Libro de ejercicios, página 231.

5

Actividad de interacción oral que motiva e introduce la comprensión lectora siguiente. Comente en clase que, por sorprendente que parezca, las prohibiciones que no son falsas se encuentran en alguna legislación del mundo.

4 Observa las siguientes señales y comenta con tu compañero/a qué crees que quieren transmitir. ¿Dónde piensas que podríamos encontrarlas? ¿Alguna de ellas te parece absurda?

4.1 Asocia las siguientes leyendas con los carteles anteriores correspondientes. Sobran dos.

a. **Se prohíbe** hablar.
b. **Queda prohibido** fisgonear.
c. **No está permitido** apropiarse de objetos ajenos.
d. **No se permite bajo ningún concepto** dar portazos.
e. **Queda terminantemente prohibido** armar jaleo.
f. **Está prohibido** el uso de indumentaria formal.

¡Fíjate! Recuerda que estas expresiones las usamos para prohibir.

4.2 En parejas, elegid una prohibición no convencional y dibujad un cartel en la parte superior de una hoja; después, pegadla en una pared de la clase. Por último, paseaos todos escribiendo debajo de cada cartel la prohibición que os parece que transmite.

5 Las siguientes prohibiciones, excepto tres, existen en alguna parte del mundo. Señala junto con tu compañero/a cuáles pensáis que son las falsas.

1. ☐ Está prohibido tener un pez borracho.
2. ☑ Se prohíbe escupir dentro de un establecimiento donde se vende alcohol.
3. ☐ No se permite vendar los ojos a una persona mientras conduce su vehículo.
4. ☐ Queda prohibido por ley poner de nombre *Napoleón* a un cerdo.
5. ☐ Está prohibido abrir una botella de refresco sin la supervisión de un ingeniero con título.
6. ☑ Está prohibido tocar la armónica si hay luna llena.
7. ☐ Queda terminantemente prohibido salir de un avión en marcha.
8. ☐ No está permitido prestar la aspiradora.
9. ☑ No se permite pasear a los gatos con correa.
10. ☐ Queda prohibido para los hombres llevar pantalones y chaquetas que no vayan a juego.
11. ☐ Se prohíbe llevar armas ocultas que sobrepasen los dos metros de largo.
12. ☐ Está terminantemente prohibido rechazar un vaso de agua que te ofrezcan.
13. ☐ No se permite despertar a un oso para sacarle una foto.

5.1 Vuestro/a profesor/a os va a repartir las leyes reales. Levántate e intercambia con tus compañeros la información para descubrir las prohibiciones que son falsas.

5.2 El origen de estas leyes en ocasiones es un enigma. En grupos pequeños comentad cuál podría ser en cada caso. Después, explicad vuestras hipótesis al resto de la clase.

▸ *Posiblemente esté prohibido salir de un avión en marcha porque en alguna ocasión haya habido alguien que lo intentara.*

▸ 86 Etapas Plus 15 | Nivel C1

5.1

Reparta entre los estudiantes las leyes de la Ficha 8 recortadas. Pídales que se levanten y que compartan con sus compañeros lo que han leído para descubrir cuáles eran las leyes falsas.

Ficha 8 *Leyes insólitas.*

5.2

Actividad de interacción oral. En general, la razón de ser de estas leyes es que en su mayoría nacieron para evitar un hecho muy puntual o que se daba en torno a unas circunstancias que ya han quedado obsoletas.

Evaluación

Interacción oral

De los enigmas vistos en la actividad 3.1. de la sección anterior, comentad en pequeños grupos cuál es el que más despierta vuestro interés y por qué.

Comprensión auditiva

[19]

1 Escucha y justifica por qué estas afirmaciones no son verdaderas.

1. Se estima que se han perdido unos cuantos cientos de barcos y aviones en esta zona.
2. Conocemos las extrañas experiencias de Colón porque las contó a su vuelta a España.
3. Un avión de rescate desapareció a las dos horas de vuelo.
4. El vuelo de Bruce a Miami duró la mitad de lo previsto.
5. Las luces que vio Colón caían hacia el mar.

2 Vuelve a escuchar e identifica las palabras de la audición que tienen el mismo significado que las palabras o expresiones siguientes.

1. Acción de ver: avistamiento
2. Descubrimiento: hallazgo
3. Mirar: echó un vistazo
4. Tener una experiencia uno mismo: vivió en carne propia
5. Declaración: testimonio
6. Dulce redondo: rosquilla
7. Resplandor de luz: destello
8. Camino más corto: atajo
9. Tener lógica: cobrando sentido

Expresión escrita

Escribe un texto en el que expreses tu opinión sobre el enigma que acabamos de escuchar. Usa las expresiones aprendidas en la unidad (extensión 180-220 palabras).

Comprensión lectora

1 Lee el texto sobre enigmas del cerebro humano y relaciona los títulos con el párrafo correspondiente.

- a ¿Cómo simula el cerebro el futuro?
- b ¿Cómo se guardan y recuperan los recuerdos?
- c ¿Por qué el cerebro duerme y sueña?
- d ¿Cómo se codifica la información en la actividad neuronal?
- e ¿Cómo construye el cerebro el paso del tiempo?

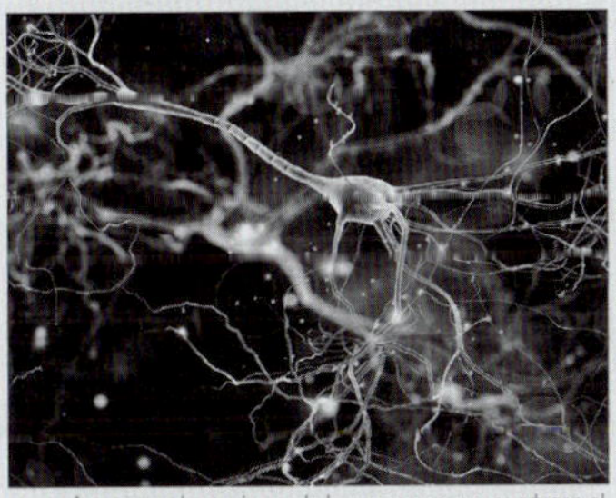

Axones: prolongaciones de las neuronas que conducen el impulso nervioso entre las células

Evaluación

La finalidad de este apartado es evaluar, por un lado, las habilidades y estrategias de los alumnos en las diferentes destrezas y, por otro, la asimilación de los contenidos lingüísticos de la unidad a través de un test que podrá encontrar en la **ELEteca** de Edinumen (eleteca.edinumen.es).

Este cuestionario es interactivo y corregido por la plataforma, de manera que el estudiante podrá examinar sus errores y aciertos y reflexionar sobre su aprendizaje. Cada apartado se evaluará de manera independiente, ya que se trata de que el estudiante valore su competencia en cada una de las destrezas y sea consciente de sus necesidades.

Interacción oral

Se trata de evaluar la habilidad del estudiante para verbalizar una idea, teniendo en cuenta el uso y medida de los silencios, las estrategias comunicativas, los conectores del discurso, los aspectos fonéticos y el paralenguaje, así como los exponentes gramaticales y el vocabulario seleccionados por este de acuerdo con su nivel.

La respuesta de esta prueba es abierta. El profesor la valorará atendiendo a una escala de 0 a 3 (0: suspenso, 1: aprobado, 2: notable, 3: sobresaliente), en función de los siguientes criterios:

- Ha incluido todos los elementos mencionados en la instrucción (0-3).
- Logra con éxito transmitir sus mensajes (0-3).
- Utiliza un estilo adecuado al contexto y a la situación (0-3).
- Presenta una corrección lingüística y gramatical acorde con el nivel exigido (0-3).
- Usa vocabulario variado y se expresa con una precisión léxica acorde con su nivel (0-3).

Realice la actividad en grupos, circulando entre los alumnos para valorar y evaluar la expresión oral de estos.

Comprensión auditiva

Se trata de evaluar la habilidad del estudiante para comprender de una forma intensiva, selectiva o global un texto oral.

Cada pregunta valdrá un punto. Su calificación dependerá del porcentaje de preguntas acertadas.

Aprobado: a partir del 50 %
Notable: entre el 50 % y el 80 %
Sobresaliente: más del 80 %

1. Fueron decenas; **2.** Las conocemos por su diario de a bordo; **3.** Fueron los cinco bombarderos; **4.** Duró una tercera parte; **5.** Se desplazaban paralelas a la superficie del mar.

[19] Véase transcripción en pág. 221.

Pág. 88

Expresión escrita

Se trata de evaluar la habilidad del estudiante para desarrollar una idea, teniendo en cuenta las estrategias comunicativas, el estilo, los conectores del discurso, la estructura del texto, el orden conceptual, la puntuación y la ortografía, así como los exponentes gramaticales y el vocabulario seleccionados por él de acuerdo con su nivel.

La respuesta de esta prueba es abierta. El profesor la valorará atendiendo a una escala de 0 a 3 (0: suspenso, 1: aprobado, 2: notable, 3: sobresaliente), en función de los siguientes criterios:

- Ha incluido todos los elementos mencionados en la instrucción (0-3).
- Logra con éxito transmitir sus mensajes (0-3).
- Utiliza un estilo adecuado al contexto y a la situación (0-3).
- Presenta una corrección lingüística y gramatical acorde con el nivel exigido (0-3).
- Usa vocabulario variado y se expresa con una precisión léxica acorde con su nivel (0-3).

Comprensión lectora

Se trata de evaluar la habilidad del estudiante para comprender de una forma intensiva, selectiva o global un texto escrito.

Cada pregunta valdrá un punto. Su calificación dependerá del porcentaje de preguntas acertadas.

Aprobado: a partir del 50 %
Notable: entre el 50 % y el 80 %
Sobresaliente: más del 80 %

1. V; **2.** V; **3.** F: Es en la memoria a largo plazo; **4.** F: Crea escenarios y una realidad preventiva; **5.** F: El cerebro tiene problemas para sincronizar señales; **6.** F: No se conoce a ciencia cierta cuál es el verdadero objetivo del sueño.

1 d Las neuronas producen pequeñas descargas eléctricas en sus membranas que viajan liberando señales químicas en los axones desde una célula a otra. Es allí donde se retiene todo aquello que sentimos. Pero, ¿cómo se realiza este proceso? Parece que difiere según el lugar del cerebro y el momento en el que se produce, y todavía no se sabe bien qué parte del cerebro está implicada en cada uno de estos procesos. En lo que sí hay acuerdo es que son varias las neuronas que se ponen en funcionamiento, actuando en grupos localizados y en diferentes partes del cerebro a la vez. En todo caso, y esto es lo más desconcertante, parece que los impulsos nerviosos pueden no ser la única forma en que se transmite la información.

2 b Cuando alguien aprende algo nuevo, se producen cambios en la estructura del cerebro. Sin embargo, no se sabe muy bien cómo funcionan exactamente esos cambios ni las consecuencias que conllevan. Otra hipótesis es que existen varios tipos de memorias: a corto y a largo plazo; y dentro de la segunda, la memoria declarativa (la que recuerda nombres y hechos) y la no declarativa (la que está relacionada con aprendizajes como montar en bicicleta). A pesar de las diferencias, parece que existe un mecanismo molecular común: cuando se activan varias neuronas al tiempo, la conexión entre ellas es más fuerte y se crean asociaciones; sin embargo, cuando es el cerebro el que tiene que crear esas asociaciones, este codifica las relaciones entre las cosas, pero no los detalles.

3 a Es una de las creaciones más sorprendentes del cerebro. Se cree que funciona mediante la creación de un modelo interno del mundo exterior gracias a las experiencias pasadas guardadas en la memoria. Estos modelos son usados para anticipar escenarios y crear una realidad preventiva, manteniéndonos preparados ante lo que nos espera. Sin embargo, esta propiedad no solo sirve para su proyección posterior sino también para funcionamientos corrientes básicos como la visión o la percepción.

4 e El cerebro tiene problemas para sincronizar señales diferentes que suceden en el mismo momento pero que se procesan a diferentes velocidades. Los sentidos interpretan las experiencias de un modo distinto, pero nuestro cerebro tiende a entregárnoslas como simultáneas, lo cual puede producir desincronizaciones. Esta falta de sincronía puede conllevar problemas como la dislexia.

5 c Lo único demostrado hasta el momento es que la vigilia continuada provoca problemas graves de salud. No obstante, no se conoce a ciencia cierta cuál es el verdadero objetivo del sueño. Se piensa que puede ser regenerativo, pero es cierto que existe una gran cantidad de actividad neuronal que pudiera indicar algo más. Otras teorías defienden que es un momento para que el cerebro pueda resolver problemas antes de hacerlo en el mundo real o que es el momento imprescindible para grabar los conocimientos acumulados cada día.

Adaptado de http://curiosidades.com/10-enigmas-del-cerebro-humano-sin-explicacion-cientifica/

2 **Vuelve a leer y señala si las siguientes afirmaciones son verdaderas o falsas. En caso de que sean falsas, corrige la información.**

1. El proceso que codifica la información en el cerebro es distinto dependiendo de la parte de este en la que se realice. ☑ V ☐ F
2. Existe más de una forma de que la información viaje en el cerebro. ☑ V ☐ F
3. Dentro de la memoria a corto plazo se integra la no declarativa. ☐ V ☑ F
4. El cerebro puede adivinar el futuro. ☐ V ☑ F
5. Los sentidos tienen problemas para sincronizarse. ☐ V ☑ F
6. No se conoce a ciencia cierta la razón de la falta de reposo cerebral durante el sueño. ☐ V ☑ F

Contenidos lingüísticos

Haz el cuestionario que te proponemos en ELEteca

Unidad 6 La creatividad

Contenidos funcionales

- Expresar opiniones, actitudes y conocimientos.
- Expresar gustos, deseos y sentimientos.
- Estructurar el discurso oral y escrito.

Contenidos lingüísticos

- Adverbios en *-mente*.
- Oraciones subordinadas modales: *Como si* + imperfecto de subjuntivo.
- Construcciones pasivas.
- Oraciones subordinadas de relativo.
- Expresiones con adjetivos y pronombres posesivos.

Contenidos léxicos

- Características asociadas a la personalidad.
- El mundo laboral.
- Acciones poéticas y disciplinas artísticas.

Contenidos culturales

- Famosos creativos.
- La búsqueda de trabajo y el mundo laboral en España.
- Panorama artístico en el entorno urbano.

En **ELEteca** tienes material y actividades complementarias a esta unidad.

Tareas

- Elaborar un test de personalidad.
- Preparar un videocurrículum.
- Debatir sobre la presencia de la creatividad en el entorno urbano.
- Realizar una exposición sobre nuestra palabra favorita.
- Escribir un texto creativo.

Unidad 6
La creatividad

El tema de esta unidad gira en torno a la capacidad del ser humano de crear y generar nuevas ideas. Habla de talentos y personalidades que han sobresalido por sus pensamientos, su personalidad o su originalidad.

Muestre la imagen que introduce la unidad y pregunte a sus alumnos si piensan que la creatividad está más relacionada con personas planificadoras y metódicas o con mentes más dispersas y poco ordenadas. Pregúnteles asimismo si creen que la creatividad se asocia solo con disciplinas artísticas.

En contexto

Temas:
- Definir el término *creatividad*.
- Hablar sobre las pruebas que miden el nivel de creatividad.

Contenidos:
- Características asociadas a la personalidad.

El objetivo de este apartado es contextualizar el tema que se va a trabajar en la unidad y presentar sustantivos y adjetivos relacionados con la personalidad.

1 y 1.1

Estas actividades están destinadas a activar los conocimientos de los alumnos con respecto al tema central de la unidad: la creatividad. Deje que realicen la primera actividad de manera individual para, posteriormente, comparar sus ideas en parejas, buscando las semejanzas y diferencias. Haga una puesta en común de las conclusiones y vuelva a hacer la pregunta con la que iniciábamos la unidad, esto es, si creen que la creatividad debe asociarse solo con disciplinas artísticas.

2 y 2.1

Las presentes actividades pretenden motivar el interés de los estudiantes por el tema haciéndoles participar activamente.

Invite a los alumnos a medir su nivel de creatividad a través de algunas de las pruebas diseñadas por los psicólogos Torrance y Guilford.

En contexto

1 *Creatividad* es una palabra asociada a numerosas ideas, sensaciones y pensamientos. En un minuto, escribe alrededor de esta todos los conceptos que te vengan a la mente.

1.1 Compara tus ideas con las de un/a compañero/a y reflexionad sobre vuestras semejanzas y diferencias. Escribe en el espacio común las ideas que compartís y en los laterales aquellas que son diferentes. ¿Hay algo que os llame la atención?

2 ¿Te consideras una persona creativa? ¿Sabes que hay algunas pruebas que miden el nivel de creatividad? Ellis Paul Torrance y Joy Paul Guilford fueron dos psicólogos estadounidenses especializados en este ámbito. Vamos a realizar dos actividades basadas en sus test. Tienes que realizar cada una de ellas en menos de 3 minutos.

1. Aquí tienes unos trazos. Tienes que completarlos de manera totalmente libre. Puedes dibujar lo que quieras: objetos, personas, situaciones…

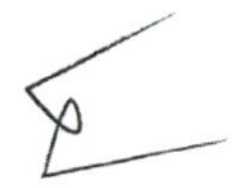

2. Escribe todas las palabras que se te ocurran que contengan la letra *z*.

2.1 Compara tus ideas con las de tu compañero/a. ¿Pensáis que habéis sido creativos? ¿Por qué?

90 Etapas Plus 15 | Nivel C1

Controle el tiempo (3 minutos por prueba) para que los estudiantes realicen ambas actividades de manera individual. Haga una puesta en común y pida que compartan y muestren sus dibujos. Si lo considera oportuno, puede incluso hacer un pequeño mural con ellos.

Ellis Paul Torrance (1915-2003) y **Joy Paul Guilford** (1897-1987) fueron dos psicólogos estadounidenses. El primero de ellos es especialmente conocido por sus investigaciones en torno al tema de la creatividad. El segundo propuso su modelo de "estructura de la inteligencia".

La actividad propuesta recoge dos pequeñas pruebas incluidas en test más extensos y que están destinadas a analizar el grado de creatividad de los individuos. La primera de ellas (Torrance) está más relacionada con la perspectiva espacial, mientras que la segunda (Guilford) tiene un componente más lingüístico.

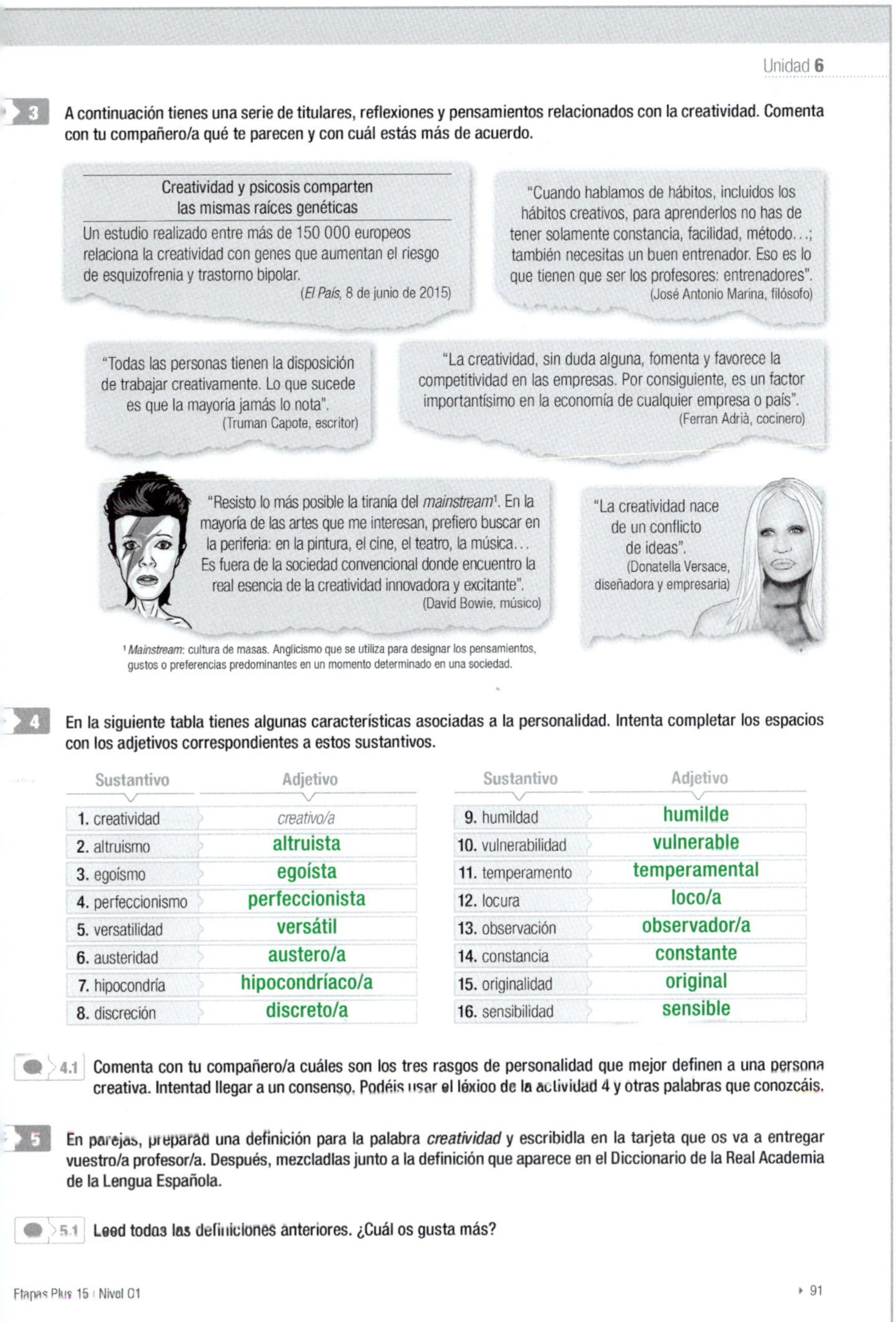

3 A continuación tienes una serie de titulares, reflexiones y pensamientos relacionados con la creatividad. Comenta con tu compañero/a qué te parecen y con cuál estás más de acuerdo.

Creatividad y psicosis comparten las mismas raíces genéticas

Un estudio realizado entre más de 150 000 europeos relaciona la creatividad con genes que aumentan el riesgo de esquizofrenia y trastorno bipolar.
(*El País*, 8 de junio de 2015)

"Cuando hablamos de hábitos, incluidos los hábitos creativos, para aprenderlos no has de tener solamente constancia, facilidad, método...; también necesitas un buen entrenador. Eso es lo que tienen que ser los profesores: entrenadores".
(José Antonio Marina, filósofo)

"Todas las personas tienen la disposición de trabajar creativamente. Lo que sucede es que la mayoría jamás lo nota".
(Truman Capote, escritor)

"La creatividad, sin duda alguna, fomenta y favorece la competitividad en las empresas. Por consiguiente, es un factor importantísimo en la economía de cualquier empresa o país".
(Ferran Adrià, cocinero)

"Resisto lo más posible la tiranía del *mainstream*[1]. En la mayoría de las artes que me interesan, prefiero buscar en la periferia: en la pintura, el cine, el teatro, la música... Es fuera de la sociedad convencional donde encuentro la real esencia de la creatividad innovadora y excitante".
(David Bowie, músico)

"La creatividad nace de un conflicto de ideas".
(Donatella Versace, diseñadora y empresaria)

[1] *Mainstream*: cultura de masas. Anglicismo que se utiliza para designar los pensamientos, gustos o preferencias predominantes en un momento determinado en una sociedad.

4 En la siguiente tabla tienes algunas características asociadas a la personalidad. Intenta completar los espacios con los adjetivos correspondientes a estos sustantivos.

Sustantivo	Adjetivo	Sustantivo	Adjetivo
1. creatividad	*creativo/a*	**9.** humildad	**humilde**
2. altruismo	**altruista**	**10.** vulnerabilidad	**vulnerable**
3. egoísmo	**egoísta**	**11.** temperamento	**temperamental**
4. perfeccionismo	**perfeccionista**	**12.** locura	**loco/a**
5. versatilidad	**versátil**	**13.** observación	**observador/a**
6. austeridad	**austero/a**	**14.** constancia	**constante**
7. hipocondría	**hipocondríaco/a**	**15.** originalidad	**original**
8. discreción	**discreto/a**	**16.** sensibilidad	**sensible**

4.1 Comenta con tu compañero/a cuáles son los tres rasgos de personalidad que mejor definen a una persona creativa. Intentad llegar a un consenso. Podéis usar el léxico de la actividad 4 y otras palabras que conozcáis.

5 En parejas, preparad una definición para la palabra *creatividad* y escribidla en la tarjeta que os va a entregar vuestro/a profesor/a. Después, mezcladlas junto a la definición que aparece en el Diccionario de la Real Academia de la Lengua Española.

5.1 Leed todas las definiciones anteriores. ¿Cuál os gusta más?

3

Actividad de comprensión lectora a través de microtextos que versan sobre diferentes aspectos de la creatividad. A partir de dichos textos se pretende fomentar la discusión, primero en parejas y posteriormente en grupo clase.

Si lo cree conveniente, puede guiar la lectura y la posterior discusión mediante la tarea de comprensión lectora que proponemos en la Proyección 37.

Proyección 37 ***Reflexiones sobre la creatividad.***

Pida a los alumnos que, en parejas, relacionen los textos con los temas sobre los que tratan: **1.** Relación creatividad – locura – marginalidad; **2.** La creatividad es un talento que se puede adquirir y desarrollar; **3.** La creatividad no está relacionada únicamente con las artes. Es un factor esencial para las empresas: toma de decisiones, búsqueda de soluciones...

Corrija la actividad en grupo clase e inicie la discusión sobre dichos temas.

Tema 1: textos de *El País* y de David Bowie; **Tema 2:** textos de José Antonio Marina y de Truman Capote; **Tema 3:** textos de Ferran Adrià y de Donatella Versace.

4

Actividad para presentar sustantivos y adjetivos relacionados con la personalidad a través de un ejercicio de derivación. Es posible que algunos de estos adjetivos o sustantivos hayan salido en la discusión anterior; si es así, utilice uno de ellos para introducir la actividad.

En la corrección, llame la atención sobre los adjetivos variables e invariables en cuanto al género (altruista, egoísta, perfeccionista, versátil, humilde, vulnerable, temperamental, constante, original, sensible).

4.1

Explique a los alumnos que primero deben seleccionar, individualmente, los tres rasgos de personalidad que según ellos definen mejor a una persona creativa. Pídales que lo compartan en parejas y, posteriormente, haga una puesta en común en grupo clase.

Relacione esta actividad con las anteriores, ya que esto puede ofrecerles ideas sobre qué tipo de personalidad muestra este tipo de personas.

Si quiere seguir trabajando el léxico sobre la personalidad, le recomendamos las actividades 6.5, 6.5.1 y 6.5.2 del Libro de ejercicios, página 235.

5 y 5.1

Tarea final del apartado. Para su realización, entregue a cada pareja una de las tarjetas en blanco de la Ficha 9. Deje unos minutos para que preparen una definición de la palabra *creatividad*. A continuación, recoja todas las tarjetas y mézclelas junto con aquella en la que aparece la definición oficial del término, extraída del Diccionario de la Real Academia Española. Lea todas las definiciones en voz alta y deje unos segundos para que cada pareja seleccione la que más le gusta. Finalmente, dígales cuál de ellas es la definición según la RAE.

Ficha 9 ***Creatividad.***

Mentes creativas

Temas:

- Personas famosas de diferentes ámbitos consideradas creativas.
- Relación entre el orden o el desorden y la creatividad.

Contenidos:

- Características asociadas a la personalidad.
- Adverbios terminados en *-mente*.
- Oraciones subordinadas modales: *como si* + imperfecto de subjuntivo.
- Construcciones pasivas.

1

Pida a los alumnos que cierren el libro y motive la actividad ayudándose de la Proyección 38. Explíqueles que va a mostrar perfiles de personajes considerados famosos y anímelos a que, tras leer sus descripciones, adivinen de quiénes se trata. A continuación, muestre las imágenes y, por último, el nombre de estos personajes. Haga finalmente una lluvia de ideas en la que los alumnos comenten qué información conocen acerca de estos personajes.

Proyección 38 ***Mentes creativas.***

Una vez presentados los personajes y compartida la información acerca de ellos, pase a realizar la actividad que se propone en el libro, pidiéndoles que se fijen en los ejemplos sobre cómo usar los adverbios terminados en *-mente*. Permítales utilizar el diccionario si tienen problemas con el significado de alguno de estos adverbios.

Mentes creativas

1 **Aquí tienes algunas fotografías de personas famosas. Discute con tus compañeros quién crees que es el más creativo de todos y por qué razón.**

Recuerda...

Los siguientes adverbios acabados en *-mente* pueden completar tus opiniones y argumentaciones:

- realmente
- sinceramente
- francamente
- claramente
- visiblemente
- indiscutiblemente
- obviamente
- honestamente
- aparentemente
- personalmente...

▶ *Yo creo que,* ***indiscutiblemente****, Woody Allen es la persona más creativa de todas.*

▷ ***Sinceramente****, no creo que un político pueda considerarse más creativo que un artista.*

Nacido en Hawái en el seno de una familia afroamericana, ha sido el primer presidente negro de la historia de Estados Unidos. Uno de sus grandes logros personales fue la obtención del Premio Nobel de la Paz por sus esfuerzos en favor del desarme nuclear, del proceso de paz en Oriente Medio o de la lucha contra el cambio climático.

Barack Obama
político

Empresario americano que dedicó su vida al sector tecnológico y del entretenimiento. Fue cofundador y presidente ejecutivo de Apple, empresa que creó junto a un amigo en el garaje de su casa, y máximo accionista de The Walt Disney Company. Falleció en el año 2011 víctima de un cáncer.

Steve Jobs
cofundador de la empresa Apple

Futbolista nacido en Rosario (Argentina) en 1987. Es una de las estrellas de la selección argentina y del Fútbol Club Barcelona. Está considerado por muchos como uno de los mejores deportistas de la historia y ha recibido numerosos reconocimientos internacionales, como el Balón de Oro o el premio al Mejor Jugador del Mundo de la FIFA.

Leo Messi
futbolista

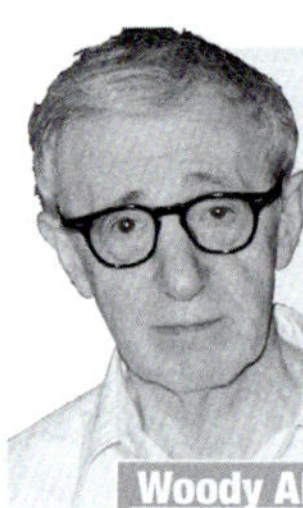

Director, guionista, actor, músico, dramaturgo, humorista y escritor estadounidense. Ha ganado cuatro premios Óscar y es uno de los creadores más prolíficos de la actualidad: ha llegado a dirigir casi una película al año. Su vida personal no ha estado exenta de polémica.

Woody Allen
director, actor y músico

Escritora y productora británica mundialmente conocida por ser la creadora de la saga del mago *Harry Potter*. Se convirtió en multimillonaria en apenas cinco años gracias a las estratosféricas ventas de sus libros. Actualmente dedica parte de su tiempo libre al apoyo de causas humanitarias.

J. K. Rowling
autora de la saga *Harry Potter*

2 Observa estas fotografías. ¿Qué sensación te producen? Discute con tu compañero/a y compartid vuestras opiniones.

Fíjate

Usamos la estructura ***como si*** + imperfecto de subjuntivo para hablar de situaciones hipotéticas:

*– Creo que esta mesa está **como si** nadie la **limpiara** nunca.*

3 ¿Y tú, eres una persona ordenada? Te presentamos un breve test para descubrirlo. Lee las situaciones planteadas y elige la opción que mejor encaje contigo.

1. Mi lugar de trabajo o estudio…

- ◯ **a. está ordenado y limpio**. Suelo colocarlo todo en su sitio con frecuencia y tirar lo que no necesito.
- ◯ **b.** no es perfecto, pero tampoco está manga por hombro. No soy un maniático del orden, pero tampoco vivo en el caos.
- ◯ **c.** está hecho un desastre. Al menos eso es lo que dice la gente, pero yo me apaño perfectamente y no necesito cambiarlo.

2. Los invitados que van a mi casa tienen que saber que…

- ◯ **a. está prohibido** fumar, sentarse en la cama cuando está hecha, dejar las cosas fuera de su sitio…
- ◯ **b.** no **se siguen** normas demasiado estrictas, pero tampoco se puede actuar como si estuvieras en la calle. Hay unos mínimos, ¿no?
- ◯ **c.** lo importante es que se sientan cómodos, como en su casa. ¿Reglas? ¿Eso qué es?

3. La decoración de mi habitación…

- ◯ **a. fue diseñada** por un especialista en decoración. Para mí la armonía es muy importante y era necesario contar con la opinión de un experto.
- ◯ **b.** es bastante práctica y funcional. **Los muebles los compré** en una gran superficie, pero tienen su encanto.
- ◯ **c. fue creada** por mí mismo/a. Me encanta experimentar y tener objetos únicos que **están hechos** a mano, por mí o por algunos amigos y artistas locales.

4. El armario de mi cuarto…

- ◯ **a. está organizado** por colores. **La ropa la cambio** de sitio según la estación del año para tenerla más a mano.
- ◯ **b. lo ordeno** de vez en cuando, cuando lo necesito. No creo que sea el armario más perfecto del mundo, pero no suelo tener problemas para encontrar lo que busco.
- ◯ **c. lo uso**, pero a veces me resulta más rápido dejar las cosas por el medio, así no pierdo tanto tiempo. Reconozco que muchas veces dejo las cosas encima de las sillas, en la cama…

5. Cuando veo un montón de trastos viejos, …

- ◯ **a.** pienso en cuándo fue la última vez que **se usaron** y para qué **se necesitan**. Si no me sirven…, ¡a la basura!
- ◯ **b.** siento cierta nostalgia. Me produce melancolía ver cosas que **fueron compradas** por mis padres, mis abuelos, antiguos amigos… Me da pena deshacerme de ellas, pero a veces es necesario.
- ◯ **c.** pienso en oportunidades para redecorar mi casa. Siempre viene bien un toque *vintage*, ¿no?

2

Pida a los alumnos que comparen las dos imágenes de la actividad utilizando la estructura que aparece en el cuadro de reflexión. Si lo desea, también puede introducir la actividad con la Proyección 39, preguntándoles cuál de las dos fotografías podría ser su mesa de trabajo.

Una vez comentadas las fotografías, pregúnteles si creen que el orden (o desorden) de su escritorio revela cómo son. Esto le servirá para introducir la actividad siguiente.

Proyección 39 *¿Con orden o sin orden?*

3

Primera de una secuencia de actividades que servirá de pretexto para introducir los modelos de lengua de las construcciones pasivas. Pídales que realicen el test de la actividad centrándose en el significado del mismo y sin detenerse en la forma de las pasivas que aparecen destacadas en negrita, cuya reflexión gramatical se llevará a cabo en la actividad 4.

3.1 y 3.2

Con estas dos actividades de la secuencia los alumnos discutirán sobre la relación entre orden y creatividad y harán una lectura de las interpretaciones del test que realizaron en la actividad 3, compartiendo y comentando sus resultados.

Si quiere completar la secuencia con una comprensión lectora, le recomendamos que haga las actividades 6.2 y 6.2.1 de la página 233 del Libro de ejercicios.

4

Remita a los estudiantes al test de la actividad 3 y pídales que utilicen las estructuras destacadas en negrita como *input* para la reflexión gramatical acerca de las construcciones pasivas. Se trata de que completen las reglas del cuadro seleccionando la opción correcta o completando los espacios con las palabras que faltan y con ejemplos del test en cada apartado. Si lo considera necesario, puede ayudar a los estudiantes con la terminología gramatical.

Una vez finalizada la actividad, puede pedir a los alumnos que se fijen en la siguiente frase que aparece en la segunda pregunta del test: "... pero tampoco *se puede* actuar como si estuvieras en la calle", y que intenten explicar la diferencia entre esta construcción y las que han analizado anteriormente. Se espera que lleguen a la conclusión de que se trata de una oración impersonal con *se*, y que se distingue de la pasiva refleja en que las oraciones impersonales carecen de sujeto gramatical y se construyen siempre con un verbo en tercera persona del singular. Las impersonales con *se* pueden darse con verbos intransitivos, verbos copulativos o verbos transitivos, cuando llevan un complemento directo de persona precedido de la preposición *a*.

Si quiere reforzar este contenido, le recomendamos las actividades 6.3, 6.3.1 y 6.3.2 del Libro de ejercicios, página 234.

3.1 **Muchas personas consideran que existe una conexión entre el orden y la creatividad. ¿Estás de acuerdo? Habla con tu compañero/a.**

3.2 **Compara tus respuestas del test de la actividad 3 con las de tu compañero/a. ¿Quién pensáis que es más ordenado? ¿Y creativo? Mira las siguientes soluciones para comprobarlo.**

Mayoría de respuestas *a*: el orden es una de tus señas de identidad. No toleras el caos y necesitas que todo esté siempre en su sitio. Los que te rodean suelen decir que eres una persona cuadriculada y poco flexible, y esto hace que la creatividad no tenga un papel destacado en tu vida. ¿Por qué no das rienda suelta a tu imaginación?

Mayoría de respuestas *b*: no soportas el caos absoluto, pero tampoco tienes una obsesión con la organización. Intentas mantener el equilibrio entre tu parte más racional y tu lado creativo. No siempre es fácil, pero por ahora no te va mal, ¿verdad?

Mayoría de respuestas *c*: vives en un mundo caótico y desordenado, o al menos así lo ven los que te rodean. La creatividad domina tu vida y no entiendes a las personas que no se dejan llevar por la imaginación. Está muy bien tener un punto bohemio y diferente, pero recuerda que a veces es necesario poner un poco de orden en tu vida.

4 **En el test que has hecho en la actividad 3 aparecen distintas construcciones pasivas. Mira el siguiente cuadro e intenta completar las reglas seleccionando la opción correcta (1) o escribiendo las palabras que faltan (2). Incluye también algunos ejemplos que aparecen en el test.**

Construcciones pasivas

1. Usamos la voz pasiva cuando la persona o personas que realizan la acción son **más / menos** importantes que la acción en sí misma o el resultado obtenido.
2. a. **Pasiva de proceso:** es la estructura pasiva por excelencia. Más común en la lengua escrita, puede llevar un complemento agente introducido por la preposición *por*.
   Estructura: verbo ***ser*** + **participio** del verbo principal (es necesaria la concordancia de género y número).
   _ **fue diseñada, fue creada, fueron compradas**
   b. **Pasiva de resultado:** habla del resultado existente después de una acción.
   Estructura: verbo ***estar*** + **participio** del verbo principal (es necesaria la concordancia de género y número).
   _ **está ordenado y limpio, está prohibido, están hechos, está organizado**
   c. **Pasiva refleja:** es muy frecuente en español. No lleva complemento agente. Se usa tanto en la lengua escrita como oral.
   Estructura: ***se*** + verbo principal en **tercera** persona del singular o del plural (según el sujeto paciente).
   _ **se siguen, se usaron, se necesitan**
   d. **Anteposición del objeto directo:** recurso muy frecuente en la lengua oral. No es una voz pasiva propiamente dicha, pero su significado equivale a ella.
   Estructura: **complemento** de objeto directo + **pronombre** de objeto directo + verbo principal.
   _ **Los muebles los compré, la ropa la cambio, (el armario de mi cuarto) lo uso...**

5 En parejas, elaborad un test similar al que aparece en la actividad 3. Para ello, seguid las siguientes instrucciones.

1. Seleccionad el tema (¿Eres una persona romántica/madura/aventurera/intelectual...?).
2. Plantead cinco situaciones con tres opciones en cada una de ellas.
3. Intentad usar al menos una vez las cuatro construcciones pasivas de la actividad 4.
4. En una página diferente, preparad las soluciones del test.
5. Usad vuestra creatividad. 😊

5.1 Pasad vuestro test a la pareja de la derecha y responded a las preguntas del cuestionario que os entregue la pareja de la izquierda. Cuando terminéis, repetid la dinámica hasta que hayáis respondido a todos los test de la clase.

5.2 Es el momento de llegar a conclusiones. Analizad las respuestas de vuestros compañeros al test que habíais preparado en la actividad 5 y decidid quién es "El/La más..." de la clase. Podéis usar vuestra hoja de soluciones para ayudaros.

6 ¿Qué harías en esas situaciones? Escribe brevemente cómo actuarías en cada una de ellas.

A

Es el cumpleaños de tu pareja. Lleváis diez años juntos y te gustaría darle una sorpresa, algo que fuera único y original. ¿Qué haces?

B

Tu mejor amigo/a te ha pedido ayuda para organizar una fiesta en su casa. Van a ir muchos amigos comunes, compañeros de trabajo y conocidos. Quieres que sea todo un éxito, pero tu amigo/a no anda muy bien de dinero.

C

Llega el final de curso y tus compañeros de clase y tú queréis preparar un texto de reconocimiento para vuestro/a profesor/a. Queréis algo creativo y diferente, nada cursi ni ñoño. ¿Qué podéis escribir?

D

Trabajas en una tienda de ropa. Últimamente las ventas no van muy bien. Quieres proponer a tu jefe/a alguna iniciativa que llame la atención de los potenciales clientes y que ayude a mejorar la situación.

6.1 En grupos de tres o cuatro, intercambiad vuestras ideas. ¿Cuáles pensáis que son las más creativas?

5, **5.1** y **5.2**

Práctica de lenguaje para transferir los conocimientos aprendidos a una situación elegida por los propios estudiantes de manera que sea más significativa.

La actividad propuesta se realizará en tres pasos. En primer lugar, cada pareja elegirá un tema para la preparación de un test similar al de la actividad 3. Guíe a los estudiantes en la realización de la tarea, resuelva sus dudas y revise el trabajo de las distintas parejas. Cuando todos los test estén completos, los estudiantes intercambiarán sus cuestionarios y recibirán la propuesta de otra de las parejas de la clase. Deberán responder individualmente a las preguntas escribiendo su nombre al lado de la opción que mejor encaje con ellos. Se recomienda utilizar una dinámica de rueda, de modo que los alumnos respondan a todos los test excepto al creado por ellos mismos. Finalmente, cada pareja recibirá el test que realizó en la primera fase de la actividad con las respuestas de todos sus compañeros y deberá decidir quién es "El más/La más..." de la clase.

Si lo considera oportuno, puede simular una ceremonia de entrega de premios en el aula, pidiendo que completen la Ficha 10 con los nombres de los estudiantes premiados y los premios correspondientes.

Ficha 10 ***Premio al más...***

Haga tantas fotocopias como premios deba dar. Repártalas y pida que las completen. Inicie la ceremonia, pidiendo a cada pareja que salga al centro de la clase y nombre al estudiante premiado para que este, a su vez, se levante y recoja el diploma.

6 y **6.1**

Secuencia final del epígrafe para desarrollar la interacción oral y la producción escrita de una manera lúdica y distendida. Pida a los estudiantes que primero anoten individualmente cuáles serían sus reacciones ante las situaciones planteadas. A continuación, colóquelos en grupos de tres o cuatro y pídales que, de forma oral, compartan sus reacciones y muestren interés por las de sus compañeros. Para concluir, realice una puesta en común en grupo clase con las ideas y comentarios más interesantes.

Si prefiere realizar la actividad únicamente oral, le facilitamos las situaciones en forma de tarjetas en la Ficha 11.

Ficha 11 ***Reacciones.***

Prepare un set de tarjetas de la ficha por cada tres o cuatro alumnos. Deje que discutan sobre sus reacciones en las situaciones propuestas. Haga también una puesta en común con las ideas y comentarios más interesantes.

¿Crisis de ideas?

Temas:

- El *curriculum vitae* y el mundo laboral.

Contenidos:

- Oraciones subordinadas de relativo.
- Palabras y expresiones relacionadas con el mundo laboral.
- Expresiones con adjetivos y pronombres posesivos.

1

Actividad para motivar y presentar el tema del CV y que sirve también para introducir el siguiente ejercicio, donde se presentarán los modelos de lengua de las oraciones relativas.

Utilice la Proyección 40 para hacer la actividad en grupo clase y crear su interés. Pregúnteles primero qué tipo de objetos son los que aparecen proyectados y para qué se están usando realmente.

Proyección 40 *¿Qué es esto?*

Una vez que haya terminado de mostrar todos los objetos, pídales su opinión sobre estos: ¿les gustan? ¿Les parece buena idea presentar así su CV? ¿Han diseñado ellos algún CV de una forma original?, etc.

1.1

Actividad destinada a introducir la reflexión lingüística que viene a continuación: las oraciones de relativo. Se pretende que los alumnos participen en la construcción de los modelos de lengua con una actividad que los haga conscientes del uso de este tipo de oraciones (la descripción de objetos, en este contexto) al mismo tiempo que utilizan un vocabulario más específico y preciso. Es por esta razón que deben completar la frase con la preposición y el artículo necesarios en cada caso, con la palabra que falta en la descripción y con el nombre del objeto. Esto nos permitirá sondear su conocimiento de las oraciones de relativo con preposición.

Pida a los alumnos que realicen la actividad en parejas siguiendo el modelo del ejemplo. Una vez llevada a cabo la corrección, pregúnteles si recuerdan este tipo de oraciones, qué tienen en común y cómo se forman. A continuación, dirija su atención al cuadro.

¿Crisis de ideas?

1 **Observa los siguientes objetos. ¿Qué crees que son? ¿Para qué sirven? Coméntalo con tu compañero/a.**

1.1 **Relaciona las imágenes de la actividad anterior con las siguientes frases. Completa también las descripciones con las palabras necesarias según el ejemplo. ¿Sabes cómo se llaman estos objetos? Escribe el nombre a continuación.**

a.	4	Es un recipiente *en el* que se conserva la leche: *cartón de leche.*
b.	1	Es un objeto **sobre el** cual se colocan **las fichas** de cada jugador en una partida: **tablero**
c.	5	Es un objeto que sirve para **marcar** la página del libro **por la** que vamos: **marcapáginas**
d.	2	Es un objeto de **tela**, plástico o papel **en el** que guardamos cosas: **bolsa**
e.	3	Es una especie de hoja de papel gracias **a la** que podemos **orientarnos**: **plano de metro**

! Recuerda...

Las **oraciones de relativo** suelen tener la siguiente estructura:

Sustantivo (al que llamamos *antecedente*) + (preposición) + pronombre relativo + verbo

El verbo de la oración de relativo va en **indicativo** cuando el antecedente es algo **conocido**, concreto:

– *Tengo un compañero de clase* ***que habla*** *chino perfectamente.*

El verbo va en **subjuntivo** cuando el antecedente es algo **desconocido**, no concreto:

– *En mi empresa están buscando a una persona* ***que hable*** *chino perfectamente.*

1.2 **En parejas, preparad definiciones similares a las de la actividad anterior. Después, ponedlas en común con el resto de la clase y adivinad las palabras de vuestros compañeros.**

96 Etapas Plus 15 | Nivel C1

1.2

Práctica de lenguaje para seguir trabajando los objetivos de la actividad anterior: precisión léxica y oraciones de relativo.

Cuando cada pareja tenga tres o cuatro definiciones, haga una puesta en común a modo de concurso: un grupo lee su definición y el equipo que antes conteste obtiene un punto.

Unidad 6

2 Aquí tienes algunas frases con pronombres relativos. Decide si son correctas o incorrectas y corrígelas si es necesario.

1. Mi amiga **que vive** en China es profesora de español para extranjeros. C I ✓ (I)
   La amiga mía que vive en China.../Mi amiga, la que vive en China,...
2. **Lo que más me molesta** de Carlos es que siempre se está quejando de su trabajo. ✓ (C)
3. A Luis le gusta mucho ir a restaurantes con bufé porque puede comer **todo cuanto le apetece**. ✓ (C)
4. **Las personas quienes** estudien no tendrán ningún problema en aprobar el examen final. ✓ (I)
   Las personas que estudien/Quienes estudien...
5. Podrán asistir al espectáculo **cuanto personas** quepan en el recinto. ✓ (I)
   ... cuantas personas quepan en el recinto
6. Me escribió un mensaje para preguntarme cómo estaba, **cosa cual me gustó** mucho. ✓ (I)
   ..., cosa que me gustó mucho/lo que me gustó mucho
7. El amigo **mío que** te presenté el otro día se llama Sergio. ✓ (C)
8. **Quien lo deseen** pueden mandar su currículum a través del siguiente correo electrónico. ✓ (I)
   Quienes lo deseen.../Aquellos que lo deseen...

2.1 Lee estas explicaciones sobre algunas construcciones con pronombres relativos y escribe los números de los ejemplos anteriores que se pueden relacionar con cada una.

Construcciones de relativo

Relativos y posesivos

- Los pronombres relativos son incompatibles con los posesivos, excepto con los pronombres posesivos que van detrás del sustantivo.
  Ejemplos: *1*, 7

Quien/Quienes

- El relativo ***quien*** se transforma en ***quienes*** cuando se refiere a más de una persona.
  Ejemplo: 8
- ***Quien*** es correcto en oraciones relativas explicativas (aquellas que aparecen después de una coma), pero resulta incorrecto en las relativas especificativas.
  Ejemplo: 4
- El uso del relativo ***quien*** es más habitual en la lengua formal, con frecuencia escrita.

Lo que

- ***Lo que*** es habitual para referirse a toda una oración. En ocasiones puede sustituirse por expresiones como *algo que*, *hecho que* o *cosa que* después de una coma.
  Ejemplos: 2, 6

Cuanto

- En las oraciones de relativo cuyo antecedente es un sustantivo, ***cuanto*** experimenta variaciones de género y número atendiendo a la concordancia.
  Ejemplo: 5
- En ocasiones, cuando ***cuanto*** es invariable (equivalente a *toda la cantidad que*) puede aparecer precedido de la palabra *todo*.
  Ejemplo: 3

3 Observad de nuevo los objetos de la actividad 1: todos ellos servían para presentar, de una forma original, un currículum. En parejas, pensad en algún otro objeto curioso que pudiera servir como soporte de este tipo de texto.

Etapas Plus 15 | Nivel C1 ▸ 97

2

En esta actividad se presentan los modelos de lengua de algunas construcciones de relativo para su reflexión posterior, al tiempo que se continúa sondeando el conocimiento de los alumnos sobre el tema.

Puede realizar la actividad tal y como aparece presentada en el Libro del alumno u optar por la dinámica de la subasta de errores, si no la ha empleado hasta ahora.

2.1

Actividad de reflexión lingüística. Pida a los alumnos que lean las explicaciones del cuadro y que busquen ejemplos en las frases de la actividad anterior. Durante la corrección, aproveche para dar las explicaciones que considere necesarias en función de su grupo.

Si lo considera conveniente, puede hacer mención a los relativos sin antecedente expreso según el siguiente cuadro:

Relativos sin antecedente expreso

- Los pronombres ***quien/es***, ***cuanto/a/os/as***, ***donde***, ***como*** y ***cuando*** incorporan tácitamente su antecedente, pero no lo expresan. Ejemplos: 3 y 8.
  La construcción **artículo** + ***que*** no tiene antecedente expreso, aunque a veces se puede recuperar a partir del contexto. Ejemplo: 2.

Si quiere reforzar este contenido, le recomendamos la actividad 6.6 del Libro de ejercicios, página 235.

3

Vuelva a proyectar la Proyección 40 e invítelos a pensar en otros objetos que podrían servir como soporte de un CV. Puede mostrarles los que aparecen en el siguiente enlace: https://www.40defiebre.com/50-ejemplos-curriculums-originales/

Proyección 40 *¿Qué es esto?*

4

Actividad de comprensión auditiva en la que aparecen las expresiones con adjetivos y pronombres posesivos que se presentarán posteriormente. La tarea de esta primera escucha se centra en el significado.

Puede motivar la audición personalizando la actividad: dígales que lean algunas de las frases extraídas de la experiencia laboral de los cinco personajes y que señalen aquellas con las que se identifican. Haga una puesta en común y, posteriormente, introduzca la audición. De esta manera, además, se asegura de que comprenden el significado de las frases.

[20] Véase transcripción en pág. 222.

4.1

Realice una nueva escucha. En esta ocasión, los alumnos deberán prestar atención a las expresiones con posesivos que aparecen en la actividad para intentar explicar su significado con sus propias palabras.

Posible respuesta. 1. Es el trabajo que realmente le gusta y en el que siente que es bueno; **2.** Expresión de cariño, no necesariamente usada entre padres e hijos; **3.** Tiene bastante dificultad, es más complicado de lo que parece inicialmente; **4.** Lo lógico, lo adecuado; **5.** Pasar una situación difícil, que implica esfuerzo o sufrimiento; **6.** Actuar de una manera autónoma e independiente, sin dar explicaciones o tener en cuenta a nadie; **7.** Ser muy especial, normalmente en un sentido un tanto negativo.

La expresión ***tiene su dificultad*** es diferente al resto de las presentadas, ya que no funciona con un pronombre posesivo, sino con un determinante o adjetivo que debe concordar con el sustantivo que le sigue.

Es posible el uso de una estructura similar con otros sustantivos:

- *Obtener ese resultado requiere **su esfuerzo**.*
- *Carmen es muy buena persona, pero cuando se enfada tiene **su genio**.*

5 y 5.1

Actividades destinadas al trabajo con léxico de nivel C1 asociado al mundo laboral. En primer lugar, pida a los alumnos que, en parejas, lleven a cabo la lluvia de ideas de la actividad 5. Mientras completan el diagrama, mire sus respuestas y haga una puesta en común si considera

4 [20] **Buscar trabajo es "un trabajo", ¿estás de acuerdo? Escucha la siguiente audición en la que varias personas comparten sus experiencias laborales y marca la frase que mejor resuma la intervención de cada uno. Hay dos frases que no necesitas usar.**

	1. Javier	2. Jana	3. Edurne	4. Miguel	5. Patricia
a. Está deprimido/a por la situación.					
b. Su vida ha cambiado mucho recientemente.				✓	
c. Está cobrando el paro.					
d. Antepone los sueños a la estabilidad.					✓
e. Su profesión le llena por completo.	✓				
f. Critica la actitud de otras personas que están en su situación.			✓		
g. Quiere ser funcionario/a.		✓			

4.1 [20] **Vuelve a escuchar la grabación y presta especial atención a las expresiones con posesivos que aparecen a continuación. Explica con tus palabras cuándo se usan y qué significan; después, intenta sustituirlas por otras expresiones que signifiquen lo mismo. Trabaja con tu compañero/a.**

1 "Realmente esto **es lo mío**".
2 "**Hija mía**, estudia y déjate de tonterías".
3 "Trabajar con adolescentes **tiene su dificultad**".
4 "**Lo suyo es** hacer todo lo que esté en tu mano".
5 "Mis compañeros y yo **pasamos lo nuestro**".
6 "Me gusta **ir a lo mío**".
7 "Mi madre **es muy suya**".

5 **¿Qué palabras o expresiones conocéis relacionadas con el mundo del trabajo? Pensad en tipos de trabajo, de contrato, características, expresiones idiomáticas…**

5.1 **Para ampliar vocabulario, vuestro/a profesor/a os va a dar unas fichas. En grupos, preparad las definiciones de las palabras que recibáis.**

98 Etapas Plus 15 | Nivel C1

que hay léxico diferente entre los grupos. A continuación, realice la tarea 5.1. Divida las tarjetas de la Ficha 12 entre los distintos grupos de la clase. Lo ideal es que cada grupo reciba entre seis y ocho tarjetas. Déjeles unos minutos para preparar las explicaciones de las palabras y expresiones que han recibido. A continuación, realice una puesta en común. Los alumnos que escuchan deberán descubrir los términos explicados por sus compañeros.

Ficha 12 ***Mundo laboral.***

Si quiere reforzar este contenido, le recomendamos la actividad 6.4 de la página 234 del Libro de ejercicios.

6 ¿Quieres conocer mejor la relación de tus compañeros con el mundo laboral? Levántate y habla con ellos para completar la siguiente tabla.

Busca a alguien que...	Nombre	Información adicional
1 esté trabajando de lo suyo.		
2 haya hecho más de diez entrevistas de trabajo en su vida.		
3 tenga su *currículum vitae* en español.		
4 trabaje a media jornada.		
5 esté o haya estado alguna vez de becario.		
6 alguna vez haya estado en el paro.		
7 se haya tomado un año sabático.		
8 considere que es más importante el sueldo que la realización personal.		
9 use el español en su trabajo.		
10 quiera trabajar en un país de habla hispana.		

7 Más allá de los *currículum vitae* tradicionales, son muchos los que están apostando por desarrollar su creatividad a la hora de buscar trabajo en tiempos de crisis. Los videocurrículum son una alternativa. ¿Cómo consideras que debe ser un buen videocurrículum para tener éxito? Anota algunas de tus ideas.

7.1 En grupos de tres o cuatro personas, buscad en internet un videocurrículum en español. Tomad nota de los aspectos positivos y mejorables de vuestro vídeo y comentadlos con el resto de la clase.

Recuerda

En muchas ocasiones, no es necesario entender todas las palabras que aparecen en un texto, audio o vídeo para poder realizar la tarea propuesta. Es importante desarrollar estrategias de comprensión.

7.2 Después del visionado, compartid vuestras conclusiones con el resto de grupos de la clase. ¿Daríais una oportunidad a los candidatos de los vídeos?

8 Vamos a crear un videocurrículum en español. Antes de la grabación, prepara un breve esquema con los aspectos que quieres destacar. La siguiente plantilla puede ayudarte. Toma algunas notas.

- ✓ Datos personales
- ✓ Formación académica
- ✓ Experiencia profesional
- ✓ Idiomas
- ✓ Otros datos de interés

8.1 Después de la preparación del borrador, te recomendamos escribir el guion de tu videocurrículum. Recuerda que debes destacar los aspectos que más te interesen, ser original y sorprendente, y ajustarte a un tiempo limitado.

8.2 Ha llegado el momento de grabar tu videocurrículum. Para ello no necesitas un equipo especial, tu teléfono móvil puede ser suficiente. Cuando lo tengas listo, preséntalo al resto de la clase.

6

Realice la actividad siguiendo la dinámica de “Busca a alguien que...”. Todos los alumnos deben ponerse de pie e interactuar con sus compañeros en grupo clase (deben preguntarse de dos en dos e ir cambiando de compañero/a). El objetivo es encontrar a una persona del grupo que se ajuste a cada uno de los enunciados propuestos. Además, deberán añadir alguna información adicional en la columna de la derecha, propiciando así la interacción. Deje unos minutos para la realización de la actividad y, a continuación, realice una puesta en común con las cuestiones más curiosas e interesantes.

7

Actividad destinada a la introducción del tema de los videocurrículum. Escriba la palabra en la pizarra y pregunte a sus estudiantes por el significado. A continuación, pase a la pregunta que se sugiere en la actividad.

7.1 y 7.2

Divida a los estudiantes en tres grupos de trabajo. Cada grupo buscará un videocurrículum en internet y tomará nota de los aspectos positivos y mejorables del mismo. A continuación, los grupos presentarán a su candidato al resto de la clase. Finalmente, se discutirá sobre si darían o no una oportunidad laboral a los distintos candidatos y por qué.

Esta actividad admite diferentes variantes, como por ejemplo la dinámica en la que algunos miembros del grupo escuchan sin ver las imágenes y otros ven el vídeo sin sonido para después intercambiar ideas. Valore la opción que mejor se ajuste al perfil de sus alumnos.

Si lo considera oportuno, puede proponer usted los videocurrículum con los que se va a trabajar. Se propone el uso de los siguientes:

David Heredia Gómez: https://www.youtube.com/watch?v=RdXfbOcUqRo

Enzo Vicaíno: https://www.youtube.com/watch?v=PALNcW_eQXw

No soy prima de Montero: https://vimeo.com/67263038

8, 8.1 y 8.2

Secuencia de actividades que cierra el epígrafe. Se recomienda seguir la dinámica propuesta en el Libro del alumno (preactividad, realización, postactividad) y combinar el trabajo en el aula con el trabajo fuera de esta. Si no pudiera realizar la actividad tal y como se presenta por limitaciones tecnológicas, puede valorar sustituir la realización del videocurrículum por la de un currículum en un soporte poco convencional.

Acción poética

Temas:

- Acciones virales.
- Poesía en las calles.

Contenidos:

- Otros adverbios en *-mente*.

Este apartado desarrolla destrezas comunicativas y trabaja diferentes tipos de textos.

1

Actividad de conversación e intercambio de ideas destinada a activar conocimientos y a introducir el tema central de este tercer bloque.

Introduzca la secuencia con la Proyección 41. Explique a los alumnos que este texto apareció colgado en las calles de un barrio de Barcelona y que rápidamente se hizo viral en las redes sociales. Cree interés por la nota preguntándoles su opinión: ¿qué les parece? ¿Les gustaría que alguien les dedicara una nota de este tipo? ¿Cómo se imaginan a los protagonistas, Alba y Álex?

Proyección 41 *Alba, ojos bonitos.*

1.1

Una vez que los alumnos hayan discutido sobre el tema, le ofrecemos dos posibles itinerarios:

1. Introducir la comprensión lectora de la actividad 6.7 de la página 236 del Libro de ejercicios, donde se explica la falsedad y las razones de la nota. En este caso, cree el interés por el texto preguntándoles si quieren saber más sobre lo que pasó posteriormente. No les anuncie que el mensaje era una mentira, deje que lo descubran ellos.
2. Pasar a la actividad 2, anunciándoles que el mensaje era falso.

2

Actividad de comprensión auditiva sobre el fenómeno de "el Álex de Badalona". Haga esta primera escucha, que se centra en el significado, para introducir el debate sobre el poder de las redes sociales que se presenta en las siguientes actividades.

Acción poética

1 Una mañana las calles de un barrio de Barcelona amanecieron decoradas con el siguiente cartel. La imagen se hizo viral en apenas unas horas y las redes sociales se llenaron de mensajes sobre el tema. ¿Qué te parece? ¿Qué sentimientos te provoca? ¿Cómo te imaginas a Alba y a Álex?

1.1 Para saber algo más sobre Alba y Álex, realiza la actividad que te indicará tu profesor/a.

2 [21] Después de saber que realmente "el Álex de Badalona" era una creación de un escritor uruguayo llamado Damián, Víctor, experto en redes sociales, y Raquel, creativa de una empresa de publicidad, debatieron sobre el fenómeno en un programa de radio. Escúchalos y decide si las siguientes opiniones corresponden a Víctor, a Raquel o a ninguno de los dos.

	Víctor	Raquel	Ninguno
1. Reconoció algo de sí mismo en la acción del Álex de Badalona.	✓		
2. Cree que la acción poética pone de manifiesto el poder de nuevas formas de comunicación.		✓	
3. Piensa que el autor no tenía un objetivo definido.	✓		
4. Considera que la acción de Damián no tiene ningún valor artístico.			✓
5. Sostiene que la reacción de las redes sociales al conocer la verdad ha sido desmesurada.		✓	
6. Cree que hay medir el vocabulario que usamos en las redes sociales.			✓
7. Da más valor a la historia del Álex de Badalona ahora que conoce su origen.		✓	
8. Opina que volveremos a vivir acciones similares en un futuro cercano.			✓

2.1 ¿Con quién estás más de acuerdo? ¿Con Víctor o con Raquel? Habla con tus compañeros y argumenta tu opinión al respecto.

2.2 En diciembre de 2017, una usuaria de Twitter publicó el mensaje que aparece a continuación. En él alertaba a una chica de los planes de su novio para Nochevieja. El tuit se hizo viral rápidamente y provocó opiniones divididas. Algunos aplaudieron a la tuitera por "abrir los ojos" a la anónima Patri, y otros la acusaron de entrometida. ¿Cuál es tu postura? Coméntalo con tus compañeros.

Inicio

Rosa @RosaTames · 10h
Si te llamas Patri y sales con un chico moreno, delgado, de 1.90 más o menos, que sepas que va delante de mí diciéndole a un tal Jandro que va a contarte una milonga para no verte en Nochevieja para irse con él a un fiestón en Vigo. Patri: si me lees, haz otros planes. De nada

277 7.118 2.594

100 Etapas Plus 15 | Nivel C1

[21] Véase transcripción en pág. 222.

2.1 y **2.2**

Utilice las preguntas que aparecen en el Libro del alumno para iniciar un debate sobre el poder de las redes sociales y de las campañas de *marketing*. Para completar esta conversación, muéstreles otro ejemplo de este "poder" con la actividad 2.2.

2.3 Lee algunas de las frases que aparecen en el audio de la actividad 2 e intenta completarlas con los siguientes adverbios. Ten en cuenta que puede haber más de una opción correcta.

- duramente
- rápidamente
- simplemente
- claramente
- técnicamente
- indiscutiblemente
- desesperadamente
- instintiva(mente)
- exageradamente
- irremediablemente

1. Indiscutiblemente, la iniciativa de Damián no ha dejado a nadie indiferente.
2. El primer asunto que me gustaría tratar es la decepción que muchos se han llevado al descubrir que "el Álex de Badalona" es simplemente una invención de una mente creativa.
3. Fuimos muchos quienes nos identificamos con ese chico de barrio que reaccionó instintiva y desesperadamente.
4. Puede considerarse, claramente, como un símbolo del extraordinario poder de las redes sociales y de las campañas de *marketing*.
5. Técnicamente sí (es una cuestión de suerte), pero nadie puede negar que nos pone sobre la pista de muchos aspectos que debemos tener en cuenta a la hora de llegar al gran público.
6. ¿No conectaste rápidamente con esa historia del chico enamorado dispuesto a dedicar todos sus esfuerzos para intentar volver a ver a una chica con la que apenas se había besado unos minutos?
7. Creo que todos, irremediablemente, esbozamos una sonrisa cuando tropezamos con el cartel.
8. Hay personas que han reaccionado demasiado duramente contra Damián.
9. ¿Está justificada esa decepción o podemos decir que la gente ha reaccionado exageradamente?

2.4 Escucha de nuevo y comprueba las frases originales.
[21]

3 El colectivo Boa Mistura, nacido en Madrid en 2001, pretende llevar su creatividad a la calle. En 2014 llenó los pasos de cebra de la capital de mensajes poéticos dentro de su proyecto Te Comería a Versos. Aquí tienes algunas de sus creaciones. ¿Qué frase te gusta más? ¿Por qué?

3.1 ¿Estáis preparados para ser creativos? Os proponemos crear una frase que podría incluirse dentro de la serie Te Comería a Versos. Trabajad en parejas y seguid las instrucciones que os dará el/la profesor/a.

2.3 y 2.4

Vuelva a la audición de la actividad 2, ahora para centrarnos en la forma y presentar los contenidos de este epígrafe: nuevos adverbios terminados en *-mente*.

Pida a los estudiantes que, primero, completen las frases extraídas del programa de radio con los adverbios en *-mente* que aparecen en la parte superior. Deje que trabajen en parejas y, a continuación, ponga la audición para que comprueben sus respuestas.

[21] Véase transcripción en pág. 222.

3

Motive la actividad con las imágenes que se ofrecen en la Proyección 42. Pregúnteles qué les parecería que una mañana se encontraran las calles de la ciudad pintadas con micropoemas y frases similares a estas. Explíqueles que esto ocurrió en Madrid en el año 2014. Deles la información que considere sobre el proyecto Te Comería a Versos y el colectivo Boa Mistura. Deténgase en los escritos, léalos y pregúnteles su opinión sobre ellos.

Proyección 42 *Te Comería a Versos.*

Si lo prefiere, puede proyectar la grabación de las pintadas originales en este vídeo: https://vimeo.com/109583261

El 22 de octubre de 2014 las calles de Madrid aparecieron decoradas con frases o micropoemas del colectivo Boa Mistura, formado por artistas madrileños. La acción de pintar las calles no está permitida, por lo que originó bastante polémica a favor y en contra. A este experimento lo denominaron Te Comería a Versos.

Después de esta experiencia, no legal, en 2018 el Ayuntamiento de Madrid y el colectivo Boa Mistura se unieron para pintar 1100 pasos de cebra de la capital con frases de ciudadanos, poetas, cantantes, escritores... El título de la iniciativa en esa ocasión fue Versos al Paso.

En el siguiente artículo puede encontrar más información sobre el fenómeno y un vídeo que recoge las pintadas del año 2014: http://verne.elpais.com/verne/2014/10/22/articulo/1413982494_000119.html

Le facilitamos también el enlace al colectivo de artistas: www.boamistura.com/#/home

3.1

Actividad de creación. Dispóngalos en parejas y anímelos a que se inventen un micropoema o una frase que podría formar parte del proyecto Te Comería a Versos. Reparta a cada equipo una copia de la Ficha 13. Cuando hayan acabado, pueden decorar la clase con sus escritos.

Ficha 13 *Te Comería a Versos.*

4 y **4.1**

Secuencia destinada a la realización de un debate a partir de las frases del cartel de la actividad 4. Primero, haga ver a los estudiantes lo importante que es en niveles avanzados ser capaz de defender ideas y expresar argumentos. Llame la atención sobre el cuadro con consejos para llevar a cabo la discusión.

La actividad propone un juego de roles: divida la clase en dos grupos, uno a favor de la afirmación y otro en contra. Deje que cada grupo prepare sus argumentos mientras se pasea entre ellos para ayudarlos con las ideas. Una vez que las tengan preparadas, inicie el debate como moderador/a. Tome nota de los errores que observe para hacer una corrección final tras la actividad 4.2.

4.2

Pida a los alumnos que evalúen su actuación, utilizando para ello la Ficha 14. Haga una puesta en común de los aspectos que quieran comentar y, posteriormente, haga la corrección grupal de los errores que anotó durante el debate.

Ficha 14 ***Autoevaluación.***

Termine la unidad de una manera creativa y distendida con las siguientes secuencias:

5 y **5.1**

Motive a los alumnos diciéndoles que van a convertirse en poetas. Escriba el título del poema en la pizarra, y pídales que lo traduzcan entre todos. Después, dígales que piensen en cosas sencillas de la vida con las que disfrutan. Ponga un ejemplo del poema: pasear bajo la lluvia sin paraguas. Haga una lluvia de ideas y, a continuación, propóngales que, en parejas, la completen. Haga una puesta en común de las distintas versiones. Finalmente, lleve a cabo la audición para que conozcan el poema original.

[22] Véase transcripción en pág. 223.

6 y **6.1**

Realice la primera parte de la actividad en un tiempo limitado, utilizando la dinámica de la escritura automática, en la que los estudiantes deberán escribir las primeras palabras que les vengan a la cabeza sin olvidar incluir su palabra favorita.

Si lo considera, realice exposiciones orales con las palabras favoritas de sus alumnos. Haga su propia exposición a modo de ejemplo.

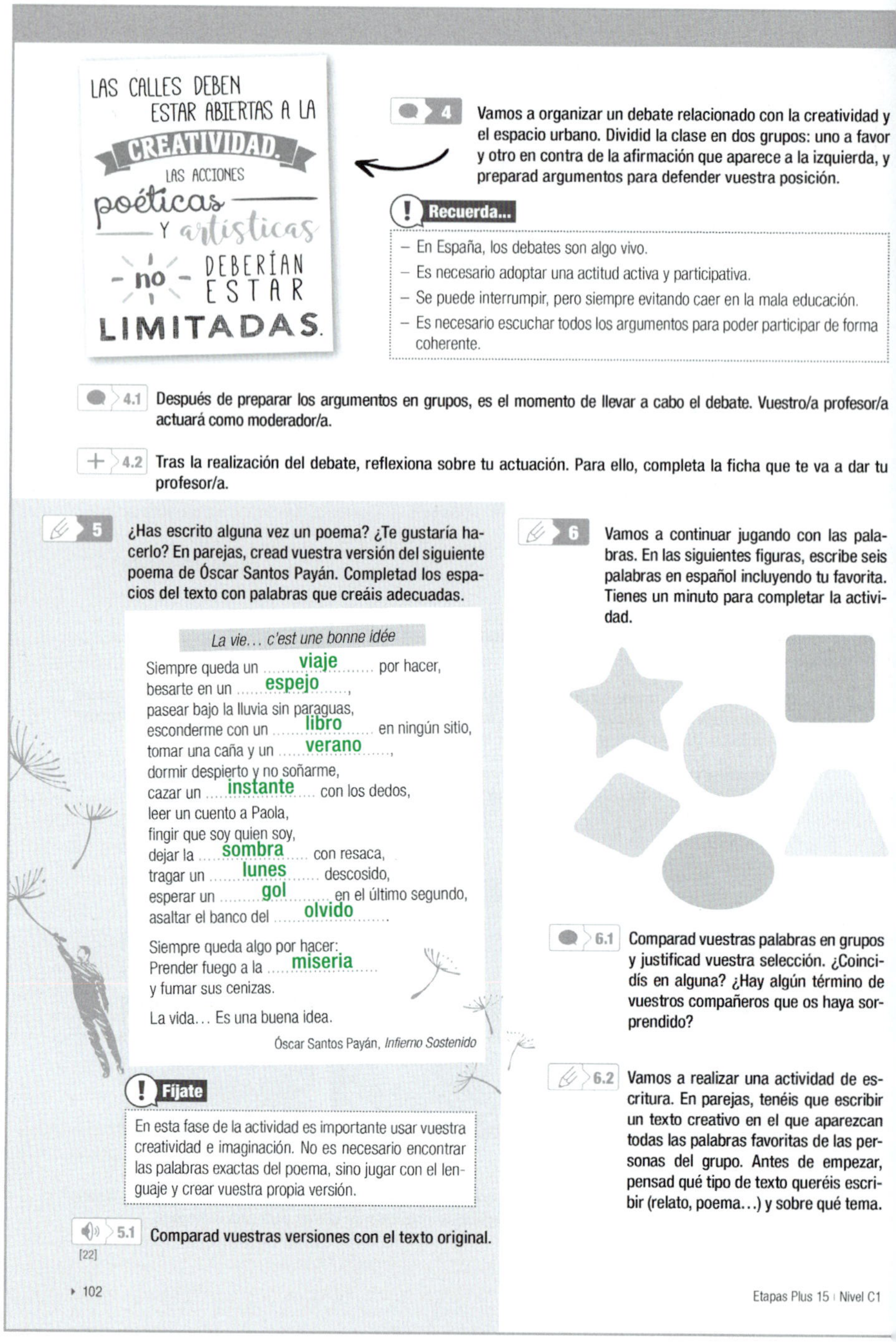

LAS CALLES DEBEN ESTAR ABIERTAS A LA CREATIVIDAD. LAS ACCIONES poéticas Y artísticas no DEBERÍAN ESTAR LIMITADAS.

4 Vamos a organizar un debate relacionado con la creatividad y el espacio urbano. Dividid la clase en dos grupos: uno a favor y otro en contra de la afirmación que aparece a la izquierda, y preparad argumentos para defender vuestra posición.

Recuerda...

- En España, los debates son algo vivo.
- Es necesario adoptar una actitud activa y participativa.
- Se puede interrumpir, pero siempre evitando caer en la mala educación.
- Es necesario escuchar todos los argumentos para poder participar de forma coherente.

4.1 Después de preparar los argumentos en grupos, es el momento de llevar a cabo el debate. Vuestro/a profesor/a actuará como moderador/a.

4.2 Tras la realización del debate, reflexiona sobre tu actuación. Para ello, completa la ficha que te va a dar tu profesor/a.

5 ¿Has escrito alguna vez un poema? ¿Te gustaría hacerlo? En parejas, cread vuestra versión del siguiente poema de Óscar Santos Payán. Completad los espacios del texto con palabras que creáis adecuadas.

La vie... c'est une bonne idée

Siempre queda un ......viaje...... por hacer,
besarte en un ......espejo......,
pasear bajo la lluvia sin paraguas,
esconderme con un ......libro...... en ningún sitio,
tomar una caña y un ......verano......,
dormir despierto y no soñarme,
cazar un ......instante...... con los dedos,
leer un cuento a Paola,
fingir que soy quien soy,
dejar la ......sombra...... con resaca,
tragar un ......lunes...... descosido,
esperar un ......gol...... en el último segundo,
asaltar el banco del ......olvido.......

Siempre queda algo por hacer:
Prender fuego a la ......miseria......
y fumar sus cenizas.

La vida... Es una buena idea.

Óscar Santos Payán, *Infierno Sostenido*

Fíjate

En esta fase de la actividad es importante usar vuestra creatividad e imaginación. No es necesario encontrar las palabras exactas del poema, sino jugar con el lenguaje y crear vuestra propia versión.

5.1 [22] Comparad vuestras versiones con el texto original.

6 Vamos a continuar jugando con las palabras. En las siguientes figuras, escribe seis palabras en español incluyendo tu favorita. Tienes un minuto para completar la actividad.

6.1 Comparad vuestras palabras en grupos y justificad vuestra selección. ¿Coincidís en alguna? ¿Hay algún término de vuestros compañeros que os haya sorprendido?

6.2 Vamos a realizar una actividad de escritura. En parejas, tenéis que escribir un texto creativo en el que aparezcan todas las palabras favoritas de las personas del grupo. Antes de empezar, pensad qué tipo de texto queréis escribir (relato, poema...) y sobre qué tema.

102 Etapas Plus 15 | Nivel C1

Si hacen las exposiciones, se recomienda esta preactividad: proyecte el vídeo "¿Cuál es tu palabra favorita del español?" (https://www.youtube.com/watch?v=XLLLRBIV8Vk), realizado por el Instituto Cervantes con motivo de El Día E de 2011. Anímelos a tomar nota de todas las palabras que puedan y, finalmente, realice un breve coloquio sobre los términos que les gustan más o menos.

Palabras del vídeo: bailamos, muévete, alma, sí, amistad, amanecer, murciélago, añoranza, resplandor, gracias, investigación, libertad, Santander, murmullo, sentimiento, tú, lealtad, verdad, querer, confianza, solidaridad, Querétaro, desamor, madre, sueño, Jesús, cariño, espíritu, alegría, alborada, fútbol, meliflua, belleza.

6.2

Los alumnos deberán escribir un texto en un tiempo limitado (se recomiendan unos 30 minutos). Existen diferentes dinámicas, como otorgar premios al texto más poético, divertido, surrealista, etc. Otra posibilidad consiste en la exposición de las tareas en las paredes del aula o del centro, o publicarlas en el blog, wiki o Facebook del grupo o escuela.

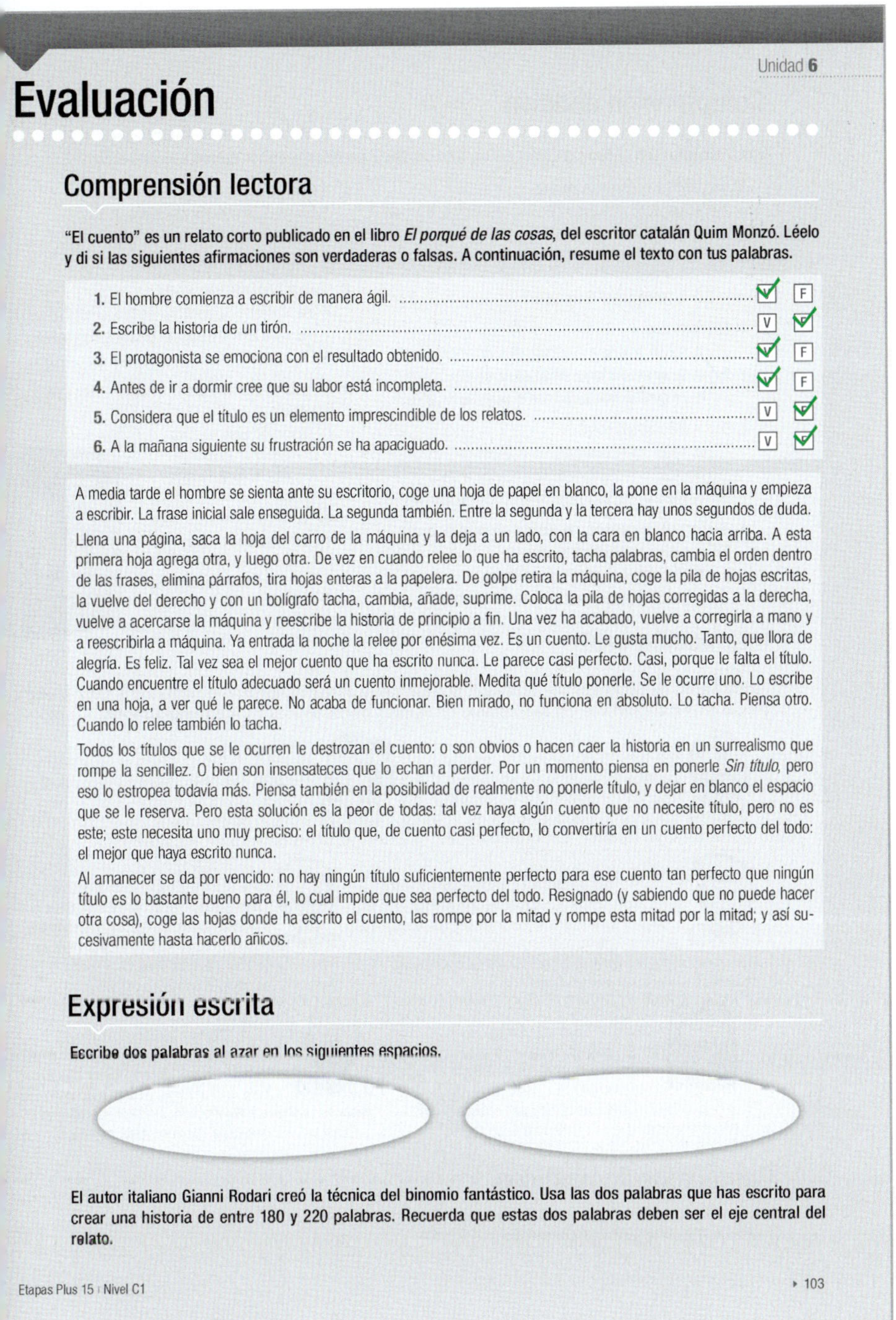

Evaluación

Comprensión lectora

"El cuento" es un relato corto publicado en el libro *El porqué de las cosas*, del escritor catalán Quim Monzó. Léelo y di si las siguientes afirmaciones son verdaderas o falsas. A continuación, resume el texto con tus palabras.

	V	F
1. El hombre comienza a escribir de manera ágil.	✓	
2. Escribe la historia de un tirón.		✓
3. El protagonista se emociona con el resultado obtenido.	✓	
4. Antes de ir a dormir cree que su labor está incompleta.	✓	
5. Considera que el título es un elemento imprescindible de los relatos.		✓
6. A la mañana siguiente su frustración se ha apaciguado.		✓

A media tarde el hombre se sienta ante su escritorio, coge una hoja de papel en blanco, la pone en la máquina y empieza a escribir. La frase inicial sale enseguida. La segunda también. Entre la segunda y la tercera hay unos segundos de duda.

Llena una página, saca la hoja del carro de la máquina y la deja a un lado, con la cara en blanco hacia arriba. A esta primera hoja agrega otra, y luego otra. De vez en cuando relee lo que ha escrito, tacha palabras, cambia el orden dentro de las frases, elimina párrafos, tira hojas enteras a la papelera. De golpe retira la máquina, coge la pila de hojas escritas, la vuelve del derecho y con un bolígrafo tacha, cambia, añade, suprime. Coloca la pila de hojas corregidas a la derecha, vuelve a acercarse la máquina y reescribe la historia de principio a fin. Una vez ha acabado, vuelve a corregirla a mano y a reescribirla a máquina. Ya entrada la noche la relee por enésima vez. Es un cuento. Le gusta mucho. Tanto, que llora de alegría. Es feliz. Tal vez sea el mejor cuento que ha escrito nunca. Le parece casi perfecto. Casi, porque le falta el título. Cuando encuentre el título adecuado será un cuento inmejorable. Medita qué título ponerle. Se le ocurre uno. Lo escribe en una hoja, a ver qué le parece. No acaba de funcionar. Bien mirado, no funciona en absoluto. Lo tacha. Piensa otro. Cuando lo relee también lo tacha.

Todos los títulos que se le ocurren le destrozan el cuento: o son obvios o hacen caer la historia en un surrealismo que rompe la sencillez. O bien son insensateces que lo echan a perder. Por un momento piensa en ponerle *Sin título*, pero eso lo estropea todavía más. Piensa también en la posibilidad de realmente no ponerle título, y dejar en blanco el espacio que se le reserva. Pero esta solución es la peor de todas: tal vez haya algún cuento que no necesite título, pero no es este; este necesita uno muy preciso: el título que, de cuento casi perfecto, lo convertiría en un cuento perfecto del todo: el mejor que haya escrito nunca.

Al amanecer se da por vencido: no hay ningún título suficientemente perfecto para ese cuento tan perfecto que ningún título es lo bastante bueno para él, lo cual impide que sea perfecto del todo. Resignado (y sabiendo que no puede hacer otra cosa), coge las hojas donde ha escrito el cuento, las rompe por la mitad y rompe esta mitad por la mitad; y así sucesivamente hasta hacerlo añicos.

Expresión escrita

Escribe dos palabras al azar en los siguientes espacios.

El autor italiano Gianni Rodari creó la técnica del binomio fantástico. Usa las dos palabras que has escrito para crear una historia de entre 180 y 220 palabras. Recuerda que estas dos palabras deben ser el eje central del relato.

Evaluación

La finalidad de este apartado es evaluar, por un lado, las habilidades y estrategias de los alumnos en las cuatro destrezas y, por otro, la asimilación de los contenidos de la unidad a través de un test que podrá encontrar en la **ELEteca** de Edinumen (eleteca.edinumen.es).

Este cuestionario es interactivo y corregido por la plataforma, de manera que el estudiante podrá examinar sus errores y aciertos y reflexionar sobre su aprendizaje. Cada apartado se evaluará de manera independiente, ya que se trata de que el estudiante valore su competencia en cada una de las destrezas y sea consciente de sus necesidades.

Comprensión lectora

Se trata de evaluar la habilidad del estudiante para comprender de una forma intensiva, selectiva o global un texto escrito.

Cada pregunta valdrá un punto. Su calificación dependerá del porcentaje de preguntas acertadas.

Aprobado: a partir del 50 %
Notable: entre el 50 % y el 80 %
Sobresaliente: más del 80 %

1. V; **2.** F: Relee, tacha, cambia el orden, elimina párrafos y tira hojas enteras. Finalmente, reescribe la historia de principio a fin; **3.** V; **4.** V; **5.** F: Afirma que tal vez haya algún texto que no necesite título; **6.** F: Su frustración ha aumentado hasta el punto de que termina haciendo añicos el cuento.

Expresión escrita

Se trata de evaluar la habilidad del estudiante para desarrollar una idea, teniendo en cuenta las estrategias comunicativas, el estilo, los conectores del discurso, la estructura del texto, el orden conceptual, la puntuación y la ortografía, así como los exponentes gramaticales y el vocabulario seleccionados por él de acuerdo con su nivel.

La respuesta de esta prueba es abierta. El profesor la valorará atendiendo a una escala de 0 a 3 (0: suspenso, 1: aprobado, 2: notable, 3: sobresaliente), en función de los siguientes criterios:

- Ha incluido todos los elementos mencionados en la instrucción (0-3).
- Logra con éxito transmitir sus mensajes (0-3).
- Utiliza un estilo adecuado al contexto y a la situación (0-3).
- Presenta una corrección lingüística y gramatical acorde con el nivel exigido (0-3).
- Usa vocabulario variado y se expresa con una precisión léxica acorde con su nivel (0-3).

Comprensión auditiva

Se trata de evaluar la habilidad del estudiante para comprender de una forma intensiva, selectiva o global un texto oral.

Cada pregunta valdrá un punto. Su calificación dependerá del porcentaje de preguntas acertadas.

Aprobado: a partir del 50 %
Notable: entre el 50 % y el 80 %
Sobresaliente: más del 80 %

[23] Véase transcripción en pág. 223.

Interacción oral

Se trata de evaluar la habilidad del estudiante para verbalizar una idea, teniendo en cuenta el uso y medida de los silencios, las estrategias comunicativas, los conectores del discurso, los aspectos fonéticos y el paralenguaje, así como los exponentes gramaticales y el vocabulario seleccionados por este de acuerdo con su nivel.

La respuesta de esta prueba es abierta. El profesor la valorará atendiendo a una escala de 0 a 3 (0: suspenso, 1: aprobado, 2: notable, 3: sobresaliente), en función de los siguientes criterios:

- Ha incluido todos los elementos mencionados en la instrucción (0-3).
- Logra con éxito transmitir sus mensajes (0-3).
- Utiliza un estilo adecuado al contexto y a la situación (0-3).
- Presenta una corrección lingüística y gramatical acorde con el nivel exigido (0-3).
- Usa vocabulario variado y se expresa con una precisión léxica acorde con su nivel (0-3).

Realice la actividad en pequeños grupos, circulando entre los alumnos para valorar y evaluar la expresión oral de estos.

Comprensión auditiva

[23]

Vas a escuchar una entrevista con el artista Iván Cerdán. Selecciona la opción correcta en cada caso.

1. Iván prefiere la escritura porque...
   - ✓ **a.** los resultados obtenidos se parecen más a lo imaginado.
   - **b.** es difícil llevar la mayoría de los proyectos al cine o al teatro.
   - **c.** le gusta pasar tiempo solo.
2. Su creatividad...
   - **a.** surgió gracias a la lectura de textos poéticos.
   - ✓ **b.** se empezó a forjar en su adolescencia.
   - **c.** ha perdido intensidad con el paso de los años.
3. Según el autor, sus obras...
   - **a.** tratan sobre él mismo.
   - **b.** dejan una puerta abierta a la esperanza.
   - ✓ **c.** intentan ser un reflejo de la condición humana.
4. *Elsenor*, uno de los textos por los que siente más orgullo,...
   - ✓ **a.** nunca ha llegado a producirse.
   - **b.** trata sobre la juventud de Hamlet.
   - **c.** ganó varios premios de carácter nacional.
5. *Fotografías de un hombre triste*...
   - ✓ **a.** está compuesta por varias obras.
   - **b.** es un texto que escribió hace tiempo.
   - **c.** es una obra de campus.
6. Cuando Iván está trabajando...
   - **a.** necesita desconectar de la escritura.
   - **b.** saca tiempo para retocar textos incompletos.
   - ✓ **c.** no puede evitar sus pensamientos creativos.
7. En relación con sus planes futuros, a Iván Cerdán le gustaría...
   - **a.** dirigir junto a Laura López la adaptación de *Sin flores no hay coronas*.
   - ✓ **b.** no perder la inspiración.
   - **c.** hacer una nueva versión de la película *Desde Rusia con amor*.

Interacción oral

Buscar trabajo no siempre es una tarea fácil. Te presentamos diferentes opiniones en torno a este tema. Léelas y discute con tus compañeros con qué personas estáis más y menos de acuerdo. Argumenta tus ideas.

Isabel "Creo que todo es una simple cuestión de suerte. Si tu currículum llega al lugar adecuado en el momento adecuado, el trabajo es tuyo. Si no, tendrás que seguir buscando. Todo se limita al azar".

Carmen "El factor sorpresa es esencial en la búsqueda de empleo. Las empresas reciben miles de currículums y solo se fijarán en el tuyo si es original y aporta algo diferente. No puede ser un proceso mecánico, sino creativo".

Carlos "Para encontrar un trabajo que se ajuste a tus expectativas hay que tener una actitud proactiva. Es importante ser activo en las redes sociales, tener tu perfil actualizado, navegar por páginas especializadas y cuidar tu red de contactos. El trabajo ideal puede aparecer en cualquier momento".

Alejandro "Cuando buscas trabajo, tienes que tener la mente abierta. Mucha gente da prioridad a cuestiones como la cercanía o el horario, pero yo creo que es un error. La flexibilidad y la capacidad de adaptación son características importantísimas".

Lorena "Encontrar trabajo es fácil si tienes un primo, un tío o un amigo con influencias. Con enchufe puedes ir a cualquier sitio. Si no conoces a nadie, el camino será mucho más difícil y probablemente no encuentres nada que se ajuste a tus expectativas".

Iñaki "No soy partidario de mentir descaradamente en el currículum, pero sí creo que es importante exagerar algunos datos y ocultar otros. Sé que mucha gente no se atreve a reconocerlo, pero estoy seguro de que casi todos lo hacemos. No tiene nada de malo".

Contenidos lingüísticos

Haz el cuestionario que te proponemos en ELEteca

Unidad 7 Lo que nos define

Contenidos funcionales

- Hablar de las relaciones interpersonales.
- Describir personas: aspecto físico, carácter, estilo…
- Hacer comparaciones.
- Expresar gustos, preferencias, aversión…
- Preguntar por gustos y preferencias.
- Saludar y despedirse, disculparse, agradecer… en la correspondencia escrita.
- Usar la ironía en textos escritos.

Contenidos lingüísticos

- Anteposición del adjetivo.
- Oraciones comparativas.
- Adjetivos que admiten usos relacionales y calificativos.

Contenidos léxicos

- Las relaciones interpersonales.
- Descripciones físicas.
- El carácter y la personalidad.

Contenidos culturales

- Tipos de relaciones personales.
- La descripción física en la literatura hispana.

En **ELEteca** tienes material y actividades complementarias a esta unidad.

Tareas

- Describir y comparar trastornos y síndromes relacionados con la personalidad.
- Realizar una descripción literaria.
- Crear diálogos usando estructuras comparativas.
- Debatir sobre los diferentes gustos.
- Escribir una carta formal haciendo uso de la ironía.

Unidad 7
Lo que nos define

Esta unidad versa sobre las personas en general y en particular sobre su descripción desde el punto de vista de la literatura, la personalidad, las relaciones y los gustos.

Dirija la atención de sus alumnos hacia la imagen que aparece en la portadilla de la unidad para introducir el tema general de esta: las personas. Pregúnteles si observan diferencias entre las personas que aparecen en la imagen y qué las puede diferenciar aparte del físico. Deje que hablen sobre ello y, si se mencionan los temas anunciados, dígales que van a tratarlos a lo largo de la unidad.

En contexto

Temas:
- Etimología de la palabra *persona*.
- Las relaciones interpersonales.
- Trastornos de la personalidad.

En este apartado, a través de actividades comunicativas, se expone a los estudiantes a diferentes temas relacionados con las personas.

1

Actividad introductoria para comenzar a reflexionar sobre el eje de los temas que se van a tratar a lo largo de la unidad. Haga la pregunta del libro a sus estudiantes: "¿sabéis de dónde proviene la palabra *persona*?". Una vez haya despertado su interés, pídales que lean el texto para averiguarlo al mismo tiempo que buscan en este las palabras correspondientes a las definiciones de la izquierda. Haga una puesta en común de la actividad y deje que comenten sus impresiones sobre la etimología de *persona*.

1.1 y **1.2**

Comprensión lectora en la que se habla de las relaciones interpersonales. Comience con una interacción oral que le servirá también para motivar la lectura pidiendo a los alumnos que respondan en parejas a las cuatro preguntas propuestas en 1.1. Tranquilícelos si no entienden bien conceptos como *relación asimétrica* y anímelos a especular sobre su significado. Después, invítelos a que comparen sus hipótesis con la lectura del texto de 1.2.

En contexto

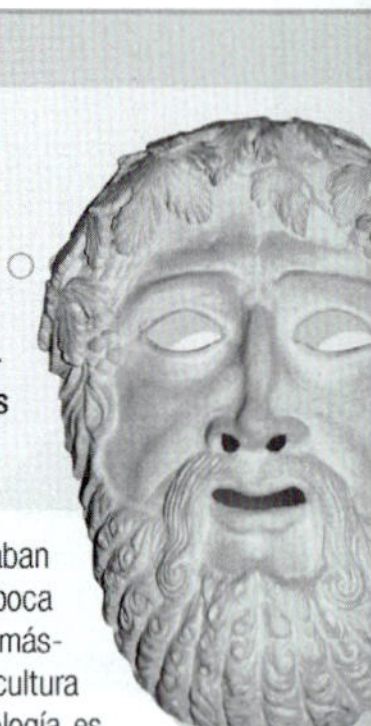

1 ¿Sabes de dónde proviene la palabra *persona*? Busca en el texto las palabras correspondientes a las siguientes definiciones según la Real Academia de la Lengua y después contesta a la pregunta.

1. Figura que representa un rostro humano, de animal o puramente imaginario, con la que una persona puede cubrirse la cara para no ser reconocida, tomar el aspecto de otra o practicar ciertas actividades escénicas o rituales: **máscara**
2. Abertura, agujero: **orificio**
3. Origen de las palabras, razón de su existencia, de su significación y de su forma: **etimología**
4. Actividad mental del propio sujeto que permite sentirse presente en el mundo y en la realidad: **conciencia**

En la antigua Grecia los actores utilizaban una máscara que tenía un orificio en la boca y por medio de la cual hablaban. Esta máscara llegó a nosotros por medio de la cultura latina y se llamaba *persona*, cuya etimología es *per sonare*, que significa "sonar a través de".

El término *persona* pasó con el tiempo a designar de manera genérica al sujeto jurídico. Desde la perspectiva cristiana se designó al ser humano señalando su diferencia específica: "sustancia individual de naturaleza racional".

Existe en el término *persona* una conciencia de su existencia como ser humano que busca su realización plena.

Extraído de http://filosofiaminervaruizcardona.blogspot.com.es/2012/06/filosofia-i-concepto-de-persona-e.html

Según la Real Academia de la Lengua, *persona* es todo individuo de la especie humana.

1.1 Intenta responder a las siguientes preguntas y coméntalo con tus compañeros.

1. ¿Cómo defines, dentro de las relaciones interpersonales, una relación asimétrica?
2. ¿Podrías definir qué es una relación de apego?
3. ¿Crees que eres una persona a la que las relaciones le afectan demasiado?
4. ¿Hay algo que pienses que podrías aportar tú para mejorar tus relaciones con tu familia o con tus amigos?

2 Comentad en parejas los significados de estas palabras y las diferencias que creéis que hay entre ellas.

- el carácter
- la personalidad
- el temperamento

2.1 Termina de leer y escribe las palabras anteriores en los espacios correspondientes para comprobar tus hipótesis.

❶ **La personalidad** es el conjunto de características físicas, genéticas y sociales que reúne un individuo, y que lo hacen diferente y único respecto al resto de personas.

❷ **La personalidad** se compone de dos elementos: ❸ **el temperamento** y ❹ **el carácter**; uno tiene un origen genético y el otro es de tipo social.

❺ **El temperamento** es la base biológica del carácter y está determinado por el proceso fisiológico y factores genéticos que inciden en las manifestaciones conductuales.

❻ **El carácter** es un componente que se ve fuertemente influido por el ambiente en el cual vive el individuo: la cultura, la educación, el entorno social y familiar, el núcleo de amistades o de trabajo, etc.

106 Etapas Plus 15 | Nivel C1

1. Las relaciones asimétricas son las que sitúan a un miembro de la relación por encima del otro o los otros (como las relaciones médico-paciente o maestro-alumnos); **2.** El apego emocional es un tipo de vínculo afectivo de naturaleza social que supone la búsqueda de cariño, afecto y empatía dentro de la relación. Se da entre parejas, niños, familiares y, en general, entre personas cercanas. En ocasiones, este vínculo puede ser patológico; **3.** Respuesta abierta; **4.** Respuesta abierta.

2 y **2.1**

Se presenta un último texto sobre las personas, que en este caso aborda las diferencias entre los términos *personalidad*, *temperamento* y *carácter*. Para ir despertando el interés sobre estas palabras, deje que sus alumnos comenten sus significados y las diferencias entre ellas. A continuación, pida que completen el texto con dichas palabras teniendo en cuenta que utilizarán cada una dos veces.

Unidad 7

1.2 **Continúa leyendo y compara lo que dice el texto con vuestras respuestas anteriores.**

Las relaciones interpersonales

Desde su inicio como especie, casi todos los desarrollos conseguidos por el ser humano han sido gracias a su vida en sociedad: el tecnológico, el cultural, la civilización y el conocimiento.

Sin embargo, este desarrollo también ha creado una dependencia, una necesidad de vivir de este modo social. Esto se puede ver fácilmente si tenemos en cuenta que la mayoría de las alegrías y las tristezas de todo ser humano tienen que ver con sus relaciones interpersonales.

Para el ser humano, es fundamental el contacto físico con otros semejantes, el sentido de pertenencia, de intimidad y, sobre todo, cubrir las necesidades afectivas.

En cualquier tipo de relación se establece un juego de equilibrio entre las intenciones de las distintas partes que intervienen en ella. En función de esto, se puede distinguir entre:

- **Relaciones íntimas/superficiales:** las primeras aparecen cuando se busca satisfacer una necesidad afectiva o básica a partir del vínculo con otra persona.

  En este tipo de relaciones pueden producirse asimetrías, como en la que se da entre un paciente y su médico, ya que mientras que para el paciente esta será posiblemente una relación íntima, para el médico tal vez sea, por obvias razones profesionales, más superficial. Si las relaciones entre ambos no están bien afianzadas, podrá surgir un conflicto.
- **Relaciones personales/sociales:** la identidad personal suele perder peso ante los modelos que la sociedad a menudo impone sobre el sujeto. El ejemplo anterior, del conflicto que puede surgir entre médico y paciente, se aplica también en este sentido, ya que el paciente necesita y espera una atención personalizada, pero suele suceder que el médico se comporta como un trabajador que solo está allí por un vínculo social y no personal. Es decir, los enfermos componen un grupo social y los médicos, otro, y entre ellos predomina la identidad social por encima la individual.
- **Relaciones amorosas:** los componentes de intimidad, pasión y compromiso se agrupan para dar con el tipo de relación que se tendrá. Esta podrá ser formal, de amistad, romántica, de apego o plena, si se equilibran perfectamente. Si vamos al mismo ejemplo de antes, puede decirse que la relación que busca el paciente con el médico es de apego, es decir, de cariño, empatía o afecto, mientras que la que puede ofrecer el médico es formal, dado que debe estar en contacto con muchos pacientes.

Adaptado de http://www.tiposde.org/ser-humano/842-tipos-de-relaciones-interpersonales/

3 **Algunos individuos sufren ciertos trastornos de personalidad. ¿Conoces el caso de Shirley Mason, llevado al cine con el título de *Sybil*? Escucha un programa que habla sobre ella. ¿Qué tipo de trastorno sufría? ¿Qué síntomas padecía?**

3.1 [24] **Vuelve a escuchar e indica cuáles de las siguientes afirmaciones son ciertas.**

	V	F
1. Sybil sufría el rechazo de personas de su entorno que no la veían como a alguien normal.	✓	
2. Sybil padecía la misma enfermedad mental que su madre.		✓
3. La doctora Cornelia logrará ensamblar las piezas del misterio de la personalidad de Sybil.	✓	
4. Desde un principio, la doctora siente inclinación por Sybil debido a su fragilidad e indefensión.		✓
5. La amnesia de Sybil ante diferentes sucesos vividos se debe a un mecanismo de defensa.	✓	
6. A pesar de los avances obtenidos por la doctora Cornelia, Sybil nunca llegó a recuperarse.		✓
7. La terapia se hizo más difícil porque Sybil no era capaz de confiar en nadie.		✓

4 **El caso de Sybil es uno de los más extremos en psiquiatría, aunque existen otros síndromes o trastornos menos graves pero no menos interesantes. ¿Conoces el síndrome de Peter Pan? ¿Y el de Wendy? ¿Y el complejo de Pigmalión? Busca información sobre tres tipos de síndromes o trastornos de personalidad y escribe sus definiciones y lo que los diferencia. Luego, comparte tu información con tus compañeros.**

Etapas Plus 15 | Nivel C1 ▸ 107

3

Actividad de comprensión auditiva para introducir el caso de una paciente con trastorno de personalidad múltiple. Contextualice la actividad preguntando si conocen la película *Sybil*. Si dispone de medios, puede mostrar el cartel o el tráiler de la misma. Deje que sus alumnos den la información que tengan y, a continuación, informe de que van a escuchar un programa de radio en el que se habla de este film para responder a las preguntas recién planteadas. Haga una primera escucha general con el objetivo de familiarizarse con el tema que se trata en la audición y ponga en común sus impresiones.

Sybil sufre un trastorno de personalidad múltiple, actualmente conocido como trastorno de identidad disociativo. Los síntomas que presenta son: perder el conocimiento, quedarse en blanco, despertar en sitios sin saber cómo ha llegado hasta ahí, aversión a las habitaciones de color verde, fobia al sonido de cadenas, etc.

[24] Véase transcripción en pág. 224.

3.1

En la segunda escucha del audio, en este caso selectiva, pida a sus alumnos que respondan si las frases son verdaderas o falsas justificando por qué.

1. V; **2.** F: no se menciona cuál era el trastorno de su madre, pero está más relacionado con el sadismo que con la patología de Sybil; **3.** V; **4.** F: En un principio siente inclinación por ella porque los casos reales del trastorno que sufre son extrañísimos en psiquiatría, aunque después sí que va sintiendo cariño por ella; **5.** V; **6.** F: Su curación duró once años, pero finalmente Sybil consiguió llevar una vida sana y normal; **7.** F: Aunque poco a poco, Sybil sí consigue confiar en su terapeuta.

4

Pregunte a sus estudiantes si conocen otros trastornos o síndromes relacionados con la personalidad. Si se mencionan los síndromes de Peter Pan, Wendy y Pigmalión, deje que den pequeñas pinceladas sobre ellos. Si nadie los menciona, nómbrelos usted y anímelos a buscar información en internet. Pasee por el aula ayudándolos a seleccionar y a organizar sus datos. Cuando terminen, pídales que compartan con los demás compañeros los resultados de su investigación, sin nombrar a qué trastorno o síndrome se refieren, mientras el resto del grupo escucha para intentar adivinarlo.

Si desea guiar más la actividad, puede utilizar los trastornos psicológicos extraños que se presentan en la Ficha 15.

Ficha 15 ***Trastornos extraños.***

Las personas a través de la literatura

Temas:

- La descripción de personas en la literatura.
- Las comparaciones.

Contenidos:

- Léxico para describir físicamente a las personas.
- Las oraciones comparativas.

1

Actividad de comprensión lectora que, por un lado, aporta un contenido cultural sobre la literatura española y, por otro, sirve de contexto para introducir posteriormente el léxico para la descripción física de personas. Puede contextualizar la secuencia pidiendo a sus alumnos que citen algunos escritores españoles o hispanoamericanos. A continuación, dígales que van a leer tres fragmentos de novelas de autores españoles en los que se describe a una persona. Le proponemos trabajar los textos de la actividad a través de la dinámica del grupo de expertos. Divida a sus estudiantes en tres grupos: A, B y C, y dé a cada uno el texto de la Ficha 16 correspondiente a su letra. Responsabilice a cada grupo de la lectura pormenorizada de su texto con el fin de que se lo cuenten después a sus compañeros; para ello, reorganice la clase tras la lectura en grupos en los que haya como mínimo un representante de cada letra. Invítelos a poner en común toda la información y a que intenten responder a las preguntas de la página 108 asociadas a los textos.

1. Era de Portugal; **2.** Se cayó hacia abajo y ya no fue nunca más un bigote elegante y distinguido; **3.** No. El hijo le tenía miedo y al padre nunca le gustaba que le contradijeran; **4.** No; **5.** "Era más feo que Picio"; **6.** Era simpático, agradable, oportuno, discreto, ingenioso y persuasivo; **7.** Morena, suave y finísima; **8.** Tenía pelo; **9.** Cuando dice: "Sombreaba un tanto el labio superior de Rosita un bozo sutil, y, como su cabello, negrísimo".

Ficha 16 ***Descripciones literarias.***

Las personas a través de la literatura

1 **Las relaciones, tanto familiares como de cualquier otro tipo, nos marcan de tal modo que guardamos una imagen exacta en nuestra mente de las personas que han sido importantes en nuestras vidas. Los escritores así lo reflejan en sus obras. Lee estas descripciones literarias y contesta a las preguntas.**

"Mi padre se llamaba Esteban Duarte Diniz, y era portugués, cuarentón cuando yo niño, y alto y gordo como un monte. Tenía la color tostada y un estupendo bigote negro que se echaba para abajo. Según cuentan, cuando joven le tiraban las guías para arriba, pero, desde que estuvo en la cárcel, se le arruinó la prestancia, se le ablandó la fuerza del bigote y ya para abajo hubo que llevarlo hasta el sepulcro.

Yo le tenía un gran respeto y no poco miedo, y siempre que podía escurría el bulto y procuraba no tropezármelo; era áspero y brusco y no toleraba que se le contradijese en nada, manía que yo respetaba por la cuenta que me tenía".

Adaptado de *La familia de Pascual Duarte*, Camilo José Cela

"Era Rosita perfectamente proporcionada de cuerpo: ni alta ni baja, ni delgada ni gruesa. Su tez, bastante morena, era suave y finísima, y mostraba en las tersas mejillas vivo color de carmín. Sus labios, un poquito abultados, parecían hechos del más rojo coral, y cuando la risa los apartaba, lo cual ocurría a menudo, dejaba ver, en una boca algo grande, unas encías sanas y limpias y dos filas de dientes y muelas blancos, relucientes e iguales. Sombreaba un tanto el labio superior de Rosita un bozo sutil, y, como su cabello, negrísimo. Dos oscuros lunares, uno en la mejilla izquierda y otro en la barba, hacían el efecto de dos hermosas matas de bambú en un prado de flores.

Tenía Rosita la frente recta y pequeña, como la de la Venus de Milo, y la nariz de gran belleza plástica, aunque más bien fuerte que afilada. Las cejas, dibujadas lindamente, no eran ni muy claras ni muy espesas, y las pestañas larguísimas se doblaban hacia fuera formando arcos graciosos".

Las ilusiones del Doctor Faustino, Juan Valera

"El tío Lucas era más feo que Picio[1]. Lo había sido toda su vida, y ya tenía cerca de cuarenta años. Sin embargo, pocos hombres tan simpáticos y agradables habrá echado Dios al mundo. Lucas era en aquel entonces de pequeña estatura, un poco cargado de espaldas, muy moreno, barbilampiño, narigón, orejudo y picado de viruelas. En cambio, su boca era regular y su dentadura inmejorable. Dijérase que solo la corteza de aquel hombre era tosca y fea; que tan pronto como empezaba a penetrarse dentro de él aparecían sus perfecciones, y estas perfecciones principiaban por los dientes. Luego venía la voz, vibrante, elástica, atractiva, varonil y grave algunas veces, dulce y melosa cuando pedía algo, y siempre difícil de resistir. Llegaba después lo que aquella voz decía: todo oportuno, discreto, ingenioso, persuasivo".

El sombrero de tres picos, Pedro Antonio de Alarcón

[1] Expresión que hace referencia a la fealdad de un personaje del siglo XIX llamado Francisco Picio.

¡Fíjate!

En la descripción literaria encontramos en muchas ocasiones los adjetivos antepuestos al sustantivo:

"*... era de **pequeña** estatura*". (El tío Lucas)

"*Dos **oscuros** lunares...*", "*... dos **hermosas** matas de bambú*". (Rosita)

1. ¿De qué país era Esteban Duarte Diniz?
2. ¿Qué pasó con su bigote después de salir de la cárcel?
3. ¿Tenía una relación cariñosa con su hijo? ¿Cómo lo sabes?
4. ¿El tío Lucas era un hombre apuesto?
5. ¿Qué expresión define en el texto su apariencia física?
6. ¿Cómo era la personalidad del tío Lucas?
7. ¿Cómo era la cara de Rosita?
8. ¿Qué tenía encima del labio superior?
9. ¿En qué parte del texto el autor hace referencia a ese tema?

La familia de Pascual Duarte es una novela de mediados del siglo XX escrita por Camilo José Cela (Iria Flavia, 1916-Madrid, 2002). Hay varios narradores, entre los que destaca el protagonista, Pascual Duarte, quien cuenta desde la cárcel las calamidades que ha sufrido en su vida con un lenguaje que evoca el habla rural y que recurre frecuentemente al uso del refranero español.

Para la lectura de este fragmento es conveniente tener en cuenta lo que dice el *Diccionario panhispánico de dudas* sobre el género de *color*: "El femenino puede aparecer también en textos literarios, con finalidad arcaizante."

Las ilusiones del doctor Faustino es una novela de 1874 del escritor, diplomático y político español Juan Varela. Trata de Faustino, un personaje que aparece condenado desde las primeras páginas por su debilidad de carácter. Sin duda, a pesar de que ha sido mimado por todos y nunca se ha visto obligado a trabajar, él mismo es culpable en gran medida de su destino: sueña grandezas imposibles de realizar, al tiempo que es abúlico y perezoso.

1.1 Indica con qué personaje de la actividad anterior, Esteban Duarte (E), el tío Lucas (L) o Rosita (R), se relacionan las siguientes palabras y expresiones.

	E	L	R		E	L	R
rudo/a	✓	L	R	corpulento/a	✓	L	R
narigudo/a	E	✓	R	achaparrado/a	E	✓	R
rechoncho/a	✓	L	R	narigón/ona	E	✓	R
con/de mejillas rosadas	E	L	✓	con/de cuerpo armonioso	E	L	✓
orejón/ona	E	✓	R	tosco/a	✓	L	R
con/de bigote tupido	✓	L	R	menudo/a	E	✓	R
un cardo	E	✓	R	un adefesio	E	✓	R
con/de mostacho oscuro	✓	L	R	imberbe	E	✓	R
barbilampiño	E	✓	R	con/de buen tipo	E	L	✓
orejudo/a	E	✓	R	de piel morena	E	L	✓

1.2 Existen muchas otras palabras o expresiones para describir físicamente a una persona. Clasifica las siguientes en su lugar correspondiente.

rasgados ■ gruesos ■ como un tonel ■ remolino ■ duro ■ rechoncho/a ■ respingona ■ caspa
carnosos ■ tersa ■ arrugada ■ rellenito/a ■ lunar ■ bolsas ■ recortada ■ amable ■ hundidos
caracol ■ chata ■ franco ■ corpulento/a ■ como una vaca ■ ojeras ■ cejijunto ■ saltones
aguileña ■ robusto/a ■ rizos ■ como un fideo ■ pecas ■ regordete/a ■ frío ■ esquelético/a
finos ■ fuerte ■ en los huesos ■ canoso ■ cicatriz ■ poblada

pelo

labios

piel

constitución

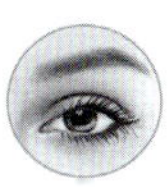
ojos / cejas

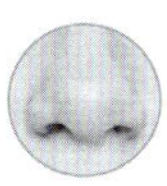
nariz

barba

expresión o gesto

2 Elige una persona real o ficticia e imagina que es un personaje de tu propio libro. Utiliza los adjetivos aprendidos y escribe su descripción. ¡Puede ser el comienzo de una nueva pasión en tu vida!

El sombrero de tres picos (1874) es quizá la novela más conocida del escritor granadino Pedro Antonio de Alarcón (1833-1891). Trata de un matrimonio de molineros, el tío Lucas y Frasquita, que forman una pareja feliz aunque no tienen hijos. Él es feo, simpático, discreto, ingenioso; ella, guapa, alegre, donosa y hacendosa. Ambos presiden la tertulia en su molino, donde acuden personajes importantes. El matrimonio confía ciegamente el uno en el otro, a pesar de la admiración que suscita Frasquita entre los contertulios, tanto que un corregidor se enamora de ella.

1.1

A través de esta actividad se profundiza en la comprensión lectora anterior y se activa vocabulario relacionado con el aspecto físico. Pida a sus alumnos que clasifiquen las características que se presentan según el personaje al que se refieren. Adviértales de que en ocasiones encontrarán la descripción de manera textual, mientras que en otras tendrán que deducirla por el contexto.

1.2

Actividad con la que se introduce léxico relativo a la descripción física de personas propio del nivel. Disponga a los alumnos en parejas para que clasifiquen las palabras y expresiones en el apartado corporal con el que se relacionan. Se proporciona la Proyección 43 para resolver la actividad.

Pelo: remolino, caspa, caracol, rizos, canoso; **labios:** gruesos, carnosos, finos; **piel:** tersa, arrugada, lunar, pecas, cicatriz; **constitución:** como un tonel, rechoncho/a, rellenito/a, corpulento/a, como una vaca, robusto/a, como un fideo, regordete/a, esquelético/a, fuerte, en los huesos; **ojos/cejas:** rasgados, bolsas, hundidos, ojeras, cejijunto, saltones; **nariz:** respingona, chata, aguileña; **barba:** recortada, poblada; **expresión o gesto:** duro, amable, franco, frío.

Proyección 43 *¿Cómo son?*

Si quiere reforzar este contenido, le recomendamos las actividades 7.4 y 7.5 del Libro de ejercicios, páginas 240 y 241.

2

Tarea escrita con la que se practica el léxico presentado anteriormente. Haga que sus alumnos piensen en alguien, real o ficticio, que podría ser el personaje de un libro. Si lo prefiere, tiene la Proyección 44 con diferentes personas para que elijan una. Una vez que hayan elegido el personaje, invítelos a que escriban su descripción. Si utiliza la proyección, podría hacer una puesta en común con una práctica consistente en adivinar, teniendo en cuenta que los alumnos deberán imaginar otras características del personaje no relacionadas con la descripción física.

Proyección 44 *Mi personaje literario.*

3

Actividad de acercamiento a la poesía de Pablo Neruda que sirve para iniciar la secuencia en la que se presentan diferentes estructuras de comparación. Para motivar la lectura, indague sobre los gustos literarios de sus estudiantes preguntándoles si les gusta la poesía. Presente al autor, o deje que lo hagan ellos si lo conocen, y dígales que van a leer el fragmento de un poema extraído de su famoso libro *20 poemas de amor y una canción desesperada*. Dirija su atención hacia las frases resaltadas en azul e invítelos a hacer hipótesis sobre sus significados, teniendo en cuenta que se trata de un lenguaje poético y que en este se utilizan recursos retóricos. Revise con ellos la información del cuadro de atención. Para ayudarlos con la tarea, debajo del texto tienen tres opciones para cada frase resaltada; anímelos a que en parejas o tríos elijan la que consideren correcta, justificando su elección, y haga una puesta en común para comprobar si hay muchas diferencias entre sus interpretaciones.

Si su grupo muestra interés por la literatura, en la Ficha 17 se ofrece el poema completo por si quiere trabajarlo. Por ejemplo, podría encargar a cada pareja que interprete diferentes fragmentos y posteriormente ponerlo en común.

Ficha 17 *Poema V.*

3.1

La actividad presenta las muestras de lengua a través de las cuales se introducirán las frases comparativas. Informe a sus alumnos de que van a escuchar cinco diálogos en los que se hacen diferentes comparaciones y pídales que las completen en sus libros. Haga dos escuchas si es necesario y ponga en común la tarea comprobando que tienen bien escritas las frases, ya que serán las que sirvan para hacer la reflexión gramatical posterior.

Diálogo 1: 1. como el que más; **2.** como he podido; **3.** como espabilado. **Diálogo 2: 2.** como escurridizo; **3.** como quiso. **Diálogo 3: 1.** como respira; **2.** como para abandonarse así; **3.** Corro tanto como. **Diálogo 4: 1.** que inteligente; **2.** Antonio García tiene más amigos dentro de la política; **3.** que habla. **Diálogo 5: 1.** Baila a lo; **2.** que modelitos de marca; **3.** tuviera trece.

[25] Véase transcripción en pág. 225.

Fragmento del Poema V

Para que tú me oigas
1 mis palabras
se adelgazan a veces
como las huellas de las gaviotas en las playas.

Collar, cascabel ebrio
para **2** tus manos suaves como las uvas.

Y las miro lejanas mis palabras.
Más que mías son tuyas.
3 Van trepando en mi viejo dolor como las yedras.

20 poemas de amor y una canción desesperada, Pablo Neruda

3 **Y continuamos con un poco de literatura. Lee este fragmento de un poema de Pablo Neruda, fíjate en las frases destacadas y selecciona la opción correcta teniendo en cuenta lo que quiere expresar el poeta. Justifica tu elección.**

Pablo Neruda (1904-1973) fue un poeta chileno, considerado uno de los más destacados e influyentes artistas de su siglo.

1. A veces el autor…
   - ✓ **a.** siente la necesidad de que las palabras sean concisas cuando habla con ese *tú*.
   - **b.** dice palabras que para ese *tú* resultan inapropiadas.
   - **c.** dice palabras relacionadas con las gaviotas.
2. El autor compara la suavidad de las manos con…
   - **a.** la jugosidad de las uvas.
   - ✓ **b.** el tacto de la piel de las uvas.
   - **c.** las pepitas resbaladizas que tienen dentro las uvas.
3. Se hace referencia a…
   - **a.** la yedra como símbolo de huida del viejo amor que se ha transformado en dolor.
   - ✓ **b.** la fuerza de la naturaleza para presentar la idea de que le surgen muchas palabras dolorosas.
   - **c.** que el autor se sienta bajo una yedra a pensar en su amada.

Fíjate

En la literatura hay un tipo de comparación denominada ***símil***. Se trata de una figura retórica que consiste en establecer una relación explícita entre un término real y uno alegórico o imaginario.

- "*… como las huellas de las gaviotas en las playas*".
- "*… tus manos suaves como las uvas*".
- "*Van trepando en mi viejo dolor como las yedras*".

3.1 [25] **Como has podido ver, la literatura recurre a la comparación a la hora de describir; sin embargo, también lo hacemos en nuestra vida cotidiana. Escucha los diálogos y completa las frases comparativas.**

1.
1. Puedo presumir de ser tan valenciano ....
2. He traído tantas fotos ....
3. Era tan simpático ....

2.
1. Es menos alto de lo que pensaba.
2. Es tan rápido ....
3. Metió tantas canastas ....

3.
1. Come tanto ....
2. Carlos no es tan tonto ....
3. .... los que se preparan maratones.

4.
1. Es más astuto ....
2. .... que méritos propios.
3. Miente más ....

5.
1. .... Michael Jackson.
2. Siempre llevaba menos libros ....
3. Va para los treinta y actúa como si ....

Unidad **7**

3.2 **Completa los ejemplos del cuadro con las oraciones comparativas de la actividad anterior.**

Oraciones comparativas

De igualdad o equivalencia

1. Introducidas por ***tan**... **como**...* (invariable)
   - Compara diferentes cualidades de un sujeto:
     - *Es tan simpático como espabilado.*
     - **Es tan rápido como escurridizo.**
2. Introducidas por ***tanto/a/os/as**... **como***
   - Compara la cantidad de objetos:
     - **He traído tantas fotos como he podido.**
     - **Metió tantas canastas como quiso.**
3. Introducidas por ***tanto**... **como*** (invariable)
   - Compara acontecimientos o acciones realizadas por un sujeto:
     - *Come tanto como respira.*
   - Compara la frecuencia o intensidad de las acciones:
     - **Corro tanto como los que se preparan maratones.**

De superioridad

Introducidas por ***más**... **que*** (invariable)
- Compara diferentes cualidades de un sujeto:
  - **Es más astuto que inteligente.**
- Compara la cantidad de objetos diferentes referidos a un sujeto:
  - *Antonio García tiene más amigos dentro de la política que méritos propios.*
- Compara acontecimientos o acciones realizadas por un sujeto:
  - **Miente más que habla.**

De inferioridad

Introducidas por ***menos**... **que*** (invariable)
- Compara cualidades referidas a un sujeto:
  - *Es menos antipático que mala persona.*
- Compara la cantidad de objetos referidos a un sujeto:
  - **Siempre llevaba menos libros que modelitos de marca.**
- Compara acontecimientos o acciones realizadas por un sujeto:
  - *Come menos que duerme.*

De modo o cualidad

Introducidas por ***a lo** (a la manera de, como)*:
- **Baila a lo Michael Jackson.**

De cantidad

1. Introducidas por ***más**... **de**, **menos**... **de***:
   - **Es menos alto de lo que pensaba.**
2. Introducidas por ***como si**, **igual que si***:
   - **Actúa como si tuviera trece años.**

Comparativas con valor consecutivo

Introducidas por ***como para***:
- *Carlos no es tan tonto como para abandonarse así.*

¡Fíjate!

Recuerda que en ocasiones el término de la comparación puede ser una oración subordinada:
- *Puedo presumir de ser tan valenciano como **el que más**.*
- *Soy menos egoísta que **los que te han dicho eso**.*

4 **Selecciona la propiedad a la que se refieren las siguientes comparaciones.**

1. Su voz era una suerte de melodía.
   - a. elocuencia
   - b. sonidos distorsionados
   - ✓ c. sonidos armónicos
2. Se sorprendía de todo lo que veía como un niño.
   - a. juventud
   - ✓ b. inocencia
   - c. bondad
3. Sus labios son rojos como fresas.
   - a. textura
   - ✓ b. colorido
   - c. sabor
4. Era como un loro, no dejaba de repetir lo que yo decía.
   - ✓ a. reiteración
   - b. fealdad
   - c. habilidad
5. Sus ojos eran como dos luceros.
   - ✓ a. luminosidad
   - b. inteligencia
   - c. bondad
6. Aquella casa era tenebrosa como el laberinto del terror.
   - ✓ a. oscuridad
   - b. pobreza
   - c. complejidad

4.1 **En parejas, escribid dos breves diálogos en los que podáis contextualizar algunas de las oraciones comparativas aprendidas.**

Etapas Plus 15 | Nivel C1 ▸ 111

3.2

Sistematización sobre la construcción de oraciones comparativas. Revise con sus alumnos el cuadro viendo las diferentes variedades. Parta de las frases de la actividad anterior y dé un ejemplo con la número 2 del primer diálogo: "He traído tantas fotos como he podido" (la 1 está en el cuadro de atención final). Pregúnteles en qué grupo piensan que está (igualdad, superioridad, etc.). Una vez que hayan dicho que es de igualdad, anímelos a identificar dentro de ese grupo su estructura correspondiente. Después, póngalos en parejas e invítelos a continuar clasificando los ejemplos extraídos de los diálogos. El cuadro está disponible en la Proyección 45.

Proyección 45 ***Oraciones comparativas.***

Si desea reforzar este contenido, le recomendamos las actividades 7.1, 7.2 y 7.2.1 del Libro de ejercicios, páginas 238 y 239.

4

Actividad en la que aparecen algunos ejemplos de la figura retórica de comparación, llamada *símil* en el ámbito de la literatura. Distribuya a los alumnos en parejas y pídales que decidan a qué creen que hace referencia la comparación de cada frase justificando sus respuestas.

Si desea reforzar este contenido y dar más ideas para la tarea final, le recomendamos la actividad 7.8 de la página 242 del Libro de ejercicios.

4.1

Tarea final del apartado. Divida al grupo en parejas y pídales que escriban dos diálogos utilizando las estructuras comparativas y algún símil; anímelos también a introducir, si procede, vocabulario de descripción física del que se ha presentado. Antes de comenzar la actividad, dígales que piensen en la relación entre los interlocutores y el contexto. Pasee por el aula para apoyar y corregir los textos. Puede poner en común los diálogos y hacer una votación al final sobre diferentes aspectos (uso de comparaciones, originalidad, etc.).

Las personas y su personalidad

Temas:
- La personalidad.
- Los colores.

Contenidos:
- Los adjetivos de carácter.
- Léxico de colores y tonalidades.
- Los adjetivos relacionales.

1

Actividad de lectura que introduce vocabulario relacionado con la descripción de la personalidad y que sirve de contexto para las actividades siguientes en las que se trabajan los colores y sus tonalidades. Recuerde a sus alumnos que en el apartado *En contexto* se habló de la personalidad y de cómo esta diferencia a las personas. Deje que lean las características del recuadro y que resuelvan, a ser posible entre ellos, las dudas de vocabulario que tengan. A continuación, indíqueles que lean los textos donde seis personas se definen y que relacionen las características con cada uno de ellos, advirtiéndoles de que algunas características definen a más de una persona.

2

Comprensión lectora para contextualizar la presentación del léxico de las tonalidades de los colores. Motive la lectura trayendo a debate la afirmación del enunciado de la actividad acerca de que los colores influyen en la personalidad y el comportamiento de las personas. Haga ver a sus alumnos que en los textos de la actividad 1 las seis personas informan sobre su color favorito. Pídales que lean los nuevos textos y que los relacionen con las personas anteriores y sus colores.

Las personas y su personalidad

1 **Como ya vimos, nuestra personalidad es lo que nos hace diferentes y únicos respecto a los demás. Lee cómo se describen estas personas e indica qué características encajan mejor con cada una de ellas.**

1. perfeccionista	5. solidario/a	10. arraigado/a a su lugar de origen	15. sin grandes aspiraciones
2. seguro/a de sí mismo/a	6. capaz de controlar sus emociones	11. independiente	16. deportista
3. razonable	7. exigente	12. serio/a	17. odia que hablen de él/ella
4. amante de las cosas sencillas	8. autónomo/a	13. inseguro/a	18. reflexivo/a
	9. sociable	14. dependiente	

Luisa

Soy pintora y escritora de temas históricos. Me gustan las cosas bien hechas, diría que casi perfectas. Soy muy rigurosa conmigo misma y no me gusta que mis emociones se desborden. Casi siempre llevo puesto algo amarillo porque es mi color favorito.
1, 6, 7, 12

Susana

No me importa lo que los demás piensen; yo vivo de acuerdo a lo que siento y creo. Por otro lado, me desenvuelvo por mis propios medios y tengo mi opinión personal sobre las cosas. Yo suelo estar tranquila, porque confío en que al final las cosas siempre salen bien. Mi único anhelo o pretensión en la vida es ser feliz. El azul es un color que me apasiona.
2, 8, 11

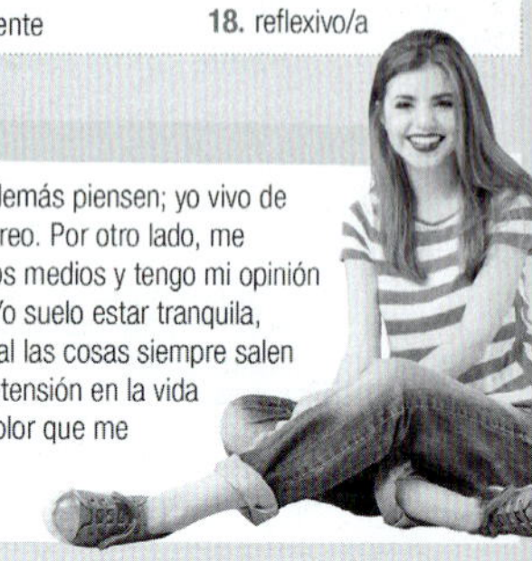

2 **Según diferentes estudios, los colores afectan a nuestro comportamiento y a nuestras sensaciones, por lo que también definen nuestra personalidad. Lee los textos y relaciónalos con el color y la persona correspondiente de la actividad anterior.**

1 Color: naranja / Persona: Mario

¿Eres un/a apasionado/a de este alegre color? Es característico de personas **1** **extravertidas** pero que saben mantener los límites, sin sobrepasarse. Suele gustarles ante todo estar rodeados de gente, pero manteniendo **2** **cierta sensatez y equilibrio**. Son individuos comprensivos y muy accesibles con las personas que los rodean. **3** **Les encanta la actividad física, el contacto con la naturaleza** y emprender pequeños retos cada día. No son impulsivos y **4** **les gusta estar involucrados en proyectos sociales**.

2 Color: amarillo / Persona: Luisa

Muy característico de las personas **5** **creativas**. De todos modos, a pesar de su creatividad, mantienen el sentido de la lógica; **6** **no se trata de una imaginación desbordante** sino más bien racional y práctica. Son también de perfiles analíticos y muy **7** **críticos consigo mismos**, de ahí que en muchas ocasiones caigan en una autoexigencia un poco exagerada. Si te identificas con este color, pregúntate si eres de los que **8** **controla muy bien sus emociones**, porque suele ser algo habitual.

3 Color: verde / Persona: Alberto

Por lo general, quienes prefieren este color son personas a las que les gusta aportar, consiguiendo siempre que quienes las rodean se sientan bien. Buscan la cercanía de las personas y **9** **ansían compartir su vida y poder confiar en alguien que las quiera**. En el fondo, se trata también de personas con cierta dependencia, ya que necesitan de los demás y **10** **a veces temen ser lastimadas**. También **11** **les gusta que les reconozcan sus esfuerzos y logros**.

4 Color: azul / Persona: Susana

Este es el tono del equilibrio y la paz interior. Las personas que aman este color **12** **suelen vivir siempre de acuerdo a sus principios**. **13** **Son individualistas y autosuficientes**, y no les importa en absoluto la opinión de los demás. Ante todo, son personas serenas y que irradian optimismo y ganas de vivir.

112 · Etapas Plus 15 | Nivel C1

Unidad 7

Daniela

Me gusta ayudar y orientar a los demás; por las tardes trabajo en una escuela de adultos dando clases de español a inmigrantes.

Me molesta la gente que critica mi forma de ser, de actuar o de vestir; eso me pone muy nerviosa. Por supuesto, si sé que alguien lo hace, antes de contestarle reflexiono y medito lo que le voy a decir. El morado es mi color; cuando lo llevo, me siento bien.

3, 5, 17, 18

Mario

Me encanta salir con mis amigos y conocer a gente nueva, aunque soy una persona bastante seria. Practico fútbol, tenis, escalada y montañismo. Además, trabajo para una ONG, me siento feliz ayudando a la gente y, en verano, viajo a algún lugar necesitado para colaborar en la construcción de escuelas y hospitales. El naranja es mi color preferido.

5, 9, 12, 16

Alberto

Yo necesito tener una pareja, estar con alguien que me ame y me haga sentir seguro. Tuve una experiencia muy mala en el pasado y a veces tengo miedo de que vuelvan a herirme, aunque creo que hay que ser optimista.

También trabajo en una ONG, el mes pasado me nombraron voluntario del mes y fue uno de los días más felices de mi vida. He pintado mi habitación de color verde porque es un color que me encanta.

5, 13, 14

Nicolás

Lo que más me gusta hacer es pasear por el campo e incluso estoy pensando en dedicarme a la agricultura en el futuro. Mi sueño es tener una esposa, varios hijos y dedicarme a la vida rural, ya que es el entorno donde nací y donde quiero morir. No busco nada más en la vida. A casi nadie le gusta, pero a mí me encanta el color marrón.

4, 10, 15

5 Color: morado / Persona: Daniela

Es el color del orden, del sentimentalismo y la espiritualidad. Son personas bastante sensibles a las que **14 les afecta lo que los demás piensen o digan de ellas**; sin embargo, lejos de actuar de modo impulsivo, **15 razonan bien la situación y actúan con cabeza y equilibrio**. Suelen meditar, pensar mucho las cosas… Destacar que, además, se muestran muy abiertos a la hora de ayudar y orientar a otros. Suelen estar envueltos en temas humanitarios.

6 Color: marrón / Persona: Nicolás

¿Sientes una indefinible fascinación por los tonos terrosos? Tiene una explicación: eres de esas **16 personas muy arraigadas a la tierra**, a lo físico y a lo natural. Personas que aman la vida sencilla, sin elementos artificiales, y que **17 no desean más que compartir su vida con su familia y amigos**.

2.1 **Fíjate en las palabras y expresiones que aparecen destacadas para cada color de la actividad 2 y subraya en la actividad 1 las que tengan relación con esa idea.**

Ejemplo: (2) cierta sensatez y equilibrio ➜ (Mario) ▶ *Soy una persona bastante seria.*

2.2 **Y tú, ¿tienes predilección por algún color? ¿Te identificas en algo con la información que has leído? Habla con tus compañeros.**

Etapas Plus 15 | Nivel C1 ▸ 113

2.1

Para profundizar en el trabajo de la comprensión lectora, realice esta segunda tarea. Diga a los alumnos que observen las frases destacadas de la actividad 2 y que encuentren en los textos de la actividad 1 la información con la que se relacionan.

1. Me encanta salir con mis amigos; **2.** Soy una persona bastante seria; **3.** Practico fútbol, tenis, escalada y montañismo; **4.** … trabajo para una ONG; **5.** Soy pintora; **6.** (Soy) escritora de temas históricos; **7.** Soy muy rigurosa conmigo misma; **8.** no me gusta que mis emociones se desborden; **9.** Yo necesito tener una pareja; **10.** … a veces tengo miedo de que vuelvan a herirme; **11.** … el mes pasado me nombraron voluntario del mes y fue uno de los días más felices de mi vida; **12.** Yo vivo de acuerdo a lo que siento y creo; **13.** … me desenvuelvo por mis propios medios; **14.** Me molesta la gente que critica mi forma de ser, de actuar o de vestir; eso me pone muy nerviosa; **15.** … reflexiono y medito lo que le voy a decir; **16.** Estoy pensando en dedicarme a la agricultura en el futuro; **17.** Mi sueño es tener una esposa y varios hijos.

2.2

Provoque una interacción oral siguiendo las preguntas que aparecen en el Libro del alumno. Haga una puesta en común final para comprobar si hay coincidencias entre los miembros del grupo.

3

Presentación del léxico de tonalidades de algunos colores. Aproveche la puesta en común de la actividad anterior para preguntar si esos colores que les gustan también son sus predilectos a la hora de elegir su ropa. Ponga algún ejemplo de color de ropa que se relacione con un rasgo de personalidad; por ejemplo, el negro se puede relacionar con la seriedad y la sobriedad. Pregúnteles si están de acuerdo con esa teoría sin profundizar en ello, ya que se trabajará en la interacción oral de la actividad posterior. A continuación, pídales que lean un texto que habla sobre el tema y que relacionen los colores y tonalidades mencionados con las imágenes que aparecen debajo. Revise con ellos la información sobre género y número del cuadro de atención y aproveche para informar de que algunos de estos colores se pueden nombrar solo con el tono (color hueso, marfil, canela...).

Tiene disponible la Proyección 46 con las imágenes y colores.

Proyección 46 *Colores.*

Puede seguir trabajando el léxico de los colores con las actividades 7.6 y 7.7 de las páginas 241 y 242.

3.1

Actividad de interacción oral que ya ha motivado con la comprensión lectora anterior. Agrupe a los alumnos en parejas y pídales que hablen sobre las preguntas de su libro. Pasee por la clase para generar más ideas y tomar nota de posibles errores que pueda corregir después.

---

3 **Según algunos estudios de psicología, el color que elegimos a la hora de vestir puede decir bastante de nuestra personalidad. El siguiente texto trata sobre ello, léelo y escribe los colores que aparecen debajo de las imágenes.**

Tu ropa trae consigo todo un sistema de comunicación con el que hablas sin necesidad de decir una palabra. Los colores que llevas en la ropa están cargados de sensaciones y sentimientos, y, según los expertos, en muchas ocasiones revelan nuestra personalidad.

Así, la ropa blanca es sinónimo de pureza, castidad y pulcritud. El color blanco, ya sea blanco porcelana, blanco seda, blanco plata, hueso o marfil, es muy usado por mucha gente en una gran variedad de ocasiones, sobre todo en verano, porque combina con todo.

La ropa azul transmite sensación de tranquilidad, autoridad, confianza y lealtad. Es bastante usado por los hombres en tonalidades oscuras (como el azul noche o el azul marino); el azul es, además, el principal color transmisor de poder.

La ropa marrón transmite estabilidad. En sus variedades canela o arena, el marrón es un color tierra relajante; esta sensación ayuda a reducir el estrés e invita a las personas a acercarse hacia quien lo lleva para conversar.

Por último, la ropa verde transmite éxito, salud y seguridad. El verde oliva es masculino y conservador.

Adaptado de http://psicologiayautoayuda.com/psicologia/consejos-psicologia/la-psicologia-del-color-en-tu-ropa/

1 
verde oliva

2 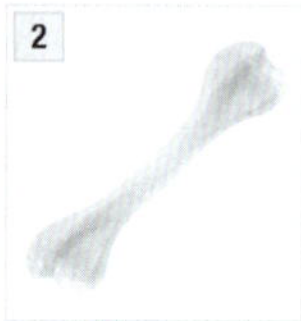
blanco hueso

3 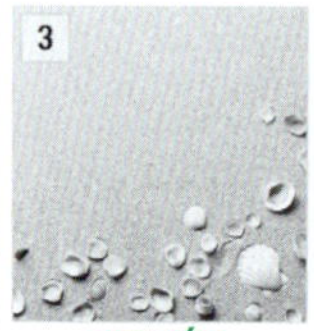
marrón arena

4 
azul noche

5 
blanco seda

6 
blanco marfil

7 
blanco plata

8 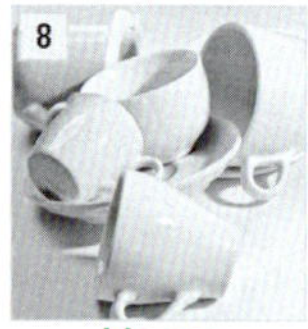
blanco porcelana

9 
azul marino

10 
marrón canela

¡Fíjate!

Si, para designar matices, un nombre de color se halla a su vez modificado por otro o por un adjetivo como *claro, oscuro* o similares, lo normal es mantener ambos elementos invariables en singular, de acuerdo con el uso mayoritario: *pantalones verde botella, ojos azul claro...*

3.1 **Después de todo lo que habéis leído, comentad en parejas las siguientes cuestiones.**

1. ¿Crees que es acertado decir que los colores que llevamos a la hora de vestir reflejan nuestro carácter y que definen nuestra personalidad?
2. ¿Piensas que los colores de la ropa que llevamos influyen en la percepción que tienen los demás sobre nosotros?
3. ¿Conoces alguna tribu urbana que lleve unos colores determinados en su forma de vestir? ¿Qué connotaciones tienen estos colores?

114 Etapas Plus 15 | Nivel C1

Unidad 7

4 Las relaciones que establecemos con la familia son también fundamentales para desarrollar nuestra personalidad. Escucha un fragmento de la entrevista a un emprendedor y responde a las preguntas.

1. ¿Qué papel jugó su familia en la vida del entrevistado?
2. ¿Cómo era la relación que tenía con su hermano?
3. ¿Cuáles son las características principales de la empresa que posee?
4. ¿Cómo fue el proceso de creación de la compañía?

4.1 [26] Ahora, en parejas, intentad relacionar los siguientes sustantivos aparecidos en la audición con sus correspondientes adjetivos. Después, escuchad de nuevo y confirmad vuestra respuesta.

1	e	empresa	**a.** presupuestario
2	c	conversación	**b.** vacuno
3	f	decreto	**c.** fraternal
4	a	debate	**d.** espacial
5	g	energía	**e.** familiar
6	b	ganado	**f.** presidencial
7	h	investigación	**g.** solar
8	d	carrera	**h.** policial

4.2 Los adjetivos de la actividad anterior se conocen como *adjetivos relacionales*. Lee su definición y sus características y selecciona la opción correcta en cada caso.

Adjetivos relacionales

Frente a los adjetivos calificativos, que expresan una cualidad o característica propia del nombre al que acompañan, los **adjetivos relacionales** clasifican el sustantivo en relación con otro objeto o entidad, como el origen, la pertenencia o la procedencia:

Ejemplos: *mesa presidencial* (de la presidencia); *junta provincial* (de la provincia)...

Estos adjetivos presentan unas características propias:

1. No son graduables ni cuantificables, es decir, no admiten un grado comparativo o superlativo:
   - ○ **a.** el ganado muy vacuno/vacunísimo
   - ✓ **b.** el ganado vacuno
2. Van pospuestos al sustantivo:
   - ✓ **a.** la empresa familiar
   - ○ **b.** la familiar empresa
3. No pueden transformarse en adverbios en *-mente*:
   - ○ **a.** policialmente
   - ✓ **b.** policial
4. No admiten modificadores adverbiales de modo o frecuencia:
   - ✓ **a.** decreto presidencial
   - ○ **b.** decreto suficientemente presidencial

4.3 Después de haber escuchado el testimonio de la actividad 4, comenta con tus compañeros tu opinión sobre las siguientes cuestiones.

1. ¿Crees que es positivo mezclar las relaciones laborales con las familiares? ¿Qué ventajas o inconvenientes tiene?
2. Cuando se trabaja con otros miembros de la familia, ¿crees que es necesario establecer medidas legales (contrato laboral, etc.) o piensas que, al tratarse de una relación de confianza, no es necesario?
3. ¿Conoces algún caso de familiares que mantengan una relación laboral entre ellos? ¿Ha sido fructífera o un fracaso?

▸ *Es innegable que el apoyo familiar es imprescindible cuando decides poner en marcha un proyecto...*

Etapas Plus 15 | Nivel C1 ▸ 115

4

Actividad de comprensión auditiva que sirve para introducir y trabajar los adjetivos relacionales. Para contextualizar la audición, pregunte a sus alumnos si conocen a algún empresario de éxito que haya sido apoyado por su familia. Infórmelos de que van a escuchar un fragmento de una entrevista radiofónica que le hacen a un emprendedor y que tienen que responder a las preguntas del enunciado en esta primera escucha. Déjelos comparar sus respuestas en parejas y, después, haga la puesta en común.

1. La familia siempre ha sido su principal apoyo en los momentos decisivos de su vida; **2.** Una muy buena relación y de mucha confianza; **3.** La compañía está especializada en la distribución de paneles solares y otros materiales para instalaciones fotovoltaicas y aspira a favorecer la creación de un entorno más favorable; **4.** Los hermanos leyeron una noticia que les dio la idea. Trataba sobre un debate presupuestario que derivó en un decreto presidencial. Este decreto favorecería con subsidios la creación de empresas que se dedicaran a fomentar el uso de la energía solar y, después de mucho pelear, lo consiguieron.

[26] Véase transcripción en pág. 226.

4.1

Pida a sus alumnos que relacionen los sustantivos y los adjetivos que han aparecido en la audición anterior. Después, ponga de nuevo el audio para comprobar si han establecido bien la relación.

4.2

Reflexión sobre los adjetivos relacionales. En primer lugar, deje que sus alumnos lean la definición y resuelva sus dudas si las tienen. Después, muéstreles las cuatro características que distinguen a estos adjetivos y pídales que marquen la opción que ejemplifica cada una.

4.3

Actividad de interacción oral. Deje unos minutos a sus alumnos para que lean las preguntas y piensen en las respuestas. Después, realice la actividad con el agrupamiento que crea más conveniente.

También nos definen los gustos

Temas:

- Gustos y preferencias.
- La separación amorosa.

Contenidos:

- Expresar gustos, intereses y preferencias.
- Las cartas formales.

1 y 1.1

Actividades para contextualizar el primer contenido del apartado: los gustos. Motive el interés de sus estudiantes con preguntas como: "¿Las personas con gustos similares tienen más posibilidades de éxito en sus relaciones?". Dígales que van a leer algunas citas relacionadas con los gustos, en su mayoría anónimas, y anímelos a explicarlas en parejas con sus propias palabras. Finalmente, realice una puesta en común en grupo clase en la que puede preguntar también si están o no de acuerdo con ellas.

2

Presentación de los exponentes para expresar gustos, intereses y preferencias. En primer lugar, trabaje con el significado: informe de que van a leer un diálogo desordenado entre una pareja y que tienen que ponerlo en orden. Inicie la actividad preguntando cuál creen que es la primera intervención *(¿Te apetece hacer algo hoy?)* y cuál puede ser la respuesta *(Sí, podríamos ir al cine...)*. A partir de ahí, deje que, en parejas, decidan el orden. Utilice la audición para resolver la actividad.

[27] Véase transcripción en pág. 226.

También nos definen los gustos

1 Los gustos o aversiones compartidos, en la mayoría de los casos, generan relaciones exitosas entre las personas. En parejas, leed las siguientes citas sobre los gustos e intentad explicar con vuestras palabras qué significan.

1. "En el amor no hay crímenes ni delitos, solo falta de buen gusto". (Paul Géraldy)
2. "El principal enemigo de la creatividad es el buen gusto". (Pablo Picasso)
3. "Para encontrar gusto a la vida, no hay nada como morirse". (Enrique Jardiel Poncela)
4. "No puede el hombre sentirse a gusto sin su propia aprobación". (Mark Twain)
5. "El que quiere en esta vida todas las cosas a su gusto, se llevará muchos disgustos". (Anónimo)
6. "El que por su gusto corre, nunca se cansa". (Anónimo)
7. "Nunca llueve a gusto de todos". (Anónimo)
8. "Sarna con gusto no pica". (Anónimo)
9. "Me siento tan a gusto en mi vida, que mi doble personalidad se copia de la original". (Anónimo)
10. "No hagas ni digas nada que no quieras solo para darle gusto a los demás". (Anónimo)
11. "No dejes nunca a quien te ama por aquel que te gusta, porque ese que te gusta te dejará por quien ama". (Anónimo)
12. "No siempre me gustan mis sueños, pero siempre me gusta soñar". (Anónimo)

1.1 Poned en común vuestras ideas con el resto de la clase.

2 [27] Ordena el siguiente diálogo entre una pareja. Después, escucha y comprueba tu respuesta.

11 – ¡Ay no! **No me llaman nada la atención.** Me parecen un poco ridículos, ¿no?

6 – ¿Por quéeee? **A mí me encantan.**

20 – Sí, mujer, si **a mí me gustan** todas las películas.

2 – Sí, podríamos ir al cine...

17 – Una mezcla un poco extraña de géneros, pero igual está bien...

5 – ¡Ufff! ¡Para nada! **Me espantan** las películas de acción.

12 – Bueno, depende. Hay musicales que son muy buenos, pero vale, buscamos otra cosa. A ver..., mira, estrenan también otras dos: *La torre oscura* y *Un italiano en Noruega*.

10 – Bueno, podemos mirar otra cosa. A ver... **¿Te interesan** los musicales?

3 – Uf, no sé... Nunca nos ponemos de acuerdo.

7 – Pues a mí no, **me desagrada** que haya tanta violencia gratuita, y además, me ponen nerviosa, todo el rato en tensión...

9 – Que sí, que no te lo discuto, pero yo **cuanto más** cine de acción veo, **menos me gusta**.

15 – **Pues si tengo que elegir** entre esas dos, me quedo con la comedia, creo, las películas de miedo no me van, **me da náuseas** ver tanta sangre.

8 – Mujer, no solo hay violencia, algunas están muy bien hechas, los efectos especiales, la trama...

13 – ¿Y de qué van?

18 – Bueno, entonces al final **¿por cuál te decides?**

19 – Yo **opto por** la comedia. Además, **adoro** las comedias italianas. Pero a ti, ¿te apetece también?

16 – Bueno, en esta no parece que vaya a salir mucha sangre, la verdad, aquí pone que está basada en una novela de Stephen King y combina el terror, el *western* y las aventuras.

4 – Verás que hoy sí... Voy a mirar las películas que hay en cartelera... ¡Estamos de suerte! Parece que hay un montón de estrenos. **¿Te gusta** el cine de acción? Echan *Fast and Furious 8*, me han dicho que es buenísima.

14 – *La torre oscura* creo que es de miedo y *Un italiano en Noruega* es una comedia.

1 – ¿Te apetece hacer algo hoy?

Unidad 7

2.1 Completa el cuadro gramatical con las frases destacadas del diálogo anterior.

Expresar gustos, intereses y preferencias

Preguntar por gustos e intereses
- ¿Te llama la atención...?
- ¿Te agrada...?
- ...
- ...

Expresar gustos e intereses
- A mí me encantan... – Me agrada...
- Mi pasión es... – ...
- ... /menos..., más/...
- ...
- ...

Preguntar por preferencias
- ¿Optas/Te decides por...?
- ¿Con qué (+SN)/cuál te quedas?
- ... /optas?

Expresar preferencia
- Si me dan a elegir/...
- Me quedo con/Me decido por/...
- No cambiaría... por nada del mundo.

Expresar aversión
- ... – ...
- .../Me repugna... – Aborrezco...

3 Hay quien dice en clave de humor que hay solo dos tipos de personas en el mundo y que estas se definen por sus preferencias o por determinadas maneras de actuar. Teniendo en cuenta las siguientes sugerencias, comentad en parejas vuestras preferencias. ¿Se os ocurren otras opciones que añadir a la lista?

1 Los que toman café. / Los que toman té.
2 Los que comen el chocolate por onzas. / Los que lo comen a bocados.
3 Los que se comen toda la porción de *pizza*. / Los que se dejan el borde.
4 Los que aman a los perros. / Los que aman a los gatos.
5 Los que se sirven el kétchup a un lado de las patatas. / Los que lo mezclan con las patatas.
6 Los que desayunan en la mesa. / Los que desayunan en la cama.
7 ...
8 ...
9 ...

▶ *¿Tú eres de los que toman café o té?*
▷ *Yo prefiero el café, sin duda, como buena italiana. Me encanta el ristretto, bueno, el cortado en España. Y tú, ¿qué prefieres?*

Etapas Plus 15 | Nivel C1 117

2.1

Sistematización de los exponentes para expresar gustos, intereses, preferencias y aversión. Vuelva al diálogo anterior y pida a los estudiantes que observen las frases resaltadas y que las clasifiquen en los apartados correspondientes del cuadro (disponible la Proyección 47 para su corrección).

Preguntar por gustos e intereses: ¿Te gusta...?; ¿Te interesan...?; **Expresar gustos e intereses:** Adoro..., Cuanto más, menos me gusta...; No me llaman nada la atención; **Preguntar por preferencias:** ¿Por cuál te decides; **Expresar preferencia:** Si tengo que elegir...; Opto por...; **Expresar aversión:** Me espantan...; Me desagrada; Me da náuseas...

Proyección 47 ***Expresar gustos, intereses y preferencias.***

Si quiere realizar alguna práctica formal de este contenido, le recomendamos la actividad 7.11 de la página 243.

3

Práctica de lenguaje de preferencias y gustos. Comente la creencia mencionada en el libro de que solo hay dos tipos de personas dependiendo de sus preferencias. Anímelos a que después de leer las sugerencias piensen en alguna opción más; puede ayudarlos sugiriendo diversos temas si no se les ocurre nada: deportes, alimentación, redes sociales, transportes... Una vez hayan terminado, dispóngalos en parejas para que expresen sus preferencias. Utilice la muestra de lengua que ofrece su libro para poner un ejemplo.

Respecto a este tema, existe un corto español titulado *Hay dos clases de personas*, cuyo enlace facilitamos por si decide realizar algún tipo de explotación del mismo:

https://www.youtube.com/watch?v=DqsjWyCRSIE

4

Comienza aquí la secuencia en la que se presenta la estructura y las expresiones típicas de una carta formal. Contextualícela con la información que se da en el enunciado de la actividad. Dígales que van a leer el principio de una carta que escribe un hombre, Roberto, a su exesposa y que tienen que responder a las preguntas formuladas. Ponga en común las respuestas una vez que hayan leído el texto.

4.1

Comprensión lectora que ya viene motivada de la actividad anterior. Pida a sus alumnos que lean la continuación de la carta y que respondan a las nuevas preguntas.

4.2

Reflexión sobre fórmulas de cortesía utilizadas en la correspondencia escrita. Dirija la atención del grupo hacia las frases en negrita que aparecen en la carta y pídales que las relacionen con la función comunicativa que cumplen en el texto (saludar, agradecer...). A continuación, indíqueles también que piensen si pertenecen a un registro formal o no. En la puesta en común pregúnteles si conocen otras fórmulas para expresar lo mismo.

4.3

Actividad de expresión escrita en la que se trabajan las fórmulas que se acaban de presentar. El texto que han leído en la actividad 4.1 les servirá a sus alumnos como modelo textual, hágaselo notar y pídales que se pongan en el papel de la exesposa de Roberto y que le escriban una respuesta. Anímelos a ser irónicos en su escrito, para ello se ofrecen ejemplos de frases en la Proyección 48.

4 Una de las relaciones que más afecta al individuo y a su personalidad es el amor. A veces nos fijamos en las personas equivocadas e iniciamos una relación abocada al fracaso. A continuación tienes el principio de una carta que envía Roberto a su exesposa. ¿Cómo crees que continuará? ¿Qué crees que contendrá la lista? Comentadlo en parejas.

1 **Estimada compañera:**
2 **Gracias de antemano** por haberte acordado de mí. Ayer recibí una misiva de tu abogado donde me invitaba a enumerar los bienes comunes, con el fin de comenzar el proceso de disolución de nuestro vínculo matrimonial.
A continuación te remito dicha lista, para que puedas solicitar la certificación al notario y tener listos todos los escritos antes de la comparecencia ante el tribunal...

4.1 Ahora lee la continuación de la carta y contesta a las preguntas.

1. ¿Qué tipo de carta crees que es? ○ **a.** De rechazo. ○ **b.** De disculpas. ✓ **c.** De amor.
2. ¿Qué tipo de lenguaje utiliza Roberto? ✓ **a.** Formal. ○ **b.** Informal.
3. ¿Qué recurso utiliza para dirigirse a su exesposa? ○ **a.** La burla. ✓ **b.** La ironía. ○ **c.** El enfado.
4. ¿Cuáles crees que son los sentimientos de Roberto? **Respuesta abierta.**
5. ¿Crees que la relación puede cambiar en el futuro a partir de esta carta? **Respuesta abierta.**

3 ... **Tienes que perdonarme** pero he tenido el atrevimiento de elaborar una lista dividida en dos partes. Básicamente, un apartado con las cosas de nuestros cinco años de matrimonio con las que me gustaría quedarme y otra con las que te puedes quedar tú. De antemano te digo que 4 **estás disculpada** si quieres hacer algún cambio.
Para cualquier duda o comentario, ya sabes que puedes llamarme al teléfono de la oficina (de ocho a cuatro) o al móvil (hasta las once) y estaré encantado de repasar la lista contigo.
COSAS QUE DESEO CONSERVAR:
El leve rastro de perfume que quedó flotando en el ascensor una mañana, cuando te bajaste en la segunda planta, y yo aún no me atrevía a dirigirte la palabra.
El movimiento de cabeza con el que aceptaste mi invitación a cenar.
Las gotas de lluvia que se enredaron en tu pelo durante nuestra luna de miel en Londres.

COSAS QUE PUEDES CONSERVAR TÚ:
Los silencios.
El sabor acre de los reproches.
La sensación de angustia al estirar la mano por la noche para descubrir que tu lado de la cama estaba vacío.
Jorge y Cecilia... Los nombres que nos gustaban para los hijos que tendríamos algún día.
Con respecto al coche, la casa y otros bienes; solo comunicarte que puedes quedártelos todos. Por último, recordarte que 5 **seguimos en contacto** a través de mi abogado. Dejo su número de teléfono para que tu letrado pueda contactar con él y ambos se ocupen de presentar el escrito de divorcio para ratificar nuestro convencimiento.
Por cierto, 6 **mis mejores deseos** para la nueva etapa en la vida que comienzas.
7 **Espero que sepas disculparme si me olvido de algo.**
8 **Tu amigo de siempre, Roberto.**

Adaptación de la carta ganadora de la III edición del certamen de cartas de amor Antonio Villalba, organizado por la Escuela de Escritores

4.2 Las frases que aparecen destacadas en la carta son habituales en la correspondencia por escrito. Relaciónalas con la función que desempeñan. ¿Cuáles te parecen más propias de un registro formal? ¿Conoces otras fórmulas para expresar lo mismo?

a. Despedirse: 5, 8 **c.** Saludar: 1 **e.** Desear éxito: 6
b. Responder a una disculpa: 4 **d.** Disculparse: 3, 7 **f.** Agradecer: 2

Son formales las frases 1, 2, 6 y 8.

4.3 Imagina que eres la persona que recibe esta carta y contesta. Intenta utilizar la ironía pero escribiendo una carta formal en la que incluyas las expresiones anteriores.

Proyección 48 *Respondiendo a Roberto.*

Evaluación

Comprensión auditiva

[28]

1 **Escucha la audición y responde a las siguientes preguntas.**

1. ¿Qué aporta de novedoso, respecto a otros estudios sobre música, el de los psicólogos de la Universidad de Cambridge? ....
2. ¿Cuáles fueron las principales conclusiones del estudio de Adrian North y David Hardgraves? ....
3. ¿Qué aportó el estudio de Samuel Gosling y Peter Rentfrow? ....

2 **Vuelve a escuchar y, de acuerdo a la entrevista, escribe qué características de personalidad se relacionan con las siguientes tendencias musicales.**

Jazz | *Country* | *Heavy metal* | *Música clásica* | *Hip-hop*

Expresión escrita

Teniendo en cuenta los temas vistos a lo largo de la unidad, escribe una descripción minuciosa sobre ti mismo o sobre alguien a quien conozcas muy bien (entre 180 y 200 palabras).

Incluye los siguientes aspectos:

1. Apariencia externa: rostro, constitución, parecido, estilo al vestir… Destaca sus rasgos sobresalientes.
2. Rasgos de personalidad, gustos y preferencias.

Interacción oral

Actualmente existen relaciones más o menos novedosas que se establecen a través de internet. En parejas, responded a las siguientes preguntas.

1. ¿Qué crees que tienen de positivo o de negativo este tipo de relaciones?
2. ¿A qué tipo de persona crees que le puede funcionar?
3. ¿Crees que te podrías enamorar a través de internet? ¿Por qué?
4. ¿Piensas que las personas retraídas o desconfiadas se sentirán más seguras y se arriesgarán a ir más allá mediante esta forma de relacionarse?
5. ¿Conoces a alguien que tenga adicción a las relaciones a través de las redes sociales?

Evaluación

La finalidad de este apartado es evaluar, por un lado, las habilidades y estrategias de los alumnos en las diferentes destrezas y, por otro, la asimilación de los contenidos de la unidad a través de un test que podrá encontrar en la **ELEteca** de Edinumen (eleteca.edinumen.es).

Este cuestionario es interactivo y corregido por la plataforma, de manera que el estudiante podrá examinar sus errores y aciertos y reflexionar sobre su aprendizaje. Cada apartado se evaluará de manera independiente, ya que se trata de que el estudiante valore su competencia en cada una de las destrezas y sea consciente de sus necesidades.

Comprensión auditiva

Se trata de evaluar la habilidad del estudiante para comprender de una forma intensiva, selectiva o global un texto oral.

Cada pregunta valdrá un punto. Su calificación dependerá del porcentaje de preguntas acertadas.

Aprobado: a partir del 50 %
Notable: entre el 50 % y el 80 %
Sobresaliente: más del 80 %

Diga a sus alumnos que escucharán una entrevista a un especialista que habla sobre la influencia de la música en la personalidad. Pídales que resuelvan las dos tareas.

1. 1. En esta ocasión se analiza la relación entre la forma de pensar de cada individuo y sus gustos musicales, su enfoque cognitivo; **2.** De sus conclusiones se extrae que los gustos musicales vienen acotados por los rasgos de personalidad y que la música se utiliza como un medio para regular las emociones; **3.** El estudio de Gosling y Rentfrow distingue cuatro categorías en las que agrupar el contexto musical y con las que se identifica la mayoría de la población.

2. Posible respuesta. ***Jazz***: empatía, versatilidad, ausencia de barreras mentales, solidez emocional, tolerancia, apertura de mente; ***Country***: empatía, conservadurismo, extraversión, intensa vida social, habilidades verbales poco desarrolladas; ***Heavy metal***: sistemáticos, rebeldía, impulsividad, fuerte personalidad y seguridad en sí mismos; **Música clásica:** versatilidad, ausencia de barreras mentales, solidez emocional; ***Hip hop***: liberalismo, despiste, pasión por el deporte, indulgentes.

[28] Véase transcripción en pág. 227.

Expresión escrita

Se trata de evaluar la habilidad del estudiante para desarrollar una idea, teniendo en cuenta las estrategias comunicativas, el estilo, los conectores del discurso, la estructura del texto, el orden conceptual, la puntuación y la ortografía, así como los exponentes gramaticales y el vocabulario seleccionados por él de acuerdo con su nivel.

Pág. 120

La respuesta de esta prueba es abierta. El profesor la valorará atendiendo a una escala de 0 a 3 (0: suspenso, 1: aprobado, 2: notable, 3: sobresaliente), en función de los siguientes criterios:

- Ha incluido todos los elementos mencionados en la instrucción (0-3).
- Logra con éxito transmitir sus mensajes (0-3).
- Utiliza un estilo adecuado al contexto y a la situación (0-3).
- Presenta una corrección lingüística y gramatical acorde con el nivel exigido (0-3).
- Usa vocabulario variado y se expresa con una precisión léxica acorde con su nivel (0-3).

Interacción oral

Se trata de evaluar la habilidad del estudiante para verbalizar una idea, teniendo en cuenta el uso y medida de los silencios, las estrategias comunicativas, los conectores del discurso, los aspectos fonéticos y el paralenguaje, así como los exponentes gramaticales y el vocabulario seleccionados por este de acuerdo con su nivel.

La respuesta de esta prueba es abierta. El profesor la valorará atendiendo a una escala de 0 a 3 (0: suspenso, 1: aprobado, 2: notable, 3: sobresaliente), en función de los siguientes criterios:

- Ha incluido todos los elementos mencionados en la instrucción (0-3).
- Logra con éxito transmitir sus mensajes (0-3).
- Utiliza un estilo adecuado al contexto y a la situación (0-3).
- Presenta una corrección lingüística y gramatical acorde con el nivel exigido (0-3).
- Usa vocabulario variado y se expresa con una precisión léxica acorde con su nivel (0-3).

Deje unos minutos para que lean las preguntas y se generen ideas. Después, indíqueles que realicen la actividad en parejas mientras circula entre ellos para valorar y evaluar su expresión oral.

Comprensión lectora

Se trata de evaluar la habilidad del estudiante para comprender de una forma intensiva, selectiva o global un texto escrito.

Comprensión lectora

1 Lee el texto y contesta a las preguntas justificando tu respuesta.

1. ¿A quién se refiere la descripción?
2. ¿Qué tipo de relación tienen los personajes que aparecen?
3. ¿Qué edades aproximadas crees que tienen?

El doctor Urbino la encontró sentada frente al tocador, bajo las aspas lentas del ventilador eléctrico, poniéndose el sombrero de campana con un adorno de violetas de fieltro. El dormitorio era amplio y radiante, con una cama inglesa protegida por un mosquitero de punto rosado, y dos ventanas abiertas hacia los árboles del patio por donde se metía el estruendo de las chicharras aturdidas por presagios de lluvia. Desde el regreso del viaje de bodas, Fermina Daza escogía la ropa de su marido de acuerdo con el tiempo y la ocasión, y la ponía en orden sobre una silla desde la noche anterior para que la encontrara lista cuando saliera del baño. No recordaba desde cuándo empezó también a ayudarlo a vestirse, y por último a vestirlo, y era consciente de que al principio lo había hecho por amor, pero desde unos cinco años atrás tenía que hacerlo de todas maneras porque él no podía vestirse por sí solo. Acababan de celebrar las bodas de oro matrimoniales, y no sabían vivir ni un instante el uno sin el otro, o sin pensar el uno en el otro, y lo sabían cada vez menos a medida que se recrudecía la vejez. Ni él ni ella podían decir si esa servidumbre recíproca se fundaba en el amor o en la comodidad, pero nunca se lo habían preguntado con la mano en el corazón, porque ambos preferían desde siempre ignorar la respuesta. Ella había ido descubriendo poco a poco la incertidumbre de los pasos de su marido, sus trastornos de humor, las fisuras de su memoria, su costumbre reciente de sollozar dormido, pero no los identificó como los signos inequívocos del óxido final, sino como una vuelta feliz a la infancia. Por eso no lo trataba como a un anciano difícil sino como a un niño senil, y aquel engaño fue providencial para ambos porque los puso a salvo de la compasión.

Extraído de *El amor en los tiempos del cólera*, Gabriel García Márquez

2 Relaciona las frases extraídas del texto que están de la columna izquierda con las que expresen aproximadamente lo mismo de la columna derecha.

1 b … escogía la ropa de su marido de acuerdo con el tiempo y la ocasión…

2 f No recordaba desde cuándo empezó también a ayudarlo a vestirse…

3 e Ni él ni ella podían decir si esa servidumbre recíproca se fundaba en el amor o en la comodidad.

4 a Ella había ido descubriendo poco a poco la incertidumbre de los pasos de su marido…

5 c … dos ventanas abiertas hacia los árboles del patio por donde se metía el estruendo de las chicharras aturdidas por presagios de lluvia.

6 d … y aquel engaño fue providencial para ambos porque los puso a salvo de la compasión.

a. Ella descubrió a lo largo del tiempo que su marido caminaba cada vez con más inseguridad.

b. La época del año y la actividad que iba a realizarse determinaba la elección de lo que el hombre se ponía.

c. Del exterior procedía un ruido ensordecedor, señal de que podría llover.

d. A ella la ayudó no darse cuenta de la vejez de él y de ese modo no le tuvo lástima.

e. No sabían determinar la causa de la dependencia que tenían el uno del otro.

f. Le proporcionaba asistencia desde hacía mucho tiempo a la hora de ponerse la ropa.

Contenidos lingüísticos

Haz el cuestionario que te proponemos en ELEteca

Cada pregunta valdrá un punto. Su calificación dependerá del porcentaje de preguntas acertadas.

Aprobado: a partir del 50 %
Notable: entre el 50 % y el 80 %
Sobresaliente: más del 80 %

1 **1.** La descripción hace referencia a la relación entre el doctor Urbino y Fermina Daza, personajes de la novela *El amor en los tiempos del cólera*, de Gabriel García Márquez; **2.** Son marido y mujer; **3.** Son dos personas mayores.

Unidad

8

Transformar la realidad

Tareas

- Realizar un mapa conceptual sobre los retos del siglo XXI.
- Hacer una presentación de una persona influyente en mi país.
- Diseñar un anuncio publicitario para promocionar un objeto original.
- Preparar una presentación de un edificio con relevancia histórica.
- Escribir una carta solicitando llevar a cabo una iniciativa cultural.
- Escribir a un periódico para opinar sobre una noticia.

Contenidos funcionales

- Hablar sobre las capacidades personales.
- Expresar concesión: énfasis e indiferencia.
- Pedir, denegar y conceder permiso (con y sin objeciones).

Contenidos lingüísticos

- Verbos con preposición.
- Concesivas intensivas y reduplicadas.
- Conectores condicionales: *a no ser que/a menos que/solo si.*
- El presente histórico.

Contenidos léxicos

- Retos del siglo XXI.
- Léxico sobre retos, aptitudes, cualidades y capacidades personales.
- La genialidad y la excentricidad.

Contenidos culturales

- El concepto de *liderazgo.*
- Líderes mundiales.
- El recubrimiento del *Reichstag.*
- El *coaching.*

En **ELEteca** tienes material y actividades complementarias a esta unidad.

Unidad 8
Transformar la realidad

El tema vertebrador de esta unidad es la reflexión sobre la vida política, económica y social del siglo XXI, en particular sobre los cambios o retos a los que la sociedad debe enfrentarse para conseguir un mundo más sostenible. A lo largo de la unidad se presentan personajes cuyas vidas o personalidades han sido influyentes en el nuevo orden social.

Durante la unidad se adopta una visión optimista y positiva de los cambios destinados a transformar aquellos aspectos de la realidad que pudieran ocasionar resultados más negativos. Esta idea es la que trata de reflejar la imagen que aparece en la portadilla y que, si lo prefiere, puede proyectar (Proyección 49). Pida que relacionen la fotografía con el título de la unidad y pregúnteles qué les sugiere. Aproveche sus respuestas para guiar la conversación hacia los cambios que tendríamos que asumir o la dirección que deberíamos tomar con el fin hacer del siglo XXI un mundo más sostenible. Introduzca así la primera actividad de la sección que abre la unidad.

Proyección 49 *Transformar la realidad.*

En contexto

Temas:
- Retos del siglo XXI.
- Nuevos líderes: aptitudes, capacidades y competencias.

Contenidos:
- Vocabulario relacionado con los retos.

1

La actividad pretende servir de motivación para introducir el tema y activar vocabulario sobre los retos. Motive a sus estudiantes compartiendo algún reto que usted puede estar planteándose y que podría ir desde alguna actividad deportiva que quiera incluir en su rutina diaria hasta el deseo de ahorrar dinero para invertir en un fondo de pensiones, ya que el envejecimiento de la sociedad anuncia que no habrá dinero para las jubilaciones.

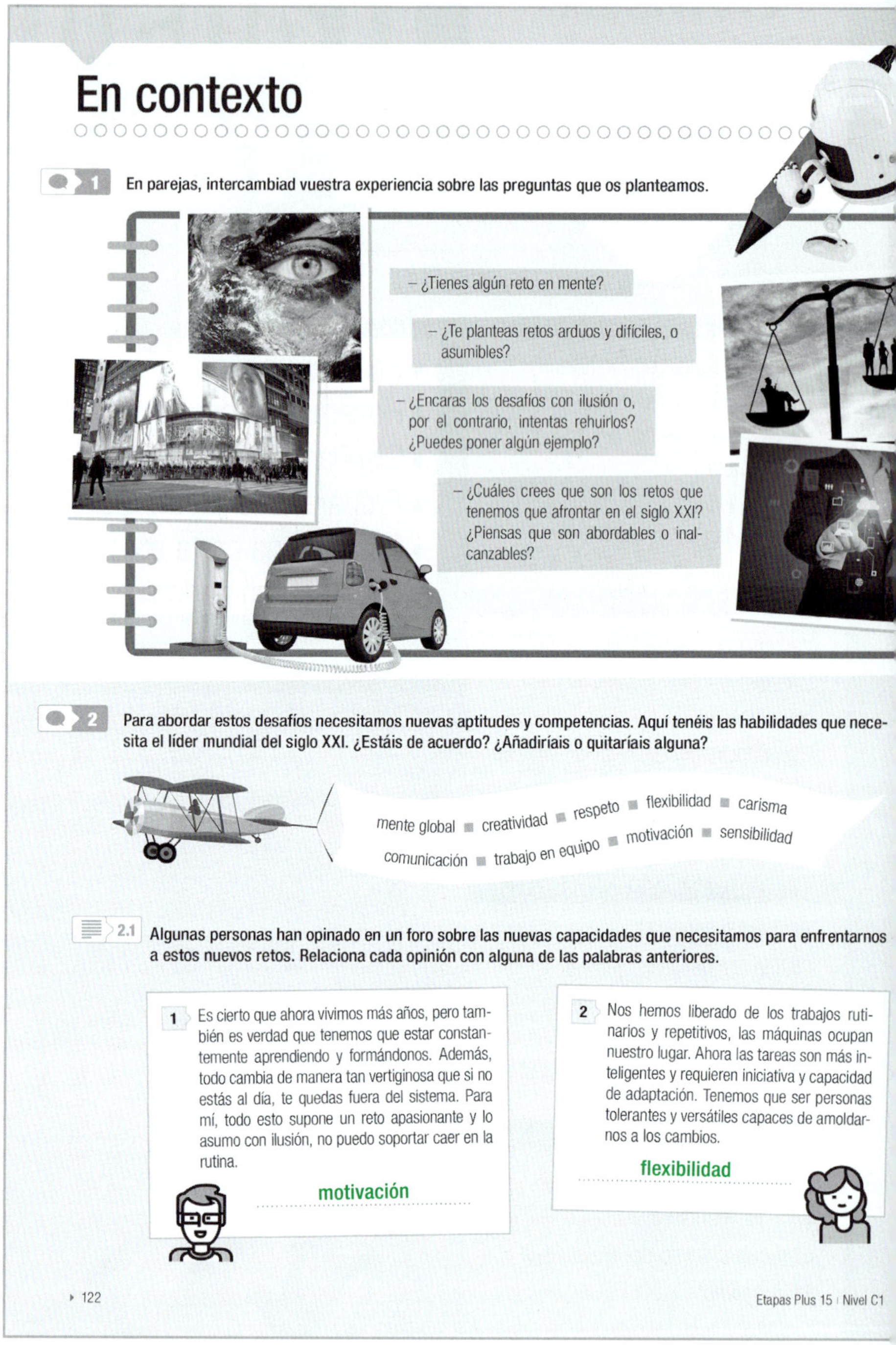

En contexto

1 En parejas, intercambiad vuestra experiencia sobre las preguntas que os planteamos.

– ¿Tienes algún reto en mente?

– ¿Te planteas retos arduos y difíciles, o asumibles?

– ¿Encaras los desafíos con ilusión o, por el contrario, intentas rehuirlos? ¿Puedes poner algún ejemplo?

– ¿Cuáles crees que son los retos que tenemos que afrontar en el siglo XXI? ¿Piensas que son abordables o inalcanzables?

2 Para abordar estos desafíos necesitamos nuevas aptitudes y competencias. Aquí tenéis las habilidades que necesita el líder mundial del siglo XXI. ¿Estáis de acuerdo? ¿Añadiríais o quitaríais alguna?

mente global ▪ creatividad ▪ respeto ▪ flexibilidad ▪ carisma
comunicación ▪ trabajo en equipo ▪ motivación ▪ sensibilidad

2.1 Algunas personas han opinado en un foro sobre las nuevas capacidades que necesitamos para enfrentarnos a estos nuevos retos. Relaciona cada opinión con alguna de las palabras anteriores.

1. Es cierto que ahora vivimos más años, pero también es verdad que tenemos que estar constantemente aprendiendo y formándonos. Además, todo cambia de manera tan vertiginosa que si no estás al día, te quedas fuera del sistema. Para mí, todo esto supone un reto apasionante y lo asumo con ilusión, no puedo soportar caer en la rutina.
   motivación

2. Nos hemos liberado de los trabajos rutinarios y repetitivos, las máquinas ocupan nuestro lugar. Ahora las tareas son más inteligentes y requieren iniciativa y capacidad de adaptación. Tenemos que ser personas tolerantes y versátiles capaces de amoldarnos a los cambios.
   flexibilidad

122 Etapas Plus 15 | Nivel C1

Haga la actividad en parejas y ponga en común la última pregunta. Puede guiar la conversación de los alumnos con los temas de los que se hablará posteriormente: sociedad, trabajo, economía, política, ecología, educación… Esto le servirá para introducir la siguiente actividad.

1.1

Comprensión lectora para completar la respuesta que hayan podido dar los alumnos anteriormente. Recorte los textos de la Ficha 18 y entregue uno a cada estudiante; a continuación, ponga en parejas a aquellos que tengan la misma información y pídales que completen el mapa conceptual. Indíqueles que cada texto no se corresponde necesariamente con un solo tema del esquema: se trata de que clasifiquen la información en el apartado que crean correspondiente. Posteriormente, haga una puesta en común para completar entre todos el mapa conceptual. Para ello, use la Proyección 50.

Pág. 123

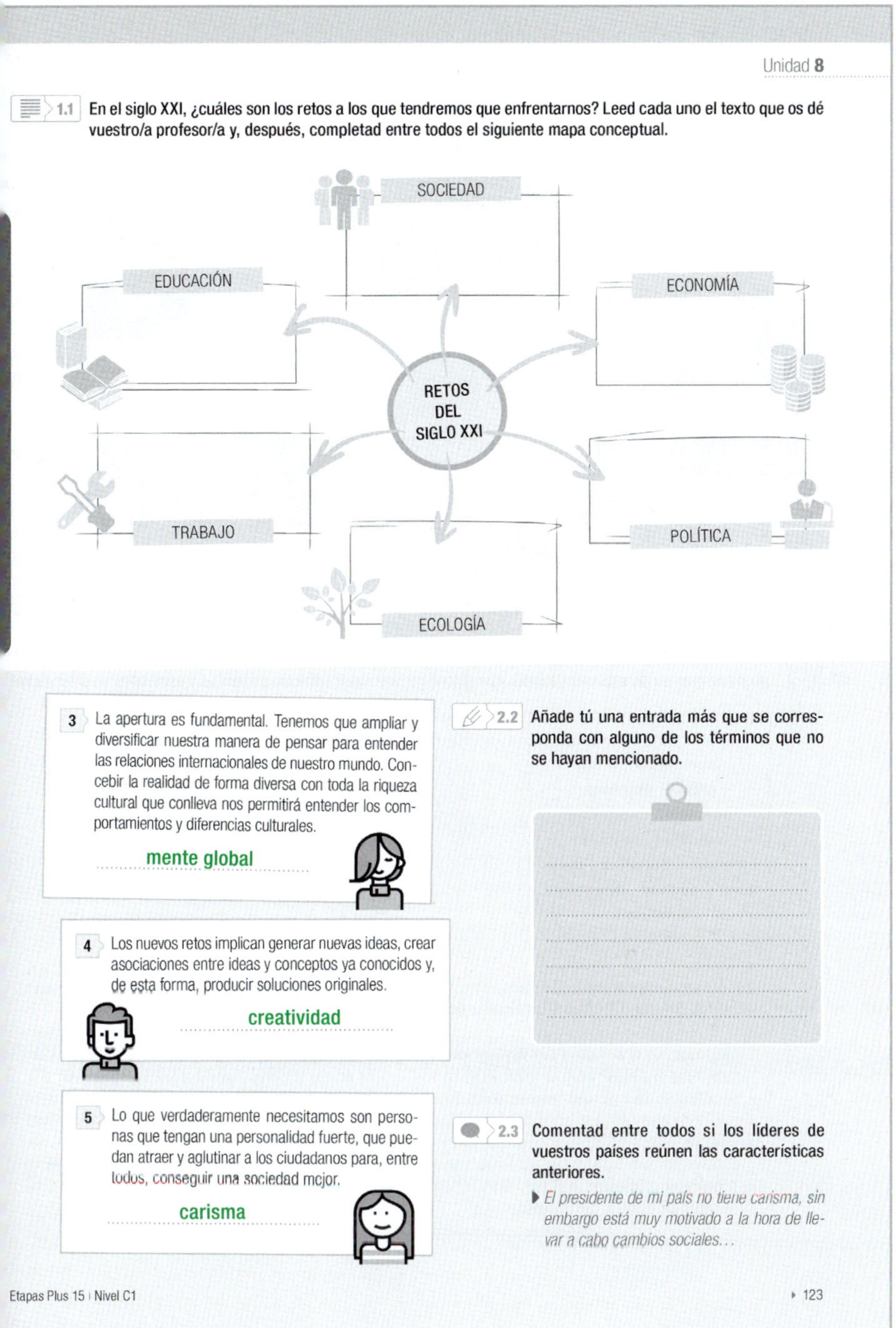

Unidad 8

1.1 **En el siglo XXI, ¿cuáles son los retos a los que tendremos que enfrentarnos? Leed cada uno el texto que os dé vuestro/a profesor/a y, después, completad entre todos el siguiente mapa conceptual.**

3 La apertura es fundamental. Tenemos que ampliar y diversificar nuestra manera de pensar para entender las relaciones internacionales de nuestro mundo. Concebir la realidad de forma diversa con toda la riqueza cultural que conlleva nos permitirá entender los comportamientos y diferencias culturales.

mente global

4 Los nuevos retos implican generar nuevas ideas, crear asociaciones entre ideas y conceptos ya conocidos y, de esta forma, producir soluciones originales.

creatividad

5 Lo que verdaderamente necesitamos son personas que tengan una personalidad fuerte, que puedan atraer y aglutinar a los ciudadanos para, entre todos, conseguir una sociedad mejor.

carisma

2.2 **Añade tú una entrada más que se corresponda con alguno de los términos que no se hayan mencionado.**

2.3 **Comentad entre todos si los líderes de vuestros países reúnen las características anteriores.**

▸ *El presidente de mi país no tiene carisma, sin embargo está muy motivado a la hora de llevar a cabo cambios sociales...*

Etapas Plus 15 | Nivel C1 ▸ 123

Sociedad: envejecimiento de la sociedad, debates éticos sobre los avances científicos; **Trabajo:** cambio radical de la forma de trabajar y del concepto de cualificación profesional; **Economía:** surgimiento de nuevos sectores productivos, disminución de la clase social media, aumento de la distancia económica con los países en vías de desarrollo; **Ecología:** necesidad imperiosa de utilizar fuentes de energía menos contaminantes y más rentables; **Política:** aumento de los nacionalismos; **Educación:** nuevos modelos de aprendizaje para una sociedad 3.0.

Ficha 18 ***Retos del siglo XXI.***

Proyección 50 ***Retos del siglo XXI.***

2

Esta secuencia sigue introduciendo temas relacionados con los retos, en este caso el de las habilidades necesarias para enfrentarse a ellos. La actividad 2 anticipa y prepara la comprensión lectora de 2.1.

Utilice la Proyección 51 para explicar a los alumnos que los retos del siglo XXI requieren personas con las aptitudes y competencias que se muestran. Inicie una discusión y pídales que argumenten el porqué de esa selección. A continuación, pregúnteles su opinión: si están de acuerdo o no y si añadirían o eliminarían algo. Puede agrupar a los alumnos en tríos. Finalmente, haga una puesta en común de la interacción e introduzca la siguiente actividad.

Proyección 51 ***Competencias del siglo XXI.***

2.1

Comprensión lectora que completa la secuencia. Pida a los alumnos que relacionen los textos con cinco características de la actividad anterior. Dígales que las escriban en los espacios en blanco.

2.2 y **2.3**

Una vez que los alumnos hayan relacionado las distintas opiniones con las aptitudes y competencias que definen, es el momento de que escriban ellos su propia opinión en el foro aludiendo a alguna de las características no mencionadas aún. Por último, en 2.3 se invita a la reflexión y al debate pidiéndoles que comenten si, por las descripciones vistas, creen que los líderes de sus respectivos países reúnen las características necesarias para serlo.

Si quiere seguir trabajando con léxico relacionado con los retos y desafíos, le recomendamos las actividades 8.1 a 8.1.3 de la página 244 del Libro de ejercicios.

Líderes carismáticos

Temas:

- Liderazgo y carisma.
- Personajes considerados líderes.
- Las llamadas "marchas de la libertad".

Contenidos:

- Léxico relacionado con el liderazgo.
- Verbos con preposición.

1 y **1.1**

Inicie la secuencia con la actividad 1 de interacción oral que introduce el concepto de *líder*, tema del epígrafe. Las fotografías muestran a personas que han sido pioneras o han tenido una relevancia histórica, política o cultural. Todos ellos han servido de referencia y han abierto nuevos caminos. Utilice la Proyección 52 para presentar a los personajes y hacer que los alumnos compartan la información que saben sobre ellos. Si lo considera, puede pedirles que consulten en internet, pero tenga en cuenta que en la actividad 3 leerán la biografía de Nelson Mandela, Martin Luther King y Mahatma Gandhi. Si lo desea, también puede valerse de la información de la Ficha 19.

La característica que comparten es que todos han sido líderes. Plantee esta cuestión en grupo abierto y ciérrela con el ejercicio 1.1 donde se define el término *líder*.

Proyección 52 *Líderes carismáticos.*

Ficha 19 *Líderes carismáticos.*

En el Libro de ejercicios, actividades 8.2, 8.2.1 y 8.2.2, página 245, se proponen actividades para trabajar con el sufijo *-azgo*, a partir del término *liderazgo*.

2

En este ejercicio, que sirve de introducción a los textos que leerán después, la idea es ver qué tipo de líder consideran ellos positivo. Los términos denotan características de líderes autocráticos; los textos se referirán después a aquellos más democráticos. No hay respuesta única, el profesor valorará la corrección de los estudiantes. Estos deberán elegir según su opinión o su experiencia vital y luego expresar si están de acuerdo con la información que ofrecen los textos de 2.1. Puede realizar las actividades en parejas.

2.1

Comprensión lectora. Deje que os alumnos lean los textos individualmente y piensen en la respuesta. A continuación, pídales que compartan sus opiniones con sus compañeros. Haga una breve puesta en común.

Líderes carismáticos

1 ¿Conoces a estas personas? Puedes buscar información en internet. Todas ellas tienen algo en común. ¿Qué característica comparten? Coméntalo con tu pareja.

2 ¿Qué palabras de las siguientes asocias con el término *liderazgo*? Habladlo en parejas y escribidlas en el recuadro.

poder apoyar fuerza supervisión grupo influir objetivos aconsejar autoridad aglutinar coacción gestión creencias gurú guiar control demagogia confianza

Liderazgo

2.1 Lee los siguientes textos que hablan sobre liderazgo y piensa si está bien justificada vuestra elección en la actividad anterior o si cambiarías algunas de las conclusiones a las que habéis llegado.

Liderazgo: capacidad de la que dispone una persona y por la cual es capaz de influir en su grupo de pertenencia o en un determinado público ante el cual se expresa y dirige su mensaje. La situación de liderazgo implica influir en las creencias, valores y acciones de los otros, y también apoyarlos para que trabajen con entusiasmo en el logro de los objetivos comunes del grupo al que pertenecen.

Extraído de www.definicionabc.com

El liderazgo es un fenómeno que se produce en todos los grupos humanos. Todavía no se ha logrado una definición consensuada del concepto. En la actualidad ya no se concibe el liderazgo como una característica estática de la personalidad que reside únicamente en el líder, sino como un proceso, que tiene lugar a lo largo del tiempo, en el que están implicados de forma interactiva el líder, los seguidores y la situación en la que se ejerce el liderazgo.

Extraído de *Psicología de las organizaciones*, Sanz y Torres, UNED

‣ 124 Etapas Plus 15 | Nivel C1

Unidad 8

6 7

1.1 **Encuentra en las siguientes definiciones el término que identifica a todas las personas de las imágenes. Escribe la palabra en el espacio en blanco.**

l í d e r

1. Persona a la que un grupo sigue, reconociéndola como jefe u orientadora.
2. Persona o equipo que va a la cabeza de una competición deportiva.

3 **Entre toda la clase vamos a leer la biografía de los tres líderes más carismáticos del siglo XX. Formad tres grupos, cada uno leerá un texto de la página 126 y marcará la información que le parezca más importante.**

3.1 **A continuación, cada equipo seleccionará qué datos biográficos de los que aparecen en la siguiente tabla corresponden a su líder y explicará la información al resto de la clase dando detalles claros. En algunos casos hay varios líderes que comparten los mismos datos.**

Información sobre líderes carismáticos

1. Se ausentó de la vida pública durante 27 años a causa de la privación de libertad que sufrió. ....
2. Accedió a un puesto de poder gracias a sus dotes de liderazgo y alcanzó a ver su sueño hecho realidad en vida. ....
3. No se doblegó ante las trabas que se iba encontrando en su camino. ....
4. Se topó con muchos escollos y, sin embargo, nunca cedió ante las injurias y los insultos. ....
5. Incitó a la no violencia. ....
6. Intercedió ante el gobierno de su país para abolir las leyes segregacionistas. ....
7. Mostró predisposición a la escucha. ....
8. Indujo a la desobediencia civil. ....
9. No se conformó con el *statu quo* y dio la vida por cambiarlo. ....
10. Pese a ser abogado, no se libró de la cárcel. ....
11. Prescindió de cualquier pompa que estuviera asociada a su estatus. ....
12. Incurrió en delitos como forma de lucha por su causa. ....
13. Compareció ante los tribunales en más de una ocasión. ....
14. Acabó con la segregación racial. ....
15. Mostró abiertamente su disconformidad con los lujos del poder y de la clase política. ....

Etapas Plus 15 | Nivel C1 ▸ 125

3

La actividad presenta aquellas muestras de lengua a través de las cuales se introducirán algunos verbos con preposición. Mediante la dinámica del grupo de expertos, se divide la clase en tres grupos (A, B y C). Pida que lean individualmente el texto que se les ha asignado y que marquen la información que consideran más importante.

3.1

Junte a los alumnos de cada grupo e indíqueles que identifiquen qué datos biográficos de la actividad se corresponden con el líder sobre el que han leído. Una vez que hayan terminado, pídales que compartan la información y se la expliquen a los otros grupos. Adviértales que, en algunos casos, hay más de una opción, es decir, hay información que puede corresponder a dos o tres líderes.

Utilice la Proyección 53 para la corrección en grupo clase. Fíjese en que algunos datos pueden dar lugar a diferentes interpretaciones por parte de los alumnos; en la clave proponemos algunas, pero valore las respuestas de sus estudiantes dejando que las argumenten.

Posible respuesta. 1. Nelson Mandela; **2.** Nelson Mandela y Gandhi (este último podría aceptarse, pues, aunque no lo dice el texto, vio la independencia de la India); **3.** Todos; **4.** Todos; **5.** Gandhi y Martin Luther King; **6.** Todos; **7.** Nelson Mandela; **8.** Martin Luther King (boicot de autobuses) y Gandhi; **9.** Gandhi (sabemos que fue asesinado a causa de sus ideas) y Martin Luther King (en el texto dice: "Esta dedicación le costó la vida"); **10.** Nelson Mandela y Gandhi; **11.** Gandhi; **12.** Nelson Mandela (adoptó el sabotaje como medio de lucha); **13.** Nelson Mandela y Gandhi; **14.** Mandela, aunque podemos decir que la labor de los demás ayudó mucho; **15.** Gandhi.

Proyección 53 ***Información sobre líderes carismáticos.***

Página 127

3.2

Actividad de sistematización de los verbos con preposición presentados en 3.1 y que introduce otros nuevos. Explíqueles que deben copiar los verbos de la actividad anterior en el espacio en blanco que les corresponda en función de su significado y teniendo en cuenta la preposición de la que suelen ir acompañados. Puede seguir usando la Proyección 53, donde aparecen los verbos, y la Proyección 54 para corregir la actividad.

A, Tendencia / Disposición: acceder a; **A, Influencia:** inducir a; **Ante, Fracaso:** doblegarse ante; **Ante, Estar presente/delante:** comparecer ante; **Con, Enfrentamiento:** mostrar su disconformidad con; **Con, Resultado:** acabar con; **De, Liberación / Abandono:** librarse de; **En, Insistencia:** incurrir en.

Proyección 54 *Verbos con preposición.*

4

La actividad sirve de práctica oral del contenido presentado mediante un cuestionario. Distribuya a los alumnos en parejas, A y B, y pídales que, individualmente y sin mirar el otro texto, completen el suyo con las preposiciones adecuadas. Resuelva las dudas de vocabulario que pudiera haber. A continuación, ya en parejas, deben preguntarse y responder de manera que se establezcan breves conversaciones de cada cuestión. Pasee por la clase y corrija a los alumnos cuando sea necesario.

Si quiere reforzar este contenido antes de pasar a una producción más libre, le recomendamos las actividades 8.3 y 8.4 del Libro de ejercicios, página 246.

A

Su condición de hijo del jefe de una tribu de la etnia xosha propició que desde adolescente asistiera al consejo tribal y se aficionara a escuchar a los jefes tribales, lo que le hizo tomar conciencia del sentido de la justicia. Mandela llegó a ser presidente del Congreso Nacional Africano, movimiento de lucha pacífica contra la opresión racial. En la época de mayor represión, la organización pasó a la clandestinidad y adoptó el sabotaje como medio de lucha contra el sistema de segregación y discriminación social, económica, cultural, política y territorial que había implantado la República Sudafricana.

Fue juzgado en dos ocasiones y condenado a cadena perpetua, por lo que estuvo prisionero en pésimas condiciones desde 1963 a 1990. El gobierno sudafricano hizo caso omiso de las reiteradas peticiones de su puesta en libertad.

Finalmente, fue el presidente Frederik de Klerk quien hubo de ceder ante la evidencia. En 1990 legalizó el Congreso Nacional Africano y liberó a Mandela, que se convirtió en su principal interlocutor para negociar el desmantelamiento del *apartheid* y la transición a una democracia multirracial.

Extraído y adaptado de varias fuentes.

B

Pastor baptista que aplicó el principio de la no violencia a la lucha por la igualdad de derechos de la minoría negra en Estados Unidos. Asimismo, participó como activista en numerosas protestas contra la guerra de Vietnam y la pobreza en general. Esta dedicación le costó la vida, pero su figura se convirtió en un ejemplo para la humanidad.

La decimocuarta enmienda de la Constitución estadounidense en 1968 garantizaba a los afroamericanos los derechos civiles y la igualdad con los blancos ante la ley; sin embargo, la realidad era distinta, principalmente en el sur. Martin Luther King fue consciente de esta injusticia y desde muy joven organizó y llevó a cabo diversas actividades pacíficas reclamando el derecho al voto, la no discriminación y otros derechos civiles básicos para la gente de raza negra de los Estados Unidos.

Entre sus acciones más recordadas destacan el boicot de autobuses en Montgomery y la marcha sobre Washington por el trabajo y la libertad, al final de la cual pronunciaría su famoso discurso "I have a dream".

Extraído y adaptado de varias fuentes.

C

Desarrolló un método de acción social directa basado en los principios del sacrificio, la verdad y la no violencia llamado *satyagraha*. Renunció a los placeres y a los lujos como abogado británico y juró concentrar todo el calor de su pasión en la lucha contra los prejuicios y la discriminación racial.

Después de veinte años de encabezar con éxito la lucha de los indios en África del Sur, Gandhi regresó a la India. Al terminar la Primera Guerra Mundial asumió el mando supremo del Congreso, reescribió su constitución y transformó aquel grupo de presión a favor de la reforma política en un poderoso movimiento de masas que exigía el fin de la explotación y la dominación de la India por el Imperio británico.

Después de adquirir más poder político que cualquier otro indio del siglo anterior, rechazó todos los privilegios que otros codiciaban. Insistía en viajar solo a pie o en vagones de ferrocarril de tercera clase y se retiraba a la sencillez espartana de remotos *ashram*[1] aldeanos, cuando no se encontraba encerrado en alguna cárcel británica.

Millones de personas seguían sin titubear a Mahatma el "Alma Grande" de la India.

Extraído de www.historiaybiografias.com/gandhi/

[1] Lugar de meditación y enseñanza hinduista en el que los alumnos conviven bajo el mismo techo que sus maestros.

3.2 **Vuelve a leer la información sobre los líderes de la página 125 y completa el cuadro con el verbo adecuado.**

Verbos con preposición

A

Tendencia / Disposición
- mostrar/tener predisposición a
- ....
- alcanzar a
- aficionarse a

Influencia
- ....
- incitar a
- alentar a
- exhortar a
- instar a

Ante

Fracaso
- ....
- ceder ante
- claudicar ante
- someterse ante

Estar presente/ delante
- ....
- interceder ante
- personarse ante
- presentarse ante

Con

Enfrentamiento
- toparse con
- ....
- enfrentarse con
- enemistarse con

Cooperación
- confabularse con
- cooperar con
- aliarse con

Resultado
- conformarse con
- saldarse con
- ....

De

Liberación / Abandono
- ....
- ausentarse de
- prescindir de
- desligarse de

En

Insistencia
- ....
- insistir en
- empeñarse en
- fijarse en

4 **En parejas, elegid A o B y completad las frases con la preposición adecuada. Después, hacedle las preguntas a vuestro/a compañero/a.**

Estudiante A

1. ¿Alguna vez te has ausentado ...**de**... tu trabajo durante una larga temporada?
2. ¿...**Con**... qué escollos te has topado a lo largo de tu vida?
3. ¿Eres de los que se doblegan ...**ante**... las dificultades o persistes hasta alcanzar ...**a**... ver tu sueño hecho realidad?
4. ¿...**De**... qué objeto prescindirías en este momento sin que te supusiera una pérdida?
5. ¿Te conformarías ...**con**... ganar un pequeño sueldo y vivir sencillamente o tienes miras más amplias?
6. ¿Acostumbras a ceder ...**ante**... las exigencias de tu familia o amigos?

Estudiante B

1. ¿Piensas que últimamente te has librado ...**de**... algo?
2. ¿Recuerdas a algún líder que haya incitado ...**a**... la violencia?
3. ¿Te acuerdas de algún político que haya tenido que comparecer ...**ante**... los tribunales por algún asunto turbio?
4. Di el nombre de un personaje público cuya conducta te induce ...**a**... pensar que no es de fiar.
5. Piensa en alguien más que haya incurrido ...**en**... delitos por defender una causa justa.
6. ¿Te atreverías a mostrar abiertamente tu disconformidad ...**con**... las acciones de un jefe de gobierno dictatorial de tu país?

5 **Escucha la noticia sobre una de las "marchas de la libertad", toma notas en tu cuaderno y, con tu compañero/a, reescríbela utilizando el mayor número posible de verbos con preposición.**

6 **Piensa en algún líder carismático de tu país, recopila información sobre él/ella y escribe un breve texto para hacer una presentación ante la clase.**

5

Audición que reproduce la retransmisión de una noticia relacionada con una de las marchas de la libertad que tuvieron lugar en Estados Unidos organizadas por el Movimiento por los derechos civiles para pedir la igualdad de la población negra.

Motive y contextualice el audio con la Proyección 55. En ella aparece la famosa frase con la que Martin Luther King inició su discurso en la marcha de la libertad más importante (en Washington), la cual resultó clave para la posterior aprobación de la Ley de los Derechos Civiles (1964) y la Ley del Derecho al Voto (1965). Pregunte a los alumnos si conocen esa frase, si saben quién la pronunció y por qué. Vaya mostrando otras partes del discurso hasta llegar a la autoría: Martin Luther King. Deje que compartan la información que sepan sobre este asunto. Explíqueles el significado de estas manifestaciones e introduzca la audición diciéndoles que van a escuchar una noticia relacionada con una de ellas.

El objetivo de la actividad es reescribir la noticia que han escuchado utilizando el mayor número posible de verbos con preposición. Para animar a los estudiantes a que lo hagan, puede convertir la actividad en una competición, dotándola de un carácter más lúdico. Para ello, distribúyalos en parejas.

Posible respuesta: Ayer un grupo de manifestantes incurrieron en un delito al lanzarse a la calle y empeñarse en ir a la cárcel si no se les reconocían los mismos derechos que a cualquier otro ciudadano de los EE. UU. Un sector de los comerciantes piensa que lo que pretenden los organizadores es confabularse contra ellos para llevarlos a la quiebra.

Los manifestantes se toparon con chorros de agua a alta presión y perros, pero aun así no se doblegaron ante esta muestra de violencia e instaron a los responsables políticos a que se reconocieran los mismos derechos a todos los ciudadanos, sin importar el color de su piel. El alcalde y el jefe de la policía de Birmingham se han desligado del asunto al renunciar a su cargo.

Proyección 55 *Tengo un sueño.*

[29] Véase transcripción en pág. 228.

6

Actividad de respuesta libre. Puede sugerir que la realicen como tarea para casa. Anime a los alumnos a que piensen en un líder carismático que no haya sido comentado en la unidad, a que busquen información sobre este y a que preparen una pequeña exposición para los días siguientes. Si lo prefieren, pueden trabajar en parejas o en grupos pequeños.

Genios

Temas:
- Personajes inteligentes.
- Inventos geniales.

Contenidos:
- Oraciones concesivas intensivas.
- Oraciones concesivas reduplicadas.

1

Esta primera secuencia introduce el tema y juega con la polisemia del término *genio*. Se inicia mediante esta preactividad con la que se motiva y anticipa la comprensión lectora posterior. Utilice la Proyección 56 para hacer la actividad en grupo clase. Pregunte a los alumnos sobre los tres significados de la palabra *genio* que aparecen representados por las imágenes.

Proyección 56 *Genios.*

1.1

Comprensión lectora sobre la polisemia del término *genio*. Ponga a los alumnos en parejas y pídales que discutan sobre las opciones que se ofrecen en cada una de las preguntas del test. Adviértalos de que se trata de su opinión y de que no hay una respuesta correcta. Haga una puesta en común y deje que expongan y argumenten sus elecciones. El test potencia más la interacción oral que el acierto.

1.2

Actividad que trabaja la interacción oral y que le servirá para presentar el léxico y las expresiones que se han utilizado en las diferentes cuestiones: *tener una inteligencia fuera de lo común, trabajador empedernido/infatigable, dar en el clavo, salirse de los caminos trillados, (no) aguantar a alguien.*

Deje que primero piensen en las respuestas individualmente. A continuación, póngalos en parejas o en grupos pequeños. Si lo considera, haga una breve puesta en común de algunos de los puntos.

Genios

1 **Las siguientes imágenes se refieren a los diferentes significados de la palabra *genio*. Hablad en parejas sobre ello y escribid debajo de las fotos qué tipo de persona están representando en cada caso.**

1 
Personaje mágico.

2 
Persona con una inteligencia superior.

3 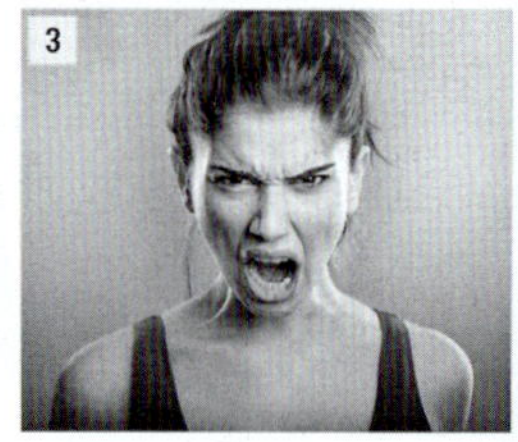
Persona con mucho temperamento o de mal carácter.

1.1 **Vamos a realizar un test. ¿Qué sabéis de los genios? Habladlo en parejas y decidid con qué opción os quedáis.**

1. ¿Qué es un genio?
- ◯ **a.** Un personaje sobrenatural que vive en el interior de una lámpara y tiene el poder de hacer realidad los deseos propios y ajenos.
- ◯ **b.** Una persona que posee una inteligencia fuera de lo común, que ha concebido algo excepcional y ha conseguido llevarlo a cabo contribuyendo de esta forma al progreso de la humanidad.
- ◯ **c.** Una persona ingeniosa que tiene la capacidad de inventar o imaginar cosas y que es capaz de combinar con habilidad los conocimientos que posee y los medios de los que dispone.

2. Ser un genio implica…
- ◯ **a.** tener un coeficiente intelectual notablemente superior a la media.
- ◯ **b.** ser un trabajador infatigable que se esfuerza hasta dar con una solución admirable.
- ◯ **c.** ambas cosas.

3. ¿Qué tienen en común todos los genios?
- ◯ **a.** Eran los más empollones de la clase y sacaban las mejores notas.
- ◯ **b.** Muchos fracasaron en sus estudios porque pensaban de forma diferente y se salían de la norma.
- ◯ **c.** Siempre obtenían matrículas de honor en sus notas.

4. ¿Qué disciplinas cultivan los genios?
- ◯ **a.** Las ciencias.
- ◯ **b.** Las artes.
- ◯ **c.** Todo tipo de disciplinas.

5. Para llegar a ser un genio reconocido es importante…
- ◯ **a.** alcanzar el éxito en alguna ocasión.
- ◯ **b.** atreverse a fracasar.
- ◯ **c.** salirse de los caminos trillados y ser capaz de reinventar la realidad.

Extraído y adaptado de *Ingenios*, Philippe Brasseur

1.2 **Piensa en una persona que…**

- posea una inteligencia fuera de lo común, privilegiada o superior;
- sea un trabajador empedernido/infatigable/incansable;
- haya dado en el clavo o acertado con la solución de un problema;
- siempre se salga de los caminos trillados o del orden establecido;
- tenga tan mal genio que no haya quien la aguante.

Después, comparte tu opinión con tus compañeros.

2 Una página web ha colgado curiosidades sobre algunos famosos y varias personas han dejado su opinión. Lee la información sobre estos personajes y escribe al lado de cada comentario a quién se refiere.

CURIOSIDADES SOBRE FAMOSOS

A los padres de Albert Einstein les dijeron que su hijo padecía un trastorno de desarrollo intelectual. Sin embargo, hoy en día es reconocido como uno de los mayores genios que ha dado la historia de la humanidad.

En 1947, un productor de la 20th Century Fox se deshacía de Marilyn Monroe tras unos años de contrato. Consideraba que era "poco atractiva y que tampoco sabía interpretar".

Steve Jobs conoció el fracaso al cumplir treinta años. Las desavenencias con su socio provocaron la separación entre ambos y el despido de Jobs. Pese a todo, volvió a empezar, creó NeXT y adquirió Pixar antes de regresar a Cupertino como salvador y convertir la empresa de la manzana en lo que es hoy.

La discográfica Decca rechazó un contrato con Los Beatles: no les gustaba su sonido y creía que los grupos de guitarra pronto se pasarían de moda. Pero EMI sí creyó en ellos.

J. K. Rowling, la creadora de la serie de libros de Harry Potter, no lo tuvo fácil al principio. Fue rechazada en repetidas ocasiones por al menos una docena de editores que no creyeron en su trabajo.

Vincent van Gogh entró a trabajar como marchante de arte, pero fue despedido porque no podía soportar la idea de que el arte fuera tratado como una mercancía. Quiso aprender a dibujar, pero se desesperaba ante las dificultades técnicas. Tuvo que romper cientos de dibujos hasta que logró alcanzar un estilo más personal.

1. Es increíble. **Con lo que valía** y la pusieron de patitas en calle. *Marilyn Monroe.*
2. Lo admiro. **Con la edad que tenía** y no le asustó empezar de cero. **Steve Jobs.**
3. ¡Qué tenacidad! **Con la de veces que echaron por tierra su trabajo** y ella no se rendía. **J. K. Rowling.**
4. No doy crédito, **con lo brillante que era**... **Albert Einstein.**
5. ¡Las vueltas que da la vida! **Con lo que se cotizan ahora sus cuadros...** **Vincent van Gogh.**
6. Se tirarían de los pelos. **Con el éxito que cosecharon después,** y ellos sin valorarlos. **Los Beatles.**

Oraciones concesivas intensivas

En un registro informal, para expresar con énfasis que no se comprende el desajuste entre dos ideas contradictorias, usamos las estructuras concesivas intensivas:

- ***Con lo que*** + verbo
  - *Con lo que sabe...*
- ***Con lo*** + adjetivo/adverbio + ***que*** + verbo
  - *Con lo brillante que era...*
- ***Con el/la*** + sustantivo + indicativo:
  - *Con el éxito que cosecharon después,...*
- ***Con la de*** + sustantivo plural:
  - *Con la de veces que echaron por tierra su trabajo...*

2

A través de los comentarios sobre algunas curiosidades de personajes famosos se introducen las oraciones concesivas intensivas. Motive la actividad con las imágenes de los personajes que se ofrecen en la Proyección 57 y explique a los alumnos que todos ellos vivieron una contradicción. Ponga el ejemplo de Einstein: dígales que en el colegio los profesores le diagnosticaron un trastorno intelectual. Cree interés por la actividad preguntándoles cuáles piensan que fueron las contradicciones que sufrieron el resto de personajes.

No les ofrezca la solución, al contrario, invítelos a leer las mencionadas curiosidades y a relacionar cada personaje con los comentarios que, a continuación, se hacen sobre ellos. Asegúrese de que conocen o preenseñe el siguiente vocabulario: *poner de patitas en la calle, echar por tierra* y *tirarse de los pelos.*

Corrija la actividad y llame la atención sobre el cuadro de reflexión de las oraciones concesivas intensivas.

Proyección 57 ***Qué contradicción.***

2.1

Actividad de práctica de las estructuras concesivas intensivas presentadas anteriormente. Explique la actividad en grupo clase utilizando el ejemplo del libro. Hágales ver que esta sería una posible conversación para la situación 1.

Posibles reacciones: 2. ¡Con la de veces que te he invitado!, ¡Con lo generoso/a que he sido contigo!; **3.** ¡Con la de calorías que tomas!, ¡Con lo que comes y lo delgado que estás!; **4.** ¡Con la de besos que me dabas de pequeño!, ¡Con lo cariñoso que eras!; **5.** ¡Con la de opciones que tenías y has ido a elegir la peor!, ¡Con la de ciudades interesantes que hay y eliges la más peligrosa!; **6.** ¡Con la de euros que me he gastado en decoración!, ¡Con lo que he sufrido con las obras!; **7.** ¡Con la de dinero que tiene y parece un pordiosero!, ¡Con lo guapo que podría estar!; **8.** ¡Con las novias guapas y divertidas que has tenido!, ¡Con lo exigente que siempre has sido en cuestión de novias!; **9.** ¡Con la de años que tiene!, ¡Con el desgaste que supone hacer tanto ejercicio, no sé cómo aguanta!; **10.** ¡Con la de coches híbridos a buen precio que hay ahora y vas y eliges el más contaminante!, ¡Con lo ecologista que tú eres, no lo entiendo!

2.2

Comprensión auditiva que presenta los modelos de lengua para las oraciones concesivas reduplicadas. Contextualice la actividad con la tarea propuesta en la Ficha 20. Ponga el audio, haga una escucha general y pídales que completen la tabla de la ficha.

Ficha 20 ***Sea como sea.***

2.1 **En parejas, elegid dos frases de las propuestas a continuación e inventad un contexto y una conversación donde aparezcan transformadas en concesivas intensivas. Fijaos en el ejemplo.**

1. Me he sacrificado mucho por ti y no veo que me lo agradezcas.
2. Te he invitado todos los meses a mi chalé y yo todavía no he estado en tu apartamentito de la playa.
3. ¡Qué envidia! Te pones ciego a comer y sin embargo estás en los huesos.
4. ¡Eras tan mono de pequeño y tan cariñoso…! ¡Qué pena que ahora te hayas vuelto tan arisco!
5. Tenías muchísimas opciones para el Erasmus y al final te has decidido por la ciudad más peligrosa.
6. He invertido un dineral en la casa y no consigo que me luzca.
7. Mario está forrado, pero viste como si fuera un indigente.
8. Has salido con un montón de chicas y te acabas casando con la más muermo.
9. Me he quedado de piedra: el vecino del quinto tiene ochenta años y sigue corriendo maratones.
10. El mercado automovilístico ofrece muchos coches asequibles y tú has elegido el que más contamina.

Contexto

Unos padres preocupados por los malos resultados académicos y la actitud de su hija ante los estudios.

*¡Qué disgusto tenemos! ¡Menudas notas has vuelto a sacar! Es que no estudias, te pasas el día enganchada al móvil y a los videojuegos. ¡**Con lo que nosotros nos sacrificamos por ti**, y así es como nos lo agradeces!*

*¡**Con lo que yo estudio, mamá!** Si solo cojo el móvil o el ordenador después de hacer los deberes. Lo que pasa es que los profes me tienen manía y además son superexigentes.*

*Normal, ¡**con lo que pagamos**, ya pueden exigir…!*

2.2 [30] **Escucha a estas personas que hablan sobre la constancia de los personajes del ejercicio 2 y completa las frases con sus comentarios.**

1. ……………………………, no estoy a la altura de una *sex symbol*.
   Interprete a mi personaje como lo interprete, nada les parece bien.
   Pero yo voy a seguir intentándolo, …………………… …………………… que soy una buena actriz.
2. ▶ **Le salga mejor o peor**, lo importante ahora es luchar por conseguir sus metas.
   ▷ Desde luego, ……………………………, no le queda otro remedio.
3. **Les pese o no**, ya no hay vuelta atrás, …………… ……………………………
4. ▶ **Hable con quien hable**, todos acaban diciéndome lo mismo.
   ▷ ……………………………, nuestro hijo es un genio.
5. ▶ ……………………………, los últimos diez años de su vida se los pasó pintando.
   ▷ **Gustaran [los cuadros] o no**, él seguía adelante.
6. ……………………………, ella seguía presentando su manuscrito a las diferentes editoriales.

2.3 **Vuelve a leer las frases que has escrito en el ejercicio anterior y relaciona su significado con dos de los siguientes conectores.**

☐ gracias a que ☑ aunque ☐ de ahí que ☑ a pesar de que

▸ 130 Etapas Plus 15 | Nivel C1

Personaje del que se habla.	Quién/quiénes habla/n.	Sobre qué problema se habla.
1. Marilyn Monroe	Ella	Su falta de atractivo y pobre interpretación.
2. Steve Jobs	Otras personas	Fracaso de Steve Jobs en Apple.
3. Los Beatles	Otras personas	Fueron rechazados varias veces.
4. Einstein	Sus padres	Los profesores piensan que no es inteligente.
5. Van Gogh	Otras personas	No vendía muchos cuadros.
6. J. K. Rowling	Otras personas	No querían publicarle el libro.

Después de corregir la ficha, presente la actividad 2.2. Pida que escuchen de nuevo, pero ahora prestando atención al lenguaje, y que completen las frases; de esta manera tendrán las muestras de lengua sobre las que reflexionar en las siguientes actividades.

1. Me ponga lo que me ponga; crean o no crean; **2.** le guste o no; **3.** se pongan como se pongan; **4.** Digan lo que digan; **5.** Hiciera frío o calor; **6.** La aceptaran o la rechazaran.

[30] Véase transcripción en pág. 228.

Pág. 131

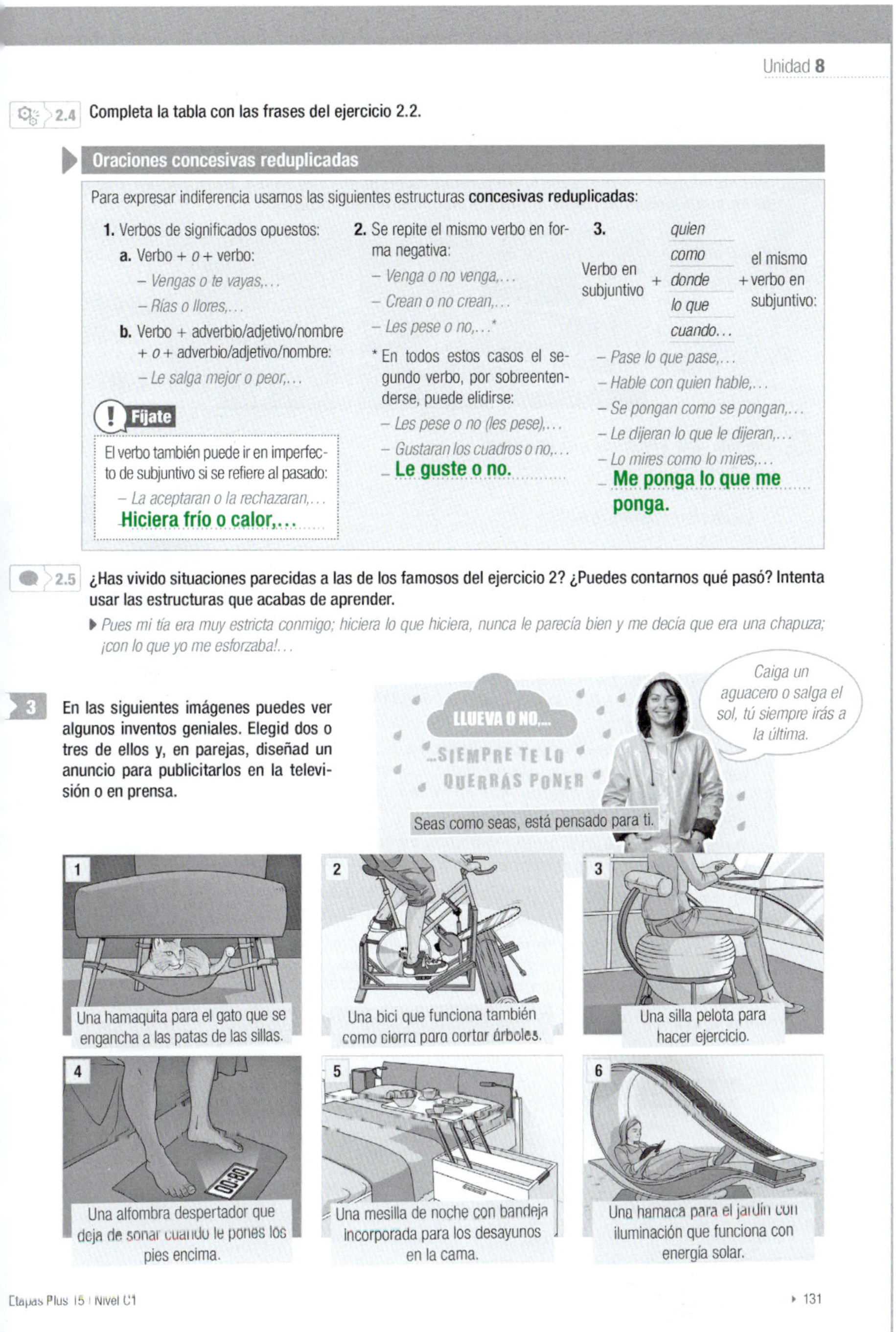

Unidad **8**

2.4 Completa la tabla con las frases del ejercicio 2.2.

Oraciones concesivas reduplicadas

Para expresar indiferencia usamos las siguientes estructuras **concesivas reduplicadas**:

1. Verbos de significados opuestos:

a. Verbo + *o* + verbo:
- *Vengas o te vayas,…*
- *Rías o llores,…*

b. Verbo + adverbio/adjetivo/nombre + *o* + adverbio/adjetivo/nombre:
- *Le salga mejor o peor,…*

Fíjate

El verbo también puede ir en imperfecto de subjuntivo si se refiere al pasado:
- *La aceptaran o la rechazaran,…*
- **Hiciera frío o calor,…**

2. Se repite el mismo verbo en forma negativa:
- *Venga o no venga,…*
- *Crean o no crean,…*
- *Les pese o no,…**

* En todos estos casos el segundo verbo, por sobreentenderse, puede elidirse:
- *Les pese o no (les pese),…*
- *Gustaran los cuadros o no,…*
- **Le guste o no.**

3. Verbo en subjuntivo + *quien / como / donde / lo que / cuando…* + el mismo verbo en subjuntivo:
- *Pase lo que pase,…*
- *Hable con quien hable,…*
- *Se pongan como se pongan,…*
- *Le dijeran lo que le dijeran,…*
- *Lo mires como lo mires,…*
- **Me ponga lo que me ponga.**

2.5 ¿Has vivido situaciones parecidas a las de los famosos del ejercicio 2? ¿Puedes contarnos qué pasó? Intenta usar las estructuras que acabas de aprender.

Pues mi tía era muy estricta conmigo; hiciera lo que hiciera, nunca le parecía bien y me decía que era una chapuza; ¡con lo que yo me esforzaba!…

3 En las siguientes imágenes puedes ver algunos inventos geniales. Elegid dos o tres de ellos y, en parejas, diseñad un anuncio para publicitarlos en la televisión o en prensa.

1. Una hamaquita para el gato que se engancha a las patas de las sillas.
2. Una bici que funciona también como sierra para cortar árboles.
3. Una silla pelota para hacer ejercicio.
4. Una alfombra despertador que deja de sonar cuando le pones los pies encima.
5. Una mesilla de noche con bandeja incorporada para los desayunos en la cama.
6. Una hamaca para el jardín con iluminación que funciona con energía solar.

Etapas Plus 15 | Nivel C1 ▸ 131

2.3

Actividad que presenta el significado de las oraciones concesivas reduplicadas. Antes de pasar a la reflexión de 2.4, asegúrese de que los alumnos entienden el significado de este tipo de frases.

2.4

Actividad de sistematización de las oraciones concesivas reduplicadas. Una vez que los estudiantes hayan sido conscientes de la forma y del significado de este tipo de frases gracias a las actividades anteriores, pídales que lean la explicación que se les ofrece y que la completen con algunos ejemplos de 2.2. Corrija la actividad y solucione las dudas que pudiera haber.

2.5

En este ejercicio y el siguiente se pretende que el estudiante practique las estructuras presentadas dejándole mayor margen para su propia expresión. La respuesta aquí es abierta. Recomendamos que tome nota de los errores que detecte mientras hablan y que haga después una corrección o aclaración si viera que no usan adecuadamente la estructura.

3

Motive la actividad proponiendo un concurso de anuncios de inventos geniales. Utilice la Proyección 58 para explicar la tarea. Presente primero los inventos y haga en grupo clase una lluvia de ideas sobre lo que son, para qué sirven y los beneficios que proporcionan. A continuación, marque el tic para confirmar sus hipótesis. Esto les ayudará para la confección de su anuncio. Divida a los estudiantes en grupos de tres o cuatro y pídales que elijan dos o tres objetos para crear el anuncio. Explíqueles que deben idear eslóganes con frases concesivas reduplicadas, tal y como aparece en el ejemplo sobre el chubasquero y la lluvia.

Algunas sugerencias: 1. Estés donde estés, tu gato siempre irá contigo y, pase lo que pase, se sentirá seguro; **2.** Corras o vayas lento, conseguirás leña para la chimenea/Pedalees lo que pedalees, lo conseguirás; **3.** Trabajes mucho o poco, estarás en forma/Te sientes como te sientes, estarás haciendo ejercicio; **4.** Sea la hora que sea, al levantarte dejará de sonar/Haya electricidad o no, siempre funcionará; **5.** Te apetezca desayunar o no, siempre tendrás la opción de tomar algo; **6.** Pase lo que pase, la luz no te faltará.

Proyección 58 ***Inventos geniales.***

Si quiere reforzar el contenido de las oraciones concesivas reduplicadas, le recomendamos las actividades 8.5, 8.5.1 y 8.5.2 de la página 247.

Salirse de los caminos trillados

Temas:

- Un ejemplo de arte conceptual: la envoltura del *Reichstag*.

Contenidos:

- Pedir, conceder y denegar permiso.
- El presente histórico.

1

La actividad sirve para motivar y contextualizar el tema del epígrafe: la envoltura del *Reichstag* llevada a cabo por el artista de origen búlgaro Christo Javacheff, cuyas obras se enmarcan dentro del arte conceptual. Si se dispone de medios, recomendamos proyectar imágenes de sus obras y también de las del artista René Magritte, perteneciente al movimiento surrealista. Ambos hacen un tipo de arte nada convencional acorde con la idea que queremos presentar de inventar nuevos caminos.

Utilice la Proyección 59 con las imágenes para realizar la actividad en grupo clase. Aproveche para presentar a los artistas Christo y Jeanne-Claude y sondear los conocimientos de los alumnos acerca de ellos y, sobre todo, del edificio sobre el que leerán en la siguiente actividad: el *Reichstag*. Cree interés preguntando si saben qué hicieron los citados artistas en el edificio del Parlamento alemán *(Reichstag)* e introduzca la comprensión lectora de la actividad 2.

Christo Vladimirov Javacheff (Gabrovo, Bulgaria, 1935) y **Jeanne-Claude** (Casablanca, Marruecos, 1935-Nueva York, EE. UU., 2009) conformaban un matrimonio de artistas que realizaban instalaciones artísticas ambientales. Su arte se caracteriza, principalmente, por utilizar tela para envolver gigantescos edificios o cubrir extensas áreas públicas. Han realizado sus instalaciones en diferentes países: en el año 1995 forraron el edificio del *Reichstag* en Alemania y en 1985 cubrieron el Puente Nuevo en París. También construyeron una cortina de 39 kilómetros de largo, llamada *Running Fence*, en los condados californianos de Sonoma y Marin en 1976. Uno de sus últimos trabajos es *The Gates* (2005), el cual consistió en instalar 7503 marcos metálicos en el Central Park de Nueva York.

Salirse de los caminos trillados

1 **Mira las imágenes y comenta con tu compañero/a cuál te parece más curiosa. Elegid después entre los dos cuál de las frases propuestas resume la idea que transmiten ambas imágenes.**

Salirse de los caminos trillados.

Reinventar la realidad.

Sorprender y provocar.

Convertir en extraordinario lo ordinario.

Sondear el misterio.

2 **Lee esta carta y responde a las preguntas.**

Berlín, 5 de enero de 1995

Excelentísimos Señores Diputados:

Me dirijo a ustedes para hacerles llegar una petición inusual, pero no por ello descabellada. Con el fin de que no consideren mi atrevimiento como un abuso, me gustaría explicarles brevemente mis razones.

Mi nombre es Christo y, junto con mi mujer, Jeanne-Claude, me dedico a crear instalaciones artísticas en espacios públicos.

Por todos es sabido que mi trabajo como artista consiste en cubrir monumentos históricos y que, con esta acción, mi intención es descubrir otra cara nueva del inmueble.

Considero que el *Reichstag*[1] es un edificio emblemático de la historia reciente de Alemania y que, justo en este momento en el que va a ser remodelado, convendría que recuperara una mirada nueva que le permita asumir su futuro papel limpio del peso de la historia.

Por todo lo anterior, **solicito su permiso para** cubrirlo con tela con la finalidad de que la edificación deje de ser acaparada por historiadores y políticos y en el futuro también pertenezca al arte.

En caso de aceptar mi propuesta, **¿tendrían inconveniente en que** el color de la tela fuera el plateado? Una construcción tan singular no merecería algo de menor valor.

Finalmente, **pido su autorización para** ser yo mismo, junto con mi equipo, quien proceda a cubrirlo, ya que este rito, para que surta efecto, solo puede ser llevado a cabo por un artista. **No quisiera abusar, pero me gustaría mucho** llevar a cabo esta acción.

Sin otro particular, les doy las gracias de antemano y me pongo a su entera disposición para aclararles cualquier duda que les pueda surgir.

Atentamente,
Christo Vladimirov Javacheff

[1] *Reichstag*: Parlamento alemán.

1. ¿Quiénes son el destinatario y el emisor de la carta?
2. ¿Qué tipo de carta es y con qué finalidad se escribió?
3. ¿Piensas que la petición cayó en saco roto o que, por el contrario, surtió efecto?
4. ¿Consideras que la argumentación que se hace es adecuada?
5. El asunto de la carta es un hecho real, ¿puedes aportar más datos sobre lo que sucedió?

132 Etapas Plus 15 | Nivel C1

La primera imagen corresponde a la obra *The Floating Piers* ("Los muelles flotantes"), instalación de Christo y Jeanne-Claude en el lago Iseo, Italia.
La segunda corresponde a *L'art de vivre* ("El arte de vivir") de René Magritte.

Proyección 59 ***Salirse de los caminos trillados.***

2

A través de esta carta ficticia en la que los artistas Christo y Jeanne-Claude se dirigen al gobierno alemán solicitando permiso para llevar a cabo su obra, se presentan las estructuras para pedir permiso en contextos formales. Indique a los alumnos que lean el texto para contestar a las preguntas.

Pág. 133

2.1 **Hemos recogido las respuestas que recibió Christo y la polémica que suscitó entre los ciudadanos alemanes. Lee los fragmentos e identifica cuáles podrían corresponder al gobierno de Berlín y cuáles a los ciudadanos.**

1 **Sintiéndolo mucho**, tenemos que comunicarle que, en estos momentos difíciles para Alemania, **no es posible satisfacer su petición**, ya que consideramos que el empaquetado del edificio significa una violación de la historia de nuestro país. **Nos tememos que va a ser imposible** llevar a cabo el recubrimiento, pues el acto sería entendido como un escarnio público.

2 **Se ponga como se ponga**, no lo vamos a aceptar.

3 **Haga lo que haga**, no nos va a convencer.

4 No aceptaremos la propuesta **a menos que nos prometa** que a los contribuyentes alemanes no les costará ni un solo marco.

5 **Lamentamos tener que darle una negativa, pero no es posible**, por el momento, **satisfacer su petición**, ya que la consideramos una acción de dudoso contenido artístico.

6 Daremos nuestra conformidad **solo si nos aseguran** que las aves que anidan en el edificio no sufrirán ningún daño.

7 **El pueblo alemán no tiene la menor intención de dejar** que envuelvan sus edificios. **¡Ni lo sueñe** que va a conseguirlo!

8 **Ni por todo el oro del mundo te dejarían llevar** a cabo semejante atrevimiento.

9 No habrá acuerdo **a no ser que nos garanticen** que los materiales empleados en el empaquetado serán reciclados como es debido.

10 **¿Cómo que quieren cubrir** nuestro Parlamento? **Ni pensarlo**, ¡qué locura es esa!

Gobierno

1, 4, 5, 6, 9

Ciudadanos

2, 3, 7, 8, 10

2.2 **Vuelve a leer la carta y las respuestas y completa el cuadro con los ejemplos que faltan.**

Pedir, conceder y denegar permiso

Pedir permiso (situación formal)
- *Pido su autorización para* + infinitivo / + *que* + subjuntivo (diferente sujeto)
- *Solicito su permiso para* + infinitivo / + *que* + subjuntivo (diferente sujeto):
  - ....
- *¿Tiene/n / Tendrían inconveniente en* + infinitivo / + *que* + subjuntivo? (diferente sujeto):
  - *¿Tendrían inconveniente en que el color fuera plateado?*
- *¿Hay inconveniente con...* + nombre?

Denegar permiso (situación formal)
- Lamentamos tener que darle una negativa.
- Nos tememos / Me temo que va a ser imposible.
- No es posible satisfacer su petición.

Denegar permiso (situación informal)
- *¿Cómo que* + repetición de la petición?
  - ....
- *No tengo la menor intención de* + infinitivo
- Espera sentado/a.
- Con *ni*: *Ni hablar / Ni lo sueñes / Ni pensarlo...*

Conceder el permiso con reservas
- *Solo si* + presente
  - ....
- *A no ser que / A menos que* + subjuntivo
  - ....
  - ....

1. Los destinatarios de la carta son los diputados del *Reichstag*, el Parlamento alemán, y el emisor es el artista Christo Vladimirov Javacheff; **2.** Es una carta de petición formal para solicitar llevar a cabo una iniciativa cultural: el recubrimiento del *Reichstag*; **3.** Como se podrá comprobar posteriormente, surtió efecto; **4.** Respuesta abierta; **5.** Respuesta abierta. El siguiente enlace contiene información sobre el hecho: https://www.dw.com/es/20-a%C3%B1os-del-reichstag-envuelto-de-christo/a-18878761

2.1

La actividad ofrece más modelos de lengua para pedir, conceder y denegar permiso. Coloque a los alumnos en parejas para realizar la tarea.

2.2

Actividad de sistematización de las estructuras presentadas en las actividades anteriores. Pida que, en parejas, completen la tabla con los ejemplos de 2 y 2.1.

Pedir permiso: Solicito su permiso para cubrirlo con tela; **Denegar permiso:** ¿Cómo que quieren cubrir nuestro parlamento?; **Conceder el permiso con reservas:** Daremos nuestra conformidad solo si nos aseguran que las aves que anidan en el edificio no sufrirán ningún daño; No habrá acuerdo a no ser que nos garanticen que los materiales empleados en el empaquetado serán reciclados; No aceptaremos la propuesta a menos que nos prometa que a los contribuyentes alemanes no les costará ni un solo marco.

A la hora de pedir permiso, las estructuras ***Hay / Tiene/n / Tendrían*** pueden alternarse:
1. ***Hay / Tienen / Tendrían*** *inconveniente en* + infinitivo (mismo sujeto en las dos frases)
2. ***Hay / Tienen / Tendrían*** *inconveniente en que* + subjuntivo (distinto sujeto)

3

La audición, a la vez que amplía la información sobre el acontecimiento del que se ha estado hablando, ofrece muestras del uso del presente histórico.

Motive la escucha explicando a los alumnos que van a conocer más información sobre la envoltura del *Reichstag*. Divídalos en parejas (A y B) e indíqueles que, mientras escuchan y de forma individual, deben completar la información que falta en la ficha que les haya correspondido. A continuación, pida que, en parejas, pongan en común los datos de la audición. Haga una segunda escucha si lo considera necesario.

Llame la atención sobre el uso del presente histórico, cuestión que no representará ningún problema para los alumnos de este nivel.

A. 1. se hacen los primeros dibujos preliminares, pero los artistas no obtienen respuesta alguna; **2.** cincuenta y cuatro; **3.** consiguen juntar unas setenta mil firmas que los avalan; **5.** se procede al recubrimiento del *Reichstag*; **6.** catorce; **7.** se llevó a cabo por los propios artistas, los cuales financian sus obras con el dinero que obtienen de la venta de sus bocetos. **B. 1.** comienza su construcción; **3.** alberga el Parlamento; **4.** 1933; **5.** queda en completa ruina al ser escenario de diversos combates; **6.** noventa escaladores profesionales y ciento veinte trabajadores de la instalación.

[31] Véase transcripción en pág. 228.

3.1

La actividad anterior puede dar pie a que los alumnos hablen de algún edificio histórico de su país o de otro lugar que llame la atención por su relevancia histórica o artística. Si lo cree conveniente, puede formar grupos de trabajo y, si dispone de medios, permitirles que busquen información en internet sobre el edificio que hayan escogido. Finalmente, pida que presenten en clase abierta los datos recabados e indíqueles que, para dotar de mayor actualidad a la información, intenten usar el presente histórico.

4

La redacción de la carta al ayuntamiento sirve de tarea final donde se practican las estructuras que se han presentado en el epígrafe.

3 [31] **Elige una de las fichas siguientes, escucha la audición sobre el *Reichstag* y completa con los datos que te piden.**

A — EL PROYECTO

1. En 1972 ....
2. Número de desplazamientos a Alemania de la pareja: ....
3. En 1987 ....
4. En 1994 *Christo se reúne en Bonn con el Consejo de Ancianos del* Bundestag.
5. El 24 de junio de 1995 ....
6. Días que permanece cubierto: ....
7. Financiación del proyecto: ....

B — RECORRIDO HISTÓRICO DEL *REICHSTAG*

1. En 1884 ....
2. En 1894 *Guillermo II, el último káiser, lo inaugura.*
3. Desde 1918 hasta 1933 ....
4. En .... sufre un incendio.
5. A partir de 1945 ....
6. Personas que participan en el recubrimiento: ....

¡Fíjate!

Usamos el **presente histórico** cuando hablamos de acciones que acontecieron en el pasado y que al ser mencionadas en presente adquieren mayor interés o actualidad.

3.1 **Poned en común todos los datos que tenéis y hablad sobre lo que os ha llamado más la atención. ¿Hay en vuestros países algún edificio de la importancia histórica del *Reichstag*? Buscad información y presentad la construcción a vuestros compañeros.**

4 **Elige una de las dos iniciativas culturales y escribe una carta al ayuntamiento de la localidad pidiendo permiso para llevarla a cabo o para utilizar los inmuebles de los que hablan.**

Iniciativa A

La asamblea de organizaciones políticas y ciudadanas constituida para exigir la apertura de un espacio cultural en la antigua cárcel de Palencia reforzará mañana su presencia pública con la celebración de un encuentro de creación artística en plena calle. El objetivo es que todos los creadores de la ciudad muestren al público palentino sus iniciativas alrededor del edificio de la antigua cárcel. Se pretende que músicos, grafiteros, poetas, escritores, pintores y actores desarrollen sus obras para evidenciar al Ayuntamiento la necesidad que existe en Palencia de contar con espacios destinados a la creación cultural.

Iniciativa B

Vivimos en un momento social en el que es necesaria la creación de espacios teatrales en los barrios para revitalizarlos desde el plano cultural. Así lo entienden iniciativas como Kubik Fabrik, un espacio dedicado a la creación artística y al apoyo escénico en Madrid ubicado en una nave industrial en pleno corazón del barrio de Usera. "En los tiempos que corren necesitamos reinventar la manera de hacer las cosas, trabajando a nivel local con los vecinos del barrio y compartiendo con ellos nuestra experiencia artística", indica Fernando Sánchez-Cabezudo, promotor del proyecto. De este modo, el barrio se convierte en un componente esencial en torno al teatro y al desarrollo cultural.

▸ 134 Etapas Plus 15 | Nivel C1

Puede ofrecer como modelo la que aparece en la actividad 2. Si lo prefiere, en el siguiente enlace tiene modelos oficiales de solicitud:
https://www.cartascomerciales.com.es/cartas/solicitar-permiso-oficial

Para apoyarse a la hora de elaborar sus escritos, remita a los estudiantes al cuadro funcional de 2.2, donde figuran fórmulas para pedir permiso. Podría ampliar la actividad sugiriendo que imaginen cuál sería la respuesta del ayuntamiento en cada caso.

Si quiere reforzar este contenido, le recomendamos las actividades 8.6 a 8.7, páginas 248 y 249, del Libro de ejercicios.

Unidad **8**

Evaluación

Interacción oral

Te presentamos dos estilos diferentes de liderazgo. Lee las definiciones, interpreta el gráfico y, en grupos, responded a las preguntas.

El liderazgo autocrático es aquel en el que el poder, la fuerza y el gobierno residen en una persona, es decir, hay un líder que dirige el grupo. Él toma todas las decisiones, no permite la participación y, además, es el dueño de la información. En ningún momento delega responsabilidades, en él recae la misión de fijar los objetivos que cumplir, y las recompensas son premios o castigos. En definitiva, tiene control sobre todo y todos.

El liderazgo en el contexto social actual: el liderazgo auténtico.

El concepto de *autenticidad* (ser fiel a uno mismo) posee una larga tradición que se remonta a los antiguos griegos y pasa por la psicología humanista. La aplicación de esta idea al campo del liderazgo surge hace aproximadamente una década. El auge de esta noción se debe principalmente a dos razones: por un lado, la situación de crisis económica y el comportamiento decepcionante de los líderes políticos y del sector financiero a la hora de afrontar la situación; desde este punto de vista, la pérdida de confianza en los dirigentes pone de manifiesto la importancia de los aspectos éticos y morales del liderazgo. Por otro lado, el auge en los últimos años de la psicología positiva ha supuesto cambiar el enfoque para construir cualidades positivas.

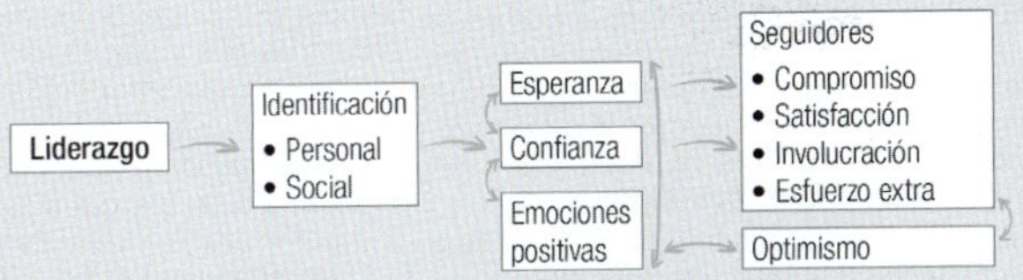

Extraído de *El proceso del liderazgo auténtico* (adaptado a partir de Avolio *et al.* 2004. En *Psicología de las organizaciones*)

1. ¿Has tenido algún profesor, jefe o compañero que reuniera las características de un líder autocrático?
2. ¿Puedes nombrar a algún político de tu país que haya ejercido control sobre todo?
3. ¿En qué estilo de liderazgo situarías a los líderes vistos en esta unidad?
4. ¿Qué puntos fuertes y débiles tienen los dos liderazgos?
5. ¿Qué mujeres líderes recuerdas?

Comprensión auditiva

[32]

Como una nueva herramienta para encarar los retos surgió el *coaching*. ¿Sabes qué es? Escucha la entrevista a un experto sobre el tema y marca las respuestas correctas.

1. Para Francisco Amado, lo fundamental del *coaching* es...
   - a. definir la escuela a la que se adscribe.
   - ✓ b. entender que es una herramienta que ayuda a alcanzar retos.
   - c. la utilidad que tiene para el mundo empresarial.
2. La forma de trabajo del *coaching* es...
   - a. realizar una terapia.
   - b. ofrecer soluciones.
   - ✓ c. ayudar a que cada persona valore lo que es.
3. La forma de trabajar el *coaching*
   - a. es similar en todos los continentes.
   - b. es solo distinta entre América del Norte y América del Sur.
   - ✓ c. varía mucho de un lugar a otro.
4. Francisco Amado...
   - a. niega que se valore positivamente su labor.
   - ✓ b. no entiende el empeño generalizado de relacionar el *coaching* solo con las empresas.
   - c. afirma que todas las opiniones coinciden.

Etapas Plus 15 | Nivel C1 ▸ 135

Interacción oral

Se trata de evaluar la habilidad del estudiante para verbalizar una idea, teniendo en cuenta el uso y medida de los silencios, las estrategias comunicativas, los conectores del discurso, los aspectos fonéticos y el paralenguaje, así como los exponentes gramaticales y el vocabulario seleccionados por este de acuerdo con su nivel.

La respuesta de esta prueba es abierta. El profesor la valorará atendiendo a una escala de 0 a 3 (0: suspenso, 1: aprobado, 2: notable, 3: sobresaliente), en función de los siguientes criterios:

- Ha incluido todos los elementos mencionados en la instrucción (0-3).
- Logra con éxito transmitir sus mensajes (0-3).
- Utiliza un estilo adecuado al contexto y a la situación (0-3).
- Presenta una corrección lingüística y gramatical acorde con el nivel exigido (0-3).
- Usa vocabulario variado y se expresa con una precisión léxica acorde con su nivel (0-3).

En esta actividad se presentan dos textos y un gráfico que aportan datos sobre el concepto del liderazgo auténtico, en contraposición con el de liderazgo autocrático. Las preguntas que se plantean sirven para reflexionar sobre ambos conceptos. Puede pedir a los alumnos que, durante la lectura de los textos, se centren en las diferencias entre ambos tipos de líderes. A continuación, deje unos minutos para que lean las preguntas relacionadas y generen ideas. Por último, dispóngalos en grupos de tres y dígales que intercambien sus impresiones y respondan a las preguntas. Circule entre los alumnos para valorar su expresión oral.

Evaluación

La finalidad de este apartado es evaluar, por un lado, las habilidades y estrategias de los alumnos en las diferentes destrezas y, por otro, la asimilación de los contenidos de la unidad a través de un test que podrá encontrar en la **ELEteca** de Edinumen (eleteca.edinumen.es).

Este cuestionario es interactivo y corregido por la plataforma, de manera que el estudiante podrá examinar sus errores y aciertos y reflexionar sobre su aprendizaje. Cada apartado se evaluará de manera independiente, ya que se trata de que el estudiante valore su competencia en cada una de las destrezas y sea consciente de sus necesidades.

Comprensión auditiva

Se trata de evaluar la habilidad del estudiante para comprender de una forma intensiva, selectiva o global un texto oral.

Cada pregunta valdrá un punto. Su calificación dependerá del porcentaje de preguntas acertadas.

Aprobado: a partir del 50 %
Notable: entre el 50 % y el 80 %
Sobresaliente: más del 80 %

[32] Véase transcripción en pág. 229.

Comprensión lectora

Se trata de evaluar la habilidad del estudiante para comprender de una forma intensiva, selectiva o global un texto escrito.

En este caso, la evaluación de esta destreza va ligada a la expresión escrita posterior. La calificación dependerá de la comprensión de la información que el estudiante demuestre en su escrito:

- El escrito refleja que ha entendido todas las ideas principales y secundarias del texto: sobresaliente.
- Al escrito le falta reflejar alguna idea secundaria: notable.
- Al escrito le falta reflejar alguna idea principal: aprobado.
- El escrito demuestra que el texto no se ha entendido: suspenso.

Expresión escrita

Se trata de evaluar la habilidad del estudiante para desarrollar una idea, teniendo en cuenta las estrategias comunicativas, el estilo, los conectores del discurso, la estructura del texto, el orden conceptual, la puntuación y la ortografía, así como los exponentes gramaticales y el vocabulario seleccionados por este de acuerdo con su nivel.

La respuesta de esta prueba es abierta. El profesor la valorará atendiendo a una escala de 0 a 3 (0: suspenso, 1: aprobado, 2: notable, 3: sobresaliente), en función de los siguientes criterios:

- Ha incluido todos los elementos mencionados en la instrucción (0-3).
- Logra con éxito transmitir sus mensajes (0-3).
- Utiliza un estilo adecuado al contexto y a la situación (0-3).
- Presenta una corrección lingüística y gramatical acorde con el nivel exigido (0-3).
- Usa vocabulario variado y se expresa con una precisión léxica acorde con su nivel (0-3).

Si lo considera, en la Ficha 21 se ofrece un modelo para escribir un comentario al periódico.

Ficha 21 ***Cartas de la semana.***

Comprensión lectora y expresión escrita

Lee el siguiente artículo y escribe un comentario al periódico en el que se publicó. Expresa tu punto de vista sobre el tema y señala las ideas con las que coincides o discrepas (220-250 palabras).

LA EDUCACIÓN EN EL SIGLO XXI: LA CIENCIA DEL APRENDIZAJE

¿Por qué podemos lanzar móviles y coches mejores cada pocos meses, pero no somos capaces de decir que hemos mejorado el sistema educativo incluso a lo largo de varias décadas? La pregunta es pertinente en casi todos los países del mundo.

Creo que hay una respuesta simple a la pregunta: reconocemos que fabricar móviles, coches y edificios requiere establecer una profesión formal relacionada con el cuerpo de conocimiento en cuestión y un ecosistema de competencias sinérgico. Tenemos expertos que entienden la electrónica por detrás de la pantalla del móvil y su diseño; de hecho, todo un ejército de investigadores y tecnólogos trabajan, por ejemplo, para crear módulos inalámbricos más eficientes.

Si hiciéramos lo mismo en educación, tendríamos en todos los países muchas entidades investigando sobre cómo aprenden los niños a leer en su idioma materno, cómo se entienden los conceptos científicos, qué impacto tiene el tamaño de la clase en el aprendizaje y en qué puntos se equivocan los niños cuando aprenden a resolver las ecuaciones lineales. Muy a nuestro pesar, no lo hacemos. Y por eso la tecnología mejora mientras que la educación sigue languideciendo década tras década.

No solo se puede cambiar esto, sino que es nuestro deber cambiarlo, si queremos un futuro mejor para nuestros hijos. Y la respuesta, en mi opinión, es crear y fomentar de forma sistemática una "Ciencia del Aprendizaje" que genere un cuerpo de conocimiento.

Un mito persistente de la educación es que enseñar a los niños no es física cuántica, que tenemos todas las respuestas y nos falta la voluntad política o que los profesores son ineficientes, o que hay un defecto administrativo tras el fracaso de nuestros sistemas educativos. La verdad es que probablemente nadie en el mundo hoy sepa cómo solucionar nuestros problemas educativos. Admitir esto es un paso importante.

Pongamos un ejemplo: todos los niños necesitan aprender los números decimales y por eso tenemos miles de textos sobre ello. Pero al mismo tiempo, todo profesor necesita información sobre cómo enseñarlo: debería saber a qué dificultades se enfrentan los niños para entender el concepto y qué soluciones y estrategias funcionan para resolver dichas dificultades con distintos tipos de estudiantes. Sin embargo, esta es una falta de la que adolece el sistema.

Una Ciencia del Aprendizaje sería un campo interdisciplinar, con elementos de la educación, la psicología, las ciencias cognitivas, la informática, la inteligencia artificial y la neurociencia. Concretamente, estudiaría las ideas falsas que tienen los estudiantes respecto a distintos conceptos y qué estrategias servirían para atajarlas. Intentaría contestar a preguntas sobre sus dificultades con la lectura y qué estrategias son útiles. Se adentraría en la teoría, pero estando firmemente afincada en la práctica.

Se ha argumentado que la institución social más parecida a la escuela es la cárcel. El problema de aprender de memoria, el énfasis en ciertas aptitudes (muchas veces a costa de otras), el sinsentido de la educación formal, los títulos, las notas… son problemas que plagan la educación en la mayoría de sociedades. Irónicamente, el objetivo de la educación es despertar pasiones y hacer florecer los talentos individuales ayudando a que cada uno los descubra.

La educación del futuro tiene que prepararse para un mundo diferente. Aptitudes como la colaboración y la conciencia de distintas culturas (algo que no se recalca lo suficiente en los planes de estudio actuales) deberían tenerse en cuenta. El aprendizaje personalizado tendrá que dejar de ser un término de moda y convertirse en algo que permita a cada uno descubrir y desarrollar su propio talento.

El aprendizaje personalizado significa que no se agrupará a los estudiantes en clases por estricto orden de edad, sino que se promoverán y desarrollarán los intereses individuales. Un plan de estudios elemental, troncal, consistiría en ciertas asignaturas ya conocidas: Lenguaje, Matemáticas y Ciencias, e incluiría aspectos olvidados en el aula tradicional, como la creatividad y las artes, y otros nuevos como el pensamiento emprendedor.

Una vez completadas las clases obligatorias, el estudiante se adentraría en las materias de su elección, pudiendo profundizar más en fracciones, en las pirámides de Egipto o en las barreras de coral. Todo ello será posible cuando se utilice de verdad la tecnología para que el aprendizaje se entreteja de pasión.

Adaptado de http://elpais.com/tecnologia/2012/05/17/actualidad/1337257486_541128.html

Contenidos lingüísticos

Haz el cuestionario que te proponemos en ELEteca

▸ 136 Etapas Plus 15 | Nivel C1

Unidad

9

La banda sonora de nuestras vidas

Tareas

- Hacer un álbum de recuerdos musicales e identificarse con una época musical.
- Dibujar un mapa con las canciones del mundo.
- Participar en un concurso de radio.
- Escribir un poema.
- Crear un mural con canciones históricas.

Contenidos funcionales

- Referirse a algo anteriormente mencionado.
- Preguntar por estados de ánimo y expresar empatía.
- Expresar que se recuerda o no algo.
- Expresar ideas que se confirman o no.
- Realizar comentarios irónicos.
- Dar consejos y hacer recomendaciones.

Contenidos lingüísticos

- Uso coloquial y anafórico de los pronombres neutros.
- Expresiones para mostrar estados de ánimo y sentimientos.
- Contraste entre ausencia y presencia del artículo y su valor sustantivizador.
- La anáfora como recurso expresivo.
- Oraciones condicionales para expresar realidades contrapuestas o introducir reproches.

Contenidos léxicos

- Léxico relacionado con los estados de ánimo y las sensaciones físicas.

Contenidos culturales

- La melodía de las lenguas.
- Poesía: Blas de Otero y Luis García Montero.
- Refranes y dichos populares.

En **ELEteca** tienes material y actividades complementarias a esta unidad.

Unidad 9

La banda sonora de nuestras vidas

El tema central de la unidad es la música y la relación entre lengua, música, vida y memoria.

Dirija la atención de sus estudiantes hacia la imagen de la portadilla y anticipe con sus ideas el tema de la unidad.

En contexto

Temas:

- Citas de personajes famosos sobre la música.
- La música y los recuerdos.

Contenidos:

- Uso anafórico de los pronombres neutros.

Este apartado trata de la relación que se establece entre el significado de la música y nuestros recuerdos. El objetivo didáctico es contextualizar el tema de la unidad (música, vida y aprendizaje), a través del cual se trabajarán diferentes contenidos de lengua y cultura.

1

Actividad que introduce el tema (música y memoria) y fomenta la participación de los alumnos al implicarlos en el contexto de una campaña de radio basada en un eslogan. Motive el interés hacia este anotándolo en la pizarra y explorando sus opiniones. A continuación, pida que unan las dos partes de las citas sobre la música que aparecen en la cabecera de la doble página. Como alternativa, use la Ficha 22 o la Proyección 60, ambas con el mismo contenido pero con diferente dinámica. Si usa la ficha, reparta las tarjetas aleatoriamente para que, en pequeños grupos, las relacionen. Centre su atención en la nota musical compuesta por una línea discontinua y puntos que se encuentra situada al lado del enunciado de la actividad. Explique que por cada frase relacionada correctamente podrán cubrir la línea discontinua hasta el siguiente punto; el primer grupo que complete la imagen será el ganador.

Ficha 22 *Citas célebres.*

En contexto

1 En un programa de radio de Cadena SER, en España, ha comenzado una campaña titulada "La música conecta a las personas". Lee estas citas y relaciónalas correctamente. Por cada frase completa, podrás unir los puntos para completar la imagen relacionada con el eslogan que la acompaña.

1.1 ¿Con cuál de las citas te quedas? Explica tu elección al resto de la clase.

- *Yo me quedo con lo que dice Wilde, porque me gusta **eso de que** la música está unida a los recuerdos.*
- *Pues yo me he decidido por la de Platón, porque me gusta **lo de que**...*

Fíjate

Para hacer referencia a algo anteriormente mencionado en el discurso, coloquialmente, usamos el pronombre ***eso*** o ***lo*** + *de que* + oración.
Eso comunica la recuperación poco clara de una idea, mientras que ***lo*** indica una recuperación más clara.

2 ¿Creéis que la música conecta a las personas? En parejas, pensad en tres situaciones en las que lo haga.

1 .... 2 .... 3 ....

2.1 Lee esta entrada de blog y pon un título que resuma su significado principal.

Respuesta abierta. "La música es la banda sonora de nuestras vidas".

La música evoca recuerdos, vivencias que hemos tenido. Todos guardamos en nuestra memoria alguna canción que marcó algún período de nuestras vidas. Incluso hay canciones que han marcado a toda una generación y que se identifican con un período concreto de la historia más reciente. Un ejemplo es la famosa canción de Bob Dylan *Blowing in the Wind*, que se convirtió en un himno durante la década de los sesenta y fue una canción protesta a favor de la paz y la libertad. Una década más tarde, en los setenta, otra canción marcó a la sociedad de aquel entonces; se trata de la célebre canción de John Lenon *Imagine*, considerada una de las 100 mejores canciones del siglo XX. Estos son dos ejemplos claros de canciones que marcaron una época de manera colectiva y que influyeron claramente en la forma de vida, ya que se utilizaron como instrumento para expresar un sentimiento y una ideología en aquellos tiempos convulsos.

Pero todos tenemos a un nivel individual nuestra propia banda sonora que ha marcado momentos y etapas de nuestras vidas, ya que podemos identificar una música o una canción e, incluso, podemos ver con nuestra imaginación en esa melodía imágenes de otros tiempos o situaciones concretas que han quedado grabadas en nuestra retina. Por eso, la música no está hecha solo para escuchar, sino que incluso podemos sentirla y ver en ella nuestras propias imágenes como si se tratara de un álbum fotográfico.

En definitiva, la música es algo más que un sonido o una melodía: forma parte de nuestra vida, de nuestros recuerdos y vivencias, y nos hace sentir y vivir emociones. Yo soy de la generación de Bob Dylan, así que si tengo que elegir entre todas las canciones, *Blowing in the Wind* sería la escogida. ¿Y tú? ¿Con cuál te quedarías?

Adaptado de https://angelmaillo.wordpress.com/2013/04/23/la-musica-es-la-banda-sonora-de-nuestras-vidas/

2.2 Ahora, responde a estas preguntas y comparte tus respuestas con tus compañeros. ¿Hay coincidencias?

1. ¿Qué cita de la actividad 1 elegirías como otro posible título del texto que acabas de leer? Señala la parte del texto que justifica tu preferencia.
2. Piensa en una canción que haya marcado un momento de tu vida y dinos las imágenes que se te vienen a la mente.
3. ¿Cuál sería la banda sonora de tu vida?

Proyección 60 *Citas célebres.*

1.1

Actividad oral que trabaja los elementos anafóricos del discurso. Pida que elijan una de las frases anteriores y que expliquen el porqué de su elección. Trabaje con ellos las muestras de lengua y remítalos al cuadro de atención.

Para trabajar más este contenido, haga la actividad 9.1 de la página 250.

2

Lance en clase abierta la pregunta que encabeza la actividad y pida que, en parejas, piensen en tres situaciones en las que esto suceda. Así abordará el significado del eslogan de la campaña de radio y transitará hacia la relación entre música, sociedad y significado personal antes de la comprensión lectora.

Pág. 139

1	d	El arte de la música es el que más cercano...
2	b	La música es para el alma...
3	e	La música es el verdadero...
4	a	La música compone los ánimos descompuestos...
5	c	La música empieza...
6	f	No basta con oír la música;...

a. y alivia los trabajos que nacen del espíritu. (Cervantes)
b. lo que la gimnasia para el cuerpo. (Platón)
c. donde se acaba el lenguaje. (E. T. A. Hoffmann)
d. se halla de las lágrimas y los recuerdos. (O. Wilde)
e. lenguaje universal. (C. M. von Weber)
f. además, hay que verla. (Í. Stravinski)

3 En parejas, hablad y completad vuestra biografía musical sobre el siguiente pentagrama.

▶ *¿Con qué canción te quedarías para recordar tu infancia?*
▷ *Si tengo que elegir una canción para mi infancia, me quedaría con la banda sonora de* Barrio Sésamo.

	DO	RE	MI	FA	SOL
Momento de tu vida	infancia	escuela	vacaciones de verano	Navidad	primer amor
Canción					

3.1 Comparte la información de tu compañero/a con el resto de la clase y di a qué generación pertenece.

▶ *El álbum de las bandas sonoras de mi compañero/a suena a...*

4 En grupos, vamos a crear el álbum musical de la generación ELE. Elaborad un listado con las canciones que os han servido para mejorar o aprender diferentes aspectos del español. No olvidéis poner un título al álbum.

Contenido gramatical	subjuntivo	pasados	....	....	....
Canción					

Título del álbum: ....

5 Escuchar música muchas veces es viajar por el tiempo y el espacio sin movernos de casa. Cierra los ojos, piensa en un país y trata de relacionarlo con una canción. Luego coméntalo en clase. Entre todos vamos a hacer el mapamundi de nuestros viajes a través de las canciones.

▶ *A mí, la canción de Pink Floyd* Another Brick in the Wall *siempre me recuerda mi viaje a Alemania.*

5.1 [33] Vamos a participar en el concurso que han organizado en la página web de Cadena SER para la campaña "La música conecta a las personas". Escucha y toma nota de lo que tienes que hacer para concursar.

5.2 Piensa y cuenta a tu compañero/a cuál es tu mejor banda sonora. Después, elegid cuál es la más interesante o divertida para enviar al concurso.

2.1

Pida que, en parejas, lean el texto para poner un título que le sirva de síntesis.

2.2

Actividad de interacción oral y puesta en común. En la pregunta 2 indique que solo tienen que expresar las imágenes que evoca la canción, pero sin descubrir su título o quién la canta. En la 3 deben desvelar la canción, la melodía o la banda sonora más relevante en su vida y con la que se sientan más identificados.

3 y **3.1**

Interacción oral donde hablarán sobre su biografía musical. Mire con ellos el pentagrama del libro; los momentos que aparecen son una propuesta estándar, pero se pueden negociar otros. Dé unos minutos para que piensen y ofrezca un ejemplo (infancia: banda sonora de *Barrio Sésamo*) y las imágenes que evoca (risas, bocadillo de chocolate, etc.). Después, en 3.1, intercambian su información en parejas. Por último, haga una puesta en común para que compartan la información y se ubiquen en una generación: *El álbum de las bandas sonoras de mi compañero/a suena a...* + título de las canciones + *Mi compañero pertenece a la generación de...*

4

Interacción oral de carácter colaborativo. Motívela preguntándoles si en sus clases de español han trabajado alguna vez con canciones, cuándo y si recuerdan el objetivo. Informe de que van a crear el álbum musical de la generación ELE. En pequeños grupos, anímelos a recordar las canciones que han usado en español para aprender contenidos de lengua o cultura. Haga una puesta en común y compruebe si hay coincidencias entre ellos.

5

Explique que van a crear el mapamundi musical de la clase. Pida que cierren los ojos y piensen en un país, una canción con la que lo relacionan e imágenes mentales o recuerdos de su viaje a ese país. Use la Proyección 61 con el mapamundi y pida que, en la pizarra, saquen una flecha del país elegido y escriban el título de la canción. Por el momento, no es necesario que den mucha información, pues lo harán más adelante.

Proyección 61 ***Mapamundi musical.***

5.1

Comprensión auditiva con escucha selectiva. Pida que se pongan en el papel de oyentes de un concurso de radio y que tomen nota de lo necesario para participar en este.

Tienen que enviar un comentario en el que digan cuál es la banda sonora de su mejor viaje y por qué a *La Ventana* vía Twitter o Instagram antes del próximo lunes día 10 de diciembre.

[33] Véase transcripción en pág. 230.

5.2

Pida que, en parejas, se cuenten la historia que hay detrás de la pieza musical relacionada con el país que señalaron en el mapamundi y que elijan la más interesante o divertida para enviar al programa. Finalmente, organice un concurso en clase para elegir la historia ganadora.

Emociónate

Temas:

- Relación entre la lengua y la música.
- Estados de ánimo y emociones.
- Tipos de escucha.

Contenidos:

- Expresiones de estados de ánimo.
- Expresar empatía.
- Función enfática del artículo.

1

Para contextualizar la sesión y activar la comprensión auditiva posterior, muestre la Proyección 62 y pida que, en parejas, observen las imágenes. Anímelos a que anoten al menos cuatro características que tienen en común la música y el lenguaje verbal y haga una puesta en común.

Proyección 62 *Lengua y música.*

1.1

Contextualice la comprensión auditiva diciendo que van a asistir a la clase de una especialista en inteligencia musical que habla sobre la relación entre lengua y música e indíqueles que anoten las cuatro características comunes a ambas. Ponga el audio dos veces y realice la puesta en común para que comparen las soluciones con sus hipótesis de la actividad 1.

[34] Véase transcripción en pág. 230.

2

Comprensión lectora que abarca diferentes argumentos sobre la relación entre música y emociones. Divida a los alumnos en tres grupos y asigne a cada uno la lectura de un texto diferente (A, B o C); si quiere, puede recortarlos de la Ficha 23. Anímelos a resumir la idea principal de su texto y compruebe que sus ideas son válidas.

Posible respuesta. A. Música y emociones: la relación indisociable entre música y ser humano y cómo esta afecta a las emociones; **B.** La musicoterapia: la música empleada como terapia física, psicológica y social; **C.** El poder de la música: para transportarnos a otras realidades, cambiar nuestro estado de ánimo y facilitarnos el aprendizaje.

Emociónate

1 En parejas, "leed" las imágenes que os va a mostrar vuestro/a profesor/a y debatid: ¿qué relación creéis que hay entre la lengua y la música? Señalad, al menos, cuatro similitudes.

1.1 [34] Hoy ha venido a clase una especialista en inteligencia musical, la profesora Fonseca, que nos va a hablar de la relación entre la música y la lengua. Toma nota de las cuatro similitudes que menciona y compáralas con tus respuestas anteriores.

1. Son formas humanas de comunicación.
2. Se fundamentan en el ritmo, el tono y la melodía.
3. Poseen símbolos escritos.
4. Son fundamentales en nuestro crecimiento a nivel intelectual.

2 En grupos de tres, leed el texto que os asigne vuestro/a profesor/a y resumid su idea principal.

A El sonido y la música siempre han estado ligados al ser humano y, por tanto, ligados a las emociones. Ya nuestros primeros antepasados empleaban los sonidos y la música como herramientas de supervivencia y de comunicación: crearon asociaciones que les permitían predecir situaciones de peligro y con las que desarrollaron habilidades sociales comunicándose con un lenguaje común. De hecho, y según explicó Darwin en *El origen de las especies*, los sonidos musicales pudieron haber sido la base para el desarrollo del lenguaje, y a la vista está que el ritmo y la cadencia del discurso oral poseen rasgos musicales.

Nuestra relación con la música llega hasta tal punto que esta es capaz de alterar nuestro estado emocional. Nuestro cerebro ha ido evolucionando y, a lo largo de este proceso, ha ido incluyendo los sonidos como pieza fundamental con la que crear patrones o modelos junto a las emociones, permitiendo descodificar nuestro entorno. Así, las emociones son las encargadas de convertir los sonidos que percibimos en algo comprensible. Por ejemplo, detectamos la alegría o la tristeza en una persona solo con el sonido de su voz e independientemente de sus palabras.

Extraído y adaptado de http://universodeemociones.com/musica-y-emociones/

3 [35] Escucha estas conversaciones entre amigos y marca la emoción o emociones que se expresan en cada situación.

E. enfado A. alegría M. miedo o ansiedad N. nerviosismo T. tristeza

Conversación	E	A	M	N	T
Conversación 1					✓
Conversación 2			✓	✓	
Conversación 3		✓			
Conversación 4	✓				

3.1 En parejas, clasificad estas expresiones según los estados de ánimo de la actividad anterior que expresan.

1. [T] Me entristece / Me pone muy triste que...
2. [T] Siento pena/tristeza/pesar...
3. [E] Estoy hasta la coronilla/las narices/aquí (de)...
4. [E] Me pongo/Me pone enfermo/de un humor de perros...
5. [A] Estoy como loco / Estoy loco de contento.
6. [A] Me pongo a dar saltos de alegría.
7. [M] Me agobio/agobia...
8. [M] Se me pone la carne de gallina / Se me ponen los pelos de punta.
9. [N] Me pongo/pone de los nervios...
10. [E] Me saca de quicio...

¡Fíjate!

El verbo ***ponerse*** y el verbo ***estar*** se combinan con los mismos adjetivos o expresiones relacionados con el estado físico o anímico. Sin embargo, mientras que *ponerse* describe un cambio, un "llegar a ser", *estar* expresa un resultado.

proceso	resultado
Ponerse de un humor de perros.	*Estar de un humor de perros.*
Ponerse contento.	*Estar muy contento.*

140 Etapas Plus 15 | Nivel C1

M.ª Carmen Fonseca Mora es doctora en Filología Inglesa por la Universidad de Huelva (1999) y ejerce como profesora de lengua inglesa, lingüística aplicada y didáctica del inglés en dicho centro. Es directora del grupo de investigación ReALL (Research in Affective Language Learning). Una de sus principales líneas de investigación es la enseñanza de lenguas conectada a la música.

2.1

En esta segunda fase, forme nuevos grupos con un representante de cada texto anterior (A, B , C). Pida que compartan la información para responder a las preguntas del libro.

Pág. 141

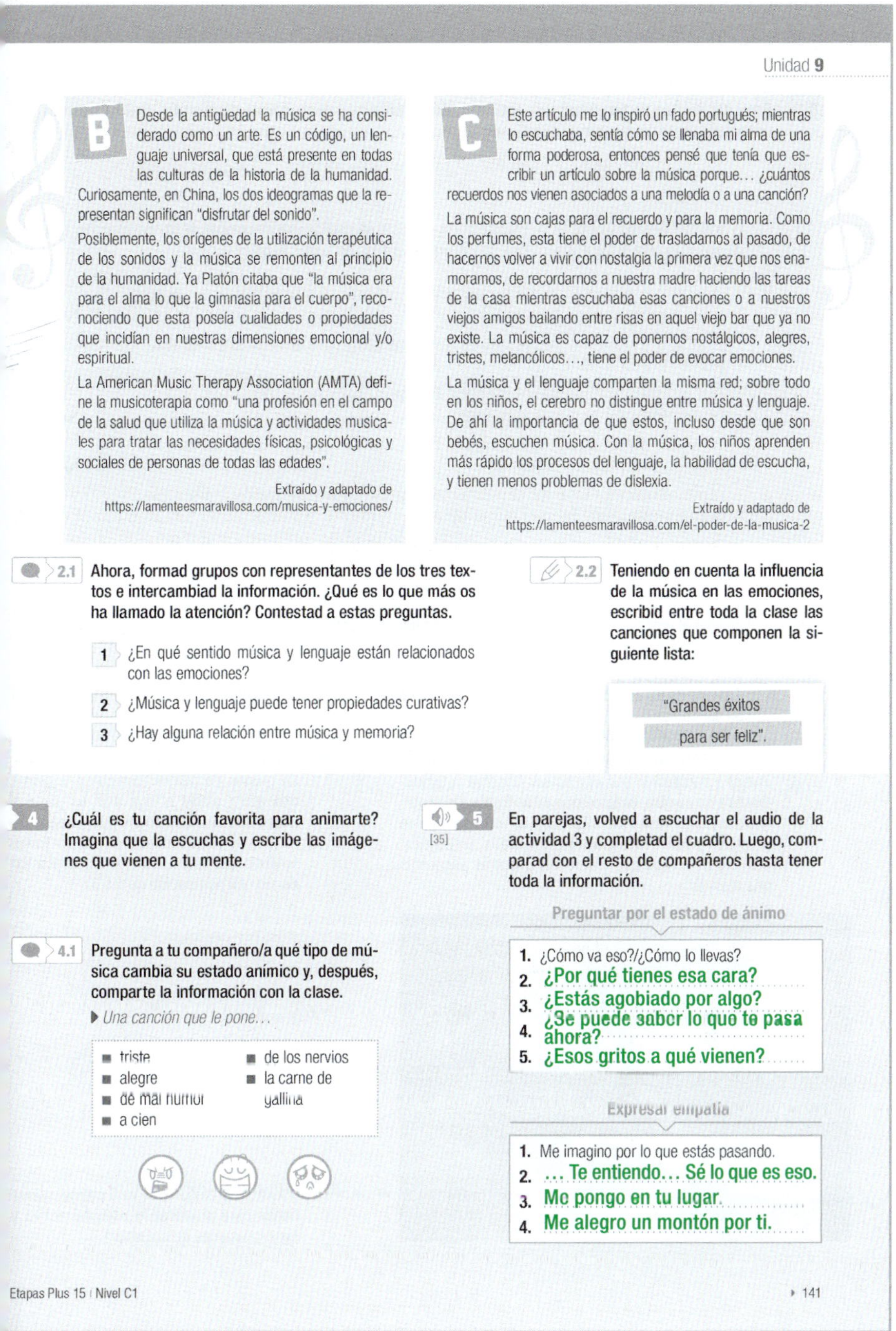

B Desde la antigüedad la música se ha considerado como un arte. Es un código, un lenguaje universal, que está presente en todas las culturas de la historia de la humanidad. Curiosamente, en China, los dos ideogramas que la representan significan "disfrutar del sonido".

Posiblemente, los orígenes de la utilización terapéutica de los sonidos y la música se remonten al principio de la humanidad. Ya Platón citaba que "la música era para el alma lo que la gimnasia para el cuerpo", reconociendo que esta poseía cualidades o propiedades que incidían en nuestras dimensiones emocional y/o espiritual.

La American Music Therapy Association (AMTA) define la musicoterapia como "una profesión en el campo de la salud que utiliza la música y actividades musicales para tratar las necesidades físicas, psicológicas y sociales de personas de todas las edades".

Extraído y adaptado de https://lamenteesmaravillosa.com/musica-y-emociones/

C Este artículo me lo inspiró un fado portugués; mientras lo escuchaba, sentía cómo se llenaba mi alma de una forma poderosa, entonces pensé que tenía que escribir un artículo sobre la música porque... ¿cuántos recuerdos nos vienen asociados a una melodía o a una canción?

La música son cajas para el recuerdo y para la memoria. Como los perfumes, esta tiene el poder de trasladarnos al pasado, de hacernos volver a vivir con nostalgia la primera vez que nos enamoramos, de recordarnos a nuestra madre haciendo las tareas de la casa mientras escuchaba esas canciones o a nuestros viejos amigos bailando entre risas en aquel viejo bar que ya no existe. La música es capaz de ponernos nostálgicos, alegres, tristes, melancólicos..., tiene el poder de evocar emociones.

La música y el lenguaje comparten la misma red; sobre todo en los niños, el cerebro no distingue entre música y lenguaje. De ahí la importancia de que estos, incluso desde que son bebés, escuchen música. Con la música, los niños aprenden más rápido los procesos del lenguaje, la habilidad de escucha, y tienen menos problemas de dislexia.

Extraído y adaptado de https://lamenteesmaravillosa.com/el-poder-de-la-musica-2

2.1 **Ahora, formad grupos con representantes de los tres textos e intercambiad la información. ¿Qué es lo que más os ha llamado la atención? Contestad a estas preguntas.**

1. ¿En qué sentido música y lenguaje están relacionados con las emociones?
2. ¿Música y lenguaje puede tener propiedades curativas?
3. ¿Hay alguna relación entre música y memoria?

2.2 **Teniendo en cuenta la influencia de la música en las emociones, escribid entre toda la clase las canciones que componen la siguiente lista:**

"Grandes éxitos para ser feliz".

4 **¿Cuál es tu canción favorita para animarte? Imagina que la escuchas y escribe las imágenes que vienen a tu mente.**

4.1 **Pregunta a tu compañero/a qué tipo de música cambia su estado anímico y, después, comparte la información con la clase.**

▶ *Una canción que le pone...*

- triste
- alegre
- de mal humor
- a cien
- de los nervios
- la carne de gallina

5 [35] **En parejas, volved a escuchar el audio de la actividad 3 y completad el cuadro. Luego, comparad con el resto de compañeros hasta tener toda la información.**

Preguntar por el estado de ánimo

1. ¿Cómo va eso?/¿Cómo lo llevas?
2. ¿Por qué tienes esa cara?
3. ¿Estás agobiado por algo?
4. ¿Se puede saber lo que te pasa ahora?
5. ¿Esos gritos a qué vienen?

Expresar empatía

1. Me imagino por lo que estás pasando.
2. ... Te entiendo... Sé lo que es eso.
3. Me pongo en tu lugar.
4. Me alegro un montón por ti.

Etapas Plus 15 | Nivel C1 ▸ 141

1. La música es capaz de evocar e influir en nuestras emociones y de cambiar nuestro estado de ánimo; **2.** Según algunos expertos en el campo de la salud, sí; **3.** Sí, puesto que una melodía nos permite evocar gran cantidad de recuerdos asociados a esta.

Ficha 23 ***Música y emociones.***

2.2

A partir de los textos anteriores, proponga que confeccionen una lista de éxitos musicales que recomienden para ser o sentirse feliz. Con este trabajo, que puede hacer en forma de mural, termina la fase de contextualización.

3

Comprensión auditiva que contiene los modelos de lengua para, por una parte, expresar emoción y, por otra, preguntar por el estado de ánimo y expresar empatía. En primer lugar, trabaje con el significado del texto indicando que van a escuchar cuatro diálogos y que los relacionen con una o varias de las emociones que aparecen en su libro.

[35] Véase transcripción en pág. 230.

3.1

Actividad de reflexión sobre las expresiones de emoción que aparecían en el audio anterior. Pídales que las clasifiquen según el estado de ánimo de las personas que hablaban en los diálogos. Finalmente, remítalos al cuadro de atención sobre los verbos *ponerse* y *estar* para expresar estados físicos y anímicos.

Para afianzar este contenido le recomendamos las actividades 9.3, 9.3.1 y 9.3.2 de la página 251 del Libro de ejercicios.

4

Para continuar practicando con las imágenes mentales, pregúnteles qué música escuchan cuando quieren animarse. Deje tiempo para que hagan este ejercicio introspectivo pensando en una canción y pídales que escriban las imágenes que les vienen a la mente cuando la escuchan. Finalmente, haga una puesta en común.

4.1

Práctica de lenguaje para reforzar las expresiones lingüísticas con el verbo *ponerse*. Pídales que, en parejas, piensen en canciones que les provocan los estados de ánimo que se presentan. Al final, indique que compartan su información. Enseñe la expresión *ponerse a cien*.

5

Tarea que trabaja el segundo contenido de la comprensión auditiva de 3: preguntar por el estado de ánimo y expresar empatía. Vuelva a poner el audio y pida que tomen nota de las frases que cumplen esas funciones comunicativas. Use la Proyección 63 para la corrección.

Proyección 63 ***Estados de ánimo y empatía.***

6

Motive la tarea subrayando la importancia de la escucha en la interpretación de las emociones. Sondee sus conocimientos previos sobre los diferentes tipos de escucha y anímelos a marcar los que conocen y a intentar definir los que no. Con esto contextualizará la siguiente actividad.

6.1 y **6.2**

Comprensión auditiva sobre los tipos de escucha. Pida que, en parejas, piensen si las frases propuestas son verdaderas o falsas. Infórmelos de que después escucharán a un especialista en la materia hablar sobre ello. Con esta tarea despertará su interés y activará su conocimiento previo. Después, ponga el audio para que comprueben sus hipótesis.

1. V; **2.** F: En la escucha selectiva prestamos atención a lo que nos interesa, seleccionando solo algunos puntos del mensaje del comunicado; **3.** V; **4.** V; **5.** F: La escucha empática consiste en ponerse en el lugar del interlocutor, con la intención de comprender sus sentimientos; **6.** V.

[36] Véase transcripción en pág. 231.

6.3

Pida que, en parejas, traten de recordar qué otro tipo de escucha se menciona en el audio y en qué consiste. Si lo considera, haga una segunda escucha y confirme sus respuestas.

7

Actividad basada en el desarrollo de imágenes mentales para fomentar la expresión escrita y practicar las funciones de preguntar por estados de ánimo y expresar empatía. Pida que se concentren en la imagen del cuadro (Proyección 64) y que traten de mantener un diálogo interior con su protagonista, preguntándole por su estado anímico para averiguar qué le sucede. De este modo, ponen en práctica expresiones de empatía. Mientras observan el cuadro, para ayudarles a activar la imaginación y la conexión empática con el mismo, se recomienda el uso de una melodía, por ejemplo *The Poet Acts* de Philp Glass (https://www.youtube.com/watch?v=fca2oXLe9g4). A continuación, pida que, en parejas, escriban un único diálogo en el que cada uno represente a un personaje.

Proyección 64 ***Q Train.***

6 Escuchar música se considera una actividad pasiva, pero hay muchos tipos de escucha. Señala aquellas que conozcas y trata de explicar su significado.

☐ apreciativa ☐ selectiva ☐ analítica ☐ sintetizada ☐ empática ☐ activa

6.1 El profesor Alfredo Oigote es un psicólogo especialista en inteligencia emocional. Antes de escuchar su explicación, contesta si las afirmaciones son verdaderas o falsas según tu opinión.

1. La escucha apreciativa es aquella que realizamos sin esfuerzo, cuando oímos algo para nuestra propia relajación y placer. ✓V F
2. La escucha selectiva es un tipo de escucha que realizamos sin poner atención, simplemente escogemos escuchar de la música lo que nos apetece. V ✓F
3. En la escucha analítica prestamos atención a la secuencia de contenidos que se nos comunica para entender cómo se relacionan las ideas. ✓V F
4. La escucha sintetizada es un tipo de escucha en que intervenimos para dirigir la conversación y obtener la información que deseamos. ✓V F
5. La escucha empática es un tipo de escucha centrada solamente en comprender lo mismo que expresa nuestro interlocutor para que no haya malentendidos. V ✓F
6. La escucha activa significa escuchar con total atención e interactuar para entender bien el mensaje y demostrar a nuestro interlocutor que se siente bien interpretado. ✓V F

6.2 [36] Escucha al profesor Alfredo Oigote y comprueba tus respuestas.

6.3 Además de las escuchas citadas, el especialista menciona otra más, ¿cuál?, ¿en qué consiste o se diferencia de las demás?

La escucha discernitiva, que consiste en escuchar el mensaje en su totalidad para determinar los aspectos más relevantes. Nos centramos en el fondo y no en la forma.

7 Vamos a practicar la escucha activa. Observa detenidamente este cuadro. Imagina que estás frente a la protagonista y que hablas con ella. Trata de averiguar qué le preocupa y consuélala mostrando empatía. En parejas, escribid el diálogo que mantenéis mientras escucháis una melodía.

Q Train, Nigel Van Wieck.

7.1 En grupos de cuatro, comparad vuestros diálogos y elegid el que más os guste o haced una versión con los dos. Luego, estudiadlo y representadlo en clase. Todos tendréis que votar la mejor interpretación dando una puntuación de 1 a 5.

Ficha de evaluación	Puntos
Expresión corporal, gestos y expresión no verbal	☐
Entonación	☐
Corrección gramatical	☐
Corrección léxica	☐
Fluidez verbal	☐

7.2 Vuestro/a profesor/a os va a entregar unas fichas para practicar la escucha activa y las expresiones de empatía.

▸ 142 Etapas Plus 15 | Nivel C1

Nigel Van Wieck (Reino Unido, 1947). Tras estudiar en Europa y conocer la obra de los grandes maestros norteamericanos, en 1979 emigró a Estados Unidos, donde recibió la influencia de sus artistas realistas contemporáneos y en poco tiempo se convirtió en uno de ellos. Al ver la pintura de Wieck es imposible no sentir la influencia del maestro Edward Hopper.

Dice Van Wieck que "la realidad es mucho mejor cuando se imagina". La mayor parte de sus escenas están tomadas de la vida real, y en ellas el artista parece comportarse como un *voyeur*: personajes que viven su aislamiento en vagones vacíos de metro o que han caído en la adicción del *smartphone*, , escenas más clásicas en jardines, parques o playas de Florida y ventanas indiscretas que captan la intimidad en el interior de un apartamento.

7.1

Deje un tiempo a cada pareja para que practiquen el diálogo que han preparado antes de representarlo en clase. Comuníqueles que deberán valorar qué diálogo les ha gustado más según los criterios que aparecen en su libro.

Pág. 143

8 En parejas, observad la imagen y responded a las preguntas.

1 ¿Quién es ella?
2 ¿Qué hace ahí?
3 ¿Cómo crees que se siente?

8.1 Ahora, observa de nuevo la imagen pero acompañada de la melodía musical que te pondrá tu profesor/a. Después, con tu misma pareja, decide en qué contexto ocurre e inventa la historia que cuentan imagen y melodía.

Se trata de...

1. ☐ una pesadilla. 2. ☐ una película. 3. ☐ un recuerdo. 4. ☐ otro contexto: ....

8.2 [37] La protagonista de esta historia, Anabel Li, tiene un problema. La semana pasada sufrió una crisis de ansiedad cuando volvía a casa por el camino del bosque. En parejas, escuchad la conversación con su musicoterapeuta y anotad en vuestro cuaderno qué cosas recuerda y cuáles no.

9 Fíjate en las frases que se dicen en el diálogo que has escuchado y compáralas con aquellas frases junto a las que aparecen ahora. ¿Qué diferencia crees que hay entre ellas? Comentadlo en parejas.

1. – Recuerdo **la cara de susto que tenías** en la primera consulta con solo hablar del tema.
 – Recuerdo que tenías cara de asustada en la primera consulta con solo hablar del tema.
2. – **Lo asustada** que estabas no te permite recordar bien.
 – Como estabas asustada, no puedes recordar bien.
3. – **Lo mal** que lo pasé me impide tener recuerdos precisos.
 – Haberlo pasado mal me impide tener recuerdos precisos.
4. – En la sesión anterior me dijiste que eres muy sensible a las películas de miedo.
 – En la sesión anterior me dijiste **lo sensible** que eres a las películas de miedo.

9.1 Leed la información del cuadro y comprobad vuestra respuesta anterior.

Función enfática o intensificadora del artículo

En muchos casos, la **presencia o uso del artículo** cumple una **función enfática** o **intensificadora**. Así, una misma idea puede ser comunicada con más o menos intensidad dependiendo de si usamos o no el artículo:

1. Uso del **artículo neutro** seguido de adjetivo o de adverbio:
 – *Me impresionó que fuera tan despistada.* → *Me impresionó **lo despistada** que era.*
 – *La música en tu coche suena muy bien.* → *¡Madre mía, **lo bien** que suena la música en tu coche!*
2. Uso del artículo en una **proposición relativa**:
 – *Anabel Li tenía cara de susto después de su experiencia.* → *¡**La cara de susto que tenía** Anabel Li después de su experiencia!*

10 A veces nuestros recuerdos son borrosos; por eso, en su conversación con su musicoterapeuta, Anabel Li usa algunas de las siguientes expresiones para hablar de lo que recuerda y de lo que no. En parejas, preparad un diálogo similar al de la actividad 8.2 y representadlo en clase. Usad las expresiones del cuadro y los artículos para enfatizar.

Cosas que recuerda	Cosas que no recuerda
– Si mal no recuerdo,... – Que yo recuerde... – Si la memoria no me falla,...	– No consigo recordar... – Pues no me dice nada. – No caigo.

7.2

Práctica de juego de roles optativa para trabajar la escucha activa y la expresión de la empatía. Reparta a cada pareja dos tarjetas del mismo color (A y B) de la Ficha 24 para que representen su papel. Deje visible la Proyección 63 sobre los estados de ánimo y la empatía para facilitar la actividad y pasee por la clase para anotar errores y corregirlos al final.

Ficha 24 *Empatía.*

8

Actividad que ahonda en la relación entre música y emoción a la hora de interpretar una realidad: una imagen puede contar muchas historias. Use la Proyección 65 para que, en parejas, formulen hipótesis sobre la imagen en respuesta a las preguntas planteadas. Haga una puesta en común para conocer sus interpretaciones.

Proyección 65 *Anabel Li (1).*

8.1

Segunda fase de la Proyección 65 en la que la imagen se acompaña de una melodía. Pida que, con la misma pareja, intenten llegar a un acuerdo sobre el contexto donde creen que ocurre la historia de la imagen y anímelos a inventarla según lo que les sugieren imagen y melodía juntas.

Proyección 65 *Anabel Li (2).*

8.2

Comprensión auditiva donde aparecen los exponentes para expresar que se recuerda o no algo y que dará lugar a la reflexión sobre la función enfática del artículo. Dígales que la protagonista de la imagen es Anabel Li (personaje basado en el poema "Annabel Lee" de Edgar Allan Poe) y que lo que representa la foto es, en realidad, un recuerdo. Indique que escuchen la conversación entre la joven y su musicoterapeuta y que tomen nota de lo que recuerda y lo que no.

Recuerda: el camino a casa por el bosque, a un hombre con capucha corriendo hacia ella, la hora aproximada que era, que había quedado con una amiga a las seis, voces y gritos a lo lejos, el sonido de pisadas de hojas...; **No recuerda:** la bocina del cambio de turno de la fábrica, que hubiese cerca una granja con un espantapájaros y detalles más precisos.

[37] Véase transcripción en pág. 232.

9 y **9.1**

Actividades de reflexión sobre la presencia del artículo y los matices semánticos que comunica. Pida que comparen los pares de frases de 9 en relación con el audio anterior y que hagan hipótesis sobre las muestras de lengua en negrita según los significados de las construcciones con artículo. Después, remítalos al cuadro de 9.1 y resuelva sus dudas.

Aunque los pares de frases expresan la misma idea, en las estructuras en negrita con artículo este se usa para intensificar o enfatizar el mensaje.

Practique estos contenidos con las actividades 9.4, 9.5 y 9.6, página 252.

10

Pida que, en parejas, escriban un diálogo similar al que han escuchado utilizando los contenidos aprendidos. Se ofrece la Ficha 25 con la transcripción como modelo. Supervise sus producciones antes de que las representen.

Ficha 25 *Entrevista con el musicoterapeuta.*

Cuestión de ritmo

Temas:

- La melodía de las lenguas.
- El dominio de un idioma.
- La musicalidad de los refranes.

Contenidos:

- Expresar ideas que se confirman o no.
- Hacer comentarios con ironía.
- La anáfora.
- Expresar contraste o reproche con frases condicionales.
- Refranes españoles y dichos populares.

1

Expresión oral que motiva la transición hacia nuevos contenidos, llamando la atención sobre cada lengua como patrón melódico. Pregúnteles si son capaces de identificar lenguas que no hablan y por qué. Dígales que las lenguas tienen melodías y anímelos a leer las preferencias del rey Carlos I en relación con estas. Deje que comenten en parejas la cita y sus propias preferencias en caso de que fueran reyes.

Carlos I de España (Gante, 1500-Cuacos de Yuste, 1558) reunió por primera vez bajo el reinado de una misma persona las coronas de Castilla y Aragón. Era nieto de los Reyes Católicos e hijo de Juana la Loca y Felipe el Hermoso. Por parte de su abuelo paterno, el emperador Maximiliano I de Habsburgo, heredó el Sacro Imperio Romano Germánico, que gobernó como Carlos V de 1520 a 1558.

Fue educado en los Países Bajos y recibió la influencia de los humanistas del Renacimiento, como Erasmo de Róterdam.

1.1

Interacción oral que parte de la importancia de la entonación y de la percepción melódica en las lenguas en las que uno no tiene competencia. Deje que piensen en sus respuestas y luego indíqueles que las compartan.

2

Comprensión lectora que sirve de contexto a las funciones comunicativas para expresar la confirmación o no de hipótesis o ideas previas. Realice la pregunta de la actividad y deje que formulen sus hipótesis o compartan la información previa que tienen sobre el tema. Después, pida que lean para comprobar y en la puesta en común anímelos a utilizar los exponentes para expresar confirmación o no; por ejemplo: *Contrariamente a lo que yo pensaba, los bebés sí lloran en su lengua materna.*

Según un estudio publicado en *Current Biology*, sí. Los bebés captan elementos de su idioma materno ya en el vientre de su madre, por lo que, desde que nacen, lloran en el idioma de esta.

2.1

Expresión escrita para afianzar esta etapa de contextualización sobre los patrones melódicos de las lenguas. Pida que sinteticen en tres o cuatro líneas la información del texto que han leído siguiendo el esquema textual que se propone.

Pág. 145

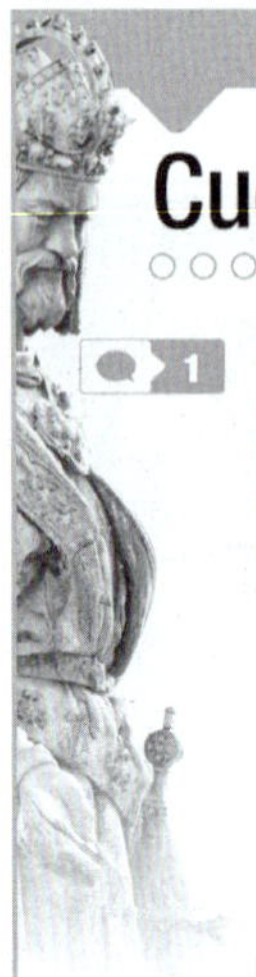

Cuestión de ritmo

1 Cada lengua tiene un patrón melódico propio. Las melodías de las lenguas también originan estereotipos. Lee las preferencias que tenía el rey de España Carlos I y cuéntale a tu compañero/a tus preferencias.

"Hablo el español con Dios,
el italiano con las mujeres,
el francés con los hombres y
el alemán con mi caballo".

- *Pues, si yo fuera rey, hablaría...*

1.1 Antes de conocer la gramática o el vocabulario, tenemos una idea de cómo son las lenguas por su entonación. Piensa en idiomas que no hables y decide cuál elegirías según su musicalidad para estas situaciones. Coméntalo con tus compañeros explicando por qué.

Para...

- una discusión en el trabajo.
- enamorar a un/a chico/a.
- hablar de fútbol o algún deporte.
- hablar de política.
- hablar de temas complejos.
- hablar con un niño.
- hablar con un animal/una mascota.

- *Yo elegiría el italiano para discutir porque me suena más expresivo y muy intenso.*

2 ¿Crees que lloramos de diferente manera según nuestra lengua materna? Lee el siguiente texto para descubrirlo.

Desde sus primeros días de vida, los bebés lloran en francés, inglés o español, ya que el llanto de los recién nacidos lleva la impronta del idioma de sus padres, según un estudio publicado en la edición digital de *Current Biology*. El descubrimiento sugiere que los bebés captan elementos de lo que será su idioma materno ya en el vientre de su madre, mucho antes de sus primeros balbuceos.

"El hallazgo más espectacular de este estudio es que los neonatos humanos no solo son capaces de reproducir distintos tonos cuando lloran, sino que prefieren las pautas sonoras típicas del idioma que han oído durante su vida fetal, en el último trimestre de gestación", señala una de las autoras del estudio, Kathleen Wermke.

Según Wermke, contrariamente a lo que indican las interpretaciones más ortodoxas, estos datos subrayan la importancia del llanto para el futuro desarrollo del lenguaje.

El equipo de Wermke grabó y analizó el llanto de sesenta recién nacidos sanos, treinta de ellos de familias francófonas y los otros treinta de familias germanófonas, entre tres y cinco días después de su alumbramiento. El análisis reveló claras diferencias, basadas en el idioma materno.

En el experimento, los bebés franceses tendieron a llorar en un tono ascendente, mientras que los alemanes lo hicieron en un tono descendente, unas diferencias características entre los dos idiomas, explicó Wermke.

Estos resultados demuestran el impacto temprano del idioma nativo, según los investigadores. Estudios anteriores habían demostrado que los fetos humanos son capaces de memorizar sonidos del mundo externo ya en el último trimestre de gestación. Pero, aunque se sabía que la exposición prenatal al idioma materno influye en la percepción de los recién nacidos, se pensaba que sus efectos sobre la pronunciación de sonidos se daban de forma mucho más tardía.

Los recién nacidos prefieren la voz de su madre a todas las demás, perciben el contenido emocional de los mensajes que les envía esta mediante la entonación y sienten una fuerte motivación a imitarla para atraerla y crear lazos afectivos. Y la entonación de la madre es el único aspecto del lenguaje que son capaces de imitar, lo que explicaría los resultados del estudio, coinciden en señalar la mayoría de los científicos.

http://www.elmundo.es/elmundo/2009/11/05/ciencia/1257440249.html

Expresar ideas que se confirman o no

Para expresar una idea que no se confirma
- Contrariamente a lo que yo pensaba,...
- Al contrario de lo que yo creía,...

Para expresar una idea que se confirma
- Coincidiendo con lo que yo pensaba,...
- Al igual que lo que yo creía,...

2.1 Resume la noticia en tres o cuatro líneas, indicando:

1. La idea principal.
2. ¿Qué se pensaba antes?
3. La importancia de este hallazgo.

2.2 Busca en el texto palabras con el mismo significado que las siguientes.

1. barriga: vientre
2. recién nacido: neonato
3. descubrimiento: hallazgo
4. nacimiento: alumbramiento
5. marca: impronta
6. destacar: subrayar
7. percibir: captar

3 La entonación es el gran patrón musical de la lengua. A veces la usamos para expresar ironía. ¿Sabes reconocerla en español? Escucha y marca en qué intervenciones la usa la persona que habla en segundo lugar.

1. ✓ Para lo que hay que ver .... [✓] M N
2. ☐ Sí, sabes que sí .... S M N
3. ✓ ¡Qué buen jugador eres! .... S [✓] N
4. ✓ Sí, sí, canta muy bien, como un ángel .... S [✓] N
5. ☐ Vale, mañana a las diez .... S M N
6. ✓ Sí, seguro, mañana a las diez .... S M [✓]
7. ✓ A buenas horas .... [✓] M N
8. ☐ Ya sabes que no .... S M N

3.1 [38] Vuelve a la actividad 3, escucha de nuevo e indica, en los que diálogos en los que hay ironía, de qué manera se produce: por suspensión de frase (S), por mentiras irónicas (M) o por negación irónica (N).

El uso de la ironía

La **ironía** es un elemento más de la musicalidad del lenguaje. Existen muchos recursos para expresarla; entre ellos, la entonación y el contexto cumplen una función muy importante.

Así, la ironía se puede producir por:

1. Suspensión de una frase:
   - ▶ *Me he comprado un coche nuevo.*
   - ▷ *Mira qué bien…*
2. Mentiras irónicas:
   - ▶ *¿Verdad que es bonito mi jersey?*
   - ▷ *Precioso.*
3. Negación irónica (afirmar lo contrario o *contradictio in terminis*):
   - ▶ *Luego me recoges, ¿verdad?*
   - ▷ *Sí, claro. Y te llevo bombones también.*

4 En el periódico dominicano *Diario Libre* hay una sección dedicada al uso correcto de la lengua y las particularidades del lenguaje. Vas a leer un artículo que se titula "La melodía del lenguaje", ¿de qué crees que trata?

1. ☐ De la importancia de la buena entonación para la comunicación.
2. ☐ Del aprendizaje de las propiedades melódicas de diferentes lenguas.
3. ✓ De la importancia de la gramática en la lengua materna.

4.1 Ahora, lee el artículo y comprueba tu respuesta.

LA MELODÍA DEL LENGUAJE

Los hablantes suelen quejarse de la dificultad de los verbos. No podemos negarlo, el español posee un sistema verbal complejo y difícil. Es precisamente esta complejidad la que nos permite expresar infinitos matices –temporales, sentimentales, de actitud personal, de punto de vista– y enriquecer nuestra comunicación. Pero las cosas complejas nos exigen conocimiento y habilidad en el uso.

El condicional simple *(cantaría, bebería, iría…)* y el compuesto *(habría cantado, habría bebido, habría ido…)* son protagonistas de algunos errores muy frecuentes en los titulares de periódico. Hoy quiero llamarles la atención sobre un uso incorrecto del condicional que encontramos cada vez con más frecuencia. Analicen, si no, titulares como este: "Los negociadores firmarían el contrato hoy". Para que la expresión sea correcta, nos falta completar la idea con una oración que exprese la condición necesaria para que la firma llegue a producirse; algo así como: "Los negociadores firmarían el contrato hoy si llegaran a un acuerdo".

Algo similar sucede con el condicional compuesto en casos como este: "Durante la protesta habrían detenido a diez personas". Si la intención es expresar la probabilidad de las detenciones, el redactor ha elegido la forma menos adecuada porque, precisamente, lo que esta frase significa es que, al final, no las detuvieron.

Podemos evitar estos errores gramaticales echando mano de otros recursos para expresar la probabilidad o la posibilidad, como por ejemplo: "Es probable que los negociadores firmen el contrato hoy" o "Al parecer detuvieron a diez manifestantes".

Estos pequeños matices marcan la diferencia de una expresión correcta. Imaginen un instrumento musical de gran calidad que debemos aprender a tocar para obtener los mejores resultados. Y eso es nuestra lengua: precisión, complejidad, versatilidad y riqueza que nos exigen entrenamiento y sensibilidad para interpretar la melodía del lenguaje.

4.2 ¿Qué significa "la melodía del lenguaje" en este texto? ¿Con qué elemento se compara el uso que hacemos de la lengua?

El lenguaje, al igual que la música, posee su propia melodía. Aprender un idioma es como aprender a tocar un instrumento, exige entrenamiento y sensibilidad, y hay que atender a sus matices, versatilidad, precisión, complejidad y riqueza.

Etapas Plus 15

Posible respuesta. Los bebés nacen con la impronta del idioma materno y emiten sus primeros sonidos, como el llanto, ya en esa lengua. Aunque estudios anteriores habían demostrado que los fetos eran capaces de memorizar sonidos del mundo externo ya en el último trimestre de gestación y que la exposición prenatal al idioma materno influía en la percepción de los recién nacidos, se pensaba que sus efectos sobre la pronunciación se daban de forma mucho más tardía. Este hallazgo demuestra el impacto temprano del idioma materno en los niños y la influencia del llanto en el futuro desarrollo de su lenguaje.

2.2

Actividad que amplía la competencia léxica del alumno y con la que se finaliza la fase de contextualización.

Practique la expresión de ideas que se confirman o no con la actividad 9.10 de la página 255 del Libro de ejercicios.

3

Comienza una secuencia que trabaja la relación entre el contenido de los patrones melódicos de las lenguas y los elementos lingüísticos que los sostienen. La *ironía* es un recurso que se apoya en cambios de entonación que alteran los significados literales de las palabras. Pida que escuchen ocho diálogos donde aparecen las frases de la actividad que identifiquen por la entonación si se dicen o no con ironía. Tenga en cuenta que las frases están desprovistas de pistas gráficas, como los puntos suspensivos, para medir la capacidad de los estudiantes de reconocer dicha ironía en la lengua oral. Le recomendamos poner una sola vez el audio, ya que podrán escucharlo de nuevo con otra tarea. Corrija la actividad y, si no lo han percibido bien, tranquilícelos diciendo que lo comprobarán a continuación.

[38] Véase transcripción en pág. 232.

3.1

Tarea destinada a diferenciar entre tres tipos de recursos para expresar ironía. Dirija su atención hacia el cuadro con la explicación, lea los ejemplos para que dispongan de muestras orales de la mencionada entonación y resuelva dudas. Realice una segunda escucha para que identifiquen el recurso utilizado.

Trabaje este contenido con las actividades 9.7 y 9.7.1 de la página 253 del Libro de ejercicios.

4 y **4.1**

Presénteles en 4 el título del artículo aparecido en un periódico y deje que realicen sus propias hipótesis sobre su contenido. En 4.1 se ofrecen tres opciones de ideas para que elijan la que crean más adecuada. Después leen el texto para comprobar su respuesta.

4.2

Promueva una interacción oral con las preguntas de la actividad. En este punto se cierra esta secuencia confirmando la intención comunicativa del artículo: concienciar sobre el correcto uso del idioma mediante la metáfora que compara hablar bien un idioma con saber afinar y tocar un instrumento o ejecutar correctamente una partitura. Use la Proyección 66 para extender el coloquio y enlazar con la siguiente actividad.

Proyección 66 ***La melodía del lenguaje.***

5

Si ha utilizado la Proyección 66, recoja la información de la última pregunta *(¿Qué importancia le das a hablar correctamente?)* para hacer una lluvia de ideas sobre cuáles creen que son los aspectos más relevantes para dominar un idioma. Presente los seis elementos del libro y pida que, en parejas, los ordenen de más (1) a menos (6) importante. Haga una puesta en común y pase a la actividad siguiente.

6

Actividad de comprensión auditiva. Pídales que cierren el libro y escriba en la pizarra los cuatro factores sobre los que queremos que reflexionen: la repetición, las oraciones condicionales, el vocabulario y la rima. Ponga la audición e indíqueles que señalen cuál de los cuatro factores sostiene la carga significativa del poema de Blas de Otero, "En el principio". Resuelta la actividad, remítalos al cuadro de reflexión para focalizar la atención sobre la figura de la anáfora y la función que desempeña tanto en el texto literario como en la conversación cotidiana. Aclare las dudas que se presenten.

Si lo considera necesario, aproveche para hablar sobre la figura del poeta español y dé algunos datos relevantes de su biografía.

[39] Véase transcripción en pág. 233.

Blas de Otero, nacido en Bilbao, Vizcaya, en 1916, es uno de los más representativos e influyentes poetas de la posguerra española.

Nació en el seno de una familia burguesa y comenzó sus primeros estudios en colegios jesuitas, donde recibió una formación religiosa con la que rompería más tarde para convertirse en uno de los principales exponentes de la poesía social. Se licenció en Derecho en Zaragoza y posteriormente se trasladó a Madrid, donde se dedicó por entero a la creación literaria.

Su obra poética se puede agrupar en tres etapas: poesía religiosa, poesía existencialista y poesía social. Su poema "En el principio" pertenece a la primera obra de su etapa social, *Pido la paz y la palabra* (1955).

Adaptado de http://www.rinconcastellano.com/cont/blasdotero.html#

5 En parejas, enumerad por orden de importancia los elementos de la siguiente lista para dominar bien un idioma.

- ☐ Tener un buen conocimiento gramatical.
- ☐ Tener muchísimo vocabulario.
- ☐ Dominar la entonación.
- ☐ Tener una buena ortografía.
- ☐ Leer con fluidez y corrección.
- ☐ Tener conocimiento cultural.

6 [39] Vas a oír un poema de Blas de Otero, uno de los principales representantes de la poesía social de los años cincuenta. Escúchalo con atención y señala el elemento que consigue aportar valor significativo al texto.

1. ☑ la repetición
2. ☐ las oraciones condicionales
3. ☐ el vocabulario
4. ☐ la rima

¡Fíjate!

La anáfora se asocia a la **repetición de palabras**. En poesía, es un recurso destinado a aumentar la potencia expresiva de un mensaje. Como toda figura del lenguaje, se trata de un **elemento estético**, cuya intención primera es generar una sensación de ritmo y sonoridad en el lector. Se suelen repetir las palabras a principio de un verso o de una estrofa.

Sin embargo, también se recurre a la **anáfora** fuera de la poesía o de la prosa literaria, en situaciones en las que tan solo se pretende expresar insistencia en el marco de la comunicación.

http://www.ejemplos.co/20-ejemplos-de-anafora/#ixzz4XRAw425T

6.1 En parejas, llegad a un acuerdo: ¿es un poema de amor? ¿Cuál es el verso que mejor recuerdas? ¿Es un texto optimista o pesimista?

– Según yo... *– Como yo lo veo...*

7 El poema que has escuchado, "En el principio", habla de volver a empezar a partir de algo que el poeta considera de gran valor: la palabra. Imagina que en tu último viaje te han abierto la maleta y te han robado algo que para ti es fundamental. Escribe un texto basándote en el poema del autor, pero sin la rima.

EN EL PRINCIPIO

Si he perdido la vida, el tiempo, todo
lo que tiré, como un anillo, al agua,
si he perdido la voz en la maleza,
me queda la palabra.
Si he sufrido la sed, el hambre, todo
lo que era mío y resultó ser nada,
si he segado las sombras en silencio,
me queda la palabra.
Si abrí los labios para ver el rostro
puro y terrible de mi patria,
si abrí los labios hasta desgarrármelos,
me queda la palabra.

EN EL AEROPUERTO

Si he perdido ...., ..., todo
lo que ....,
si he perdido ....,
me queda ....
Si ...., ..., todo
lo que era mío y resultó ser nada,
si he ....,
me queda ....
Si abrieron mi maleta para ....
....,
si abrieron mi maleta hasta ....,
me queda ....

7.1 Observa las oraciones introducidas por *si* que aparecen en el poema. Si te fijas, la primera parte siempre aparece en el verso 1 y la última en el verso 4. ¿Qué expresan en el texto estas oraciones?

☐ condición ☑ contraste ☐ deseo

7.2 Lee la información del cuadro y confirma tu respuesta.

¡Fíjate!

Según algunos expertos en gramática, en las frases introducidas por ***si*** predomina el sentido condicional, pero no siempre su referencia consiste en mostrar una condición. Muchas veces, por ejemplo, cuando la construcción con ***si*** va acompañada de tiempos del pasado de indicativo, señala solo una contraposición o contraste:

– Si ayer llovía, hoy hace sol.

146 Etapas Plus 15 | Nivel C1

6.1

Interacción oral. Déjeles que, en parejas, respondan a las preguntas planteadas. Anímelos a utilizar los exponentes de opinión propuestos. Termine con un pequeño debate en grupo clase y extraiga las conclusiones finales.

7

Tarea de expresión escrita con doble objetivo: desarrollar dicha destreza y exponer al estudiante a modelos de lengua con estructuras gramaticales con *si*, pero que permiten una combinación modo-temporal diferente a aquellas que, de manera convencional, expresan una condición. Implíquelos en el contexto (el robo de un objeto de su maleta), muestre el modelo textual con el poema que han escuchado y pídales que creen su propio poema usando el esquema formal que se ofrece, pero sin atender a la métrica, y siguiendo el espíritu optimista del autor.

Pág. 147

7.3 Hemos visto que hay oraciones con *si* que expresan contraste, por eso podemos sustituirlo por *aunque* o *pero*. Recupera tu poema de la actividad 7 y sustituye *si* por *aunque* o *pero* haciendo las modificaciones necesarias. Luego, comparte tu respuesta con el resto de la clase: ¿apreciáis los matices?

8 ¿Sabes qué es un reproche? A veces, las oraciones introducidas por *si* se utilizan para hacerlos. Observa los pares de imágenes y marca la opción correcta. Luego, relaciona cada oración con el refrán o dicho popular adecuado.

1. Si tenías que estudiar tanto en la universidad,
   - a. no aceptarías otro trabajo en la cafetería.
   - ✓ b. no haber aceptado trabajar en una cafetería.

2. Si hoy has llegado tarde,
   - ✓ a. haberte acostado temprano.
   - b. no te acostaras tarde.

3. Si querías haber visto la Sagrada Familia,
   - ✓ a. ¿por qué no fuiste antes de ir al Camp Nou?
   - b. no irías al Camp Nou.

4. Si había mucho tráfico,
   - ✓ a. podrías haber ido en bicicleta al trabajo.
   - b. ibas a la oficina en bicicleta.

Refrán o dicho popular
- a. [4] ..., porque hombre previsor, vale por dos.
- b. [1] ..., el que mucho abarca poco aprieta.
- c. [2] ..., porque a quien madruga Dios le ayuda.
- d. [3] ..., habrías matado dos pájaros de un tiro.

8.1 Por lo general, la rima o musicalidad del refrán refleja una técnica de la tradición oral que ayuda a recordar mejor estas sentencias. Se dice que cuando los refranes no tienen rima en español es porque son traducciones. Si usamos el criterio de la rima, ¿cuál de las expresiones anteriores no es un refrán?

8.2 ¿Existen estos refranes en tu lengua materna? Intenta traducirlos a tu idioma. Según tu cultura, ¿tendrían sentido?

1. Hombre previsor vale por dos.
2. Hasta el 30 de mayo no te quites el sayo.
3. A quien madruga Dios le ayuda.

8.3 *Matar dos pájaros de un tiro* es un dicho popular. Une estos otros dichos populares con su explicación correspondiente.

1	b	Matar la gallina de los huevos de oro.
2	c	Matar moscas a cañonazos.
3	a	Matar el gusanillo.

- a. Expresión que significa "aliviar el hambre momentáneamente".
- b. Con este modismo se da a entender que una persona, llevada por la codicia, echa a perder su mayor fuente de riqueza.
- c. Esta frase da a entender que se están usando de forma absurda medios desproporcionados y costosos para resolver una cuestión menor.

7.1 y 7.2

Actividades de reflexión para focalizar la atención en las oraciones con *si*. Pídales que subrayen las frases con *si* del poema de Blas de Otero y que decidan qué función comunicativa desempeñan: condición, contraste o deseo. Para comprobar sus hipótesis, remítalos al cuadro de atención de 7.2.

7.3

Actividad para trabajar la alternancia de conjunciones adecuada para alumnos de este nivel. Indíqueles que sustituyan *si* por la conjunción *aunque* en las oraciones del poema que han escrito en 7 y que posteriormente repitan este mismo ejercicio intercambiando la conjunción *aunque* por la conjunción *pero* cuando sea posible. Luego, invítelos a leer el resultado con la conjunción concesiva y con la adversativa respectivamente y a que señalen qué nuevos matices de significado se producen con estas conjunciones.

8

Actividad que contextualiza las estructuras con *si* para expresar reproches a la vez que introduce otro elemento melódico de la lengua: los refranes. Confirme que sus alumnos conocen el significado de *reproche* y dígales que van a leer algunos formulados con frases con *si*. Pida que, en parejas, seleccionen primero la opción correcta para completar cada reproche y relacionen después cada situación con un refrán o dicho popular de los que aparecen al final de la actividad.

Para practicar más estos contenidos, le sugerimos las actividades 9.8 y 9.8.1 de la página 254 del Libro de ejercicios.

8.1

Comente la información que hay en el enunciado de la actividad y pida que, con arreglo a esta, identifiquen cuál de las expresiones de la actividad 8 no sería un refrán.

d, matar dos pájaros de un tiro.

8.2

Actividad para desarrollar la conciencia intercultural. Pregúnteles si existen en su lengua refranes o dichos populares equivalentes a los de la actividad 8. Pídales que traduzcan a su lengua materna los tres que aparecen en su libro y anímelos a que piensen si tendrían o no sentido. Si trabaja con grupos multilingües, puede agrupar a aquellos que compartan el mismo idioma. Haga una puesta en común con sus conclusiones.

8.3

Actividad para ampliar el conocimiento de los dichos populares. Indíqueles que relacionen estos nuevos dichos con la explicación de su significado.

Quien canta su mal espanta

Temas:
- La actividad de cantar.
- El valor social de las canciones.
- La movida madrileña.

Contenidos:
- Ausencia y presencia del artículo.
- Expresar malestar físico.
- Dar consejos y hacer recomendaciones.

1

Interacción oral con la que se introduce el primer tema del apartado: la actividad de cantar. Agrupe a los alumnos en parejas y anímelos a entrevistarse y a compartir la información en grupo clase. Le recomendamos que preenseñe el significado de *canturrear*.

2

Comprensión lectora que contiene los modelos de lengua para reflexionar sobre la presencia o ausencia del artículo. Lance al grupo la pregunta de si se imaginan un mundo sin canciones y permita que expresen sus respuestas. Informe de que esa misma pregunta aparece en una entrada de un blog sobre la que los lectores han dejado algunos comentarios. Anímelos a leerlos y a que, en parejas, escriban el suyo.

2.1

Actividad de reflexión que focaliza la atención en las formas gramaticales que aparecen en el texto que han leído en 2. Deje que lean la explicación gramatical del cuadro y resuelva posibles dudas. Después, pídales que lo completen con ejemplos de presencia de artículo con infinitivo y de ausencia de artículo. Puede apoyarse en la Proyección 67 para la explicación y puesta en común.

2. El vivir acompañado de más o menos música es una elección personal; **3.** Sin canciones … la vida sería como una película sin sonidos. (También se pueden subrayar otras opciones, como por ejemplo: "No habríamos ido a conciertos o a bares donde terminar cantando con un desconocido").

Proyección 67 ***Ausencia y presencia del artículo.***

Quien canta su mal espanta

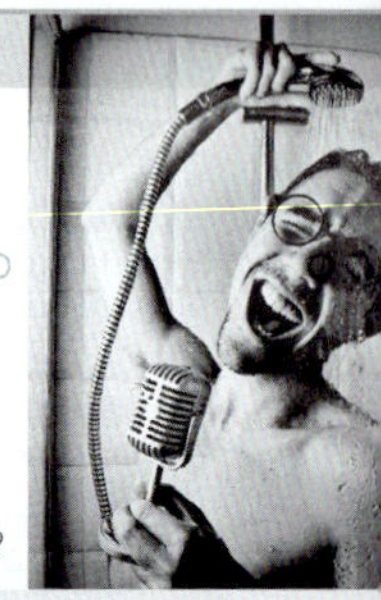

1 En parejas, contestad a las siguientes preguntas. Después, compartid vuestras respuestas con el resto de la clase.

1. ¿Te gusta cantar? ¿Cantas bien? ¿Sueles cantar o canturreas?
2. Cuando cantas, ¿por qué lo haces?
3. ¿En qué lugares cantas?
4. ¿Has ido alguna vez a un karaoke? ¿Te gusta?

2 ¿Te imaginas un mundo sin canciones? En parejas, leed algunas frases extraídas de un blog y escribid, después, vuestra propia respuesta.

¿CÓMO SERÍA EL MUNDO SI LA MÚSICA NO HUBIERA EXISTIDO?

Sin canciones, sin descripción de sentimientos, sin poder gritar lo que deseas, la vida sería como una película sin sonidos. Sin la música, el acercarse a otras personas sería aún más complicado.

Sin melodías, no habría instrumentos que nos ayudaran a construir sonidos que consiguen hacernos sonreír, llorar y amar. No tendríamos besos y abrazos recordados por canciones que decían lo mismo que podíamos llegar a sentir…

De no haber existido la música, tendríamos menos amigos. No habríamos ido a conciertos o a bares donde terminar cantando con un desconocido. Esos lugares abarrotados de gente unida por la música, donde los roces no importan y donde una melodía nos aleja de la realidad, no existirían.

El vivir acompañado de más o menos música es una elección personal, pero la presencia de la música en nuestras vidas parece un hecho irresistible.

Tú **¿Cómo sería tu vida si no hubiera existido la música?** ……………………………………

Extraído de https://quepasariasinoexistiera.wordpress.com/2012/05/03/que-pasaria-si-la-musica-no-existiera/

2.1 Lee el siguiente de cuadro y busca en la actividad 2 algunos ejemplos para completarlo.

Ausencia y presencia del artículo

Aparentemente, el artículo posee un significado estrictamente gramatical y su uso normalmente se debe a la voluntad de determinar al nombre al que acompaña.
La presencia del artículo definido indica la referencia a un objeto ya conocido:
- *La taza de Luis era verde, ¿no?*
- *No, **la taza** de María era verde. La de Luis es roja.*

1. Una de sus funciones gramaticales es la de nominalizar elementos que no pertenecen a la categoría *nombre*, como por ejemplo los adjetivos o los infinitivos:
- ***El rojo** es su color favorito.*
- ***El pintar** mejor o peor es una cuestión de entrenamiento.*

2. En el caso de los infinitivos, la presencia del artículo suele ser opcional y cumple una función enfática frente a su ausencia:
- *Ø Pintar / **El pintar** mejor o peor es una cuestión de entrenamiento…*
- ……………………………………

Hay algunos infinitivos que han sido nominalizados, es decir, el uso los ha transformado en sustantivos masculinos: *el amanecer, el atardecer, el anochecer, el poder, el saber, el deber…*

3. La ausencia del artículo sirve para referirnos a algo de manera genérica:
- *Se busca secretaria.*
- *María es Ø jefa de Recursos Humanos.*
- *Sin Ø jefe de Recursos Humanos, la empresa no podía funcionar correctamente.*
- ……………………………………

4. Por lo general, los nombres propios no llevan artículo, salvo que se trate de un contexto en el que queremos especificar algo:
- *Luis ha sido siempre muy simpático.*
- ***El Luis** que yo conozco siempre ha sido muy simpático.*

Página 149

2.2

Actividad para verificar la comprensión del contenido lingüístico presentado. Pida que, en parejas, usen las explicaciones de 2.1 para justificar la presencia o ausencia del artículo en los pares de frases.

1. En la primera frase *saber* actúa como un sustantivo, mientras que en la segunda mantiene su función de verbo; **2.** En la primera frase nos referimos a la forma de vestir de Juan; en la segunda, a las prendas concretas que siempre lleva; **3.** En la primera frase nos referimos a la profesión de Ana; en la segunda, a su cargo en la empresa; **4.** En la primera frase estamos identificando o definiendo *diccionarios*; en la segunda, nos referimos a unos diccionarios concretos; **5.** En la segunda frase, *Madrid* aparece con artículo porque se usa como sustantivo común.

Para trabajar este contenido, realice la actividad 9.11 de la página 255.

2.2 En parejas, leed estos pares de frases y tratad de explicar el efecto que produce el uso o la ausencia de artículo.

1. El saber no ocupa lugar. / Juan no quiere saber más.
2. Juan siempre lleva pantalón de lino y camisa de flores. / Juan siempre lleva el pantalón de lino y la camisa de flores.
3. Ana es jefa de estudios. / Ana es la jefa de estudios.
4. Estos son diccionarios. / Estos son los diccionarios.
5. Madrid es la capital de España. / El Madrid de los Austrias se conserva bien.

3 Dicen que "quien canta sus males espanta". Escucha y explica con tus palabras el significado de este refrán. **Cantar, al igual que cualquier otra diversión, nos ayuda a olvidarnos de nuestros problemas.**

3.1 En parejas, resumid al menos cuatro razones por las que cantar es bueno para la salud según la audición.

4 Relaciona estas expresiones sobre el malestar físico con frases sinónimas. Luego, comprobad entre todos.

1	f	Tengo el estómago cerrado.	a.	No puedo con mi alma.
2	b	Me caigo de sueño.	b.	Me muero por dormir.
3	a	Me encuentro fatigado.	c.	Siento pinchazos en la rodilla.
4	d	¡Me muero de hambre!	d.	Tengo un agujero en el estómago.
5	c	Tengo molestias en la pierna.	e.	Tengo carraspera.
6	e	Tengo la garganta seca.	f.	No tengo apetito.

4.1 En parejas, poneos de acuerdo en recomendar una solución para cada síntoma físico de la actividad 3.2. Luego, compartid vuestras recomendaciones con la clase.

▸ *Si tienes el estómago cerrado, lo más recomendable es que tomes antes unos encurtidos o unas aceitunas. Verás que eso te dará ganas de comer.*

Dar consejos o hacer recomendaciones

- Lo más aconsejable/recomendable (en estos casos) es que…
- Te sugeriría que…
- Lo único que puedo aconsejarte/recomendarte/sugerirte es que…
- *Ni se te ocurra* + infinitivo

Recuerda

Cuando el consejo o recomendación aparecen introducidos por un verbo en condicional, el verbo en subjuntivo irá en imperfecto:

– *Te **sugeriría** que **tomaras** antes unos encurtidos o unas aceitunas.*

5 Lee este breve texto sobre la "canción curativa" en la infancia y comparte con tus compañeros una canción de tu país que los padres cantan a sus hijos para aliviar el dolor.

Sana, sana, culito de rana

A más de uno le sonará la expresión "sana, sana, culito de rana, si no sana hoy sanará mañana" (o variantes de la misma) que suele emplear un adulto para calmar el dolor que sufre un niño cuando se ha dado un golpe. La frase suele pronunciarse mientras se acaricia, frota o besa la zona dolorida. Muchos padres han tratado de calmar así el dolor de sus hijos durante mucho tiempo, pero, ¿realmente funciona? ¿hay alguna explicación científica?

Extraído de http://www.hablandodeciencia.com/articulos/2012/08/30/sana-sana-culito-de-rana/

5.1 ¿Por qué crees que este tipo de canciones alivian el dolor de los niños? Habla con tus compañeros y después comprueba tu respuesta con el texto que te va a dar tu profesor/a.

3 y **3.1**

Actividad de transición que une el contenido temático (la canción) con los contenidos funcionales para expresar sensaciones físicas y dar consejos. Escriba en la pizarra el título del apartado y anime a especular sobre el significado de este refrán. A continuación, realice una primera escucha de carácter general para que comprueben su significado. Vuelva a poner la audición indicando que deben tomar notas para escribir, al menos, cuatro aspectos por los que cantar es bueno para la salud. Como alternativa, use la transcripción (Ficha 26) para que subrayen los aspectos beneficiosos del canto en la salud descritos en el texto.

Posible respuesta. Mejora el bienestar, reduce los sentimientos de dolor, prolonga la vida, reduce la frecuencia cardíaca, la presión arterial y el estrés, ayuda a tratar alteraciones psicológicas y fisiológicas, mejora la postura…

🔊 **[40]** Véase transcripción en pág. 233.

Ficha 26 *Quien canta sus males espanta.*

4

Actividad de léxico con la que se introducen algunas frases para expresar malestar físico. Póngalos en parejas para que relacionen aquellos elementos de ambas columnas que tienen el mismo significado. Esta información servirá de *input* para la realización de 4.1.

4.1

Práctica de lenguaje centrada en los consejos y las recomendaciones. Llame la atención sobre los exponentes lingüísticos del cuadro de atención. En este nivel, será un tema de repaso. Indíqueles que, en parejas, piensen en un consejo para los malestares anteriores usando estas estructuras y el léxico aprendido en 4. Ponga en común los consejos y fomente la discusión sobre cuál les parece mejor. Si lo considera, puede dirigir la actividad hacia la creación de un recetario para que amplíen la lista de malestares físicos y consejos.

Trabaje formalmente este contenido con la actividad 9.9 de la página 255.

5

Tarea de naturaleza intercultural con la que se pretende que los alumnos compartan tradiciones de sus países relacionadas con la canción curativa en la infancia. Pregunte si en sus países existe alguna canción con la que "curar" las heridas de los niños; no profundice ahora en ello, ya que compartirán información más amplia después. Informe de que la canción que existe en España es *Sana, sana, culito de rana* y pídales que lean el texto con información sobre ella. En la puesta en común, invítelos a que hablen sobre las canciones de sus países y si se acompañan de algún gesto o "coreografía".

5.1

Permita que realicen su propia interpretación de por qué una canción puede aliviar el dolor. Luego, entregue la Ficha 27 con la ampliación del texto sobre la canción curativa para que comprueben la respuesta y para que contesten a las preguntas de verdadero o falso que aparecen en la ficha. Como opción, al finalizar la actividad, puede pedirles que hagan un resumen de la manera en que ha evolucionado la interpretación del dolor.

Ficha 27 *Sana, sana.*

1. F; **2.** F; **3.** V; **4.** V; **5.** V.

6

Después de ver la canción en el plano individual, esta actividad, basada en la comprensión de fragmentos escritos y su relación con las melodías, es una transición hacia el plano social de la canción que ampliará el conocimiento cultural de los alumnos. Deje que lean y comenten los textos sobre tres momentos históricos del siglo XX en España; después, ponga las canciones *Libertad sin ira, A quién le importa* y *Suspiros de España*, en este orden, y pida que las relacionen con los fragmentos de historia. Puede trabajar la letra de las canciones con la Ficha 28.

Canción número 1 *(Libertad sin ira)*:
www.youtube.com/watch?v=fJfUTglaLas

Canción número 2 *(A quién le importa)*:
www.youtube.com/watch?v=OnQeexb8bB8

Canción número 3 *(Suspiros de España)*:
www.youtube.com/watch?v=TcelbP2CVqU

Estas canciones son solo una propuesta estándar, usted puede realizar una versión diferente de la actividad.

Ficha 28 ***Canciones e historia.***

6.1

Una vez que los alumnos hayan estado en contacto con esa breve exposición musical de momentos de la historia de España, anímelos a construir su propio mural con canciones que expliquen la historia de su país y a que preparen una pequeña exposición en PowerPoint o en Padlet. Dígales que elijan dos o tres canciones conectadas con acontecimientos históricos de su país.

6.2

Actividad de naturaleza cultural. Active el conocimiento previo de los alumnos sobre la movida madrileña, movimiento de explosión artística nacido de la llegada de la democracia y que ha sido explicado normalmente desde artes como el cine o la música pop. En esta tarea se une la poesía de los poetas jóvenes de entonces, los postnovísimos, representados por Luis García Montero, con la música pop representada por Quique González. Motive a los alumnos para que traten de averiguar el título del poema y de la canción, así como los puntos en común.

Puede tratar las figuras de Luis García Montero y de Quique González con ayuda de la Ficha 29.

---

6 Las canciones también tienen un valor social y están relacionadas con momentos importantes de la vida en sociedad. Lee este mural y escucha las canciones que te va a poner tu profesor/a. Trata de relacionar cada canción con su texto correspondiente.

De 1936 a 1939 España vivió una Guerra Civil. La canción *Suspiros de España* simboliza una época difícil y comunica muchas emociones. Pertenece al género musical conocido como pasodoble y se baila.

Canción n.º: 3

Hasta 1978 no hubo ejercicio de la democracia en España. En aquel año, y después de años de lucha social, los españoles por fin fueron a las urnas para votar una constitución democrática. La canción *Libertad sin ira*, del grupo Jarcha, representa la transición de la dictadura a la democracia en España.

Canción n.º: 1

En los años ochenta, ya en plena democracia, en España hubo todo un movimiento musical, cultural y artístico conocido como "la movida madrileña". La canción de Alaska *A quién le importa* defendía el derecho a ser "libremente" libre.

Canción n.º: 2

6.1 Haz un mural como el de la actividad anterior y explica a tus compañeros un poco de la historia de tu país. Elige tres imágenes y tres canciones.

6.2 La movida madrileña fue un movimiento cultural que unió a músicos, poetas, cineastas y todo tipo de artistas de toda España que tenían muchos puntos en común. Lee estos fragmentos del poema de Luis García Montero y de la canción de Quique González. Luego, trata de adivinar el título del poema y el de la canción.

El título del poema y el de la canción inspirada en este es el mismo: "Aunque tú no lo sepas".

....

Como la luz de un sueño,
que no raya en el mundo pero existe,
así he vivido yo
iluminando
esa parte de ti que no conoces,
la vida que has llevado junto a mis pensamientos.

Y aunque tú no lo sepas, yo te he visto
cruzar la puerta sin decir que no,
pedirme un cenicero, curiosear los libros,
responder al deseo de mis labios
con tus labios de whisky,
seguir mis pasos hasta el dormitorio.

También hemos hablado
en la cama, sin prisa, muchas tardes
esta cama de amor que no conoces,
la misma que se queda
fría cuanto te marchas.

....

Aunque tú no lo sepas
me he inventado tu nombre,
me drogué con promesas
y he dormido en los coches.

Aunque tú no lo entiendas
nunca escribo el remite en el sobre
por no dejar mis huellas.

Aunque tú no lo sepas
me he acostado a tu espalda
y mi cama se queja
fría cuando te marchas.

He blindado mi puerta
y al llegar la mañana
no me di ni cuenta
de que ya nunca estabas.

6.3 Vas a escribir en un papel un secreto que empiece por el primer verso de la canción de Quique González. Escribe qué has aprendido en esta unidad pero no escribas tu nombre, después dáselo a tu profesor/a para que lo meta en una caja.

▶ *Aunque tú no lo sepas, en esta unidad he aprendido a...*

▸ 150 Etapas Plus 15 | Nivel C1

Ficha 29 ***Luis García Montero y Quique González.***

6.3

Última tarea del apartado con la que se propone hacer consciente al estudiante de su aprendizaje. Motívelos explicando que van a escribir un secreto (qué han aprendido sin que lo sepamos) y que, después, van a compartirlo. Reparta un papel a cada alumno y pídales que escriban una frase que empiece con el primer verso de la canción *Aunque tú no lo sepas* y que la continúen con algo que hayan aprendido en esta unidad. Dirija su atención a la muestra de lengua que aparece en su libro y dé algún ejemplo. Una vez escritos todos los mensajes, recójalos y haga una puesta en común para que adivinen quién ha escrito cada mensajes; de este modo, saldrán diferentes ideas sobre contenidos de la unidad que se podrán activar en ese momento.

Unidad 9

Evaluación

Interacción oral

Observa la imagen y participa en este juego de roles. Imagina que eres la chica del cuadro y que tienes un problema. Prepara un diálogo con tu compañero/a. Él/ella te escuchará con atención y tratará de consolarte al igual que hicimos en la actividad 7.1 de la página 142.

Elementos que serán evaluados

- Expresión corporal, gestos y expresión no verbal
- Entonación
- Corrección gramatical
- Corrección léxica
- Fluidez verbal

Automat, Edward Hopper (1927).

Comprensión auditiva

[41]

Vas a escuchar una entrevista al neurocientífico Patrik Nils Juslin. Luego, responde a las preguntas.

1. En la entrevista, se menciona que canturrear es...
   - ◯ **a.** cantar repetidamente una canción porque nos gusta y nos trae recuerdos.
   - ✓ **b.** repetir de manera inconsciente una canción sin importar que nos guste o no.
   - ◯ **c.** repetir inconscientemente una canción mediante silbidos.
2. En el audio, se dice que una canción hortera es una canción...
   - ◯ **a.** que se pone de moda.
   - ✓ **b.** que se considera mala.
   - ◯ **c.** que se considera buena.
3. ¿Qué es la amusia?
   - ◯ **a.** Tener buen oído y buen gusto para cantar una canción.
   - ◯ **b.** Tener mal oído y mal gusto para cantar una canción.
   - ✓ **c.** Tener poca o nula capacidad emocional respecto a la música.
4. ¿Por qué el oído es el sentido más poderoso que tenemos?
   - ✓ **a.** Porque es el primero que se desarrolla en el vientre materno.
   - ◯ **b.** Porque es el primero que se desarrolla una vez que nacemos.
   - ◯ **c.** Porque es el primero que usamos en el mundo exterior.

Comprensión lectora

1 **Lee el siguiente texto en el que se habla de la relación entre música y literatura y señala si estas afirmaciones son verdaderas o falsas.**

	V	F
1. Según el texto, ser un melómano significa no saber tocar ningún instrumento.		✓
2. Leer la obra de Marcel Proust en su lengua original permite percibir su estilo musical.	✓	
3. El escritor fue acusado de tener una excesiva afición musical y de copiar composiciones.		✓
4. En sus novelas hay una estructura musical de fondo que se aprecia en algunos recursos.	✓	
5. Fortuny citó muchas más veces a Wagner que el propio Proust.		✓
6. Según el texto, Proust alteraba el plan original de su obra una vez que la acababa.		✓

Etapas Plus 15 | Nivel C1 ▸ 151

Evaluación

La finalidad de este apartado es evaluar, por un lado, las habilidades y estrategias de los alumnos en las diferentes destrezas y, por otro, la asimilación de los contenidos de la unidad a través de un test que podrá encontrar en la **ELEteca** de Edinumen (eleteca.edinumen.es).

Este cuestionario es interactivo y corregido por la plataforma, de manera que el estudiante podrá examinar sus errores y aciertos y reflexionar sobre su aprendizaje. Cada apartado se evaluará de manera independiente, ya que se trata de que el estudiante valore su competencia en cada una de las destrezas y sea consciente de sus necesidades.

Interacción oral

Se trata de evaluar la habilidad del estudiante para verbalizar una idea, teniendo en cuenta el uso y medida de los silencios, las estrategias comunicativas, los conectores del discurso, los aspectos fonéticos y el paralenguaje, así como los exponentes gramaticales y el vocabulario seleccionados por este de acuerdo con su nivel.

La respuesta de esta prueba es abierta. El profesor la valorará atendiendo a una escala de 0 a 3 (0: suspenso, 1: aprobado, 2: notable, 3: sobresaliente), en función de los siguientes criterios:

- Ha incluido todos los elementos mencionados en la instrucción (0-3).
- Logra con éxito transmitir sus mensajes (0-3).
- Utiliza un estilo adecuado al contexto y a la situación (0-3).
- Presenta una corrección lingüística y gramatical acorde con el nivel exigido (0-3).
- Usa vocabulario variado y se expresa con una precisión léxica acorde con su nivel (0-3).

Use la Proyección 68 con el cuadro de Edward Hopper, titulado *Automat* (1927), para proponer a los alumnos una tarea similar a la que realizaron en la actividad 7.1 de la página 142. Distribuya la clase en parejas y asigne roles: la chica del cuadro y el espectador. Pídales que creen un diálogo entre esos dos personajes. Pasee por el aula para poder tomar notas de cara a la evaluación.

Proyección 68 ***Automat.***

Comprensión auditiva

Se trata de evaluar la habilidad del estudiante para comprender de una forma intensiva, selectiva o global un texto oral.

Cada pregunta valdrá un punto. Su calificación dependerá del porcentaje de preguntas acertadas.

Aprobado: a partir del 50 %
Notable: entre el 50 % y el 80 %
Sobresaliente: más del 80 %

[41] Véase transcripción en pág. 233.

Pág. 152

Comprensión lectora

Se trata de evaluar la habilidad del estudiante para comprender de una forma intensiva, selectiva o global un texto escrito.

Cada pregunta valdrá un punto. Su calificación dependerá del porcentaje de preguntas acertadas.

Aprobado: a partir del 50 %
Notable: entre el 50 % y el 80 %
Sobresaliente: más del 80 %

Evalúe la destreza lectora con la tarea 1 de verdadero o falso y pida que realicen después las otras dos, con las que se revisará un contenido de la unidad (oraciones con *si* que expresan contraste) y se trabajará el léxico.

1. F: Un melómano es un amante de la música, especialmente de la clásica; **2.** V; **3.** F: Lo que se dice en el texto es que, a pesar de que el autor no era músico, la música ejerce una gran influencia en su obra; **4.** V; **5.** F: Aunque Fortuny también lo citó en su obra, Proust lo citó más; **6.** F: Alteraba el plan original durante la creación de la obra.

Expresión escrita

Se trata de evaluar la habilidad del estudiante para desarrollar una idea, teniendo en cuenta las estrategias comunicativas, el estilo, los conectores del discurso, la estructura del texto, el orden conceptual, la puntuación y la ortografía, así como los exponentes gramaticales y el vocabulario seleccionados por él de acuerdo con su nivel.

La respuesta de esta prueba es abierta. El profesor la valorará atendiendo a una escala de 0 a 3 (0: suspenso, 1: aprobado, 2: notable, 3: sobresaliente), en función de los siguientes criterios:

- Ha incluido todos los elementos mencionados en la instrucción (0-3).
- Logra con éxito transmitir sus mensajes (0-3).
- Utiliza un estilo adecuado al contexto y a la situación (0-3).
- Presenta una corrección lingüística y gramatical acorde con el nivel exigido (0-3).
- Usa vocabulario variado y se expresa con una precisión léxica acorde con su nivel (0-3).

Pida a sus alumnos que creen un texto narrativo en el que utilicen tres de los seis refranes o dichos populares que se les ofrecen.

PROUST SUENA A MÚSICA

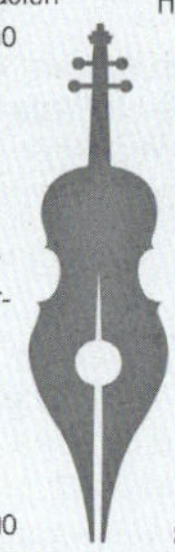

Si Alejo Carpentier llevaba un músico dentro y Paul Klee era un consumado violinista a la vez que pintor genial, Marcel Proust no tocaba instrumento alguno y su formación no permite señalarlo más que como un melómano refinado, es decir, un apasionado por la música con buen gusto. Sin embargo, su obra magna, *En busca del tiempo perdido*, es en sí misma una gigantesca construcción musical para quien conoce la lengua francesa y quien lo ha leído en buenas traducciones.

La Fundación Juan March inicia a partir de este miércoles un nuevo ciclo de conciertos dedicados al universo musical de diversos escritores que, como Proust, acusaron en su obra gran influencia de la más temporal de las artes sin tenerla como oficio.

En busca del tiempo perdido no solo es música, sino que está atravesada de parte a parte de música, menciones a compositores, comparaciones y pasajes sobre la misma cuestión. Ejemplos de ello son la descripción recurrente de la imaginaria *Sonata* del compositor ficticio Vinteuil, personaje central de la obra, que funciona como mecanismo de recuperación de la memoria, así como la aún más célebre "magdalena de Proust", ese pasaje célebre en el que el sabor de un trozo de magdalena hace al personaje evocar recuerdos, emociones y sentimientos de su pasado.

Hay quien ha querido ver en el ciclo de novelas incluso una estructura musical subyacente, pero, sin ir tan lejos, resulta obvia la utilización por parte del novelista de recursos típicamente musicales como el *leitmotiv*, tomado de su admirado Wagner al igual que su concepción monumental del arte.

Wagner es el artista más citado en la heptalogía de Proust, más incluso que en la obra de nuestro Mariano Fortuny, otro creador marcado a su vez por la pretensión de obra de arte total o *Gesamtkunstwerk* del compositor alemán.

Jean-Jacques Nattiez, destacado estudioso de Proust, sostiene que tanto este como Wagner sienten "la misma insatisfacción ante cada resultado alcanzado provisionalmente, con el deseo de englobar cada obra acabada en un conjunto más vasto". De ahí que la novela del francés sea, como la tetralogía wagneriana, "un *work-in-progress* que desdice su plan original y se reformula" en el acto mismo de escribirse.

Adaptado de http://www.elmundo.es/cultura/2017/05/14/591849a622601d6e558b463f.html

2 Elige la opción que consideres correcta.

En el texto, la frase "Si Alejo Carpentier llevaba un músico dentro y Paul Klee era un consumado violinista a la vez que pintor genial, Marcel Proust no tocaba instrumento alguno" expresa:

○ **a.** una condición. ✓ **b.** un contraste. ○ **c** un deseo.

3 Busca en el texto un sinónimo para estas definiciones o palabras.

1. Saga literaria o de cine, música, pintura, etc. que está formada por siete entregas: **heptalogía**
2. Término acuñado por los analistas de los dramas de Richard Wagner; es el tema musical recurrente en una composición y, por extensión, el motivo central recurrente de una obra literaria o cinematográfica: ***leitmotiv***
3. Obra, trabajo o acción que está en marcha o se va haciendo sobre la marcha: ***work-in-progress***
4. Amante de la música, especialmente de la clásica: **melómano**
5. Dicho de una obra principal, que supera a las demás: **magna**
6. Amplio, dilatado, extenso: **vasto**

Expresión escrita

Elige tres de estos refranes o dichos populares y escribe una historia haciendo uso de ellos (200-220 palabras).

– A quien madruga Dios le ayuda.
– Hombre previsor vale por dos.
– Quien mucho abarca poco aprieta.
– Matar moscas a cañonazos.
– Matar el gusanillo.
– Matar la gallina de los huevos de oro.

Contenidos lingüísticos

Haz el cuestionario que te proponemos en ELEteca

▸ 152 Etapas Plus 15 | Nivel C1

Unidad 10

El arte de conversar

Contenidos funcionales

- Mantener una conversación: estructurar la información, reformular, interrumpir, citar, reanudar el discurso...
- Expresar amenazas.
- Hacer reproches.
- Expresar cambios y transformaciones.

Contenidos lingüísticos

- Tácticas para la construcción de la interacción.
- Usos de *se*: involuntariedad y énfasis.
- Estructuras para expresar amenazas y para hacer reproches.
- Verbos de cambio.

Contenidos léxicos

- Verbos y expresiones relacionados con infortunios y accidentes.
- Léxico sobre juegos de mesa, libros y fotografía.

Contenidos culturales

- La ley de Murphy y otras leyes populares.
- Los juegos de mesa y los videojuegos.
- El Día del Libro.
- PHotoESPAÑA.

En **ELEteca** tienes material y actividades complementarias a esta unidad.

Tareas

- Debatir sobre las claves para mantener una conversación.
- Mantener una conversación sobre temas mundanos.
- Contar un mal día.
- Inventar leyes populares.
- Echar una partida al tres en raya.
- Escribir un texto para el blog de la escuela.

Unidad 10

El arte de conversar

En esta unidad se tratan varios temas: infortunios, accidentes, juegos y eventos culturales, todos ellos unidos por la circunstancia de que pueden ser el germen de cualquier conversación cotidiana.

Llame la atención de sus alumnos sobre la imagen de la portadilla y pregúnteles qué les sugiere. Trate de que la conecten con el título de la unidad y déjelos que especulen sobre los posibles temas que se van a tratar.

En contexto

Temas:

- Claves de una buena conversación.
- Los temas de conversación más frecuentes.

Contenidos:

- Tácticas para la construcción de la interacción.

Este apartado tiene como objetivo contextualizar la unidad en su conjunto y anticipar los temas que se tratarán en ella, al tiempo que se desarrollan las destrezas lingüísticas.

1 y **1.1**

Con el fin de despertar el interés y contextualizar la comprensión lectora, haga preguntas a sus alumnos del tipo: *¿Pensáis que es fácil mantener una buena conversación? ¿Os consideráis buenos conversadores? ¿Cuáles creéis que son las claves para serlo?* A continuación, infórmelos de que Celeste Headlee es una periodista estadounidense que ofrece conferencias sobre este tema. Dígales que van a leer un texto, basado en una de sus entrevistas, en el que se dan consejos para mantener una buena conversación. Pídales que completen cada sugerencia con los títulos que se encuentran en el recuadro de la izquierda. Después de corregir la actividad, anime a sus estudiantes a comentar si están o no de acuerdo con los consejos que acaban de leer.

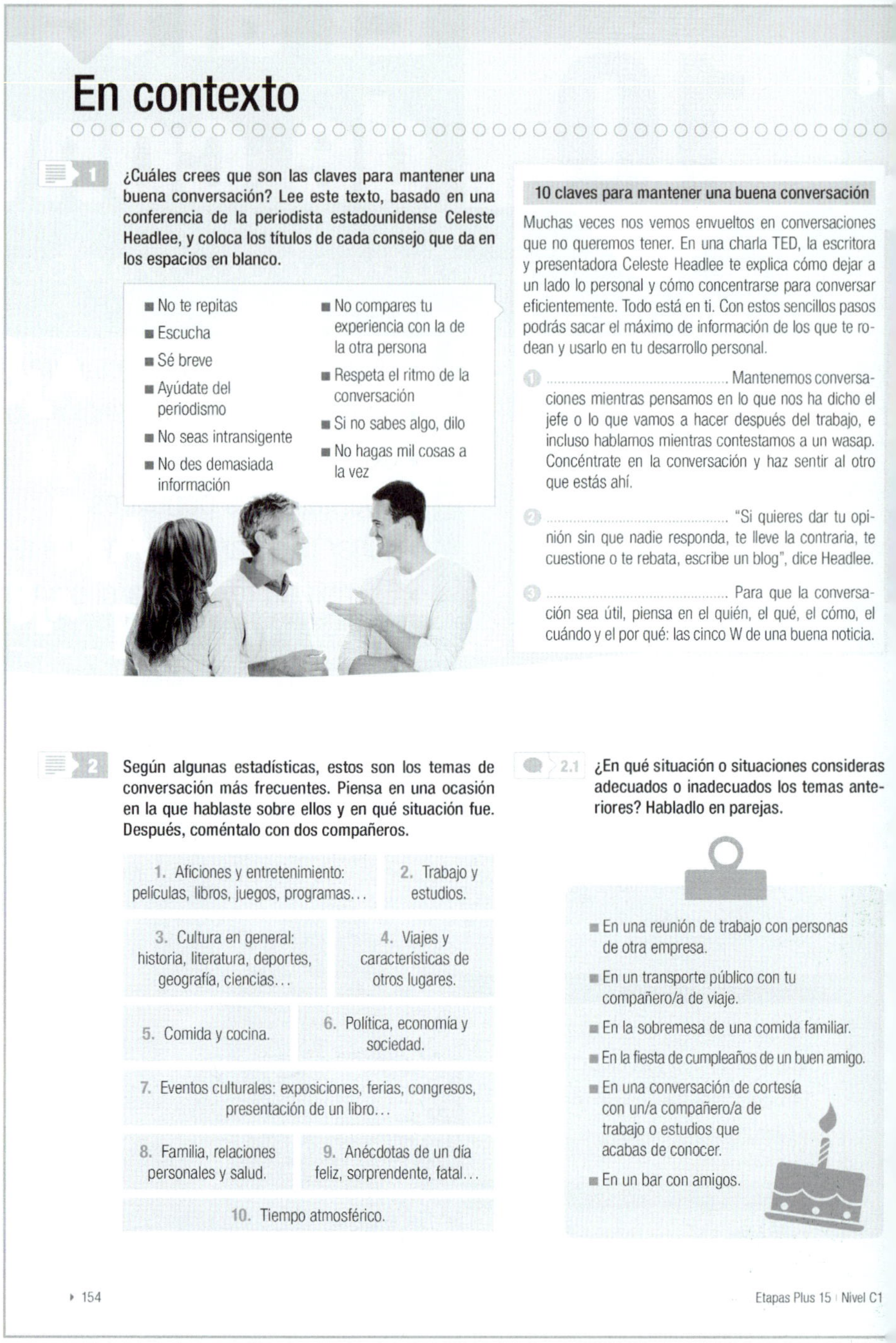

En contexto

1 ¿Cuáles crees que son las claves para mantener una buena conversación? Lee este texto, basado en una conferencia de la periodista estadounidense Celeste Headlee, y coloca los títulos de cada consejo que da en los espacios en blanco.

- No te repitas
- Escucha
- Sé breve
- Ayúdate del periodismo
- No seas intransigente
- No des demasiada información
- No compares tu experiencia con la de la otra persona
- Respeta el ritmo de la conversación
- Si no sabes algo, dilo
- No hagas mil cosas a la vez

10 claves para mantener una buena conversación

Muchas veces nos vemos envueltos en conversaciones que no queremos tener. En una charla TED, la escritora y presentadora Celeste Headlee te explica cómo dejar a un lado lo personal y cómo concentrarse para conversar eficientemente. Todo está en ti. Con estos sencillos pasos podrás sacar el máximo de información de los que te rodean y usarlo en tu desarrollo personal.

1 .... Mantenemos conversaciones mientras pensamos en lo que nos ha dicho el jefe o lo que vamos a hacer después del trabajo, e incluso hablamos mientras contestamos a un wasap. Concéntrate en la conversación y haz sentir al otro que estás ahí.

2 .... "Si quieres dar tu opinión sin que nadie responda, te lleve la contraria, te cuestione o te rebata, escribe un blog", dice Headlee.

3 .... Para que la conversación sea útil, piensa en el quién, el qué, el cómo, el cuándo y el por qué: las cinco W de una buena noticia.

2 Según algunas estadísticas, estos son los temas de conversación más frecuentes. Piensa en una ocasión en la que hablaste sobre ellos y en qué situación fue. Después, coméntalo con dos compañeros.

1. Aficiones y entretenimiento: películas, libros, juegos, programas…
2. Trabajo y estudios.
3. Cultura en general: historia, literatura, deportes, geografía, ciencias…
4. Viajes y características de otros lugares.
5. Comida y cocina.
6. Política, economía y sociedad.
7. Eventos culturales: exposiciones, ferias, congresos, presentación de un libro…
8. Familia, relaciones personales y salud.
9. Anécdotas de un día feliz, sorprendente, fatal…
10. Tiempo atmosférico.

2.1 ¿En qué situación o situaciones consideras adecuados o inadecuados los temas anteriores? Habladlo en parejas.

- En una reunión de trabajo con personas de otra empresa.
- En un transporte público con tu compañero/a de viaje.
- En la sobremesa de una comida familiar.
- En la fiesta de cumpleaños de un buen amigo.
- En una conversación de cortesía con un/a compañero/a de trabajo o estudios que acabas de conocer.
- En un bar con amigos.

154 Etapas Plus 15 | Nivel C1

1. No hagas mil cosas a la vez; **2.** No seas intransigente; **3.** Ayúdate del periodismo; **4.** Respeta el ritmo de la conversación; **5.** No te repitas; **6.** No compares tu experiencia con la de la otra persona; **7.** No des demasiada información; **8.** Escucha; **9.** Si no sabes algo, dilo; **10.** Sé breve.

Celeste Headlee es una periodista y música estadounidense. Trabaja tanto en radio como en televisión, en donde ha conducido varios programas. Es autora del libro *We Need to Talk. How to Have Conversations That Matter,* en el que describe las estrategias que la han convertido en una mejor conversadora al tiempo que ofrece sencillas herramientas para mejorar la comunicación de cualquier persona. Sobre este tema ha ofrecido conferencias en TED (Tecnología, Entretenimiento y Diseño).

Pág. 155

Unidad 10

4 .... Suele pasarnos que cuando se nos ocurre algo brillante lo retenemos en la cabeza porque no sabemos cómo interrumpir al interlocutor e incluso dejamos de escucharlo; esto hace que perdamos el hilo de la conversación y que esta no sea fluida.

5 .... Es muy aburrido y todos lo hacemos. Pero cámbialo, es una verdadera tortura para los que te rodean… Todos hemos visto a ese tertuliano diciendo una y otra vez lo mismo en un debate.

6 .... Si alguien ha perdido a un familiar o tiene problemas en el trabajo, no le expongas tu caso. "No va sobre ti. No tienes que aprovechar ese momento para demostrar lo genial que eres o lo mucho que has sufrido", dice Headlee.

7 .... A la gente no le importan los años, los nombres, los detalles… Solo tiene interés en ti y en lo que podéis tener en común.

8 .... Buda dijo: "Si tu boca está abierta, no estás aprendiendo".

9 .... No pasa nada porque no sepas el último cotilleo del barrio, o porque no recuerdes quién inventó la penicilina o la alineación del equipo de fútbol de tu ciudad de una temporada pasada.

10 .... Headlee parafrasea a su hermana cuando opina que una buena conversación es como una minifalda: lo suficientemente corta para captar el interés y lo suficientemente larga para abarcar lo importante.

Adaptado de https://as.com/ocio/2016/03/12/conectados/1457809866_138468.html

1.1 **¿Estás de acuerdo con los consejos anteriores? Coméntalo con el resto de la clase.**

3 **Elige uno de los temas de conversación de la actividad 2 para hablar con tus compañeros. Piensa antes en lo que quieres decir.**

Tácticas para la construcción de la interacción

Marcadores del discurso
- **Aditivos:** ni… ni… / no solo… sino también.
- **Justificativos:** puesto que / ya que…
- **Consecutivos:** de manera/forma/modo que…
- **Contraargumentativos:** a pesar de que / no obstante / mientras que / en cambio / de todas maneras / de todos modos…

Estructuradores de la información
Lo primero / para empezar / por un lado / por otra parte / de otro lado…

Focalizadores
Respecto a / en relación con / incluso…
- **De concreción o especificación:** en especial / concretamente…
- **De refuerzo argumentativo:** desde luego / por supuesto…

Destacar elementos
Hay que tener en cuenta…
- **Citar:** como ha dicho…
- **Adverbios:** especialmente / particularmente / justamente / precisamente…

Reformuladores
- **Explicativos:** en otras palabras / dicho de otro modo…
- **Recapitulativos:** resumiendo / en fin / en definitiva / total…
- **Rectificativos:** mejor dicho…
- **De distanciamiento:** de todas maneras / de todas formas / en cualquier caso…
- **Digresores:** por cierto / a propósito / en cualquier caso / una cosa…

Interrumpir
Antes de que se me olvide / sí, ya…, claro, pero… / espera un momento / perdona que te interrumpa, pero… / oye un momento, ¿puedo decir algo/una cosa?

Abrir y cerrar una digresión
Por cierto / a propósito / volvamos a lo que hablábamos / ¿de qué hablábamos? / eso no tiene nada que ver con nuestro tema / esto se aparta, se aleja del tema…

Reanudar el discurso
Adelante / sigue, te escucho / espera un momento / déjame terminar / un momento, ya termino / espera, que no he terminado / como decía / solo me queda por decir una cosa…

Etapas Plus 15 | Nivel C1 ‣ 155

2 y **2.1**

Interacción oral secuenciada en dos partes: en la primera se tratan los temas más frecuentes de conversación y en la segunda, su adecuación al contexto. En primer lugar, sondee la experiencia de los alumnos y haga una lluvia de ideas sobre los temas que estos piensan que se tocan más en las charlas informales; si viene al caso, rescate la información que han dado en relación con la foto de portadilla. Comuníqueles que, según las encuestas, los temas que se mencionan en la actividad 2 son los más recurrentes; déjeles unos minutos para que piensen en una ocasión en la que los utilizaron. Divida el grupo en tríos y anímelos a intercambiar sus historias. Si quiere dotar a la actividad de un contenido extralingüístico y lúdico, pregúnteles quién se acuerda de más situaciones dentro de cada grupo.

Para cerrar la tarea, propóngales discutir en parejas sobre la conveniencia de conversaciones que versen sobre estos temas en las situaciones propuestas en 2.1. Puede realizar una puesta en común sobre sus ideas para comprobar si hay coincidencias entre los miembros del grupo.

3

Actividad de reflexión que presenta exponentes que los alumnos pueden utilizar en la interacción oral. Utilice la Proyección 69 y déjeles un tiempo para que piensen en su discurso y vean cómo pueden usarlos.

Proyección 69 ***Conectores del discurso.***

Si lo considera necesario, haga la actividad 10.1, página 256 del Libro de ejercicios, antes de iniciar la conversación para que se familiaricen más con los marcadores discursivos.

Un mal día

Temas:

- Accidentes, infortunios y fatalismos. La ley de Murphy.
- Un mal día.

Contenidos:

- Léxico relacionado con los infortunios, accidentes y fatalismos.
- Algunos usos de *se*: involuntariedad, *se* enfático.

1

Actividad oral para motivar el tema de los accidentes y fatalismos e introducir la comprensión lectora posterior en la que se habla sobre el origen de la ley de Murphy. Use la Proyección 70, pregunte a los alumnos por el significado de la frase y proyecte algunas de las palabras relacionadas con ella y con el texto que leerán posteriormente: *infortunio, fatalismo, imponderable* e *impericia*. Explique el significado de los términos que no conozcan y, a partir de ellos, cree interés por saber cuál es el origen de la ley de Murphy y pase a la siguiente actividad.

Proyección 70 *Qué mala suerte.*

1.1

Comprensión lectora para conocer el origen de la ley de Murphy y presentar vocabulario relacionado con los infortunios y fatalismos. En primer lugar, pida a los alumnos que realicen, en parejas, la parte relacionada con el léxico. Anímelos a usar el diccionario si lo necesitan y corrija antes de proceder a la lectura. Después, haga una puesta en común de las ideas principales del texto y pase a la siguiente actividad, donde se continúa profundizando sobre el contenido de este.

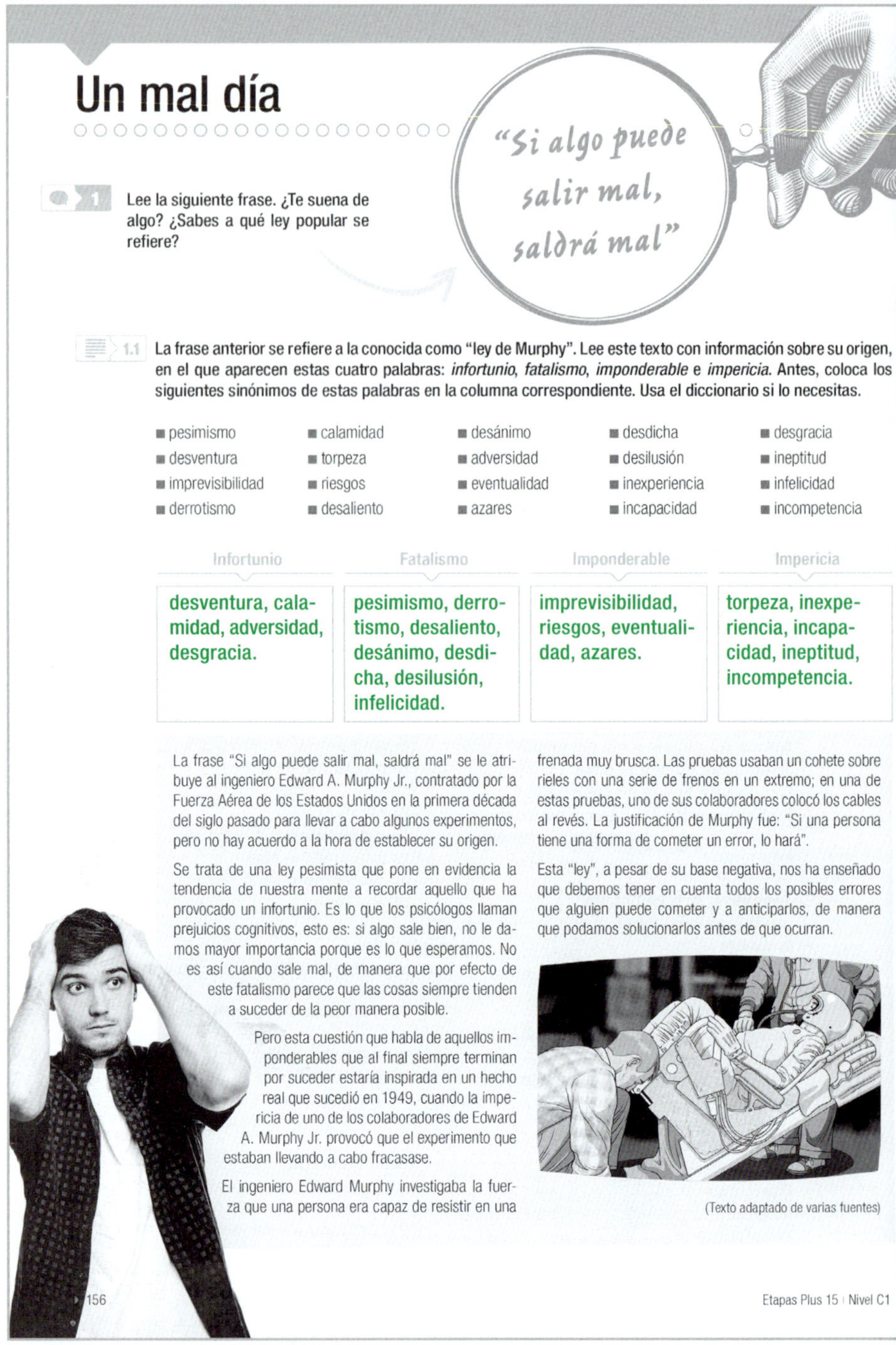

Un mal día

"Si algo puede salir mal, saldrá mal"

1 Lee la siguiente frase. ¿Te suena de algo? ¿Sabes a qué ley popular se refiere?

1.1 La frase anterior se refiere a la conocida como "ley de Murphy". Lee este texto con información sobre su origen, en el que aparecen estas cuatro palabras: *infortunio, fatalismo, imponderable* e *impericia*. Antes, coloca los siguientes sinónimos de estas palabras en la columna correspondiente. Usa el diccionario si lo necesitas.

pesimismo	calamidad	desánimo	desdicha	desgracia
desventura	torpeza	adversidad	desilusión	ineptitud
imprevisibilidad	riesgos	eventualidad	inexperiencia	infelicidad
derrotismo	desaliento	azares	incapacidad	incompetencia

Infortunio	Fatalismo	Imponderable	Impericia
desventura, calamidad, adversidad, desgracia.	pesimismo, derrotismo, desaliento, desánimo, desdicha, desilusión, infelicidad.	imprevisibilidad, riesgos, eventualidad, azares.	torpeza, inexperiencia, incapacidad, ineptitud, incompetencia.

La frase "Si algo puede salir mal, saldrá mal" se le atribuye al ingeniero Edward A. Murphy Jr., contratado por la Fuerza Aérea de los Estados Unidos en la primera década del siglo pasado para llevar a cabo algunos experimentos, pero no hay acuerdo a la hora de establecer su origen.

Se trata de una ley pesimista que pone en evidencia la tendencia de nuestra mente a recordar aquello que ha provocado un infortunio. Es lo que los psicólogos llaman prejuicios cognitivos, esto es: si algo sale bien, no le damos mayor importancia porque es lo que esperamos. No es así cuando sale mal, de manera que por efecto de este fatalismo parece que las cosas siempre tienden a suceder de la peor manera posible.

Pero esta cuestión que habla de aquellos imponderables que al final siempre terminan por suceder estaría inspirada en un hecho real que sucedió en 1949, cuando la impericia de uno de los colaboradores de Edward A. Murphy Jr. provocó que el experimento que estaban llevando a cabo fracasase.

El ingeniero Edward Murphy investigaba la fuerza que una persona era capaz de resistir en una frenada muy brusca. Las pruebas usaban un cohete sobre rieles con una serie de frenos en un extremo; en una de estas pruebas, uno de sus colaboradores colocó los cables al revés. La justificación de Murphy fue: "Si una persona tiene una forma de cometer un error, lo hará".

Esta "ley", a pesar de su base negativa, nos ha enseñado que debemos tener en cuenta todos los posibles errores que alguien puede cometer y a anticiparlos, de manera que podamos solucionarlos antes de que ocurran.

(Texto adaptado de varias fuentes)

156 Etapas Plus 15 | Nivel C1

1.2 ¿Estás de acuerdo con las siguientes ideas del texto? ¿Crees que tú piensas así?

1 "Si algo sale bien, no le damos mayor importancia porque es lo que esperamos. No es así cuando sale mal, de manera que por efecto de este fatalismo parece que las cosas siempre tienden a suceder de la peor manera posible".

2 "... nos ha enseñado que debemos tener en cuenta todos los posibles errores que alguien puede cometer y a anticiparlos, de manera que podamos solucionarlos antes de que ocurran".

1.3 **Estas son algunas frases derivadas de la anterior ley de Murphy. En parejas, relacionad las dos partes y explicad con vuestras palabras su significado.**

1 k Un atajo es siempre...
2 c Cuando un trabajo está mal hecho...
3 j Las partes de un aparato que requieren más mantenimiento...
4 d Si tiraste algo que habías guardado durante mucho tiempo,...
5 g No siempre se encuentra lo que se está buscando. En su lugar,...
6 m Casi todo es más fácil de romperse...
7 e Cualquier esfuerzo por agarrar un objeto en caída...
8 a No importa lo bien que hagas el trabajo,...
9 f Fases de un proyecto: el entusiasmo, la desilusión, la angustia, la búsqueda de culpables, el castigo de los inocentes...
10 h El ochenta por ciento del examen final que vas a hacer se va a basar...
11 i Cada vez que se habla de algo,...
12 b El carril de al lado...
13 l Nada es tan fácil como parece...

a. el jefe siempre encontrará algo para criticar.
b. siempre va más rápido.
c. cualquier intento de mejorarlo, lo empeora.
d. vas a necesitarlo inmediatamente.
e. causará más destrucción que si dejamos que el objeto caiga naturalmente.
f. y la gloria a los no participantes.
g. encontramos cosas que no buscábamos.
h. en la única clase que te perdiste.
i. si es bueno, se termina y si es malo, ocurre.
j. son las más inaccesibles.
k. la distancia más larga entre dos puntos.
l. ni tan difícil como explica el manual.
m. que de abrirse.

1.4 **Marca las situaciones anteriores con las que te hayas encontrado alguna vez y cuéntaselo a tu compañero/a.**

1.5 **¿Conoces otras leyes de este tipo? Habla con tus compañeros.**

▸ *Sí, me acuerdo de una que dice algo así como "La probabilidad de que la tostada caiga con la mantequilla hacia abajo es directamente proporcional al precio de la alfombra".*

1.2

Actividad oral para profundizar sobre el contenido del texto y hacer una lectura más crítica de este. Pregunte a los alumnos su opinión, tratando de llevar la discusión hacia los siguientes temas: si realmente el ser humano es pesimista y la importancia de la anticipación de problemas para la vida. Pídales que ilustren sus opiniones con sus experiencias. Haga la actividad en grupo clase.

1.3

Motive la actividad preguntando a los estudiantes si conocen otras leyes similares a la de Murphy e introdúzcala. Indíqueles que la realicen en parejas. Después, corríjala y ponga en común el significado de las diferentes leyes. Aproveche el contenido humorístico de las frases para crear un ambiente distendido y lúdico entre los alumnos. De esta manera, será más fácil que se animen a contar experiencias más personales, tal y como se propone en la siguiente actividad.

1.4

Actividad oral para realizar en parejas. Pasee entre los alumnos, haga las correcciones que considere necesarias y termine la actividad con una breve puesta en común de algunos ejemplos que hayan comentado.

1.5

Actividad de interacción oral. Hágala solo si en la motivación no ha habido suficiente participación; es posible que después de haber visto los ejemplos de 1.3 recuerden algunas otras leyes similares.

2

La secuencia presenta el uso del pronombre *se* para expresar involuntariedad. El objetivo de esta primera actividad es introducir el léxico relacionado con los accidentes y/o infortunios más frecuentes o que pueden formar parte de la vida diaria. Motive el ejercicio con una lluvia de ideas a partir de la pregunta *¿Qué cosas te pueden ocurrir para tener un mal día?* A continuación, utilice la Proyección 71 y sondee el conocimiento de los alumnos de los verbos que muestran las imágenes. Pase después a la siguiente actividad.

Proyección 71 ***Un mal día.***

2.1

Actividad donde se ofrecen los modelos de lengua del uso del *se* de involuntariedad. Los alumnos participan en la construcción de las muestras, de manera que trabajen con ejemplos contextualizados. Pídales que realicen la actividad en parejas y adviértales que deben escribir los verbos en el tiempo y modo adecuados.

a. 10, me manché; **b.** 12, se había mojado; **c.** 5, me quedé dormido; **d.** 6, Se le ha averiado; **e.** 4, me di; **f.** 2, me he dejado; **g.** 7, pierdes; **h.** 11, te enfades; **i.** 9, Me pierdo; **j.** 8, me resbalé; **k.** 1, quedarse; **l.** 3, se va a descongelar.

2.2

Actividad de reflexión lingüística sobre el uso del pronombre *se* para expresar involuntariedad. Pida a los alumnos que lean la explicación, aclare las dudas que puedan surgir y anímelos a que traten de explicar con sus palabras las diferencias que expresan las frases propuestas. Le ofrecemos la Proyección 72 para que pueda dirigir la actividad en grupo clase.

1. En la primera frase, la acción puede ser voluntaria o no; en la segunda, la acción es involuntaria y el sujeto, sea o no sea el agente de la misma, sufre sus consecuencias; **2.** En la primera frase, el pronombre *se* expresa involuntariedad y el sujeto sufre las consecuencias de una acción o situación; en la segunda frase, el sujeto es el causante del enfado de otros por su comportamiento; **3.** Aunque en realidad las dos frases están diciendo lo mismo, en la primera el pronombre *se* expresa involuntariedad.

Proyección 72 **Se *involuntario.***

---

2 Las siguientes imágenes muestran cosas que pueden ocurrirte en un mal día. ¿Qué infortunio están mostrando? Habla con tu compañero/a.

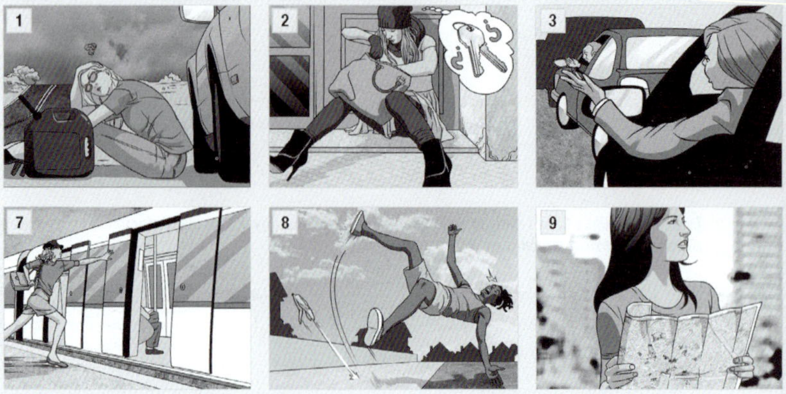

2.1 Completa las siguientes frases con el verbo que falta en el tiempo adecuado y relaciona cada infortunio con una de las imágenes anteriores.

enfadarse ■ quedarse ■ perderse ■ resbalarse ■ mancharse ■ darse ■ perder ■ averiarse(le) quedarse dormido/a ■ mojarse ■ dejarse ■ descongelarse

a. ☐ A pesar de las prisas, llegué tarde. Estaba a punto de salir y .... la camisa de café.
b. ☐ No sé cómo pero cuando fui a devolverle a Luis su libro, vi que ....
c. ☐ Nunca me había pasado, pero ayer estaba tan cansado que .... en el metro.
d. ☐ Acaba de llamar Paco para decir que no le esperemos. .... el coche.
e. ☐ No sé qué me pasó, pero me caí y .... un golpe contra la farola.
f. ☐ Creo que .... las llaves dentro de casa.
g. ☐ ¡Corre!, que .... el tren.
h. ☐ Ahora te ayudo a buscarlo, pero no ...., no merece la pena.
i. ☐ ¡Si es que no tengo nada de orientación! .... en todos los sitios.
j. ☐ Una caída de lo más tonta: .... con una cáscara de plátano y aquí me tienes, con la pierna escayolada.
k. ☐ Lo de .... sin gasolina en mitad de la carretera pensé que a mí no me ocurriría en la vida. No se puede decir nunca "de esta agua no beberé".
l. ☐ ¡Vaya atasco! Como no arranquemos, ... todo lo que hemos comprado.

2.2 Fíjate en la siguiente reflexión y trata de explicar con tus palabras las diferencias entre las frases que tienes debajo.

***Se* para expresar involuntariedad**

El pronombre ***se*** a veces sirve para expresar un acto involuntario.

1. El sujeto del verbo puede o no ser el agente de la acción, pero sufre las consecuencias: *mancharse, dejarse, resbalarse, enfadarse, darse un golpe, mojarse, descongelarse, perderse, averiarse...*
2. Expresa el resultado de una acción: *quedarse dormido, quedarse sin gasolina...*

1 Manchó la ropa. vs. Se manchó la ropa.
2 Se enfada por no encontrar el móvil. vs. Enfada a su padre por usar el móvil en la mesa.
3 Se enfada si llego tarde. vs. Le enfada que llegue tarde.

▸ 158 Etapas Plus 15 | Nivel C1

Si quiere reforzar este contenido y comparar este uso del *se* con la pasiva refleja, le recomendamos realizar las actividades 10.2 y 10.2.1, páginas 256 y 257 del Libro de ejercicios.

Un ~~mal~~ día

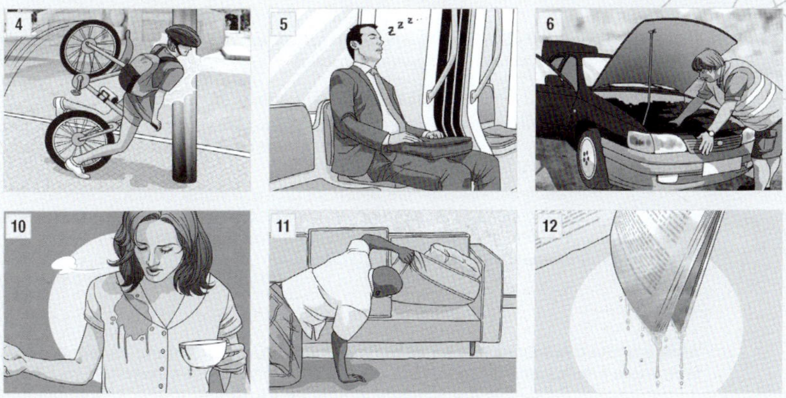

3 Escucha la siguiente conversación entre unas amigas. ¿De qué infortunios hablan? Toma nota de las palabras que resuman estos infortunios.

3.1 ¿Te suenan estas historias? ¿Te ha ocurrido algo similar? Cuéntaselo a tu compañero/a.

3.2 Lee la siguiente explicación y después habla con tu compañero/a sobre un mal día. Mira las situaciones que tienes debajo.

_Se_ enfático

1. Refuerza la idea de que la acción no es intencionada, sino accidental. No varía, siempre se usa en tercera persona: ***se***. El pronombre que le sucede muestra quién es el afectado por la acción verbal:
   – ***Se me*** *ha caído el café.*
2. El verbo existe sin el pronombre ***se***, pero con este indica el comienzo de la acción:
   – ***Se*** *ha dormido por fin.*
3. El uso del pronombre intensifica el significado del verbo:
   – ***Se*** *comió todo el plato.*

Un mal día es ese en el que…

- te has quedado dormido/a.
- se te mancha la ropa.
- se te escapa el tren.
- se te han perdido o se te han olvidado las llaves
- se te avería el coche.

4 Vamos a inventar nuevas "leyes". Tu profesor/a te dará algunas ideas. Trabajad en grupos y después poned vuestras leyes en común.

Etapas Plus 15 | Nivel C1 ▸ 159

3

En esta secuencia se sigue trabajando con el pronombre *se*, en este caso su uso enfático. En la audición aparecen las muestras de lengua con las que se trabajará en 3.2. En este momento, centre la atención de los estudiantes en la comprensión auditiva. Contextualice explicándoles que van a escuchar a unas amigas hablar sobre lo que significa tener un mal día y pídales que tomen nota de los infortunios o accidentes que mencionan. Antes de corregir la actividad deje que comparen sus respuestas en parejas, y ponga el audio una segunda vez si lo considera necesario.

Infortunios: quedarse dormido, mancharse la ropa con el café antes de salir de casa, perder el tren, pillar un atasco, averiarse el coche, dejarse las llaves de casa en la oficina, pedírselas a la vecina y que no esté; **Palabras que lo indican:** "Un mal día es ese en el que te has quedado dormida, vas con prisa, te tomas el café justo cuando vas a salir de casa y ¡plas!, se te mancha la ropa. ¡Horror!", "Y seguro que luego llegas a la estación y se te va el tren. ¡Lo has perdido! Y el siguiente no llega hasta dentro de 45 minutos", "Y si decides volver a casa a coger el coche, tardas el doble porque ¡pillas un atasco!", "O se te avería el coche", "¿Os habéis dejado alguna vez las llaves dentro de casa y, justo en el momento en el que cierras la puerta, caes en ello?", "... o llegas a casa... y cuando vas a sacar las llaves, no las encuentras", "Y cuando subes a pedírselas [a la vecina], resulta que se ha ido de vacaciones".

[42] Véase transcripción en pág. 234.

3.1

Antes de pasar a la reflexión lingüística de 3.2, anime a los alumnos a que comenten los problemas de las amigas y señalen aquellos que conocen por experiencia propia. No les pida en este momento que los cuenten en detalle, ya que lo harán en la siguiente actividad.

3.2

Utilice la sistematización del uso del *se* enfático para que hagan una actividad formal de interacción oral en la que lo usen. Llame la atención sobre las situaciones de las que pueden hablar. Realice la actividad en parejas o en grupos pequeños y paséese entre ellos para guiarlos y corregirlos. Finalmente, haga una breve puesta en común con alguno de los ejemplos.

Si quiere continuar trabajando los usos del *se*, le recomendamos la actividad 10.3 de la página 258 del Libro de ejercicios.

4

Actividad opcional. Disponga a los alumnos en grupos y anímelos a que inventen leyes similares a las que vieron en 1.3. Trate de crear un ambiente lúdico y distendido. Si lo desea, puede ayudarlos con las ideas que le ofrecemos en la Proyección 73.

Proyección 73 *Ley de...*

¿Qué sabes de...?

Temas:

- Juegos de *trivia* y sus beneficios para la mente.
- Los juegos de mesa.

Contenidos:

- Expresar amenazas.
- Hacer reproches.

1

Use las preguntas que aparecen en el Libro del alumno para activar su conocimiento sobre los juegos de *trivia*: *¿Sabes qué es un juego de* trivia? *¿Conoces alguno? ¿En qué consiste? ¿Juegas a menudo?* Para evitar que lean el texto que viene a continuación, se ofrecen las preguntas en la Proyección 74. Haga que las comenten en parejas y, después, pídales que lean el texto para comprobar y pregúnteles si les ha venido a la mente más información. Realice una puesta en común.

Proyección 74 **Trivia.**

La *trivia* es un juego de habilidad donde el jugador debe contestar en un determinado espacio de tiempo a preguntas sobre conocimientos generales.

1.1

Comprensión lectora sobre los beneficios de los juegos de *trivia*. Motive la actividad comentando en grupo clase qué puntos positivos pueden tener estos juegos. Si no lo han comentado ellos, informe de que pueden agilizar la mente. A continuación, forme cinco grupos y dele a cada uno un texto de la Ficha 30 para realizar una dinámica de grupo de expertos. Pida que lean su texto para después explicárselo a sus compañeros. Redistribuya la clase de tal forma que quede, como mínimo, un representante de cada grupo inicial en los nuevos equipos. Indíqueles que compartan la información y que piensen cuál de las razones por las que una *trivia* agudiza la mente les parece más importante. Haga una puesta en común al final con esta tarea.

Ficha 30 ***Razones por las que las* trivia *agilizan la mente.***

¿Qué sabes de...?

1 **¿Sabes qué es un juego de *trivia*? ¿Conoces alguno? ¿En qué consiste? ¿Juegas a menudo? Comentadlo en parejas. Después, leed el texto y comprobad vuestras respuestas.**

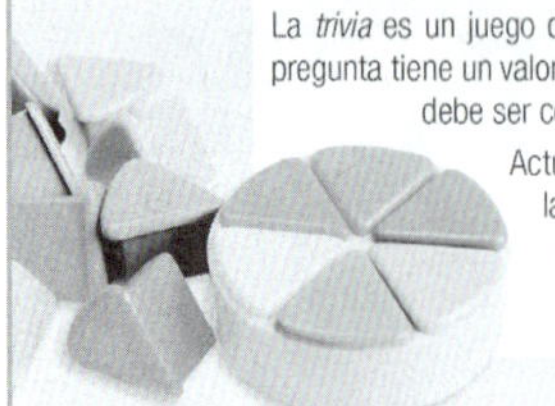

¿Qué es un juego de *trivia*?

La *trivia* es un juego de habilidad donde el jugador debe contestar a preguntas sobre conocimientos generales. Cada pregunta tiene un valor en puntos dependiendo de su dificultad y distintas opciones para elegir como respuesta; además, debe ser contestada dentro de un determinado tiempo.

Actualmente existen múltiples aplicaciones que están triunfando en nuestros *smartphones*. Algunas de las más populares son Atriviate, Trivia 360, QuizUp o IMDb Trivia. Parecen un simple entretenimiento, pero puede que le vayan bien a nuestra mente, manteniéndola ágil y joven.

Fuentes: https://www.unocero.com/noticias/gadgets/smartphones/android/5-juegos-de-trivia-para-tu-smartphone/ y https://www.definicionabc.com/general/trivia.php

1.1 **Vamos a leer las diferentes razones por las que una *trivia* puede agudizar tu mente. Lee el texto que te asigne tu profesor/a y explícaselo a tus compañeros. ¿Qué razón os parece la más importante?**

Trivia

1 **Mejoran nuestro pensamiento**

Nuestra capacidad de aprendizaje se va deteriorando con el tiempo; sin embargo, mantenerla relativamente entrenada es posible. Gracias a los juegos de preguntas como el Trivial podemos ir mejorando nuestros conocimientos casi sin enterarnos, ya que nos ayudan a retener mejor la información. Así pues, simplemente jugando, podemos ir aprendiendo y manejando nueva información, a la vez que aumentamos nuestra capacidad de concentración.

Trivia

2 **Propician una inteligencia más fluida**

Nuestro cerebro es una verdadera máquina de ingeniería que es capaz de adaptarse a múltiples situaciones, entre ellas el aprendizaje y la creación de nuevas conexiones neuronales, para dar cabida a la nueva información. Cuando utilizamos juegos de preguntas como el Trivial, nuestro cerebro se va adaptando al juego, cada vez nos apetece más jugar y, al mismo tiempo, hacemos que nuestro cerebro se ponga en funcionamiento y se vuelva más agudo y rápido para responder.

Trivia

3 **Disminuyen el cortisol**

Este tipo de juegos de entretenimiento también puede resultarnos de gran ayuda en lo que respecta a nuestra salud, ya que disminuye nuestras concentraciones de cortisol (la hormona responsable del estrés) en la sangre. Y esto, a su vez, hará que mejore nuestra capacidad de concentración, aprendizaje y pensamiento, ya que tener unos niveles elevados de cortisol dificulta todas estas capacidades.

Trivia

4 **Aumentan la felicidad y la autoestima**

El hecho de responder a las preguntas, y sobre todo de responderlas correctamente, puede hacernos bastante felices. Competir de forma amistosa eleva nuestro estado de ánimo, aumenta nuestro ego y nos hace sentir bien en general. Cuando ganamos, experimentamos una sensación de satisfacción que provoca la liberación de hormonas responsables de que nuestro cerebro se sienta bien.

Trivia

5 **Permiten hacer un "entrenamiento cruzado"**

Como es conocido, los juegos tipo *trivia* tienen preguntas de diversos temas (música, historia, deportes, geografía, ciencia...). Esto implica que debemos ejercitar nuestra mente para tener la habilidad, memoria y lógica necesarias para manejar todas estas materias a la vez. Al manejar diferentes temáticas de forma simultánea, estas se recuerdan mejor, solo por el hecho de cruzarse entre ellas, que si las quisiéramos aprender de forma separada. Esto, que se puede aplicar en técnicas de estudio, es una idea proveniente del deporte; es el llamado "entrenamiento cruzado": distintas actividades deportivas combinadas entre sí mejoran el rendimiento de una de ellas.

Fuente: http://omicrono.elespanol.com/2013/03/las-5-razones-por-las-que-jugar-al-trivial-agudiza-tu-mente/

Atriviate: juego de preguntas y respuestas con la misma mecánica que el Trivial Pursuit para jugar por internet con participantes de todo el mundo. Hay montones de preguntas sobre materias distintas. Se tira un dado virtual para mover la ficha y, dependiendo de la casilla, se responde a una u otra pregunta. El objetivo es conseguir siete estrellas para ganar la partida.

Trivia 360: diseñado para jugar en solitario. Conforme se responde a las preguntas, se va subiendo de nivel. Las preguntas pueden ser de verdadero o falso, con imágenes de lugares o banderas y preguntas convencionales.

QuizUp: juego de *trivia* con más de 250 000 preguntas y 450 temas para jugar con personas de todo el mundo. Con temas en constante actualización y en distintas categorías, desde las más amplias a temas específicos de series televisivas o de personajes actuales o históricos.

IMDb: *trivia* ideal para los amantes del cine. Con preguntas basadas en diferentes temas como taquillazos, éxitos de Hollywood o éxitos televisivos. Como extra, cada pregunta ofrece un dato curioso sobre el tema del que trata.

Unidad 10

2 A pesar de los beneficios anteriores, parece que estas aplicaciones de juegos también tienen sus puntos negativos. Vas a escuchar tres diálogos; imagina la situación de cada uno: escena, relación entre personajes, sentimientos… Toma notas en la columna de la izquierda.

	Situación	Amenazas
1.		
2.		
3.		

2.1 [43] Vuelve a escuchar los diálogos y escribe en la columna de la derecha las frases que contienen amenazas.

2.2 Observa las frases de amenaza que acabas de escribir y completa las explicaciones del cuadro.

Expresar amenazas

1. Para expresar amenazas podemos utilizar las siguientes estructuras:

a. **Como** + subjuntivo. Se puede utilizar con diferentes tiempos verbales y con oración suspendida:
- *Como no guardes el móvil ahora mismo, me voy y aquí te quedas.*
- **Como hayas metido la pata en algo, te vas a enterar.**
- **Como te equivoques al dar a la opción…**

b. Frases fijas: **allá** tú (con…)/**te arrepentirás** (de…)/**tú verás**:
- *Allá tú con lo que haces, pero luego no me llores.*
- **Te arrepentirás de tus palabras cuando llegue con todo aprobado.**
- **Tú verás si quieres que coja mis cosas y me largue o me quede.**

c. Interrogaciones introducidas por verbos como *querer* y *poder*: ¿*Podrías*/ **Quieres** + infinitivo?:
- **¿Quieres callarte?**

2. ¿Con cuál de las tres opciones te parece que se puede atenuar la amenaza?
○ a ○ b ✓ c

3 ¿Cuáles de los siguientes elementos son amenazas según tu opinión? ¿En qué circunstancias podrían serlo? Discútelo con tu compañero/a.

1 un enorme tornado
2 un suelo mojado
3 una carta del banco
4 un pastel industrial de chocolate y nata
5 una persona con un cuchillo en la mano
6 un perro cuidando de un rebaño de ovejas

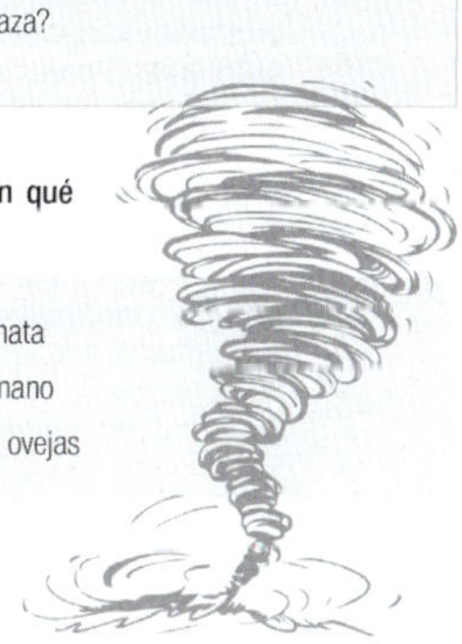

3.1 Escribe en tu cuaderno una frase de amenaza para cada una de las situaciones que habéis pensado en la actividad anterior.

Etapas Plus 15 | Nivel C1 ▸ 161

2 y 2.1

Comprensión auditiva que ofrece los modelos de lengua en los que se presentan los diferentes exponentes para expresar amenazas. Dígales que los juegos también tienen sus puntos negativos y pregúnteles cuáles pueden ser. A continuación, informe de que van a escuchar tres conversaciones en las que se muestran problemas con los juegos. Pida que imaginen cuál es la situación y la relación entre los interlocutores y que tomen nota en la columna izquierda encabezada con "Situación". Haga una puesta en común después de la primera escucha y, a continuación, vuelva a poner el audio para que completen la segunda columna con las frases de amenazas que oigan. Le recomendamos que preenseñe *memeces, cortar el rollo* y *ser pan comido*. Corrija de manera exhaustiva esta tarea, ya que serán las muestras que emplearán para la sistematización gramatical del contenido.

Posible respuesta. Situación 1: Dos amigos están en una cafetería, han quedado para hablar de sus cosas, uno de ellos se enfada porque el otro está más pendiente del móvil que de él; **Situación 2:** Madre e hija están en casa, la madre regaña a la hija porque pierde tiempo con los juegos en lugar de hacer los deberes, la hija se queja y se excusa; **Situación 3:** Una pareja joven está jugando en casa, se ríen, se reprochan, se ponen nerviosos… en un ambiente distendido.

Amenaza 1: Como no guardes el móvil ahora mismo, me voy y aquí te quedas; … tú verás si quieres que coja mis cosas y me largue o me quede; **Amenaza 2:** allá tú con lo que haces, pero luego no me llores; te arrepentirás de tus palabras cuando llegue con todo aprobado; **Amenaza 3:** Como hayas metido la pata en algo, te vas a enterar; Como te equivoques al dar a la opción…; ¿Quieres callarte?

[43] Véase transcripción en pág. 234.

2.2

Reflexión sobre las estructuras para expresar una amenaza. Pida que miren las frases de amenaza que han copiado, las cuales ya están corregidas de la tarea anterior, y que completen el cuadro. Tenga que cuenta que los conceptos de amenaza y advertencia son muy cercanos y que por eso las frases fijas *Allá tú* y *Tú verás* han aparecido ya en la unidad 3 con el uso de advertencia. Informe de ello a sus alumnos. Use la Proyección 75 para guiar la actividad.

Proyección 75 *Amenazas.*

Para practicar este contenido, puede realizar las actividades 10.4 y 10.4.1 de la página 258 del Libro de ejercicios.

3 y 3.1

Práctica comunicativa de la expresión de amenazas. Llame la atención sobre la lista de elementos y pregunte si podrían suponer una amenaza y en qué circunstancias. Anímelos a comentarlo en parejas y a que escriban una frase de amenaza en cada caso.

4 y **4.1**

Transite hacia estas actividades sondeando sobre las diferencias entre los videojuegos, de los que se ha hablado en la secuencia anterior, y los juegos de mesa tradicionales. En primer lugar, realice la fase de prelectura correspondiente a 4 para activar el conocimiento previo de los alumnos y despertar el interés por el tema, haciendo que respondan en tríos a las preguntas de la Proyección 76 (las mismas que aparecen en su libro en la página 162). Haga una puesta en común y dígales que van a comprobar a continuación sus respuestas con la lectura de un texto. Pida que lo lean y que comprueben o busquen las respuestas de las preguntas de 4. Antes de la puesta en común en grupo clase, deje unos minutos para que discutan en los tríos originales. Utilice la segunda parte de la proyección para la corrección de la actividad.

Posible respuesta. 1. Monopoly, Trivial, parchís, la oca, Pictionary, dominó, damas, tres en raya...; **2.** Especialmente en reuniones familiares o de amigos; **3.** En gran medida, sí, aunque siguen quedando nostálgicos de los juegos de mesa; **4.** Los segundos están inspirados en los primeros y son, en muchos casos, versiones en línea de estos; elementos heredados son, por ejemplo, la combinación entre estrategia y azar, la rapidez mental, el hecho de idear y ocultar hasta el momento apropiado una jugada maestra, el análisis exhaustivo de la situación de los rivales o el arte del despiste; **5.** La competición entre jugadores, la emoción, las pataletas, los reproches y las excusas.

Proyección 76 ***Del tablero a la pantalla.***

4 En grupos de tres, discutid estas cuestiones sobre los juegos de mesa y los videojuegos.

1. ¿Conoces algún juego de mesa tradicional?
2. ¿En qué situaciones suelen utilizarse estos juegos?
3. ¿Crees que han sido totalmente reemplazados por los videojuegos?
4. ¿Qué influencia han tenido los juegos de mesa tradicionales en las diferentes modalidades de videojuegos?
5. ¿Qué características comparten juegos de tablero y videojuegos?

4.1 Lee este texto y compara vuestras respuestas anteriores con la información que se da en él.

Del tablero a la pantalla

Los juegos han servido como entretenimiento para la humanidad durante siglos. Los tableros improvisados con piedras dieron lugar a otros más complejos, con piezas esculpidas. No tardaron en convertirse en un plan en sí mismo que, además, incentivaba las reuniones sociales. Sin ir más lejos, cuesta entender esas comidas familiares sin ellos. El Monopoly y el Trivial, entre otros, han formado parte de las reuniones en familia de muchos de nosotros, con sus correspondientes momentos de risa, de nerviosismo o incluso de rabia por los resultados adversos.

Dado que no siempre resulta sencillo rememorar aquellas intensas tardes y noches alrededor de un tablero tras los deliciosos banquetes, existen versiones de esos juegos gratis que se pueden disfrutar en su modalidad en línea. Competir contra jugadores de cualquier rincón del mundo se convierte en una experiencia recomendable para los nostálgicos de estas reuniones, no exenta de emoción. Ahora bien, ¿continúan siendo tan importantes estos clásicos hoy en día? ¡Por supuesto! Los juegos tradicionales no solo siguen aportando momentos de diversión, sino que, en ocasiones, se echan de menos tras unos meses compitiendo frente a la pantalla de un dispositivo.

Estos juegos de mesa tradicionales han influido en gran medida en los modernos videojuegos de autor que han proliferado en los últimos años. Muchos de ellos no existirían de no haberse inspirado en las mecánicas de juegos como el dominó, las damas o el tres en raya. Con ello, los actuales juegos tienden a recurrir a la intensa competición creada en los antiguos, ya sea para llegar a la meta antes que el rival, para deshacerse de todas las piezas a tiempo, para obtener combinaciones o para lograr la mayor cantidad de puntos. La combinación entre estrategia y azar, la rapidez mental, el hecho de idear y ocultar hasta el momento apropiado una jugada maestra, el análisis exhaustivo de la situación de los rivales y el arte del despiste son otros de los elementos heredados.

Sea alrededor de la mesa, sea frente a la pantalla, no faltan las miradas de complicidad, el engaño ni la posibilidad de conducir al contrario al terreno propio. Al margen de estas particularidades, que pueden variar de unos títulos a otros, encontramos las tres características de las que nunca se prescinde: las pataletas, los reproches y las excusas. Todas ellas, aplicables tanto a los juegos individuales como a los cooperativos, no tardan en aparecer al finalizar un reto de la peor forma posible.

Con todo ello, podemos decir que los juegos tradicionales están más vivos que nunca, ya sea por todo lo bueno que continúan aportando, por la herencia dejada o porque siguen siendo fuente de inspiración para los nuevos autores de videojuegos.

Adaptado de http://consolaytablero.com/2017/12/13/juegos-mesa-tradicionales-juegos-mesa-autor/

4.2 **Mira estas fotos y subraya en el texto anterior la frase con la que están relacionadas.**

1

2

3

4.3 **En parejas, pensad en situaciones que pueden llevar a reproches durante el juego en reuniones familiares o de amigos.**

▸ *Perder un juego en parejas, no estar concentrado/a...*

4.4 **Además de las oraciones condicionales que estudiaste en la unidad 9, hay otras estructuras que sirven para hacer reproches. Aquí tienes algunos ejemplos, complétalos pensando en las situaciones anteriores.**

1. ¿Se puede saber por qué *no te concentras? Así no vamos a ganar nunca.*
2. Es/Me parece vergonzoso/lamentable... ....
3. Si (no) hubieras... ...., (no)... ....
4. ¿Qué haces que (todavía)... ....?
5. (Está claro que) no tienes vergüenza. ....
6. .... ¿No te da vergüenza?
7. .... La culpa es tuya/Tú tienes la culpa (de todo).

5 **En tríos, elegid una casilla y discutid sobre la afirmación que hay en ella. Quien dé los argumentos más convincentes al expresar su opinión escribirá su nombre en la casilla. Gana el primero que logre hacer tres en raya.**

1. Los juegos de mesa refuerzan los vínculos entre las personas.	**4.** Es más cómodo jugar en línea que personalmente.	**7.** Aunque hay varios tipos de videojuegos, al final todos son iguales.	**10.** Un juego de mesa es el mejor regalo que puedes hacer a un amigo.
2. Los videojuegos influyen negativamente en la educación de los niños.	**5.** Las largas sesiones de juego rompen las relaciones humanas.	**8.** Los juegos en línea agrian el carácter de los jugadores.	**11.** Los juegos fomentan el respeto hacia las normas sociales.
3. Todos los juegos fomentan la competitividad entre personas.	**6.** Los juegos clásicos aumentan la concentración y la memoria.	**9.** Los videojuegos fomentan la creatividad.	**12.** Se aprende más rápido con juegos que con libros.

4.2

Tarea sobre el texto anterior con la que se contextualiza el siguiente contenido funcional: hacer reproches. Dirija la atención de sus alumnos hacia las fotos y averigüe qué les sugieren a ellos. Guíelos para hacerles ver que las personas no parecen contentas. Después invítelos a buscar en el texto de 4.1 una frase o párrafo que pueda relacionarse con cada una de esas imágenes. Con esto, ya tiene creado el concepto de *reproche*.

Existen varias opciones de respuesta. Asegúrese de que las frases escogidas por sus alumnos queden reflejadas en las imágenes de la actividad.

4.3

Divida la clase en parejas y dígales que piensen en acciones o situaciones que pueden provocar reproches cuando se juega. Ponga en común sus ideas tomando nota de las más interesantes en la pizarra.

4.4

Anime a sus alumnos a completar las frases propuestas con las ideas de la actividad anterior. Paséese por la clase para comprobar sus producciones y dar ideas en caso de que lo necesiten. Si quiere profundizar en la explicación, puede apoyarse en la Proyección 77.

Proyección 77 ***Reproches.***

Para practicar este contenido le recomendamos las actividades 10.5, 10.5.1 y 10.6 de la página 259 del Libro de ejercicios.

5

Tarea de interacción oral con la que termina este apartado. Compruebe que sus alumnos conocen la mecánica del popular juego del tres en raya y dígales que van a jugar una partida. Colóquelos en grupos de tres o cuatro e indíqueles que, por turnos, vayan eligiendo una casilla para discutir sobre la afirmación que hay en ella. Si los compañeros consideran que sus argumentos son convincentes, el participante de ese momento podrá ganar esa casilla y poner su nombre en ella. El objetivo es conseguir hacer tres en raya. Se ofrece una alternativa con tablero en la Ficha 31, puede imprimirla para entregar una a cada grupo y dar fichas de un color diferente a cada jugador para que las vayan colocando en el tablero.

Ficha 31 ***Tres en raya.***

Eventos culturales

Temas:

- El Día del Libro.
- PHotoESPAÑA.

Contenidos:

- Algunos escritores contemporáneos.
- Verbos de cambio.

1

Interacción oral en la que los alumnos hablan sobre sus preferencias de lectura. Puede organizarlos en parejas o tríos para comentar las preguntas o, si prefiere dinamizarlo más, pedirles que se levanten y hagan las preguntas a diferentes compañeros para identificar a aquel o aquella con quien tienen más cosas en común. Comente en grupo clase la actividad hablando de los aspectos más importantes o las coincidencias entre ellos si ha seguido la segunda opción.

1.1

Comprensión auditiva para introducir el contenido cultural de la celebración del Día del Libro. Aproveche la información que haya obtenido de la última pregunta de la actividad anterior para contextualizar la audición. En esta fase deje claro, si todavía no se ha hecho, que en muchos países, incluido España, el Día del Libro se celebra el 23 de abril. Pida que lean previamente las preguntas que tienen que responder con ayuda del audio y póngalo dos veces, permitiendo que comparen sus respuestas al final de cada escucha. Termine con una puesta en común.

1. Porque se dice que en esa fecha es cuando murieron tres grandes de la literatura: Miguel de Cervantes, William Shakespeare y el Inca Garcilaso de la Vega; **2.** En Madrid, pasear por los puestos de libros de la Cuesta Moyano para encontrar desde las últimas novedades hasta ejemplares muy antiguos y acudir con los niños a alguna de las actividades preparadas para ellos. En Barcelona, recorrer las Ramblas y buscar entre las casetas a diferentes autores para que nos firmen su último libro; **3.** Una rosa y un libro; **4.** La leyenda de Sant Jordi, patrón de Cataluña, cuyo día se celebra también el 23 de abril. Según la leyenda, Sant Jordi mató a un dragón que tenía atemorizado a su pueblo y de cuya sangre brotó un rosal.

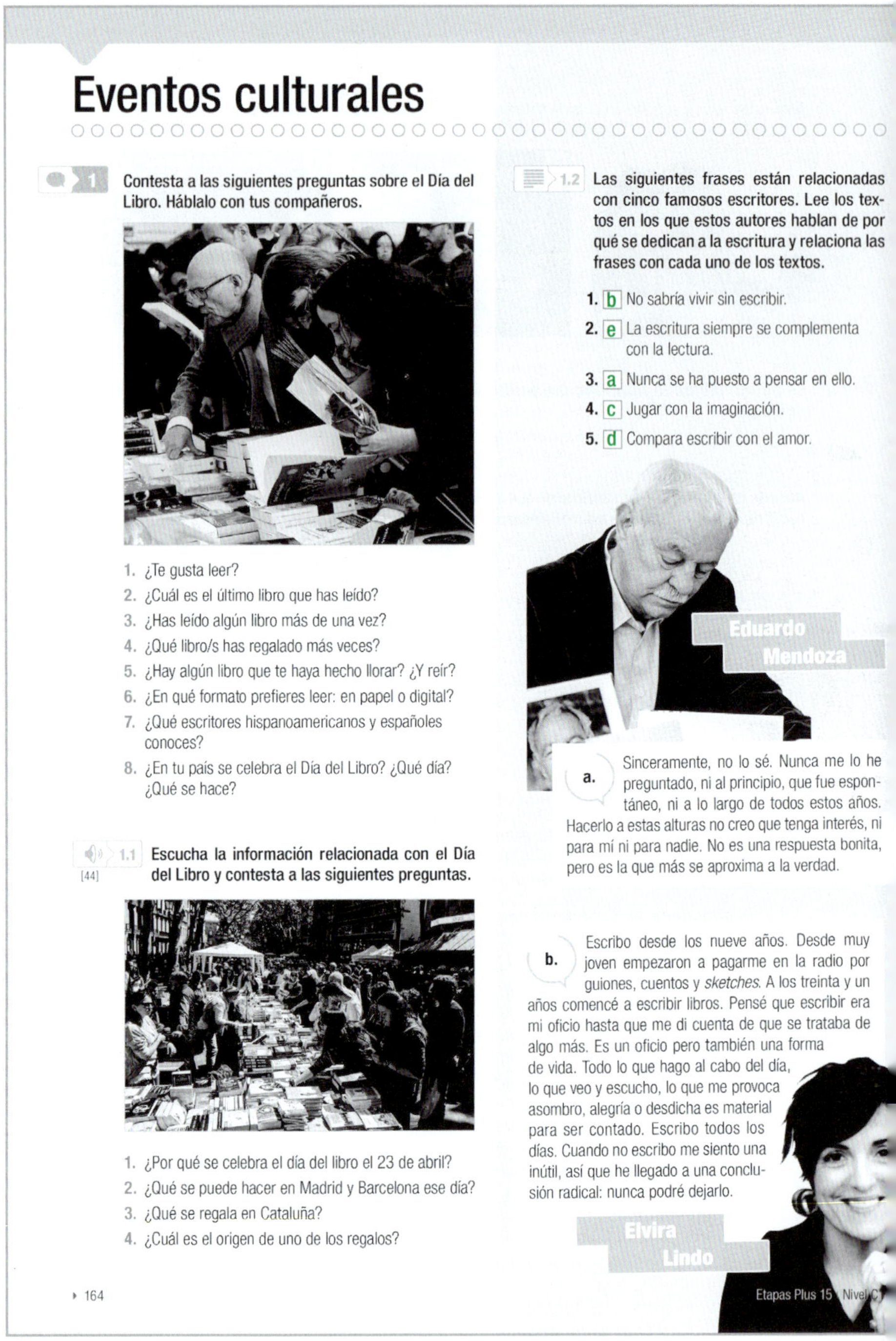

Eventos culturales

1 **Contesta a las siguientes preguntas sobre el Día del Libro. Háblalo con tus compañeros.**

1. ¿Te gusta leer?
2. ¿Cuál es el último libro que has leído?
3. ¿Has leído algún libro más de una vez?
4. ¿Qué libro/s has regalado más veces?
5. ¿Hay algún libro que te haya hecho llorar? ¿Y reír?
6. ¿En qué formato prefieres leer: en papel o digital?
7. ¿Qué escritores hispanoamericanos y españoles conoces?
8. ¿En tu país se celebra el Día del Libro? ¿Qué día? ¿Qué se hace?

1.1 [44] **Escucha la información relacionada con el Día del Libro y contesta a las siguientes preguntas.**

1. ¿Por qué se celebra el día del libro el 23 de abril?
2. ¿Qué se puede hacer en Madrid y Barcelona ese día?
3. ¿Qué se regala en Cataluña?
4. ¿Cuál es el origen de uno de los regalos?

1.2 **Las siguientes frases están relacionadas con cinco famosos escritores. Lee los textos en los que estos autores hablan de por qué se dedican a la escritura y relaciona las frases con cada uno de los textos.**

1. [b] No sabría vivir sin escribir.
2. [e] La escritura siempre se complementa con la lectura.
3. [a] Nunca se ha puesto a pensar en ello.
4. [c] Jugar con la imaginación.
5. [d] Compara escribir con el amor.

Eduardo Mendoza

a. Sinceramente, no lo sé. Nunca me lo he preguntado, ni al principio, que fue espontáneo, ni a lo largo de todos estos años. Hacerlo a estas alturas no creo que tenga interés, ni para mí ni para nadie. No es una respuesta bonita, pero es la que más se aproxima a la verdad.

b. Escribo desde los nueve años. Desde muy joven empezaron a pagarme en la radio por guiones, cuentos y *sketches*. A los treinta y un años comencé a escribir libros. Pensé que escribir era mi oficio hasta que me di cuenta de que se trataba de algo más. Es un oficio pero también una forma de vida. Todo lo que hago al cabo del día, lo que veo y escucho, lo que me provoca asombro, alegría o desdicha es material para ser contado. Escribo todos los días. Cuando no escribo me siento una inútil, así que he llegado a una conclusión radical: nunca podré dejarlo.

Elvira Lindo

164

Etapas Plus 15 Nivel C1

[44] Véase transcripción en pág. 235.

1.2

Con esta comprensión lectora se presentan algunos escritores contemporáneos de diferentes países. Muestre las fotos de la Proyección 78 y pregunte a sus alumnos si conocen a alguno de estos escritores. Si la respuesta es positiva, deje que digan solo sus nombres, ya que en la siguiente actividad hablarán más sobre ellos. Guíelos a las cinco frases que hay en su libro y dígales que cada una de ellas está relacionada con uno de los escritores que acaban de ver en la proyección; pídales que lean los textos y que piensen a qué autor corresponde cada frase. Puede realizar la corrección de la actividad con la segunda parte de la proyección.

Proyección 78 *Escritores.*

Unidad **10**

c. ¿Se acuerda de cuando era niño y jugaba? ¿Inventando historias disparatadas con figuritas de indios o vaqueros? ¿O simplemente imaginando en la bañera que era el capitán de un barco pirata que buscaba un tesoro en medio de la tormenta? ¿Se acuerda de cómo se sentía cuando jugaba con otros niños en la calle y vivían increíbles aventuras haciendo de exploradores, cazadores o agentes secretos, luchando contra dinosaurios, monstruos o supermalos que querían destruir la tierra con rayos mortales? Pues bien, todo eso es lo que yo hago todavía. Cada día de mi vida. Y lo seguiré haciendo hasta que me muera. O me vuelva loco. Es lo que me gusta. Y por eso escribo. ¿¡Hay alguna otra cosa mejor!?

d. Me preguntan por qué elegí escribir. Yo no lo elegí. Es igual que enamorarse. Se sabe que no es una buena idea y uno no sabe cómo ha llegado ahí, pero, al menos, hay que intentarlo. Se le dedica toda la energía, todos los pensamientos, todo el tiempo. Escribir es un acto y, al igual que el amor, es algo que se hace. Se desconoce su modo de empleo, así que se inventa porque necesariamente hay que encontrar un medio para hacerlo, un medio para conseguirlo.

e. Escribo porque aprendí a leer de niño y la lectura me produjo tanto placer, me hizo vivir experiencias tan ricas, transformó mi vida de una manera tan maravillosa que supongo que mi vocación literaria fue como una transpiración, un desprendimiento de esa enorme felicidad que me daba la lectura.

En cierta forma la escritura ha sido como el reverso o el complemento indispensable de esa lectura, que para mí sigue siendo la experiencia máxima más enriquecedora, la que más me ayuda a enfrentar cualquier tipo de adversidad o frustración. La famosa frase de Flaubert que siempre cito: "Escribir es una manera de vivir". En mi caso ha sido exactamente eso. Se ha convertido en el centro de todo lo que yo hago, de tal manera que no concebiría una vida sin la escritura y, por supuesto, sin su complemento indispensable, la lectura.

Textos adaptados de *El País*

1.3 **¿Qué sabes de los escritores mencionados en la actividad anterior? Coméntalo con un compañero/a. Después, lee las siguientes frases y escribe el nombre del autor que corresponda a cada una de ellas.**

1. El 30 de noviembre de 2016 se le concede el Premio Cervantes porque, según destacó el jurado, "posee una lengua literaria llena de sutilezas e ironía": Eduardo Mondoza.
2. Muchas de sus obras están influidas por la percepción del escritor sobre la sociedad peruana y por sus propias experiencias como peruano; sin embargo, de forma creciente ha tratado temas de otras partes del mundo: Mario Vargas Llosa
3. Ha escrito la serie compuesta por ocho novelas de literatura infantil *Manolito Gafotas*: Elvira Lindo.
4. Desde el año 1992 ha publicado una novela cada año: Amélie Nothomb.
5. Además de escritor, es guionista de televisión: David Safier.

Etapas Plus 15 | Nivel C1 ▸ 165

1.3

Despierte la curiosidad de sus alumnos y pregúnteles si podrían decir a cuál de los escritores anteriores se refiere cada uno de los datos que aparecen en la actividad. Colóquelos en pequeños grupos para hablar sobre esos escritores y haga una competición para ver cuál de ellos encuentra toda la información en menos tiempo utilizando internet. Ponga en común la información y deje que compartan otros datos que les hayan parecido interesantes.

Si sus alumnos muestran interés por los libros de la serie *Manolito Gafotas*, le recomendamos la comprensión lectora de la actividad 10.7, página 260 del Libro de ejercicios.

Eduardo Mendoza (Barcelona, 1943). Ha escrito numerosas novelas ambientadas en su ciudad natal en diferentes épocas históricas. En sus obras, de estilo narrativo sencillo y directo e impregnadas de un tono humorístico, hay personajes marginales que miran extrañados la sociedad mientras luchan por sobrevivir sin incluirse en ella. En 2010 recibió el Premio Planeta por su novela *Riña de gatos. Madrid 1936*, y en 2016 el Premio Cervantes.

Elvira Lindo (Cádiz, 1962). Su actividad aborda el periodismo, la novela y el guion televisivo y cinematográfico. Es principalmente conocida por ser la creadora de Manolito Gafotas, personaje radiofónico interpretado por ella misma que originó la serie de novelas infantiles protagonizadas por este personaje, escritas en primera persona y que muestran humor, ironía y crítica social. Hubo una adaptación cinematográfica del primer libro de la serie. Además, ha escrito numerosos artículos y narraciones destinados al público adulto.

David Safier (Bremen, Alemania, 1966). Estudió periodismo y se formó profesionalmente en radio y televisión. En 1996 comenzó a trabajar como guionista de televisión, ámbito en el que su trayectoria se vio galardonada con premios nacionales e internacionales. Su carrera como novelista se inició en 2007 con su libro *Maldito karma* (la historia de una mujer que se reencarna en hormiga), que le valió el éxito internacional.

Amélie Nothomb (Kōbe, Japón, 1967). Escritora belga en lengua francesa. A causa de la profesión de su padre, diplomático, vivió en varios países. Cuando se instala en Bélgica publica *Higiene del asesino* (1992), redactado tras la trágica visión de la muerte de su hermano a manos de un borracho. Es el comienzo de un éxito fulgurante que le permitirá vivir de la literatura, su pasión.

Mario Vargas Llosa (Arequipa, Perú, 1936). Es considerado uno de los más importantes novelistas y ensayistas contemporáneos y un destacado miembro del llamado Boom latinoamericano; su obra ha cosechado numerosos premios, entre los que destacan el Nobel de Literatura (2010) y el Cervantes (1994).

2

Esta actividad contextualiza la audición que escucharán en la actividad siguiente. Anime a sus alumnos a buscar información en internet sobre PHotoESPAÑA y haga una puesta en común con lo que encuentren. Pueden consultar la página http://www.phe.es.

PHotoESPAÑA es un festival internacional de fotografía que se celebra cada año en Madrid durante los meses de junio y julio. Este festival comenzó su andadura en 1998 y ha ido creciendo y consolidándose hasta convertirse en una cita de referencia para el mundo de las artes visuales.

2.1

Esta actividad tiene un doble objetivo: desarrollar la destreza auditiva y exponer a los alumnos a modelos de lengua que contienen verbos de cambio. Presente a la fotógrafa Cristina García Rodero, que ganó el premio PHotoESPAÑA en 2017, y dígales que van a escuchar una entrevista que le hicieron. Pídales que marquen si las seis frases de su libro son verdaderas o falsas. En esta primera fase trabaje solo con el significado.

1. F: Le ha costado llegar a ser reconocida por otros muchos fotógrafos españoles, que no la han considerado de igual manera que desde el extranjero, donde se la ha valorado desde hace mucho tiempo; **2.** V; **3.** F: Le dieron una beca en Bellas Artes; **4.** V; **5.** F: Según Cristina García Rodero, es ella la que le ha dado su vida a la fotografía, aunque la fotografía a ella también le ha dado muchísimo; **6.** V.

[45] Véase transcripción en pág. 235.

2.2

Actividad para reflexionar sobre el uso de diferentes verbos que expresan cambios. Diga a sus estudiantes que las frases que aparecen en su libro están extraídas de la entrevista anterior; se ofrece la Ficha 32 con la transcripción completa y los verbos en negrita por si quiere que los tengan localizados en contexto. Anímenos a pensar sobre el uso que tiene cada uno y a que los relacionen con las explicaciones de la columna de la derecha. En la puesta en común, aprovechar para comentar los aspectos formales de los diferentes verbos.

Ficha 32 ***Entrevista a Cristina García Rodero.***

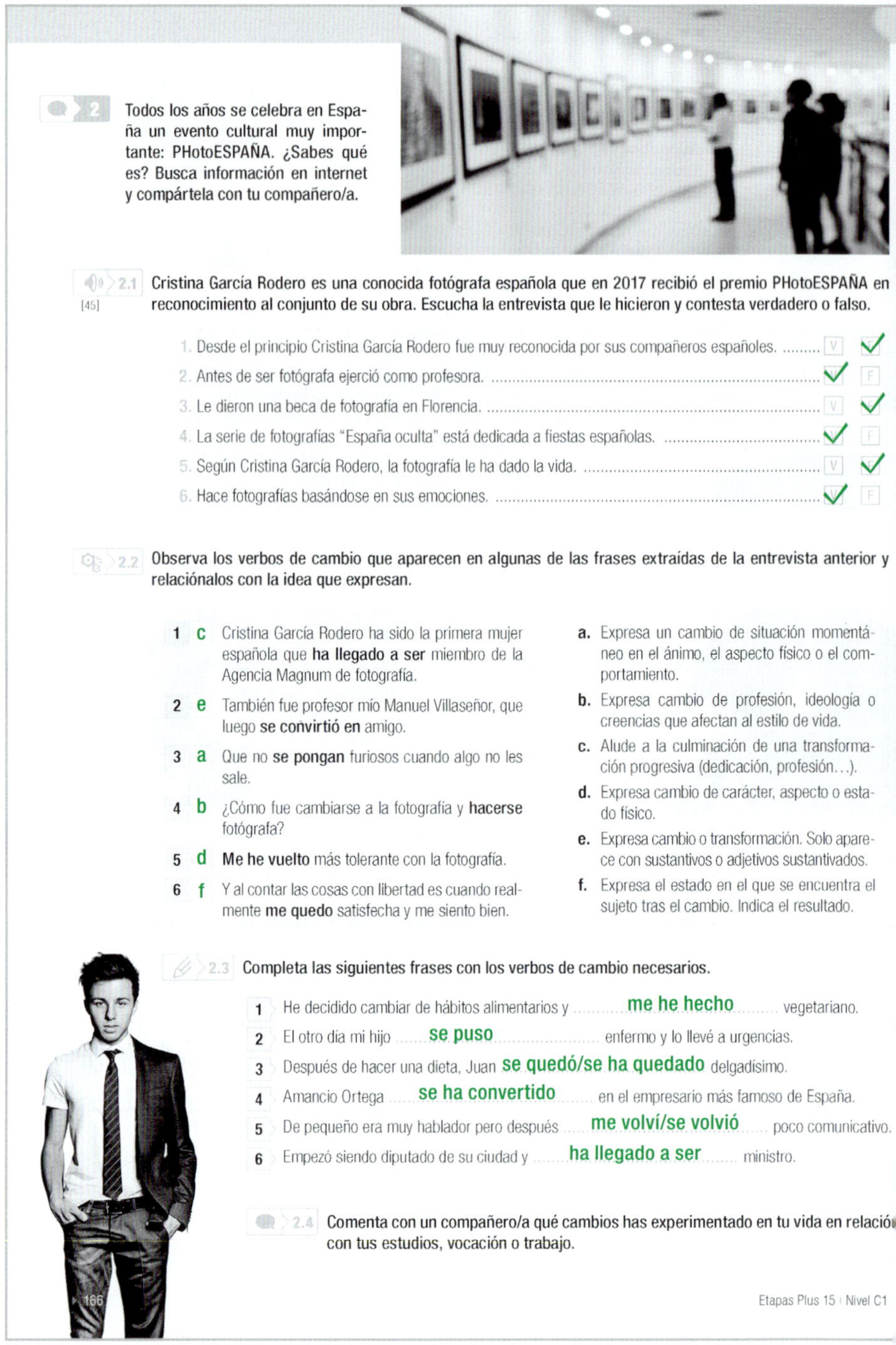

2 Todos los años se celebra en España un evento cultural muy importante: PHotoESPAÑA. ¿Sabes qué es? Busca información en internet y compártela con tu compañero/a.

2.1 [45] **Cristina García Rodero es una conocida fotógrafa española que en 2017 recibió el premio PHotoESPAÑA en reconocimiento al conjunto de su obra. Escucha la entrevista que le hicieron y contesta verdadero o falso.**

	V	F
1. Desde el principio Cristina García Rodero fue muy reconocida por sus compañeros españoles.		✓
2. Antes de ser fotógrafa ejerció como profesora.	✓	
3. Le dieron una beca de fotografía en Florencia.		✓
4. La serie de fotografías "España oculta" está dedicada a fiestas españolas.	✓	
5. Según Cristina García Rodero, la fotografía le ha dado la vida.		✓
6. Hace fotografías basándose en sus emociones.	✓	

2.2 **Observa los verbos de cambio que aparecen en algunas de las frases extraídas de la entrevista anterior y relaciónalos con la idea que expresan.**

1 c Cristina García Rodero ha sido la primera mujer española que **ha llegado a ser** miembro de la Agencia Magnum de fotografía.
2 e También fue profesor mío Manuel Villaseñor, que luego **se convirtió en** amigo.
3 a Que no **se pongan** furiosos cuando algo no les sale.
4 b ¿Cómo fue cambiarse a la fotografía y **hacerse** fotógrafa?
5 d **Me he vuelto** más tolerante con la fotografía.
6 f Y al contar las cosas con libertad es cuando realmente **me quedo** satisfecha y me siento bien.

a. Expresa un cambio de situación momentáneo en el ánimo, el aspecto físico o el comportamiento.
b. Expresa cambio de profesión, ideología o creencias que afectan al estilo de vida.
c. Alude a la culminación de una transformación progresiva (dedicación, profesión...).
d. Expresa cambio de carácter, aspecto o estado físico.
e. Expresa cambio o transformación. Solo aparece con sustantivos o adjetivos sustantivados.
f. Expresa el estado en el que se encuentra el sujeto tras el cambio. Indica el resultado.

2.3 **Completa las siguientes frases con los verbos de cambio necesarios.**

1 He decidido cambiar de hábitos alimentarios y **me he hecho** vegetariano.
2 El otro día mi hijo **se puso** enfermo y lo llevé a urgencias.
3 Después de hacer una dieta, Juan **se quedó/se ha quedado** delgadísimo.
4 Amancio Ortega **se ha convertido** en el empresario más famoso de España.
5 De pequeño era muy hablador pero después **me volví/se volvió** poco comunicativo.
6 Empezó siendo diputado de su ciudad y **ha llegado a ser** ministro.

2.4 **Comenta con un compañero/a qué cambios has experimentado en tu vida en relación con tus estudios, vocación o trabajo.**

166 Etapas Plus 15 | Nivel C1

2.3

Práctica de lenguaje de los verbos de cambio. Diga a sus alumnos que completen las frases con un verbo adecuado en la forma correcta.

Para practicar más este contenido, recomendamos las actividades 10.8, 10.9 y 10.10 de la página 261 del Libro de ejercicios.

2.4

Actividad comunicativa de la lengua en la que se siguen practicando los verbos de cambio. Anime a sus alumnos a pensar en cambios que hayan experimentado en su vida; deles ideas sobre diferentes ámbitos: estudios, vocación, trabajo, carácter, ideología... Cuando ya tengan algunas ideas, distribúyalos en parejas para que las compartan. Ponga en común la actividad para ver qué miembro de cada pareja ha cambiado más.

Evaluación

Comprensión lectora

1 **David Trueba, escritor y director de cine español, escribió en 1999 la novela *Cuatro amigos*. Lee el resumen del libro que aparece en su contraportada e indica cuáles de las siguientes afirmaciones son correctas. Subraya en el texto las palabras que te han dado la pista.**

1. ☑ El protagonista quiere pasárselo bien y olvidar sus problemas.
2. ☑ Cuatro amigos hacen un viaje sin sus padres.
3. ☐ Cuando terminan las vacaciones solo guardan bonitos recuerdos.
4. ☑ Cuatro amigos hacen un viaje lleno de locuras.
5. ☐ El protagonista huye con Bárbara.
6. ☑ Durante las vacaciones descubrirán los aspectos negativos de su vida.

Detrás del desmadrado viaje de vacaciones de cuatro amigos veinteañeros, se esconde una historia de amor. El protagonista, Solo, se suma a la juerga continua y al gamberrismo andante de sus inseparables compañeros, tratando de huir del recuerdo de Bárbara, pero cada paso lo acerca más a ella, al amor de su vida. La exaltación de la libertad, de la juventud, de la adolescencia eterna termina por recordarles que todo se acaba, que tras las carcajadas asoman las frustraciones. *Cuatro amigos* es el relato agridulce del final de una época, de una edad.

Contraportada de *Cuatro amigos*, David Trueba

2 **Este es comienzo de *Cuatro amigos*. Léelo y coloca las siguientes frases extraídas del original en el espacio adecuado.**

a. pero claro, para él cualquier asomo de humanidad era pura sensiblería.
b. y, sin embargo, aquel verano no habría podido concebir los días sin Blas, sin Claudio, sin Raúl. Mis amigos.
c. esperar a Claudio era una parte fundamental de la relación con Claudio.
d. de ahí que la amistad aparezca representada por pactos de sangre, lealtades eternas e incluso mitificada como una variante del amor más profunda.
e. Raúl, tan inseguro como puntual, era el más cabreado por el retraso.

Siempre he sospechado que la amistad está sobrevalorada. Los seres humanos elevamos ciertos tópicos a las alturas para esquivar la poca importancia de nuestras vidas; (1) ...d... No debe de ser tan sólido el vínculo cuando la lista de amigos perdidos es siempre mayor que la de amigos conservados. El padre de Blas solía decirnos que la confianza en los otros era un rasgo del débil, (2) ...a...

La amistad siempre me ha parecido una cerilla que es mejor soplar antes de que te queme los dedos (3) ...b...

A Claudio lo esperábamos desde hacía más de una hora en El Maño y, aunque en principio habíamos optado por la prudencia (una Coca-Cola y dos aguas), un rato después ya se alineaban los vasos de cañas vacíos y habíamos dado cuenta de tantas raciones de alitas de pollo que en cualquier instante seríamos capaces de echar a volar. Un día lo calculamos y llegamos a la conclusión de que pasábamos más tiempo esperando a Claudio que con él; (4) ...c... Esperar a Claudio era nuestro modo más habitual de estar con Claudio. –Yo nunca llego tarde porque el rato que la gente emplea en esperarte lo dedica a pensar en ti y seguro que te descubren todos los defectos. A lo mejor cuando llegas han preferido largarse–. (5) ...e... Alto, pelo moreno con entradas que ocultaba gracias al esmerado desorden de su peinado, ojos oscuros como la pizarra agazapados detrás de sus gafas negras de pasta que se caló una vez más con gesto nervioso.

Evaluación

La finalidad de este apartado es evaluar, por un lado, las habilidades y estrategias de los alumnos en las diferentes destrezas y, por otro, la asimilación de los contenidos de la unidad a través de un test que podrá encontrar en la **ELEteca** de Edinumen (eleteca.edinumen.es).

Este cuestionario es interactivo y corregido por la plataforma, de manera que el estudiante podrá examinar sus errores y aciertos y reflexionar sobre su aprendizaje. Cada apartado se evaluará de manera independiente, ya que se trata de que el estudiante valore su competencia en cada una de las destrezas y sea consciente de sus necesidades.

Comprensión lectora

Se trata de evaluar la habilidad del estudiante para comprender de una forma intensiva, selectiva o global un texto escrito.

Cada pregunta valdrá un punto. Su calificación dependerá del porcentaje de preguntas acertadas.

Aprobado: a partir del 50 %
Notable: entre el 50 % y el 80 %
Sobresaliente: más del 80 %

1. Aunque algunas respuestas no aparecen de forma explícita, serían correctas: 1 ("El protagonista, Solo, se suma a la juerga continua y al gamberrismo andante de sus inseparables compañeros, tratando de huir del recuerdo de Bárbara"), 2, 4 ("desmadrado viaje de vacaciones de cuatro amigos veinteañeros", "la juerga continua y el gamberrismo andante") y 6 ("tras las carcajadas asoman las frustraciones", "relato agridulce").

Comprensión auditiva

Se trata de evaluar la habilidad del estudiante para comprender de una forma intensiva, selectiva o global un texto oral.

Cada pregunta valdrá un punto. Su calificación dependerá del porcentaje de preguntas acertadas.

Aprobado: a partir del 50 %
Notable: entre el 50 % y el 80 %
Sobresaliente: más del 80 %

[46] Véase transcripción en pág. 236.

Interacción oral

Se trata de evaluar la habilidad del estudiante para verbalizar una idea, teniendo en cuenta el uso y medida de los silencios, las estrategias comunicativas, los conectores del discurso, los aspectos fonéticos y el paralenguaje, así como los exponentes gramaticales y el vocabulario seleccionados por este de acuerdo con su nivel.

La respuesta de esta prueba es abierta. El profesor la valorará atendiendo a una escala de 0 a 3 (0: suspenso, 1: aprobado, 2: notable, 3: sobresaliente), en función de los siguientes criterios:

- Ha incluido todos los elementos mencionados en la instrucción (0-3).
- Logra con éxito transmitir sus mensajes (0-3).
- Utiliza un estilo adecuado al contexto y a la situación (0-3).
- Presenta una corrección lingüística y gramatical acorde con el nivel exigido (0-3).
- Usa vocabulario variado y se expresa con una precisión léxica acorde con su nivel (0-3).

Realice la actividad en grupos, circulando entre los alumnos para valorar y evaluar la expresión oral de estos.

Expresión escrita

Se trata de evaluar la habilidad del estudiante para desarrollar una idea, teniendo en cuenta las estrategias comunicativas, el estilo, los conectores del discurso, la estructura del texto, el orden conceptual, la puntuación y la ortografía, así como los exponentes gramaticales y el vocabulario seleccionados por este de acuerdo con su nivel.

La respuesta de esta prueba es abierta. El profesor la valorará atendiendo a una escala de 0 a 3 (0: suspenso, 1: aprobado, 2: notable, 3: sobresaliente), en función de los siguientes criterios:

Comprensión auditiva

[46]

Escucha algunos de los diálogos del libro entre los cuatro amigos y elige la opción más adecuada.

1. Sobre el equipaje...
   - **a.** Uno de los amigos lleva pocas cosas en la maleta.
   - ✓ **b.** No saben cuál es el destino.
   - **c.** Van a un sitio donde refresca por la noche.
2. Sobre el medio de transporte...
   - ✓ **a.** Uno de los amigos no ha puesto dinero para comprar la furgoneta.
   - **b.** Llevan queso para el viaje.
   - **c.** Uno de los amigos huele demasiado a queso.
3. Sobre el trabajo...
   - **a.** Le han echado del trabajo.
   - ✓ **b.** Vive con sus padres.
   - **c.** Los padres saben que se ha ido del trabajo.
4. Sobre las chicas...
   - **a.** Estuvo en el bar con una chica, pero no pudo llamarla porque perdió el móvil.
   - **b.** Acompañó a Anabel a un hotel porque se le habían olvidado las llaves de su casa.
   - ✓ **c.** La chica quizás se una al viaje.

Interacción oral

Piensa en un viaje que recuerdes especialmente y cuéntaselo a tus compañeros.

Habla de...

- dónde fuiste;
- con quién;
- por qué decidiste hacer ese viaje;
- qué ocurrió y por qué fue importante para ti.

Interésate por los viajes que cuentan tus compañeros y hazles preguntas.

Expresión escrita

Tienes que escribir acerca de una película, un libro o un juego que conozcas para el blog de la escuela (180-220 palabras).

Escribe el texto siguiendo el siguiente esquema:

1. Presentación de lo que vas a escribir y por qué.
2. Resumen del argumento de la película, libro o de la descripción del juego.
3. Opinión personal.
4. ¿Lo recomendarías? ¿Por qué?

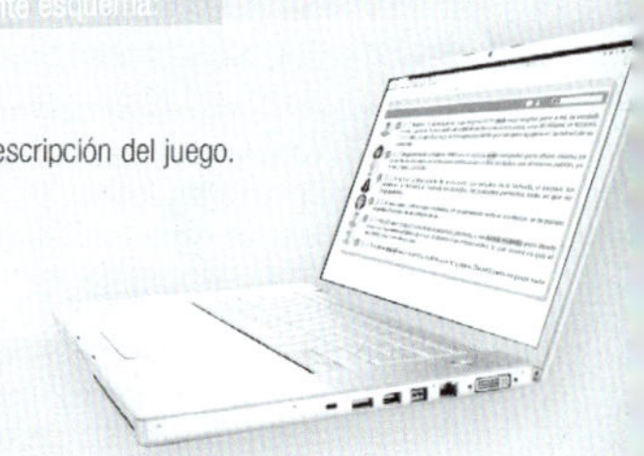

Contenidos lingüísticos

Haz el cuestionario que te proponemos en ELEteca

▸ 168 Etapas Plus 15 | Nivel C1

- Ha incluido todos los elementos mencionados en la instrucción (0-3).
- Logra con éxito transmitir sus mensajes (0-3).
- Utiliza un estilo adecuado al contexto y a la situación (0-3).
- Presenta una corrección lingüística y gramatical acorde con el nivel exigido (0-3).
- Usa vocabulario variado y se expresa con una precisión léxica acorde con su nivel (0-3).

Unidad 11

Cambios

Contenidos funcionales

- Proponer, aceptar y rechazar planes.
- Expresar énfasis.
- Dar órdenes e instrucciones, pedir favores y rogar.
- Atenuar la intención.

Contenidos lingüísticos

- Perífrasis verbales de participio.
- El artículo definido: valor enfático y valor sustantivador (II).
- El artículo indefinido: valor enfático y otros usos.
- Incorrecciones en el uso de los pronombres átonos: laísmo, leísmo y loísmo (repaso).
- Valores de las formas no personales del verbo.

Contenidos léxicos

- Palabras relacionadas con los cambios sociales.
- Expresiones coloquiales.
- Nuevos términos incorporados en el DRAE.

Contenidos culturales

- Cambios en los hábitos sociales.
- La Real Academia Española.

En **ELEteca** tienes material y actividades complementarias a esta unidad.

Tareas

- Organizar planes.
- Redactar un texto relacionado con un cambio personal.
- Escribir una opinión sobre los cambios sociales.
- Proponer nuevas palabras que deberían incorporarse al Diccionario de la Real Academia Española.

Unidad 11
Cambios

En esta unidad se tratan varios temas relacionados con los cambios, tantos sociales como personales. Se habla de cómo los primeros han podido influir en diferentes aspectos vinculados al estilo de vida, el ocio, el deporte... En cuanto a los cambios personales, se reflexiona sobre las razones que pueden llevar a una persona a plantearse una transformación. Por último, se observa cómo una nueva visión del mundo puede influir en el lenguaje y en la creación de nuevo léxico.

Llame la atención de sus alumnos sobre la imagen de la portadilla y pregúnteles qué les sugiere. Trate de que la conecten con el título de la unidad y déjelos que especulen sobre los posibles temas que se van a tratar.

En contexto

Temas:

- Cambios sociales: la familia, el coche, el trabajo, el clima, el entretenimiento.

Contenidos:

- Vocabulario relacionado con los cambios sociales.

1

Actividad que prepara para la comprensión lectora siguiente. El objetivo es que los estudiantes se introduzcan en el tema de los cambios comenzando por dar su opinión sobre los asuntos que se proponen. Motive la actividad preguntándoles en qué aspectos de la vida piensan que ha habido más cambios en las últimas décadas. Haga una lluvia de ideas tratando de que se toquen los temas que aparecen en la actividad (la familia, el trabajo, el clima, el entretenimiento...) y, a continuación, introduzca esta. Deje que los alumnos comenten en parejas. Puede realizar una breve puesta en común si observa que existe disposición para ello. Utilice la Proyección 79.

Proyección 79 *Cambios*

2

Comprensión lectora que completarán con los textos de 2.1. Explíqueles que los siguientes

En contexto

1 Comenta con tu compañero/a qué cambios se han producido relacionados con los siguientes temas en las últimas décadas.

2 Lee los siguientes fragmentos de cinco textos diferentes y relaciónalos con los temas anteriores.

a 2 El gran progreso se inició en los años setenta y continuó en los noventa con los controles electrónicos sobre ciertos elementos. Sin embargo, es en los últimos lustros cuando la microelectrónica se ha puesto al servicio de la conducción, sustituyendo a los antiguos sistemas mecánicos y dotando al conjunto de una mayor seguridad.

b 3 Debido a que las labores se han vuelto casi en su totalidad digitales, el empleado puede realizarlas en cualquier lugar, con el único requisito de una conexión inalámbrica. Sin embargo, esa misma flexibilidad trae consigo que la eternización en un mismo puesto se haya convertido en una reminiscencia del pasado. Ahora hay que estar dispuesto a variar con frecuencia de destino e incluso de oficio, sin importar la edad del individuo.

c 4 La constatada merma en el volumen de los glaciares desvela que el hielo que se derrite en verano no es totalmente reemplazado en invierno, provocando una pérdida de masa de los mismos. El consiguiente efecto es la subida del nivel de los mares y la amenaza a los ecosistemas litorales esenciales.

d 1 Los cambios durante los últimos cuarenta años en los países occidentales han sido los más profundos y convulsos de los últimos veinte siglos, apareciendo hoy nuevos modelos que alteran la concepción que de ella se tenía hasta ahora.

e 5 Otro aspecto a tener en cuenta es la tendencia hacia la individualización del disfrute, fruto de la multiplicidad de dispositivos, la libertad que procura la movilidad de estos y la floreciente diversidad de ofertas.

2.1 Tu profesor/a te va a dar el resto de fragmentos de los textos anteriores. Ordénalos.

2.2 En parejas, comentad lo que os ha llamado la atención de lo que habéis leído.

fragmentos corresponden a cinco textos referentes a los temas de los que acaban de discutir. Pida que los lean y los relacionen con estos.

2.1

Actividad opcional que profundiza sobre los temas anteriores. Reparta en parejas o tríos los fragmentos de cinco textos de la Ficha 33 para que los ordenen y los clasifiquen por tema. Un fragmento de cada texto ya aparece en la actividad 2.

Ficha 33 *Cambios.*

Familia: 9, 15, 4, 19; **Clima:** 20, 8, 13, 3; **Entretenimiento:** 17, 10, 7, 14; **Trabajo:** 2, 11, 16, 5; **Coche:** 12, 1, 18, 6.

2.2

Deje unos minutos para que comenten libremente, en parejas, aquello que les haya sorprendido de lo que han leído y haga, posteriormente, una puesta en común.

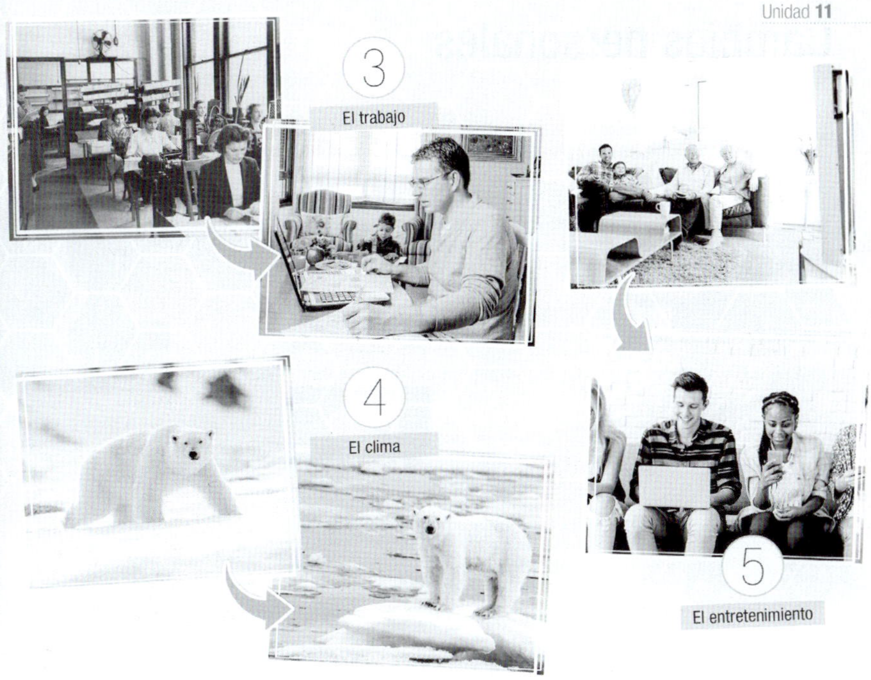

3 ¿Y qué cambios nos deparará el futuro? Escucha a este sociólogo y contesta a las siguientes preguntas.

1. ¿Cómo funcionan las familias grupales?
2. ¿Por qué podrá haber solo un 20 % de los coches que existen actualmente?
3. ¿Qué problema conllevaría que los robots coparan los empleos?
4. ¿Cuál es la mayor amenaza del cambio climático?
5. ¿Qué les ocurrirá a la radio y la televisión?

3.1 Comenta con tu compañero/a las opiniones del sociólogo con las que no estés de acuerdo.

3

Actividad de comprensión auditiva que pretende extender la cuestión de los cambios también hacia el futuro. Motive la escucha con la pregunta que se propone a los alumnos: *¿Qué cambios nos deparará el futuro?* Ponga la audición dos veces, si lo considera necesario, y deje que comprueben sus respuestas entre cada escucha.

1. Son uniones matrimoniales entre varios hombres y varias mujeres que cohabitan indiscriminadamente y sin restricciones dentro del grupo. Los hijos lo son de la comunidad en su conjunto, todos los individuos mayores son padres y madres sin importar la relación biológica; **2.** Porque serán proporcionados por una gran flota, la cual los tendrá en circulación continuamente en función de la demanda de la gente; **3.** Que se desplomaría la demanda interna; **4.** El deshielo de las placas del antártico, lo que aumentará enormemente el nivel de los océanos y anegará las costas y las riberas de los ríos en todo el mundo; **5.** Todos los soportes actuales, tales como televisión, radio y consolas de videojuegos, estarán integrados en un solo aparato y los contenidos se ofrecerán vía internet con un ancho de banda desconocido hasta ahora. El mayor protagonista del futuro será la realidad virtual, que permitirá realizar cualquier actividad sin moverse del salón de casa (pasear por ciudades lejanas, viajar en el tiempo, asistir a acontecimientos deportivos o culturales en primera fila...).

[47] Véase transcripción en pág. 237.

3.1

Deje unos minutos para que comenten libremente, en parejas, aquello que les haya sorprendido de lo que acaban de escuchar y termine la actividad con una puesta en común.

Si quiere continuar trabajando el tema de los cambios, realice las actividades 11.1 y 11.1.1 de las páginas 262 y 263 del Libro de ejercicios.

Cambios personales

Temas:

- Cambios personales.
- Los temas de conversación más frecuentes.

Contenidos:

- Vocabulario relacionado con los cambios personales.
- Expresiones coloquiales.
- Expresiones para proponer, aceptar y rechazar planes.
- Perífrasis verbales de participio.

1 y **1.1**

Secuencia oral que introduce el tema del epígrafe: los cambios personales. Se trata de reflexionar sobre el significado de la palabra *cambio* a partir de afirmaciones hechas por personajes célebres de diferentes ámbitos. Para motivar el tema, pregunte a los alumnos si piensan que los cambios de los que se ha hablado en el apartado anterior han podido influir en las personas y si ha sido necesario que nos adaptáramos a ellos. Permítales realizar la actividad en parejas o tríos y haga una puesta en común. Aproveche esta conversación en grupo clase para formular la pregunta de la actividad 1.1 y que comenten sus opiniones: *¿Crees que los cambios llegan sin buscarlos o que hay que trabajar para lograrlos?*

2

Actividad de léxico que presenta una nueva forma de comunicación que ha hecho cambiar el uso del lenguaje. Con ella se introducen algunas expresiones coloquiales para proponer, aceptar y rechazar planes, acerca de las cuales se reflexionará en la actividad 3.

Introduzca el ejercicio preguntando a los alumnos si usan mucho los chats como WhatsApp para comunicarse con sus amigos o conocidos, y si la forma de expresarse en ellos es muy diferente a la empleada en otros tipos de texto. A continuación, explíqueles que van a leer una conversación entre dos amigas en la que aparecen varias expresiones coloquiales. Ponga a los estudiantes en parejas y anímelos a que detecten dichas expresiones y a que, después, infieran su significado. Corrija el ejercicio y aclare todas las dudas que pueda haber.

Cambios personales

1 Lee las siguientes frases en las que diversas personalidades hablan de cambios. ¿Con cuál te identificas más? ¿Por qué? ¿Hay alguna con la que no estés de acuerdo?

"Este mundo no va a cambiar a menos que estemos dispuestos a cambiar nosotros mismos". Rigoberta Menchú

"Si algo he aprendido en la vida es a no perder el tiempo intentando cambiar el modo de ser del prójimo". Carmen Martín Gaite

"Discúlpeme, no le había reconocido: he cambiado mucho". Oscar Wilde

"Al fin y al cabo, somos lo que hacemos para cambiar lo que somos". Eduardo Galeano

"Las especies que sobreviven no son las más fuertes ni las más rápidas ni las más inteligentes, sino aquellas que se adaptan mejor al cambio". Charles Darwin

"No hay nada como volver a un lugar que sigue sin cambios para descubrir cómo has cambiado tú". Nelson Mandela

"No hay nada tan estable como el cambio". Bob Dylan

1.1 ¿Crees que los cambios llegan sin buscarlos o que hay que trabajar para lograrlos? Comenta tus ideas con tu compañero/a.

2 A continuación tienes una conversación de WhatsApp entre dos amigos. Léela y escribe en la tabla todas las expresiones coloquiales que aparecen. Después, en parejas, pensad qué significan estas expresiones.

10:45 AM
Tú y Alejandra

Miércoles 17 de junio de 2015

Ale, no sé qué planes tendrás el próximo sábado

Pero quería pedirte un favor

Ya estamos con tus favorcitos...

Cuéntame

Mira, es que el sábado tengo una fiesta de esas rollo de empresa

Iba a ir con Carla

¡¡Pero justamente es la boda de su prima...!!

Qué dices? Ni loca

Qué pinto yo en tu empresa?

No conozco a nadie y me da palo

10:45 AM
Tú y Alejandra

Venga, andaaaa

A mí tampoco me apetece mucho

Pero no quiero ir solo

Eres un pesado, Rodri.

Paso

No puedes dejarme tirado...

Yo iría si me lo pidieras...

Anda, déjame pensarlo y mañana te digo algo

Ok

Gracias, Ale

Fiesta *rollo* empresa: *rollo*, tipo de fiesta; *Ni loca*: de ninguna manera; Qué *pinto* yo en tu empresa?: ser importante, significativo o útil en un lugar; *me da palo*: dar vergüenza, causar incomodidad; No puedes *dejarme tirado*: abandonar, desamparar; *te debo una*: estar en deuda con alguien, deber un favor.

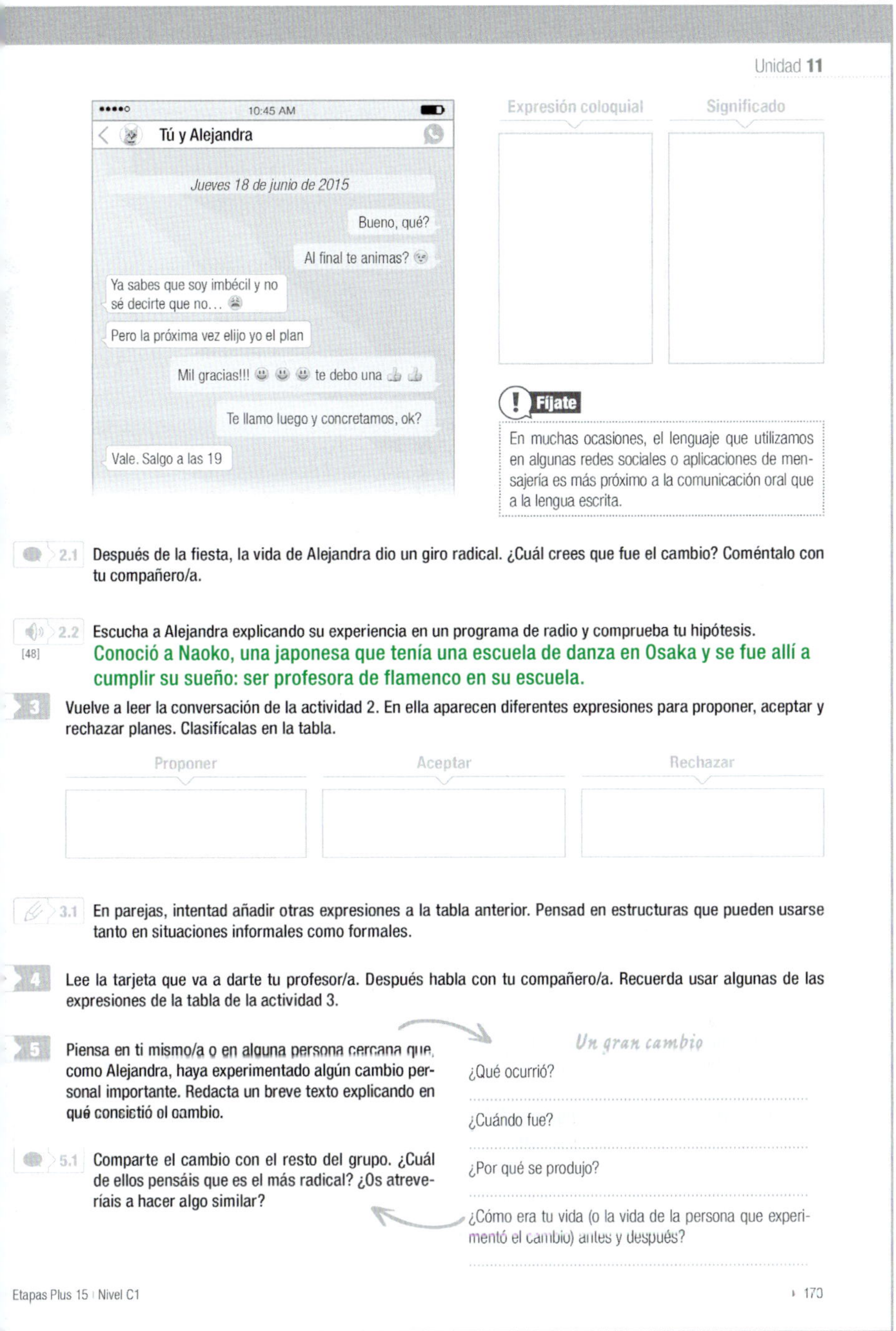

Expresión coloquial	Significado

Fíjate

En muchas ocasiones, el lenguaje que utilizamos en algunas redes sociales o aplicaciones de mensajería es más próximo a la comunicación oral que a la lengua escrita.

2.1 **Después de la fiesta, la vida de Alejandra dio un giro radical. ¿Cuál crees que fue el cambio? Coméntalo con tu compañero/a.**

2.2 [48] **Escucha a Alejandra explicando su experiencia en un programa de radio y comprueba tu hipótesis.**

Conoció a Naoko, una japonesa que tenía una escuela de danza en Osaka y se fue allí a cumplir su sueño: ser profesora de flamenco en su escuela.

3 **Vuelve a leer la conversación de la actividad 2. En ella aparecen diferentes expresiones para proponer, aceptar y rechazar planes. Clasifícalas en la tabla.**

Proponer	Aceptar	Rechazar

3.1 **En parejas, intentad añadir otras expresiones a la tabla anterior. Pensad en estructuras que pueden usarse tanto en situaciones informales como formales.**

4 **Lee la tarjeta que va a darte tu profesor/a. Después habla con tu compañero/a. Recuerda usar algunas de las expresiones de la tabla de la actividad 3.**

5 **Piensa en ti mismo/a o en alguna persona cercana que, como Alejandra, haya experimentado algún cambio personal importante. Redacta un breve texto explicando en qué consistió el cambio.**

Un gran cambio

¿Qué ocurrió?

¿Cuándo fue?

¿Por qué se produjo?

¿Cómo era tu vida (o la vida de la persona que experimentó el cambio) antes y después?

5.1 **Comparte el cambio con el resto del grupo. ¿Cuál de ellos pensáis que es el más radical? ¿Os atreveríais a hacer algo similar?**

2.1

Actividad oral que anticipa la posterior comprensión auditiva. Cree el interés por la escucha proponiendo a los alumnos que se aventuren imaginando qué pudo pasar en la fiesta para que la vida de Alejandra cambiara.

2.2

Comprensión auditiva con la que comprueban sus hipótesis anteriores a través del testimonio de Alejandra.

[48] Véase transcripción en pág. 238.

3

Actividad de sistematización de las expresiones para proponer, aceptar y rechazar planes que se presentaron en la actividad 2. Indíqueles que realicen la actividad en parejas. Para la corrección, utilice la Proyección 80.

Proponer: ¿Al final te animas? (aunque también existen otras formas indirectas de hacerlo como: ... no sé qué planes tendrás el próximo sábado; ... quería pedirte un favor; ... es que el sábado tengo una fiesta..., iba a ir con Carla, pero...; Venga, andaaaa; Pero no quiero ir solo; No puedes dejarme tirado). **Aceptar:** Ya sabes que soy imbécil y no sé decirte que no; Vale. **Rechazar:** ¿Qué dices? Ni loca; Paso (otras formas indirectas para rechazar serían: ¿Qué pinto yo en tu empresa?; ... me da palo).

Proyección 80 ***Planes.***

3.1

Complete la sistematización de las expresiones para proponer, aceptar y rechazar con los conocimientos que tengan los alumnos sobre el tema. Haga la actividad en grupo clase y escriba en la pizarra sus aportaciones.

4

Actividad opcional para trabajar los contenidos presentados. Use la Ficha 34. Divida a los alumnos en parejas, A y B, y dé a cada uno la tarjeta correspondiente a una situación; déjelos que la lean bien para que entiendan el contexto y su papel. Finalmente, anímelos a que lleven a cabo la conversación que se les propone. Dispone de tres situaciones, decida cuántas desea trabajar en función del grupo.

Ficha 34 ***Planes.***

5

Actividad de expresión escrita sobre el tema de esta sección. Utilice la Proyección 81 para dar las instrucciones y motivar a los alumnos poniendo un ejemplo sobre usted o sobre alguien que conozca. Deje que escriban el texto individualmente y pasee entre ellos ayudándolos y corrigiendo sus producciones.

Proyección 81 ***Un gran cambio.***

5.1

Pídales que expongan, de manera oral, el resumen de su texto. Anímelos a que compartan lo más importante. Comentados todos los textos, indíqueles que decidan entre todos cuál consideran el cambio más radical.

Si quiere seguir trabajando expresiones coloquiales, le recomendamos las actividades 11.9 y 11.9.1, página 267 del Libro de ejercicios.

6

Secuencia donde se ofrecen los modelos de lengua para presentar las perífrasis verbales de participio. La secuencia empieza con una actividad de comprensión lectora de comprensión detallada. Si en el ejercicio anterior alguno de los cambios que se mencionan en los textos ya fue expuesto por alguno de sus alumnos, relaciónelo y aproveche para introducir el resto. Motive la lectura preguntándoles cómo creen que los cambios que se reflejan en la Proyección 82 pudieron influir en la vida de las personas que aparecen en ella. A continuación, presente la actividad y la tarea.

Proyección 82 *Testimonios.*

6.1

Actividad de interacción oral a raíz de la lectura del texto. Indíqueles que la realicen en parejas y, si lo considera, haga después una pequeña puesta en común.

7

Actividad de reflexión sobre las perífrasis verbales de participio que aparecen en los textos que han leído. Asegúrese primero de que los alumnos recuerdan el significado del término *perífrasis*; para ello, diríjalos a la información del cuadro de atención. Después, pídales que extraigan las perífrasis de los textos y que las sistematicen en la tabla. Use la Proyección 83 para corregir la actividad.

Proyección 83 *Perífrasis verbales de participio.*

7.1

Una vez llevada a cabo la sistematización, pida a los estudiantes que expliquen con sus palabras el significado de las perífrasis anteriores. Haga la actividad en parejas y después corríjala apoyándose de nuevo en la Proyección 83. Finalmente, reparta la Ficha 35, donde aparece una explicación de dichas perífrasis.

Ficha 35 *Perífrasis verbales de participio.*

Si quiere trabajar más las perífrasis verbales de participio, le recomendamos las actividades 11.2 y 11.2.1 de las páginas 263 y 264 del Libro de ejercicios.

---

6 A continuación tienes los testimonios de seis personas cuya vida ha cambiado radicalmente. Léelos y conecta cada uno de ellos con el enunciado adecuado. Hay testimonios que debes seleccionar más de una vez.

1. Karlos: en un primer momento, su cambio le provocó sentimientos encontrados.
2. Carolina: casi se rinde en algún momento de su proceso de cambio.
3. Antonio: siente el rechazo de su familia.
4. Marc: durante un tiempo decidió esconder su cambio a su entorno.
5. Elena: un nuevo entorno fue determinante para realizar su cambio.
6. Carolina: desde hacía tiempo era consciente de la necesidad de realizar un cambio importante.
7. Karlos: tuvo el apoyo incondicional de varios miembros de su familia.
8. Francisca: un familiar fue el artífice principal de su cambio.

Carolina García (39 años)

Desde hace años sentía que algo en mi vida no funcionaba. Trabajaba como directora ejecutiva en una empresa internacional y ganaba bastante. Aparentemente, todo iba sobre ruedas, pero apenas podía dormir y cada vez comía menos. Tampoco sacaba tiempo para mis aficiones y mis amigos. Un día el médico me dijo que tenía que parar porque mis niveles de estrés eran alarmantes. Dejé mi trabajo y monté una tienda de artesanía en el centro de Madrid. En los primeros meses no noté mucho apoyo por parte de mis padres, estaban preocupados y no entendían mi decisión. Además, la tienda no daba muchos beneficios y pensé en tirar la toalla. Ahora gano menos, pero me siento completamente realizada y creo que todo mereció la pena. Además, mis padres han entendido que soy mucho más feliz y están conmigo al cien por cien.

Antonio Vázquez (27 años)

Hasta hace un par de años yo era lo que todo el mundo considera "un chico normal". Llevaba seis años con mi novia de toda la vida y teníamos planes de boda. No puedo decir que no fuera feliz, pero no llevaba una vida que me llenara. Un día, después de una fiesta familiar, conocí a Luisa, una amiga de mi hermana que me sacaba doce años. Fue algo inesperado, pero a partir de ese día supe que quería estar con ella. Di por terminado mi noviazgo y me fui a vivir con Luisa. En mi familia fue un auténtico cisma. Mis padres me dejaron de hablar. Me acusaban de ser el hazmerreír del pueblo y de estar en boca de todos. Todavía seguimos enfadados. Ahora Luisa está embarazada y pienso que quizá todo cambie cuando nazca el bebé, aunque lo que más me importa son mis sentimientos, no lo que piense la gente.

7 ¿Recuerdas qué es una perífrasis verbal? Busca en los testimonios de la actividad anterior perífrasis verbales de participio y completa el cuadro que aparece a continuación.

Perífrasis verbales de participio

1.	estar	7.	tener	+ participio
2.	sentirse	8.	verse	
3.	quedar(se)	9.	acabar	
4.	llevar	10.	ir	
5.	dejar	11.	seguir	
6.	venir	12.	dar por + prep.	

¡Fíjate! Una **perífrasis verbal** es una construcción compuesta por dos verbos. El primero de ellos, en ocasiones denominado **verbo auxiliar**, suele aparecer conjugado. El segundo verbo, también llamado **verbo principal**, aparece en forma no personal (infinitivo, gerundio o participio). A veces, entre ambos verbos se inserta una preposición o conjunción.

7.1 Vuelve a leer los ejemplos del texto y piensa qué significan exactamente las perífrasis de la actividad anterior. Discute con tu compañero/a y, a continuación, habla con el resto de la clase.

174 Etapas Plus 15 | Nivel C1

Elena Fernández (33 años)

Mi padre está metido en política y siempre ha sido muy de derechas. Cuando era adolescente, casi por inercia, me inscribí en una de esas asociaciones de jóvenes conservadores. Iba a mítines y manifestaciones donde se defendían ideas muy tradicionales. Cuando empecé la facultad y entré en contacto con nuevas realidades, me di cuenta de que mi forma de entender las cosas era otra. Empecé a moverme en un ambiente muy progresista y con veintitrés años me fui a vivir de okupa. Mi madre se puso a llorar y decía que había acabado hecha una delincuente. Mi vida en la comunidad duró cinco años y fue una etapa maravillosa, única. Ahora, con más de treinta, vivo de alquiler, pero sigo siendo muy activa socialmente. Mis padres lo llevan regular e intentan convencerme de que cambie de postura, pero si piensan que voy a volver al redil a estas alturas, van apañados...

Francisca Llanos (81 años)

En mi juventud era muy activa, no podía estar quieta ni un momento. Luego me casé, tuve hijos, me ocupé de mi casa y de mi familia... Vamos, lo típico. Hace un año, Julia, mi nieta mayor, me dijo que quería hacer un vídeo sobre mí para un trabajo del instituto. Preparamos el vídeo juntas y, cuando lo presentó en clase, el profesor quedó encantado y la animó a crear un canal de YouTube. Mi nieta es igual que yo de joven, no para, y dos días después ya estaba el canal en marcha. Yo no tenía ni idea de qué era eso, pero Julia me dijo que en unos días habíamos conseguido cientos de seguidores y muchísimos comentarios. Desde entonces, casi todas las semanas grabamos un vídeo nuevo sobre temas sociales o de actualidad. Llevamos hechos más de cuarenta. Hasta me han entrevistado en algún periódico y he salido en la tele. ¡Quién me lo iba a decir a mí!

Marc Parada (51 años)

Cuando era más joven no me preocupaba nada por mi alimentación. Hace unos diez años vi un reportaje sobre la industria cárnica que me dejó impactado. Fue entonces cuando decidí hacerme vegano. Al principio no se lo comenté a casi nadie. De hecho, los primeros meses, cuando quedaba con mis amigos o compañeros de trabajo para cenar o tomar algo, simplemente les decía algo así como "No voy a comer nada, ya vengo cenado". No quería dar explicaciones. En aquel momento, casi nadie sabía lo que era el veganismo. Cuando empecé a contarlo, algunas personas de mi alrededor pensaron que era un bicho raro. Por suerte, hoy es algo completamente normal y ahora hay más facilidades y oferta en supermercados y restaurantes. Desde que no como carne ni productos de origen animal, me siento mejor conmigo mismo y con mi entorno.

Karlos Garitano (42 años)

La verdad es que mi vida cambió de la noche a la mañana sin apenas buscarlo. Mi novia y yo nos planteamos la idea de ser padres y nos pusimos a buscarlo. Ella se quedó embarazada enseguida y empezamos a pensar en cómo organizarnos cuando naciera el bebé. Cuando el ginecólogo nos dijo que íbamos a ser padres de trillizos, casi me da algo. Fue una mezcla de felicidad con bloqueo absoluto. No teníamos pensado cambiar de casa, pero vivíamos en un piso pequeñito del centro de Bilbao y nos vimos obligados a buscar algo más grande. Los primeros meses después del nacimiento de Irati, Markel y Jon fueron una locura absoluta. Mis padres fueron un pilar esencial, se vinieron a vivir con nosotros un par de meses hasta que conseguimos acostumbrarnos. Al principio estábamos un poco sobrepasados, pero ahora los trillizos están a punto de cumplir un año y no lo cambiaríamos por nada del mundo.

6.1 **Después de leer los textos de la actividad anterior, ¿con qué persona te identificas más? ¿Cuál de todas ellas te parece la más valiente? ¿Por qué? Comentadlo en parejas.**

7.2 **En grupos de tres o cuatro, comentad cuándo fue la última vez que hicisteis alguna de las siguientes cosas. Añadid dos situaciones más.**

¿Cuándo fue la última vez que...

1	... diste algo por terminado?	4	... estuviste muy preocupado?
2	... te quedaste impactado con algo?	5	....?
3	... te viste obligado a cambiar algo por circunstancias externas?	6	....?

8 **Si mañana pudieras cambiar cualquier cosa en tu vida, ¿qué sería? Prepara un breve texto en la ficha que te va a dar tu profesor/a.**

8.1 **Tu profesor/a va a leer los textos que habéis escrito. ¿A cuál de tus compañeros crees que corresponde cada uno de los cambios? Comentadlo en parejas.**

7.2

Actividad de interacción oral para trabajar las perífrasis de participio. Realice la actividad en grupos pequeños y anímelos a que añadan dos preguntas más al cuestionario. Si lo considera, haga posteriormente una puesta en común comentando algunas de las preguntas.

8 y **8.1**

Actividad de expresión escrita para hacer posteriormente un comentario de la misma. Reparta la Ficha 36 entre sus alumnos y pídales que escriban un texto, lo más creativo posible, imaginando un cambio en su vida. Ayúdelos y corrija los errores que detecte mientras redactan sus textos. Una vez hayan terminado de escribir, recoja los textos, léalos y anímelos a que adivinen a qué compañero/a corresponde cada uno.

Ficha 36 ***Si pudiera cambiar...***

Cambios sociales

Temas:

- Cambios en diferentes ámbitos de la vida (internet, compras, citas...).

Contenidos:

- Usos del artículo definido.
- Usos del artículo indefinido.
- Algunas incorrecciones en el uso de los pronombres átonos.
- Dar órdenes, pedir favores y rogar.
- Atenuar la intención.

1 y 1.1

Actividades de interacción oral para introducir el tema de los cambios sociales. Utilice la Proyección 84 para dirigir la actividad. Deje que primero intercambien sus opiniones en parejas y termine la discusión en grupo clase.

Proyección 84 *Cambios sociales.*

1.2

Actividad de comprensión lectora donde aparecen los modelos de lengua de algunos usos del artículo definido sobre los que se reflexionará posteriormente. Contextualice los textos explicando a los alumnos que van a leer algunas opiniones sobre los temas de los que hablamos en las actividades 1 y 1.1. Pídales que las relacionen con dichos temas y que señalen aquellas con las que más se identifiquen. Corrija en grupo clase y deténgase un tiempo en poner en común las reacciones que les provocan los fragmentos leídos.

1.3

Actividad de reflexión sobre los usos del artículo definido. Haga mención a que en la unidad 9 ya se vieron algunos usos de este artículo, por lo que estaríamos ante una ampliación de los mismos. Pídales que se fijen en las expresiones resaltadas en la actividad 1.2 y que completen el cuadro con ellas. Corrija con la Proyección 85.

Proyección 85 *Usos del artículo definido.*

Cambios sociales

1 Lee estas nuevas realidades y comenta con tu compañero/a cómo han influido en la sociedad.

1. el culto al cuerpo	4. internet	7. el móvil
2. las redes sociales	5. el teletrabajo	8. el aumento de la esperanza de vida
3. los vuelos baratos	6. la globalización	

1.1 ¿Cuál de estas realidades pensáis que ha cambiado más la vida de las personas? ¿Añadiríais alguna otra?

1.2 Lee las siguientes opiniones y asócialas con las realidades anteriores.

a 5 **El poder trabajar** en pijama es algo que me encanta: no necesito prepararme ni pintarme; además, si tengo que salir a comprar, puedo hacerlo sin necesidad de dar explicaciones.

b 8 Es que las cuentas no salen. Por eso me preocupa **lo poco que voy a cobrar** de pensión cuando llegue yo a viejo, después de estar contribuyendo cuarenta y cinco años.

c 6 El mundo se ha hecho más pequeño. **El que haya productos** de todos los rincones del planeta en la tienda de la esquina hace que puedas viajar sin salir de tu calle.

d 2 Es una manera de saber de la gente sin necesidad de quedar en un sitio a una hora. Eso sí, ¡**la de tiempo que perdemos** en tonterías!

e 3 Está claro que si no fuera por ellos, mucha gente no podría viajar al extranjero. Un truco es comprar **lo antes posible** para poder conseguir el precio más barato.

f 7 No es que sea una forma de estar conectado, **es la forma de estar conectado**, ya que estás localizable en todo momento estés donde estés.

g 1 Hay que ver **los sacrificios que hago** para conseguirlo, pero no podría dejar de hacerlo, es una filosofía de vida.

h 4 Es un universo en sí mismo, empiezas con algo y al rato ya no te acuerdas de por qué empezaste. Es **de las pocas cosas** que hacen que pierda la noción del tiempo.

1.3 Fíjate en las combinaciones con artículos definidos que aparecen en negrita en el texto anterior. ¿Recuerdas sus funciones? Habla con tu compañero/a y completa el siguiente cuadro con ellas.

Usos del artículo definido

Valor enfático	Valor sustantivador	Con *poco, mucho*
– Con frase relativa: – *... los sacrificios que hago...* – Valor de grado máximo: – **es la forma de estar conectado** – Seguido de ***de***, valor cuantitativo: – **la de tiempo que perdemos**	– El neutro ***lo*** con adverbios: – **lo antes posible** – Con infinitivo (opcional cuando se sobreentiende el sustantivo *hecho* [*el hecho de*]): – **El poder trabajar** – Delante de proposición con verbo conjugado: – **El que haya productos**	– A diferencia de lo que sucede con otros determinantes, en algunos casos es compatible con cuantificadores como ***poco*** y ***mucho***: – **lo poco que voy a cobrar** – **Es de las pocas cosas...** – *Lo mucho que nos facilita la vida.*

1.4 Elige uno de los elementos de la actividad 1 y escribe un breve texto en el que expreses tu opinión sobre su influencia en la sociedad. Intenta usar el máximo número de las combinaciones con artículo del cuadro.

176 Etapas Plus 15 | Nivel C1

1.4

Actividad de expresión escrita con la que se pretende que construyan su opinión sobre uno de los temas vistos anteriormente, utilizando para ello el mayor número de ejemplos de los diferentes valores de los artículos definidos vistos. Mientras realizan la actividad, pasee entre los alumnos para ayudarlos y corregir los errores que detecte. Si lo prefiere, puede proponerles que realicen la actividad como deberes y recogerla al día siguiente.

Si quiere reforzar el contenido del artículo definido, le recomendamos las actividades 11.3 y 11.3.1 de la página 264 del Libro de ejercicios.

2 Escucha a una chica llamada Vanesa hablar por el móvil y contesta a las siguientes preguntas.

1. ¿Dónde está? ¿Con quién habla?
   Está esperando en la cola de un museo, habla con una amiga.
2. ¿Por qué quiere retrasar la hora de la cita? Escribe la frase que lo expresa. **Porque está en el museo y va a tardar más de lo que pensaba: "Hay una cola que te mueres...", "Quedamos a las nueve mejor, ¿vale?", "Es que quiero ver la última sala".**
3. ¿Conoce Vanesa al artista que quiere ver? Escribe la frase que lo expresa. **No, no lo conoce: "Me han hablado fenomenal de un tal Perico Ramírez, que parece que es la bomba".**
4. ¿Le parece bien que finalmente no vayan a recogerla? Escribe la frase que lo expresa.
   No, aunque lo acepta: "Tienes un morro que te lo pisas".

Usos del artículo indefinido

1. Valor enfático:
   –Es un encanto.
2. Valor enfático con significado consecutivo:
   –Hay una cola que te mueres.
   –Tienes un morro que te lo pisas.
3. Convierte el nombre propio en nombre común:
   –Tienen un Picasso.
4. Da un sentido indeterminado al nombre propio:
   –Un tal Perico...

2.1 La conversación de Vanesa es un ejemplo de cómo el móvil ha cambiado nuestra vida en sociedad. En parejas, comentad el porqué e imaginad qué hubiera pasado en esta situación sin él.

2.2 ¿Eres de los que envían mensajes a todas horas o te molesta que te interrumpan constantemente con ellos? Coméntalo con tu compañero/a.

3 ¿Qué te sugieren estas imágenes? Coméntalo con tus compañeros.

La compra de productos a través de internet.

3.1 [50] Otro de los cambios recientes en nuestra sociedad tiene que ver con la manera de comprar debido al auge del comercio electrónico. Escucha las descripciones de los tipos de compradores electrónicos que existen e indica qué intervención corresponde a cada uno.

Comprador	Intervención
El crítico	3
El buscador de ofertas	4
El impulsivo	1
El mixto	6
El detective	2
El práctico	5

2

Comprensión auditiva que ofrece modelos de algunos usos del artículo indefinido. Introduzca la actividad recordando a sus estudiantes uno de los temas de los que se habló al inicio de este epígrafe: cómo el móvil ha cambiado nuestras vidas, y recupere alguna de las ideas que aparecieron entonces. Explique que van a escuchar un ejemplo de uno de estos cambios. Haga una primera escucha general para que contesten a las preguntas planteadas. Posteriormente, llame la atención sobre el uso que se hace en la audición del artículo indefinido, instándoles a que se fijen en el cuadro explicativo, y ponga la audición una segunda vez. Utilice la Proyección 86 para guiar sus explicaciones sobre el uso del artículo indefinido.

Proyección 86 ***Usos del artículo indefinido.***

[49] Véase transcripción en pág. 238.

Para trabajar el artículo indefinido, realice la actividad 11.4 de la página 264 del Libro de ejercicios.

2.1 y **2.2**

Actividades de expresión oral en parejas. Se pretende que den su opinión acerca de cómo el uso del teléfono ha cambiado ciertos hábitos sociales. Si en la clase hay alumnos muy jóvenes, posiblemente no hayan observado cambio alguno en este sentido, ya que sus costumbres habrán estado siempre ligadas al móvil. Por ello, y si existe la posibilidad, puede ser interesante emparejar a estudiantes de diferentes edades. Lo que se espera que comenten es que gracias al móvil tenemos la libertad de modificar los planes en todo momento y lugar, mientras que antes, sin este, todo era más rígido y apenas admitía variación.

3

Con esta secuencia se desarrollan destrezas a partir de otro tema de los que se habló al principio del epígrafe (las compras) y se presentan algunas incorrecciones frecuentes en el uso de los pronombres átonos. Introduzca la actividad con las imágenes de la Proyección 87. Una vez motivados, permita que en pequeños grupos comenten lo que representan las fotografías y haga, después, una puesta en común. Con esto, habrá introducido el tema sobre el que tratará la audición que van a escuchar en 3.1.

Proyección 87 ***¿Qué ves?***

3.1

Aproveche la actividad anterior para contextualizar la comprensión auditiva. Presente el ejercicio con la Proyección 88 y deténgase en los diferentes tipos de compradores que se describen. Cree el interés de los estudiantes involucrándolos a partir de sus conocimientos y pregúnteles qué tipo de persona creen que hay tras cada uno de esos perfiles.

Ponga la audición dos veces si es necesario y advierta que solo deberán asociar la descripción que escuchen con los tipos de compradores que aparecen. Corrija con la proyección.

Proyección 88 ***Compradores electrónicos.***

[50] Véase transcripción en pág. 238.

3.2

Actividad de comprensión lectora en la que deberán identificar el tipo de comprador al que se refiere cada opinión. Contextualice los textos explicando que van a escuchar a algunas personas describir la forma en la que compran y que deben asociarlas con los tipos de compradores vistos anteriormente. Adviértales que, de momento, pasen por alto los espacios en blanco que aparecen en las intervenciones, ya que serán objeto de un trabajo posterior.

3.3

Actividad oral en la que se pretende que los estudiantes reflexionen sobre la forma en la que ellos compran. Permita que se formen grupos de tres personas para que comenten cuál creen que es el tipo de comprador en el que ellos encajarían.

3.4

La actividad remite a los textos de 3.2, en los que aparecían espacios en blanco, para comprobar los conocimientos que tienen los alumnos sobre el uso de los pronombres átonos. Indíqueles que vuelvan a los textos anteriores y que completen los espacios con el pronombre correspondiente. Tenga en cuenta que en algún caso es posible más de una opción (como en 6, que admite *lo* y *le* en *lo he llegado a llamar*). Antes de corregir, realice la actividad 3.5.

3.5

Dirija la atención de los estudiantes al cuadro explicativo para que comprueben si entienden toda la información o tienen dudas acerca del uso de estos pronombres. Indíqueles que en muchas zonas hispanohablantes se cometen estos errores y que son, en algunos casos, socialmente aceptables. Pida que revisen la actividad anterior y que la corrijan si es necesario. Termine la secuencia con la puesta en común de los resultados.

4 y 4.1

Actividades de práctica de los contenidos anteriores. Indíqueles que escriban primero individualmente algunas frases entre las que se encuentren dos que contengan algún laísmo, leísmo o loísmo, y que posteriormente las compartan con otros compañeros para detectar aquellas en las que aparecen errores. Si lo considera necesario, haga una puesta en común para comentar y aclarar aquellos casos que puedan presentar dudas.

3.2 **Lee las opiniones de estos usuarios y, en parejas, identificad en qué perfil de comprador encajarían.**

1 El mixto

Yo suelo ir a probarme la ropa a las tiendas y luego, cuando sé la prenda que me gusta y la talla que mejor me queda, ...la... compro por internet porque casi siempre ...la... encuentro mejor de precio. Sé que no es muy ético, pero así ...lo... hago.

2 El impulsivo

Vi un secatoallas para el baño que estaba en oferta y no ...le... di más vueltas, ...lo... compré porque todas las críticas que aparecían en los foros eran positivas. La verdad es que no tengo espacio en el servicio, así que ...lo... tengo guardado en el trastero y sin abrir pero ya veré dónde ...le... hago un hueco.

3 El práctico

La semana pasada dejó de funcionar la lavadora y, como ya ...le... habían cambiado el motor hacía poco más de un año, no me ...lo... pensé dos veces: ...le... dije a mi mujer que no se preocupara y que yo me encargaba. Miré en la página en la que suelo entrar y compré una nueva. A las 48 horas ya nos ...la... habían instalado en casa.

4 El crítico

El mes pasado compré un móvil en una página que ya conocía, pero llegó con la caja abierta. Fui a correos y ...les... devolví el paquete; a los pocos días me ...lo... enviaron de nuevo, esta vez en perfecto estado. Aun así, escribí a la página y ...los... puse a caldo.

5 El buscador de ofertas

Yo, cuando veo un producto que me gusta por el precio, ...lo... guardo en favoritos y sigo buscando. Si al cabo de unos días su precio ha subido, ...lo... doy de baja; pero si ha bajado, ...le... pongo una etiqueta de prioritario y espero unos días más; si vuelve a bajar, ...lo... compro inmediatamente, ya que nunca hay más de dos bajadas de precios en un mismo producto.

6 El detective

Cuando necesito comprar algo, puedo tirarme semanas o incluso meses mirando. Hago una primera selección de tres o cuatro productos y miro ofertas. Leo opiniones de los usuarios y ...les... escribo al correo privado si es necesario. Incluso a alguno ...lo... he llegado a llamar por teléfono y ...le... he preguntado dudas. Después, voy reduciendo candidatos hasta que me quedo con uno y entonces veo qué hago.

3.3 **Y tú, ¿qué tipo de comprador eres? Coméntalo con tus compañeros.**

3.4 **Vuelve a leer las experiencias de la actividad 3.2. y completa los espacios con el pronombre *(lo, la, los, las, le, les)* correspondiente. Ten en cuenta que en algunos casos son posibles dos opciones.**

3.5 **Lee la información del siguiente cuadro y comprueba si has cometido alguna de estas incorrecciones en tu respuesta anterior.**

Incorrecciones en el uso de los pronombres átonos

Recuerda las explicaciones que viste en la unidad 1:

1. El **laísmo**: es el uso de los pronombres personales ***la*** y ***las*** en función de complemento indirecto para referentes del género femenino, en lugar de las formas ***le*** y ***les***.
2. El **leísmo**: es la sustitución del pronombre personal ***lo*** o ***la*** por ***le**** en la posición de complemento directo y en los verbos transitivos.
   *La RAE admite su uso para el caso de persona masculina singular.
3. El **loísmo**: consiste en sustituir el pronombre personal ***le*** en función de complemento indirecto por ***lo*** para referente masculino.

4 **Escribe en tu cuaderno cinco frases entre las cuales haya dos que contengan errores como los descritos.**

4.1 **Siéntate con dos compañeros y muéstrales tus frases. Deberán adivinar los errores y explicar el porqué.**

▸ 178 Etapas Plus 15 | Nivel C1

Si quiere seguir trabajando el uso correcto de los pronombres, le recomendamos las actividades 11.5 y 11.5.1, página 265, del Libro de ejercicios.

5 En un programa de radio han invitado a ciudadanos a opinar sobre un tema: la desaparición de las tiendas físicas. Escucha la discusión y contesta a las preguntas; justifica tu respuesta tomando nota de algunas ideas.

	Cristina	Carlos	Moderadora	Ninguno
1. ¿Quién está más a favor del comercio electrónico?	☐	✓	☐	☐
2. ¿Quién está más en contra?	✓	☐	☐	☐
3. ¿Quién se sitúa en un punto medio?	☐	☐	☐	✓
4. ¿Quién no se posiciona?	☐	☐	✓	☐

[51] **5.1** Vuelve a escuchar la grabación y presta atención a las frases que usan los hablantes para manifestar las intenciones que aparecen en el cuadro. Completa con las palabras que faltan.

Dar una orden o instrucción	Pedir un favor	Rogar
– Espera un momento, **¿quieres?** – Déjame que acabe, **si no te importa**. – ¿**Sería mucho pedir** que me dejaras terminar el argumento?	– **Te pido por favor** que hables por ti. – ¿**Quieres hacer el favor** de no generalizar? – Hazme un favor, **no pongas en mi boca** cosas que yo no he dicho.	– Tengamos una visión más global, **te lo pido por favor**.

5.2 Las siguientes expresiones aparecen en la conversación que has escuchado. Relaciónalas con su significado.

1 **c**	No poder permitirse el lujo.	4 **e**	Repetir.	7 **h**	A marchas forzadas.
2 **i**	Todo hijo de vecino.	5 **g**	Demonizar.	8 **b**	Encima.
3 **a**	Cada dos por tres.	6 **d**	Cargarse (coloq.).	9 **f**	Que conste.

a. Con bastante frecuencia.	**d.** Destruir.	**g.** Asignar cualidades malas.
b. Además.	**e.** Decir que he dicho.	**h.** Muy rápidamente.
c. No poder afrontar.	**f.** Que quede claro.	**i.** Cualquier persona.

5.3 Fíjate en los elementos que se usan para atenuar la intención y transforma las frases atenuadas en órdenes directas. En algunos casos, basta con eliminar la parte atenuante.

Atenuar la intención

1. Te pido por favor que hables por ti. → *Habla por ti.*
2. ¿Quieres hacer el favor de no generalizar? → **No generalices.**
3. Espera un momento, ¿quieres? → **Espera.**
4. Déjame que acabe, si no te importa. → **Déjame acabar.**
5. ¿Sería mucho pedir que me dejaras terminar el argumento? → **Déjame terminar el argumento.**
6. Hazme un favor: no pongas en mi boca cosas que yo no he dicho. → **No pongas en mi boca cosas que yo no he dicho.**
7. Tengamos una visión más global, te lo pido por favor. → **Ten una visión más global.**

¡Fíjate!

Fíjate que en esta frase la **orden** está formulada de manera **no explícita**.
– Carolina, no estás dormida, ¿no? → Carolina, habla.

5

En esta secuencia se presentan expresiones para dar órdenes, pedir favores, rogar y atenuar la intención. En esta primera actividad aparecen los modelos de lengua empleados para ello a través de un debate de un programa de radio.

Contextualice y motive la audición preguntando a los alumnos cuántos de ellos piensan que las tiendas físicas pueden llegar a desaparecer a consecuencia del aumento de las compras electrónicas y qué les parecería esta posibilidad.

Antes de la escucha, advierta de que van a escuchar a varios participantes de un debate "acalorado" y pregúnteles cuál cree que será el tono entre ellos. Explique que aunque en un primer momento este les pueda parecer brusco o maleducado, es común escuchar este tipo de comportamientos en las tertulias radiofónicas, al menos en España. Coménteles que en esta primera audición solo deberán responder a las preguntas que se les plantean.

[51] Véase transcripción en pág. 239.

5.1

Segunda escucha más detallada para centrar la atención de los estudiantes sobre las estructuras que se quieren presentar. Indíqueles que, en este caso, deberán intentar completar el cuadro con dichas expresiones a medida que los contertulios del programa de radio las utilicen. Finalizada esta segunda escucha, deje que comparen sus respuestas en parejas antes de la corrección en grupo clase. Utilice para ello la Proyección 89.

Proyección 89 *Un debate acalorado.*

5.2

Actividad de léxico a partir de la comprensión auditiva. Proponga que realicen la actividad en parejas y corrija después en grupo clase.

5.3

Actividad en la que se presentan expresiones usadas en la audición que tienen la función de atenuar la intención, al menos formalmente, ya que la mayoría contienen una fuerte carga de ironía implícita. El objetivo es que los estudiantes, al ver las dos versiones juntas, identifiquen más claramente el elemento atenuador. Llame la atención sobre el cuadro de reflexión.

Para reforzar este contenido, le recomendamos las actividades 11.7 y 11.7.1 de la página 266.

Cambios lingüísticos

Temas:

- Estrategias para aprender vocabulario.
- El Diccionario de la Real Academia Española.
- Términos polémicos aceptados por la RAE.

Contenidos:

- Valores de las formas no personales del verbo.

1 y 1.1

Secuencia de reflexión en la que se habla de las técnicas que utilizan los estudiantes para aprender vocabulario. Pregúnteles su opinión sobre la importancia del léxico en el aprendizaje de una lengua, para posteriormente hablar de las estrategias que utilizan para recordarlo. Pida que completen de manera individual la actividad 1 y que luego, en parejas, compartan sus respuestas. Haga finalmente una puesta en común.

2

Motive la actividad preguntando a los alumnos si usan algún diccionario monolingüe en español. Aproveche para preguntarles si recuerdan el Diccionario de la Real Academia Española, que ya se ha mencionado en otras unidades, y si saben qué función desempeña una academia de la lengua. A continuación, pídales que lean el texto y que comenten en grupo clase si existe una institución similar en su país.

3

Introduzca las siguientes actividades explicando que una de las misiones de la RAE es aceptar nuevos términos o usos verbales e introducir los cambios en la gramática y en el diccionario. Algunos de esos cambios pueden originar discusiones y polémica. Invítelos a que lean la pregunta del usuario de Twitter y a que se aventuren a imaginar la respuesta que dio el escritor académico.

Si los alumnos muestran interés, puede ofrecerles más información sobre la Real Academia Española con la Ficha 37.

Ficha 37 ***La Real Academia Española.***

Cambios lingüísticos

1 **Ampliar nuestro vocabulario es muy importante cuando aprendemos un idioma. ¿Qué haces cuándo lees o escuchas una palabra que no conoces? Márcalo.**

1. ☐ Nada, continúo leyendo/escuchando y no me preocupo por ello.
2. ☐ Intento comprenderla por el contexto, pero no me obsesiono con el vocabulario nuevo.
3. ☐ Pregunto el significado a una persona nativa (un amigo, mi profesor/a, etc.).
4. ☐ La busco en un traductor.
5. ☐ Utilizo un diccionario monolingüe y leo su definición en el idioma original.
6. ☐ Otros (explica qué): ....

1.1 **Comenta tus respuestas con tu compañero/a. ¿Tenéis la misma actitud ante el nuevo vocabulario? ¿Compartís alguna estrategia para el aprendizaje de léxico?**

2 **En anteriores unidades hemos hablado de la RAE. ¿Recuerdas qué es? Lee el siguiente texto extraído de su página web oficial. ¿Existe alguna institución similar en tu país?**

La Real Academia Española, fundada en 1713 por iniciativa de Juan Manuel Fernández Pacheco y Zúñiga, marqués de Villena, "es una institución con personalidad jurídica propia que tiene como misión principal velar por que los cambios que experimente la lengua española en su constante adaptación a las necesidades de sus hablantes no quiebren la esencial unidad que mantiene en todo el ámbito hispánico", según establece el artículo primero de sus actuales estatutos.

3 **Algunos términos aceptados por la RAE han sido objeto de polémica. Una de estas situaciones controvertidas surgió en julio de 2017. Lee la pregunta de este usuario de Twitter al escritor y miembro de la RAE Arturo Pérez-Reverte y piensa cuál fue su respuesta.**

NeitH @Neith1122
@perezreverte Estamos mi hermano y yo en un debate sin fin, a ver si puede ayudarnos usted. ¿Cuál es el imperativo de *ir*: *iros*, *idos* o *íos*?
15 · 15.235 · 5.000

3.1 **Lee la respuesta de Pérez Reverte y comprueba tu hipótesis anterior.**

Arturo Pérez-Reverte @perezreverte
La RAE acaba de aceptar *iros*, tras mucho debate, pues nadie decía *idos* o *íos*. Ya se puede usar sin complejos. Será oficial en otoño.
45 · 23.111 · 7.000

(Comentarios extraídos de Twitter)

3.2 **Estas son algunas reacciones aparecidas en Twitter ante el anuncio. Comentad en parejas a qué se refiere cada una y cuál os parece más ingeniosa.**

la vecina rubia @lavecinarubia
Los que decimos *idos* en vez de *iros* somos la resistencia.

Dios @diostuitero
La RAE está a un paso de dar por buenas las letras de Mecano.

Paul O'Herrerita @Herrerita16
La RAE acepta *regulinchis* como término médico.

Anacleto Panceto @Xuxipc
Podrán quitarnos lo de *idos*, pero jamás nos quitarán... ¡la tilde en *sólo*!

Quique Peinado @quiquepeinado
La RAE acepta *iros* porque nadie lo decía bien. Como escuchen a mi madre decir *FNAC* van a flipar.

Tuan @__tuan__
Yo, borracho a las 5:00 de la mañana, soy más exigente que la RAE.

Olalá de fua @olaladefua
La RAE acepta "*Haber* si me muero".

TeMaPiCo @temapico
La RAE acepta las sandalias con calcetines.

3.1

Pida ahora que lean la respuesta de Arturo Pérez-Reverte y traten de deducir cuáles pueden ser las razones por las que la Academia acepta ciertos cambios.

Debido a los usos generalizados de una forma frente a otras.

3.2

Actividad que recoge de manera humorística algunas reacciones a la decisión de la Academia de aceptar usos basándose en su frecuencia. Pida que lean los comentarios, advirtiendo que algunos encierran mucha ironía, y que traten de encontrar dónde reside el humor. Anticipe que Mecano fue un grupo de música muy popular en los 80. Aproveche la puesta en común para preguntarles si creen que la RAE debe aceptar términos basándose en la frecuencia con que los usuarios de la lengua los utilizan, aunque sean incorrectos, e introduzca la actividad 4.

Pág. 181

4 Ante polémicas lingüísticas de este tipo, surgen dos tipos de posturas, los "puristas" y los "todovalistas". ¿Qué crees que defiende cada uno de ellos?

4.1 [52] A continuación vas a escuchar una discusión entre Gonzalo y Eva. Realiza una primera escucha y confirma tus hipótesis anteriores. ¿Qué posición adopta cada uno?

4.2 [52] Escucha la conversación una vez más y decide qué información corresponde a Gonzalo, a Eva o a ninguno de los dos.

	Gonzalo	Eva	Ninguno
1. Estudió Filología en la universidad.		✓	
2. Le parece fenomenal que la RAE haya aceptado *iros*.			✓
3. Cree que la frontera entre lo correcto y lo incorrecto no es nítida.		✓	
4. Piensa que la corrección lingüística no tiene nada que ver con el origen de los hablantes.	✓		
5. Considera que en algunos lugares se habla mejor que en otros.			✓
6. Reconoce que comete algunos errores gramaticales.	✓		
7. Cree que instituciones como la RAE deberían tener un valor normativo.	✓		
8. Escribe *solo* con tilde.			✓

5 A continuación aparecen diez frases. Decide en cada una si crees que los dos términos están aceptados por la RAE o si solo uno de ellos es correcto.

1. Mi cumpleaños es el 29 de **octubre / otubre**.
2. Si te pica, te **rascas / arrascas**.
3. Ayer mi abuela me trajo una tartera con **albóndigas / almóndigas**.
4. Hazlo **así / asín** y seguro que funciona.
5. Hace muchísimo calor aquí dentro, ¿por qué no te **remangas / arremangas** un poco?
6. ¡**Idos / Iros** de aquí inmediatamente!
7. Me da muchísima pena cuando veo a un **vagabundo / vagamundo** por la calle.
8. **Solo / Sólo** tengo 10 euros en la cartera, creo que debería pasarme por un cajero.
9. Las **croquetas / cocretas** son una de mis comidas favoritas.
10. El **fraticida / fratricida** llegó a la casa armado con una escopeta.

5.1 Compara tus ideas con las de tu compañero/a y, entre los dos, intentad llegar a un consenso acerca de los términos aceptados.

5.2 Finalmente, buscad la solución a través del Diccionario de la Real Academia Española (DRAE). ¿Hay algo que os haya sorprendido?

6 La polémica respecto a la aceptación de *iros* como imperativo de *vosotros* surge de su carácter de infinitivo. Como sabes, el infinitivo, al igual que el gerundio y el participio, es una forma no personal del verbo. Para recordar estas formas no personales, piensa en un verbo cualquiera y completa la siguiente tabla con ellas.

Verbo	Infinitivo	Gerundio	Participio
escribir	escribir	escribiendo	escrito
	Infinitivo compuesto	Gerundio compuesto	
	haber escrito	habiendo escrito	

la vecina rubia: son pocas las personas que se resisten a aceptar *iros*; **Dios:** se refiere a las canciones del grupo musical, es decir, da a entender que la RAE no tiene buenos criterios para aceptar usos correctos; **Paul O'Herrerita:** *regulinchis*, palabra coloquial para decir *regular*. De nuevo, se da a entender que los criterios de la RAE son poco académicos; **Anacleto Panceto:** critica la decisión de prescindir de la tilde en *solo*; **Quique Peinado:** critica el hecho de que la RAE acepte términos incorrectos solo porque la gente no usa la gramática correctamente; **Tuan:** también critica la falta de criterios más rigurosos por parte de la RAE; **Olalá de fua:** el uso del verbo *haber* en esa frase es incorrecto: en su lugar se debe decir *a ver*; **TeMaPiCo:** critica la aceptación de términos incorrectos, solo porque haya alguna gente que los use.

4

Explique que, ante el debate sobre si se deben aceptar todos los términos usados, aunque sean incorrectos, hay dos posturas enfrentadas: los "puristas" y los "todovalistas". Pregunte qué creen que defiende cada grupo.

4.1 y **4.2**

Comprensión auditiva en la que dos personas ilustran las dos posturas de la actividad anterior. Haga primero una escucha general y pida que se fijen en qué defiende cada uno de los interlocutores para comprobar su respuesta anterior. A continuación, en 4.2, vuelva a poner la audición para una escucha más detallada.

Gonzalo muestra una postura más conservadora o "purista", mientras que Eva se muestra más flexible y abierta en cuanto al uso de la lengua por parte de los hablantes.

[52] Véase transcripción en pág. 240.

5 y **5.1**

Motive a los estudiantes diciéndoles que algunos de los términos que aparecen en las frases de la actividad están aceptados por la RAE y otros no, y anímelos a que, en parejas, traten de decidir cuáles corresponderían al primer caso y cuáles al segundo.

5.2

Muestre a los alumnos cómo buscar la solución de la actividad anterior en la página del Diccionario de la RAE (http://www.rae.es/recursos/diccionarios) y póngalos en parejas para realizar la actividad. Utilice la Proyección 90 para la corrección en grupo clase. Aproveche para explicar la valoración social que se hace del uso de algunos de los términos, como *arrascas, almóndigas, asín*...

1. ambos (aunque *otubre* es un término en desuso); **2.** ambos (aunque *arrascar* se considera vulgar); **3.** ambos (aunque *almóndiga* es un término desusado); **4.** ambos (aunque *asín* se considera vulgar); **5.** ambos; **6.** ambos (aunque se recomienda *idos* antes que *iros*); **7.** ambos (aunque *vagamundo* es una forma poco usada); **8.** Ambos (aunque *sólo* con tilde únicamente debe usarse cuando existe riesgo de ambigüedad); **9.** croquetas; **10.** fratricida.

Proyección 90 *¿Aceptado?*

6

Secuencia para presentar los usos de las formas no personales del verbo. Pídales que completen la tabla para asegurarse de que todos están familiarizados con la terminología gramatical. Corrija en grupo clase.

6.1

Pida que, en parejas, lean la descripción de los valores de las formas no personales del verbo del cuadro explicativo, pregunte por sus dudas y resuélvalas antes de pasar a la siguiente actividad. Use la Proyección 91 para dirigir la actividad.

Proyección 91 ***Valores de las formas no personales del verbo.***

6.2

Haga la actividad para comprobar que los alumnos han comprendido las explicaciones anteriores. Colóquelos en parejas y corrija posteriormente en grupo clase.

Si quiere reforzar este contenido, le recomendamos la actividad 11.8, página 267 del Libro de ejercicios.

7

Motive la actividad pidiendo a los alumnos que salgan a la pizarra y escriban palabras que conocen porque las han escuchado o leído y que no son correctas o no están aceptadas por la RAE (pueden ser leísmos o laísmos, dequeísmos, incorrecciones del tipo *detrás de mí/tuyo*..., términos como *customizar, cliquear, guglear, wasapear*, etc.), o palabras que pueden inventarse como hemos visto en la actividad 3.2 (*regulinchis*, etc.). Pídales que, en parejas, seleccionen una o dos y preparen los argumentos para convencer a los miembros de la Academia de por qué deben ser aceptadas.

7.1 y 7.2

Ponga en común los trabajos de los alumnos, inicie un debate y deje que elijan entre todos la palabra o expresión que más les gusta de cara a ser aceptada por la RAE.

6.1 **Lee el siguiente cuadro que contiene algunos de los valores de las formas no personales del verbo.**

Valores de las formas no personales del verbo

Temporal

Funciona como una oración subordinada temporal o como parte de una subordinada temporal:

- ***Aparcando*** *el coche vi a Laura.* (gerundio)
- ***Concluido*** *el proyecto, decidieron no renovar al becario.* (participio)

Nominal

Funciona como un sustantivo:

- *El* ***saber*** *no ocupa lugar.* (infinitivo)

Condicional

Funciona como una oración subordinada condicional:

- *Solo* ***trabajando*** *conseguirás ascender.* (gerundio)

Relativo

Funciona como parte de una oración subordinada relativa:

- *Tengo algunas gestiones que* ***hacer*** *esta semana.* (infinitivo)

Independiente

Funciona de forma modalizada, habitualmente con valores exclamativo o interrogativo:

- *¿**Decirle** la verdad? ¡Ni de broma!* (infinitivo)
- *¡Todo el día* ***trabajando****! ¡Qué mujer!* (gerundio)
- *¿**Sorprendido**? Pues no, la verdad es que me lo esperaba.* (participio)

6.2 **Sustituye la parte destacada de las frases con la forma no personal adecuada y escribe su valor o significado.**

		Valor
1	¡Qué suerte que viajes *viajar* tanto!	*independiente*
2	De verdad, es terrible ir contigo a ningún sitio, siempre tienes que protestar ...**protestando**... por todo.	**independiente**
3	Marta tiene muchos problemas que necesitan ser resueltos ...**resolver**...	**relativo**
4	Cuando terminaron ...**Terminado**... el proceso, seleccionaron al mejor candidato.	**temporal**
5	Hasta que no pasen ...**pasados**... tres días, no podrá valorarse el efecto del antibiótico.	**temporal**
6	Si estudias ...**Estudiando**... más, aprobarás.	**condicional**
7	La capacidad de saber dibujar ...**El dibujar**... bien es uno de los talentos que más admiro.	**nominal**
8	Nos encontramos cuando salíamos ...**saliendo**... del bar.	**temporal**

7 **En parejas, pensad en una palabra o expresión no aceptada por la RAE que consideréis que debería formar parte del diccionario. Podéis seleccionar una expresión informal, un extranjerismo o una palabra inventada por vosotros mismos.**

7.1 **Explicad al resto de la clase la palabra o expresión que habéis seleccionado. Argumentad por qué consideráis necesario que la RAE acepte ese término.**

7.2 **Finalmente, entre todos los miembros de la clase, elegid la palabra o expresión que más os gusta. Deberéis preparar un vídeo o un texto explicando por qué debería formar parte del Diccionario de la Real Academia Española.**

Evaluación

Interacción oral

Otro de los cambios importantes habidos en los últimos tiempos ha sido la popularización de los vuelos baratos. Comentad en pequeños grupos en qué medida han afectado a la sociedad y cómo creéis que sería la vida sin ellos.

Dar y pedir una opinión

- A mi entender/parecer...
- A mi juicio...
- (A mí) me da la impresión/sensación...
- En mi modesta/humilde opinión...
- ¿Qué piensas/opinas de lo que...?
- ¿Qué te parece lo de/que...?
- A tu parecer/entender...
- ¿Dirías que...?

Aspectos positivos

- Democratización de los viajes.
- Posibilidad de conocer muchos países.
- Activar la economía global.
- Procurar ingresos a países con menos recursos.

Aspectos negativos

- Saturación de ciertos destinos.
- Pérdida de identidad de las ciudades más turísticas.
- Reducción de derechos de los viajeros.
- Incremento de la contaminación y del uso de recursos naturales.

Comprensión auditiva

[53]

1 Los cambios globales han creado un mundo sin fronteras, pero también con más desigualdad. Fennis es una fundación que busca conseguir mayor justicia entre los territorios. Escucha sus valores y escribe el título correspondiente a cada uno de ellos según el orden en que los escuches.

FENISS

■ Respeto ■ Compromiso ■ Solidaridad ■ Igualdad

1. Igualdad
2. Solidaridad
3. Respeto
4. Compromiso

2 Vuelve a escuchar y anota las palabras o frases que te han hecho decidirte por cada opción.

1. Colectividad equitativa, paridad de oportunidades.
2. Abarca a la humanidad, no basta con el afán individual.
3. Preeminencia de la dignidad, cordial con el medioambiente.
4. Consensuar posturas, pacto de llevarlas a buen término.

3 En la audición hay algunas palabras que tienen un significado similar al de las siguientes. Escucha de nuevo y escríbelas junto a cada una de ellas.

1. Alcanzar → coronar
2. Apoyar → amparar
3. Contener → abarcar
4. Deseado → ansiado
5. Dominio → preeminencia
6. Ambición → afán

Evaluación

La finalidad de este apartado es evaluar, por un lado, las habilidades y estrategias de los alumnos en las diferentes destrezas y, por otro, la asimilación de los contenidos de la unidad a través de un test que podrá encontrar en la **ELEteca** de Edinumen (eleteca.edinumen.es).

Este cuestionario es interactivo y corregido por la plataforma, de manera que el estudiante podrá examinar sus errores y aciertos y reflexionar sobre su aprendizaje. Cada apartado se evaluará de manera independiente, ya que se trata de que el estudiante valore su competencia en cada una de las destrezas y sea consciente de sus necesidades.

Interacción oral

Se trata de evaluar la habilidad del estudiante para verbalizar una idea, teniendo en cuenta el uso y medida de los silencios, las estrategias comunicativas, los conectores del discurso, los aspectos fonéticos y el paralenguaje, así como los exponentes gramaticales y el vocabulario seleccionados por este de acuerdo con su nivel.

La respuesta de esta prueba es abierta. El profesor la valorará atendiendo a una escala de 0 a 3 (0: suspenso, 1: aprobado, 2: notable, 3: sobresaliente), en función de los siguientes criterios:

- Ha incluido todos los elementos mencionados en la instrucción (0-3).
- Logra con éxito transmitir sus mensajes (0-3).
- Utiliza un estilo adecuado al contexto y a la situación (0-3).
- Presenta una corrección lingüística y gramatical acorde con el nivel exigido (0-3).
- Usa vocabulario variado y se expresa con una precisión léxica acorde con su nivel (0-3).

Realice la actividad en grupos, circulando entre los alumnos para valorar y evaluar la expresión oral de estos.

Comprensión auditiva

Se trata de evaluar la habilidad del estudiante para comprender de una forma intensiva, selectiva o global un texto oral.

Cada pregunta valdrá un punto. Su calificación dependerá del porcentaje de preguntas acertadas.

Aprobado: a partir del 50 %
Notable: entre el 50 % y el 80 %
Sobresaliente: más del 80 %

[53] Véase transcripción en pág. 240.

Comprensión lectora

Se trata de evaluar la habilidad del estudiante para comprender de una forma intensiva, selectiva o global un texto escrito.

Cada pregunta valdrá un punto. Su calificación dependerá del porcentaje de preguntas acertadas.

Aprobado: a partir del 50 %
Notable: entre el 50 % y el 80 %
Sobresaliente: más del 80 %

En este caso, hay varias opciones de respuesta. El profesor deberá valorar la idoneidad de las preguntas escritas por los alumnos en función del contexto.

Expresión escrita

Se trata de evaluar la habilidad del estudiante para desarrollar una idea, teniendo en cuenta las estrategias comunicativas, el estilo, los conectores del discurso, la estructura del texto, el orden conceptual, la puntuación y la ortografía, así como los exponentes gramaticales y el vocabulario seleccionados por este de acuerdo con su nivel.

La respuesta de esta prueba es abierta. El profesor la valorará atendiendo a una escala de 0 a 3 (0: suspenso, 1: aprobado, 2: notable, 3: sobresaliente), en función de los siguientes criterios:

- Ha incluido todos los elementos mencionados en la instrucción (0-3).
- Logra con éxito transmitir sus mensajes (0-3).
- Utiliza un estilo adecuado al contexto y a la situación (0-3).
- Presenta una corrección lingüística y gramatical acorde con el nivel exigido (0-3).
- Usa vocabulario variado y se expresa con una precisión léxica acorde con su nivel (0-3).

Comprensión lectora

1 **Lee las respuestas de una psicóloga que habla sobre el aspecto emocional del culto al cuerpo y escribe las preguntas que piensas que le hicieron.**

1 **¿Por qué deciden ir a un psicólogo las personas que profesan culto al cuerpo?**

En realidad, no acuden en un primer momento por iniciativa propia. Lo más habitual es que peregrinen por nutricionistas, educadores físicos o cirujanos plásticos. Si lo hacen, es por presión familiar al interpretar que están atrapados por una obsesión o bien porque han perdido el norte y comienzan los síntomas de ansiedad, depresión o descontrol alimentario.

2 **¿Un cuerpo ideal nos puede aportar felicidad y salud?**

Dicen que lo perfecto es enemigo de lo bueno. Una talla 36 o una nariz pequeña no nos otorga la plenitud vital. Se trata más bien de un bienestar interior en el que la persona se siente valiosa pese a sus defectos. La fortaleza mental implica estar tranquilo, flexible y en paz con uno mismo. El culto al cuerpo, como obsesión que es, implica tensión, agarrotamiento y disconformidad.

3 **¿No importa, pues, el físico en las relaciones sociales?**

La imagen es la tarjeta de presentación de una persona a la que no conocemos de antemano. Por lo tanto, sí que es relevante, ya que sugiere cosas de ella: si es más o menos aseada, más o menos conservadora, si le gusta llamar la atención o no, etc. Digamos que es un elemento informativo más que se suma a muchos otros.

4 **¿Se da demasiada importancia hoy en día a la imagen física?**

Sin lugar a dudas. Y esta es precisamente la mayor fuente de frustraciones, presiones e infelicidad para muchas personas. Pero también es verdad que nosotros dictaminamos sumarnos a unas corrientes o a otras, es decir, montarnos en el tren que nos lleve a la dirección que más nos satisfaga.

5 **¿De dónde nos llega el modelo del cuerpo ideal?**

Aunque seguramente existan muchos antecedentes históricos que hacen la respuesta muy compleja, creo que uno de los factores más trascendentes actualmente son los pingües beneficios que obtienen muchos sectores del culto al cuerpo. La perfección en la belleza es difícilmente alcanzable; si fuera fácil, no sería rentable. Cuanto más sofisticado, continuado y caro sea un tratamiento, más candidato al éxito parece ser, y esto es lo que se busca. Por otro lado, cuanto más obsesionados estemos por el aspecto del cuerpo, más acríticos seremos como ciudadanos, de ahí que existan sectores de poder a nivel mundial a quienes interesa esta anestesia.

6 **¿Qué complicaciones psicológicas puede acarrear el culto al cuerpo?**

Pues bastantes. En primer lugar, la comparación entre un ideal que anhelamos y la realidad de nuestro aspecto puede provocar ansiedad, baja autoestima y depresión. Como consecuencia de ello, si utilizamos todas nuestras energías en perseguir ese objetivo, aparecen las obsesiones y el maltrato a nuestro cuerpo. Cuando la dinámica se agrava, vienen los trastornos de la nutrición y la alimentación. En este momento es cuando se despiertan todas las "exias": anorexia, vigorexia, pregorexia y un largo etcétera.

Adaptado de https://www.apai-psicologos.com/culto-al-cuerpo

2 **Encuentra en el texto sinónimos de las siguientes palabras o expresiones.**

1. Ir de un lado a otro → **peregrinar**
2. A pesar de → **pese a**
3. Rigidez → **agarrotamiento**
4. Anteriormente → **de antemano**
5. Evocar → **sugerir**
6. Decidir → **dictaminar**
7. Abundante → **pingüe**
8. Ofuscado/a → **obsesionado**
9. Desear mucho → **anhelar**
10. Meta → **objetivo**

Expresión escrita

Escribe un texto de unas 200 palabras sobre algún otro tipo de cambio que no se haya mencionado en la unidad.

Contenidos lingüísticos

Haz el cuestionario que te proponemos en ELEteca

Unidad 12

Imágenes

Tareas

- Hacer una rueda de la identidad para presentarse metafóricamente.
- Representar conversaciones sobre alguien en su ausencia.
- Debatir y redactar un artículo de opinión sobre la desigualdad de género.
- Reflexionar sobre la importancia de la imagen social.
- Crear una imagen personal con un estilo propio.

Contenidos funcionales

- Describir la imagen o estilo personal de uno.
- Reaccionar ante un cotilleo o chisme.
- Expresar oposición o contraste.
- Expresar acuerdo y desacuerdo total o parcial en el registro formal.
- Expresar concesión (III).

Contenidos lingüísticos

- Repaso de *ser* y *estar*.
- Usos anafóricos.
- Expresiones para introducir y seguir un cotilleo.
- Conectores del discurso y nexos concesivos.

Contenidos léxicos

- Expresiones metafóricas del lenguaje cotidiano.
- Metáforas de animales.
- Léxico relacionado con la imagen personal.

Contenidos culturales

- Poesía: Ángel González.
- Microrrelato: Eduardo Galeano.
- El sexismo en el lenguaje.
- Cultura visual.
- Estereotipos culturales.

En **ELEteca** tienes material y actividades complementarias a esta unidad.

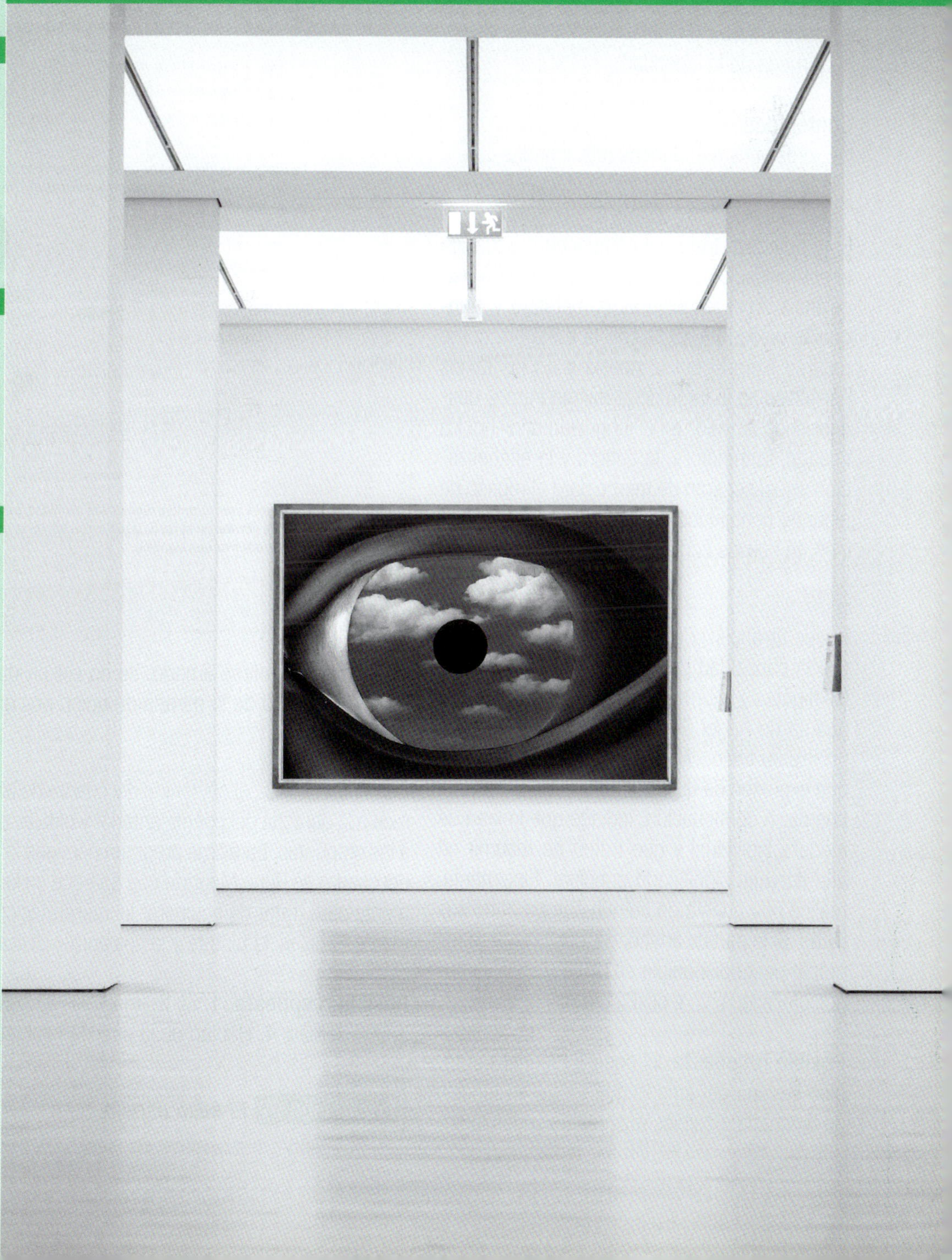

Unidad 12
Imágenes

El tema general de esta unidad es la cultura y alfabetización visual unida al aprendizaje del español.

Muestre la imagen de la portadilla de la unidad y pida a sus alumnos que digan qué les sugiere, para iniciar a partir de ahí una breve conversación sobre el poder de la imagen.

En contexto

Temas:
- Las metáforas.
- La rueda de la identidad.

Contenidos:
- Expresiones metafóricas relacionadas con la luz.

Este apartado trata del componente visual de la comunicación lingüística. La imagen por excelencia en el lenguaje es la metáfora y, aunque la unidad se inicia con la metáfora como recurso literario (en la poesía y en los textos narrativos), a lo largo de la misma iremos descubriendo su valor en el lenguaje cotidiano. La imagen, la metáfora, la cultura y la alfabetización visual servirán de marco para el repaso de algunos contenidos de lengua y la incorporación de nuevos contenidos de cultura.

1

Puede arrancar la unidad sin abrir el libro: active la capacidad de los alumnos para formular hipótesis informando de que van a leer un poema de Ángel González y escribiendo en la pizarra su título: "Muerte en el olvido". Pídales que expresen de qué creen que puede tratar el poema. A continuación, indique que lo lean de manera individual y que traten de resumir en una línea su significado principal. Finalmente, realice una puesta en común comparando sus ideas. Si le parece adecuado, use la lectura del propio poeta disponible en https://www.youtube.com/watch?v=Y-dbzP2-Vmo

Posible respuesta. El poema recupera el tópico literario del amado que existe en función de la amada. Posibles respuestas serían la importancia de sentirse amado, de no ser olvidado y la idea de creernos mejores a través del filtro de la mirada de quien nos ama.

En contexto

1 **La metáfora es la gran imagen del lenguaje verbal y es también una figura esencial en la poesía. Lee este poema de Ángel González, resume en unas líneas su significado principal y coméntalo con tus compañeros.**

Muerte en el olvido

Yo sé que existo
porque tú me imaginas.
Soy alto porque tú me crees
alto, y limpio porque tú me miras
con buenos ojos,
con mirada limpia.
Tu pensamiento me hace
inteligente, y en tu sencilla
ternura, yo soy también sencillo
y bondadoso.
Pero si tú me olvidas
quedaré muerto sin que nadie
lo sepa. Verán viva
mi carne, pero será otro hombre
–oscuro, torpe, malo– el que la habita…

Ángel González, *Áspero mundo*

- *Según yo…*
- *Como yo lo veo…*
- *Para mí, el poema habla de…*

¡Fíjate!

La imagen no es solo una fotografía, también hay imágenes verbales: **la metáfora**. Una manera expresiva y emotiva de describir a otros y a nosotros mismos es a través del uso metafórico. Usamos el mundo físico, la experiencia sensorial y nuestra manera de percibir las cosas para construir imágenes mentales que nos ayudan a dar un nuevo sentido a la realidad.

1.1 **Comparad vuestras respuestas y llegad a un acuerdo sobre las siguientes cuestiones.**

1. ¿Es un poema de amor?
2. ¿Cuál es el verbo más importante de este poema?
3. ¿Cuál es la "moral" o filosofía que hay en este texto?
4. ¿Qué tienen en común el cuadro de René Magritte que aparece en la portada de la unidad y el poema de Ángel González?

2 **La rueda de la identidad es un símbolo con información con la que alguien se identifica. Lee la del autor de esta unidad y luego haz preguntas para adivinar algo más sobre él. Tu profesor/a conoce las respuestas, pero solo te puede decir *sí* o *no*.**

- un libro abierto por la mitad
- una chaqueta informal
- un reloj con unos minutos de retraso
- un "buenos días" por la tarde
- una habitación con poca luz
- una canción sin melodía

- *"Buenos días por la tarde" tal vez signifique que le gusta levantarse tarde.*
- *Sí, respuesta correcta. Al autor de esta unidad le gusta levantarse tarde.*

2.1 **Ahora crea tu propia rueda de la identidad: piensa en objetos, acciones habituales o cosas importantes para ti y escribe en la rueda aquello con lo que te identificas. Luego, compártela para que tus compañeros traten de adivinar qué significa.**

186 Etapas Plus 15 | Nivel C1

1.1

Comente en clase el contenido del cuadro de atención sobre la metáfora que aparece a la derecha del poema anterior y pídales que vuelvan a leerlo para responder a las preguntas. La última pregunta persigue la lectura del poema y la observación del cuadro de René Magritte que aparece en la portadilla *(El falso espejo)*, precisamente para tratar de equiparar la interpretación de dos formas de lenguaje igualmente visuales: la pintura y las palabras. Utilice la Proyección 92 con el cuadro.

Posible respuesta. 1. Sí; **2.** Imaginar; **3.** Somos la imagen que representamos en los demás; **4.** Hablan de la cualidad subjetiva de lo observado.

Proyección 92 ***El falso espejo.***

Pág. 187

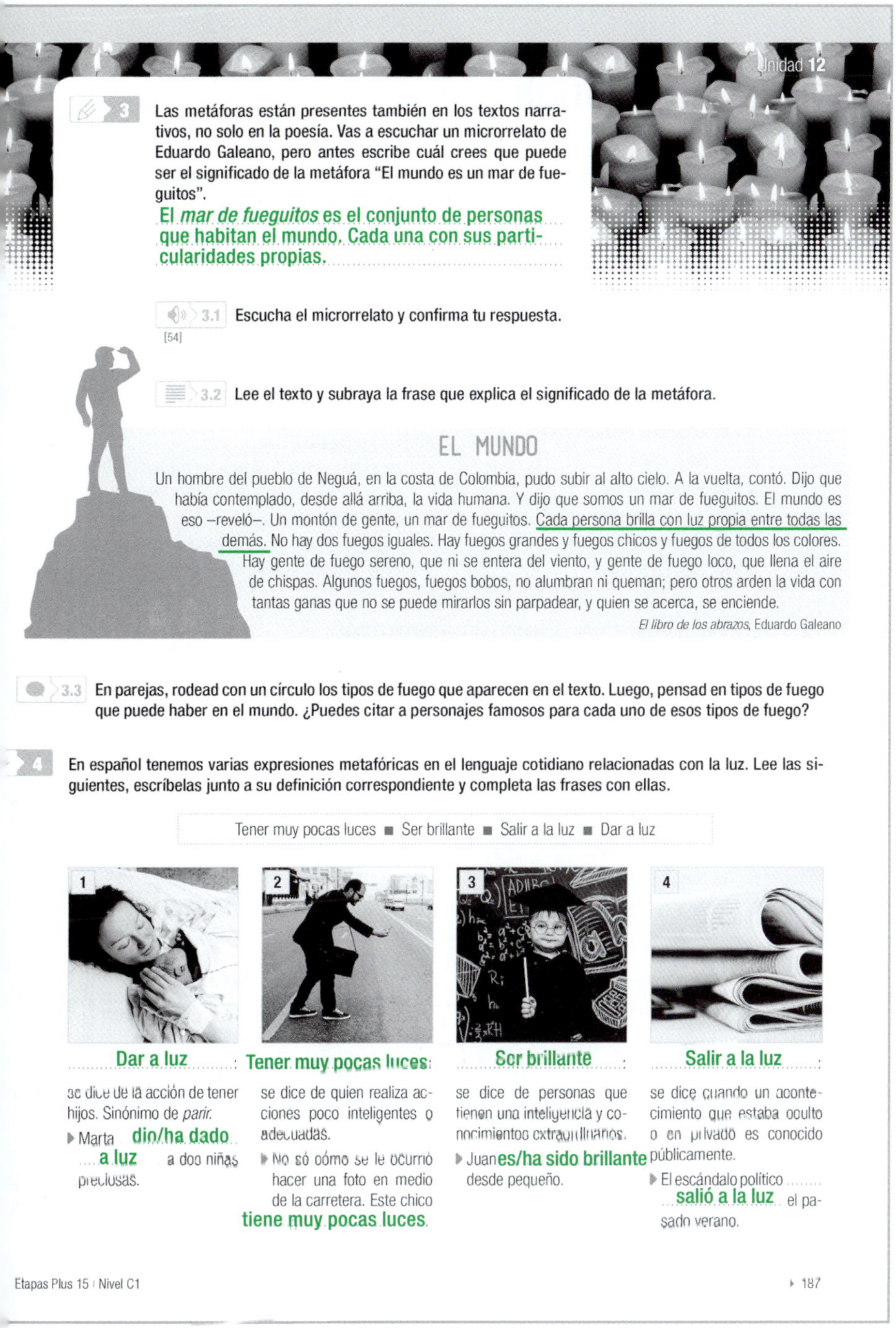

3 Las metáforas están presentes también en los textos narrativos, no solo en la poesía. Vas a escuchar un microrrelato de Eduardo Galeano, pero antes escribe cuál crees que puede ser el significado de la metáfora "El mundo es un mar de fueguitos".

El *mar de fueguitos* es el conjunto de personas que habitan el mundo. Cada una con sus particularidades propias.

3.1 [54] Escucha el microrrelato y confirma tu respuesta.

3.2 Lee el texto y subraya la frase que explica el significado de la metáfora.

EL MUNDO

Un hombre del pueblo de Neguá, en la costa de Colombia, pudo subir al alto cielo. A la vuelta, contó. Dijo que había contemplado, desde allá arriba, la vida humana. Y dijo que somos un mar de fueguitos. El mundo es eso –reveló–. Un montón de gente, un mar de fueguitos. Cada persona brilla con luz propia entre todas las demás. No hay dos fuegos iguales. Hay fuegos grandes y fuegos chicos y fuegos de todos los colores. Hay gente de fuego sereno, que ni se entera del viento, y gente de fuego loco, que llena el aire de chispas. Algunos fuegos, fuegos bobos, no alumbran ni queman; pero otros arden la vida con tantas ganas que no se puede mirarlos sin parpadear, y quien se acerca, se enciende.

El libro de los abrazos, Eduardo Galeano

3.3 En parejas, rodead con un círculo los tipos de fuego que aparecen en el texto. Luego, pensad en tipos de fuego que puede haber en el mundo. ¿Puedes citar a personajes famosos para cada uno de esos tipos de fuego?

4 En español tenemos varias expresiones metafóricas en el lenguaje cotidiano relacionadas con la luz. Lee las siguientes, escríbelas junto a su definición correspondiente y completa las frases con ellas.

Tener muy pocas luces ■ Ser brillante ■ Salir a la luz ■ Dar a luz

1. Dar a luz: se dice de la acción de tener hijos. Sinónimo de *parir*. ▸ Marta dio/ha dado a luz a dos niñas preciosas.
2. Tener muy pocas luces: se dice de quien realiza acciones poco inteligentes o adecuadas. ▸ No sé cómo se le ocurrió hacer una foto en medio de la carretera. Este chico tiene muy pocas luces.
3. Ser brillante: se dice de personas que tienen una inteligencia y conocimientos extraordinarios. ▸ Juan es/ha sido brillante desde pequeño.
4. Salir a la luz: se dice cuando un acontecimiento que estaba oculto o en privado es conocido públicamente. ▸ El escándalo político salió a la luz el pasado verano.

2

Actividad de competencia metafórica para desarrollar la destreza oral de describirnos por medio de la descripción de otras cosas. Motive la tarea diciendo que algunas metáforas también pueden darnos información sobre las personas. Muestre la rueda de la identidad del autor de la unidad con datos sobre él y anímelos a formular, en grupo clase, hipótesis sobre sus significados para aproximarse a una interpretación metafórica de esos datos.

Posible respuesta. "Un libro abierto por la mitad" significa que es una persona abierta; "una chaqueta informal", que no es persona de vestir de etiqueta; "un reloj con unos minutos de retraso", que llega tarde normalmente; "un 'buenos días' por la tarde", que suele dormir mucho y despertarse tarde; "una habitación con poca luz", que es una persona tranquila, de ambientes íntimos; "una canción sin melodía", que le gustan las canciones por el sentido que transmite su letra y no solo por su melodía.

2.1

Fotocopie la Ficha 38 y reparta una a cada alumno para que creen su propia rueda de la identidad. Después las expondrán mientras los demás interpretan su significado.

Ficha 38 ***Rueda de la identidad.***

3 y **3.1**

Actividad de comprensión auditiva que introduce el uso de las metáforas en los textos narrativos. Para motivarla pregúnteles si creen que el uso de la metáfora en la literatura es exclusivo de la poesía. Una vez que hayan llegado a la idea de que también aparece en los textos narrativos, pida que escriban su interpretación metafórica de la frase "El mundo es un mar de fueguitos". A continuación, ponga el audio con el microrrelato de Eduardo Galeano "El mundo" para que lo comparen con sus versiones.

[54] Véase transcripción en pág. 241.

3.2

Actividad para la lectura selectiva o *scanning*; pida que localicen y subrayen la frase que resumiría el significado de la metáfora anterior.

3.3

Pida que, en parejas, busquen los tipos de fuego que aparecen en el texto. Luego, pida que piensen en más tipos de fuego que puedan existir en el mundo y en algunas personas famosas que podrían identificarse con estos. Finalmente, haga una puesta en común.

Si ve que han mostrado interés por las figuras de Ángel González y Eduardo Galeano, repártales la Ficha 39 y dedique unos minutos a comentar aspectos destacados de su vida y obra.

Ficha 39 ***Ángel González y Eduardo Galeano.***

4

Actividad que presenta expresiones metafóricas relacionadas con la luz. Aproveche el hilo conductor de la metáfora fuego/luz para hablar de la personalidad y proponga que relacionen cada expresión con su definición. A continuación completarán las frases con esas expresiones en contexto.

Amplíe este contenido con las actividades 12.3, 12.3.1 y 12.3.2 de la página 269 del Libro de ejercicios.

¡Eres un Animal!

Temas:
- Los cotilleos.
- El sexismo en el lenguaje.

Contenidos:
- Metáforas cotidianas.
- Contar y reaccionar ante un cotilleo.
- Expresar oposición o contraste.
- Mostrar acuerdo o desacuerdo.

1

Conduzca la secuencia de actividades recordando la última actividad de la sección anterior y reforzando la idea de que la presencia de metáforas es muy frecuente en el lenguaje coloquial; por ejemplo, cuando contamos un cotilleo. Pregúnteles si saben qué significa *cotillear* o *cotilleo* y pídales que elijan la opción que consideren correcta.

1.1 y **1.2**

Actividad de léxico. Pida que, en parejas, traten de relacionar cada expresión metafórica con su definición. Rebaje su ansiedad si no conocen algunas informándoles de que posteriormente las escucharán en contexto. Realizadas sus hipótesis, deje que escuchen las tres conversaciones con cotilleos para que comprueben sus respuestas. Advierta previamente que no van a escuchar estas expresiones en el orden del listado y que alguna puede usarse en sentido irónico (es el caso de *Ser un pozo de sabiduría*). Finalmente, haga una puesta en común en grupo clase.

[55] Véase transcripción en pág. 241.

1.3

Ejercicio de naturaleza metacognitiva para llamar la atención sobre las formas gramaticales que se están presentando en esta secuencia. Pida que reflexionen sobre los verbos que forman estas metáforas y que se fijen en el matiz de significado que aportan estas expresiones para seguir ahondando en la relación entre las formas y sus significados.

1. Se forman principalmente con los verbos *ser* y *estar*; **2.** Tienen significado positivo y negativo. **Positivo:** 1, 2, 4, 5; **Negativo:** 3, 6, 7, 8, 9.

¡Eres un animal!

1 **Con frecuencia usamos las metáforas en el lenguaje coloquial. Por ejemplo, en los cotilleos. ¿Sabes qué es un cotilleo? Lee estas definiciones y señala la opción que consideres correcta.**

- **1.** Es una noticia verdadera que se dice de alguien que está ausente.
- **2.** Es una noticia falsa que se dice de alguien que está ausente.
- ✓ **3.** Es una noticia verdadera o falsa que se dice de alguien ausente.

1.1 **¿Conoces alguna de estas metáforas cotidianas? Léelas y relaciónalas con su significado.**

1	e	Morir de risa.
2	f	Ser un pozo de sabiduría.
3	h	Estar en pañales.
4	a	Estar en la flor de la vida.
5	i	Ser un lince.
6	d	Perder un tornillo.
7	c	Ser un gusano.
8	g	Ser un buitre.
9	b	Estar hecho polvo.

Se dice...
- **a.** de una persona que se encuentra en el mejor momento.
- **b.** de una persona que está agotada mental o físicamente.
- **c.** de las personas que son desagradables.
- **d.** de una persona que no está bien mentalmente.
- **e.** cuando algo o alguien nos hace reír mucho.
- **f.** cuando una persona tiene mucho conocimiento y experiencia.
- **g.** cuando una persona se aprovecha de la mala situación de otra.
- **h.** de algo que está en un estado inicial o incipiente.
- **i.** cuando una persona es muy hábil en algo.

1.2 [55] **Escucha y comprueba tus respuestas de la actividad anterior.**

1.3 **Observa de nuevo las metáforas de la actividad 1.1 y responde.**

1. ¿Con qué verbos se forman estas metáforas?
2. ¿Tienen un significado positivo o negativo?

2 [55] **Hay muchas maneras de introducir un cotilleo o chisme y modos distintos de reaccionar. Vuelve a escuchar el audio de la actividad 1.2. y clasifica cada expresión en el lugar correspondiente según su uso.**

1	Eso que dices es una tontería.	5	¿Me estás escuchando?	9	Vaya.
2	Francamente, me dejas de piedra.	6	¿Te has enterado de que...?	10	¿Sabías que...?
3	¡No me lo hubiera imaginado!	7	No te lo vas a creer...	11	¿Me sigues?
4	¡Eso no puede ser! ¡Qué fuerte!	8	Ajá.	12	¡Increíble!

Introducir un cotilleo	6, 7, 10	Reclamar interés	5, 11
Mostrar seguimiento e interés	8	Reaccionar ante el cotilleo	1, 2, 3, 4, 9, 12

¡ Fíjate

El **pronombre demostrativo** puede sustituir a un sustantivo con el que concuerda en género y número, pero también puede sustituir a toda una oración y en ese caso empleamos el pronombre neutro ***esto***, ***eso*** o ***aquello***:

- *Me han dicho que Pedro rompió su relación con María.*
- *Eso que dices es una tontería.*

2.1 **Tu profesor/a te va a dar unas fichas para crear una conversación de puro cotilleo. Preparad en parejas un guion y representadlo en clase. No olvidéis usar algunas de las metáforas cotidianas que estamos aprendiendo.**

188 — Etapas Plus 15 | Nivel C1

2

Comprensión auditiva que presenta exponentes utilizados al contar o escuchar cotilleos. Deje que lean las expresiones y dígales que van a volver a escuchar para clasificarlas según su función. Algunas frases para reclamar interés ya las vieron en las unidades 3 y 5, por lo que es de esperar que les resulten familiares. Corrija en grupo clase y remítalos al cuadro de atención sobre el pronombre neutro.

2.1

Actividad opcional para poner en práctica los contenidos funcionales y lingüísticos derivados de los diálogos anteriores. Trabaje con la Ficha 40. Recorte las situaciones A y B y reparta los roles por parejas para que construyan diálogos. Anímelos a que usen tanto las expresiones metafóricas que han ido aprendiendo como las expresiones relacionadas con los cotilleos.

Ficha 40 *Cotilleos.*

3 Muchas metáforas cotidianas son de animales. Observa la imagen: ¿crees que la expresión tendrá un valor positivo o negativo referida a personas? ¿Cuál piensas que es la característica del animal que utiliza?

Ser un lagarto: + / –

Característica: **pícaro/a, taimado/a.**

3.1 Lee el texto y trata de explicar qué significa la expresión *ser un lagarto* en Colombia.

En Colombia ser clasificado como un *lagarto* es poco deseable porque posee un significado muy negativo. Pero lo grave es que es un estilo de comportamiento, y casi una forma de vida que consiste en buscar amistades con doble intención y hacer todo lo que se crea necesario para escalar posiciones, no por méritos precisamente. Este tipo de individuos se dan especialmente en sociedades estratificadas, donde se concentra la riqueza, el poder y las buenas posiciones en unos pocos privilegiados.

Por eso no debe sorprender que en Colombia abunden los lagartos. Esos que llegan a cócteles sin ser invitados y que son íntimos amigos de todos los personajes; aquellos que por un saludo cordial de alguien destacado son capaces de cruzar un salón de lado a lado. No siempre son individuos que se clasificarían como perdedores, precisamente, porque en sociedades como la nuestra, a muchos les funciona de maravilla el arte de lagartear. Además, el lagarto, si no es muy inteligente, es un *vivo*, es muy hábil para encontrar espacios, y esta característica produce grandes rendimientos en nuestra sociedad. Estos comportamientos para ascender en la escala social son entendibles, aunque no aceptables.

Adaptado de http://www.las2orillas.co/que-es-ser-lagarto

4 En parejas, decidid si las características de estos animales pueden ser positivas o negativas referidas a personas. Pensad también cuál podría ser esa característica.

1 Burro + / –

Característica: ....

2 Gallina + / –

Característica: ....

3 Víbora + / –

Característica: ....

4 Pájaro + / –

Característica: ....

5 Cordero + / –

Característica: ....

6 Pavo + / –

Característica: ....

7 Foca + / –

Característica: ....

8 Toro + / –

Característica: ....

3.2 Busca en el Diccionario de la RAE el significado de la palabra *lagarto* y responde a las preguntas.

- a ¿*Ser lagarto* significa lo mismo en Colombia que en España?
- b ¿En qué países tiene otro significado?
- c ¿En qué registro se usan estas acepciones (formal o informal)?
- d ¿Qué significado negativo tiene su uso en femenino?

4.1 Lee ahora las explicaciones de las expresiones metafóricas con animales que te va a dar tu profesor/a y comprueba tu respuesta anterior.

3

Comienza aquí una secuencia que introduce metáforas de animales. Contextualice preguntando qué tienen en común las metáforas de 5, 7 y 8 en la actividad 1.1. Cuando mencionen que en todas ellas se utiliza el nombre de un animal, haga referencia al título del apartado, *¡Eres un animal!*, para que reflexionen sobre su significado (persona ruda y sin delicadeza). Muestre la Proyección 93 y pregunte cómo se llama el animal que aparece en ella y con qué características se le suele asociar. A continuación, pida que, en parejas, realicen la actividad.

Proyección 93 ***Eres un lagarto.***

3.1

Comprensión lectora para ahondar en el significado de las metáforas de animales a través de sus variaciones en algunos países de habla hispana.

Se dice de una persona interesada y arribista.

3.2

Actividad de comprensión lectora cuyo fin es exponer a los alumnos a materiales reales y familiarizarlos con el uso y significado de algunas abreviaturas del diccionario. De este modo, se les anima a hacer uso de este y a aprender a reconocer las acepciones propias de determinados lugares de la geografía del español, una diversidad frecuente en el registro coloquial. Para realizar la actividad, pídales que utilicen su dispositivo electrónico y busquen en el diccionario de la RAE la entrada *lagarto*. También dispone de dicha entrada en la Proyección 94.

a. No; **b.** Según el DRAE, en Costa Rica y en Honduras, por ejemplo, *lagarto* es el nombre genérico que se da a varias especies de reptiles emidosaurios como el cocodrilo o el caimán; en El Salvador y Nicaragua es una persona que come en exceso; en Nicaragua significa también persona avariciosa y en Cuba puede significar 'cerveza'; **c.** Informal principalmente; **d.** Prostituta.

Proyección 94 ***Lagarto, ta.***

4 y **4.1**

Actividades que presentan el significado de otras expresiones metafóricas con nombres de animales. Agrúpelos en parejas para negociar los valores positivos o negativos que puedan tener esos nombres de animales aplicados a personas. Luego, permita que traten de escribir qué características puede representar cada metáfora de animal. Deje que verifiquen sus hipótesis con la Ficha 41 y resuelva posibles dudas.

1. -, bruto, poco inteligente; **2.** -, cobarde; **3.** -, malo, con malas intenciones; **4.** -, astuto, con pocos escrúpulos; **5.** +, manso, dócil, humilde; **6.** -, inmaduro, soso; **7.** -, con sobrepeso; **8.** +, fuerte, robusto.

Ficha 41 ***Metáforas de animales.***

Puede trabajar este léxico en el contexto de los cotilleos con las actividades 12.5 y 12.5.1 de la página 270. Para revisar el uso de *ser* y *estar* con las expresiones con animales, le recomendamos la actividad 12.6 de la página 271.

5 Las expresiones de animales pertenecen a la tradición cultural y suelen caer en estereotipos. ¿Existen expresiones similares en tu lengua? Piensa en los contrastes en relación con el español y comparte tu opinión.

¡Fíjate!

Las **metáforas de animales** son metáforas muy habituales, utilizadas desde antiguo en jergas y en el argot común. A veces se resaltan cualidades positivas y otras, defectos, usándose para insultar.

Fíjate en el uso del género en estas expresiones:
Ser una hormiguita (se usa solo en femenino para referirnos a ambos sexos).
Ser un/una fiera (cambia el género del artículo dependiendo del sexo).
Ser un lince (se utiliza solo en masculino para referirnos a ambos sexos).

6 ¿Qué crees que significa la expresión *lenguaje sexista*? ¿Existe un término igual en tu lengua materna?

Es una expresión para referirse a...

- **1.** las personas que solo piensan en sexo.
- **2.** las personas que tienen problemas con su sexo.
- ✓ **3.** la discriminación sexual en la lengua.

6.1 Lee el artículo de opinión de la revista *Smoda* que habla del sexismo en el lenguaje y confirma tu respuesta.

El sexismo en el lenguaje: estereotipos del hombre y de la mujer

Siendo un zorro un hombre astuto, una zorra es una prostituta. Y, por supuesto, nada tiene que ver un respetable hombre público con una mujer pública, una prostituta. Es que, además, un fulano es alguien sin identificar, **mientras que** una fulana es una prostituta; un golfo es un pillo, un juerguista, en cambio una golfa es una prostituta; un cualquiera es un pobre don nadie, **mientras que** una cualquiera es una prostituta; y aquel que no tiene un destino determinado y está perdido nos produce cierta compasión, **mientras que** una perdida es una prostituta. ¿¡Qué ocurre en nuestra cultura para que tantas palabras de uso común, en femenino, designen invariablemente a una prostituta!?

Más allá de los insultos y tacos, la imagen estereotipada y negativa de las mujeres se extiende al refranero y llega a expresiones tan coloquiales y repetidas como "esto es un coñazo". El hombre, **sin embargo**, sale bastante mejor parado. Ciertas palabras tienen distintas connotaciones dependiendo del sexo al que hagan referencia (gobernante/gobernanta, verdulero/verdulera) y hasta los animales salen ganando cuando se escriben en masculino (un gallo es un hombre fuerte y valiente; **en cambio**, un gallina define a una persona cobarde, pusilánime y tímida). Todo ello alimenta el debate de si el castellano es o no un idioma machista. Guerrero Salazar lo tiene claro: "La lengua española no es machista, como no es racista, ni homófoba. Es el uso que hacemos de ella lo que determina el carácter del discurso. Es una herramienta y, como tal, podemos utilizarla bien o no. Por tanto, reflexionar sobre la lengua desde la perspectiva de género sirve para aprender a evitar los usos sexistas".

Adaptado del artículo de Clara Ferrero en http://smoda.elpais.com/moda/por-que-ser-una-zorra-es-malo-y-ser-un-zorro-es-bueno-y-otros-ejemplos-del-lenguaje-sexista

¡Fíjate!

La **anáfora** es un mecanismo de repetición que empleamos en textos escritos y en conversaciones para expresar, por ejemplo, enfado o malestar hacia algo, y por eso hacemos ver nuestra actitud mediante la repetición de estructuras.

6.2 ¿Qué metáforas de animales aparecen en el artículo? ¿Cuál es su significado?

6.3 Mira las palabras resaltadas del texto anterior y completa la siguiente reflexión gramatical.

Expresar oposición o contraste

En español usamos **mientras que**, **sin embargo** y **en cambio** para expresar contraste entre personas, cosas o ideas.

1. **En cambio** es una locución adverbial que expresa oposición o contraste completo. Tiene un significado que se acerca a *por el contrario, contrariamente...*
2. La locución **mientras que** tiene el mismo significado que *en cambio*, aunque se puntúa de forma diferente (antecedida de coma y sin signo después, a menos que sea necesario por otras razones).

190 Etapas Plus 15 | Nivel C1

5

Actividad con diferentes finalidades didácticas: por un lado, desarrolla la interacción oral y promueve la conciencia intercultural y, por otro, amplía la reflexión desde el punto de vista formal sobre las expresiones con animales. Comente la información que aparece en el cuadro de reflexión, especialmente la relativa al género, y, a continuación, pida que comenten en parejas o en pequeños grupos las cuestiones planteadas en la actividad. Realice una puesta en común para comprobar si hay algunas coincidencias entre idiomas.

6

Actividad de prelectura para introducir el tema del sexismo en el lenguaje, que ofrece el contexto para el resto de actividades del apartado. Le sugerimos que pregunte en grupo clase si creen que alguna de las expresiones metafóricas vistas hasta ahora puede resultar sexista. Comience un pequeño debate utilizando las preguntas del enunciado de la actividad y trate de establecer un puente intercultural para conocer si existen estos conceptos en la lengua materna de sus estudiantes. En este momento evite que la tarea derive en opiniones sobre si el lenguaje es sexista o no, ya que se hará en una actividad posterior. Finalmente, pida que elijan la opción que define "lenguaje sexista".

6.1 y **6.2**

Comprensión lectora que contiene modelos de lengua de conectores de oposición o contraste. Anime a una primera lectura de carácter general para comprobar si las ideas de sus alumnos sobre el lenguaje sexista expresadas en el punto anterior se corresponden con la información del texto. Si lo considera oportuno, puede dirigir su atención al cuadro de atención para reconocer un mecanismo discursivo que aparece en el texto: la anáfora. Observe con ellos cómo la repetición de frases con la misma estructura copulativa le da una mayor expresividad al mensaje. En una segunda lectura, pídales que subrayen las expresiones de animales que reconozcan en el texto y que traten de descubrir qué significan a partir del propio contexto; de esta forma, ampliará su conocimiento de estas expresiones idiomáticas. Haga una puesta en común para consensuar sus ideas.

Ser un zorro/a: en masculino significa 'ser astuto', pero en femenino significa 'ser una prostituta'; *Ser un gallo*: significa 'ser un hombre valiente, fuerte', mientras que *Ser un/a gallina* significa 'ser una persona cobarde'.

6.3

Actividad de reflexión sobre la forma para repasar las locuciones de contraste que han aparecido en el texto y que son una buena mecánica para construir textos con coherencia y cohesión. Pida que, en parejas, completen el cuadro observando el texto. La reflexión sobre estos mecanismos les ayudará también a reconocer la intención de la autora y la fuerza comunicativa del artículo. Use la Proyección 95 para la puesta en común.

Proyección 95 ***Oposición o contraste.***

Si desea hacer más práctica de estas locuciones, le recomendamos la actividad 12.7.1 de la página 272 del Libro de ejercicios.

6.4 Te mostramos un termómetro emocional. Después de haber leído el artículo, ¿qué actitud crees que mantiene la autora? Colorea el termómetro indicando un nivel del 1 al 10 según su grado emocional.

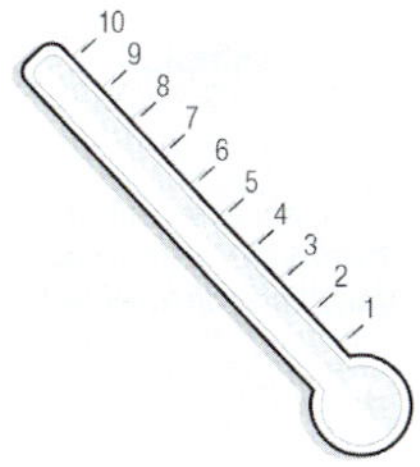

De 1 a 4: la actitud de la autora es indiferente.
De 5 a 7: la actitud de la autora es de cierto malestar.
De 8 a 10: la actitud de la autora es de gran enfado.

7 Una *mesa redonda* es una metáfora, porque la mesa no tiene por qué ser redonda y a veces no hay ni mesa. Es un modelo de debate académico en el que hay un moderador y unos expertos analizan un tema, pero el debate está abierto al público. Vamos a asistir a una mesa redonda sobre sexismo en el lenguaje. Escucha y marca quién cree que sí hay sexismo y quién no. Toma nota de algunos de sus argumentos.

7.1 Estas son las reacciones que han aparecido en la mesa redonda y algunas más. Clasifícalas según lo que expresen.

1. Estoy de acuerdo en todo salvo en que...
2. Comparto tu idea/postura.
3. Yo no comparto tu idea/postura.
4. (Yo) no estoy para nada de acuerdo.
5. Yo coincido plenamente.
6. Yo coincido en parte con...
7. (Yo) no digo que..., pero...
8. ¡En absoluto!

Acuerdo total	Acuerdo parcial	Desacuerdo parcial	Desacuerdo total
2, 5	1, 6	7	3, 4, 8

7.2 ¿Y tú? ¿Con qué opinión estás de acuerdo?

8 Además de en el lenguaje, el sexismo o la desigualdad entre hombres y mujeres es un aspecto que podemos percibir también en el ámbito profesional. Observa las imágenes que te va a mostrar tu profesor/a y redacta un artículo de opinión sobre algún ámbito en el que sientes que hay sexismo.

▸ *La mayoría de los líderes políticos suelen ser hombres, mientras que apenas hay mujeres que estén gobernando...*

6.4

Actividad oral y para seguir profundizando en la intención comunicativa de la autora del texto anterior. Haga después una puesta en común para conocer sus opiniones.

7

Comprensión auditiva que sigue enmarcada en el contexto del lenguaje sexista y cuyo objetivo es introducir diferentes exponentes para mostrar acuerdo y desacuerdo. Aproveche de nuevo el concepto de metáfora para hacer a los alumnos conscientes de que una *mesa redonda* es una metáfora del lenguaje cotidiano que hace referencia a un debate. A continuación, pida que escuchen el audio con una tarea: identificar si los tertulianos afirman o niegan que el lenguaje es sexista y tomar nota de los argumentos más relevantes que emplean. Si lo considera, puede secuenciar las dos partes de la tarea en dos escuchas.

Marta: Tras siglos en los que cultural, política y socialmente ha habido una mayor presencia de hombres frente a mujeres, sobre todo en las tareas públicas, el sexismo se ve en el *Diccionario de la lengua española*, porque conserva muchos usos y expresiones que tienen un marcado significado machista; **Pedro:** La lengua no refleja solo vocabulario y expresiones machistas. Lo que llamamos "machismo" a veces se debe a un reflejo de la historia de la sociedad en la lengua. No hay que confundir el género de la lengua con una voluntad machista; **Antonio:** Claro que la lengua es machista, y a veces, incluso de manera consciente, se emplean expresiones como que algo es *cojonudo*, para indicar que es bueno, mientras que *un coñazo* es sinónimo de algo aburrido, algo poco interesante; **Berta:** La lengua no es la expresión del machismo. En la formación de los más jóvenes no hay garantías de una educación en igualdad por el hecho de que la lengua marque o no la diferencia de género de hombres y de mujeres. Es más importante la actitud y la conciencia, la ética, que la lengua que recibimos de herencia.

[56] Véase transcripción en pág. 242.

7.1

Actividad de reflexión que pone el foco en los exponentes lingüísticos para expresar acuerdo o desacuerdo en mayor o menor medida. Dígales que los miembros de la mesa redonda del audio han empleado algunas de estas frases. A continuación, indíqueles que las clasifiquen según su función comunicativa. Use la Proyección 96 para la corrección.

Proyección 96 ***¿Estamos de acuerdo?***

7.2

Práctica oral de los exponentes de acuerdo y desacuerdo aprendidos. Expanda el tema de la mesa redonda en el aula preguntando con qué tertuliano están de acuerdo o no y por qué.

8

Tarea final del apartado de carácter opcional. Motive la actividad preguntando si creen que hay sexismo en el ámbito profesional. Ponga la Proyección 97 y permita que generen ideas sobre situaciones de discriminación de género en el campo laboral. A continuación, pida que escriban un artículo de opinión sobre este tema. Se trata de que sean capaces de construir por escrito, en un registro más formal, un texto argumentando su opinión personal.

Proyección 97 ***Desigualdad de género.***

Cultura visual: yo y el mundo

Temas:
- Imagen y apariencias.
- La imagen en las redes sociales.
- Las metáforas visuales.

Contenidos:
- El valor de superación de las expresiones concesivas.
- Algunos nexos concesivos.

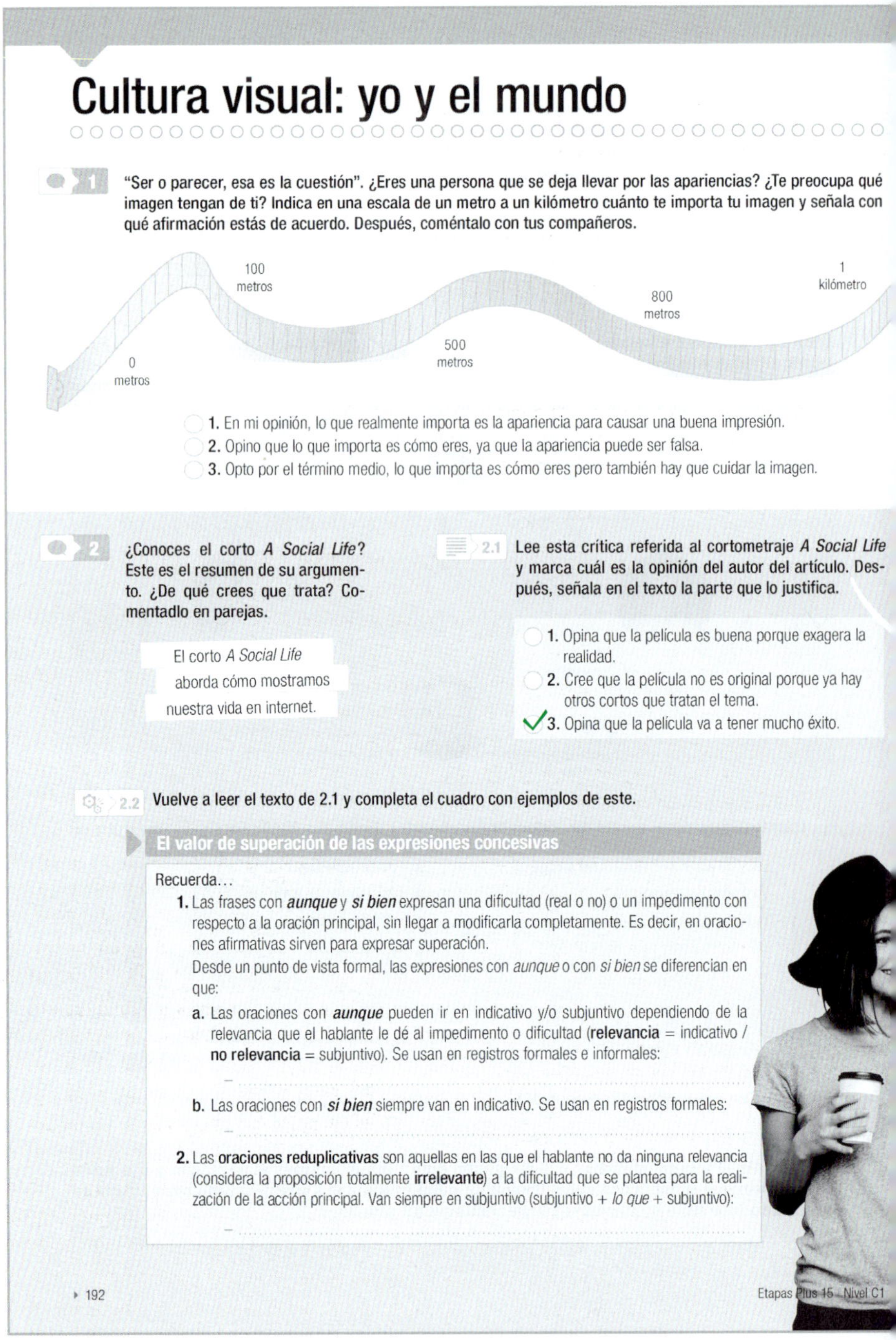

Cultura visual: yo y el mundo

1 **"Ser o parecer, esa es la cuestión". ¿Eres una persona que se deja llevar por las apariencias? ¿Te preocupa qué imagen tengan de ti? Indica en una escala de un metro a un kilómetro cuánto te importa tu imagen y señala con qué afirmación estás de acuerdo. Después, coméntalo con tus compañeros.**

0 metros — 100 metros — 500 metros — 800 metros — 1 kilómetro

- ○ **1.** En mi opinión, lo que realmente importa es la apariencia para causar una buena impresión.
- ○ **2.** Opino que lo que importa es cómo eres, ya que la apariencia puede ser falsa.
- ○ **3.** Opto por el término medio, lo que importa es cómo eres pero también hay que cuidar la imagen.

2 **¿Conoces el corto *A Social Life*? Este es el resumen de su argumento. ¿De qué crees que trata? Comentadlo en parejas.**

El corto *A Social Life* aborda cómo mostramos nuestra vida en internet.

2.1 **Lee esta crítica referida al cortometraje *A Social Life* y marca cuál es la opinión del autor del artículo. Después, señala en el texto la parte que lo justifica.**

- ○ **1.** Opina que la película es buena porque exagera la realidad.
- ○ **2.** Cree que la película no es original porque ya hay otros cortos que tratan el tema.
- ✓ **3.** Opina que la película va a tener mucho éxito.

2.2 **Vuelve a leer el texto de 2.1 y completa el cuadro con ejemplos de este.**

El valor de superación de las expresiones concesivas

Recuerda...

1. Las frases con ***aunque*** y ***si bien*** expresan una dificultad (real o no) o un impedimento con respecto a la oración principal, sin llegar a modificarla completamente. Es decir, en oraciones afirmativas sirven para expresar superación.
Desde un punto de vista formal, las expresiones con *aunque* o con *si bien* se diferencian en que:

a. Las oraciones con ***aunque*** pueden ir en indicativo y/o subjuntivo dependiendo de la relevancia que el hablante le dé al impedimento o dificultad (**relevancia** = indicativo / **no relevancia** = subjuntivo). Se usan en registros formales e informales:
– ....

b. Las oraciones con ***si bien*** siempre van en indicativo. Se usan en registros formales:
– ....

2. Las **oraciones reduplicativas** son aquellas en las que el hablante no da ninguna relevancia (considera la proposición totalmente **irrelevante**) a la dificultad que se plantea para la realización de la acción principal. Van siempre en subjuntivo (subjuntivo + *lo que* + subjuntivo):
– ....

▸ 192 Etapas Plus 15 | Nivel C1

1

Actividad oral para contextualizar la secuencia sobre imagen y cultura visual. Motívelos para seguir usando su competencia metafórica poniendo ahora el foco en la imagen personal. Para fomentar el debate, pídales que respondan a las preguntas propuestas y que marquen la afirmación con la que se sienten más identificados. Dígales que indiquen en la escala cuánto les importa su imagen (de un metro a un kilómetro), advirtiendo del carácter lúdico de su medida.

2

Empieza aquí una secuencia cuya temática es la importancia de la creación de una imagen digital en las redes sociales y que servirá para introducir algunas estructuras concesivas con valor de superación. Escriba en la pizarra *"A Social Life"* e informe a sus estudiantes de que es el título de un cortometraje. Despierte su curiosidad animándolos a especular sobre su contenido y después invítelos a leer las tres líneas que resumen su argumento y a seguir imaginando de qué trata.

2.1

Comprensión lectora con los modelos de lengua de las oraciones concesivas. Indique que van a leer una crítica periodística referida al corto *A Social Life*. En esta primera lectura, centrada en el significado, se desarrolla además el pensamiento crítico. Pídales que lean el texto y decidan cuál de las tres frases refleja la opinión crítica del autor. Una vez decidido, pida que busquen la parte del texto que justifica su elección.

3, *A Social Life* es un cortometraje que va a tener buena aceptación en el público.

La **crítica cinematográfica** es el análisis y evaluación de películas, individualmente o en forma colectiva. Dentro de ella, en general, se pueden distinguir la crítica académica, a cargo de especialistas en la teoría cinematográfica, y la crítica periodística, que aparece con regularidad en periódicos y otros medios de comunicación.

2.2

Reflexión sobre el valor de superación de las oraciones concesivas. Invite a una segunda lectura del texto de 2.1 para buscar ejemplos de las explicaciones que tienen en el cuadro. La concesión ya se ha trabajado anteriormente en las unidades 3 y 8, por lo que esta actividad servirá tanto de repaso de las oraciones reduplicadas como de ampliación de otras estructuras.

Si la temática del corto ha despertado la curiosidad de sus alumnos, puede proyectarlo desde internet teniendo en cuenta que, aunque tiene poco diálogo, este está en inglés. No obstante, a partir de ahí puede potenciar más el debate sobre el tema.

Pág. 193 ▷▷

Unidad **12**

3 **En las oraciones concesivas es el hablante el que construye el significado, pudiendo expresar matices de importancia desde "relevante" a "totalmente irrelevante". Transforma libremente las frases en oraciones concesivas de acuerdo con el nivel de relevancia que quieras expresar.**

R relevante
N no relevante
T totalmente irrelevante

1. R N T EE. UU. y China ya han firmado el protocolo de Kioto. Seguimos teniendo un problema serio con el cuidado del medioambiente.
Firmen lo que firmen EE. UU. y China, seguiremos teniendo un problema con el cuidado del medioambiente.
2. R N T En el último año la descarga gratuita de películas ha aumentado. La industria del cine no peligra.
3. R N T La mayoría de las personas hace lo posible por comer sano. Los restaurantes de comida rápida siguen creciendo.
4. R N T Cuidar la imagen importa mucho. Las personas deberíamos pensar no solo en el físico.
5. R N T Internet está cambiando los hábitos de las personas. Las escuelas deberían educar a los más jóvenes.

¿Eres lo que *posteas*? Una reflexión sobre la imagen que reflejamos en las redes

Meredith es una joven que hace deporte, come sano, trabaja duramente y, por las noches, sale a tomar algo. ¿El problema? Todo esto solo ocurre en sus redes sociales: después de fotografiar sus zapatillas de deporte, su comida sana y su portátil, se queda observando cómo llegan los *Me gusta*. Esa es la historia del cortometraje *A social life*.

Aunque la historia de Meredith es exagerada, hasta el punto de comenzar a preparar una cena sana para después abandonarla y alimentarse de comida china a domicilio, el cortometraje es una reflexión importante acerca de cómo proyectamos en las redes una imagen que no se corresponde con la real.

"Quería provocar un debate para concienciar a la gente", explica la autora, la norteamericana Kerith Lemon, en una entrevista a *Los Angeles Magazine*. "La situación se vuelve complicada cuando el tiempo y el esfuerzo que dedicamos a nuestra imagen en las redes se apodera del tiempo que dedicamos a nuestra vida real".

A social life, juego de palabras entre *"a social life"* (una vida social) y *"asocial life"* (vida asocial), ha conseguido el premio a la Mejor Actriz en el Festival Internacional de Cortometrajes de Canberra y al Mejor Debut en el Lady Filmmakers Festival.

Si bien esta misma temática ha sido trabajada anteriormente en otros cortometrajes, como *What's on Your Mind?* o *Look Up*, esta versión sigue aportando una visión original del fenómeno de las redes y su impacto en la sociedad. Digan lo que digan, *A Social Life* es un cortometraje que va a tener buena aceptación en el público.

Adaptado de http://verne.elpais.com/verne/2016/04/21/articulo/1461235270_731887.html

4 **Está claro que internet es un medio que podemos usar para comunicar una imagen y relacionarnos con el mundo. ¿Qué opinas sobre el efecto de comunicarnos con imágenes falsas? En parejas, buscad ideas en común o con las que no estáis totalmente de acuerdo. Luego, compartid vuestra opinión con el resto de la clase.**

- *Aunque coincidimos poco, estamos de acuerdo con que…*
- *Si bien coincidimos mucho…, no estamos de acuerdo con que…*

4.1 **Formad dos equipos. Cada uno tiene que escribir cinco aspectos negativos y cinco positivos sobre el uso de las redes y nuestra imagen personal. Luego, un grupo tendrá que decir un aspecto negativo y el equipo contrario tendrá que superar ese obstáculo con un aspecto positivo indicando la relevancia. Gana el debate el equipo que acumule menos tiempo en responder.**

Equipo A
- *Las personas no son sinceras en internet.*

Equipo B
- *Aunque haya gente que no es sincera, podemos elegir nuestras amistades.*

Etapas Plus 15 | Nivel C1 ▸ 193

1. a. Aunque la historia de Meredith es exagerada… el cortometraje es una reflexión importante acerca de cómo proyectamos en las redes una imagen que no se corresponde con la real; **1. b.** Si bien esta misma temática ha sido trabajada anteriormente en otros cortometrajes… esta versión sigue aportando una visión original del fenómeno; **2.** Digan lo que digan, *A Social Life* es un cortometraje que va a tener buena aceptación en el público.

3

Práctica de lenguaje formal de las oraciones concesivas pero desde la atención al significado intencional que aportan los matices de sus variantes. Haciendo uso del cuadro de la actividad 2.2, indíqueles que decidan libremente la construcción de una oración concesiva de acuerdo con el significado intencional que quieran imprimir. Haga el primer ejemplo con ellos pidiéndoles que decidan si la frase es relevante (R), no relevante (N) o totalmente irrelevante (T); en este caso marcaríamos una T. Advierta que en la transformación de la frase son libres de hacer los cambios que estimen necesarios para conseguir expresar la idea de concesión que permiten las frases en este ejercicio. Compruebe que sus producciones se corresponden con la elección que hayan hecho.

Para una práctica más formal de este contenido, le sugerimos las actividades 12.7.2, 12.8 y 12.9 de las páginas 272 y 273 del Libro de ejercicios.

4

Actividad oral para afianzar de manera más espontánea que en el canal escrito los exponentes lingüísticos que expresan matices o concesiones. Plantee la pregunta del enunciado en grupo clase, recuerde el contenido del corto *A Social Life* y permita que den sus ideas en parejas para posteriormente hacer una puesta en común. Pídales que recojan sus ideas principales escribiendo frases según los modelos de las muestras de lengua del libro.

4.1

Tarea para reflexionar y debatir sobre la importancia de la imagen social. Forme dos equipos y pídales que redacten cinco aspectos positivos y cinco negativos del uso de las redes sociales. A continuación, indíqueles que compartan con el otro grupo sus puntos de vista y que traten de oponer matices a las afirmaciones o negaciones que ellos hagan utilizando las estructuras concesivas según el modelo de la actividad. Puede dotar de dinamismo y competición el debate midiendo los tiempos de reacción en las respuestas y nombrando ganador al equipo más ágil. Puede finalizar esta secuencia con la Proyección 98 para hacer que se sensibilicen de manera consciente con el concepto de "cultura visual y sociedad". Deje que lean la información proyectada y que den su opinión al respecto. De esta forma tendrá preparado un tránsito fluido para la siguiente actividad.

Proyección 98 ***Cultura visual.***

5 y **5.1**

Actividades para el desarrollo de destrezas en relación con el tema de la cultura visual. Dígales que van a asistir a una conferencia sobre cultura visual y que eso implica estar expuestos a un caudal de información importante y especializada. Dirija su atención hacia el esquema que les servirá para organizar los conceptos y explíqueles que tendrán que escribir sus notas durante la escucha activa. Tras esta, pida que comparen sus notas para ampliar la información.

[57] Véase transcripción en pág. 243.

5.2

En esta segunda escucha, dirija su atención hacia elementos más específicos o sutiles que tienen que ver con expresiones menos literales, las cuales pueden resultar opacas para un hablante no nativo. Corrija en grupo clase y compruebe que han captado estos aspectos más sutiles.

1. Que la imagen lo ocupa todo y cada vez hacemos más uso de ella gracias a la proliferación de los dispositivos electrónicos, que contienen cámaras fotográficas, y al auge de las redes sociales; **2.** La escuela privilegia la cultura escrita. En el ámbito educativo, el poder de la palabra sigue siendo mayor que el de la imagen; **3.** La escuela contemporánea podría introducir en su currículum la reflexión sobre la imagen y la alfabetización visual; **4.** La polisemia, su poder emocional, la relación palabra-imagen y la relación entre "ver" y "saber".

6

Introduzca el concepto de *metáfora visual* con la primera fase de la Proyección 99. Deje que expliquen ellos en qué consiste y, si no lo saben, hágalo usted: su principio básico es describir un objeto A a partir de los atributos de un objeto B. Pase a la segunda fase de la proyección con las imágenes del libro ampliadas y pida que decidan cuáles serían metáforas.

Las cuatro opciones representan metáforas. **1.** Representa el cambio climático a través de la imagen de un oso polar que se derrite y se transforma en oso pardo; **2.** La anorexia representada a través de una manzana; **3.** El calentamiento global representado por un helado que se derrite; **4.** La imagen representa la incomunicación en la era de la comunicación.

Proyección 99 ***Metáforas visuales.***

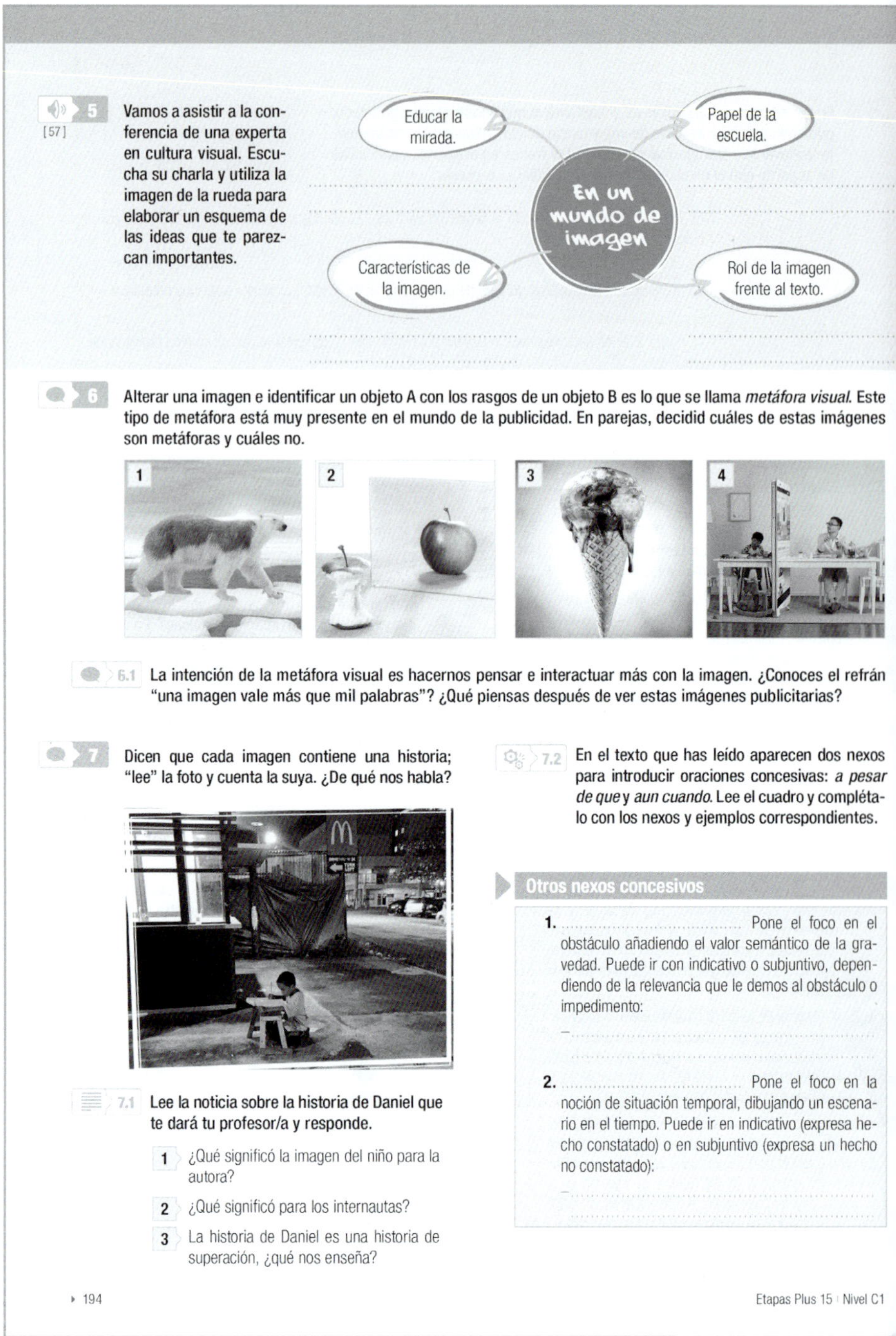

5 [57] Vamos a asistir a la conferencia de una experta en cultura visual. Escucha su charla y utiliza la imagen de la rueda para elaborar un esquema de las ideas que te parezcan importantes.

6 Alterar una imagen e identificar un objeto A con los rasgos de un objeto B es lo que se llama *metáfora visual*. Este tipo de metáfora está muy presente en el mundo de la publicidad. En parejas, decidid cuáles de estas imágenes son metáforas y cuáles no.

1 2 3 4

6.1 La intención de la metáfora visual es hacernos pensar e interactuar más con la imagen. ¿Conoces el refrán "una imagen vale más que mil palabras"? ¿Qué piensas después de ver estas imágenes publicitarias?

7 Dicen que cada imagen contiene una historia; "lee" la foto y cuenta la suya. ¿De qué nos habla?

7.1 Lee la noticia sobre la historia de Daniel que te dará tu profesor/a y responde.

1. ¿Qué significó la imagen del niño para la autora?
2. ¿Qué significó para los internautas?
3. La historia de Daniel es una historia de superación, ¿qué nos enseña?

7.2 En el texto que has leído aparecen dos nexos para introducir oraciones concesivas: *a pesar de que* y *aun cuando*. Lee el cuadro y complétalo con los nexos y ejemplos correspondientes.

Otros nexos concesivos

1. .... Pone el foco en el obstáculo añadiendo el valor semántico de la gravedad. Puede ir con indicativo o subjuntivo, dependiendo de la relevancia que le demos al obstáculo o impedimento:
   – ....
2. .... Pone el foco en la noción de situación temporal, dibujando un escenario en el tiempo. Puede ir en indicativo (expresa hecho constatado) o en subjuntivo (expresa un hecho no constatado):
   – ....

194 Etapas Plus 15 | Nivel C1

6.1

Llame su atención sobre el uso que se le da en la publicidad a la metáfora visual. Dígales que este hecho quizá está relacionado con el refrán "una imagen vale más que mil palabras". Propicie un breve debate sobre la opinión que les produce tanto el uso de este recurso en publicidad como el refrán.

7

Se inicia una secuencia que amplía el contenido relacionado con los nexos concesivos. Use la imagen proyectada de la actividad para trabajar la historia que se esconde detrás de ella: uno de los rasgos más interesantes de las imágenes es su valor narrativo. Dirija su atención sobre lo que hace el niño y pida que, en parejas, formulen hipótesis sobre qué nos puede estar contando la persona que realizó la fotografía. Esta tarea servirá para despertar su interés por la lectura posterior.

Proyección 100 ***Daniel.***

Pág. 195

Unidad **12**

5.1 **En grupos, compartid vuestros esquemas e intercambiad ideas hasta completar la información entre todos.**

5.2 [57] **Escucha de nuevo la conferencia y responde a estas preguntas. Compara después con tus compañeros.**

1. ¿Qué quiere decir la expresión "vivimos en un mundo de imagen"?
2. ¿Qué significa que la escuela es "hija de la imprenta"?
3. ¿Qué crees que significa eso de "educar la mirada"?
4. ¿Cuáles son los cuatro aspectos de la imagen importantes para "educar la mirada"?

8 **El especialista en cultura visual Nicholas Mirzoeff dijo: "Ver no es creer, sino interpretar". ¿Qué pensáis que quiso decir?**

"Ver no es creer, sino interpretar. Las imágenes visuales tienen éxito o fracasan en la medida en que podemos interpretarlas satisfactoriamente".

8.1 **Solo aprendemos a leer una vez en la vida, en la escuela. Sin embargo, aprendemos otras lenguas, leemos mapas, gestos, cuadros, fotos, planos... Y nadie nos enseña a leer de esta otra manera. ¿Cuáles de estas imágenes sabes leer mejor en tu vida cotidiana? ¿Cuáles sabes leer peor?**

▸ *A mí se me da bien leer planos, me oriento bien. Y también sé leer los gestos y expresiones faciales, sé cuándo alguien es sincero. Pero se me da fatal leer estadísticas.*

1
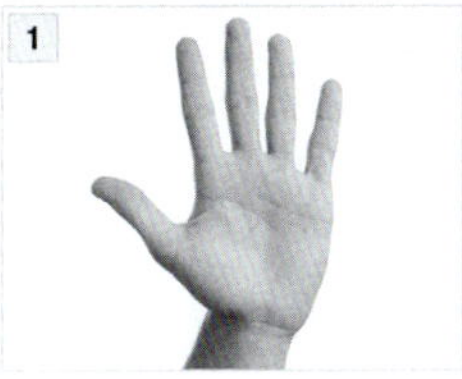

2
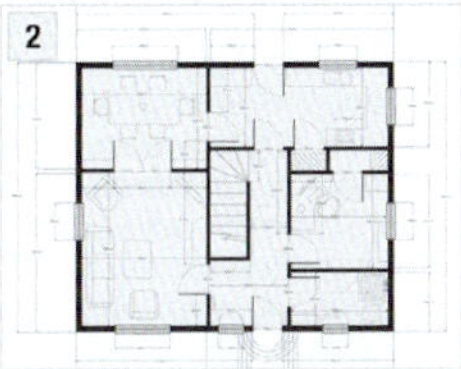

3

4

5

6
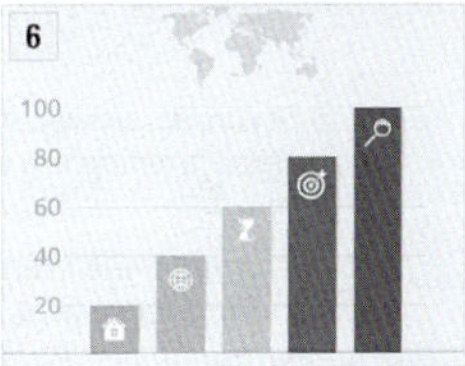

8.2 **Vivimos en un mundo de imágenes y educar la mirada significa que podemos leer las imágenes como si fueran textos escritos. Leed con atención las imágenes que os va a mostrar vuestro/a profesor/a mientras escucháis una melodía. Luego, escribid un titular (una palabra o una frase) para cada una de ellas.**

8.3 **Ahora escribe la noticia que acompañaría a la foto que has elegido. No olvides utilizar los recursos que has aprendido para expresar superación ante la dificultad.**

Etapas Plus 15 | Nivel C1 ▸ 195

7.1

Comprensión lectora que incluye modelos de lengua con nuevos nexos concesivos. Informe de que van a leer la verdadera historia de Daniel. Para ello, reparta la Ficha 42.

1. Fue una imagen inspiradora para ella; **2.** Un ejemplo de superación; **3.** Enseña que lo importante es el deseo, la motivación, aunque se disponga de pocos medios.

Ficha 42 ***La historia de Daniel.***

7.2

Actividad de reflexión o atención a la forma. En el texto de la Ficha 42 aparecen en negrita dos nuevos conectores para introducir concesiones y aportar matices semánticos diferentes. Pida que completen el cuadro con ellos.

1. A pesar de que; Daniel Cabrera encierra una historia que es un verdadero ejemplo de superación, *a pesar de que* vivió unas circunstancias familiares muy difíciles. **2.** Aun cuando; *Aun cuando* no tenía recursos, nunca dejó de estudiar.

Para trabajar los nexos concesivos aparecidos en la unidad, realice la actividad 12.10 de la página 273 del Libro de ejercicios.

8

Se inicia una nueva secuencia que trabaja la importancia de la alfabetización visual. Llame su atención sobre la cita de Nicholas Mirzoeff y pregunte qué quiere decir el autor con ella. Deje que conversen y cierre esta actividad destacando un factor importante en relación con la alfabetización visual cuando observamos una imagen: nuestra capacidad de interpretarla.

8.1

Prevenga a los alumnos del hecho de que "leer" no se reduce a la traducción de los símbolos o grafemas del sistema ortográfico de una lengua. La alfabetización visual comienza por que entendamos que nos pasamos la vida leyendo, es decir, interpretando diferentes tipos de textos, no solo los escritos, sino también los visuales. A continuación, pida que lean las imágenes y que se expliquen en parejas qué saben leer o qué saben leer mejor. Las imágenes representan acciones como leer las líneas de la mano, el plano de una casa, un cuadro, un mapa, la expresión de un rostro o un gráfico. Haga una puesta en común comprobando coincidencias.

8.2

Actividad que posibilita la expresión escrita de 8.3. Infórmelos de que en nuestra sociedad leemos las imágenes como si fueran un texto escrito y de que van a ver algunas para comprobarlo. Muestre lentamente las imágenes de la Proyección 101 mientras pone una melodía (Por ejemplo, *Le onde*, de Ludivico Einaudi) y pida que piensen en un titular para cada una. Deje tiempo entre cada imagen para que puedan leerlas con detenimiento. Para finalizar, anímelos a compartir el titular de la imagen que más les haya impactado.

Proyección 101 ***Alfabetización visual.***

8.3

Pídales que, a partir de la imagen que hayan elegido y del titular que hayan escrito en 8.2, redacten la noticia que acompañaría a ambos.

Imagen personal y prejuicios

Temas:
- Estereotipos de nacionalidades.
- La imagen personal.
- Prejuicios y falsas impresiones.

Contenidos:
- Exponentes para describir la imagen personal.

Imagen personal y prejuicios

1 En parejas, leed estas imágenes de huellas dactilares y explicad qué creéis que ha querido expresar su autor.

2 Lee la siguiente noticia que apareció en el diario *El País* con motivo de los Juegos Olímpicos de Londres y, en parejas, responded a esta pregunta: ¿Es posible conocernos solo sabiendo nuestra nacionalidad?

GUÍA DE ESTEREOTIPOS PARA 2012

• Reino Unido adoctrina sobre el trato a los turistas según su nacionalidad con vistas a los Juegos Olímpicos •

Los españoles gritan y gesticulan al hablar, pero eso no es señal de arrogancia. No le guiñes el ojo a un turista de Hong Kong. Evita el contacto físico si viene de la India… Esto puede parecer un catálogo de tópicos, pero es una guía para que los londinenses no metan la pata durante los Juegos Olímpicos de 2012 y el Reino Unido mejore posiciones en la tabla que mide la calidad de la bienvenida que 50 países dan a sus visitantes. España está bien colocada: cuarta, empatada con Nueva Zelanda y solo superada por Canadá, Italia y Australia. Pero los británicos están en la posición 14.

VisitBritain, un organismo que trabaja en colaboración con el Gobierno y la industria para promover el turismo, quiere así "ayudar desde los hoteleros a los taxistas a proporcionar un servicio más eficiente y útil que tenga en cuenta las necesidades culturales de los extranjeros". ¿Y qué mejor para ello que tener una idea más clara del visitante y alguna pista sobre lo que no hay que hacer?

"Los japoneses tienden a sonreír cuando están furiosos, avergonzados, tristes o decepcionados", advierte VisitBritain. Además, les puede parecer de mala educación que te dirijas a ellos con las manos en los bolsillos, que los mires a los ojos o que te suenes la nariz. Si el turista viene de Hong Kong, es mejor no guiñarle un ojo porque se considera grosero; tampoco hay que señalarlos con el dedo porque es como si te dirigieras a un animal: hay que hacerlo con la mano abierta. Los chinos de Hong Kong son muy supersticiosos, y mencionarles la pobreza o la muerte les puede ofender. Tampoco es adecuado hablarles de pobreza a los mexicanos, ni de inmigrantes *sin papeles* o de la guerra que perdieron contra Estados Unidos y que les significó la entrega de Texas al vecino del norte. Con un brasileño es mejor no hablar de cosas personales como edad, salario o algo parecido a un elogio a Argentina. No le llames americano a un canadiense ni le des las gracias a un chino cuando te haga un cumplido: hay que demostrar humildad. "Los chinos son famosos por comunicarse diciendo las cosas sin decirlas. Tendrás que aprender a leer entre líneas. Usa solo blanco y negro en las presentaciones gráficas porque los colores tienen significados importantes en la cultura china", dice el texto.

Adaptado de http://elpais.com/diario/2010/08/15/revistaverano/1281823202_850215.html

2.1 En parejas, señalad los estereotipos que más os hayan llamado la atención y explicad por qué. Después, completad la noticia con estereotipos de otras nacionalidades.

3 [58] Escucha esta breve intervención del profesor Froilán, doctor en Psicología, durante la presentación de su libro y señala verdadero o falso.

	V	F
1. Nuestro lugar de nacimiento explica nuestra identidad.	V	✓
2. Nuestra imagen personal se construye con el tiempo.	✓	F
3. Los estereotipos reafirman nuestra identidad.	V	✓

4 La identidad y la imagen personal van de la mano. En grupos, debatid sobre estos cuatro aspectos que suelen definirnos ante los demás. ¿Cuál consideráis más importante?

1. Dime con quién andas y te diré quién eres.
2. Dime cómo te vistes y te diré quién eres.
3. Dime cómo hablas y te diré quién eres.
4. Dime de dónde eres y te diré quién eres.

‣ 196 Etapas Plus 15 | Nivel C1

1

Actividad de interacción oral que contextualiza el apartado. Aproveche que en este punto ya se han familiarizado con la expresión "leer imágenes" e indíqueles que lean las huellas dactilares que aparecen en la actividad iniciando un pequeño debate en grupo clase sobre cuál puede haber sido la intención de su autor.

Posible respuesta. La nacionalidad de cada persona proyecta estereotipos sobre su identidad.

2 y **2.1**

Comprensión lectora de carácter general que da pie a una interacción oral posterior. Motívela con el tema de los Juegos Olímpicos y rete a los alumnos a decir en qué ciudad se celebraron en 2012 (Londres). Infórmeles de que para la ocasión se elaboró una guía de estereotipos. Rescate la idea de la relación entre imagen y nacionalidad aparecida en 1 y pregúnteles si creen que es posible conocer a alguien tan solo por su nacionalidad. A continuación, pídales que lean el texto para responder a la pregunta. Tras la lectura, anímelos a que comenten en grupo clase sus impresiones y qué estereotipos del texto les han llamado más la atención y por qué.

3

Actividad para desarrollar la comprensión auditiva. Explique que van a escuchar una entrevista realizada recientemente a un psicólogo experto en asuntos de identidad. Al tratarse de una escucha selectiva, déjeles tiempo antes para leer las tres frases de verdadero o falso. Después de la audición, pida que, en parejas, comparen sus respuestas y las argumenten. Finalmente, haga una puesta en común.

1. F: Si bien todos nacemos con nuestra identidad como individuos de una nación, esta identidad no es una imagen fija, sino algo que modificamos; **2.** V; **3.** F: Los estereotipos son importantes en la creación de nuestra propia identidad, aunque la propia idea del estereotipo se moldea mediante la experiencia. Al igual que la experiencia es variable, los estereotipos también lo son, y también se desmontan.

[58] Véase transcripción en pág. 243.

4

Aprovechando los contenidos del audio que acaban de oír, propicie una interacción oral donde discutan los aspectos que se recogen en las frases del libro. Llame su atención sobre la primera frase, que es en realidad un conocido refrán, y pregúnteles si se dice algo similar en sus lenguas. Distribúyalos en grupos para generar diferentes espacios de debate y hacer, luego, una puesta en común.

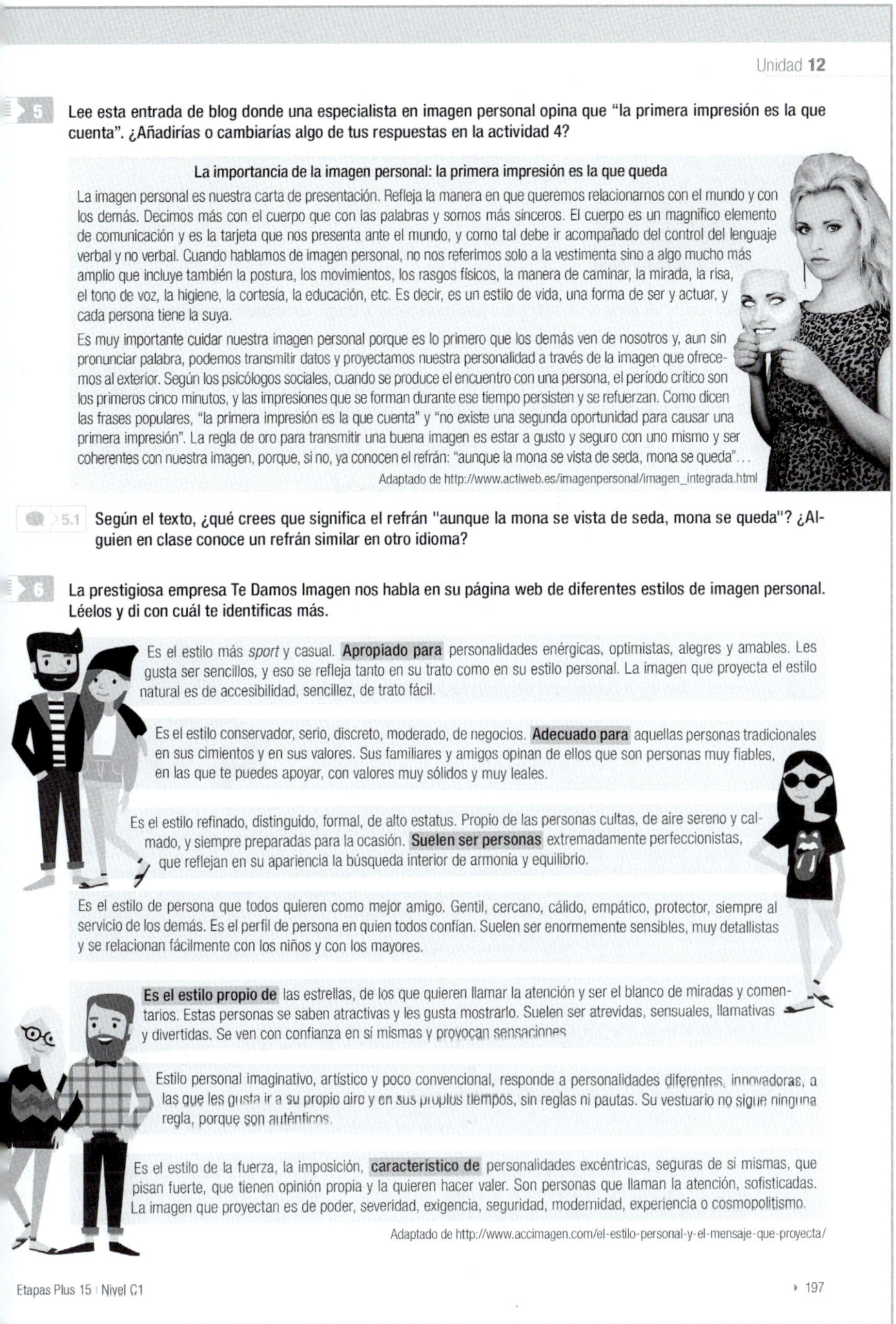

Unidad 12

5 Lee esta entrada de blog donde una especialista en imagen personal opina que "la primera impresión es la que cuenta". ¿Añadirías o cambiarías algo de tus respuestas en la actividad 4?

La importancia de la imagen personal: la primera impresión es la que queda

La imagen personal es nuestra carta de presentación. Refleja la manera en que queremos relacionarnos con el mundo y con los demás. Decimos más con el cuerpo que con las palabras y somos más sinceros. El cuerpo es un magnífico elemento de comunicación y es la tarjeta que nos presenta ante el mundo, y como tal debe ir acompañado del control del lenguaje verbal y no verbal. Cuando hablamos de imagen personal, no nos referimos solo a la vestimenta sino a algo mucho más amplio que incluye también la postura, los movimientos, los rasgos físicos, la manera de caminar, la mirada, la risa, el tono de voz, la higiene, la cortesía, la educación, etc. Es decir, es un estilo de vida, una forma de ser y actuar, y cada persona tiene la suya.

Es muy importante cuidar nuestra imagen personal porque es lo primero que los demás ven de nosotros y, aun sin pronunciar palabra, podemos transmitir datos y proyectamos nuestra personalidad a través de la imagen que ofrecemos al exterior. Según los psicólogos sociales, cuando se produce el encuentro con una persona, el período crítico son los primeros cinco minutos, y las impresiones que se forman durante ese tiempo persisten y se refuerzan. Como dicen las frases populares, "la primera impresión es la que cuenta" y "no existe una segunda oportunidad para causar una primera impresión". La regla de oro para transmitir una buena imagen es estar a gusto y seguro con uno mismo y ser coherentes con nuestra imagen, porque, si no, ya conocen el refrán: "aunque la mona se vista de seda, mona se queda"...

Adaptado de http://www.actiweb.es/imagenpersonal/imagen_integrada.html

5.1 Según el texto, ¿qué crees que significa el refrán "aunque la mona se vista de seda, mona se queda"? ¿Alguien en clase conoce un refrán similar en otro idioma?

6 La prestigiosa empresa Te Damos Imagen nos habla en su página web de diferentes estilos de imagen personal. Léelos y di con cuál te identificas más.

Es el estilo más *sport* y casual. **Apropiado para** personalidades enérgicas, optimistas, alegres y amables. Les gusta ser sencillos, y eso se refleja tanto en su trato como en su estilo personal. La imagen que proyecta el estilo natural es de accesibilidad, sencillez, de trato fácil.

Es el estilo conservador, serio, discreto, moderado, de negocios. **Adecuado para** aquellas personas tradicionales en sus cimientos y en sus valores. Sus familiares y amigos opinan de ellos que son personas muy fiables, en las que te puedes apoyar, con valores muy sólidos y muy leales.

Es el estilo refinado, distinguido, formal, de alto estatus. Propio de las personas cultas, de aire sereno y calmado, y siempre preparadas para la ocasión. **Suelen ser personas** extremadamente perfeccionistas, que reflejan en su apariencia la búsqueda interior de armonía y equilibrio.

Es el estilo de persona que todos quieren como mejor amigo. Gentil, cercano, cálido, empático, protector, siempre al servicio de los demás. Es el perfil de persona en quien todos confían. Suelen ser enormemente sensibles, muy detallistas y se relacionan fácilmente con los niños y con los mayores.

Es el estilo propio de las estrellas, de los que quieren llamar la atención y ser el blanco de miradas y comentarios. Estas personas se saben atractivas y les gusta mostrarlo. Suelen ser atrevidas, sensuales, llamativas y divertidas. Se ven con confianza en sí mismas y provocan sensaciones.

Estilo personal imaginativo, artístico y poco convencional, responde a personalidades diferentes, innovadoras, a las que les gusta ir a su propio aire y en sus propios tiempos, sin reglas ni pautas. Su vestuario no sigue ninguna regla, porque son auténticos.

Es el estilo de la fuerza, la imposición, **característico de** personalidades excéntricas, seguras de sí mismas, que pisan fuerte, que tienen opinión propia y la quieren hacer valer. Son personas que llaman la atención, sofisticadas. La imagen que proyectan es de poder, severidad, exigencia, seguridad, modernidad, experiencia o cosmopolitismo.

Adaptado de http://www.accimagen.com/el-estilo-personal-y-el-mensaje-que-proyecta/

Etapas Plus 15 | Nivel C1 ▸ 197

5

Compresión lectora con la que se trata de profundizar en el concepto de imagen personal. La lectura les dará más información para terminar de cerrar el debate iniciado con la actividad 4. Clarifique previamente, si lo considera necesario, la expresión "la primera impresión es la que cuenta" y anímelos a leer el texto para decidir si añadirían o cambiarían algo en las ideas que han expuesto en 4.

5.1

Llame la atención sobre la última frase del texto que acaban de leer, el refrán "aunque la mona se vista de seda, mona se queda" y pregúnteles si conocen su significado. En caso negativo, anímelos a aventurarlo mediante la formulación de hipótesis. Trate de averiguar las posibles versiones de este refrán en la lengua de sus estudiantes, si las hay.

Somos quienes somos, aunque a veces queramos dar una imagen distinta de nosotros mismos.

6

Comprensión lectora que servirá como modelo textual para una producción escrita posterior y en la que se repasan expresiones y vocabulario relacionados con las descripciones del estilo personal. Proponga a los alumnos la lectura de las siete maneras de proyectar una imagen personal presentadas de manera lúdica y pídales que elijan aquella que se aproxima más a su carácter. En la puesta en común aproveche para ver cuál es el estilo más frecuente en el grupo.

7

Actividad previa a una tarea de expresión escrita. Recuérdeles la lectura que hicieron de la imagen de Daniel en el apartado anterior y rételos a hacer otra lectura de esta nueva imagen para responder a las preguntas propuestas. Use la Proyección 102 con la imagen ampliada.

Proyección 102 *En el aeropuerto.*

7.1

Tarea que estimula la capacidad del estudiante para crear un texto narrativo focalizando su atención en uno de los personajes de la foto anterior e imaginando su historia. Puede dejarlos trabajar en parejas para que generen más ideas. Haga una puesta en común para conocer las diferentes historias.

8

Comprensión auditiva que introduce otro elemento que puede influir en los prejuicios sobre la imagen: la profesión. Finalizada la escucha, propicie un debate sobre la pregunta planteada.

[59] Véase transcripción en pág. 244.

9

Retome la fotografía de la actividad 7 y pida que, conectando con el tema del audio que acaban de escuchar, traten de inferir cuáles podrían ser las profesiones de las personas que aparecen en ella justificando su elección. Finalmente, haga una puesta en común.

9.1

Para realizar esta actividad, retome y muestre como modelo los textos de la actividad 6. Sugiera que inventen estilos para personalidades concretas como, por ejemplo, personas despistadas, dormilones, etc. Una vez escritos los textos, votarán el más original o divertido.

10

Comprensión lectora para favorecer la conciencia intercultural y la ruptura de estereotipos, en este caso recuperando la relación entre imagen y nacionalidad. Pregúnteles si conocen el significado de la expresión *llevarse una falsa impresión,* e indíqueles que lean el texto para comprobarlo.

Prejuzgar erróneamente a alguien o algo en función de nuestra concepción del mundo, nuestros estereotipos y el desconocimiento de otras realidades.

Título

7 Leer una imagen no es tarea fácil. Vamos a seguir un recorrido visual. En parejas, tratad de crear una historia siguiendo la información que nos ofrece cada punto visual de esta imagen y, por último, ponedle un título.

1. ¿Qué parte del día es?
2. ¿Qué momento del año es?
3. ¿Qué relación existe entre esas personas?
4. ¿De dónde crees que viene ese avión?

7.1 Elige uno de los personajes de la foto y escribe su historia. Luego, compártela con el resto de la clase.

8 [59] Escucha la opinión de esta especialista en imagen personal y responde a esta pregunta: ¿crees que nuestra profesión determina nuestra imagen? **En cierto modo, sí. Existen muchas profesiones que requieren de la proyección de una imagen determinada y que también la condicionan de alguna manera.**

9 Fíjate otra vez en las personas de imagen de la actividad 7. ¿A qué profesiones crees que se dedican?

9.1 Vuelve a leer los estilos de la actividad 6. Inventa y describe un estilo diferente (por ejemplo, un estilo para los despistados, para los dormilones, etc.). Luego, compártelo con el resto de la clase. Votaremos el más original y divertido.

¡Fíjate!

Para describir un estilo o imagen personal podemos usar expresiones como:

- Es un estilo apropiado/adecuado para aquellas personas que son…
- *Es el estilo propio de las personas* + adjetivo
- Suelen ser personas…

10 ¿Conoces la expresión *llevarse una falsa impresión*? ¿Qué significa? Lee este texto y confirma tu hipótesis.

UN MALENTENDIDO

Estamos en el comedor estudiantil de una universidad europea. Una chica rubia, probablemente estudiante, adquiere su bandeja con el menú en el mostrador del autoservicio y luego se sienta en una mesa. Entonces advierte que ha olvidado los cubiertos y vuelve a levantarse para cogerlos. Al regresar, descubre con sorpresa que un chico, probablemente de otro país por su aspecto físico, claramente diferente, se ha sentado en su lugar y está comiendo de su bandeja. De entrada, la muchacha se siente desconcertada y agredida; pero enseguida corrige su pensamiento y supone que el chico no está acostumbrado al sentido de la propiedad privada y de la intimidad del europeo, o incluso que quizá no disponga de dinero suficiente para pagarse la comida. De modo que la chica decide sentarse frente al tipo y sonreírle amistosamente. A lo cual el chico contesta con otra blanca sonrisa. A continuación, ella comienza a comer de la bandeja intentando aparentar la mayor normalidad y compartiéndola con exquisita generosidad y cortesía con el chico. Y así, él se toma la ensalada, ella coge la sopa, ambos pinchan del mismo plato de carne estofada hasta acabarla y mientras uno comienza el yogur, la otra se toma la pieza de fruta. Todo ocurre con múltiples sonrisas educadas, tímidas por parte del muchacho, suavemente comprensivas por parte de ella. Acabado el almuerzo, la chica se levanta en busca de un café. Y entonces descubre, en la mesa vecina detrás de ella, su propio abrigo colocado sobre el respaldo de una silla y una bandeja de comida intacta.

Dedico esta historia deliciosa, que además es auténtica, a todos aquellos que, en el fondo, recelan de las personas de otras culturas. A todos los que, aun bienintencionados, las observan con condescendencia y paternalismo. Será mejor que nos libremos de los prejuicios o corremos el riesgo de hacer el mismo ridículo que la pobre chica.

Adaptado de http://elpais.com/diario/2005/05/17/ultima/1116280802_850215.html

10.1 ¿Cuál fue el error de la protagonista de esta historia? ¿Alguna vez te has llevado una falsa impresión de alguien? Comparte la anécdota con el resto de la clase.

10.2 Llevarse una falsa impresión de alguien es algo que a todos nos puede pasar. Escribe una guía con consejos para no caer en un error así.

10.1

Actividad oral para el desarrollo de una conciencia intercultural que nos aleje de los estereotipos. Pregunte si conocen alguna anécdota similar y, en caso afirmativo, pídales que la cuenten.

Pensó que el chico, por ser de otro país, tendría otras costumbres, como desconocer el sentido de la propiedad privada y de la intimidad, o que no tenía dinero y que por ello se estaba comiendo su plato, cuando era ella la que se había confundido de asiento.

10.2

Tarea final del apartado. Pida que recopilen los elementos que nos pueden llevar a prejuzgar a una persona y que han ido apareciendo. Pregúnteles cómo creen que podrían evitar llevarse una falsa impresión de alguien y dígales que van a crear un documento con consejos para conseguirlo.

Unidad **12**

Evaluación

Interacción oral

1 **Elige dos personas de las que aparecen a continuación e invéntate un cotilleo sobre ellas. Tu compañero/a tendrá que expresar sorpresa. Luego, intercambiad los papeles.**

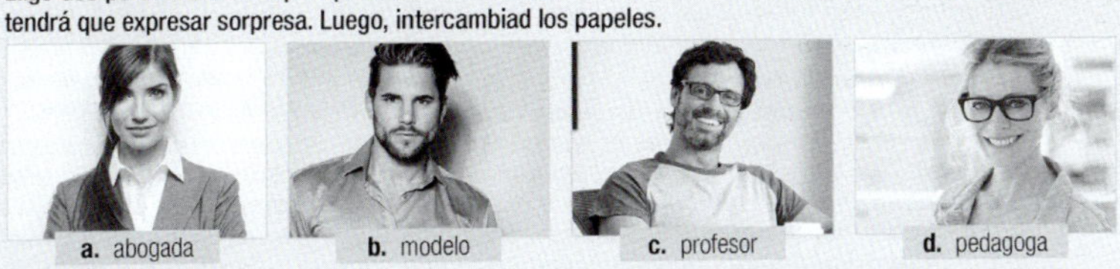

a. abogada **b.** modelo **c.** profesor **d.** pedagoga

2 **Describe el estilo personal de una de estas cuatro personas y coméntalo con tu compañero/a.**

Comprensión auditiva

[60]

La consultora de imagen de la actividad 8 del apartado anterior nos habla ahora de diferentes estilos de imagen personal. Escúchala y relaciona los estilos con las profesiones que se mencionan.

1 g dramático	3 b elegante	5 d creativo	7 a tradicional
2 f seductor	4 c natural	6 e romántico	

a. Profesionales del mundo de las finanzas, la banca, la educación (privada/universidad), los seguros, el gobierno, administrativos, abogados, políticos...

b. Consultores de grandes firmas, abogados corporativos, altos dignatarios, ejecutivos, jefes de Estado y de Gobierno, figuras políticas...

c. Ingenieros, periodistas, fotógrafos, arquitectos, profesionales de la construcción, deportistas, instructores de actividades deportivas...

d. Profesionales de la publicidad, arquitectos, diseñadores, profesionales del mundo artístico, fotógrafos...

e. Todas las profesiones que implican relación o cuidado de los demás, como consejeros, profesionales de la salud, profesionales de organizaciones benéficas, profesores de infantil, trabajadores sociales...

f. Actrices y actores, profesionales del mundo del entretenimiento, estilistas del cabello y maquilladores, músicos, representantes del mundo artístico, modelos, instructores de *fitness*...

g. Ejecutivos, abogados de alto perfil, portavoces de Gobierno o de grandes instituciones, profesionales del mundo de la moda y artículos de lujo...

Comprensión lectora

1 **Lee el siguiente texto sobre la imagen e identidad corporativa de las empresas y decide si las afirmaciones son verdaderas o falsas. En el caso de ser falsas, corrígelas.**

	V	F
1. En *marketing* se trabajan igualmente la imagen y la identidad de la empresa como una misma cosa.		✓
2. En el diseño de una buena estrategia de *marketing* es importante entender que lo visual es más importante que lo verbal		✓
3. El concepto de marca corporativa incluye las señas de identidad de la empresa.	✓	
4. La imagen corporativa consiste en todos los elementos visuales que representan a esa marca.		✓
5. La idea que un consumidor tenga de una empresa dependerá de la imagen de esa empresa y de los valores de su identidad corporativa.	✓	

Etapas Plus 15 | Nivel C1 ▸ 199

Evaluación

La finalidad de este apartado es evaluar, por un lado, las habilidades y estrategias de los alumnos en las diferentes destrezas y, por otro, la asimilación de los contenidos de la unidad a través de un test que podrá encontrar en la **ELEteca** de Edinumen (eleteca.edinumen.es).

Este cuestionario es interactivo y corregido por la plataforma, de manera que el estudiante podrá examinar sus errores y aciertos y reflexionar sobre su aprendizaje. Cada apartado se evaluará de manera independiente, ya que se trata de que el estudiante valore su competencia en cada una de las destrezas y sea consciente de sus necesidades.

Interacción oral

Se trata de evaluar la habilidad del estudiante para verbalizar una idea, teniendo en cuenta el uso y medida de los silencios, las estrategias comunicativas, los conectores del discurso, los aspectos fonéticos y el paralenguaje, así como los exponentes gramaticales y el vocabulario seleccionados por este de acuerdo con su nivel.

La respuesta de esta prueba es abierta. El profesor la valorará atendiendo a una escala de 0 a 3 (0: suspenso, 1: aprobado, 2: notable, 3: sobresaliente), en función de los siguientes criterios:

- Ha incluido todos los elementos mencionados en la instrucción (0-3).
- Logra con éxito transmitir sus mensajes (0-3).
- Utiliza un estilo adecuado al contexto y a la situación (0-3).
- Presenta una corrección lingüística y gramatical acorde con el nivel exigido (0-3).
- Usa vocabulario variado y se expresa con una precisión léxica acorde con su nivel (0-3).

Distribuya a sus alumnos en parejas para hacer la actividad y establezca un intercambio de papeles para que todos tengan la oportunidad tanto de contar como de seguir un cotilleo. Circule por el aula para valorar y evaluar esta destreza.

Comprensión auditiva

Se trata de evaluar la habilidad del estudiante para comprender de una forma intensiva, selectiva o global un texto oral.

Cada pregunta valdrá un punto. Su calificación dependerá del porcentaje de preguntas acertadas.

Aprobado: a partir del 50 %
Notable: entre el 50 % y el 80 %
Sobresaliente: más del 80 %

Comprensión lectora

Se trata de evaluar la habilidad del estudiante para comprender de una forma intensiva, selectiva o global un texto escrito.

Cada pregunta valdrá un punto. Su calificación dependerá del porcentaje de preguntas acertadas.

Aprobado: a partir del 50 %
Notable: entre el 50 % y el 80 %
Sobresaliente: más del 80 %

Pág. 200

1. F: Aunque muchas empresas tienden a confundir ambos términos y a creer erróneamente que son similares o intercambiables, lo cierto es que son conceptos que en *marketing* se trabajan de manera muy diferente; **2.** F: Uno de los aspectos en los que más se detienen las empresas de *marketing* a la hora de diseñar una estrategia bien encauzada es el concepto de identidad corporativa unido al de imagen corporativa. La identidad corporativa va ligada al nombre de la empresa, que debe escogerse bien para permanecer en la mente del consumidor; **3.** V: **4.** F: La imagen corporativa se refiere a los aspectos de posicionamiento y percepción que poseen los consumidores con respecto a una empresa: cómo se proyecta la empresa, qué valores se le atribuyen, qué perciben los usuarios, qué sensaciones evoca... **5.** V.

Expresión escrita

Se trata de evaluar la habilidad del estudiante para desarrollar una idea, teniendo en cuenta las estrategias comunicativas, el estilo, los conectores del discurso, la estructura del texto, el orden conceptual, la puntuación y la ortografía, así como los exponentes gramaticales y el vocabulario seleccionados por este de acuerdo con su nivel.

La respuesta de esta prueba es abierta. El profesor la valorará atendiendo a una escala de 0 a 3 (0: suspenso, 1: aprobado, 2: notable, 3: sobresaliente), en función de los siguientes criterios:

- Ha incluido todos los elementos mencionados en la instrucción (0-3).
- Logra con éxito transmitir sus mensajes (0-3).
- Utiliza un estilo adecuado al contexto y a la situación (0-3).
- Presenta una corrección lingüística y gramatical acorde con el nivel exigido (0-3).
- Usa vocabulario variado y se expresa con una precisión léxica acorde con su nivel (0-3).

¿CUÁL ES LA DIFERENCIA ENTRE IDENTIDAD E IMAGEN CORPORATIVA?

Uno de los aspectos en los que más se detienen las empresas de *marketing* a la hora de diseñar una estrategia bien encauzada es el concepto de identidad corporativa unido al de imagen corporativa. Muchas empresas tienden a confundir ambos términos y a creer erróneamente que son similares o intercambiables, pero lo cierto es que son conceptos que en *marketing* se trabajan de manera muy diferente.

La identidad corporativa va ligada al nombre de la empresa, un nombre que debe escogerse bien para permanecer en la mente del cliente potencial. Son varias las herramientas, tanto a nivel visual como psicológico, que se pueden utilizar para la consecución de este objetivo. Por un lado, encontramos la identidad verbal (el nombre propiamente dicho) y, por otro, la identidad visual (logotipo y códigos de conducta de la marca). De esta forma, podríamos concluir que la fórmula de la identidad corporativa es la suma de la identidad verbal y la identidad visual.

Dentro de la identidad corporativa nos encontramos con quizá el aspecto más importante de la empresa a la hora de comunicarse con los consumidores, lo que llamamos "marca corporativa".

Aquí están incluidas las señas de identidad fácilmente reconocibles por el cliente, como son el logotipo e isotipo (imagen que nos permite reconocer la marca), el descriptor de la marca (a lo que se dedica la marca) y el *claim* o eslogan (la frase que transmite los valores de la marca). En todos estos elementos, el color y la tipografía son muy importantes para que impregnen la mente del consumidor y que este asocie rápidamente un color a una marca. Un ejemplo claro es el rojo intenso de Coca-Cola.

En la identidad corporativa es muy importante tener muy bien marcada la línea creativa y los estímulos sensoriales mediante el logotipo y la estética elegida, para lograr un impacto importante en el receptor y que reconozca con rapidez la marca. Todos estos elementos son muy visuales y tienden a confundirse con **la imagen corporativa**, la cual realmente se centra en la concepción psicológica de la marca, es decir, en la opinión que el consumidor se forma de la empresa una vez que se ha impregnado de la identidad corporativa. En este caso, la entidad debe ser coherente con los valores que pretende representar, y mostrar una actitud que convenza al cliente.

La imagen corporativa se refiere a los aspectos de posicionamiento y percepción que poseen los consumidores con respecto a una empresa: cómo se proyecta la empresa, qué valores se le atribuyen, qué perciben los usuarios, qué sensaciones evoca... Tomemos como ejemplo la marca Zara. Esta marca proyecta en la mente de sus consumidores unos valores concretos de precios bajos, de servicio atento, de tono cercano, de moda actual...

Tanto empresas como clientes deben hacer una distinción clara entre identidad corporativa e imagen corporativa para tener muy claro unos lo que quieren ofrecer al mercado y otros lo que quieren consumir con todas las garantías de obtener aquello que la marca les promete.

Fuentes: http://www.iomarketing.es/blog/cual-es-la-diferencia-entre-identidad-e-imagen-corporativa-2/ y http://www.brandemia.org/hablemos-con-propiedad-logotipo-isotipo-imagotipo-isologo-imagen-corporativa-identidad

2 **Busca en el texto sinónimos para las siguientes palabras.**

1. Dirigido/a: encauzada
2. Unido/a: ligada
3. Cliente: receptor
4. Persuadir: convencer
5. Empapar: impregnarse
6. Impresión: impacto

Expresión escrita

Esta imagen es una metáfora; se titula "mundo interior". Escribe un texto que refleje tu opinión sobre la importancia de la imagen (180-220 palabras).

Contenidos lingüísticos

Haz el cuestionario que te proponemos en ELEteca

▸ 200 Etapas Plus 15 | Nivel C1

Claves del Libro de ejercicios

Unidad 1. Talento y aprendizaje

1.1 **1.** Él mismo (trabaja por cuenta propia y ha abierto una clínica dental); **2.** Por lo menos cuatro, las tres que ha estudiado (inglés, alemán y español) y su lengua materna (árabe y/o francés); **3.** Actualmente le cuesta entender algunas expresiones; antes también tenía dificultades con la pronunciación, pero ahora va mucho mejor; **4.** Quiere que crezcan en España para hablar español como los nativos.

1.2 y 1.2.1

¿Quién…	Información relacionada
1. Ewa	Hace un voluntariado.
2. Linda	Su formación es laboral y estudió para hacer un trabajo administrativo.
3. Byung Hun	Es muy coqueto, no sale de casa sin haberse mirado antes en el espejo.
4. Mathis	La lengua en Nicaragua era un poco diferente, pero a pesar de ello asentó su conocimiento del español.
5. Ewa	Lo más fácil, sin duda, es la pronunciación.
6. Linda y Mathis	Linda retomó el estudio del español hace un par de años. Mathis lo estudió en la escuela cuando era pequeño y volvió a estudiarlo cuando fue a la universidad en Madrid.
7. Linda y Mathis	Linda mantiene una relación sentimental con un profesor de Historia español, Manuel. El corazón de Mathis está ocupado por una nicaragüense llamada Marianela.

1.4 **1.** negativos; **2.** Aprovecha; **3.** presentan; **4.** con; **5.** preferencia; **6.** Posee; **7.** tareas; **8.** correr; **9.** adaptarse.

1.5 **Saludar a alguien que conoces:** ¿Qué ha sido de tu vida en estos meses?, ¿Cómo estamos?, ¿Qué hay?; **Responder a un saludo:** Parece que la mala racha ha pasado, La verdad es que no nos podemos quejar, ¿Qué quieres que te diga?, Para qué te voy a contar…; **Presentar a alguien y responder a una presentación:** Te lo voy a presentar…, Ya tenía ganas de conocerte, ¿Tú no querías conocer a Germán?

1.5.1 **1.** ¿Cómo estamos?; **2.** ¿Tú no querías conocer a Germán?; **3.** te lo voy a presentar; **4.** Ya tenía ganas de conocerte; **5.** ¿Qué hay?; **6.** ¿qué quieres que te diga?; **7.** parece que la mala racha ha pasado; **8.** ¿Qué ha sido de tu vida en estos meses?; **9.** para qué te voy a contar; **10.** La verdad es que no nos podemos quejar.

1.6 **1.** bueno; **2.** malo; **3.** neutro.

1.6.1 y 1.6.2 **1.** mediana edad; **2.** media melena; **3.** alborotada; **4.** (gafas de) pasta; **5.** regordete; **6.** encanecido; **7.** (gafas de) alambre; **8.** delgaducha; **9.** moño.

1.6.3

1. No ~~tengo duda que~~ *tengo duda de que* mi mejor profesora fue María Luisa, me daba inglés en el colegio. (…) A mí nunca se me ha dado bien el inglés y me daba mucha vergüenza hablarlo delante de toda la clase. (…) Estábamos en un aula ~~pequeño en el~~ *pequeña en la* que empezamos a hacer actividades con un compañero con el que tenías que hablar. (…) los alumnos que acumulaban más puntos a final de mes tenían un regalo, ~~los~~ *les* daba un libro, un chocolate, un lápiz… ¡Cuánto me acuerdo de sus palabras! "~~Estudiar~~ *Estudiad* bien inglés, que en el futuro ~~le~~ *lo* vais a necesitar".

2. (…) había un profesor en la universidad de aspecto muy tradicional, iba mucho con la época, siempre con traje, ~~le~~ *lo* llevaba bien planchado y de colores oscuros. (…) Esa pinta de intelectual la completaban unas gafas redondas de alambre. Era un hombre muy estricto, no explicaba nada en clase y luego exigía mucho en los exámenes, ~~les~~ *los* ponía muy difíciles; como era lógico, no aprobaba nadie.

3. ~~La~~ *Le* gustaba mucho contarme cosas de su escuela, me decía que todos los niños iban juntos, daba lo mismo la edad, eso sí, niñas en un aula y niños en otra. (…) Tenía una profesora en la escuela que no ~~la~~ *le* enseñaba nada. (…) Con el alboroto que debían de montar no sé cómo no ~~se daba cuenta que~~ *se daba cuenta de que* tenía varias personas detrás de su mesa. Cuando se espabilaba, les decía con voz somnolienta: "~~Copiar~~ *Copiad* las frases de la pizarra", y todas las niñas se echaban a reír.

1.8 **1.** engañar, distraer; **2.** (la) mente; **3.** (la) información; **4**. procesar; **5.** (los) engaños; **6.** (los) mecanismos, (los) métodos; **7.** (la) concentración.

1.9 **1.** ganó; **2.** aumentó; **3.** perdieron; **4.** estaban; **5.** eran; **6.** Compré; **7.** sabía; **8.** empezó; **9.** enfermé; **10.** Estuve; **11.** salvó; **12.** cobraba; **13.** había; **14.** vivíamos; **15.** teníamos; **16.** llegaba.

1.9.1 Una y otra vez, en cada ocasión que **fui/iba** a verle, durante la enfermedad y las revisiones de los años posteriores...

1.9.2 una especie de cuartito; un ligero aroma como a hierro.

1.9.3 **1.** tranquilizador; **2.** guerrera; **3.** profunda; **4.** nocivos; **5.** pertinentes.
Los tres usos del pasado que no siguen la norma son: *fallecía* en lugar de *falleció (... saber que don Justo fallecía con casi cien años...); salió* en lugar de *salía (Ahora pienso en el brillo frío que salió de mi pecho...)* y *se conocieron* en lugar de *se conocían (Los efectos nocivos de la radiación ionizante no se conocieron en ese momento...).*

1.9.4 **1.** arreglárselas; **2.** se la cargaría; **3.** se las da de; **4.** se tiraba; **5.** la tomó con. Sobran: fastidiarla, tomárselo mal, mosquearse.

1.10 **1.** locuacidad; **2.** parquedad; **3.** optimismo; **4.** pesimismo; **5.** introversión; **6.** extraversión; **7.** vergüenza; **8.** espontaneidad; **9.** inteligencia; **10.** diligencia; **11.** pereza; **12.** ambición; **13.** conformismo; **14.** seguridad.

Unidad 2. La vivienda

2.1 **1.** Echar; **2.** fijas; **3.** apuestan; **4.** integrantes; **5.** experimentar; **6.** tamaño; **7.** adecuar; **8.** amplios.

2.2 **1.** Dos días; **2.** Porque es más barata, se tarda menos en construir y puede hacer cosas que no podría hacer en una casa de ladrillo (por ejemplo, elegir los materiales y la distribución).; **3.** Sí, aguantan mucho, son muy resistentes; **4.** Sí, se pueden sacar igual que entraron y las montan en otro sitio.

2.3 **1.** Será; **2.** hablarán; **3.** Habrán salido; **4.** Habrá ganado; **5.** Tendrá; **6.** habrán propuesto.

2.4 **1.** habría pensado; **2.** Habría estudiado; **3.** daría; **4.** Serían; **5.** te gustarían; **6.** habrías dormido; **7.** tendrías.

2.5 (El final de las frases es libre) **1.** Ganará mucho dinero...; **2.** Le habrá comprado un coche nuevo...; **3.** Serían baratísimas...; **4.** Serían muy bonitas...; **5.** Me quedará muy bien...; **6.** Te habrás cortado el pelo...; **7.** Te lo habrías probado...

2.6 **1.** irás, b; **2.** habrás abierto, a; **3.** Saldrás, b; **4.** Habrás reservado, a.

2.7 **1.** b; **2.** a; **3.** b; **4.** a.

2.8 **1.** c; **2.** a; **3.** d; **4.** b.

2.9 **1.** f; **2.** e; **3.** a; **4.** d; **5.** g; **6.** i; **7.** b; **8.** c; **9.** h.

2.9.1 **Posible respuesta. 1.** tejados; **2.** ladrillo; **3.** hormigón; **4.** barandilla; **5.** fachadas; **6.** muro; **7.** acero; **8.** granito; **9.** cubierta.

2.10 **1.** usan/utilizan; **2.** usa/utiliza; **3.** admiten; **4.** cree; **5.** tienen; **6.** pensaban; **7.** acertó.

2.11 **1. a.** circular; **b.** columnas. **2. a.** roca; **b.** terrazas; **c.** integración. **3. a.** torre; **b.** ventanas. **4. a.** contraste; **b.** triangulares. Sobran: rectangular, pilares, piedra, redondas.

Unidad 3. Los beneficios del deporte

3.1 **1.** c; **2.** a; **3.** b.

3.1.1 **Posible respuesta** (dado que algunos deportes podrían clasificarse en más de una categoría, se puede debatir en clase). **Deportes (D):** equitación, esgrima, remo, baloncesto, saltos, tiro con arco, *hockey*, golf, boxeo, yudo, *motocross*, esquí acuático, vela, rugby, pádel; **Deportes de aventura (A):** piragüismo, surf, escalada, *rafting*, paseo a caballo, buceo, *snowboard*, barranquismo; **Deportes de riesgo (R):** alpinismo, paracaidismo, *puenting*, parapente.

3.2 **1.** el catálogo; **2.** el pago; **3.** la calidad; **4.** algún dependiente; **5.** el precio.

3.2.1 **1.** que haces; **2.** que no te lo advertí/que no te avisé; **3.** tú; **4.** verás/sabrás (lo que haces).

3.3 **1.** caña; **2.** anzuelo; **3.** carrete; **4.** barca; **5.** vadeador; **6.** mosquetón; **7.** magnesio; **8.** arnés; **9.** cuerda; **10.** pies de gato; **11.** montura; **12.** mantilla; **13.** fusta; **14.** espuelas; **15.** polainas; **16.** pesas; **17.** cinta de correr; **18.** banco de abdominales; **19.** esterilla; **20.** mancuernas; **21.** reflectores; **22.** cámara de aire; **23.** bidón; **24.** candado; **25.** calas.

3.3.1 **1.** cinta de correr; **2.** reflectores; **3.** bidón; **4.** banco de abdominales; **5.** montura; **6.** anzuelo.

3.4 **Aspecto fisiológico:** Mejora la calidad del sueño y disminuye el insomnio; **Corazón:** Estimula la circulación coronaria; **Sistema circulatorio:** Mejora el retorno venoso previniendo la aparición de varices; **Aparato locomotor:** Facilita los movimientos y el desarrollo de las actividades de la vida diaria; **Metabolismo:** Facilita la digestión y favorece el tránsito intestinal; **Aspecto psicológico:** Ayuda a tomar conciencia de la fuerza y las limitaciones físicas del propio cuerpo; **Aspecto psicosocial:** Facilita el desarrollo y fortalecimiento de las relaciones sociales.

3.5 **1.** *spiribol*; **2.** *ultimate*; **3.** *pickleball*; **4.** *tamburello*; **5.** *tchoukball*; **6.** *speed bádminton*.

3.6 **1.** salgas; **2.** vengas; **3.** ganara/ganase; **4.** juegue; **5.** se proclama; **6.** viéramos/viésemos.

3.7 y 3.7.1 **Respuestas sugeridas** (puede haber más de una opción). **1.** Si te pusieras a entrenar en serio, ganarías el partido; **2.** Es posible que corras más que el resto; **3.** No creo que lo adelantes en la clasificación; **4.** Tal vez te hayas preparado mucho físicamente, pero no se nota; **5.** Me encantaría que vinieras conmigo al polideportivo, pero ya sé que estás muy ocupado y andas mal de tiempo.

3.8 **1.** c; **2.** e; **3.** b; **4.** a; **5.** d.

3.8.1 **1.** hasta saliendo pronto, no llega; **2.** Saliendo pronto y todo, no llegaría a tiempo; **3.** Ni saliendo rápido, llegas; **4.** yendo pronto, no esperarías mucho; **5.** Incluso si hubieras salido pronto, no habrías llegado a tiempo.

3.9 **1.** V; **2.** F: Serena mide 1.76, mientras que su hermana rebasa el metro ochenta; **3.** F: Fue el Open de Estados Unidos; **4.** V; **5.** V.

3.10 **1.** logros; **2.** musculatura; **3.** pesas; **4.** progresión, **5.** competir; **6.** título; **7.** derrotar; **8.** entrenamientos.

3.10.2 **1.** competir; **2.** logro; **3.** título; **4.** entrenamiento; **5.** progresión; **6.** musculatura; **7.** derrotar; **8.** pesa.

3.11 **Estar:** 2, 4, 6; **Tener:** 1, 3, 5.

3.11.1 **1.** Tengo la boca seca; **2.** Estoy hecho/a polvo; **3.** Está contra las cuerdas; **4.** Tengo un agujero en el estómago; **5.** Tiene el viento a favor; **6.** Estoy sediento/a.

3.12 **1.** piñón; **2.** tiempo; **3.** toalla; **4.** ganador; **5.** diana; **6.** sesión; **7.** alma.

Unidad 4. La sociedad consumista

4.1 **1.** e; **2.** g, j, k; **3.** a; **4.** c, f; **5.** h; **6.** l; **7.** i; **8.** d; **9.** b.

4.1.1 **1.** he echado el ojo; **2.** no suelta prenda; **3.** iba hecha un adefesio; **4.** está todo manga por hombro; **5.** hace a regañadientes; **6.** Estamos con el agua al cuello.

4.1.2 **Posible respuesta. 1.** mirar, fijarse en algo; **2.** no decir nada; **3.** ir vestido/a incorrectamente; **4.** estar todo desordenado; **5.** hacer algo sin ganas; **6.** tener mucho trabajo.

4.1.3 **1.** Habrá sido una ganga; **2.** Me ha costado un ojo de la cara; **3.** Dándome la tabarra; **4.** Está hasta la bandera; **5.** Dar la talla.

4.1.4 **1.** Es posible que haya conseguido toda esa ropa a un precio muy barato; **2.** Ha pagado mucho dinero por la blusa; **3.** Marcos lleva días molestándola insistentemente para conseguir lo que quiere; **4.** La librería está llenísima de gente; **5.** Cada vez es más difícil estar al nivel de exigencia requerido.

4.2 **1.** cartucho, tinta, magenta, imprimir, tóner; **2.** reproducir, cascos, pantalla, música; **3.** foco, fluorescente, alógeno, LCD; **4.** rival, juegos, avatar, mando, tarjeta gráfica; **5.** parabrisas, freno, parachoques, volante, marchas; **6.** tapa dura, portada, de bolsillo, marcapáginas.

4.2.1 **Posible respuesta** (en algunos casos, el tipo de obsolescencia puede ser más de uno). **a.** 1, de calidad o incorporada; **b.** 6, de calidad o incorporada; **c.** 3, de calidad o incorporada; **d.** 4, de función o tecnológica; **e.** 5, de deseo o psicológica; **f.** 2, de deseo o psicológica. Sobra el párrafo 7.

4.2.2 **Expresar opinión:** 1, 3; **Expresar escepticismo:** 2, 5; **Expresar acuerdo:** 6, 8; **Expresar desacuerdo:** 7, 9; **Atenuar el desacuerdo:** 4, 10.

4.2.3 **1.** A mi juicio/A mi entender, ¡Para nada!, texto a; **2.** Coincido totalmente … en lo de, Yo no diría lo mismo/tengo mis dudas, texto f.

4.3 **1.** c; **2.** b; **3.** c; **4.** b; **5.** c.

4.3.2 **Posible respuesta. 1.** Si hubiera mantenido el contacto con mis amigos, con los de verdad, no habría pasado tanto tiempo hablando con desconocidos; **2.** Si hubiera dosificado mi tiempo en internet o si hubiera participado en actividades físicas y divertidas con mis amigos, mi estado de ánimo no dependería de la conexión a internet; **3.** Quién pudiera dar marcha atrás y cambiar este hábito; **4.** Tendría que buscar mi autoafirmación haciendo actividades sanas; **5.** Si viviera los momentos más conscientemente, los recordaría y disfrutaría más; **6.** Quién pudiera vivir sin un móvil inteligente; **7.** Debería hacer deporte para dormir mejor; **8.** Tendría que dar a mi familia el valor real que tiene y olvidarme de mi móvil.

4.4 **Posible respuesta.** ¿Qué es el concepto *multi-R*?

4.4.1 **1.** Teniendo en cuenta los impactos medioambientales a lo largo del ciclo de vida del producto desde su creación, se pondría en práctica la ecoconcepción; **2.** Optimizando los recursos, no necesitaríamos tantos; **3.** Pagando por servicio y no por producto, ahorraríamos y antepondríamos el uso a la posesión; **4.** Reintroduciendo los productos que ya no tienen su funcionalidad inicial al circuito económico, les daríamos otro uso; **5.** Reutilizando los residuos, o parte de los mismos, que todavía pueden funcionar, no generaríamos tanta basura; **6.** Arreglando los productos, les daríamos una nueva vida y promoveríamos la reparación; **7.** Aprovechando los materiales que se encuentran en los residuos, reciclaríamos y tendríamos menos; **8.** Aprovechando los residuos que ya no se pueden reciclar, obtendríamos energía y valorizaríamos los residuos.

4.4.2 **a.** 1; **b.** 6; **c.** 4; **d.** 5; **e.** 2; **f.** 3.

4.4.3 **1.** F: Es posible, pero el texto no lo indica; **2.** F: La ropa se cambia cuando el bebé cambia de talla; **3.** F: Se imparten cursos de reparación, pero son independientes del alquiler de las bicis; **4.** V; **5.** V; **6.** V.

Unidad 5. Mitos y leyendas

5.1 **1.** Neurogénesis; **2.** Que captan algunos sabores de manera diferente; **3.** Por el brillo y el movimiento del capote; **4.** A partir de los dos años; **5.** En 1993; **6.** No sabemos exactamente a qué edad, pero fue tres años antes que el resto de sus compañeros.

5.2 **1.** contradicen; **2.** abrumadoras; **3.** aportan; **4.** recelan; **5.** férreas; **6.** amañan; **7.** contradictorias; **8.** erradas. Sobran: enanas, defienden.

5.2.1 **1.** F: Al contrario, se suelen reafirmar en sus convicciones; **2.** V; **3.** V; **4.** F: Se basa en la incómoda tensión que surge cuando se piensan dos cosas contradictorias al mismo tiempo; **5.** V.

5.3 y 5.3.1 **a.** 11, pronunciara/pronunciase; **b.** 7, aproximarse; **c.** 12, entregaran/entregasen / hubieran/hubiesen entregado; **d.** 2, recibir; **e.** 9, conocer; **f.** 1, supo, reflexionar; **g.** 10, llegar; **h.** 5, se acercaba; **i.** 13, estuvo; **j.** 4, trabajaban; **k.** 3, se agotaba; **l.** 8, inspeccionara/inspeccionase; **m.** 6, lo hiciera/hiciese.

5.4 **Afirmaciones correctas:** 2, 3 y 5.

5.4.1 **1.** … mientras que no se dilate demasiado, condición; **2.** Después de que hemos invertido mucho dinero, menosprecio; **3.** … antes de aceptar la realidad como es, preferencia; **4.** … hasta llegar a culparlo por completo, reproche.

5.4.2 **1.** h; **2.** f; **3.** e; **4.** g; **5.** j; **6.** i; **7.** a; **8.** b; **9.** c; **10.** d.

5.5 **Introducir el tema del relato**: 4, 7; **Reaccionar solicitando el comienzo del relato:** 1, 8; **Controlar la atención del interlocutor:** 2, 5; **Indicar que se sigue el relato con interés:** 3, 6.

5.5.1 **1.** No te puedes ni imaginar; **2.** No sé si lo sabrás, pero; **3.** Dime; **4.** ¿Me estás escuchando; **5.** Espera un momentito, ya te escucho; **6.** ¿Me sigues?; **7.** ¿En serio?; **8.** ¡Me lo puedo imaginar!

5.6 **1.** e; **2.** d; **3.** f; **4.** g; **5.** a; **6.** c; **7.** i; **8.** b; **9.** h.
a. airoso; **b.** acaloradamente; **c.** armarnos; **d.** empedernido; **e.** profundamente; **f.** alberguemos; **g.** atronador; **h.** banco; **i.** firmemente.

5.7 **1.** g; **2.** e; **3.** a; **4.** h; **5.** c; **6.** b; **7.** f; **8.** d.

5.7.1 **1.** c; **2.** b; **3.** a; **4.** b; **5.** a; **6.** c; **7.** b; **8.** a; **9.** c; **10.** b.

5.8 **1.** de dónde; **2.** dónde; **3.** donde; **4.** a donde; **5.** de donde.

5.9 **1.** c; **2.** e; **3.** a; **4.** d; **5.** b.

5.10 **1.** Para finalizar, me gustaría dar; **2.** Volvamos al tema que nos ocupa; **3.** No habléis los dos a la vez; **4.** Ese tema mejor lo dejamos (¿no te parece?); **5.** En otro orden de cosas; **6.** Con respecto a; **7.** Disculpa la interrupción; **8.** tienes la palabra; **9.** sin ir más lejos; **10.** Como iba diciendo…

5.11 **Respuesta abierta.** El inicio de las frases debería ser el siguiente: **1.** *Queda terminantemente prohibido* + infinitivo/sustantivo; **2.** *No se permite* + infinitivo/sustantivo; **3.** *Está prohibido* + infinitivo/sustantivo; **4.** *Queda prohibido* + infinitivo/sustantivo; **5.** *Se prohíbe* + infinitivo/sustantivo; **6.** *No está permitido* + infinitivo/sustantivo.

Unidad 6. La creatividad

6.2 y **6.2.1** **1.** V; **2.** F: Al contrario, es el desorden el que favorece la creatividad; **3.** F: Al contrario, es el orden el que está relacionado con la generosidad; **4.** V; **5.** V.

6.2.2 **Respuesta abierta.** El titular original es "El orden (o desorden) de tu escritorio revela cómo eres".

6.3 **1.** está considerado; **2.** se toca; **3.** lo conoce; **4.** fue galardonado; **5.** fue empuñada; **6.** se permitió, **7.** se come; **8.** lo ordenó.

6.3.1 **Son falsas:** 5 (Excalibur fue la legendaria espada del rey Arturo), 6 (El divorcio se legalizó en España el 22 de junio de 1981) y 7 (Las arepas son típicas de Colombia y Venezuela pero no de Panamá).

6.3.2 **Posible respuesta. 1.** *Cien años de soledad* fue escrito por Gabriel García Márquez en los años 60; **2.** En España se cocina mucho con aceite de oliva; **3.** Las paredes de mi casa están pintadas con colores pastel; **4.** El matrimonio homosexual fue aprobado en España en 2005.

6.4 **1.** ser autónomo; **2.** Tiene un trabajo absorbente; **3.** han echado del trabajo; **4.** tener enchufe; **5.** trabajando por amor al arte; **6.** se cogió un año sabático; **7.** trabajar por cuenta ajena; **8.** presentarte a unas oposiciones.

6.5 **1.** altruista; **2.** constante; **3.** discreto/a; **4.** hipocondríaco/a; **5.** original; **6.** temperamental; **7.** austero/a; **8.** perfeccionista; **9.** versátil; **10.** humilde.

6.5.1 **1.** discreción; **2.** temperamento; **3.** hipocondría; **4.** originalidad; **5.** constancia; **6.** austeridad; **7.** perfeccionismo; **8.** altruismo; **9.** versatilidad; **10.** humildad.

6.6 **1.** Quien/El que; **2.** cuanto; **3.** cosa/hecho; **4.** el que; **5.** quedaran/quedaban; **6.** quien; **7.** con; **8.** Lo que.

6.7 **1.** a; **2.** c; **3.** a; **4.** a; **5.** b; **6.** a; **7.** b; **8.** b; **9.** c; **10.** b; **11.** a; **12.** b; **13.** c; **14.** c; **15.** a; **16.** a.

6.8 **1.** b; **2.** a; **3.** a; **4.** b; **5.** a; **6.** b.

Unidad 7. Lo que nos define

7.1 5, 7, 10, 8, 3, 2, 6, 1, 9, 4.

7.2 **a.** 4; **b.** 1; **c.** 2; **d.** 8; **e.** 6; **f.** 5; **g.** 3.

7.2.1 **De igualdad o equivalencia:** 1, 6, 2; **De superioridad:** 7, 4, 8; **De inferioridad:** 3, 5.

7.4 **1.** aguileña; **2.** ojeras; **3.** como un fideo; **4.** cicatriz; **5.** cejijunto; **6.** corpulento; **7.** canoso; **8.** caspa; **9.** carnosos; **10.** tersa; **11.** lunar; **12.** bolsas.

7.5 **1.** esbelto, tez, lacio, vivos, vasto, pecoso, castaño; **2.** recta, carne, rostro, labios, delgados, barba; **3.** nariz, gracia, endeble; **4.** blancura, pecas, ojos, cabello, rosa, azuladas, dientes.

7.5.2 Vivos, castaño, blancura, rosa, azuladas.

7.6 **1.** blanco porcelana; **2.** blanco seda; **3.** verde oliva; **4.** azul marino; **5.** blanco marfil; **6.** blanco plata; **7.** marrón canela; **8.** marrón arena.

7.7 **Blanco:** hueso, nuclear; **Azul:** azulado, turquesa, noche, cielo, verdoso, bebé; **Marrón:** chocolate, arena, tierra, verdoso, café; **Verde:** limón, esmeralda, botella, caqui.

7.8 **1.** g; **2.** f; **3.** d; **4.** a; **5.** h; **6.** e; **7.** c; **8.** b.

7.9 **Posible respuesta. Perfeccionista:** minucioso, detallista, cuidadoso, exacto; **Razonable:** sensato, prudente, racional; **Solidario:** fraternal, amistoso, humanitario; **Exigente:** riguroso, recto, rígido, severo; **Sociable:** social, comunicativo, abierto, amable, confiado, cordial, extravertido, expansivo, accesible, simpático, agradable, conversador; **Arraigado:** establecido, fijado, enraizado, acostumbrado, aclimatado, habituado, adaptado, acomodado; **Independiente:** autosuficiente, liberado, emancipado, libre, autogobernado, autónomo, imparcial; **Serio:** severo, formal, sensato, circunspecto, responsable, sobrio, adusto, solemne; **Inseguro:** inestable, indeciso, vacilante, mudable, variable; **Dependiente:** subordinado, subalterno; **Reflexivo:** pensativo, introspectivo, meditabundo, absorto.

7.10 **1.** 1.81 metros; **2.** Sí; **3.** No, ya que manifiesta ser un poco tacaño; **4.** Es de Aries; **5.** Es bizco; **6.** La talla M; **7.** No, ya que no profesa ningún credo; **8.** Sí, ya que dice que tiene un diente postizo; **9.** Taxista; **10.** "Nunca cuentes todo".

7.10.1 1 (Tengo un diente postizo), 3 (La filantropía no está entre mis aficiones), 4 (Tengo el ojo derecho desviado), 5 (Guardo la ropa ordenada), 8 (me gusta el almendrado), 9 (Juego con fuego, aunque el fuego me queme), 12 (No uso saco ni corbata), 13 (Tengo perro y una marca en la rodilla), 14 (¡Eso me pasa por ser sincero!).

7.11 **1.** me quedo; **2.** no cambiaría de decisión por nada del mundo; **3.** optas por; **4.** adoro; **5.** te gustan; **6.** me espantan; **7.** no me llaman la atención; **8.** cuanto más; **9.** me gusta; **10.** Me encanta.

Unidad 8. Transformar la realidad

8.1 **Verbos:** encarar, rehuir, asumir, afrontar; **Adjetivos:** abordables, asumibles, arduos, inalcanzables.

8.1.1 **1.** b; **2.** d; **3.** a; **4.** c.

8.1.2 **1.** *Espacios* vastos; **2.** *Suscitar* un sentimiento de identidad tribal; **3.** *Trascender* las fronteras; **4.** *Abismo* económico; **5.** *Gozar de* un elevado nivel de vida; **6.** *Cambio* vertiginoso; **7.** *Necesidad* imperiosa.

8.2 **1.** mayorazgo; **2.** hartazgo; **3.** hallazgo; **4.** noviazgo; **5.** mecenazgo.

8.2.1 **Dignidad o estatus:** liderazgo, mecenazgo, mayorazgo; **Condición:** noviazgo; **Acción o efecto:** hallazgo, hartazgo.

8.2.2 **1.** noviazgo; **2.** mecenazgo; **3.** Hartazgo; **4.** mayorazgo; **5.** Hallazgo; **6.** liderazgo.

8.3 **1.** instó a; **2.** cedió ante; **3.** se saldó con; **4.** se empeñó en; **5.** doblegarse ante; **6.** alentaría a; **7.** incurría en; **8.** cooperó con; **9.** comparecería/compareció ante; **10.** cedió ante.

8.4 **Ante:** claudicar, personarse, doblegarse; **De:** ausentarse, desligarse, librarse, tomar conciencia; **A:** acceder, exhortar; **En:** empeñarse; **Para:** tener predisposición; **Con:** saldarse, enemistarse, confabularse, acabar.

8.5 **1.** b; **2.** a; **3.** b; **4.** c. **El personaje es:** Mme. Marie Curie.

8.5.1 **1.** Sea lo que/como sea...; **2.** Digas lo que digas...; **3.** Te guste o no (te guste)...; **4.** Pase lo que pase...; **5.** Me hagas caso o no...; **6.** Te pongas como te pongas...

8.5.2 **Posible respuesta. George: 1.** "*Sea como sea/Te pongas como te pongas/Digas lo que digas*, tendrás que alimentarte", "*Te guste o no/Sea como sea*, tienes que cuidar tu alimentación"; **2.** "*Sea lo que sea* lo que te pasa, lo mejor es que vayas al médico"; **3.** "*Me hagas caso o no*, seguiré dándote la lata"; **María: 1.** "*Digas lo que digas*, no voy a dejar mis investigaciones"; **2.** "Te guste o no, no puedo perder tiempo cocinando"; **3.** "*Te pongas como te pongas/Te guste o no*, te ignoraré".

8.6 **1.** d; **2.** h; **3.** f; **4.** b; **5.** g; **6.** c; **7.** e; **8.** a.

8.6.1 **1.** solicitamos su permiso/pedimos su autorización para; **2.** hay/tienen inconveniente en.

8.6.2 **1.** lamentamos tener que darle una negativa; **2.** nos tememos que va a ser imposible satisfacer su petición; **3.** solo si contratan a la empresa Alumines; **4.** a menos que/a no ser que.

8.7 **Posible respuesta. 1.** Bueno, eso ya lo veremos, no irás a no ser que apruebes todas las asignaturas/Irás solo si apruebas todas las asignaturas; **2.** Tendrás que ponerte las pilas, no podrás hacerlo a menos que acredites tener un nivel C1 en inglés; **3.** ¡Ni hablar/Ni lo sueñes/Ni pensarlo! El coche es mío y de nadie más; **4.** ¡Ni lo sueñes!, espera sentado. Si quieres dinero, ponte a trabajar; **5.** ¿Cómo que te quedas a dormir en casa de quién? ¡Ni hablar! El sábado vienen tus primos y tienes que dormir aquí.

8.8 **1.** Con solo catorce años ya pertenecía al P. P. P.; **2.** Fue asesinada justo dos semanas antes de las elecciones generales; **3.** Cuando era pequeña ya le interesaba la política y, aunque era mujer y musulmana, siempre había querido ocupar un alto cargo en su país; **4.** Fue elegida primera ministra de Pakistán dos veces; **5.** Estudió Políticas en Oxford y Harvard; **6.** Durante sus gobiernos mezcló la cultura oriental y occidental; **7.** No pudo terminar sus mandatos y se tuvo que marchar del país porque la habían acusado de corrupción.

Unidad 9. La banda sonora de nuestras vidas

9.2 **1.** época estival; **2.** nimiedad; **3.** añorar; **4.** vivencias; **5.** dichas; **6.** mimo.

9.2.1 "La música nos acompaña allá donde vamos y es nuestra compañera de viaje".

9.3 **1.** c; **2.** d; **3.** a; **4.** b.

9.3.1 **a.** 4; **b.** 2; **c.** 1; **d.** 3.

9.3.2 **1.** le puso enferma; **2.** me hubieras/hubieses agobiado; **3.** Me saca de quicio; **4.** se te pusiera/pusiese la piel de gallina; **5.** te pongas como loco; **6.** estáis hasta las narices, nos pone enfermas; **7.** te pones de un humor de perros; **8.** se me pusieron/ponían los pelos de punta.

9.4 **1.** falla; **2.** caigo; **3.** recuerde; **4.** consigo; **5.** recuerdo; **6.** dice.

9.4.1 **a.** 5; **b.** 3; **c.** 4; **d.** 2; **e.** 6; **f.** 1.

9.6 **1.** Recuerdo lo angustioso de ese episodio en la primera consulta con solo hablar del tema; **2.** Imagino lo cansado que estás porque hoy has venido sin afeitar; **3.** Pienso en lo bien que se tiene que estar hoy en la playa ya que no hace viento como ayer; **4.** Lo enfadado que tiene que estar Luis para no venir a jugar al tenis con nosotros; **5.** Lo divertida que fue la película que decidimos ir a verla otra vez; **6.** Lo mal que estaba Juan que salió a la calle con un calcetín de cada color.

9.7 **Tipos de ironía. Suspensión de una frase:** Pasar un buen rato...; **Mentiras irónicas:** Mira qué bien, Me encanta la idea; **Negación irónica:** Sí, monísimo; Sí, claro.

9.8 **1.** b; **2.** c; **3.** a; **4.** d.

9.8.1 **1.** Si querías venir a verme; **2.** Si tenías hambre; **3.** Si querías llamarme; **4.** haberte puesto una chaqueta; **5.** haber ahorrado dinero.

9.9 **1.** llame, pida, miren; **2.** fueras/fueses; **3.** llamarme, coger; **4.** veáis; **5.** coma, beba; **6.** tomaras/tomases, te abrigaras/te abrigases; **7.** salir; **8.** preguntes; **9.** vaya, pregunte; **10.** calentarais/calentaseis.

9.10 Sí.

9.11 **Posible respuesta. 1.** En los manuales sobre técnicas de estudio leeremos conceptos como repetición, esquemas, resumen, fichas, subrayados, ejercicios prácticos…; **2.** el Mozart más melódico; **3.** ¿y escuchar música? Hay investigaciones que relacionan la música y las emociones que genera con la capacidad para memorizar; **4.** el oír música fortalece el ánimo.

Unidad 10. El arte de conversar

10.1 **1.** b; **2.** b; **3.** c; **4.** a; **5.** a; **6.** b; **7.** a.

10.2 **1.** c; **2.** b; **3.** c.

10.2.1 averiarse, se chocó, se hundió, se ahogaron, se murieron, se quedó dormido, se resbaló, se chocó, se soltaran, hundirse, inundarse, se perdieron.

10.3 **1.** Tendremos que pedir una *pizza*, la comida se ha quemado y es imposible comérsela/comérnosla; **2.** Se ha resbalado en la nieve y se ha dado un buen golpe, aunque menos mal que no es nada grave; **3.** Perdone, me he quedado dormido/Me dormido y me he perdido. ¿Podría ayudarme?; **4.** Me he manchado de tinta; **5.** Se me ha olvidado el paraguas y me he mojado.

10.4 **1.** Dos compañeros de trabajo; **2.** Dos ladrones por la noche en una tienda de electrónica; **3.** Dos amigas sobre relaciones amorosas; **4.** En casa, padre e hija.

10.4.1 **1.** verás; **2.** hayas desconectado, allá tú; **3.** Te arrepentirás; **4.** siga.

10.5 **1.** V; **2.** F: No cobra por ello; **3.** F: Al revés, es en el sentido contrario; **4.** V; **5.** V; **6.** F: Está concebido para dos o más jugadores, pero no se especifica nada; **7.** V; **8.** V.

10.5.1 **Monopoly:** 3, 4, 6, 8, 10; **Parchís:** 1, 4, 9, 10; **La oca:** 4, 5, 10; **Pictionary:** 2, 7.

10.7 **1.** g; **2.** h; **3.** f; **4.** b; **5.** e; **6.** j; **7.** i; **8.** d; **9.** a; **10.** c.

10.8 **1.** me pongo; **2.** me quedé; **3.** se hizo; **4.** se volvió; **5.** se puso; **6.** se ha vuelto; **7.** Se quedó.

10.9 **1.** se quedó; **2.** se convirtió; **3.** se pone; **4.** se quedaron; **5.** hacerse; **6.** se quedan; **7.** se quedaron/se han quedado; **8.** se hizo.

10.10 **Posible respuesta. 1.** Se ha quedado delgadísimo; **2.** Se ha vuelto un inconsciente; **3.** Se ha vuelto una vaga; **4.** Me hice/he hecho vegetariana; **5.** Se quedó viudo; **6.** Se ha vuelto muy trabajador; **7.** Se ha hecho famoso; **8.** Se ha convertido en un museo.

Unidad 11. Cambios

11.1 **1.** d; **2.** g; **3.** a; **4.** e; **5.** f; **6.** c.

11.2 **1.** dar por; **2.** Llevo; **3.** sentirme; **4.** quedarme; **5.** tengo; **6.** dejó.

11.3 **1.** los cambios que ha habido; **2.** El poder; **3.** La de gente que se junta; **4.** lo mucho que hay que esperar; **5.** lo más pronto posible; **6.** la manera; **7.** El que ahora viajemos.

11.3.1 **Valor enfático:** 1, 3, 4, 5; **Valor sustantivador:** 2, 6, 7.

11.4 **1.** sol; **2.** un tal Marquitos; **3.** obsesivo; **4.** unas agujetas; **5.** (un) obsesivo; **6.** Marquitos; **7.** ritmo; **8.** un sol; **9.** un ritmo; **10.** agujetas.

11.5 **1.** C; **2.** I, le; **3.** I, lo; **4.** C (admitido); **5.** I, le; **6.** C, I, lo; **7.** I, le; **8.** I, la; **9.** I, le; **10.** C (admitido).

11.5.1 **1.** Sí, lo/le vi; **2.** Sí, se lo dije; **3.** Sí, lo he puesto; **4.** Sí, le escribí; **5.** Sí, la envié; **6.** Sí, lo/le encontré; **7.** Sí, lo he llevado; **8.** Sí, le ofrecieron uno; **9.** Sí, se lo ofrecieron; **10.** Sí, le abrí.

11.6 **1.** cualquier hijo de vecino; **2.** a marchas forzadas; **3.** cargarse; **4.** cada dos por tres; **5.** encima; **6.** no pueden permitirse el lujo; **7.** que conste; **8.** demonizar.

11.7 **Respuesta abierta.** No es posible en 4 y en 10.

11.8 **1.** incorrecta, pasados; **2.** correcta; **3.** incorrecta, vivía/estaba viviendo; **4.** incorrecta, que está trabajando; **5.** correcta; **6.** incorrecta, escuchando.

11.9 **1.** a; **2.** b; **3.** b; **4.** c; **5.** b; **6.** b.

Unidad 12. Imágenes

12.1 1, La vida es un viaje.

12.2 **1.** Duna o colina de arena; **2.** Cima o parte superior de un monte; **3.** Sobrevenir, ocurrir violentamente; **4.** Resplandor o brillantez.

12.2.1 b, La función del arte es ayudarnos a mirar la vida.

12.2.2 **1.** c; **2.** a.

12.2.3 Contienen un significado metafórico b y c.

12.3 **a.** 5; **b.** 3; **c.** 4; **d.** 1; **e.** 2; **f.** 6.

12.3.1 **Diálogo 1:** diste a luz gemelos; **Diálogo 2:** No tienes muchas luces/Tienes pocas luces; **Diálogo 3:** Me has dejado de piedra; **Diálogo 4:** eras tan brillante.

12.3.2 Son metafóricas 2, 4, 5 y 6.

12.4 **1.** Falso; **2.** Falso.

12.4.1 **1.** ¡qué bajón!, se me cayó el alma a los pies; **2.** ¡qué subidón!, me subes el ánimo; **3.** armar un discurso.

12.5 **1.** c; **2.** a; **3.** b.

12.5.1 **1. Introducir un cotilleo:** No te lo vas a creer… , ¿Sabías que no sé nada de Silvia desde hace días…?; **2. Mostrar seguimiento:** Ajá; **3. Reclamar interés:** ¿Me estás escuchando?; **4. Reacciones:** ¡Qué fuerte!, Me dejas de piedra…; Vaya…; ¡Venga ya!

12.6 **1.** estoy; **2.** es; **3.** seas; **4.** Eres; **5.** soy; **6.** Estoy; **7.** Estoy; **8.** eres; **9.** estás; **10.** estoy; **11.** eres; **12.** eres; **13.** soy; **14.** soy.

12.6.1 **Con *ser*:** es una víbora, No seas tan malpensada, Eres un gallina, soy un poco burro, ahora eres más mayor, Tú eres muy listo, Menudo pájaro eres, Yo no soy ningún pájaro, soy un corderito; **Con *estar*:** estoy hecho un toro, Estoy más gordo, Estoy hecho una foca, estás muy bien, Ya estoy listo.

12.7.1 **1.** Sin embargo; **2.** mientras que; **3.** mientras que; **4.** En cambio; **5.** mientras que.

12.9 **1.** es; **2.** Digas, digas; **3.** haya incrementado; **4.** se sabe; **5.** han dicho/hayan dicho; **6.** posee; **7.** se mantienen; **8.** Hagan, hagan; **9.** hay; **10.** corresponde/corresponda.

12.10 **1.** b; **2.** a; **3.** d; **4.** c; **5.** e.

Transcripciones del Libro del alumno

Unidad 1. Talento y aprendizaje

[1]

Entrevistador: Hola, Héctor, ¿puedes decirnos por qué estudias portugués? ¿Es por trabajo, porque te gusta, por estudios, porque vas de vacaciones a un país donde se habla portugués…?
Héctor: La razón principal está relacionada con los estudios, y es que tengo que hacer un examen de portugués para ingresar en la universidad.
Entrevistador: Y dinos, ¿tienes mucho contacto con hablantes portugueses? ¿En qué situaciones usas esta lengua y con quién?
Héctor: La verdad es que no utilizo tanto el portugués como me gustaría. La persona con quien más practico es mi abuela, ella nació en el sur de Portugal y todavía utiliza el portugués con sus hermanos. Siempre hablamos de asuntos cotidianos y familiares, y a veces comentamos las noticias, que, por cierto, suelo leer en prensa digital en portugués. Aparte de eso, no hago mucho, casi nunca escribo correos en portugués ni veo televisión o escucho radio. Bueno, lo que sí me gusta es escuchar canciones, en portugués, claro está.
Entrevistador: Y para ti, Lilian, ¿qué es lo más importante para hacer en alemán? ¿Hablar, escuchar, escribir algún tipo de texto, leer…? O quizá alguna otra cosa…
Lilian: La práctica oral es lo más importante. Leer y escribir no es tan difícil; como normalmente tengo más tiempo, puedo hacerlo de manera más relajada. Pero para hablar y entender a la gente, tengo que ser rápida, si no… ¡rompo la comunicación! Vivo en Berlín y, por ejemplo, si hay alguna nota del colegio de mi hija, puedo leerla con calma, pero si voy a una reunión con profesores y otros padres, ya puedo espabilar para seguirlos.
Entrevistador: Entonces, es evidente que piensas que debes mejorar tus destrezas orales, ¿no?, escuchar y hablar. ¿Hay algo más que tendrías que mejorar: la gramática, el vocabulario, la pronunciación…?
Lilian: Tengo que mejorar todo, porque leer y escribir también tengo que mejorarlo, solo que, como dispongo de más tiempo, al final lo hago mejor. De vocabulario y gramática creo que estoy bastante bien, suelo estudiar todos los días, pero la pronunciación… ¡aghhh!, ¡es uno de mis puntos débiles!
Entrevistador: El tuyo y probablemente el de alguno de tus compañeros… Clara, ¿a ti cómo te gusta trabajar en clase? ¿Es mejor de manera individual, en parejas o pequeños grupos o toda la clase con el profesor?
Clara: A mí me gusta trabajar en parejas, tengo más oportunidad de hablar y además me siento más cómoda al hacerlo solo con mi compañero. Si luego tengo que hablar con el resto de la clase, tengo más confianza por la preparación que hemos hecho antes.
Entrevistador: Por lo que dices, me parece que las actividades que más te gustan son las de hablar en parejas, ¿cierto?
Clara: Sí, cierto, me gusta hablar de mi propia experiencia, pero también me gustan mucho las actividades que me permiten observar el funcionamiento de la lengua, comentarlo con otros compañeros y practicar ese contenido gramatical. Y me motivan bastante las actividades en las que hay competición.
Entrevistador: La competición es un concepto muy ligado al deporte, tema que le interesa mucho a Jonathan, ¿verdad?
Jonathan: ¡Me apasiona!
Entrevistador: ¿Y de qué otros temas te gusta que traten las actividades que se hacen en clase? La cultura, la educación, la política, los viajes, la ciencia…, ¡qué sé yo!
Jonathan: También me gusta mucho hablar de asuntos sociales y culturales. Otro tema interesante es la neurociencia, ¿no crees?
Entrevistador: ¡Y que lo digas! Y al contrario, ¿qué no te interesa? ¿Qué tipo de actividades te parecen aburridas? ¿Qué temas consideras poco interesantes?
Jonathan: Hay actividades muy necesarias para practicar la gramática, pero que a veces resultan un poco repetitivas, estas de completar una frase o un texto con espacios. Me aburren un poco los temas que se repiten todos los años, temas como las compras, la salud, la comida…
Entrevistador: La siguiente pregunta es un poco… ¿cómo diría yo?…, ¿peliaguda? ¿Queréis hacer deberes?
Clara: Hombre, a mí no me importa.
Entrevistador: ¿Cuántos? ¿Una hora por semana? ¿Más?
Clara: Creo que una media hora por cada clase dada está bien. Podemos hacer ejercicios para repasar el vocabulario o la gramática trabajados en clase, que no suele llevar mucho tiempo, y de vez en cuando podemos escribir algún texto, no con mucha frecuencia porque esto sí requiere bastante dedicación.
Entrevistador: Y para terminar, ¿qué os gustaría aprender o trabajar en vuestros cursos?
Lilian: A mí me encantaría hacer más actividades de pronunciación.
Jonathan: Pues yo prefiero ver vídeos con lenguaje coloquial para llegar a entenderlos. Ver y entender algunas películas o series en versión original a veces no es tan fácil.
Héctor: Para mí, es más importante aprender preposiciones, saber cómo utilizar la preposición adecuada en cada momento.

[2]

Olga: ¡Eh, Carlos!
Carlos: ¡Anda, Olga! ¿Cómo andamos?
Olga: No me puedo quejar, la verdad. Cuando terminamos el curso, me fui a Rusia, a casa, e hice prácticas en una empresa durante seis meses. Volví aquí hace un mes porque me han concedido una beca de un año. ¿Y tú? ¿Qué tal?
Carlos: Bueno, qué quieres que te diga. He estado trabajando en una tienda de informática y ahora estoy los fines de semana en una pizzería. ¿Recuerdas que te hablé de Sergio? Mi primo, el que se quería ir a Moscú.
Olga: ¡Ah, sí!
Carlos: Pues aquí está. ¡Sergio! Ven, que te presento a Olga. Olga, Sergio; Sergio, Olga.
Sergio: *Zdravstvuyte*, ya tenía ganas de conocerte, mi primo me ha hablado mucho de ti.
Olga: Espero que bien. ¿Cómo llevas el ruso?
Sergio: Va, que no es poco; conocí a un chico de San Petersburgo en una de estas fiestas y estamos haciendo intercambio, he mejorado mucho en fluidez.
Olga: Genial. Oye, Carlos, ¿y tú no querías conocer a Gloria? Ven, mira, esta es Gloria.
Gloria: Hola.
Carlos: Encantado.
Sergio: ¿Gloria? ¡Eres Gloria!
Gloria: ¡Sergio! ¡Cuánto tiempo! ¿Vienes mucho por aquí? No te había visto nunca antes...
Sergio: Pues de vez en cuando... Y dime, ¿qué es de tu vida?
Gloria: ¡Puf! Para qué te voy a contar, me ha pasado de todo desde que Jonathan y yo cortamos, bueno y malo. Pero bueno, ahora salgo desde hace tres meses con aquel chico que está cerca de la barra.
Sergio: ¿Me lo presentas? Me gustaría conocerlo.
Gloria: Sí, ven. Rui, te voy a presentar a un viejo amigo. Rui, Sergio.
Rui: Hola, ¿qué hay?
Sergio: Me alegro de conocerte. Y tú, ¿de dónde eres?
Rui: De Oporto, Portugal. Vine aquí para estudiar español, yo trabajaba cerca de mi ciudad, pero el contrato ya me iba a cumplir y mi empresa me ofreció una renovación si...
Eleonora: ¡Eh! ¿Qué pasa, Rui?
Rui: Hola, Eleonora, ¿cómo estás?
Eleonora: Bueno, tirando, un poco mejor, parece que la mala racha ha pasado.
Rui: ¡Jo, pues qué bien! ¡A disfrutar de la fiesta!

[3]

1 ▶ Pues creo que a mí se me hubiera dado bien dedicarme a algo relacionado con la música... La verdad es que puedo tirarme horas y horas hablando de música, me acuerdo con facilidad de las canciones y de las melodías; soy capaz de tararearlas sin problema. Por ejemplo, cuando estoy en una discoteca, reconozco rápidamente la canción y el grupo, aunque sea muy antiguo. En mi casa siempre está la radio puesta y, aunque esté haciendo otras cosas y parezca que no estoy escuchando, se me queda fácilmente la música que ponen, y muchas veces la gente se sorprende de que conozca a grupos actuales, que no son de mi época y que no tienen nada que ver con mi estilo musical. Si lo pienso, es una pena no haber aprendido a tocar algún instrumento, porque hubiera sido un fenómeno, je, je, je.
▷ ¿Tienes predilección por alguno en especial?
▶ Tendría que pensarlo más despacio...

2 ▶ Puf, no sé, mi familia y mis amigos dicen que soy un manitas. Me encanta arreglar las cosas que se estropean: los aparatos, poner enchufes, lijar las puertas, barnizarlas. No sé..., si se rompe el cajón de un armario, pues ahí estoy yo, y ya que estoy, pues pinto el mueble completo, y ya puestos, me pongo también con el armario... La verdad es que me entretiene hacer todo este tipo de cosas... Tengo una caja de herramientas bastante completita, de la que me siento muy orgulloso porque tengo de todo, je, je, je. De hecho, los amigos, que lo saben, cuando necesitan arreglar algo, ya están pidiéndomelo. Y yo lo hago con gusto, y ya de paso les pregunto si hay algo más que reparar.
▷ Sí, los hay que son terribles, ja, ja, ja...
▶ No sé por qué me apasionan estas cosas, porque yo soy abogado, que no tiene nada que ver.
▷ ¿Y si te dieran a elegir entre pasar una mañana de sábado en el juzgado o arreglando el motor de un coche, con qué te quedarías?
▶ ¿Un sábado? ¿Después de una semana de toga y leyes? Lo tengo claro. Si me dan a elegir, me quedo con el motor... Pero tampoco me veo de lunes a viernes rodeado de destornilladores y martillos.

[4]

En esencia, lo que los magos realizan durante toda la noche ante su audiencia no son más que experimentos de ciencia cognitiva, y pueden llegar a ser mucho más eficientes que nosotros, los científicos, en nuestros laboratorios.
Los trucos de magia funcionan porque el proceso de atención y consciencia del ser humano tiene, por así decirlo, un cableado fácil de piratear. Entender cómo los magos logran hackear nuestro cerebro nos ayudará a comprender mejor cómo funcionan los trucos cognitivos en las estrategias publicitarias, en las negociaciones de las empresas y en cualquier tipo de relación interper-

sonal. Cuando comprendamos cómo funciona la magia en la mente del espectador, habremos desvelado las bases neuronales de la consciencia misma.
Una cuchara puede doblarse de muchas maneras. He aquí el método que nos enseñó Tony. Empieza mostrando tres cucharas y haciendo que alguien coja una y la examine.
A continuación, pide a esa persona que se coloque la cuchara en la frente y que lo avise cuando note que se calienta. Mientras la atención de todo el mundo se concentra en el pobre incauto de la cuchara, Tony dobla por el cuello simultánea y disimuladamente las otras dos cucharas en noventa grados. Dobla la primera cuchara con la mano derecha presionando la cabeza con el pulgar y reteniendo el mango en el puño. Al mismo tiempo, dobla la segunda cuchara por el cuello presionando la cabeza pero contra el reverso de la muñeca de la mano izquierda. La operación es limpia y natural; el objetivo, dar la sensación de que simplemente está juntando las cucharas en la mano derecha.
La atención de todo el mundo sigue puesta en el tipo con la cuchara en la cabeza. Entretanto, Tony pasa rápidamente a la mano derecha la cuchara ya doblada de la mano izquierda y sostiene ambas entre el pulgar y el índice de la derecha, de modo que se unan por la parte doblada de ambas. Parece que está sosteniendo dos cucharas sin doblar y cruzadas a la altura del cuello del mango.
Ahora solo tiene que coger la tercera cuchara y hacer lo mismo. Reorienta la atención del público hacia las dos cucharas diciendo que está concentrándose en ellas. Las mira y en un momento aparecen dobladas. Entretanto, dobla con disimulo la tercera cuchara presionándola contra la pierna y luego la sostiene en la mano de forma que solo el mango asoma en vertical desde atrás.
Tony se concentra en esta tercera cuchara y, poco a poco, con mucha intensidad pero sin ejercer ninguna presión perceptible, el mango de la cuchara se dobla hasta que el cuello de la misma cae hacia él en un ángulo de noventa grados. Tony muestra la tercera cuchara doblada al público, que aplaude. Fin del espectáculo.

Unidad 2. La vivienda

[5]

El arquitecto visionario, atípico y rebelde Michael Reynolds, conocido como el Guerrillero de la Basura, lleva desde los años setenta experimentando con materiales sostenibles de construcción, rompiendo las normas de la arquitectura convencional, adelantándose a su tiempo. Sus casas son muy especiales, hacen todo por sí mismas y no necesitan ninguna infraestructura: generan su electricidad del sol, tratan sus aguas residuales, se calientan, se enfrían e incluso producen su propia comida.
Su peculiaridad es que están construidas con tierra, latas (muy útiles por la resistencia del aluminio), neumáticos (por su capacidad aislante) y botellas de plástico y cristal. Ha escrito cinco libros sobre el tema.
Reynolds ha construido unas 2000 viviendas, y fue quien acuñó el término *Earthship* (literalmente, "nave terrestre"). A pesar de que en su proyecto se especificaba que las casas eran de diseño experimental, recibió numerosas quejas y demandas por defectos en las construcciones. Por este motivo, decidió entregar su licencia de arquitecto para evitar un juicio por mala práctica a finales de los noventa.
En abril de 2005, Reynolds y otros miembros de su equipo responden a una llamada de petición de ayuda por el tsunami acaecido en las islas Andaman (India), y un año más tarde acudió al Katrina. Diseñó el tipo de casa ideal para casos de catástrofes climáticas utilizando recursos naturales. Después de esa obra, la Junta de Arquitectos de los Estados Unidos lo invitó a que solicitase de nuevo su licencia de arquitecto, quedando así su obra consagrada.

[6]

▶ Hola, ¿Héctor?
▷ Anda, ¿estabas aquí? No te he oído entrar.
▶ Sí, es que como la puerta estaba abierta y... La entrevista era hoy, ¿no?
▷ Pasa, pasa, y perdona, es que con todo este jaleo ni me acordaba.
▶ Bueno, muchas gracias por atenderme. Pero... ¿estás tú solo? ¿No debían estar tus compañeros como habíamos quedado? Cuantas más opiniones mejor.
▷ Pues porque se me ha pasado decírselo, ¿no tenías que habérmelo confirmado?
▶ ¿Ah, sí? Yo creí que ya estaba claro, disculpa.
▷ Bueno, no pasa nada. De todos modos, no sé si a mis colegas les apetecería mucho hablar, la verdad.
▶ ¿Qué opinas de este nuevo desalojo?, ¿cómo te has sentido?
▷ Pues mal, como en cualquier desalojo, y además es que no teníamos ni idea de que se iba a producir tan pronto, ha sido algo inesperado.
▶ ¿Y realmente os ha pillado de improviso?
▷ Hombre, claro. Y nosotros, ¿qué sabíamos? Otras veces hay rumores, nos suelen avisar... Pero esta vez, nada de nada.

▶ ¿Por qué crees que se decidió ocupar esta casa?
▷ Pues por lo de siempre: hay escasez de pisos y hay gente que no quiere vivir con sus padres hasta los cuarenta, ni pagar una millonada por un piso. Esta casa estaba abandonada desde hace por lo menos veinte años y el derecho a techo es la prioridad. Hace dos días la estuvimos limpiando y sacando los escombros, y ya ves, hoy nos desalojan después del favor que les hemos hecho a los dueños, ja, ja.
▶ ¿Por qué crees que existe el fenómeno de la ocupación?
▷ Por lo que te acabo de decir. Porque la vivienda está muy mal repartida y tienes casi que empeñarte para tener una casa. También se produce porque los jóvenes necesitamos lugares para realizar nuestras actividades.
▶ ¿Qué actividades?
▷ Pues conciertos, talleres de artesanía, charlas sobre temas diferentes, actividades alternativas, sin la tutela ni la organización ni del Ayuntamiento ni de ninguna institución. De vez en cuando, como has podido ver en ese cartel, también organizamos manifestaciones contra la especulación.
▶ Ah, sí, la manifestación era mañana, ¿verdad? ¿Cómo crees tú que os ve la gente de la calle, la gente que no conoce ni vuestros problemas ni vuestras vidas?
▷ La verdad, a mí me da igual, paso bastante. Supongo que como una panda de delincuentes.
▶ ¿Qué le dirías tú entonces a toda esa gente?
▷ Que antes de criticar se informe de quiénes somos y nos conozca. Somos jóvenes que tenemos nuestras inquietudes, nuestros problemas, pero que, por encima de todo, nos sentimos libres, y eso parece un delito en la sociedad actual. Además, muchos militamos en colectivos ecologistas porque intentamos arreglar este mundo antes de que se lo carguen del todo.
▶ Ocupar la propiedad privada es un delito, ¿os veis como delincuentes?
▷ Yo no, yo creo que los que tienen casas deshabitadas sin darle ningún uso desde hace veinte años, los especuladores de los bancos, los de los ayuntamientos..., esos son los verdaderos delincuentes.
▶ Y para concluir, ¿crees que la ocupación seguirá existiendo a largo plazo?
▷ Sí, porque este mundo hay que cambiarlo de arriba abajo y eso no sucede en un día. El problema no es la ocupación, ¿sabes?, sino la mentalidad de la gente.
▶ Muchas gracias.
▷ A ti.

[7]

CouchSurfing es una red de viajeros que consiste en ofrecer hospitalidad desinteresadamente, ya que el espíritu es el de ayudar a quien viaja. Todo comenzó en 2004 cuando Casey Fenton, un joven americano que quería viajar a Islandia con poco dinero y sin ganas de pernoctar en alojamientos para turistas, recopiló en foros de internet 1500 direcciones de correo de estudiantes islandeses y les escribió explicando su situación. El número de respuestas positivas fue sorprendentemente elevado. A su vuelta, se dio cuenta de que esa solidaridad podía funcionar en todo el mundo y comenzó a programar una web donde todas las personas pudieran registrarse para pedir y ofrecer un rincón donde dormir.
CouchSurfing funciona como cualquier red: primero hay que registrarse en la página *www.couchsurfing.org* y completar el perfil. Es muy importante que este esté completo, puesto que se trata de tu presentación ante la comunidad viajera. En ese perfil se puede ver la información personal, información sobre gustos e intereses, fotos e información sobre el alojamiento que ofreces (sofá, cama, habitación...), así como la ubicación del mismo.
Las personas que quieren hospedarse en una casa tienen que buscar la ciudad, el anfitrión, especificar las fechas de entrada y salida y enviar una solicitud explicando el motivo del viaje y por qué han elegido ese anfitrión en concreto. En CouchSurfing los anfitriones pueden ofrecer los servicios que quieran: a veces te ofrecen comida o desayuno, siempre un lugar donde dormir y, en algunos casos, incluso te pueden decir "siéntete como en tu casa". Es necesario escribir la ubicación de la casa y si se pone alguna condición.
Una de las razones más cuestionadas de este tipo de hospedaje es la seguridad; está claro que cuanto mejor se use la red y se mantenga el espíritu viajero, más seguro será. Además, existen las referencias, que nos proporcionan una idea más aproximada de las personas que alojan, si son sinceras.
En la actualidad, CouchSurfing ofrece un espacio de foros para intercambiar información acerca de lugares y también una aplicación para organizar eventos de diferente índole, por ejemplo una salida fotográfica, un *tour* por una ciudad determinada, intercambios lingüísticos..., por lo que también se puede conocer a gente diferente y hacer amigos.

Unidad 3. Los beneficios del deporte

[8]

1 ▶ ¡Al final me he apuntado!
▷ Mira que te ha costado…
▶ Ya, pero después del verano necesito activarme un poco, y ya sabes que la idea me rondaba la cabeza. Lo hago sobre todo para no pasarme la tarde tirada en el sofá. Ya he conocido a los monitores y son supermajos.
▷ ¿Y cada cuánto vas?
▶ Uno o dos días a la semana, recuerda que estoy empezando… Uso mucho la cinta para correr, después un poco de pesas y por último al banco de abdominales. Pero me quiero comprar también un par de mancuernas y una esterilla para tener en casa, por si no puedo ir algún día.
[…]
Te estoy aburriendo, ¿verdad?
▷ Un poco.

2 ▶ Creo que la sección que buscamos está al fondo. ¿Ves las monturas y las mantillas?
▷ Es verdad, venga, vamos. No sé qué te ha dado ahora con lo de montar a caballo, si nunca te ha gustado.
▶ Ya, pero desde que conocí a Chema –ya sabes que él es jinete profesional– pues siempre me está hablando del tema. Y el otro día va y me dice que si quiero aprender a montar, que me enseña, y yo cogí y acepté la invitación. Solo necesito comprar la fusta porque él me deja las espuelas. También me recomendó para el frío *pillar* unas polainas, así que vamos a echar un vistazo.

3 ▶ Qué cantidad de gente hay en esta sección. Y eso que parece que en Madrid la gente no usa mucho la bici.
▷ Es una de nuestras secciones más populares. ¿En qué puedo ayudarte? ¿Estás interesado en una?
▶ No, si yo bici ya tengo, quería comprar una especie de anclaje que venden para fijar los pies a los pedales.
▷ Ah, sí, se llaman *calas*. Aquí están. Son una pieza de metal que se ajusta al calzado, hay que atornillarlo en esta zona, ¿lo ves?
▶ Vale, no parece complicado. ¿Y aquello que está entre los bidones para el agua y los reflectores, qué son?
▷ Son candados. Si vas a dejar la bici en la calle y no quieres que te la roben, es fundamental.
▶ Me llevaré uno, y unas cámaras de aire, por si pincho.

4 ▶ Me lo pasé genial en el rocódromo. Deberías venir. Para empezar en este deporte es fundamental practicar ahí. Además, te dejan todo el material deportivo, es decir: el arnés, las cuerdas, los mosquetones… También tienen magnesio. Solo tendrías que llevar unos pies de gato, que son como unas zapatillas pero diseñadas para escalar. No te he liado, ¿no?
▷ No, todo lo contrario, me ha quedado clarísimo.

5 ▶ Y entonces, ¿cómo se engancha a la caña?
▷ Mira, justo por aquí, deslizando un poco hacia dentro. Después lo giras un pelín y compruebas que funciona. ¿Me sigues?
▶ Creo que sí, es que nunca había visto cómo se usa un carrete.
▷ Por cierto, los vadeadores están de oferta.
▶ Son los pantalones estos con tirantes, ¿verdad?
▷ Exacto, los que tenemos encima de las barcas. Y si necesitas anzuelos…
▶ Pues sí, ¿dónde están?

[9]

▶ ¿Qué es y qué significa para vosotros los Deportistas Ambulantes?
▷ Se trata de un club deportivo que tiene como principal objetivo el fomentar el deporte para todos. Para nuestros integrantes, es una propuesta de ocio saludable, ya que ofrecemos multitud de posibilidades deportivas al alcance de todo el mundo.
▶ ¿Cómo nació y quién lo fundó?
▷ El club surge de la loca idea de dos amigos y compañeros de trabajo. El nombre del club tiene historia, ya que la empresa del padre de uno de los "ambulantes" se llama Ciencia Ambulante, y de ahí surgió la idea de nuestro nombre. Además, no creemos que el deporte y la ciencia sean muy diferentes.
▶ ¿Cuántas personas formáis el grupo? ¿Se puede apuntar cualquiera?
▷ Actualmente somos multitud de deportistas los que formamos el club, ya que es de libre acceso. Sencillamente buscamos gente motivada y que busque practicar deporte con el simple motivo de divertirse y disfrutar.
Desde aquí, nos gustaría invitar a todos a unirse a nuestro club. Es fantástico que la gente se aficione con nosotros.

▶ ¿Algún deportista conocido o famoso que se haya unido a vosotros?

▷ Cada día somos más, y nos juntamos con deportistas conocidos y menos conocidos, pero eso no nos preocupa. Por otro lado, son muchos los atletas y deportistas que hemos ido conociendo y, lo que es más importante, son muchos los que nos conocen. Es posible que hayas visto alguna foto nuestra con un deportista de renombre, aunque lo que realmente nos interesa es que el aficionado medio se una a nuestro club y que siga nuestra filosofía de "Deporte para Todos".

▶ ¿Cómo planificáis las carreras donde vais a participar? ¿Cómo las seleccionáis?

▷ Sinceramente, nuestra planificación no sigue ninguna directriz concreta, nos gusta participar en carreras de todas las distancias y en todos los lugares posibles y disfrutar del lugar y de la propia carrera. Nos centramos en gran medida en distancias más cortas (5 km o 10 km) porque queremos que sean asequibles para todos, con el objetivo de captar al mayor número posible de deportistas que se apunten al ocio saludable.
También es cierto que cuando planificamos alguna maratón, sí nos gusta participar en varias medias maratones antes, pero sin ninguna característica especial.

▶ Aparte de correr y de ir a carreras, ¿se planifican otras actividades para fomentar la unión del grupo? ¿Qué deportes son los que practicáis?

▷ Principalmente nos dedicamos al *running* y al triatlón, pero somos un club que tiene como objetivo la práctica de multitud de deportes. En la actualidad nos hemos centrado en la práctica de deportes muy conocidos, como el fútbol, donde nuestro equipo ha conseguido importantes logros, y también en otros deportes menos conocidos, entre los que hemos logrado ser internacionales por España en algún campeonato, como con el *tamburello*. También practicamos *tchoukball*, *pickleball*, *speed bádminton* y *spiribol*. Si en el futuro aparecieran más deportes, seguro que nos animaríamos a practicarlos.

▶ ¿Qué le pedís a este año y qué objetivos tenéis?

▷ No somos muy exigentes, pero sí nos gustaría pedir más ayudas a nivel de promoción, ya que de momento nos basamos en la autogestión, y nos facilitaría mucho nuestra labor la ayuda de organismos o empresas en forma de patrocinio.
En cuanto a lo deportivo, tenemos la vista puesta en continuar con la promoción de todos los deportes que practicamos, aunque muchas veces no resulte tarea fácil.

▶ ¿Dónde os podemos seguir?

▷ Somos muy activos en las redes y se nos puede seguir en muchas de ellas, donde podréis conocer nuestro calendario, proyectos y multitud de aventuras que todavía están por suceder.

[10]

En un informe publicado hace poco tiempo se reveló que uno de cada tres españoles respira un aire que incumple los estándares legales vigentes. Esto se puede traducir en casi 27000 muertes prematuras.

De las 46 ciudades analizadas por la OMS en un reciente estudio, 37 incumplían los niveles recomendados. Las personas que viven en ellas multiplican el riesgo de padecer cáncer de pulmón, según la Agencia Internacional para la Investigación del Cáncer de la OMS, que ha situado el humo de los motores diésel en el número 1 de agentes carcinógenos. Por tanto, parece ser que el número de muertes por cáncer de pulmón ha aumentado un 8 % en las ciudades españolas más contaminadas. El asma, la neumonía, la bronquitis, las alergias, los ictus o las enfermedades del sistema circulatorio son otras de las patologías que puede causar la polución.

Algunas ciudades ya han tomado iniciativas al respecto, como Barcelona, que en octubre celebró el Día sin Coches y consiguió reducir las emisiones de dióxido de nitrógeno en un 47 %.

Ante un panorama tan desolador, quizá se te estén quitando las ganas de correr al aire libre. Pero la solución consiste en saber dónde y cuándo es mejor hacerlo.

Las zonas verdes y el mar actúan como verdaderos purificadores del aire, así que dales prioridad en tus entrenamientos. Las plantas y los árboles atrapan el dióxido de carbono y almacenan el carbono.

Por si eso fuera poco, el contacto con la naturaleza actúa como un bálsamo antiestrés, ya que reduce la frecuencia cardíaca y la tensión arterial, según numerosos estudios; es lo que se conoce como "el efecto restaurador de la naturaleza". En un estudio se ha revelado que los espacios verdes combaten la irritabilidad y la fatiga, que son dos de los precursores del comportamiento violento.

Las mejores horas para salir a correr son las comprendidas entre las 8 de la noche y las 7 de la mañana, ya que el tráfico rodado es la principal fuente de polución y hay que intentar evitarlo. La primera hora de la mañana, la última de la tarde y los fines de semana son los momentos en los que el tráfico se ve bastante más reducido. Por el contrario, el mediodía tampoco es muy recomendable, porque el ozono, que es uno de los contaminantes más potentes, se activa durante las horas de más calor.

Recuerda que, a pesar de la contaminación, merece la pena salir a correr al aire libre y que no debes dejar de hacerlo. Los espacios naturales te brindan un montón de posibilidades más allá de las instalaciones del gimnasio. Así te aseguras una mayor dosis de endorfinas, de vitamina D y, al menos, un 5 % extra de calorías quemadas.

Adaptado de http://www.menshealth.es/salud/articulo/running-y-contaminacion

Unidad 4. La sociedad consumista

[11]

Esta Julia... Una fiesta, una reunión importante, un compromiso ineludible... Ropa..., ropa..., ropa por el salón, por mi habitación, por la suya, ¡todo manga por hombro! Tengo que reconocer que, a pesar del desorden, yo me lo tomo bien, porque toda su ropa da la talla con creces, ¡menuda calidad! Y como el otro día, que eché el ojo a uno de sus vestiditos que debió de costarle también un ojo de la cara, ¡espectacular! Le pregunté de dónde lo había sacado y ella, callada, no quería soltar prenda, porque ¡era nuevo! Si no, se lo habría visto antes, que tonta tampoco soy... Después de mucho rogarle, a regañadientes me dice que fue una ganga, que lo compró en un *outlet* sin buscarlo ni nada, pero, ¡claro!, no lo iba a dejar allí aunque ese mes estuviera con el agua al cuello, con un montón de pagos que afrontar y sin dinero... Vamos. Y me dijo que me lo dejaba cuando quisiera para no ir hecha un adefesio como acostumbro, que me dice que no tengo estilo con la ropa... Qué mona la chica... ¿¡Será posible!? No es para tanto, yo pago a tocateja, y lo que puedo pagar es lo que llevo, y sin dar la tabarra a nadie con el qué me pongo. Pero este me lo pongo en la fiesta esa de guapos, que seguro que estará de gente elegante hasta la bandera, ¡y punto!

[12]

La vigorexia es la adicción al ejercicio para conseguir tener un cuerpo lo más perfecto posible. Es un trastorno en el cual las personas realizan prácticas deportivas extenuantes y en forma continua, y se mantienen con una alimentación extremadamente peligrosa, poniendo a prueba constantemente su cuerpo y su mente, sin importarles las consecuencias.

Son los que, influenciados por los actuales cánones de belleza que propone la sociedad, solamente buscan la figura perfecta, exigiéndole el máximo a su organismo, hasta alcanzar la equivocada meta.

La vigorexia es la anorexia al revés, lo opuesto a ella. Es una adicción muy silenciosa, que al principio es prácticamente imperceptible por el adicto y por su entorno familiar. Esta adicción, poco a poco, se está posicionando muy fuertemente en el mercado consumista. Usualmente la padecen más los hombres. Mientras la mujer anoréxica cree que está gorda y obesa, el hombre vigoréxico se ve enclenque y débil. Los varones hacen ejercicios, aumentan sus músculos, toman sustancias que hagan crecer la masa muscular... Pueden padecer problemas cardiovasculares, respiratorios, hormonales... Pero no les importa, porque la imagen corporal es lo más importante. Sin músculos no serán aceptados por el grupo, ni por las mujeres.

La vigorexia es un trastorno mental en el que la persona se obsesiona por su estado físico hasta niveles patológicos. Quienes la padecen tienen una visión distorsionada de ellos mismos y se ven débiles. Por este motivo, el trastorno incide directamente sobre su conducta alimentaria y sus hábitos de vida, y se caracterizan por realizar una actividad física extrema, abandonando las relaciones sociales y descuidando otros aspectos de su vida, para dedicar todo su tiempo a entrenar.

Un punto clave es el de determinar cuándo el ejercicio considerado sano se transforma en uno adictivo.

Así es como lo ve Benito: "Hacer ejercicio es sano, solo busco tener un cuerpo de diez, ser fuerte. No veo que eso tenga nada de malo, aunque a veces haga hasta seis horas de pesas y máquinas al día. Trabajo justo encima de un gimnasio, lo que me permite aprovechar mis horas de comida y la cercanía para hacer más ejercicio".

Además del esfuerzo físico, Benito, de 28 años e informático de profesión, vigila con lupa su dieta, a base de proteínas, suplementos y complementos alimenticios. Reconoce que a veces abandona responsabilidades para satisfacer su obsesión por las pesas. Todavía no ve en peligro su puesto de trabajo, pero sí su círculo social. Admite: "He dejado de ver a mis amigos, discuto con la familia porque me cuestionan mi tiempo en el gimnasio y que muchas veces me enfado de forma descontrolada cuando mi aparato favorito está en reparación... ¡Si pudiera controlarme!".

"Se apodera de tu vida. Cada decisión que tomas se basa en el ejercicio y la apariencia física –dice David, un entrenador personal que padeció del trastorno también conocido como 'complejo de Adonis'–. Solía apuntar y pesar cada gramo de lo que me iba a comer. Me levantaba a las 3 de la mañana para tomar mi proteína y jamás en la vida me salté un día de entrenamiento. Uff..., yo duraba horas y horas, solo quería aumentar más y más".

Estas personas adquieren una costumbre muy peculiar: no se dejan de mirar en el espejo y cuando alguien los felicita por su progreso muscular aceptan el elogio, pero con negación.

Debido a su insatisfacción corporal llega un momento en que la víctima suele recurrir a una práctica atroz: el uso indiscriminado de esteroides. "Mi progreso fue dramático, subí de 60 kilos a 82 en solo 12 semanas", recuerda David, quien ahora sufre los efectos secundarios de las sustancias.

Problemas de fertilidad, impotencia, presión arterial alta y colesterol, anormalidades del corazón y del hígado son solo algunos de los daños físicos que pueden provocar estas drogas. Los varones pueden presentar encogimiento de los testículos o la aparición de tejido mamario, y las mujeres, irregularidades menstruales.

"Me convertí en un ermitaño, no salía de mi casa para no tener que comer cosas fuera de mi dieta. Tampoco compartía nada con mis hijos. ¡Dejé de tener relaciones con mi esposa! –cuenta David, agregando que fueron tantos los problemas emocionales y sociales causados por la vigorexia que en una ocasión estuvo a punto de dejarlo todo y desaparecer–. Ahí fue cuando me di cuenta de que necesitaba ayuda. ¡Quién pudiera volver atrás!".

Roberto es estudiante de Medicina, actualmente cursa segundo año, debería estar en cuarto. Perdió dos años de su carrera. ¿La razón? Su obsesión por el gimnasio. "Desde chico fui flaco, pero a los 16 años mi papá me pagó un gimnasio. Yo se lo pedí, ya que me sentía en desventaja frente a mis compañeros. Recuerdo que empecé a entrenar en marzo, y ya en diciembre, en la época de convivencias, donde había muchas actividades en la piscina, mis compañeros me vieron en bañador. Y ahí fue la primera vez que me dijeron que estaba más musculoso. Lo que ellos no sabían es que, para alcanzar esa diferencia, entrenaba tres veces a la semana y que el segundo semestre de ese año se convirtió en una rutina de todos los días, que no paró en cuatro años. Hoy tengo 23 años y nunca creí que podría sufrir este problema, hasta que después de dos años obsesionado con el gimnasio, me di cuenta de que esta obsesión se había transformado en mi peor pesadilla. Mis papás me fomentaban, ya que pensaban que practicar deporte estaba perfecto y más aún con mi estado físico. Un día mi papá me llamó al celular para pedirme explicaciones de una carta que le había llegado de la universidad y en la que manifestaban la preocupación por mi falta de asistencia y de compromiso, advirtiendo que eso era causa de expulsión. Esa carta fue la que gatilló una serie de acontecimientos. Mis padres supusieron con toda razón que algo no iba bien, me preguntaron si estaba metido en drogas y nunca adjudicaron mis problemas al gimnasio, hasta que un día me hicieron exámenes y dieron como resultado daños graves en mi hígado, ya que tomé diuréticos para disminuir mi líquido corporal. Actualmente, si quisiera tener un hijo, no podría. Tengo fallas en mi potencia sexual, tengo bajos niveles de testosterona, todo esto por el uso de anabólicos, diuréticos y la mezcla de suplementos alimenticios. Los vómitos y efectos secundarios los disfrazaba como que había comido algo que me cayó mal. No piso un gimnasio desde hace un año, tengo prohibición absoluta, pero siento que me veo flaco a pesar de que peso 90 kilos y mido 1 metro 80, y mi porcentaje de grasa es bajísimo. Ando en bicicleta todos los días, tengo una obsesión por la masa muscular y el ejercicio, la cual me estoy tratando. El término *vigoréxico* lo conocí hace pocos meses, ya que mi psiquiatra me lo diagnosticó. ¡Si hubiera buscado ayuda antes...!".

Adaptado de https://rmarkmann.wordpress.com/2008/06/10/obsesion-por-los-musculos-adonis-del-siglo-xxi-%E2%80%9Cun-complejo%E2%80%9D-complejo/

[13]

Una Europa que utilice eficazmente los recursos es una de las siete iniciativas emblemáticas que forman parte de la estrategia Europa 2020, un proyecto que pretende generar un crecimiento inteligente, sostenible e integrador. Actualmente es la principal estrategia de Europa para generar crecimiento y empleo, con el respaldo del Parlamento Europeo y del Consejo Europeo.

Esta iniciativa emblemática pretende crear un marco político destinado a apoyar el cambio a una economía eficiente en el uso de los recursos y de baja emisión de carbono que nos ayude a:

– mejorar los resultados económicos al tiempo que se reduce el uso de los recursos;
– identificar y crear nuevas oportunidades de crecimiento económico e impulsar la innovación y la competitividad de la UE;
– garantizar la seguridad del suministro de recursos esenciales;
– luchar contra el cambio climático y limitar los impactos medioambientales del uso de los recursos.

Esta iniciativa ofrece un marco de medidas a largo plazo y, de manera coherente, otras a medio plazo, entre las cuales ya está identificada una estrategia destinada a convertir a la UE en una "economía circular" basada en una sociedad del reciclado, a fin de reducir la producción de residuos y utilizarlos como recursos.

La economía circular es un concepto económico que se incluye en el marco del desarrollo sostenible y cuyo objetivo es la producción de bienes y servicios al tiempo que reduce el consumo y el desperdicio de materias primas, agua y fuentes de energía. Se trata de implementar una nueva economía, circular –no lineal–, basada en el principio de "cerrar el ciclo de vida" de los productos, los servicios, los residuos, los materiales, el agua y la energía.

El sistema lineal de nuestra economía (extracción, fabricación, utilización y eliminación) ha alcanzado sus límites. Se empieza a vislumbrar, en efecto, el agotamiento de una serie de recursos naturales y de los combustibles fósiles. Por lo tanto, la economía circular propone un nuevo modelo de sociedad que utiliza y optimiza el *stock* y los flujos de materiales, energía y residuos, y cuyo objetivo es la eficiencia del uso de los recursos.

La economía circular es, además, generadora de empleo. El sector de la gestión de los residuos representa en España miles de puestos de trabajo.

En un contexto de escasez y fluctuación de los costes de las materias primas, la economía circular contribuye a la seguridad del suministro y a la reindustrialización del territorio nacional.

Los residuos de unos se convierten en recursos para otros. El producto debe ser diseñado para ser deconstruido. La economía circular consigue convertir nuestros residuos en materias primas, paradigma de un sistema de futuro. Finalmente, este sistema es un sistema generador de empleo local y no deslocalizable.

La economía circular se dirige tanto a los actores públicos encargados del desarrollo sostenible y del territorio, como a las empresas que buscan resultados económicos, sociales y ambientales, y a la sociedad que debe interrogarse acerca de sus necesidades reales.

Adaptado de http://economiacircular.org/wp/?page_id=62

[14]

Podrían haber sido los ahorros de su vida, pero no. El escritor Buzz Bissinger, de 59 años de edad, ganador de un Pulitzer y autor del *best seller* de ficción deportiva *Friday Night Lights*, entre otros libros, es un adicto a las compras.
Su armario ostenta también decenas de botas y guantes de cuero, entre varias otras prendas de lujo. Él mismo confesó en una entrevista publicada en *Vanity Fair* que había comprado pantalones que costaban 5000 dólares y era dueño de un abrigo de 22000. Sin embargo, ahora toda su ropa Gucci y Prada está guardada en una bodega. ¿La razón? Su adicción a las compras es una etapa superada. Al menos ese fue el testimonio que le dio al *Daily Mail* después de realizar un tratamiento especial para sanar sus adicciones, porque sí..., eran muchas.
Al derroche por los trapos se le sumaría una lista de gustos por las drogas y los juegos. Admitió que fue a rehabilitación porque tenía una gran variedad de comportamientos compulsivos y peligrosos, su adicción a las compras era el menor de ellos. Se estaba haciendo daño y le causó un tremendo dolor a su esposa, lo que le parecía imperdonable.
Dijo también que tuvo más de una crisis frente a sus amigos y familiares, y que el testimonio publicado como ensayo en la revista *CQ* fue su manera de tocar fondo para saber que necesitaba tratamiento. Su nota la tituló "Mi adicción a Gucci", y en ella escribió el exadicto y padre de tres hijos antes de internarse y recibir tratamiento para su rehabilitación: "Hice un recorrido de la Semana de la Moda de Milán con todos los gastos pagados por Gucci, como aprecio a mis muchas, muchas compras... Fue en ese momento que empecé a luchar en serio, de una vez por todas, con una compulsión que podría haber costado mucho más que los ahorros de mi vida".
La farándula estadounidense entró en pánico y alerta con los millones de gasto de este personaje público, sobre todo porque admitió su adicción cuando confesó que ir de compras le daba un torrente de energía sexual y era mejor que las drogas o el juego, porque después se quedaba con cada prenda, aunque no la usara más.
Ahora, después de su estancia en una clínica privada, el escritor, en otra entrevista dada al *Daily Mail*, declaró que todo el mundo debería ir a rehabilitación, ya que te permite mejorar estados de estrés y pensar en la construcción de una nueva personalidad y estilo de vida.
En cuanto a la ropa que había comprado durante su periodo de adicción, contó que tenía todo guardado en bodegas, que estaba pagando 244 dólares al mes por un enorme armario de almacenamiento, que parecía que la mafia hubiera robado un camión de Gucci, Ferragamo y Prada y que hasta ofreció regalar chaquetas de cuero a los periodistas que escribieran cosas buenas de él y sus libros y, por supuesto, olvidaran su escandalosa vida.

Adaptado de http://www.emol.com/noticias/Tendencias/2014/03/14/739923/No-solo-mujeres-La-historia-de-un-adicto-a-las-compras.html

Unidad 5. Mitos y leyendas

[15]

Durante muchos años se ha creído que el cerebro es un artefacto que se desarrolla durante los primeros años de vida y que, al llegar a la edad adulta, deja de cambiar. Sin embargo, un fenómeno llamado neurogénesis es el responsable del nacimiento de nuevas neuronas, incluso tras el caso de un accidente cerebral en la zona afectada.

Es cierto que hay zonas del cerebro que están especializadas: el lenguaje se procesa en el hemisferio izquierdo, por ejemplo; sin embargo, no es real que uno de ellos domine sobre otro, independientemente de lo bueno que alguien sea con las palabras.

Los distribuidores de sabor están repartidos por toda la lengua y no localizados en partes de ella. Lo que sí parece demostrado es la diferente manera de captar algunos tipos de sabores por parte de hombres y de mujeres.

Últimos ensayos realizados con miles de individuos demuestran que la vitamina C no reduce la incidencia de los catarros. Las únicas evidencias obtenidas han sido que puede llegar a acortar la duración de los mismos y a mitigar algo sus efectos.

Los toros sí distinguen el color rojo, pero no les produce irritación, como se suele pensar. El animal embiste a causa del brillo y el movimiento del capote.

Los murciélagos ven casi tan bien como los seres humanos. Se orientan gracias a sus ojos, a un sonar de ultrasonidos, que les ayuda a cazar insectos en la oscuridad, y a una brújula interna que poseen.

Las moscas comunes viven generalmente entre quince y veinticinco días.

Los perros envejecen a un ritmo distinto al humano: crecen muy rápido en los primeros dos años, pero después se ralentiza este proceso; por ello, la típica equivalencia que calcula un año de vida de perro por siete de humano no es exacta.

Un famoso experimento, realizado en 1993, parecía demostrar que los bebés menores de tres años que escucharan una determinada pieza del compositor austríaco verían desarrolladas sus capacidades intelectuales, tales como el razonamiento espacial. Sin embargo, posteriores experimentos llevados a cabo con miles de sujetos han echado por tierra el llamado efecto Mozart, ya que no se ha observado ningún cambio cognitivo en las personas investigadas.

Einstein no fue un mal estudiante, de hecho comenzó a estudiar cálculo tres años antes de lo que era propio para su edad. El posible origen de la creencia errónea puede estar en que recibió la ayuda de experimentados matemáticos para desarrollar sus teorías.

[16]

▶ Pues yo estaba convencido de que el agua giraba en sentido contrario en el hemisferio sur.
▷ Yo tengo mis dudas al respecto, la verdad.
▶ Pero si lo explican claramente en el texto...
▷ Ya, pero no me convence del todo, porque yo he estado allí y me pareció ver que el agua giraba al revés.
▶ Bueno, yo creo que querías ver eso, pero en realidad no era cierto.
▷ Pues no sé qué decirte. Tendría que volver a ir y fijarme mejor.
▶ A mí me parece que la explicación es razonable.
▷ ¿Estás seguro? Yo no me atrevería a afirmarlo tan rotundamente hasta no verlo con mis propios ojos.

[17]

▶ Hola, ya estoy aquí.
▷ ¡Uff! ¡Qué tarde llegas!
▶ Sí, es que antes de ir a la peluquería he tenido que pasarme por el banco y estaba hasta arriba, y he tenido que esperar un montón mi turno, y encima se me ha colado una señora, en fin...
Bueno. ¿Qué tal me queda? Me lo he teñido un poco más oscuro, como me decías.
▷ Ahora te veo un poco rara, creo que no te favorece...
▶ ¡De verdad! Después de que te hago caso, ahora dices que no te gusta.
▷ Yo solo te dije que podía quedarte bien...
▶ Pues hasta después de las vacaciones lo voy a llevar así, no sé para qué te hago caso. Bueno, ¿sabes lo que he hecho mientras esperaba?
▷ Gastar la batería del móvil...
▶ Muy gracioso. Pues te equivocas. No sé si lo sabrás, pero ya se me ha pasado lo de estar todo el rato enganchada al teléfono...
▷ Perdona... ¿Qué has hecho?
▶ Pues he estado leyendo una revista muy interesante.
▷ ¿Ah, sí? ¿Y eso? ¿De qué iba?
▶ No te puedes ni imaginar el montón de creencias que se consideran ciertas por casi todo el mundo pero que en realidad no lo son.
▷ ¿Por ejemplo?
▶ Pues hablaba de animales y, por ejemplo, te digo: ¿qué asociarías inmediatamente con los ratones?
▷ ¿Con los ratones? Pues el queso. Hasta un niño sabe eso.
▶ Exacto, en los dibujos animados siempre están peleándose por conseguir un trocito, ¿no? Pues en realidad lo que les gusta son los alimentos azucarados, como la fruta o los cereales. Además, como tienen un olfato tan agudo, el aroma fuerte del queso les suele repeler.
▷ No tenía ni idea, pensaba todo lo contrario. ¡Qué curioso!
▶ ¿A que sí? Otra pregunta: si tuvieras que decir una sola cosa sobre los peces, ¿qué es lo que dirías?
▷ ¿Sobre los qué has dicho?
▶ ¿Me estás escuchando? ¿No estarás con el auricular puesto, verdad?
▷ Un momentito, ya te escucho, es que estaba oyendo una cosa... Vale, ya, dime.
▶ ¿Ya? Sobre los peces...
▷ ¿Sobre los peces? Pues que no tienen memoria.
▶ Muy bien, eso es lo que esperaba escuchar. Pues tampoco. No es que tengan una memoria tremenda, pero sí que recuerdan cosas de meses atrás. Y no solo tienen memoria, sino que incluso, fíjate qué curioso, se pueden hasta amaestrar. Necesitas mucha paciencia, eso sí, pero puedes enseñarles a hacer algunos trucos.
▷ ¿En serio? Eso sería increíble. ¿Te imaginas presentar un numerito de acrobacias en nuestro acuario cuando vinieran amigos a casa?

▶ ¡Sí! ¡Nos quedaríamos con todo el mundo!
▷ Es verdad, lo que pasa es que, no sé tú, pero a mí no me sobra el tiempo como para estar entrenando a los peces todas las tardes durante meses.
▶ Eso es cierto, a mí tampoco. Podríamos contratar a un preparador para que viniera a casa y los entrenara él...
▷ ¡Hala! Creo que se te está yendo un poco la pinza, no tengo yo otra cosa que hacer que tirar el dinero de esa forma. Antes que pagar a un entrenador personal de peces, me como un lenguado todas las semanas...
▶ Vale, vale, que era solo una idea. ¿Te hago una pregunta más? ¿Te aburro?
▷ No, no, pero es que quería poner la tele, va a empezar el partido. ¿Te acuerdas?...
▶ Después de que te haga esta, ¿vale?
▷ Mientras que no sea muy larga, vale, dime.
▶ ¿Cuántas jorobas tiene un camello?
▷ La típica pregunta... No me acuerdo, porque desde que me lo explicaron una vez, ya siempre me confundo con los dromedarios, no sé ya cuál es cuál.
▶ El camello tiene dos, pero no voy a eso. ¿Para qué las usa?
▷ Eso sí lo sé: pues para guardar el agua, por eso pueden cruzar el desierto sin beber.
▶ Pues mal otra vez. Lo que acumulan en ellas es grasa, y esto hace que puedan estar varias semanas sin comer. El agua la almacenan en la sangre. Pueden beber hasta 100 litros de agua y son el estómago y los intestinos los que la van absorbiendo lentamente, mientras que sus glóbulos rojos se hinchan poco a poco hasta casi triplicar su tamaño normal. ¿Qué te parece? ¿Eh?
▷ ¡No me lo puedo creer! Nunca había imaginado todo lo que se podía aprender en la peluquería...

[18]

Presentadora: Bienvenidos todos a una nueva edición de *Ni de broma*. Hoy vamos a hablar de un tema que nos habéis solicitado mucho últimamente: las leyendas urbanas. Para ello, tenemos aquí en el estudio al escritor Jacobo Pozo, autor de la novela *Crédula incredulidad*, en la que recorre algunas de las leyendas más famosas del siglo XX. También está con nosotros la socióloga Severina Torralba, que ha colaborado con el Ministerio de Educación en el proyecto No Más Dogmas. Y, por último, nos acompaña Manolo Robles, conocido periodista de investigación y correalizador del documental *Cuéntaselo a tu tía*, presentado en el festival DocumentaMadrid de la pasada edición y que describe algunos de los bulos de hoy en día. Pasamos ya sin más dilación al debate. Para lo que lanzo una pregunta: ¿de dónde surgen las leyendas urbanas?
Manolo: ¿Puedo comenzar yo?
Presentadora: Sí, Manolo, te concedo la palabra.
Manolo: Bueno, con respecto a su origen, habría que decir que las leyendas urbanas han existido siempre. Desde que el hombre es hombre se han inventado e imaginado historias que no eran verdaderas, como los dragones o los diferentes dioses creados para...
Jacobo: Disculpa la interrupción, pero meter en el mismo saco a los dragones y a los dioses me parece poco menos que, no sé..., porque si quieres que hablemos de religión...
Manolo: Ese tema mejor lo dejamos, ¿no te parece? Y permíteme continuar si no te importa, vamos, porque no hago más que empezar y ya me interrumpes.
Jacobo: Perdona, pero es que me parece que había que decirlo...
Manolo: A ver... Como iba diciendo..., ya ni me acuerdo... ¡Ah, sí! Decía que las leyendas urbanas modernas no son más que actualizaciones de algo que ha ocurrido siempre. Sin ir más lejos: las serpientes en los inodoros es una modernización de los dragones que... que se usaban en la Edad Media...
Jacobo: Lamento interrumpirte, pero es que me parece que son dos cosas muy diferentes.
Manolo: Explícate, adelante.
Jacobo: Los dragones mostraban un mundo mágico, eran una excusa para crear héroes, ya que el dragón siempre era derrotado por el valiente de turno, que era admirado por todos, especialmente por la amada a la cual protegía. Con las serpientes no hay nada de todo esto: ni héroe, ni amada, ni admiración. Además, con los dragones se mezclaba la realidad con la fantasía.
Manolo: Sí que hay héroes, pero son héroes urbanos.
Presentadora: De uno en uno, por favor, no habléis los dos a la vez. A ver, Severina, continúa, es tu turno.
Severina: Bueno, la verdad es que me he perdido. ¿De qué estábamos hablando?
Presentadora: Llevas razón, volvamos al tema que nos ocupa, los orígenes.
Severina: ¡Ah, eso! Yo he pensado mucho sobre los orígenes de las leyendas urbanas y creo que puede estar en las revistas fantásticas. En nuestro país no existe tradición sobre esto, pero en otros países tienen mucho calado social. En definitiva, si no fuera por estas revistas, creo que las leyendas urbanas no se habrían extendido como lo han hecho. En otro orden de cosas, pienso que existe otro factor de índole económica: las clases sociales menos pudientes tienden a naturalizar estas historias mucho más fácilmente que las más acaudaladas, ya que...
Jacobo: Eso me parece bastante peregrino, y perdona que te interrumpa. No pienso que tenga absolutamente nada que ver con la riqueza.

Manolo: A ver, Jacobo, déjala terminar; si no, no nos vamos a enterar, ni a terminar nunca.
Severina: Gracias. A ver..., estaba diciendo que la publicación de estas noticias por parte de ciertos medios de dudosa credibilidad y prestigio, junto con las pobres expectativas en la vida, crea un cóctel perfecto para que estas historias susciten dudas sobre su veracidad...
Presentadora: Vale, os planteo otra cuestión: ¿pensáis que existen intereses ocultos en la propagación de este tipo de leyendas? Jacobo, por ejemplo.
Severina: No me parece que haya intereses ocultos, simplemente las historias nacieron en un momento determinado, por casualidad o por simple aburrimiento, y dan vueltas según las nuevas generaciones las van descubriendo. Por eso se repiten.
Manolo: Perdona, un inciso, yo creo que a la gente simplemente le gusta creer en algo grande, sea lo que sea, y si es difícil de tragar, mejor todavía.
Jacobo: Eso es verdad. Sin ir más lejos, algunos documentales presentan conclusiones difíciles de aceptar, y por eso obtienen premios...
Manolo: ¿Te refieres al mío?
Jacobo: Hablo en general, cada uno que entienda lo que quiera. Lo que está claro es que somos muy pocos los que investigamos...
Presentadora: ¡Por favor! ¡Así no hay quien se entienda! ¡Silencio!

[19]

El Triángulo de las Bermudas es una amplia zona del océano Atlántico situada entre Florida, Puerto Rico y las islas Bermudas. Durante los últimos siglos se ha tenido noticia de la desaparición de decenas de barcos y aviones en circunstancias inexplicables, del avistamiento de extrañas luces, del hallazgo de naves totalmente vacías con la tripulación desaparecida y de muchas otras circunstancias extrañas. Todo ello ha convertido a esta zona del Atlántico en el rincón más misterioso de la Tierra.
La conciencia de la naturaleza extraña del lugar comienza con Cristóbal Colón. El almirante llevaba en sus viajes un preciso diario de a bordo, gracias al cual hemos podido conocer que el 8 de octubre de 1492 echó un vistazo a su brújula y se percató de que señalaba posiciones extrañas, al tiempo que también observó problemas en el compás. La noche siguiente vio una gran bola de fuego que se desplazaba por el océano. También anotó la aparición de luces extrañas y de otros fenómenos inexplicables. Estaba cruzando por primera vez el Triángulo de Las Bermudas.
Unos 450 años después de estos primeros acontecimientos, el ejército de los Estados Unidos vivió en carne propia el misterio más desconcertante en esta zona: cinco bombarderos partieron desde la base naval de Fort Lauderdale, en Florida, con la intención de realizar un ejercicio rutinario, pero tras dos horas de vuelo todos los aviones desaparecieron sin dejar rastro. El misterio alcanzó cotas aún mayores cuando la armada envió un avión de rescate y también desapareció. A pesar de contar con radares y otros instrumentos modernos, fueron incapaces de hallar ni una sola de las aeronaves. ¿Dónde fueron a parar? ¿Se transportaron desde nuestro espacio-tiempo hacia otro punto o dimensión?
El testimonio más preciso obtenido hasta la fecha de un fenómeno inexplicado ocurrido allí ha sido el de Bruce Gernon Jr., quien en el año 1970 despegó con su avión privado de la isla de Andros, en las Bahamas, con dirección a Miami. A los pocos minutos de vuelo, Bruce avistó una nube de extraña forma que no pudo evitar; al entrar en ella, apreció un agujero en forma de rosquilla por el que se introdujo, momento en el que la instrumentación dejó de funcionar correctamente mientras sintió una sensación de electricidad en el aire y destellos de luz. Durante este tiempo desapareció de las pantallas de radar de los controladores y, para sorpresa de todos, al salir de la nube comprobaron que se encontraba sobrevolando Miami, su destino, pero habiendo realizado el viaje en una tercera parte del tiempo habitual.
¿Estamos realmente ante un atajo que nos permite movernos en el espacio-tiempo? Según la teoría de la relatividad de Einstein, esto es posible al doblar el espacio mediante un impulso gravitacional y crear un pasaje que permite recorrer grandes distancias en poco tiempo. Teniendo en cuenta que este tipo de conexiones pueden hallarse en cualquier punto del universo, ¿es posible que exista en esta zona del planeta un túnel que conecte diferentes dimensiones? Esto explicaría la desaparición de barcos y aviones, en una de las direcciones, y la llegada de extraterrestres, en la otra, cobrando sentido la observación de Colón de aquellas extrañas luces que viajaban paralelas a la superficie del mar.

Unidad 6. La creatividad

[20]

1 He tenido muchos trabajos en mi vida. Cuando era joven compaginaba mis estudios en la universidad con empleos temporales. Cuando me licencié, empecé como becario en una empresa de edición y estuve allí durante seis meses. El sueldo me daba para pagarme el transporte, la comida y poco más, pero la verdad es que aprendí muchísimo. Después fui saltando de un trabajo a otro, la mayoría no muy bien remunerados. He sido actor de cortometrajes, operario de fábrica, vendedor en un concesionario de coches y hasta figurante en un programa de televisión. Hace casi diez años decidí formarme como profesor de español para extranjeros. Fue la mejor decisión de mi vida. Un día hice una entrevista en una escuela y me ofrecieron cubrir una baja por maternidad, y... hasta ahora. Siento que realmente esto es lo mío y no lo cambiaría por nada del mundo.

2 Cuando era más joven quería ser deportista profesional y ganarme la vida jugando al voleibol, pero enseguida me di cuenta de que solo era un sueño adolescente. Me acuerdo de que mi abuela siempre me decía: "Hija mía, estudia y déjate de tonterías". Así que me puse en serio con los libros y me decanté por Psicología. Cuando terminé la carrera hice varias entrevistas, pero la verdad es que no tuve mucha suerte. Estuve unos meses en un gabinete, pero mi jefe era insoportable y acabé dejándolo. Ahora estoy preparándome oposiciones para ser orientadora en un instituto. Ya sé que trabajar con adolescentes tiene su dificultad, pero creo que puedo hacerlo bien. Estudio cinco horas al día y de vez en cuando me sale algún trabajillo temporal o por horas. Y, por supuesto, sigo jugando al voleibol en mis ratos libres.

3 Mi trabajo es buscar trabajo. Cada mañana me levanto, desayuno y me pongo delante del ordenador. Me meto en portales de búsqueda de empleo, actualizo mi perfil en las redes sociales, amplío mi red de contactos, voy a agencias de colocación, hago entrevistas... No entiendo a la gente que está en el paro y no mueve un dedo. Creo que lo suyo es hacer todo lo que esté en tu mano para encontrar un trabajo, ¿no? Es verdad que es frustrante ver que la mayoría de las empresas ni siquiera contestan, pero es parte del proceso. Por cierto, soy trabajadora social y, por si a alguien le interesa, mi correo electrónico es edurne.garcia@...

4 Durante varios años he sido el jefe del Departamento Creativo de una agencia de publicidad. Hace unos meses, de la noche a la mañana, la empresa cerró y nos dejó en la calle sin dar ninguna explicación. Mis compañeros y yo pasamos lo nuestro. Fue muy duro ver cómo todo se desmoronaba y no podíamos hacer nada. Pero bueno, creo que soy una persona bastante positiva y enseguida pensé en posibles alternativas. Me hice autónomo y monté una pequeña empresa. Todavía estoy arrancando con el proyecto, pero poco a poco van llegando los clientes. Trabajo en un local de *coworking* y, cuando tengo reuniones, voy con mi moto de un lado para otro. Sé que esto es muy diferente a la estabilidad que tenía antes, pero me gusta ir a lo mío y hacer cosas nuevas. La verdad es que no me quejo.

5 Por las mañanas trabajo en la empresa familiar. Es una gestoría y se dedica a llevar la contabilidad de distintas empresas. Estudié Empresariales y sé que se me da bien lo que hago, pero estoy pensando en dejarlo. Mi sueño es ser actriz y dedicarme profesionalmente a la interpretación. He hecho varios cursos y he participado en algunos montajes de teatro aficionado. Hace un par de semanas fui a un *casting* para una serie de televisión y ayer me llamaron para ofrecerme un pequeño papel. Tengo tres días para dar una respuesta. Mis hermanos no entienden que me plantee dejar un puesto fijo y estable, pero yo creo que la realización personal es más importante que estar bien colocado. Ahora lo que más me preocupa es decírselo a mi madre. Es muy suya y todavía no me he atrevido a contárselo...

[21]

▶ Buenos días a todos. Muchos amanecimos el pasado lunes con la romántica historia del Álex de Badalona, ese chico de barrio que había empapelado las paredes de Barcelona para encontrar a Alba "ojos bonitos". Pues bien, como muchos de vosotros ya sabréis, Álex no es Álex, sino Damián, un escritor uruguayo que pretendía llevar a cabo una acción poética. ¿Arte? ¿Creatividad? ¿Fraude? Indiscutiblemente, la iniciativa de Damián no ha dejado a nadie indiferente y, para comentarla, tenemos hoy con nosotros a Víctor Soler, periodista, tuitero y experto en redes sociales, y a Raquel Garitano, creativa publicitaria. Buenos días.

▷ Buenos días.

▸ Muy buenos días.

▶ Bueno, el primer asunto que me gustaría tratar es la decepción que muchos se han llevado al descubrir que "el Álex de Badalona" es simplemente una invención de una mente creativa. ¿Está justificada esa decepción o podemos decir que la gente ha reaccionado exageradamente?

▸ Desde mi punto de vista, está totalmente justificada. Fuimos muchos quienes nos identificamos con ese chico de barrio que reaccionó instintiva y desesperadamente cuando vio que no podía contactar con esa Alba que había conocido en las fiestas de La Mercè. El Álex representaba para nosotros ese amor romántico que creíamos desaparecido.

▷ Perdóname, Víctor, pero creo que el error es ver una decepción en algo que puede considerarse, claramente, como un símbolo del extraordinario poder de las redes sociales y de las campañas de *marketing.*

▶ La cuestión, Raquel, es que Damián, el escritor que creó el cartel, no pretendía lo que luego consiguió. Por tanto, estamos ante una cuestión de suerte.

▷ Técnicamente sí, pero nadie puede negar que nos pone sobre la pista de muchos aspectos que debemos tener en cuenta a la hora de llegar al gran público.

▶ Sí, sí, si en eso estamos de acuerdo. Pero dime la verdad, ¿no conectaste rápidamente con esa historia del chico enamorado dispuesto a dedicar todos sus esfuerzos para intentar volver a ver a una chica con la que apenas se había besado unos minutos? Creo que todos, irremediablemente, esbozamos una sonrisa cuando tropezamos con el cartel.

▷ Tienes razón, no te lo voy a discutir, me hizo cierta gracia. Pero tienes que reconocer que hay personas que han reaccionado demasiado duramente contra Damián. Para mí, su acción poética es mucho más intensa y emocionante ahora que conozco la verdad. Ese chico dedicó su tiempo e imaginación a crear una historia que ha hecho felices, aunque sea por unos minutos, a muchas personas.

▶ Lo que está claro es que aunque no nos pongamos de acuerdo, esta historia del Álex de Badalona ha dado mucho que hablar y ha puesto sobre la mesa asuntos como la imaginación, la creatividad y la poesía. Gracias a los dos por venir.

▶ A ti por invitarnos.

▷ Y a Damián por alegrarnos un poco la rutina.

[22]

LA VIE... C'EST UNE BONNE IDÉE

Siempre queda un viaje por hacer,
besarte en un espejo,
pasear bajo la lluvia sin paraguas,
esconderme con un libro en ningún sitio,
tomar una caña y un verano,
dormir despierto y no soñarme,
cazar un instante con los dedos,
leer un cuento a Paola,
fingir que soy quien soy,
dejar la sombra con resaca,
tragar un lunes descosido,
esperar un gol en el último segundo,
asaltar el banco del olvido.

Siempre queda algo por hacer:
Prender fuego a la miseria
y fumar sus cenizas.

La vida... Es una buena idea.

[23]

▶ Buenas tardes a todos. Dentro del ciclo dedicado a la creatividad, hoy recibimos la visita del madrileño Iván Cerdán, una persona muy relacionada con el mundo del arte. Ha dirigido multitud de cortometrajes, ha estrenado obras de teatro como autor y director, ha publicado obras como *Turbio*, su primera novela, la tetralogía teatral *Desgaste* o *Donde nos toca estar*, su primera película. Su último trabajo es el libro *Fotografías de un hombre triste*, editado por Esperpento Ediciones Teatrales. Bienvenido, Iván.

▷ Buenas tardes. Muchas gracias.

▶ Eres un artista polifacético, un hombre del Renacimiento.

▷ Ja, ja, ja...

▶ ¿Hay alguna disciplina en la que te sientes especialmente cómodo?

▷ Bueno, sin ninguna duda, la escritura. Estar con uno mismo siempre es más positivo, porque el universo que te imaginas tiene una mayor presencia en la propia escritura y en su resultado final. Imaginar teatro o rodar cine está, en cierto modo, más cercano a la decepción. Es difícil que lo que habías imaginado inicialmente se corresponda con lo que posteriormente se ve en un escenario o en la gran pantalla.

▶ ¿Cuándo te diste cuenta de que necesitabas expresarte de manera creativa?

▷ Creo que fue a los 14 años. En ese momento empecé a flirtear de forma intensa con la poesía. Después, a partir de los 17 años, lo que empezó casi como un juego fue ganando terreno en mi día a día. Desde entonces, escribo todos los días.

▶ Tienes poco más de 40 años y muchos te consideran un "joven autor". ¿Te molesta esa etiqueta?

▷ No me molesta, pero me resulta curioso. Creo que dejé la juventud hace tiempo. De todas formas, creo que en España existe una tendencia a poner etiquetas a casi todo, y no podemos luchar contra eso.

▶ Si tuvieras que presentarte ante un público que no conoce tu obra, ¿cómo lo harías? ¿Qué obra tuya recomendarías para empezar a leerte?

▷ Hablar siempre de uno es extremadamente complejo. En mi obra, realmente, no hay demasiado espacio para la esperanza. Trato de radiografiar diferentes aspectos del ser humano. Un buen libro para comenzar podría ser el último, *Fotografías de un hombre triste*, o mi primera novela, *Turbio*.

▶ Echando la vista atrás, ¿cuál crees que ha sido tu mayor logro dentro del panorama artístico? ¿Con qué trabajo te sientes especialmente orgulloso?

▷ Sin ninguna duda, una historia que escribí a los 19 años y que sigue siendo mi proyecto más deseado. Con ella gané el premio al mejor guion de la Comunidad de Madrid y me la publicaron en la *Guía del Ocio*. Para mí fue increíble. Se llama *Elsenor* y es sobre un chaval que cree que su vida es similar a la de *Hamlet*, de Shakespeare. Nunca me he atrevido a dirigirla porque no quiero que deje de gustarme. También estoy muy orgulloso de mi novela *Turbio* y de mi obra de campus *El nudo*, un texto que escribí hace tiempo y que terminó formando parte, junto a *Hastío* y *Elena*, del tríptico *Fotografías de un hombre triste*.

▶ A pesar de tu trayectoria creativa, tú mismo has comentado que es difícil vivir de lo que te gusta. ¿Te frustra la situación?

▷ Sí, continuamente. No me acabo de acostumbrar a trabajar en una oficina para llegar a fin de mes. Evidentemente, ya lo tengo asumido, pero eso no impide que siga escribiendo y teniendo ideas que anoto siempre que se me ocurren. Cuando estoy trabajando, tengo todas mis libretas encima de la mesa y a veces me vienen pensamientos a la cabeza que tengo que anotar antes de que desaparezcan. No puedo evitarlo.

▶ ¿Alguna vez has pensado en dejarlo?

▷ La escritura es una necesidad fisiológica en mi vida. No quiero dejarla y espero que ella no me abandone a mí.

▶ Si dispusieras de los medios, ¿cuál sería tu proyecto más ambicioso?

▷ Dirigiría la adaptación que escribí junto a Laura López, *Sin flores ni coronas*. También me gustaría dirigir a un James Bond que escribiría yo. Lástima que Sean Connery no lo pudiese protagonizar. Pero haría un Bond con ecos a *Desde Rusia con amor*. Un Bond de la tercera edad me enamora.

▶ Pues te deseamos toda la suerte del mundo y esperamos que coseches muchos éxitos en el futuro.

▷ Muchas gracias por invitarme, un placer estar aquí.

Fuente: https://sensibvs.com/2018/05/22/fotografias-de-un-hombre-triste-entrevista-con-ivan-cerdan/

Unidad 7. Lo que nos define

[24]

Casos reales en el cine

Hoy en nuestro espacio de “Casos reales en el cine” vamos a hablar de una película de 1976 y que más tarde fue readaptada en el año 2007. Nos referimos a la película *Sybil* y, como es habitual en nuestro programa, se trata de un caso real y documentado. Basada en el *bestseller* homónimo de la escritora Flora Rheta Schreiber y dirigida por Daniel Petrie, la cinta contó con Sally Field y Joanne Woodward como actrices principales y relata la historia del personaje real Shirley Ardell Mason.

Sybil nació y se crio en Minnesota, Estados Unidos, y vivió una infancia terrible, ya que su madre descargó su locura en ella sometiéndola a sádicas torturas. Conforme pasaron los años y Sybil creció, estos horribles episodios de maltrato fueron quedando ocultos bajo llave en su subconsciente, hasta el punto de no recordar ninguno de ellos. Sin embargo, ya adulta, y sin que ella lo sepa, estas atrocidades seguirán presentes y marcarán la vida de la acomplejada y torturada Sybil, la cual experimentará una serie de sucesos extraños e inexplicables como perder el conocimiento, quedarse en blanco, despertar en sitios sin saber cómo ha llegado hasta ahí…

Los personajes con los que se relaciona Sybil se quedan atónitos al comprobar sus rarezas y extraña conducta, lo cual acrecienta la marginación social y la frustración de la joven. Sybil sabe que está enferma pero desconoce por qué. Será la doctora Cornelia, Joanne Woodward en la película, quien desmenuce el puzle de la personalidad de su paciente para intentar, después, encajar cada pieza en un lugar en el que tenga sentido: la aversión hacia las habitaciones de color verde, los dibujos misteriosos, la fobia al sonido de cadenas… serán pequeñas pistas que delatarán la existencia un terrible secreto en lo más profundo del subconsciente de Sybil.

A lo largo de sus tres horas de duración, el film nos sumerge de lleno en la enfermedad mental del personaje, quien sufre una de las neurosis más graves de todas: el trastorno de personalidad múltiple, actualmente conocido como trastorno de identidad disociativo. Los casos reales de este trastorno son extrañísimos en psiquiatría, de ahí que la doctora Cornelia quede fascinada con su paciente y se vuelque de lleno en su terapia.

Progresivamente, y mezclado con el sentimiento de perplejidad, esta doctora va sintiendo un cariño especial y casi maternal hacia la frágil y desvalida Sybil, quien, a su vez, logra confiar poco a poco en su terapeuta. El trabajo ante el que se enfrentará esta doctora será, sin duda, uno de los más difíciles de su trayectoria profesional. En el interior de Sybil vivían quince personas diferentes, las cuales habían sido desarrolladas por la protagonista como una forma de escapar y de poder aguantar las atrocidades sufridas. Cada una de ellas se manifestaba en actos determinados (cuando rompía un vidrio, escuchaba una música al piano, encontraba un chico que le gustaba...). El secreto de Sybil irá aflorando lentamente a lo largo de años de dura terapia. La curación duró once años, pero finalmente Sybil consiguió llevar una vida sana y normal.

La película es una obra rotunda, y aunque sus desgarradoras imágenes y ciertas secuencias ponen la piel de gallina, nos recuerda que las enfermedades mentales existen y pone de manifiesto hasta qué punto los sucesos traumáticos pueden llegar a ser negados por el ser humano, quedando en las capas más profundas de un lugar remoto del cerebro para, desde ese lugar sombrío, convertir su vida en un infierno.

Adaptado de http://www.muchocine.net/critica/15396/sybil

[25]

1 ▶ Aquí estamos nuevamente, amigo..., recorriendo las calles de nuestra Valencia natal. ¡Cuánto tiempo ha pasado y cuánto camino hemos recorrido!

▷ Sí, yo me acuerdo mucho de los niños con los que jugábamos en la calle, de la mayoría ya no sé nada. Cuántas aventuras compartimos en esos días de la infancia...

▶ Emociona bucear en el pasado y rescatar esos recuerdos del niño que fuimos.

▷ Sí, la vida nos ha llevado a otras ciudades y a vivir otras experiencias, pero la tierra de uno siempre tira, y aquí estamos otra vez. Yo, desde luego, puedo presumir de ser tan valenciano como el que más.

▶ ¿Has traído las fotos?

▷ Sí, aquí están. Mi nieta las ha escaneado y me las ha pasado al móvil... Cosas de la vida moderna. He traído tantas fotos como he podido, mira...

▶ Este es el Pecos... ¡Mira qué cara tiene!... Era simpático, ¿eh?

▷ ¿Ese...? Era tan simpático como espabilado. ¡Qué listo era el granuja! Se le ocurrían mil travesuras, y claro, si nos pillaban, siempre se las ingeniaba para que no le regañaran a él. Creo que ahora tiene como seis nietos y vive en Mallorca...

▶ ¿Ah, sí? ¿Y cómo lo sabes?

2 ▶ A mí el que me parece un fuera de serie es ese jugador de baloncesto alemán que ha fichado el Madrid. Es un fenómeno.

▷ Sí, es buenísimo. ¿Cuánto mide?

▶ Pues no sé, pero el otro día lo vi en un partido y, comparado con el resto, es menos alto de lo que pensaba, pero es rápido el tío.

▷ Sí, y cómo se mueve, no hay quien lo pille. Vamos, que es tan rápido como escurridizo.

▶ Ya te digo, menudo partidazo el del otro día. La verdad es que está en un gran equipo, pero él solito metió tantas canastas como quiso.

3 ▶ Ayer estuve con Carlos.

▷ ¿Ah, sí? ¿Y qué tal?

▶ Puuffff. ¡Se ha puesto gordísimo!

▷ ¿En serio? Pero, ¿por qué? ¿Qué le ha pasado?

▶ Bueh... Pues dice que es por el estrés, el exceso de trabajo y los malos horarios, que ha dejado de ir al gimnasio porque no tiene tiempo y que en la oficina siente tanta ansiedad que come tanto como respira.

▷ Pues deberías hablar con él a ver si reacciona, Carlos no es tan tonto como para abandonarse así. Fíjate, yo también engordé mucho cuando cambié de trabajo y tenía tanto estrés, pero empecé a salir a caminar, después me animé a correr, y ya ves, ahora corro tanto como los que se preparan maratones.

4 ▶ Hola cariño, ¿qué tal? ¿Qué haces?

▷ Holaaa. Por fin he tenido un momento de relax y estoy leyendo el periódico.

▶ ¡Pues vaya forma de relajarse! Con las noticias que traen...

▷ Pues mira, sí hay una buena noticia: Antonio García, el político este nuevo que sale ahora tanto en la tele, se presentará como candidato a la alcaldía en las próximas elecciones. Me gusta, me parece un político sensato y muy inteligente.

▶ ¿Antonio García inteligente? Es más astuto que inteligente, diría yo, y tiene más amigos dentro de la política que méritos propios.

▷ ¿En serio? A mí me parece que todo lo que dice es muy acertado para la que está cayendo últimamente...

▶ Pffff... Ese me parece a mí que miente más que habla; es lo único que creo que sabe hacer bien. No sé, a mí me parece un chaquetero, la verdad.

5 ▶ Mira, por ahí va el hijo de Teresa. Creo que ahora es artista o algo así, según me han dicho…
▷ ¿En serio?
▶ Sí, parece ser que actúa en la calle.
▷ ¿Es un mimo?
▶ No, creo que es bailarín. Me han contado que baila a lo Michael Jackson. Por lo visto estuvo en una academia de baile muy famosa y dice mi hija que también se fue a Nueva York unos meses, y que cuando volvió, no había quién le tosiera. ¡Qué aires se da!
▷ ¿Y tú crees que se ganará la vida con eso?
▶ ¡Qué va! Su madre es la que lo mantiene. Si además no termina nada de lo que empieza… ¿No te acuerdas de cuando dijo que quería ser diseñador y lo apuntaron a una escuela carísima? Ni terminó, siempre que iba a clase llevaba menos libros que modelitos de marca.
▷ ¡Vaya desastre de hijo el de Teresa!
▶ Sí, va para los treinta y actúa como si tuviera trece.

[26]

[…]
▶ ¿Cómo llegó usted a ser un pionero en este tema?
▷ Bueno, para llegar a responderte a esto, primero debo decir que mi familia siempre ha sido mi principal apoyo en los momentos decisivos de mi vida. Sin ellos, yo no habría conseguido ser quien soy ahora. Es a ellos a quienes les debo estar aquí.
… Y, como parte de mi familia, mi hermano Agustín es mi principal aliado a la hora de hacer negocios. Dicho esto, y volviendo a tu pregunta, podríamos decir que todo empezó con una pequeña empresa familiar que fundamos Agustín y yo a raíz de una conversación fraternal. Nosotros nos tenemos mucha confianza y una muy buena relación, tanto a nivel personal como profesional. Esto es un factor muy positivo para el éxito de una empresa.
▶ Por supuesto. Creo que explotar estos valores en familia es el secreto de su éxito como empresario, pero ¿cómo fue el proceso para llegar a constituir esta compañía tan prestigiosa?
▷ Bueno, en esa época, antes de la creación de la empresa, leímos una noticia que nos dio la idea. Trataba sobre un debate presupuestario que derivó en un decreto presidencial. Este decreto favorecería con subsidios la creación de empresas que se dedicaran a fomentar el uso de la energía solar y, después de mucho pelear, conseguimos que nos lo dieran.
Como todos sabemos, las energías renovables, como la solar fotovoltaica, son cada vez más necesarias en la protección del medioambiente y para garantizar un futuro sostenible. Nuestra compañía está especializada en la distribución de paneles solares y otros materiales para instalaciones fotovoltaicas y aspira a favorecer la creación de un entorno más favorable.
Desde que creamos la empresa, estamos impulsando la revolución energética, apostando por las energías renovables para reducir las emisiones de CO_2 y, además, brindamos unos servicios de distribución, ingeniería, soporte técnico, consultoría y logística que ayudan a que los clientes también se sumen al cambio energético.
▶ Pero vosotros no teníais ni idea sobre este tema. Según me he informado, antes os dedicabais al ganado vacuno.
▷ Sí, pero de todo se aprende. Nos pusimos a buscar por internet y, después, ¡ni te imaginas los problemas que tuvimos! En la administración nos preguntaban de todo, parecía una investigación policial. Nos ponían muchas trabas legales sobre el tipo de sociedad que íbamos a crear, las licencias de actividad, permisos administrativos, etc. Tuvimos que recurrir a abogados, economistas y diferentes expertos en el tema… Lo nuestro fue más difícil que la carrera espacial, pero al fin lo logramos. Durante los primeros cinco años mi hermano y yo mismo nos encargábamos de instalar los paneles solares; al mismo tiempo, nos formábamos profesionalmente en el sector. Después de este aprendizaje, participamos en un trabajo de investigación sobre el desarrollo de las placas solares en Alemania; al poco tiempo nos convertimos en una empresa mayorista y ahora somos líderes en el sector.

[27]

▶ ¿Te apetece hacer algo hoy?
▷ Sí, podríamos ir al cine…
▶ Uf, no sé… Nunca nos ponemos de acuerdo.
▷ Verás que hoy sí… Voy a mirar las películas que hay en cartelera… ¡Estamos de suerte! Parece que hay un montón de estrenos. ¿Te gusta el cine de acción? Echan *Fast and Furious 8*, me han dicho que es buenísima.
▶ ¡Ufff! ¡Para nada! Me espantan las películas de acción.
▷ ¿Por quéeee? A mí me encantan.
▶ Pues a mí no, me desagrada que haya tanta violencia gratuita, y además, me ponen nerviosa, todo el rato en tensión…
▷ Mujer, no solo hay violencia, algunas están muy bien hechas, los efectos especiales, la trama…
▶ Que sí, que no te lo discuto, pero yo cuanto más cine de acción veo, menos me gusta.
▷ Bueno, podemos mirar otra cosa. A ver… ¿Te interesan los musicales?
▶ ¡Ay no! No me llaman nada la atención. Me parecen un poco ridículos, ¿no?

▷ Bueno, depende. Hay musicales que son muy buenos, pero vale, buscamos otra cosa. A ver..., mira, estrenan también otras dos: *La torre oscura* y *Un italiano en Noruega*.
▶ ¿Y de qué van?
▷ *La torre oscura* creo que es de miedo y *Un italiano en Noruega* es una comedia.
▶ Pues si tengo que elegir entre esas dos, me quedo con la comedia, creo, las películas de miedo no me van, me da náuseas ver tanta sangre.
▷ Bueno, en esta no parece que vaya a salir mucha sangre, la verdad, aquí pone que está basada en una novela de Stephen King y combina el terror, el *western* y las aventuras.
▶ Una mezcla un poco extraña de géneros, pero igual está bien...
▷ Bueno, entonces al final ¿por cuál te decides?
▶ Yo opto por la comedia. Además, adoro las comedias italianas. Pero a ti, ¿te apetece también?
▷ Sí, mujer, si a mí me gustan todas las películas.

[28]

▶ Un grupo de psicólogos de la Universidad de Cambridge en el Reino Unido ha realizado un estudio que confirma que la predilección musical viene determinada por los rasgos de personalidad. Para hablar sobre este tema tenemos hoy en nuestros estudios al doctor Revilla, especialista en psicología del comportamiento. Buenas tardes, doctor Revilla.
▷ Buenas tardes, Carmen.
▶ Esto no es nada nuevo, doctor, ¿verdad? Es algo que ya se había estudiado...
▷ Así es, pero lo novedoso de esta reciente investigación es que en esta ocasión se ha pretendido analizar la relación entre la forma de pensar de cada individuo y sus gustos musicales, su enfoque cognitivo. Basta conocer el estilo de pensamiento de una persona, si tiende a empatizar o a sistematizar, para adivinar qué música le gusta.
▶ Ummm... Qué interesante... Explíqueme un poco más en detalle este tema.
▷ Los resultados del informe determinan que las personas en las que prima la empatía, esto es, nuestra capacidad de reconocer y reaccionar a los pensamientos y sentimientos de los demás, disfrutan más de los estilos musicales suaves, como el *blues*, el *jazz* y el *country*. Por el contrario, quienes se identifiquen con la sistematización, esto es, nuestro interés en la comprensión de las reglas de sistemas como la climatología, los motores de búsqueda, o los automóviles, escuchan, por norma general, ritmos más contundentes como el *punk* y el *heavy metal*.
▶ Y estas conclusiones, ¿contradicen estudios anteriores?
▷ Para nada, este nuevo estudio lo que hace es arrojar algo más de luz y aportar más información a estudios anteriores, los cuales ya catalogaban a cada persona en función de sus gustos musicales. Por ejemplo, que la versatilidad y la ausencia de barreras mentales se relaciona con el *blues*, el *jazz* y la música clásica, o que las personas extrovertidas, que disfrutan estando rodeadas de gente, preferirán el pop, el *funk* y todas aquellas corrientes melódicas que les permitan bailar sin parar.
▶ Y los estudios anteriores, ¿cuáles son y qué aportan?
▷ Por ejemplo, uno de los más relevantes es la investigación impulsada por los académicos Adrian North y David Hargreaves, que basa sus resultados en los datos recogidos tras evaluar las respuestas sobre hábitos musicales de más de 2500 voluntarios. De sus conclusiones se extrae que, efectivamente, los gustos musicales vienen acotados por los rasgos de personalidad, y la música se utiliza como un medio para regular las emociones.
▶ La música como terapia...
▷ Efectivamente. Por su parte, el estudio de Samuel Gosling y Peter Rentfrow, de la Universidad de Texas, distingue cuatro categorías en las que agrupar el contexto musical y en las cuales se identifica la mayoría de la población.
▶ ¿Y cuáles son esas categorías?
▷ Pues, en primer lugar, están los seguidores de la música clásica, el *blues*, el *jazz* y el soul, que se caracterizan por su solidez emocional y, tal como afirmaban los investigadores de Cambridge, suelen ser tolerantes y abiertos de mente. Por su parte, los fans del *country* y del pop se revelan como individuos más conservadores y extrovertidos; disfrutan de una intensa vida social y de las aglomeraciones de gente, pero, curiosamente, sus habilidades verbales no están excesivamente desarrolladas. En tercer lugar, el *rock* y el *heavy metal* se identifican con cierto grado de rebeldía e impulsividad que los hace destacar siempre donde van; tienen un estilo personal y confían firmemente en su inteligencia. Por último, los amantes del soul, el *funk* y el *hip-hop*, así como de la música electrónica, son abiertos, liberales y algo despistados; les fascina el deporte y, salvo ciertas excepciones, no reparan mucho en los fallos de los demás.

Extraído de http://noticias.universia.es/cultura/noticia/2015/07/24/1128764/musica-escuchas-refleja-personalidad.html

8. Transformar la realidad

[29]

Ayer tuvo lugar en Birmingham una marcha pacífica organizada por Martin Luther King.
Una gran muchedumbre de personas de raza negra de todas las edades, junto a muchos blancos, se lanzó pacíficamente a la calle entonando canciones de libertad, sin importarles ir a la cárcel o incluso pidiéndolo.
Un sector de los comerciantes de la ciudad afirma que lo que pretenden los organizadores de la marcha es llevarlos a la quiebra, y se quejan de la disminución de ventas que ocasionan la inestabilidad social y las protestas.
La policía lanzó contra los manifestantes chorros de agua a alta presión y perros. Hoy la prensa internacional ha denunciado la violencia con la que las fuerzas de seguridad intentaron disolver la marcha.
Los manifestantes exigieron que se reconocieran los mismos derechos civiles a todos los ciudadanos. Sus demandas fueron la creación de un censo de votantes negros, por un lado, y la convivencia integrada en los parques de la ciudad y vivienda para la comunidad negra, por otro.
Esta mañana el alcalde y el jefe de policía de Birmingham han presentado sendas dimisiones. Asimismo, el responsable local de los derechos civiles ha declarado que estudiará las reivindicaciones de los ciudadanos.

[30]

1 ▶ ¡Uf! ¡Qué decepción! Después de años de esfuerzo resulta que, me ponga lo que me ponga, no estoy a la altura de una *sex symbol* y, por si esto fuera poco, interprete a mi personaje como lo interprete, nada les parece bien. Pero yo voy a seguir intentándolo, crean o no crean que soy una buena actriz.

2 ▶ ¡Qué fuerte lo que ha pasado con Apple! ¿No? Yo me he quedado de piedra cuando lo he oído esta mañana en la radio mientras venía a la oficina.
▷ Ya, yo no daba crédito. ¿Qué hará ahora Jobs? ¡Menudo golpe bajo!
▶ Lo cierto es que tendrá que empezar de cero y, le salga mejor o peor, lo importante ahora es luchar por conseguir sus metas.
▷ Desde luego, le guste o no, no le queda otro remedio.

3 ▶ Lo cierto es que fue una decisión equivocada, lo mires como lo mires.
▷ Sí, me apuesto lo que sea a que estuvieron llora que te llora arrepentidos de haberlos rechazado. Ahora parece que lo desmienten, pero, les pese o no, ya no hay vuelta atrás, se pongan como se pongan.

4 ▶ ¡Qué disgusto tengo! ¿Pues no va y me suelta ese médico que al niño le cuesta entender más que a los demás? Y lo peor de todo es que no es el único: hable con quien hable, todos acaban diciéndome lo mismo.
▷ No hagas caso, mujer, yo estoy seguro de que lo que pasa es que no lo comprenden. Digan lo que digan, nuestro hijo es un genio.

5 ▶ Sabía que su vida fue muy dura, pero no tenía ni idea de que le costara dibujar.
▷ Ya, yo tampoco, mira lo que pone aquí: que, hiciera frío o calor, los últimos diez años de su vida se los pasó pintando. Dejó unos novecientos cuadros. ¡Increíble!, ¿no? Parece que, gustaran o no, él seguía adelante; y fíjate, solo vendió un cuadro en vida. ¡Qué ironía del destino! ¡Con lo que la gente paga ahora por sus obras!

6 ▶ Yo lo tengo claro: para triunfar hay que luchar hasta el final y no rendirse nunca. Y si no, que se lo digan a esta mujer que, la aceptaran o la rechazaran, ella seguía presentando su manuscrito a las diferentes editoriales. Le dijeran lo que le dijeran, jamás dejaba de intentarlo. Finalmente lo consiguió, claro.

[31]

▶ Buenos días, queridos oyentes. Hoy se cumplen quince años del recubrimiento del *Reichstag*, la proeza conseguida por Christo y Jeanne-Claude. Tenemos con nosotros al representante español de los artistas, que nos va a recordar cómo fue el arduo y difícil proceso de la obra artística. Joan Martorell, es un placer poder estar aquí con usted y escuchar de primera mano lo que pasó.
▷ Lo mismo digo, estoy encantado de poder colaborar en el recuerdo de la obra más significativa de esta pareja de artistas.
Lo cierto es que no fue un proceso fácil. Todo empieza en 1972, cuando se hacen los primeros dibujos preliminares, pero los artistas no obtienen respuesta alguna. Christo y Jeanne-Claude no desisten y viajan a Alemania un total de cincuenta y cuatro veces para promover el proyecto y obtener apoyo.
▶ Es increíble su tenacidad; claro, que por todo su esfuerzo al final se llevaron el gato al agua.
▷ Efectivamente, lo consiguieron y eso que era un reto bien difícil. Pero sí, se salieron con la suya.

▶ El *Reichstag*, además de su importancia arquitectónica, es también un icono de la historia alemana, si no me equivoco.

▷ Estás en lo cierto, Elena, el edificio ha sido testigo fiel de todos los derroteros históricos germánicos: para empezar, Guillermo II, el último káiser, lo inaugura en 1894, después de diez años de construcción. Hasta 1918 es la sede del II Imperio alemán. Durante la República de Weimar alberga el Parlamento, esta es una etapa más democrática y es cuando se coloca la inscripción que reza: "Para el pueblo alemán". Estamos hablando de los años 1918 a 1933.

▶ Tengo entendido que el edificio actual no es el original.

▷ Estás en lo cierto. En 1933, tres días después del nombramiento de Hitler como canciller de Alemania, sufre un incendio y se convierte en un símbolo del régimen nacionalsocialista para el ejército rojo. Además, es escenario de diversos combates, por lo que queda en completa ruina a partir de 1945. Afortunadamente, diez años después, la Alemania occidental lo restaura.

▶ Apasionante la historia. Pero me gustaría que siguiéramos con el proceso de su recubrimiento.

▷ Claro, estábamos en sus viajes para buscar apoyos... Pues bien, tres presidentes alemanes rechazan la idea rotundamente. Por fin, en 1987, consiguen juntar unas setenta mil firmas que los avalan, pero esto no fue lo que les abrió las puertas del *Reichstag*. En enero de 1994 Christo se reúne en Bonn con el Consejo de Ancianos del *Bundestag* y con sus argumentos les convence de que la acción es meramente artística.

▶ Y desde ese momento me imagino que empezaron a fabricar los materiales porque tenían que reunir una serie de características, según tengo entendido...

▷ En efecto, tal y como se acordó, todos los materiales utilizados eran reciclados. El sueño se hace realidad el 24 de junio de 1995: noventa escaladores profesionales y ciento veinte trabajadores de la instalación proceden a envolver el *Reichstag*, que permanece en ese estado catorce días.

▶ ¡Qué obra faraónica! Me imagino que todo aquello costaría mucho dinero. ¿Cómo se costeó?

▷ Bueno, Christo y Jeanne-Claude tienen una forma muy peculiar de financiar sus obras: ellos no aceptan subvenciones ni ayudas de los gobiernos, así que todo corre de su cuenta. El dinero lo obtienen de la venta de los bocetos de sus obras.

[32]

▶ Hoy nos hemos trasladado a Valencia para hablar con Francisco Amado, fundador de Autocoaching. Buenos días, Francisco. Ante todo, agradecerle que haya aceptado nuestra invitación para hablarnos de su profesión.

▷ Un placer estar aquí con vosotros.

▶ El *coaching* es un término relativamente nuevo y, aunque ya lleva una década con nosotros, aún hay gente que no lo tiene claro. ¿En qué consiste exactamente?

▷ Cambiemos la pregunta y salgamos ahora a preguntar: ¿qué es una minipimer? Todo el mundo sabe sin problemas que es un electrodoméstico para cocinar. Es decir, todos piensan en la utilidad, y aunque no tengan la más remota idea de cómo se utiliza, saben perfectamente su ámbito de actuación. Con el *coaching* pasa al revés, los pocos que saben algo del tema, primero lo encuadran desde la escuela o método que hayan escuchado o leído. Unos citan a la PNL, otros al *coaching* sistémico, y los hay que dicen simplemente que son técnicas mencionadas en la empresa. En lugar de tener claro el concepto general, cada persona opina desde el detalle o una aplicación concreta. El *coaching*, principalmente, es un proceso o método que ayuda a la gente a conseguir metas y objetivos, a alcanzar retos y a hacer realidad sus sueños.

▶ Entonces...

▷ Perdone que le interrumpa, me gustaría indicar que el *coaching* es una disciplina que apunta a generar en el ser humano un cambio en el modo de verse a sí mismo y al mundo que lo rodea. Muchas veces estamos sumergidos en que nuestra manera de ver o de hacer las cosas es la única, "la mejor"; creemos que el otro está equivocado y por eso desestimamos su opinión. El *coaching*, en cambio, trabaja desde la validación del otro como un ser auténtico y legítimo cuya opinión es tan válida como la propia.

▶ Usted trabajó más de diez años como profesional de la ingeniería. ¿Desde cuándo sintió la necesidad de dedicarse al *coaching*?

▷ Todo empezó a raíz de un accidente: una moto me arrolló y el impacto fue tan fuerte que salí volando y me fracturé varios huesos. Por decisión propia, y mientras me recuperaba, comencé a leer sobre *coaching* y liderazgo y me fascinó.

▶ Como pionero del *coaching* en España y Latinoamérica, ¿considera que hay diferencias en la forma de trabajarlo en uno u otro continente?

▷ Lo cierto es que incluso se encuentran diferencias entre América del Norte y América del Sur.

▶ Y ya para terminar, ¿cree que está suficientemente valorado el *coaching* en España?

▷ Bueno, depende de a quién le preguntes te puedes encontrar con respuestas muy distintas. Pero, y esto lo digo con el corazón en la mano, en España se sigue sin entender lo que de verdad es el *coaching*. ¡El *coaching* no es solo para empresas!

Unidad 9. La banda sonora de nuestras vidas

[33]

Como cada lunes, vuelve el concurso más viajero de las ondas a *La Ventana* y a Cadena SER Viajes. ¿Quieres ganar un viaje a Nueva York para dos personas, fechas a elegir, con billetes aéreos y hotel incluidos?

Esta semana queremos que nos cuentes cuál es la banda sonora de tu mejor viaje. Esa canción que, cuando la oyes, te traslada automáticamente en el recuerdo a aquella playa, a aquella ciudad, a aquel viaje en autostop o a aquel desierto donde fuiste feliz, solo o en buena compañía.

Sabemos que los sonidos, junto con los olores, son los dos sentidos que con más fuerza nos hacen evocar buenos recuerdos. Y todos tenemos asociadas una o varias canciones con un viaje determinado. Cuéntanos cuál es tu caso y por qué y gana un viaje a Nueva York para dos personas, según las bases legales del concurso que organiza Cadena SER Viajes. Solo tienes que enviarnos tu respuesta a *La Ventana* vía Twitter o Instagram antes del próximo lunes día 10 de diciembre. Entre todas las respuestas recibidas, seleccionaremos las dos más divertidas, originales y razonadas. ¿Los Beatles te recuerdan al primer beso que le diste a tu novio en el viaje de estudios? ¿Oyes a Frank Sinatra y te transportas a Nueva York? ¡Anímate! Deja tu comentario y, quién sabe…, tal vez la siguiente banda sonora te la ponemos nosotros y ¡gratis!

[34]

▶ Entramos en la clase de la profesora Carmen Fonseca, especialista en inteligencia musical en la Universidad de Huelva.

▷ ¡Bienvenidos! Quiero saludar a los estudiantes de español que hoy asisten a mi clase sobre "música y lengua: el factor de la inteligencia musical", aquí en la Universidad de Huelva. Me alegra saludaros y también me alegra vuestro interés por conocer algo más sobre el parentesco que tienen lengua y música.

La primera relación de parentesco es que son dos formas humanas de comunicación. La música, mucho más anciana que el lenguaje verbal, convive en el lenguaje mediante la entonación y el ritmo. Al ser formas de comunicación, tanto la lengua como la música, son culturalmente dependientes. Ambas están adscritas a las diferentes culturas, si bien la música posee un valor transnacional, ya que es un lenguaje universalmente válido. Los pueblos comprendemos las músicas de otros pueblos con mayor facilidad que los idiomas. Pero podemos resumir diciendo que ambas, la música y la lengua, se fundamentan en el ritmo, el tono y la melodía.

Aunque los dos sistemas de comunicación se basan en la oralidad y contienen elementos menores como son los fonemas, en el caso de los sonidos de las lenguas o las notas musicales las dos poseen símbolos escritos: letras, en el caso de la lengua, y figuras musicales, en el ámbito de la música. Podemos decir que las dos tienen frases y textos completos.

En el terreno de las emociones, ambas pueden servir para evocar sentimientos, para hacer el bien y crear bienestar, pero también se pueden usar para herir o torturar. Por su filiación emocional, ambas pueden crear sentido de comunidad. Nos identificamos con el lenguaje y también con la música.

Por último, en lo relacionado con el aprendizaje y nuestro desarrollo cognitivo, las dos son fundamentales en nuestro crecimiento a nivel intelectual. La inteligencia musical es la primera que se desarrolla. Su origen, ya en el útero, cuando somos fetos, está científicamente demostrado. El oído es el primer sentido que desarrollamos, nuestro primer *input* del exterior. Por eso, mientras los adultos buscamos en primer lugar el significado de las palabras cuando estudiamos una lengua, los niños analizan en primer lugar su melodía. La música y la lengua son dos elementos que no podemos separar y que se relacionan mutuamente. La musicalidad del lenguaje nos permite interpretar y conocer significados.

[35]

1 ▶ Hombreeeeee, al fin me coges la llamada. ¿Dónde te metes? Mira que te conozco…

▷ Lo siento, tío. No estoy en mi mejor momento…

▶ ¿Por qué tienes esa cara? A ver…, ¿estás agobiado por algo?

▷ Lo que ya puedes imaginar… Me agobia haber acabado la carrera y no encontrar trabajo.

▶ Ya… Bueno…, te entiendo… Sé lo que es eso. Pero tienes que tener paciencia. Tú vales mucho.

▷ Es fácil decirlo… pero de verdad que es deprimente. Siempre me piden experiencia. ¿Cómo la voy a tener si no me dan la oportunidad? Eso me pone tan triste que me quita las ganas de salir de casa.

▶ ¿Sabes qué hago yo cuando siento pena o tristeza? Me pongo a escuchar música, me ducho, me visto y me voy a hacer deporte. Moverte te hará bien, si te quedas parado, va a ser peor. Además, que te conozco… Que luego tendrás trabajo y te entristecerás por otra cosa. Eres don tristón, ¡ja, ja, ja! Anda, ¿a qué hora quedamos?

▷ Ja, ja, ja, ja. Vaaaaale. Me voy a animar. ¿Dónde quedamos?

2 ▶ Carmenza, llevás dos semanas viniendo acá y no observo mejoría... ¿Se puede saber lo que te pasa ahora?
▷ Nada, doctor, que no consigo superarlo. Cada vez que me subo a un coche o a un autobús, se me pone la carne de gallina..., todos los pelos de punta. No puedo... No puedooo... Es superior a mí.
▶ Bueno, bueno..., calmate. A ver... yo te entiendo perfectamente. Me pongo en tu lugar, y no solo porque soy psicólogo, ¿sabés? Hace años yo también tuve un accidente con el coche en Buenos Aires... Pero, mirá, lo superé... porque no hay problema que nos retenga..., es el miedo lo que nos paraliza y te tenés que liberar de eso.
▷ He seguido todos los consejos que me recomendó..., pero cuando siento que el coche o el autobús acelera... me pongo de los nervios.
▶ Exacto, vos lo has dicho. Los nervios... No dejés que los nervios controlen tu estado anímico. ¿No te funciona el tratamiento con la música? Te recomendé unas melodías para que estuvieras relajada en el momento de subir a un coche o a un autobús...
▷ Sí, lo sé... y funciona... pero me quedé sin batería en el móvil cuando iba a mitad de trayecto...
▶ Peeero a quién se le ocurre salir a la calle con el teléfono sin bateríaaaaaaaaa, Carmenzaaaa, por Diossss... Andá para casa, andá para casaaaaaa y seguí mis consejos.

3 ▶ Paulaaaaaaa!!
▷ Luisssss, que tengo cinco llamadas perdidassssss, ¿lo ves normal? ¿Esos gritos a qué vienen?
▶ ¡¡Que estoy loco de contentooooooo, que he aprobadoooo el carné de conducirrrrr!!
▷ ¡Me alegra oír esooooo! ¡Ja, ja, ja! Me alegro un montón por ti, de verdad.
▶ ¡¡Por finnnnn, qué alegría, amiga, qué alegría!! Cuando he llegado a la autoescuela y me han dicho que había aprobado, ¡me he puesto a dar saltos de alegría allí mismo! Hasta mi profesor estaba loco de contento, Paulaaaa. ¡Qué guay!
▷ Normal Luis, normal. Llevas tres años intentándoloooo... ¡Te has presentado diez veces al examen!
▶ Venga, Paula, no digas eso. Que tú sabes que lo he pasado muy mal.
▷ Lo sé, amigo, lo sé. De verdad que me alegro un montón por ti. Venga, te invito a algo, ¡que te lo mereces!

4 ▶ Hola, Rosy. Ya estoy aquí.
▷ Ay, Carmen. Vaya cara traes. ¿Cómo lo llevas?
▶ Fatal. Ya ves... Tú no sabes lo que es toda la noche sin dormir por los ruidos de los vecinos de arriba.
▷ Bueno..., la verdad es que sí me imagino por lo que estás pasando. Yo también he tenido vecinos que no controlaban el volumen de la música.
▶ ¿Volumen? Si solo fuera eso... De verdad, me sacan de quicio. Esta mañana me he puesto de un humor de perros porque no paraban de discutir desde las siete y anoche no pude dormir hasta las dos.
▷ Bueno, tranquiiiiilaa. Anda, tómate el zumo. Yo te acompaño y vamos a hablar con ellos.
▶ Sí, por favor, yo estoy hasta las narices de hacerlo y no he conseguido nada.
▷ No puedes seguir así. Vamos, anda, a ver si esta vez entran en razón. Y si no hacen caso, pues habrá que tomar medidas más serias.

[36]

La actividad de escuchar no es tan pasiva como se cree. Hay diferentes tipos de escucha en función del tipo de atención que prestamos a lo que oímos durante la comunicación.
La escucha apreciativa, por ejemplo, es un tipo de escucha que no requiere atención. Es una escucha relajada, de entretenimiento, aquella en la que simplemente disfrutamos.
La escucha selectiva, sin embargo, se practica cuando escuchamos seleccionando la información que nos interesa. Escuchamos solo algunos puntos del mensaje del comunicado, lo que nos importa. La escucha discernitiva es diferente de la selectiva porque sí que escuchamos el mensaje completo para determinar los aspectos más relevantes. Nos centramos en el fondo y no en la forma.
La escucha analítica es un tipo de escucha que pone atención al orden y al sentido de la información para entender la relación entre las ideas. Tiene un componente reflexivo, y separamos la información de las emociones. Realizamos preguntas a nuestro interlocutor para descubrir los motivos lógicos del mensaje.
La escucha sintetizada comienza cuando tomamos la iniciativa de la comunicación hacia nuestros objetivos: mediante la escucha se dirige la conversación para lograr la información o un comportamiento deseado de nuestro interlocutor. Realizamos afirmaciones o preguntas dirigidas.
La escucha empática se produce cuando escuchamos poniéndonos en el lugar de nuestro interlocutor. Asimilamos sus palabras y llegamos a lo que hay detrás de ellas. Oímos con la intención de comprender sus sentimientos. Apreciamos el punto de vista de la otra persona e interpretamos el mensaje a través de su mundo interior.

La escucha activa es la más completa, supone un esfuerzo físico y mental para obtener con atención la totalidad del mensaje, interpretando el significado correcto, a través del comunicado verbal, el tono de la voz y el lenguaje corporal, indicando al interlocutor el *feedback* de lo que creemos que hemos comprendido. Significa escuchar con atención y concentración, entender el mensaje y demostrarle a nuestro interlocutor que se siente bien interpretado.

[37]

El caso de Anabel Li

▶ Todavía me despierto por las noches con el mismo miedo... y la misma sensación de angustia. ¿Sabe? El camino de vuelta a casa por el bosque no lo he vuelto a realizar, siempre lo evito... Recordarlo es revivirlo con muchas lagunas y ansiedad. Algo así como un recuerdo borroso, en el que me veo huyendo y suena una música de película de terror de fondo que constantemente viene a mi mente.

▷ Pasos, frío, hojas secas que crujen, sensación de que te siguen, recuerdo la cara de susto que tenías en la primera consulta con solo hablar del tema. Ahora te veo algo mejor... ¿No recuerdas nada más? Anabel, ¿no viste a nadie?... Por ese bosque pasan a diario muchas personas...

▶ No consigo recordar muy bien... Todo es borroso y confuso pero, si la memoria no me falla, juraría que el hombre que vi que me seguía iba cubierto por una especie de capucha y estaba en el camino paralelo, entre arbustos, corriendo hacia mí. Eso fue lo que me asustó.

▷ Lo asustada que estabas no te permite recordar bien, pero dime al menos si sabes qué hora era.

▶ Es que lo mal que lo pasé me impide tener recuerdos precisos. Creo que eran como las cinco de la tarde... Creo. Yo había ido a dar un paseo por el lago y atajé por el bosque para tardar menos. A las seis tenía que estar en casa, había quedado allí con una amiga.

▷ Pues... He pasado por allí varias veces y en distintos momentos del día después de que me contaras tu experiencia y a esa hora suele salir gente que trabaja en una fábrica bastante cercana al bosque. ¿No escuchaste la bocina del cambio de turno de los trabajadores?

▶ No caigo, la verdad..., no consigo recordar ese detalle. Sí que oí varias voces, como risas y gritos a lo lejos... Solo recuerdo que oí unos pasos, el sonido de las pisadas sobre las hojas... y esa imagen de un hombre alto con capucha... El frío que sentí siempre me recuerda el miedo que pasé. La sensación de que me están siguiendo viene a mi cabeza una y otra vez...

▷ ¿No te dice nada esta imagen?

▶ A ver... Pues no, no me dice nada. ¿Qué es?

▷ Al lado del camino por el que anduviste hay una granja muy próxima y esta imagen que ves son los espantapájaros, con capucha, que están junto al camino para asustar a los pájaros de la zona.

▶ Es verdad... Recuerdo que un amigo mío me dijo que una vez fue a esa granja a trabajar y sacarse un dinero durante el verano. ¿Cree entonces que fue una confusión?

▷ Sin duda, en la sesión anterior me dijiste que eres muy sensible a las películas de miedo. Cuando me hablas de lo que te pasó, me recuerdas la escena de alguna película de terror. Lo que te sucede, Anabel, se llama sugestión, por eso te recomendé que usaras melodías de música agradable como el *chill out* y la *bossa nova*, junto con las técnicas de respiración para relajarte y superar tu miedo... Algún día tendrás que volver a realizar el camino del bosque.

▶ De acuerdo..., pues lo seguiré intentando... Gracias por tomarse la molestia de hacer el camino varias veces. Seguiré sus consejos.

[38]

1 ▶ Oye, ¿todavía sin vestir? Anda, vístete, que en cinco minutos tenemos que salir para la exposición de mi amigo Luis.
▷ Para lo que hay que ver... Ya voy.

2 ▶ María, ¿me vas a acompañar al aeropuerto a recoger a mi hermana?
▷ Sí, sabes que sí.

3 ▶ Mira, mira... así se juega al baloncesto, esta vale tres puntos.
▷ ¡Qué buen jugador eres!

4 ▶ ¿Has visto cómo canta mi sobrinaaaa en el coro de la escuelaaa?
▷ Sí, sí..., canta muy bien..., como un ángel.

5 ▶ Oye, María, ¿nos vemos mañana entonces?
▷ Vale, mañana a las diez.

6 ▶ Oye, María, ¿nos vemos mañana entonces?
▷ Sí, seguro, mañana a las diez.

7 ▶ Cariño, ¡ya estoy en casa!
▷ A buenas horas...

8 ▶ ¿De verdad que no te molesta que hoy nos quedemos en casa y no salgamos?
▷ Ya sabes que no.

[39]

En el principio

Si he perdido la vida, el tiempo, todo
lo que tiré, como un anillo, al agua,
si he perdido la voz en la maleza,
me queda la palabra.
Si he sufrido la sed, el hambre, todo
lo que era mío y resultó ser nada,
si he segado las sombras en silencio,
me queda la palabra.
Si abrí los labios para ver el rostro
puro y terrible de mi patria,
si abrí los labios hasta desgarrármelos,
me queda la palabra.

[40]

Todas las culturas cantan canciones, pues todos los seres humanos sentimos alguna vez ese instinto que nos impulsa a entonar un canto. No hace falta ser un profesional de este arte; dejarnos llevar por ese sentimiento bastará para concedernos sus beneficios. Solo o acompañado, no importa, ya sabes... Quien canta su mal espanta. ¡Cantemos!
Este antiguo arte no solo hace que te sientas bien: puede mejorar tu bienestar, reducir tus sentimientos de dolor e incluso prolongar tu vida. Los estudios han vinculado el canto con una frecuencia cardíaca más baja, disminución de la presión arterial y la reducción del estrés, de acuerdo con Patricia Preston-Roberts, una musicoterapeuta certificada en Nueva York. Ella usa el canto para ayudar a pacientes que sufren de una variedad de alteraciones psicológicas y fisiológicas.
Cantar, sobre todo en un coro, parece beneficiar en gran medida a las personas de edad avanzada. Las personas mayores que pertenecen a un coro reportan una respiración más fácil, mejor postura y menos visitas al médico.
El canto se ha convertido en una herramienta ampliamente aceptada en el campo de la salud. Cantar tiene efectos similares al yoga. La canción es un cauce perfecto para regular y controlar nuestra respiración. El ritmo cardíaco disminuye al expulsar el aire durante la exhalación y aumenta de nuevo al respirar durante la inhalación.
¡¡Canta!!, canta siempre que puedas, no hace falta que tu voz suene bien, canta en el lavabo (la resonancia del baño es perfecta), mientras te bañas o te duchas, en el coche, canta al realizar las tareas cotidianas de tu vida. Eres tú sin inhibiciones, sola o solo, sin que nadie te critique ni te alabe. Es una buena terapia.

Adaptado de http://unidadbioclinica.blogspot.com.es/2015/03/

[41]

▶ Nuestro invitado de hoy es Patrik Nils Juslin, neurocientífico que investiga la relación de la música con las emociones. Hoy nos ha concedido una pequeña entrevista para conocer algo más sobre música y el aprendizaje. Así que vamos a aprovechar para hacerle unas preguntas.
¿Por qué tarareamos hasta la música que no nos gusta?
▷ Muy sencillo: porque en nuestro cerebro actúa uno de los mecanismos neuronales que llamamos reflejo emocional condicionado. Y así, aunque la canción sea pachanguera, hortera o mala, podemos terminar silbándola o canturreándola. A veces cantamos en voz baja sin darnos cuenta o no podemos resistir la tentación de silbar una canción que no nos gusta.
Cuando usted oye una canción hortera repetidamente en situaciones agradables, lo más seguro es que la termine silbando porque, sin ser consciente, espera obtener –y obtiene– de nuevo esas mismas emociones, aunque su raciocinio le diga que esa música es, en sí, mala.
El mecanismo de condicionamiento es automático, y hace que usted responda con emociones positivas a música objetivamente mala.
▶ ¿Podemos desprogramar ese comportamiento automático?
▷ Claro. Con otra música. El oído es nuestro sentido emocionalmente más poderoso, mucho más que la vista...

▶ ¿Por qué?
▷ Porque es el primero que utilizamos en el claustro materno. Los sonidos son nuestro primer contacto con el mundo exterior. Aprendemos a escuchar antes de nacer y antes de ver, oler o tocar por primera vez. Cuando la madre oye una melodía que le produce emociones, segrega sustancias. Así aprendemos a reaccionar al oír cualquier sonido externo.
▶ ¿Puedo ser hortera antes de nacer?
▷ O tener muy buen gusto.
▶ Para eso hace falta buen oído.
▷ Se equivoca. Usted puede tener un oído excelente y padecer amusia.
▶ ¿Amusia?
▷ Sí, así llamamos a la discapacidad neuronal que impide conectar la música con las emociones. El oído es la mayor fuente de emociones para el ser humano. Tiene mayor poder asociativo, empático o sugestivo que la imagen, el gusto o el tacto. Por ejemplo… Si usted oye una melodía cuando ve a sus mejores amigos, volverá a sentir emociones positivas cuando la oiga, aunque no estén. La música no es la realidad: sus amigos no están ya, pero la canción sí está y la emoción que provoca en usted también es real.

Adaptado de http://matosas.typepad.com/competir_con_la_mente/2008/01/un-sonido-te-ha.html

Unidad 10. El arte de conversar

[42]

▶ Un mal día es ese en el que te has quedado dormida, vas con prisa, te tomas el café justo cuando vas a salir de casa y ¡plas!, se te mancha la ropa. ¡Horror! ¿Qué haces? ¿Te cambias? No es tan fácil, porque has de pensar en una camisa que te pegue con la falda que llevas y hasta con el sujetador que te has puesto. Ja, ja, ja. Tardas más en pensar qué hacer que en hacerlo…
▷ Ja, ja, ja. Sí, me suena todo eso, por una mancha tienes que cambiarte todo el vestuario. Y seguro que luego llegas a la estación y se te va el tren. ¡Lo has perdido! Y el siguiente no llega hasta dentro de 45 minutos.
▶ Y si decides volver a casa a coger el coche, tardas el doble porque ¡pillas un atasco!
▷ O se te avería el coche.
▶ Ja, ja, ja, ja. Un mal día, ¿no? Un día horriiiible, ja, ja, ja.
▶ ¿Os habéis dejado alguna vez las llaves dentro de casa y, justo en el momento en el que cierras la puerta, caes en ello? Se te queda una cara de tonta…
▷ Ja, ja, ja, sí, o llegas a casa deseando cenar y tumbarte en el sofá y cuando vas a sacar las llaves, no las encuentras. No sabes si te han perdido o si se te han olvidado en la oficina.
▶ Yo, por eso, le di un juego a la vecina de arriba.
▷ Y cuando subes a pedírselas, resulta que se ha ido de vacaciones.

[43]

1 ▶ ¿Qué haces que no dejas el móvil en paz? Quedamos para hablar de nuestras cosas y ¿me recibes así?
▷ Estoy jugando a Triviados, ya llevo tres estrellas conseguidas, ¡bien!
▶ Mira, me parece muy bien que juegues a esas memeces, pero hazlo cuando estés solo. Como no guardes el móvil ahora mismo, me voy y aquí te quedas.
▷ Vale, vale, no te pongas así, hombre.
▶ Es que es verdad, no me extraña que luego tus amigos se quejen de que no les haces ni caso, si los tratas a todos así…
▷ Bueno, tampoco te pases, siempre que me pides que te escuche, aquí estoy. Estaba a punto de cerrar la aplicación, pero tengo que guardar mis resultados.
▶ Vale, lo que tú digas, pero tú verás si quieres que coja mis cosas y me largue o me quede.
▷ Ya estamos con las amenazas. Anda, cuéntame qué te pasa ahora.

2 ▶ ¿Otra vez con los jueguecitos?
▷ Sí, mamá, pero son juegos de cultura general, no veas si aprendo con ellos…
▶ Sí, sí, lo que tú digas… No sabes qué inventar para no estudiar y no hacer los deberes. Ya hablaremos cuando lleguen tus notas.
▷ Que no, mamá, que esto te agiliza mucho la mente. Aparte de todos los contenidos que aprendo con este juego, luego estudio con más concentración.
▶ Vale, si quieres suspender, allá tú con lo que haces, pero luego no me llores.
▷ Mira que eres pesada, ¡corta el rollo, mamáaaá! Y te digo una cosa: te arrepentirás de tus palabras cuando llegue con todo aprobado.
▶ A ver si es verdad.

3 ▶ ¡Cuánta tensión con este juego!
▷ Sí, es una de las partidas más emocionantes de las que hemos jugado. Creo que esto es pan comido.
▶ Te dejo al mando, voy un momento al baño.
▷ Vale, ve tranquila.
▶ ¿Cómo vamos? ¿Ganamos? ¡Uy, qué cara! Como hayas metido la pata en algo, te vas a enterar.
▷ ¡Puf! Ahora estamos empatados, pero espera que nos salte la siguiente pregunta, ya verás como conseguimos la última estrella y ganamos.
▶ Concéntrate y no hables tanto, como te equivoques al dar a la opción...
▷ ¿Quieres callarte? ¡Ayuda un poco en lugar de hablar tanto!
▶ ¡Quién fue a hablar!

[44]

El Día del Libro se celebra cada 23 de abril para rendir homenaje a esos "compañeros" de papel que sacian nuestras ansias de lectura cada vez que los necesitamos. Es durante esta jornada cuando, a nivel internacional, las calles se llenan de libros y actividades literarias para conmemorar la importancia en la cultura del mundo de las letras. El Día del Libro se celebra el 23 de abril porque se dice que en esa fecha es cuando murieron tres grandes de la literatura: Miguel de Cervantes, William Shakespeare y el Inca Garcilaso de la Vega.

Este día es el mejor momento para demostrarle a los textos la importancia que tienen en nuestras vidas y, por ello, se pueden realizar diferentes actividades durante la jornada: pasear por la Cuesta Moyano de Madrid, calle llena de puestos donde se pueden encontrar desde las últimas novedades hasta ejemplares muy antiguos; acudir con los niños a alguna de las actividades que se han preparado para ellos en la capital;

recorrer las Ramblas de Barcelona y buscar entre las casetas a nuestro autor favorito para que nos firme su último libro...

La tradición catalana de regalar una rosa y un libro se ha extendido a gran parte del país, de ahí que las calles se conviertan en una especie de "biblioteca con flores".

Esta jornada coincide con el día de Sant Jordi, día en que Cataluña rinde homenaje a su patrón y que está vinculado directamente a la explicación de por qué se regalan rosas durante el Día del Libro: cuenta la leyenda que hace mucho tiempo, en Montblanc (Tarragona), vivía un feroz dragón que tenía atemorizados a los habitantes de la ciudad. Estos, asustados, decidieron calmar al dragón dándole de comer una persona al día, la cual sería elegida por sorteo. Después de varios días, la mala suerte le tocó a la princesa; un valiente caballero, Sant Jordi, la salvó dando muerte al dragón, de cuya sangre cuentan que brotó un rosal.

Adaptación de *Jot Down*

[45]

▶ Cristina García Rodero (Puertollano, 1952) ha sido la primera mujer que ha ganado el Premio Nacional de Fotografía (1996) en España y la primera mujer española que ha llegado a ser miembro de la Agencia Magnum de fotografía, entre otros muchos reconocimientos y premios. Le ha costado llegar a ser reconocida por otros muchos fotógrafos españoles, que no la han considerado de igual manera que desde el extranjero, donde se la ha valorado desde hace mucho tiempo.
Sus primeros pasos en el mundo del arte fueron con la pintura y tuvo como profesor nada menos que a otro ilustre castellano-manchego: Antonio López.
▷ Antonio López fue el primer profesor de pintura que tuve y recuerdo las ganas que yo tenía de aprender. También fue profesor mío Manuel Villaseñor, que luego se convirtió en amigo, y Antonio Guijarro y Úbeda. La facultad estaba llena de pintores manchegos, yo creo que es algo que La Mancha da: escritores, poetas y artistas.
▶ Usted ha sido profesora en la Facultad de Bellas Artes también, eso le ha permitido financiarse como fotógrafa. ¿Qué ha intentado transmitir a sus alumnos?
▷ El amor por su trabajo. Es fundamental. Es algo que nos va a llevar mucho tiempo y hay que disfrutarlo y dedicarse a ello con pasión. Que amen su trabajo, y crezcan en él, que investiguen para superarse. Que no se pongan furiosos cuando algo no les sale.
▶ ¿Cómo fue cambiarse a la fotografía y hacerse fotógrafa?
▷ Fui muy afortunada al encontrar mi vocación, que era la pintura. Desde pequeña se me dio muy bien dibujar y una compañera mía me habló de Bellas Artes. Yo no tenía ni idea de que existía. Fui absolutamente feliz como estudiante porque era lo que yo quería hacer. Terminé la carrera y me dieron una beca, la pedí para Florencia pero la escuela era muy mala. Empecé a salir a la calle con mi cámara y empecé a hacer reportajes.
▶ ¿Y cómo surgió "España oculta"?
▷ Había pedido una beca a la Fundación Juan March para fotografiar España y cuando me metí de lleno en las fiestas, me dije: "Me centro en esto porque merece la pena". Por la cantidad de imágenes que te pueden dar, porque está toda la gente en la calle, porque estás aprendiendo geografía, porque te relacionas con la gente, porque es un reto, porque se desconocen, había muchos motivos para trabajar en ello. Lo que a mí me hizo centrarme también fue la poca información que había respecto a este tema.
▶ ¿Qué le ha dado la fotografía y qué le ha dado usted a la fotografía?

▷ Yo a la fotografía le he dado mi vida y la fotografía a mí muchísimo, sobre todo el sacar de mí cosas que desconocía. Siempre me he tenido por una persona muy tímida y miedosa. La fotografía te obliga a que te tragues el miedo, a sacar fuerzas de donde no te imaginas, a ser muy luchadora. También a amar lo que estás haciendo y a amar lo que ves, a conocer, a aceptar a los demás, a aceptar las diferencias, a adaptarte a comidas... La fotografía es una lucha y una aventura, un compartir y un conocimiento. Me he vuelto más tolerante con la fotografía.
▶ ¿Qué busca en el momento de fotografiar?
▷ Lo que vas buscando es la calidad de la imagen y las personas que te enamoran. No soy nada objetiva, voy hacia las personas que despiertan algo en mí. Es la emoción que te dan por su belleza, por su ternura, por su ingenuidad, por el papel que están ocupando, por la importancia de lo que están viviendo, por cómo lo viven, por cómo lo vive el entorno. Hay muchas formas de contar las cosas y yo quiero contarlas en libertad, como a mí me gusta. Y al contarlas con libertad es cuando realmente me quedo satisfecha y me siento bien.

[46]

Sobre el equipaje...
▶ ¿Qué llevas ahí, la casa entera?
▷ Lo imprescindible, solo lo imprescindible.
▶ Lo imprescindible no puede ocupar tanto.
▷ Si supiéramos adónde vamos, podría haber elegido entre ropa de invierno y ropa de verano, pero claro, como a vosotros os gusta la aventura...
▶ Si supiéramos adónde vamos, no tendría gracia el viaje. Estamos en agosto, ¿para qué quieres ropa de invierno?
▷ Depende de los sitios, por la noche refresca.

Sobre el medio de transporte...
▶ Ya tenemos furgoneta para el viaje.
▷ Huele a queso.
▶ Claro que huele a queso, se la hemos comprado a un quesero...
▷ O sea, que queréis que nos pasemos el verano oliendo a queso.
▶ Eso ya es una mejora en tu olor habitual.
▶ Cuando se nos olvide dónde la hemos aparcado, podemos encontrarla por el olor.
▷ La verdad es que huele un montón.
▷ Habrá que desinfectarla. A mí el queso me da ganas de vomitar. Ya sabéis que soy alérgico a los lácteos.
▶ Pues la lavas tú, que eres el único que no ha puesto dinero.

Sobre el trabajo...
▶ No te lo había dicho: me he ido del periódico.
▷ ¿De verdad?
▶ Lo que oyes. Estaba harto.
▷ ¿Y qué vas a hacer?
▶ Ni idea.
▷ Me parece bien.
▶ Todavía no se lo he dicho a mis padres.
▷ ¿Se lo vas a decir?
▶ Claro, trabajan allí.
▷ Entonces ya lo sabrán.
▶ A lo mejor.
▷ Era un asco de trabajo. No te daba ni para pagarte un alquiler.
▶ Por eso...
▷ En lo mío te puedo encontrar trabajo.
▶ ¿En lo tuyo? No voy a dejar un asco de trabajo para coger otro peor...
▷ Da más dinero. Claro, que como tú vives con papá y mamá, te lo puedes permitir...

Sobre las chicas...
▶ Ayer estuve con Anabel, una tía encantadora. Cuando cerró el bar eran casi las seis de la mañana y la acompañé andando hasta su casa. Llegamos al portal y yo estaba seguro de que me iba a invitar a subir.
▷ Pero no.
▶ Me invitó a subir, para que te enteres...

▷ ¿Y subiste?
▶ ¿Me dejáis contarlo? Me invitó a subir, pero cuando iba a abrir resulta que se había olvidado las llaves de su casa en el bar.
▷ ¿Te la llevaste a un hotel?
▶ La acompañé en un taxi a casa de una amiga.
▷ No la invitarías a venir, que te conozco.
▶ No, hombre, no. No exactamente.
▷ Dijimos que sin chicas, solo los cuatro.
▶ Bueno... Le di el teléfono del móvil de Raúl, por si acaso se nos quería unir en algún lado, pero, vamos, no viene...
▶ ¿Qué? El móvil os dije que era solo para hablar con Elena. Ya os lo advertí. Lo paga la empresa de mi suegro y luego no quiero líos. Así que olvidaos de eso de que el móvil es de todos, de eso nada, ¿eh?

Unidad 11. Cambios

[47]

- La familia continuará siendo el núcleo social más importante y cada figura parental continuará ejerciendo su rol. Seguirá desarrollándose la diversidad estructural, con modelos monoparentales, homosexuales y reconstituidos. Sin embargo, el mayor cambio lo constituirá el advenimiento de las familias grupales, que serán uniones matrimoniales entre varios hombres y varias mujeres que cohabitarán indiscriminadamente y sin restricciones dentro del grupo. Los hijos lo serán de la comunidad en su conjunto, todos los individuos mayores serán padres y madres sin importar la relación biológica.

- En dos décadas, el 95 % de los kilómetros recorridos se hará en vehículos eléctricos autónomos usados bajo demanda. La gente no necesitará comprar un coche, lo usará cuando lo necesite proporcionado por una gran flota, la cual procurará que sus vehículos rueden constantemente, en lugar de permanecer el 95 % del tiempo aparcados, como ocurre en la actualidad. Con ello se prevé que exista un 80 % menos de vehículos. Una consecuencia será la desaparición de los profesionales del volante: taxistas, mecánicos, autoescuelas, fabricantes y vendedores, entre muchos otros. La otra implicación será el cambio en la fisonomía de las ciudades, que dejarán de tener al coche privado motorizado como protagonista.

- Es inexorable que los robots desplacen a los humanos en no menos de un 50 % de los procesos. Pero no existe una sociedad avanzada que asuma tal hecho, ya que sin su dinero ni su consumo la demanda interna se desplomaría. Por ello, la solución pasará por la existencia de una renta básica universal. Lo que esta solución aporta es la equivalencia entre ciudadano y consumidor. La implicación más directa será que la distinción entre trabajo y ocio desaparecerá. Esto será así porque el ciudadano pasará el día, de una manera u otra, interactuando con máquinas, cuya tecnología será suministrada por las mismas empresas que gestionarán esta fusión de actividades. De esta manera, aunque no se desempeñen actividades laborales convencionales, la vida misma será nuestro puesto de trabajo, generando ingresos simplemente por actuar en el mundo.

- En un contexto de población mundial de más de diez mil millones de personas, en la que se dejará de producir cereal y se talarán casi todos los árboles, hay que señalar que el mayor cambio en relación al clima será mucho más que una subida de las temperaturas, que por otra parte hará que en unas décadas en España sean habituales las temperaturas actuales de Marruecos y en Francia, las de España. Lo preocupante es que estos cambios implicarán guerras, desplazamientos, hambrunas y luchas por los recursos cada vez más escasos. La flora y la fauna se extinguirán en un alto porcentaje y micropartículas de plástico y de aluminio se asentarán en los fondos oceánicos. Sin embargo, la verdadera bomba de relojería son las placas de hielo antártico que se derretirán y quebrarán, lo que aumentará enormemente el nivel de los océanos y anegará las costas y las riberas de los ríos en todo el mundo.

- El mayor cambio en el entretenimiento del futuro será la participación del espectador en los eventos gracias a la 3D virtual. Los cines continuarán existiendo, pero ofreciendo realidades nuevas como el 4D, con butacas móviles y olores o sensaciones atmosféricas. Todos los soportes actuales, tales como televisión, radio y consolas de videojuegos, pasarán a mejor vida y estarán integrados en un solo aparato. La totalidad de contenidos serán ofrecidos vía internet con un ancho de banda desconocido hasta ahora. Pero el mayor protagonista del futuro será la realidad virtual, que por medio de unas simples lentillas permitirá realizar cualquier actividad sin moverse del salón de casa: desde pasear por ciudades lejanas, visitar exposiciones, viajar en el tiempo o asistir a acontecimientos deportivos o culturales en primera fila, hasta dar la vuelta a la tierra por la estratosfera.

[48]

▶ ... Y en el programa de hoy contamos con el testimonio de oyentes que quieren compartir con nosotros algunos cambios decisivos en su vida. La primera de ellas es Alejandra Bernal. Buenas tardes, Alejandra.
▷ Buenas tardes, Marcos, ¿cómo estás?
▶ Muy bien, encantado de hablar contigo y de que nos cuentes esa fiesta que supuso un punto de inflexión en tu vida.
▷ Pues sí, la verdad. Todo empezó en junio de 2015, cuando Rodrigo, uno de mis amigos de toda la vida, me mandó un wasap para pedirme que lo acompañara a uno de sus compromisos de trabajo. La verdad es que Rodri siempre estaba con esas cosas y a mí no me apetecía nada, pero bueno, insistió y al final fui con él.
▶ Y no te arrepientes, por lo que veo...
▷ Pues no, lo cierto es que no. De hecho, después de ese día siempre le he dado las gracias por ser tan pesado.
Resulta que la fiesta fue en los jardines de uno de esos hoteles pijos. Al principio todo era un poco serio, pero después empezaron a poner música, la gente se animó y empezamos a bailar.
▶ Y no me digas que entre copas y bailes conociste a alguien especial...
▷ Pues sí, pero creo que los tiros no van por donde tú crees.
▶ ¿No?
▷ No, para nada. Conocí a Naoko. Naoko es una mujer encantadora, japonesa, apasionada del flamenco y que tiene una escuela de danza en Osaka. El flamenco siempre ha sido mi debilidad y durante muchos años soñé con dedicarme a bailar de manera profesional, pero ya sabes... Al final la vida me llevó a trabajar en la recepción de un hotel y a abandonar mi sueño.
▶ ¿Y Naoko resucitó aquel sueño?
▷ Pues sí. Me vio bailar y me dijo que le gustaría hacerme una prueba para ser profesora en su escuela, si a mí me interesaba, claro... Le dije que sí, me cogieron, hice las maletas y dos meses más tarde empecé a trabajar en Japón.
▶ ¡En Japón!
▷ Sí, sí, en Japón. La verdad es que suelo ser una persona que no tomo decisiones tan rápido y suelo tener un poco de miedo a los cambios, pero en ese momento sentí que tenía que coger el tren... Y aquí sigo, en Osaka... Así es que no puedo estar más contenta y más agradecida a mi amigo Rodri.
▶ Pues nada, un saludo para Rodri.
▷ Un besito, Rodri.
▶ Muchas gracias, Alejandra, por compartir tu experiencia con nosotros.
▷ Gracias a vosotros, un placer.
▶ Y seguimos hablando con...

[49]

Oye, ¿cuánto te queda a ti?
[...]
Ya, ya... Pues es que estoy aquí esperando, hay una cola que te mueres... Quedamos a las nueve mejor, ¿vale?
[...]
Ya, ya lo sé, pero es que quiero ver la última sala porque me han hablado fenomenal de un tal Perico Ramírez, que parece que es la bomba.
[...]
Sí, sí, esa ya la he visto, tienen un Picasso. Me ha colado tu amigo Toni, el de seguridad, porque había que sacar una entrada especial para pasar. Es un encanto de hombre...
[...]
¿Qué te iba a decir? ¿Por qué no vienes tú a recogerme aquí en lugar de ir yo para allá?
¿Eh? Ya... Vale, vale, pues entonces vete a tu casa y me esperas allí... Tienes un morro que te lo pisas... Pero ten todo preparado cuando llegue, ¿vale?

[50]

1 Son los que compran en más páginas diferentes. No le dan excesiva importancia a las promociones. Si algo les gusta, lo compran aunque no tenga descuento o no tengan verdadera necesidad del objeto. Aun así, son entusiastas de las ofertas del día, en cuyas redes caen con bastante facilidad. Necesitan leer opiniones de otros compradores y si ven alguna negativa, no compran. Pueden llegar a adolecer de falta de criterio.

2 Le encanta navegar, investigar y comparar. Su decisión de compra requiere un incansable proceso previo de información que incluye la visita a un gran número de páginas y una exhaustiva recopilación de opiniones de usuarios. Su objetivo no es buscar el mejor precio, sino la seguridad de que no va a errar en su decisión. Esta forma de proceder puede llegar a causar en ocasiones la llamada parálisis por análisis, que conduce al interminable examen previo sin llegar a concretar nada.

3 Examina con lupa todo el proceso de compra. Se queja ante el mínimo problema y castigará sin piedad a la tienda en los foros. Por otro lado, si una incidencia es resuelta satisfactoriamente, puede convertirse en el cliente más fiel.

4 Es un comprador habitual que sabe aguardar como un cazador al acecho hasta lanzarse al mejor precio. A veces, para conseguir su objetivo, puede pasar por alto factores importantes como la garantía o el servicio posventa. Es capaz de comprar más productos de los que tenía pensado para aprovecharse del envío gratuito. Le gusta dar su opinión en las redes sociales, al tiempo que es altamente influenciable ante las ajenas.

5 Son compradores ocasionales que cuando tienen en mente un producto, buscan en pocas páginas, pero de la máxima confianza y seguridad a pesar de que con ello deban renunciar a alguna ventaja. Se convierten en fieles de aquellas tiendas que le han procurado buenos resultados. No le hace mucha gracia tener que registrarse y les satisface que la compra se realice en pocos pasos. No les influyen demasiado las opiniones de otros consumidores.

6 Engloba dos figuras: la primera es la del que investiga en el comercio electrónico y realiza después la compra en tienda física por la mayor confianza que esta le produce. La segunda es la del que visita los establecimientos comerciales físicos para tocar y probar el objeto y, una vez seleccionado, recurre a la compra electrónica para beneficiarse de un mejor precio.

[51]

▶ Continuamos con el debate sobre la progresiva desaparición del comercio tradicional y de las tiendas físicas en favor del comercio electrónico. Antes de la pausa para la publicidad, nuestros invitados habían iniciado una discusión muy acalorada. Espero que ahora tengamos los ánimos más tranquilos.
¿A quién le gustaría empezar esta vez?

▷ A ver, a mí. Antes de nada, me da la impresión de que se está demonizando a las tiendas electrónicas, como si fueran las culpables de todos los males de la actualidad, y la realidad es que todo hijo de vecino las usa en mayor o menor medida porque todo son ventajas…

▶ Te pido por favor que hables por ti, Carlos, todo el mundo no…

▷ … decía que para la gente es un sueño tener la posibilidad de echar un vistazo a los catálogos de productos del mundo entero sin moverse de la silla, y poder comprar cada dos por tres lo que les apetezca y que se lo manden a casa, y además mucho más barato.

▶ ¿Quieres hacer el favor de no generalizar? Te repito que hables por ti, porque hay muchas, pero que muchas personas que no tienen el tiempo para mirar, ni se pueden permitir el lujo de gastar dinero tan a menudo como tú dices y…

▷ Pregunta por ahí y verás lo que…

▶ Espera un momento, ¿quieres? Además, no hace falta preguntar, solo leer los periódicos, pero en todo caso, tengamos una visión más global, te lo pido por favor, y no hablemos solo por lo que vemos hacer en nuestro círculo. La realidad es que no nos queda más remedio que usar el comercio electrónico para comprar porque cada vez hay menos tiendas físicas o las que hay son todas iguales. Están despareciendo a marchas forzadas las tiendas especializadas y es una pena. Por ejemplo, en mi barrio había hasta hace nada ferreterías donde se podía encontrar absolutamente de todo; ahora no queda ni una y solo se pueden conseguir esos productos acudiendo a internet.

▷ Pues más a mi favor me lo pones, porque puedes comprar lo mismo de antes pero sin tener que estar por la calle de aquí para allá porque…

▶ ¡Lo que me faltaba por oír! Como si andar por la calle fuera malo…

▷ Déjame que acabe, si no te importa. Lo que quiero decir es que ahora se puede aprovechar el tiempo mejor, sin tener que estar yendo de tienda en tienda preguntando dónde puedes conseguir esto o lo otro; tan solo tienes que buscar lo que quieres en internet y ya tienes mil vendedores dispuestos a enviártelo a domicilio. Solo te falta elegir el mejor precio y las condiciones que mejor te convengan y ya lo tienes.

▶ Cristina, no estás dormida, ¿no?

▶ No, no, bueno, yo creo que convendría hacer un par de consideraciones. La primera es que la proliferación de tiendas virtuales, que en muchos casos no tienen ni local, se está cargando las tiendas de toda la vida, porque estas deben pagar sus alquileres, sus impuestos e invertir en crear un espacio físico agradable, y no pueden competir…

▷ Eso es demagogia.

▶ ¿Sería mucho pedir que me dejaras terminar el argumento? Decía que se aprovechan del trabajo de otros para dar a conocer las marcas y los productos al gran público y luego les roban a los clientes. Otro modelo que está haciendo mucho daño son las tiendas mastodónticas que todos tenemos en la mente y que se nutren en muchos casos de comerciantes minoristas, obligándolos a trabajar con unos márgenes ridículos a riesgo de dejarlos fuera del mercado y aplastarlos. Aunque también es verdad que los pequeños comercios no están sabiendo adaptarse a esta realidad, ya que siguen ofreciendo lo mismo de toda la vida sin ningún nuevo atractivo y, encima, más caro que la competencia digital. Y luego están los consumidores, que van descaradamente a lo más barato sin importarles la garantía de lo que compran ni el servicio posventa, con lo que es una pescadilla que se muerde la cola. Que conste que no estoy echando la culpa a los compradores...

▷ ¡Vaya que no! Acabas de decir que somos los usuarios de internet los que cerramos las tiendas de barrio.

▶ Hazme un favor: no pongas en mi boca cosas que yo no he dicho.

▷ Bueno, más o menos has querido decir eso, ¿no?...

[52]

▶ Vamos a ver, Eva, lo de *iros* me parece ya el colmo, ¿a dónde vamos a llegar? ¡Toda la vida metiéndonos en la cabeza lo de que el imperativo de *vosotros* termina en *-d* y ahora llega el Reverte y viene con estas...

▷ Eres un exagerao... A mí no me parece para tanto... La gente habla como habla y es normal que la RAE lo admita.

▶ ¿En serio me dices que te parece bien? ¿Tú no eras la filóloga?

▷ Vamos a ver, que yo no he dicho eso, pero tampoco vamos a hacer un mundo de esto. Estamos en el siglo XXI y está claro que no hablamos como hablaba Cervantes. Tendremos que adaptarnos a los tiempos, aunque a veces haya usos que no nos gusten...

▶ Sí, sí, si estoy de acuerdo con eso, pero una cosa es una cosa y otra cosa es otra. No tengo ningún problema en que acepten términos nuevos, de hecho hay algunos que me encantan y los uso, como *postureo*, pero hay un límite entre lo aceptable y lo inadmisible.

▷ Evidentemente que lo hay, pero no me negarás que es difuso.

▶ ¿Difuso? ¡Qué va! En algún caso, bueno, vale, pero en general, para nada. Hay cosas que están bien y cosas que están mal.

▷ ¿Dónde? ¿En Madrid o en Sevilla? ¿En Bogotá o en La Habana?

▶ No empieces con la demagogia barata, Evita. Una cosa son las variedades y otra, los errores.

▷ Pero entiende que lo que para ti está mal, igual para un argentino no.

▶ No. Hay palabras o expresiones que un argentino usa y yo no, que es muy distinto.

▷ ¿Por ejemplo?

▶ Un argentino diría *plata* y yo diría *dinero*, pero no digo que *plata* sea incorrecto. Lo que no voy a pretender, por muy madrileño que sea, es que la RAE acepte el laísmo porque soy perfectamente consciente de que está mal.

▷ Pues anda que no se te escapa a ti lo de *la dije*...

▶ Alguna vez, pero no exageres. Lo que está claro es que tenemos que proteger la lengua porque, si no, esto es jauja.

▷ Pero las instituciones lingüísticas tienen que reflejar cómo habla la gente, esa es su principal labor.

▶ Que no, Eva, que no. Que las instituciones tienen que regular y dar pautas para un correcto uso. Para mostrar tenemos los periódicos, los libros o lo que tú quieras, pero no la RAE.

▷ Qué rancio eres. Seguro que sigues escribiendo *solo* con tilde.

▶ Pues no, pero no te creas que es por falta de ganas...

▷ Venga, déjalo, no quiero volver a escuchar el ejemplo de "Me gusta tomar café solo".

[53]

1 Creemos que una colectividad equitativa implica una sociedad más justa, con menos marginalidad, conformando una comunidad más independiente. Por ello, nuestras acciones tienen como eje principal la paridad de oportunidades.

2 Debemos poner en marcha mecanismos que propicien la adhesión a programas participativos que posibiliten el logro de nuestras metas. Este hecho comienza entre dos personas y se extrapola a toda la sociedad, traspasa fronteras y abarca a la humanidad entera. No basta con el afán individual, es necesario sopesar la posibilidad de dar y recibir.

3 Amparamos la preeminencia de la dignidad y de los derechos de los seres humanos y del entorno sobre nuestros propios intereses; por ello, propiciamos y alentamos el uso de energías renovables como camino hacia las energías libres, posibilitando un crecimiento sostenible y cordial con el medioambiente.

4 Creemos firmemente que un crecimiento sostenible es posible. Para lograrlo, hay que posibilitar el diálogo en foros comunes, desde donde podamos consensuar posturas y alcanzar el pacto de llevarlas a buen término con el fin de poder coronar el tan ansiado desarrollo sostenible.

Extraído de: http://feniss.org/fundacion/

Unidad 12. Imágenes

[54]

Un hombre del pueblo de Neguá, en la costa de Colombia, pudo subir al alto cielo. A la vuelta, contó. Dijo que había contemplado, desde allá arriba, la vida humana. Y dijo que somos un mar de fueguitos. El mundo es eso –reveló–. Un montón de gente, un mar de fueguitos. Cada persona brilla con luz propia entre todas las demás. No hay dos fuegos iguales. Hay fuegos grandes y fuegos chicos y fuegos de todos los colores. Hay gente de fuego sereno, que ni se entera del viento, y gente de fuego loco, que llena el aire de chispas. Algunos fuegos, fuegos bobos, no alumbran ni queman; pero otros arden la vida con tantas ganas que no se puede mirarlos sin parpadear, y quien se acerca, se enciende.

[55]

1 Esperando el ascensor

▶ ¡Román!, ¿qué pasa?
▷ Hola, Pedro. Aquí, liado..., para la planta cuarta voy.
▶ Uffff, eso es Recursos Humanos, ¿no? Pa,llá voy yo también.
▷ Sí, así es. Papeleos.
▶ Buenos días.
▶ y ▷ ¡Buenos días!
▶ ¿A qué planta va?
▶ A la segunda.
▶ Ok, nosotros vamos a la cuarta.
▷ Oye, Pedro, ¿te has enterado de que despiden a Alfredo?
▶ ¡Eso no puede ser! ¡Qué fuerte! Pero si lo he visto esta mañana y no me ha dicho nadaaaaaaa.
▷ Bueno... ya sabes que su jefe es un gusano, un mal tipo...
▶ Ajá.
▷ ... Al parecer, el proyecto que comenzaron hace un mes todavía está en pañales. Y no le han dado más tiempo...
▶ Vaya.
▷ Su socio, el tal Agustín..., ya sabes que es un pelota...
▶ Ajá.
▷ Va a ser la persona que ahora lleve el proyecto.
▶ ¿Agustín? ¡No me lo hubiera imaginado!
▶ y ▷ Hasta luegoooo.
▶ Oye, ¿y ese quién es?
▷ ¿¿Ese?? Ya te contaré...

2 En la cafetería

▶ ¡Eh, Juanjo! ¡Estoy aquí!
▷ Hola, María. Perdona el retraso... Ya sabes cómo se pone el tráfico los viernes.
▶ Nada, no te preocupes. Te he pedido el café, tomas café con leche, ¿verdad?
▷ Sí, sí..., perfecto.
▶ Bueno..., ¿qué me querías contar?
▷ Nada... Andrés, que ha perdido un tornillo... o yo no me lo explico...
▶ ¿Y eso?
▷ ¿Sabías que ha roto con Berta?
▶ Eso que dices es una tontería... ¡¡¡Pero si los vi ayer y estaban bien!!!
▷ Pues me lo ha contado Alberto esta mañana por teléfono...
▶ Ajá..., pues... francamente..., me dejas de piedra.
▷ Dice... que no es feliz..., que está en la flor de la vida... y... Oye, ¿me sigues?
▶ ... Sí, perdona, es que me están llegando wasaps... Continúa... Dime.
▷ Eso, que dice Alberto que está en la flor de la vida y que no es feliz... Oye, ¿me estás escuchandooooo????
▶ ¡Ay, perdona, Juanjo! Es que me está escribiendo Berta.
▷ ¿Bertaaaaa? Qué fuerteeee... ¿Y qué te dice?

3 En la peluquería

▶ ¡¡¡Julia, ¡no te lo vas a creer!!!
▷ ¿El qué...?
▶ Me morí de risa el otro día... Verás, ¿te acuerdas de mi primo Alberto, que se compró un piso en el centro?
▷ Ajá.
▶ Bueno, se compró ese piso porque mi tío, que es un pozo de sabiduría, le dijo que esos pisos eran una estupenda inversión.
▷ Ajá..., ¿y?
▶ Bien, pues resulta que los pisos tienen problemas de goteras... Entra agua por las ventanas... y, además, se oye todo el ruido de la calle... ¡Un horror!
▷ Vaya...
▶ Pero la cuestión es que mi primo ha ido a la empresa constructora para reclamar... y dicen que ¡no pueden hacer nada!
▷ ¡Increíble! Mira que tu primo es un lince para eso de comprar... Todo se lo piensa mucho... ¿Y no le devuelven el dinero tampoco?
▶ Pues no, ya sabes que los bancos son unos buitres... y no hay manera de recuperar la inversión y cancelar la hipoteca.
▷ Pobre Alberto. Estará hecho polvo.
▶ Imagina..., yo me morí de la risa porque siempre decía que los demás éramos tontos y que no sabíamos comprar.
▷ ¡Ay, Marta! No digas eso..., el pobre.

[56]

Moderador: Bienvenidos a la mesa redonda de hoy, titulada "¿La lengua tiene género y sexo?". Un saludo para los especialistas que se reúnen hoy aquí: Marta, periodista y columnista en el periódico *España*; Pedro, abogado y habitual colaborador en estos debates; Antonio, profesor en la Universidad de Cádiz, y Berta, pedagoga y formadora de profesores. Bienvenidos también a los alumnos de español que hoy nos oyen.
Empezamos la mesa redonda. En la actualidad continúa el debate sobre si la lengua es machista o si son los usos y las actitudes de los hablantes los que provocan desigualdad de género. ¿Qué opinan los expertos? Doy el turno a Marta; adelante, Marta.
Marta: En primer lugar, un saludo a todas las personas que nos oyen. Estoy encantada de estar aquí y me parece que el debate merece mucho la pena. Yo coincido plenamente con las personas que opinan que, efectivamente, hay sexismo en el lenguaje. Tras siglos en los que cultural, política y socialmente ha habido una mayor presencia de hombres frente a mujeres, sobre todo en la realización de tareas públicas, el sexismo se ve en el *Diccionario de la lengua española*, porque conserva muchos usos y expresiones que tienen un marcado significado machista.
Moderador: Pedro, ¿quieres decir algo?
Pedro: Sí, gracias. Lo primero, un saludo a todos, por supuesto. A mí me parece excelente que haya debate. Para solucionar un problema, el primer paso imprescindible es reconocerlo como problema. Yo coincido en parte con Marta, estoy de acuerdo en todo salvo en que la lengua refleje solo vocabulario y expresiones machistas. Lo que llamamos machismo a veces se debe a un reflejo de la historia de la sociedad en la lengua, y esa historia es de una mayor presencia masculina, es cierto, pero no hay que confundir, por ejemplo, el género de la lengua (que en español, mayoritariamente, termina en *-o* para sustantivos masculinos y en *-a* para sustantivos femeninos) con una voluntad machista en la actualidad. Cuando se dice que "el hombre llegó a la Luna", no nos referimos al astronauta (palabra que por su origen griego acaba en *-a*), sino al total de la humanidad, y eso incluye al hombre y a la mujer.
Moderador: ¿Antonio? Adelante.
Antonio: Sí, un saludo. Pues yo no comparto tu postura, Pedro... Claro que la lengua es machista y, a veces, incluso de manera consciente, se emplean expresiones como que algo es *cojonudo*, para indicar que es bueno, mientras que *un coñazo* es sinónimo de algo aburrido, algo poco interesante. No me parece mal que en la actualidad hagamos el trabajo de corregir aquellas explicaciones que en los diccionarios son ya antiguas y no hacen justicia a la mujer. Es bueno que la política lingüística tenga en cuenta la igualdad de género y que se hable de *médico* para referirse al hombre y de *médica* para referirse a la mujer en la misma circunstancia profesional.
Moderador: ¿Berta? Es tu turno.
Berta: Gracias, un saludo a todos. Yo no estoy para nada de acuerdo con Antonio. ¡En absoluto! Lo siento mucho, pero la lengua no es la expresión del machismo. Como pedagoga, opino que en la formación de los más jóvenes no hay garantías de una educación en igualdad por el hecho de que la lengua marque o no la diferencia de género de hombres y de mujeres. Lo realmente importante es la actitud y la conciencia, la ética. Eso es más importante que la lengua que recibimos de herencia. Yo no soy experta en lengua, no soy profesora como Antonio, pero muchas amigas poetas prefieren ser llamadas poetas a ser llamadas poetisas, una diferencia que está marcada en el diccionario pero que luego, en la realidad, hace que sean tomadas como artistas menores y publiquen menos que los hombres. Basta con ver la historia de la literatura.
Moderador: Bien, amigos, pues ya hemos oído la voz de los expertos, ¿qué opinan ustedes? ¿Con quién están de acuerdo?

[57]

Lo primero de todo, saludar y agradecer a los representantes de esta institución académica por invitarme a estar hoy aquí para hablar de la cultura visual y del significado de la imagen en esta era de internet, en este siglo XXI. Y quisiera agradecer también, por supuesto, a todos los asistentes y a los estudiantes de español que me oyen en diferido. Dicho esto, comienzo mi intervención.
Rescatando las ideas de Nicholas Mirzoeff y las palabras de la profesora Abramowski, especialistas en la cultura visual y en educación, respectivamente, se puede decir que en la actualidad vivimos en un mundo de imagen. Como diría Mirzoeff, "la vida moderna se desarrolla en la pantalla", y esto genera que cada vez sea más amplia y variada nuestra experiencia visual. Las imágenes se multiplican en nuestro entorno generando nuevas formas más variadas y más complejas de mirar. Si bien la tendencia del mundo actual es plasmar los acontecimientos y todo lo que vivimos en imágenes, la escuela no está atendiendo a este fenómeno, a pesar de que hay una notable tendencia a visualizar nuestra existencia.
¿Por qué lo visual ha adquirido tanta potencia? ¿Estamos anestesiados ante tanto ver? ¿Para qué debemos aprender a mirar?
Para Inés Dussel, educar la mirada puede analizarse en dos direcciones: una que implicaría "qué significa enseñar a mirar en esta vida contemporánea", que está tan poblada de imágenes que se multiplican al infinito, incluso hasta la saturación. Y la segunda dimensión está relacionada con la posición que toma la escuela como transmisora de la cultura, frente a la cultura de la imagen.
La escuela, hija de la imprenta y del texto escrito, ha tendido a asumir una actitud de sospecha ante la cultura visual de masas, a la que ha considerado mero entretenimiento o distracción, según Abramowski. En nuestra cultura occidental se ha dado más importancia a la palabra, considerando menos importantes las representaciones visuales. Es común ver en los libros de texto las imágenes tomadas como mero adorno o complemento de lo escrito. Pero no enseñamos a los más jóvenes a leer las imágenes como lo que son en la vida real.
Necesitamos una Educación que se haga cargo de la centralidad de la experiencia audiovisual, una escuela que acepte el desafío de la experiencia visual y sensorial, y dar la misma jerarquía a la imagen que al texto. Para educar en la mirada, debemos tener en cuenta 4 aspectos:

- La polisemia de las imágenes: las imágenes son ambiguas. Tienen múltiples significados, no son unívocas. Las imágenes se completan con la mirada del espectador.
- El poder de las imágenes: las imágenes nos provocan, nos despiertan emociones, nos golpean; en síntesis, tienen poder. Por este poder, cumplen muchas funciones: aportan información, proporcionan sensaciones, generan placer...
- La relación entre palabras e imágenes: las palabras y las imágenes son códigos diferentes pero al mismo tiempo están absolutamente relacionadas, se cruzan, se vinculan, se desafían pero no se confunden.
- La relación entre *ver* y *saber*: una imagen puede cuestionar nuestros saberes y hacernos pensar que, tal vez, estábamos equivocados. El saber de cada uno configura la mirada sobre lo que vemos.

En resumen, la escuela tiene hoy la responsabilidad de "la Educación de la Mirada". Enseñar a mirar no solo implica formar a personas como espectadores críticos, sino que implica, a su vez, formar a personas que se emocionen y reflexionen sobre lo que ven. Hay muchos cambios por hacer. Si bien los cambios suelen ser lentos, no tenemos tiempo que perder. Enseñar a "mirar" significa poner en juego todo ese lenguaje particular que aporta la imagen. El desafío de esta nueva etapa educativa será, entonces, seguir creando nuevas estrategias de intervención que nos acerquen a incorporar el "mundo visual" en las escuelas.

Adaptado de http://www.me.gov.ar/monitor/nro13/dossier2.htm

[58]

▶ Profesor Froilán: en su libro habla de la identidad, de nuestra imagen personal y de que la identidad es una constante búsqueda.
▷ Así es. En mi libro afirmo que la identidad de una persona no es más que responder a preguntas como ¿quién soy?, ¿de dónde vengo y hacia dónde voy? o ¿qué quiero ser en la vida? Mi libro habla de esa búsqueda...
▶ De ahí el título, *En busca de la identidad*, ¿no?... Perdón..., continúe...
▷ Eh... Sí, así es. En mi opinión, todos venimos al mundo con nuestra identidad como individuos de una nación, pero la identidad no es una imagen fija como nuestra huella dactilar, sino una imagen que modificamos. Nuestra imagen personal se va modificando a lo largo de la vida. El cambio que nosotros provoquemos a nuestra imagen personal, es decir, la forma en que nos presentemos ante los ojos de la sociedad, permitirá nuestro propio desarrollo como individuos.
▶ Su obra dedica un capítulo a los estereotipos. Afirma que todos tenemos estereotipos y que eso también produce la reafirmación de nuestra identidad.
▷ Bueno..., la palabra *estereotipo* originalmente significaba "molde fijo". Y las sociedades establecen históricamente imágenes constantes sobre otras nacionalidades. Los estereotipos se originan en la experiencia y son importantes en la creación de nuestra propia identidad. Si bien es cierto que la propia idea del estereotipo se moldea mediante la experiencia, esta es variable, y los estereotipos, como los muros, también se caen. Necesitamos dar un sentido al mundo, y el estereotipo es un procedimiento que todas las sociedades emplean para conocer el mundo, aunque no sea real.
▶ ¿Qué soluciones recomienda para una identidad más pluricultural?
▷ Bueno..., en realidad lo que hago es repetir las palabras de Cervantes: "el que lee mucho y anda mucho ve mucho y sabe mucho". Esa es la receta para construir una imagen más justa del mundo: viajar, leer y aprender idiomas.

▶ Pues..., muchísimas gracias por su tiempo y enhorabuena por su libro.
▷ Gracias a usted.

[59]

Podemos definir *estilo personal* como la manera en que cada persona expresa su individualidad a través de su imagen personal, dándole a esta una marca característica y propia. El estilo tiene, definitivamente, algo de enigmático. Un hombre o una mujer con estilo, con presencia, proyecta magnetismo, seguridad, confianza.
Una persona con estilo parece fusionar su apariencia, su personalidad y su guardarropa de una manera consistente y coherente, de modo que destaca dondequiera que vaya o en lo que sea que haga. No estamos hablando de ropa cara, o de ser físicamente perfectos, o de caras perfectas. Estamos hablando de personas que poseen un algo único, algo que es original, distinto a todos los demás. Son personas que parecen auténticas, que parece que lleven inscrito un mensaje que dice: "lo que ves es lo que es".
No es difícil de entender, pues, que cada día más personas contraten mis servicios de consultora de imagen para que les ayude a encontrar un estilo que refleje su personalidad y su profesión, que proyecte el mensaje adecuado y apropiado. El estilo personal es una ciencia que puede aprenderse y desarrollarse, y también un arte. Se sirve de la intuición y la percepción pero también de la lógica y del conocimiento. La imagen personal no es solo cómo te vistes, sino también cómo te comunicas.
Podríamos pues definir *estilo* como la expresión exterior de la esencia de una persona. El estilo es, finalmente, la expresión de quién somos, cómo nos comunicamos y cómo vivimos nuestra vida en el mundo.
Si el estilo personal implica la expresión exterior de nuestro yo interior, es lógico adivinar que el estilo cambia, evoluciona con la persona, para ir colmando en cada nueva etapa las diferentes necesidades y lograr en todo momento que este estilo personal sea un reflejo fiel, certero y riguroso de nuestro yo.
No existe, pues, el estilo perfecto, más allá de aquel que refleja nuestra personalidad y proyecta la imagen que queremos. Porque el estilo va mucho más allá de la manera, a veces frívola, en que lo utilizan las revistas y las marcas de moda. Es todo un sistema de comunicación que se forma por una gran cantidad de elementos internos y externos de nuestra persona. La profesión, evidentemente, tiene algo que ver a veces. Hay muchas profesiones que requieren de la proyección de una imagen y que también nos condicionan de alguna manera.
Como base de trabajo, el consultor de imagen parte de un análisis de la personalidad y del estilo de vida del cliente para, de ese modo, crear y desarrollar el estilo personal adecuado, basándose en el mensaje y la imagen que proyectan los diferentes estilos.

[60]

Podríamos decir que hay siete grandes estilos para hablar de la imagen personal. Comenzaremos por el más serio, el estilo que denominamos *dramático*, un estilo más serio que el clásico, porque tiene también elegancia. Es el ideal para las personas que desempeñan trabajos que requieren proyectar una imagen de confianza, de seriedad, de madurez y de fiabilidad. Este es el perfil de personas que ocupan responsabilidades en la alta política, gentes del mundo del derecho de alto nivel y personas de la alta costura.

El estilo *seductor*, sin embargo, es más liberal. Se llama *seductor* porque es para personas que se dedican al mundo del espectáculo, que necesitan conquistar a través de la imagen o viven de su cuerpo, con lo cual necesitan realzar sus cualidades. Es el estilo de los que hacen arte y conciben el cuerpo como una obra de arte.

El estilo *elegante* es un término medio entre el estilo dramático, el tradicional y el seductor. Es un estilo para grandes reuniones. Los líderes políticos suelen tener que asistir a importantes eventos y necesitan un estilo de elegancia y sencillez. Es el estilo de las grandes empresas y de los hombres de negocios también.

El estilo *natural* es la imagen personal de muchas personas que necesitan de una imagen con menos peso, sin perder elegancia. Es un estilo más ligero, más de *sport* y suele ser la imagen preferida de aquellas personas que se dedican a los medios de comunicación, así como a la fotografía o al diseño de edificios.

Para el estilo *creativo*, están todos aquellos profesionales que trabajan con la inspiración y que proyectan o desean proyectar una imagen de espíritu libre y juguetón. Son personas del mundo del arte, pintores, fotógrafos y también personas que trabajan en agencias publicitarias como creativos.

Luego, tenemos el estilo de los *románticos*, de aquellas profesiones que se dan a los demás. Es un estilo propio de las personas que se dedican a cuidar de los otros, que tienen ideales y trabajan en las ONG o en profesiones que consisten en ayudar a los demás.

Y, por último, el estilo *tradicional*, el corte clásico de siempre, para los que prefieren no arriesgar y que, además, suelen ser conservadores. Este estilo proyecta una imagen de costumbre y de lealtad, y es muy usual en profesionales del sector de la economía, inversores, gente de banco y también del mundo de la política o el de la educación superior.

Transcripciones del Libro de ejercicios

Unidad 1. Talento y aprendizaje

[61]

1 Hola, me llamo Han Byung Hun, soy de Corea del Sur, nací en la ciudad de Daegu hace veintidós años un 2 de noviembre. Aunque no es muy frecuente en mi país, tengo cuatro hermanos, yo soy el menor. Vivo con mi novia, una chica estadounidense que se llama Sue. Estudio Arquitectura y, como soy muy joven, todavía no he tenido un trabajo estable, pero sí he hecho algunos trabajillos para ganar algo de dinero: he sido camarero y dependiente en una tienda de ropa.
Sobre mi carácter y gustos os puedo decir que, como es esperable, me gusta pasear por las ciudades y contemplar el arte urbano. ¡Ah!, y una curiosidad… Me gustan los mercados, su ambiente y estructura, no me preguntéis por qué. Bueno, pero puede estar relacionado con una de mis pasiones: si tengo la oportunidad, no rechazo una buena comida, sobre todo si hay *sushi* por medio, je, je, je. Soy una persona introvertida y me resulta difícil hacer nuevas amistades. Nunca salgo de casa sin antes haberme mirado en el espejo, tengo que confesar que soy tremendamente coqueto.
Me gustaría terminar mis estudios en España, puede que en Salamanca, que me parece una ciudad interesante desde el punto de vista arquitectónico. El español es mi cuarta lengua, detrás del coreano, el japonés y el inglés, y lo estudio para alcanzar el nivel adecuado para pasar la prueba de acceso a la universidad. A mi novia y a mí nos gustaría vivir unos años en este país, a los dos nos interesa mucho la cultura española.

2 ¿Qué tal? Me llamo Linda Freeman, tengo 62 años y soy australiana, de Sídney. Soy viuda y tengo una hija. He trabajado de recepcionista en una escuela de idiomas y actualmente estoy jubilada. Mi formación es laboral, estudié para realizar un trabajo administrativo y he pasado por diferentes empresas.
Ahora tengo una buena razón para mejorar mi español: mantengo una relación sentimental con Manuel, un profesor de Historia que es de Burgos, ciudad en la que vivo actualmente. Lo conocí en la escuela en la que trabajaba y nos enamoramos rápidamente, fue un flechazo. Aunque él habla muy bien inglés, creo que es imprescindible que yo controle también el español para desenvolverme más fácilmente en la calle. ¡Estoy entusiasmada viviendo aquí! Me gusta el arte, sobre todo la fotografía, y disfruto yendo a museos y galerías. Por decir algo anecdótico, mi color favorito es el verde.
Cuando era joven trabajé para una empresa española de electrodomésticos y tuve alguna clase de español en una academia, lo he retomado hace un par de años. Es mi primera lengua extranjera y me cuesta hablar con fluidez, ya que pienso mucho en las estructuras y el vocabulario que quiero utilizar. Me apasiona ir a clase porque, aparte de aprender la lengua, conozco muchas cosas de otras culturas.

3 Soy Ewa Sass, de Polonia, nací en Varsovia y tengo 27 años. Tengo un hermano mayor que tiene una hija de un añito, mi sobrina es mi gran pasión. Mis padres están separados y viven en Polonia, mi madre en Varsovia y mi padre en Cracovia.
Soy bastante sociable y me gusta hablar con la gente en la calle, en las tiendas… y con los vecinos. Me gusta bailar, correr y ver un buen documental. Me aburren las novelas románticas, incluso en español. He estudiado Integración Social, algo que va mucho con mi carácter, y actualmente hago un voluntariado en Sevilla, trabajo con niños y jóvenes con discapacidad física.
Llevo un año estudiando español y creo que para mí lo más difícil son los tiempos verbales, saber cuál utilizar en cada momento y la forma correcta. Lo más fácil, sin duda, es la pronunciación, puedo producir cualquier sonido del español sin problemas. Estudio español para poder comunicarme mejor con los chicos y chicas con los que trabajo.

4 Yo soy Mathis Dumoulin, belga, de Lovaina, pero residente en Bruselas. Mi cumpleaños es el 21 de junio y ya van veintinueve… Veintinueve que he compartido con mi hermana melliza, mi compañera de fatigas, nos llevamos a las mil maravillas. Ella vive en Puerto Cabezas, una ciudad de la costa caribeña de Nicaragua. Allí pasé un año de mi vida con ella y conocí a Marianela, la nicaragüense que ahora ocupa mi corazón.
Soy periodista y escribo crónicas deportivas para un periódico digital. Me gradué en la Universidad de Lovaina después de completar todos los créditos, de los cuales conseguí una pequeña parte en la Universidad Complutense de Madrid. Siento verdadera pasión por los deportes y me gusta la naturaleza: las excursiones al campo y hacer senderismo. Me encanta viajar con mi mochila a cuestas. Colecciono todos los billetes de transporte que utilizo en mis viajes, los organizo en un álbum.
Estudié español en la escuela cuando era pequeño, pero después lo dejé. Volví a estudiar cuando fui a la universidad en Madrid, en ese periodo aprendí mucho porque soy muy abierto e hice muchos amigos con los que podía poner en práctica lo que aprendía en las clases de español que nos daban. En Nicaragua, a pesar de las diferencias, asenté mi conocimiento y tomé la decisión de viajar por Hispanoamérica, mi sueño es recorrer varios países desde el norte y llegar a Tierra del Fuego en el sur;

es un viaje de ensueño, sobre todo por la compañía, mi novia viene conmigo. No me parece una lengua especialmente difícil, pero hay algunos sonidos que se me resisten.

[62]

1 *No tengo duda que* mi mejor profesora fue María Luisa, me daba inglés en el colegio. Era una mujer de mediana edad, alta y media melena siempre alborotada, sería porque tenía el pelo muy rizado. Todavía no había llegado a España la moda de las gafas de pasta, pero ella ya las usaba. A mí nunca se me ha dado bien el inglés y me daba mucha vergüenza hablarlo delante de toda la clase, pero con ella cogí mucha confianza. Estábamos en un *aula pequeño* en el que empezamos a hacer actividades con un compañero con el que tenías que hablar. Al principio hablábamos mucho en español, pero ella, a pesar de su aspecto, era muy seria y tenía mucha paciencia, poco a poco nos iba enseñando a producir algunas frases útiles para discutir con el compañero. Siempre que utilizábamos el inglés para comunicarnos en clase nos premiaba con un punto y los alumnos que acumulaban más puntos a final de mes tenían un regalo, *los daba un libro*, un chocolate, un lápiz... ¡Cuánto me acuerdo de sus palabras! "*Estudiar bien* inglés, que en el futuro *le vais* a necesitar".

2 ¡Puf! Hace tantos años que terminé mis estudios que casi no me acuerdo de mis profesores. Si me pongo a pensar..., había un profesor en la universidad de aspecto muy tradicional, iba mucho con la época, siempre con traje, *le llevaba* bien planchado y de colores oscuros. Era regordete, mejillas coloradas y pelo encanecido peinado muy tirante hacia atrás. Esa pinta de intelectual la completaban unas gafas redondas de alambre. Era un hombre muy estricto, no explicaba nada en clase y luego exigía mucho en los exámenes, *les ponía* muy difíciles; como era lógico, no aprobaba nadie. Pero entonces creo que eso era normal, el respeto se convertía en temor ante la autoridad del profesor. No me gustaría volver a pasar por esos momentos.

3 Mi abuela nació en una familia humilde en un pueblo de la provincia de Segovia, era la época de la Guerra Civil. *La gustaba* mucho contarme cosas de su escuela, me decía que todos los niños iban juntos, daba lo mismo la edad, eso sí, niñas en un aula y niños en otra. Apenas sabía escribir y las cuatro reglas básicas de las matemáticas, como ella decía. Tenía una profesora en la escuela que no *la enseñaba* nada. Era una mujer mayor, delgaducha y con moño como todas las de la época. Se quedaba dormida durante las clases, ¡pobre mujer!, y mientras, las alumnas hacían todo tipo de dibujos en la pizarra y cambiaban las frases que ella había escrito. Con el alboroto que debían de montar no sé cómo no *se daba cuenta que* tenía varias personas detrás de su mesa. Cuando se espabilaba, les decía con voz somnolienta: "*Copiar* las frases de la pizarra", y todas las niñas se echaban a reír.

Unidad 2. La vivienda

[63]

▶ Buenos días, Pedro, ¿qué tal?, ¿cómo estás? Tú vives en una casa prefabricada, eso ¿qué significa?
▷ Pues aquí estamos... Sí, sí, vivo en lo que llaman una casa prefabricada, sí... Significa, pues, que traen lo que son los módulos ya hechos, toda la estructura, y lo montan en dos días, en dos días se pasa de ver un terreno diáfano a una casa montada con tejado incluido.
▶ ¡En dos días! ¿Y cuánto cuesta?
▷ Puff, pues entre 75000 y 80000 euros.
▶ ¿Y por qué elegiste este tipo de casa?
▷ Pues porque es más barata, el tiempo de construcción es menor y puedo hacer cosas que no podría hacer en una casa de ladrillo.
▶ Ah, ya veo. Y encima tu casa es preciosa, tiene un diseño muy bonito.
▷ Gracias, sí, la verdad es que sí, además tú puedes hacerla como quieras, puedes elegir los materiales y, por supuesto, la distribución también la eliges tú.
▶ Oye, y ¿cuántos metros tiene?
▷ No sé, tendrá alrededor de unos 120 metros cuadrados.
▶ ¿Y es igual que una casa tradicional?
▷ Sí, totalmente igual pero con la ventaja de que es más barata, como te he dicho.
▶ Y, por cierto, ¿la casa aguanta? ¿No tienes miedo de que se caiga?
▷ ¡Qué se va a caer! Es muy resistente.
▶ Y si te mudaras de aquí, ¿te podrías llevar la casa?
▷ Por supuesto, de hecho una de las garantías que nos ofreció la constructora es que si nos quisiéramos mudar, se puede sacar la casa igual que entró y te la montan en otro sitio.
▶ Muchas gracias por mostramos tu casa, que la disfrutes.
▷ Muchas gracias a ti.

Unidad 3. Los beneficios del deporte

[64]

1 Ya sé que no es nada fácil y que el rival es complicado, pero, escúchame, si te pusieras a entrenar en serio, ganarías el partido, te lo digo en serio.
2 Mañana es la carrera, todo el mundo estará pendiente de ti. Es posible que corras más que el resto, pero lo dudo mucho teniendo en cuenta los tiempos de tus competidores.
3 Todavía hay tiempo y ya sabes que la esperanza es lo último que se pierde, pero, sinceramente, no creo que lo adelantes en la clasificación, pero, no sé, quién sabe…
4 Me dices que cuidas tu dieta, que vas al gimnasio y todo eso. Tal vez te hayas preparado mucho físicamente, pero no se nota.
5 Me encantaría que vinieras conmigo al polideportivo, pero ya sé que estás muy ocupado y andas mal de tiempo.

[65]

Serena Williams nació el 26 de septiembre de 1981 en Saginaw, en el estado de Michigan. Fue la menor de cinco hermanas, aunque mucha gente piensa que solo tiene una hermana, Venus, ya que ambas han sido populares gracias a los logros alcanzados en el mundo del tenis. Serena no es tan alta como su hermana, que rebasa el metro ochenta; Serena mide 1.76 y pesa 65 kilos, pero tiene más potencia y musculatura, forjada en largas horas de pesas en el gimnasio.
Cuando Venus ya llevaba dos años con la raqueta e inacabables sesiones de entrenamiento, le siguió Serena, que no dejaba de fijarse en la progresión de su hermana mayor, la cual a los once años ganó 63 partidos consecutivos en torneos regionales.
Serena progresaba a la sombra de Venus, quien en 1994, con solo catorce años, entró en el circuito profesional con notable éxito. Ella lo hizo en septiembre de 1995, aunque no empezó a competir de forma continuada hasta 1997, poco después de que su hermana alcanzara la final del Open de Estados Unidos, donde perdió ante la entonces número uno, Martina Hingis.
La temporada de 1999 Serena se adelantó a Venus consiguiendo su primer título del Grand Slam al ganar el Open de Estados Unidos. El 5 de abril de aquel año ambas hermanas entraron en el *top ten* y poco después, en categoría de dobles, ganaron el Open de Francia y la Copa Federación.
El 8 de julio de 2002, después de derrotar a Venus en la final de Wimbledon por 7-6 y 6-3, Serena se convirtió en la número uno del *ranking* de la Asociación de Tenis Femenino (WTA) en un momento en que ya sumaba dieciséis títulos en el circuito internacional.
Serena, como en su día le sucediera trágicamente a Monica Seles, ha debido pagar el precio de su fama al sufrir el acoso de un maníaco aficionado, un alemán de treinta y cuatro años que la apabullaba a regalos y presenciaba todos sus entrenamientos gracias a la fortuna que poseía su familia. Fue arrestado y encarcelado el 3 de marzo de 2002.
En la actualidad, Serena toma clases de interpretación con un consumado profesor de Los Ángeles, quien asegura que es muy natural y está increíble ante una cámara. Ha aparecido en algunos episodios de diferentes series.

Adaptado de https://www.biografiasyvidas.com/biografia/w/williams_serena.htm

Unidad 4. La sociedad consumista

[66]

▶ Bueno, María, ¡estás estupenda! ¡Qué alegría verte! Siempre tan mona y a la última, chica, y seguro que, además, todo habrá sido una ganga. ¡Qué bien compras!
▷ Gracias, tú sí que estás mona, pero no te creas, ¿eh? Esta blusa me ha costado un ojo de la cara, y bueno, como ha sido mi cumpleaños, me he hecho un regalito. ¿Qué tal tú? ¿Dónde vas?
▶ Bien, bien. He salido a dar una vuelta. Es que Marcos lleva días dándome la tabarra porque quiere que le compre algunos libros para mejorar su inglés, pero la librería está hasta la bandera con el principio de curso y no he tenido paciencia para esperar tanto tiempo. Pasaré mañana por la mañana a ver si hay menos gente.
▷ Tu hijo siempre tan formal, ¡qué encanto! No te quejes, anda. Si es que cada vez es más difícil dar la talla y hay que trabajar muy duro.
▶ Ya, es verdad. ¿Tienes tiempo? ¿Nos tomamos un café y me cuentas cómo te va todo?
▷ Sí, vamos.

[67]

De WhatsApp a Instagram, de Twitter al correo electrónico y Facebook para el final. *Apps* para ligar, para leer los periódicos, para retocar fotos... Todo eso sin levantar la vista de una pantalla de unas cuantas pulgadas que nos cabe perfectamente en el bolsillo del pantalón y a la que llegamos a prestar más atención que al trabajo, los estudios y, en el peor de los casos, a la gente que nos rodea. Pero no, no somos "adictos" al móvil y, de hecho, hablar de "adicción al móvil" es contraproducente. Según el psicólogo Eparquio Delgado, coautor de *Los nativos digitales no existen*, usar este término desdibuja lo que es realmente una adicción, un problema de salud serio y claramente definido, y a la vez convierte en patología lo que es en realidad un mal hábito. "Una adicción se define clínicamente por tres factores: un patrón de uso problemático, un síndrome de abstinencia y una tolerancia que impulsa a hacer las dosis cada vez mayores", explica Delgado.

En el caso de los teléfonos, no se cumplen dos de esos tres factores: ni se sufre un síndrome de abstinencia ni existe una tolerancia. La supuesta nomofobia que sufrimos al dejarnos el móvil en casa no es una fobia real científicamente estudiada, sino un concepto acuñado durante un estudio realizado por la oficina de correos británica. Y sobre la tolerancia, los estudios señalan que, al igual que con internet, al principio le damos un uso excesivo hasta que, a partir del año, se normaliza.

Aunque oficialmente no está reconocida la adicción al móvil como un trastorno real, se ha convertido en una expresión habitual en el lenguaje coloquial y los medios de comunicación. Y eso es en sí mismo un problema. "Una adicción es algo muy serio, que causa un enorme trastorno en la vida de las personas que la sufren, y aquí parece que estamos equiparando la heroína al móvil", señala Delgado, que también subraya las implicaciones legales que tendría considerar el móvil un objeto adictivo: "Habría que etiquetarlo con advertencias sanitarias e impedir su uso por parte de menores de edad, como hacemos con el alcohol o el tabaco".

Ni síndrome de abstinencia ni tolerancia, de acuerdo, pero ¿qué hay de los patrones de uso problemático, ese en el que desatendemos nuestras tareas o dejamos de lado a nuestros amigos y familiares para seguir inmersos en la pantalla del móvil?

El psicólogo considera absurdo entender el móvil como adictivo, ya que es una herramienta, no un fin. Así que hay que preguntarse para qué se usa el móvil tantas horas: ¿para hablar con sus amigos? ¿Para buscar la aprobación del grupo en forma de *me gustas*? ¿Para ligar? "Ahí es donde puede estar el problema. No en el móvil en sí, sino en para qué se está usando. Quizá el chico tiene problemas con sus compañeros, o quizá sea un problema de baja autoestima", indica Delgado. Sin embargo, en la mayor parte de los casos, este uso constante no es sino la forma habitual de comunicación adolescente a día de hoy, considerada quizá extraña o antinatural para generaciones anteriores.

¿Quiere eso decir que lo de comprobar compulsivamente el móvil para ver si tenemos nuevas notificaciones o si nuestros contactos han publicado cosas nuevas es algo que solo les ocurre a esas extrañas criaturas que son los adolescentes? No, tampoco es eso. Aunque llamarlo adicción es un error, sí que hay condicionantes que nos llevan a mirar el móvil más de lo que a veces queremos reconocer.

El motivo que sugiere la psicología es la dopamina y el efecto que esta sustancia tiene en nuestro cerebro. Hasta hace poco se creía que la dopamina estimulaba los centros de placer del cerebro, pero otras investigaciones recientes creen que es algo más sutil que eso: la dopamina estimula nuestro instinto de buscar y consumir estímulos nuevos, una forma de impulsarnos a aprender y adaptarnos a los cambios. Sería el sistema opioide el que habla directamente a nuestros centros del placer.

Ambos instintos, el de buscar cosas nuevas y el del placer, trabajan de forma conjunta: el primero nos impulsa a buscar, encontrar y aprender, y el segundo nos hace sentirnos contentos y satisfechos, y por tanto dejamos de buscar por un rato. Pero el primero es más fuerte, y en ocasiones ignora al segundo, metiéndonos en un bucle compulsivo de necesitar cosas nuevas, nuevos estímulos, sin parar nunca.

El móvil favorece que esto ocurra porque nos pone la búsqueda más fácil que nunca: haz *scroll* en Twitter y tienes diez mensajes nuevos que leer, entra en Instagram cada veinte minutos y hay nuevas fotos, manda un mensaje a un amigo y consigue una respuesta inmediata. ¿Tienes una duda? ¡Busca la respuesta en Google! Así es fácil entrar en ese bucle compulsivo de búsqueda y encuentro.

No es solo la inmediatez. Hay dos cosas más que favorecen estos chutes de dopamina: la anticipación (subir una foto a Instagram esperando un aluvión de *likes*) y la incertidumbre (no saber si esos *likes* van a llegar). Un cóctel perfecto que nos crean las redes sociales y que nos hace comprobar una y otra vez qué ha sido de nuestros mensajes o comentarios.

Todo esto, además, es utilizado por los creadores y diseñadores de aplicaciones para aumentar las probabilidades de que sus usuarios vuelvan una y otra vez. Existen incluso expertos en esta materia. En *Teknautas* contamos la historia de B. J. Fogg, director del Laboratorio de Tecnología Persuasiva de la Universidad de Stanford, que enseña a sus alumnos a crear programas y dispositivos que atrapen a sus usuarios y modifiquen su conducta.

Pero eso no nos convierte en adictos, recuerda Delgado. "Puede existir un patrón de uso problemático, claro, porque es una distracción que tenemos muy a mano, y nos viene especialmente bien (o mal, según se mire) cuando tenemos que hacer algo que no nos apetece, como a un chaval estudiar un examen", pero de ahí a convertirlo en patología hay un camino muy poco recomendable, "si no queremos terminar convirtiendo cualquier problema en una enfermedad", concluye.

https://www.elconfidencial.com/tecnologia/2017-02-19/movil-adiccion-adictos-salvados-jordi-evole-smartphone_1333682/

Unidad 5. Mitos y leyendas

[68]

Durante muchos años se ha creído que el cerebro es un artefacto que se desarrolla durante los primeros años de vida y que, al llegar a la edad adulta, deja de cambiar. Sin embargo, un fenómeno llamado neurogénesis es el responsable del nacimiento de nuevas neuronas, incluso tras el caso de un accidente cerebral en la zona afectada.

Es cierto que hay zonas del cerebro que están especializadas: el lenguaje se procesa en el hemisferio izquierdo, por ejemplo; sin embargo, no es real que uno de ellos domine sobre otro, independientemente de lo bueno que alguien sea con las palabras.

Los distribuidores de sabor están repartidos por toda la lengua y no localizados en partes de ella. Lo que sí parece demostrado es la diferente manera de captar algunos tipos de sabores por parte de hombres y de mujeres.

Últimos ensayos realizados con miles de individuos demuestran que la vitamina C no reduce la incidencia de los catarros. Las únicas evidencias obtenidas han sido que puede llegar a acortar la duración de los mismos y a mitigar algo sus efectos.

Los toros sí distinguen el color rojo, pero no les produce irritación, como se suele pensar. El animal embiste a causa del brillo y el movimiento del capote.

Los murciélagos ven casi tan bien como los seres humanos. Se orientan gracias a sus ojos, a un sonar de ultrasonidos, que les ayuda a cazar insectos en la oscuridad, y a una brújula interna que poseen.

Las moscas comunes viven generalmente entre quince y veinticinco días.

Los perros envejecen a un ritmo distinto al humano: crecen muy rápido en los primeros dos años, pero después se ralentiza este proceso; por ello, la típica equivalencia que calcula un año de vida de perro por siete de humano no es exacta.

Un famoso experimento, realizado en 1993, parecía demostrar que los bebés menores de tres años que escucharan una determinada pieza del compositor austríaco verían desarrolladas sus capacidades intelectuales, tales como el razonamiento espacial. Sin embargo, posteriores experimentos llevados a cabo con miles de sujetos han echado por tierra el llamado efecto Mozart, ya que no se ha observado ningún cambio cognitivo en las personas investigadas.

Einstein no fue un mal estudiante, de hecho comenzó a estudiar cálculo tres años antes de lo que era propio para su edad. El posible origen de la creencia errónea puede estar en que recibió la ayuda de experimentados matemáticos para desarrollar sus teorías.

[69]

Vivió en tiempos pasados un emperador tan aficionado a la ropa que gastaba toda su fortuna en comprar y comprar trajes de todos los tipos de telas y colores. Un día llegaron dos pillos a la ciudad, que se hacían pasar por tejedores, proclamando que sabían tejer la más bella tela del mundo y que, además, esta poseía una maravillosa virtud: se volvía invisible a ojos de aquellos que no desempeñaban bien sus cargos o que eran estúpidos. Cuando el emperador supo de la existencia de la fabulosa tela, y después de reflexionar apenas unos minutos, decidió que quería ese traje y que pagaría lo que fuera necesario por él. Tras recibir una desorbitada suma de dinero como adelanto, los impostores se pusieron manos a la obra.

A medida que supuestamente agotaban las existencias de seda y oro, solicitaban nuevas cantidades, las cuales iban a parar directamente a sus alforjas. Mientras tanto, "trabajaban todos los días y sin descanso hasta altas horas de la madrugada".

Conforme se acercaba la fecha de entrega, el emperador se impacientaba cada vez más por comprobar el resultado del trabajo, pero le preocupaba el hecho de no ser capaz de ver la tela. Por ello, envió a un ministro de su confianza para examinar el traje antes de que lo hiciera él mismo. Tras aproximarse a los telares, el ministro comprobó que allí no había nada y que los tejedores eran en realidad unos farsantes, pero no se atrevió a contarlo por miedo a ser considerado estúpido, por lo que volvió hablando maravillas sobre la belleza del traje. Al emperador le agradó lo que oyó, pero decidió no acudir aún en persona hasta que otro honrado consejero no inspeccionara también el trabajo. Nada más conocer la opinión del segundo emisario, que en nada variaba de la del primero, decidió no esperar más y acudir con su séquito al taller. Al llegar, los funcionarios que ya la habían examinado comenzaron a señalarle el soberbio diseño y los primorosos colores que lucía la tela. "¿Qué es esto? ¿Seré tonto? ¡No veo nada!", pensó el emperador. Aun así, meneó la cabeza como si estuviera de lo más satisfecho y miró al telar sin atreverse a confesar la verdad. Finalmente exclamó: "¡Espléndida! Ustedes son testigos de mi satisfacción". Después de que el emperador pronunciara estas palabras, todos los consejeros y ministros que le acompañaban, uno tras otro, se expresaron de la misma forma, a pesar de que nadie veía nada. Incluso le aconsejaron que luciera el nuevo traje en el primer desfile importante que tuviera lugar una vez se lo hubieran entregado. Y así ocurrió solo una semana después, cuando los supuestos tejedores comenzaron a vestirle, pieza por pieza. El emperador reaccionaba mirándose al espejo y fingiendo disfrutar con lo que veía. Cuando estuvo listo, salió a la calle entre el clamor popular y las alabanzas generalizadas hacia su nuevo traje. Así transcurría el desfile hasta que en medio de los elogios se oyó a un niño que vociferó: "Pero si el emperador está desnudo...", a lo que el pueblo entero respondió: "Si no lleva ningún traje". Sin embargo, el emperador, al escuchar los gritos, continuó paseándose con mayor orgullo aún que antes.

[70]

El autoengaño se refiere al hecho de mentirse a uno mismo. Se trata de una de las grandes trampas de la mente y tiene lugar en aquellas circunstancias en las que nos convencemos a nosotros mismos de una realidad que es falsa. La diferencia entre mentira y autoengaño reside en que, en la mentira, la persona es conocedora de que no está diciendo la verdad. En el autoengaño, se acepta como verdad una realidad que es falsa sin ser consciente de ello. Quien se autoengaña no se percata de que lo está haciendo, o al menos no siempre, y es ahí precisamente donde radica el poder del autoengaño, que se despliega sin que nos demos cuenta, de manera silenciosa y camaleónica.

Existen diferentes tipos, algunos más frecuentes que otros y cada uno con unos efectos psicológicos diferentes:

1. Autoengaño funcional: se puede observar en situaciones en las que la persona se miente a sí misma buscando convencerse de que su decisión es la correcta. El ejemplo más conocido es el de la fábula de la zorra y las uvas. La función es muy clara: evitar el malestar que deriva del fracaso de no haber sido capaz de satisfacer su objetivo. A corto plazo cumple con su propósito, mientras que no se dilate demasiado, ya que si se reitera excesivamente, resulta contraproducente al reducir los desafíos y las habilidades necesarias para alcanzarlos, dando como resultado una estancia ilimitada en la zona de confort personal.
2. El llamado *valorar para creer*: aparece ante la necesidad de acabar con la disonancia cognitiva, es decir, la discordancia entre nuestras acciones y nuestros actos. Así, por ejemplo, después de que hemos invertido mucho dinero, tiempo o esfuerzo, lo justificamos dirigiendo nuestra atención hacia todo aquello que confirma que el objetivo es valioso. De esta manera, el autoengaño mantiene a la persona esforzándose por conseguir una meta que no encaja en su catálogo de principios.
3. Autoengaño consolatorio: surge cuando la persona miente para responsabilizar de su situación a un agente externo, hasta llegar a culparlo por completo y compadecerse de sí misma. Por ejemplo, pensar que ser celoso está provocado por la actitud de la pareja. De esta manera se otorga una protección a la autoestima y al ego. En realidad, aunque es cierto que nunca somos culpables al 100 % de lo que ocurre, el efecto psicológico de este autoengaño es que nos inmoviliza ante la posibilidad de cambio.
4. Mentir a los demás para convencernos a nosotros mismos: la persona transmite historias, situaciones y percepciones que están distorsionadas de manera consciente antes que aceptar la realidad como es. Sin embargo, con el paso del tiempo el sujeto es absorbido por su propio relato, que acaba convirtiéndose en real.

Unidad 6. La creatividad

[71]

1. ▶ ¿Qué te parece Inés? Me han dicho que no es fácil trabajar con ella...
   ▷ Yo creo que no es tan insensible como aparenta, simplemente se pone una coraza delante de la gente que no conoce.

2. ▶ ¿Has hablado con Roberto después de lo del sábado?
   ▷ Sí, ayer me llamó por teléfono como si no pasara nada. ¡Es increíble!

3. ▶ ¿Sabes qué? Ayer me encontré con Alberto.
   ▷ ¡Hace siglos que no lo veo! ¿Cómo le va?
   ▶ Bueno, lo encontré raro... Después de lo que pasó con Silvia se ha volcado en el trabajo.

4. ▶ Álex, ¿qué tal con el nuevo? Todavía no lo conozco...
   ▷ No hemos hablado mucho, la verdad, aunque me da la sensación de que es muy suyo...

5. ▶ ¿Qué tal siguen las cosas en tu empresa?
   ▷ Bueno, igual que la última vez que hablamos. Los cambios en mi departamento son algo que va a ocurrir irremediablemente...

6. ▶ ¿Cuándo llega Paula?
   ▷ El viernes por la tarde. La verdad es que estoy loco por verla.

Unidad 7. Lo que nos define

[72]

Breve descripción de mi persona

Mido un metro ochenta y uno, tengo un sillón azul.
En mi cuarto hay un baúl y me gusta el almendrado.
Me despierto alunado, mi madre es medio terca.
Aunque nunca estuve preso, anduve cerca.
Soy de Aries, pelo castaño, algo tacaño y no colecciono nada.
Guardo la ropa ordenada, me aburro en Nochebuena.
Si estornudo, no hago ruido y no hablo con la boca llena.

Puedo decir que soy de pocos amigos,
pero de mis enemigos no sé cuántos cosecho.
Tengo el ojo derecho desviado.
Dicen que soy bueno, aunque no sea bautizado.

Nací a las tres de la mañana;
me llevo bien con mi hermana.
No creo en ovnis ni en zombis y uso prendas talle M.
Juego con fuego, aunque el fuego me queme.

Pero no soy tan complicado como para huir
ni quedarme aquí en silencio.
Pero no soy tan simple como para no advertir
que no hay tres minutos ni hay cien palabras que me puedan definir.

Duermo boca abajo y con pijama si hace frío;
de la vida yo me río porque es corta y grata.
No uso saco ni corbata, ni me gusta el protocolo.
Estoy en buena compañía pero sé cuidarme solo.

Si tengo vergüenza, me sube el color rojo,
aunque yo ya no me mojo si me ataca algún miedo.
No profeso ningún credo ni me creo ningún macho.
Alcohólico no soy pero a veces me emborracho.

Tengo un diente postizo; si no hay planes, improviso.
Y aunque a veces lucho, "ha"
no me complico mucho, no me estanco.
El que quiera celeste que mezcle azul y blanco.
La filantropía no está entre mis aficiones,
tengo varias adicciones y me hago cargo.
No acepto sin embargo si intentan adoctrinarme.
Yo quiero elegir con qué veneno envenenarme.

Pero no soy tan complicado como para huir
ni quedarme aquí en silencio.
Pero no soy tan simple como para no advertir
que no hay tres minutos ni hay cien palabras que me puedan definir.

Mi padre era doctor pero manejaba un taxi.
Enfrentó por mala praxis un juicio despiadado.
No tuve legado ni familia de linaje,
y a veces el pasado me cobra peaje.

Tengo perro y una marca en la rodilla.
No siento cosquillas, trabajé en el municipio,
y no traiciono a mis principios porque eso es lo primero.
Si naciste incendiario, no te mueras bombero.

"Nunca cuentes todo", mi abuelo me decía.
Y no contó en su agonía dónde puso el testamento.
Y yo no puedo, aunque intento tener todo lo que quiero.
¡Eso me pasa por ser sincero!

Pero no soy tan complicado como para huir
ni quedarme aquí en silencio.
Pero no soy tan simple como para no advertir
que no hay tres minutos ni hay cien palabras que me puedan definir.

Cuarteto de Nos

Unidad 8. Transformar la realidad

[73]

Alguna vez se desmayó, dicen que de hambre, a pesar de que ella siempre recordaba aquella época como muy feliz. Más tarde, ya casada, mientras trabajaba frenéticamente en sus investigaciones radiactivas, seguía alimentándose muy mal (esto forma parte de lo legendario). George Sagnac, un colega del matrimonio, escribió a Pierre una carta preocupado por el aspecto de María: "Me he quedado sorprendido al ver a María en la Sociedad de Física por la alteración de su aspecto [...]. Difícilmente coméis ninguno de los dos. Más de una vez he visto a tu esposa mordisquear dos rodajas de salchichas y beberse una taza de té. ¿No crees que una constitución robusta sufrirá por una alimentación tan insuficiente?".
¿Padecería María algún trastorno alimentario? ¿Sería anoréxica? Eran tiempos proclives a dicha dolencia, sobre todo en mujeres que, como ella, luchaban contra la estrecha jaula de las convenciones. Además, María poseía un talante perfeccionista y obsesivo, muy habitual en este tipo de enfermas. Y era una ferviente partidaria del ejercicio físico, otra pasión que suelen tener las personas con trastornos alimentarios: montaba en bicicleta, subía montañas, nadaba y obligaba a sus hijas a hacer gimnasia.

[74]

▶ Venga, a ver si sabes quién es esta mujer, no es muy conocida. Yo te voy a ir dando datos y cuando sepas quién es, me lo dices.
▷ ¡Qué pesada eres! Siempre estás con tus concursos.
▶ Anda, que solo van a ser unos minutos, ya verás. Primera pista: estudió Políticas en Oxford y Harvard.
▷ Pues yo qué sé, podría ser cualquiera...
▶ Otra pista más: cuando era pequeña ya le interesaba la política y, aunque era mujer y..., ojo al dato, musulmana, siempre había querido ocupar un alto cargo en su país.
▷ Ni idea. Es que además no sé por qué me obligas a participar...
▶ Veeenga, si ya casi lo tienes. Con estos datos seguro que ya lo aciertas: con solo catorce años ya pertenecía al P. P. P. y... fue elegida primera ministra de Pakistán dos veces, pero no pudo terminar sus mandatos y se tuvo que marchar del país porque la habían acusado de corrupción.
▷ Por lo menos ahora sé que hablamos de Pakistán, ¿por qué no has empezado por ahí? Es Benazir Bhutto.
▶ Hombre, porque hubiera sido muy fácil entonces.
▷ Ahora me toca a mí, ¿sabes qué pasó en las últimas elecciones a las que se presentó?
▶ Claro, y esto es lo peor y lo más triste: fue asesinada justo dos semanas antes de las elecciones generales. Fue una mujer envidiable, ya me gustaría a mí tener su valentía y su coraje.
▷ Bueno, genio, lo que se dice genio, tienes mucho. Una cosa que me parece muy interesante de ella como política es que durante sus gobiernos mezcló la cultura oriental y occidental, algo muy novedoso en su país.
▶ Mira, eso no lo sabía. Ahora te toca a ti adivinar.

Unidad 9. La banda sonora de nuestras vidas

[75]

1 ▶ Pasa, pasa.
▷ ¡¿Pero todavía estás sin vestir?! ¿Qué te pasa? ¿Y esa cara?
▶ Nada... Ya te dije que hoy no pienso ir a entrenar.
▷ Pero vamos a ver..., ¿cuál es el problema?
▶ A mí me gusta el juego en equipo y no soporto la actitud del entrenador. Solo está pendiente de sus favoritos y me indigna que no nos trate igual a todos.
▷ Bueno, cálmate. Todo se puede hablar, ¿no?
▶ Te equivocas. No pienso hablar. Ya he tomado una decisión. Es siempre lo mismo. No voy.

2 ▶ Dime, ¿cómo te ha ido?
▷ Nada, sin novedad... Todo sigue igual.
▶ ¿En serio?
▷ De verdad.
▶ Bueno... No te preocupes... Ya habrá otra oportunidad.
▷ ¡¡Que nooo, bobo!! ¡Que me han dado el ascensooo! Te estoy llamando desde mi nuevo despachoooooo.
▶ ¡Venga yaaa...! ¡Enhorabuenaaa! ¿Pero por qué no lo has dicho desde el principio? Ya estaba tratando de consolarteee.
▷ Es que para mí ha sido una supersorpresa y quería que para ti también lo fuera.
▶ Nunca haces las cosas como el resto de las personas, eres original hasta para eso. Con lo entusiasta que eres, no sé ni cómo has podido fingir. Lo dicho, nos vemos luego en casa. Un beso.
▷ Besitosss.

3 ▶ Qué bien se está aquí, ¿verdad?
▷ Sí, la verdad es que ya hacían falta unos días de vacaciones. La ciudad cansa mucho, aquí en el campo se está en la gloria.
▶ Me encanta ver las lágrimas de la lluvia en la ventana. Sí que se está bien aquí. Voy a por un poco de café. ¿Quieres?
▷ Sí, buena idea. Me apetece mucho.
▶ ¿Te traigo también una chaqueta? Estás en manga corta.
▷ ¿Por qué? Estoy bien así... ¡Ah!, lo dices por estooo. No, no es por el frío, es por la emoción de esta canción.
▶ Sí, a mí también me emociona. De todos modos, te traigo una chaqueta hasta que pongamos la chimenea.
▷ Vaaale. Gracias.

4 ▶ ¿Sacooo?
▷ Síií. Ayyy, esperaaa…
▶ No puede ser… ¡Madre mía, qué paciencia tengo que tener! ¿¡Puedes apagar el móvil mientras jugamos al tenis, por favor?!
▷ ¡Síií, perdonaaa! Un momento, ya lo apagooo.
▶ ¿Yaaa? ¿Puedo sacar de nuevo?
▷ ¡Síií! Ayyy, esperaaa…
▶ ¡¿Pero quieres apagar el maldito móvil de una vez por todas?!
▷ ¡Ayyy, lo siento! ¡Tampoco te pongas asíií!
▶ ¡Pero es que me desesperasss! Estás todo el día pegado al móvil, hasta cuando jugamos al tenis, yo yaaa no puedooo másss. Mira, me voy… Paso.
▷ Pero, mujer, no te pongas así. ¿Dónde vas…? ¡Esperaaa!

Unidad 10. El arte de conversar

[76]

A lo largo de la historia ha habido juegos de mesa muy populares en todo el mundo, vamos a describir algunos de ellos.
El Monopoly es un juego de mesa cuyo objetivo, como su nombre sugiere, es formar un monopolio adquiriendo las propiedades inmuebles con el mismo color. Para empezar, los jugadores eligen una ficha, que puede ser de diferentes figuras, y se asigna la banca a uno de ellos.
Los jugadores tiran los dados y mueven sus respectivas fichas por turnos en sentido horario alrededor de un tablero, caen en propiedades que pueden comprar a un banco imaginario o dejar que el banco las subaste en caso de no ser compradas.
Si las propiedades en las que caen ya tienen dueños, estos pueden cobrar por pasar por su propiedad o quien caiga podrá comprárselas.

El parchís es un juego muy popular en España en el que puede haber un máximo de cuatro jugadores. Se juega con un tablero en el que hay círculos, recorridos y triángulos de cuatro colores diferentes: azul, amarillo, rojo y verde. Se necesitan un dado y cuatro fichas del mismo color para cada jugador.
Al comenzar el juego, todas las fichas están en el círculo de su color, este espacio se denomina *casa*. El objetivo del juego es llegar a la meta, que está en un triángulo del mismo color en el centro del tablero, recorriendo este en sentido contrario a las agujas del reloj. Para avanzar, los jugadores tiran el dado y, si en su camino encuentran alguna ficha de otro color, pueden “comérsela”, es decir, enviarla de nuevo a la casilla de salida. Si sacan un seis al tirar el dado, tendrán un turno extra. También se pueden hacer barreras con dos fichas del mismo color y no dejar que pase nadie hasta que saquen un seis al tirar el dado. El primero que consiga llevar sus cuatro fichas a la meta será el ganador.

El juego de la oca está concebido para dos o más jugadores. Cada jugador avanza su ficha por un tablero en forma de espiral con 63 casillas con dibujos. Dependiendo de la casilla en la que se caiga, se puede avanzar, retroceder o recibir un castigo. En su turno cada jugador tira dos dados (o uno, dependiendo de las distintas versiones) que le indican el número de casillas que debe avanzar. Gana el juego el primer jugador que llega a la casilla 63: *el jardín de la oca*.
Algunos ejemplos de casillas son los siguientes:
– La oca: suelen estar cada nueve casillas y, cuando se cae en ellas, se dice: “de oca a oca y tiro porque me toca”, es decir, avanzas hasta la siguiente oca y vuelves a tirar el dado.
– La cárcel: está ubicada en la casilla 52; si se cae en ella, se pierden 3 turnos.
– La calavera: está en la casilla 58 y caer en ella te hace retroceder hasta la salida.

Por último, el Pictionary es un juego donde la única comunicación permitida es el dibujo. Aunque existe una modalidad de juego de mesa, se puede jugar también casi sin ningún material, y las reglas pueden adaptarse a la situación.
En la versión oficial hay dos o más equipos que tienen tarjetas con diferentes categorías (acciones, palabras difíciles, etc.) y un reloj de arena. Un miembro de cada equipo coge una tarjeta y tiene que representarla mediante un dibujo, los demás deben adivinarla en una carrera contrarreloj mientras cae la arena. Gana el equipo que adivina más palabras.

Unidad 11. Cambios

[77]

1 ▶ De verdad, no sabes cuánto lo siento...
▷ Siempre dices lo mismo, y ya es la tercera vez que me dejas tirado...

2 ▷ Iker, ¿te ha llegado ya la invitación a la fiesta de Manu? Es el viernes por la noche...
▶ ¡Qué va! Tengo que hablar con él...

3 ▶ Pablo, cuando llegue, te hago una perdida y bajas, ¿vale?
▷ Ok, Anita, como siempre.

4 ▶ Sofía, paso de ir al cumpleaños de los gemelos, hace siglos que no los veo y no pinto nada.
▷ Ya, tía, yo tampoco pinto nada, pero su padre es amigo del mío, tengo que ir. Acompáñame, Manuela, anda...
▶ Venga, anda. Hoy por ti, mañana por mí.

5 ▶ No sé tú, pero ya estoy harta de que Jose siempre se escaquee cuando llega la cuenta.
▷ Ya sabes cómo es..., pero no te preocupes, que mañana no se libra y pagamos a pachas.

6 ▶ ¿Qué tal tu fin de semana en la montaña?
▷ Pues la verdad es que un tostón.

Unidad 12. Imágenes

[78]

1. ▶ ¡Álvaro!, ¿qué pasa?
▷ Hola, Pedro. Aquí, desayunando. Anda..., siéntate conmigo.
▶ Uffff, ¡Qué día llevo de wasaps! Mi teléfono está ardiendo...
▷ ¿Sí? ¿Y eso...?
▶ No te lo vas a creer... ¿Me prometes que no vas a contar nada?
▷ Claro, claro..., tranquilo. Soy una tumba.
▶ Nada... Mi amiga Silvia... Me tiene preocupado.
▷ ¿Qué le ocurre?
▶ Su novio la está engañando y ella no lo ve porque está ciega.
▷ ¡Venga ya! ¡Qué fuerte! Si llevan saliendo más de cuatro años..., ¿no?
▶ Sí, así es..., pero porque vive en las nubes... Me dice que su novio está raro, que llega tarde, que siempre está cansado..., que el pobre necesita vacaciones... Hablamos mucho por teléfono... ¿Me estás escuchando?
▷ Sí, perdona, estaba leyendo un mensaje en el móvil... A ver, Pedro..., eso que dices de que está ciega me parece normal.
▶ ¿Normal? Yo he visto a su novio con su compañera de trabajo y créeme que parecían más que compañeros. No quiero que le haga daño.
▷ Amigo, Silvia siempre me ha parecido un poco ingenua... No te metas en cosas de pareja. Lo mismo te estás preocupando demasiado. ¿Te sigue gustando?
▶ Desde los 15 años...
▷ Anda, deja de pensar en ella y de preocuparte tanto. Y lo dicho: no te metas en asuntos de pareja.

2. ▶ De verdad que me hacía falta dar un paseo, Álvaro. No sabes lo estresante que han sido estos días.
▷ Sí, algo me dijo Pedro... Por eso te invité a pasear.
▶ Vaya... Entonces, lo sabes. ¡Qué fuerte! Creía que podía confiar en él.
▷ Pero, mujer, no seas tan ingenua. Pedro lo cuenta todo.
▶ Ya... Ya veo. No ha tardado ni dos días en contarte mis cosas... Eso no me parece bien, menos mal que te tengo a ti.
▷ Yo nunca le cuento nada porque no me fío. No sabe guardar un secreto.
▶ No me gusta que te lo haya contado, la verdad. ¿Sabías que fuimos novios en el instituto?

▷ Vaya…, no sabía nada. Cuando nos presentó solo me dijo que eras una amiga de la infancia. Siempre me dice que eres muy ingenua y que él te quiere como a una hermana.
▶ Gracias por el paseo, Álvaro, tú sí que eres un amigo.
▷ ¿Te apetece ir a cenar mañana y seguimos charlando?
▶ Sí, llámame y quedamos. Me vendrá bien salir.

3. ▶ ¡Hombre, Álvaro! ¿Qué pasa? Hace días que no te veo.
▷ Todo bien, mucho trabajo. Anda, te pido un café. Siéntate. ¡Oiga, un café con leche para mi amigo cuando pueda…! ¿Qué tal va todo, Pedro?
▶ Pues regular… ¿Sabías que no sé nada de Silvia desde hace días y que no me coge el teléfono? Estoy por ir a verla…
▷ Bah…, no hagas eso, hombre. El sábado estuvimos paseando juntos por la playa.
▶ ¡Qué fuerte! Pues de mí, por lo que se ve, no quiere saber nada.
▷ Ajá… Ya… Bueno…, el otro día nos encontramos casualmente y la invité a dar un paseo por si le apetecía charlar. Solo eso…
▶ Me dejas de piedra… Seguro que le dijiste que yo te había contado todo y por eso no me coge el teléfono.
▷ ¡Qué va! Si apenas hablamos de ti… Además, le dije que eres un amigo en quien se puede confiar.
▶ Pues no sé… No entiendo qué le pasa conmigo.
▷ Bueno…, seguro que simplemente es que no quiere agobiarte con sus problemas.
▶ No lo entiendo…
▷ No le des más vueltas.
▶ Bueno, tal vez tengas razón. Oye, esta noche es el cumpleaños de Víctor y hace una fiesta, ¿te apuntas?
▷ ¿Esta noche? Mmm…, he quedado con una amiga para cenar. No creo que pueda.

ETAPAS PLUS

Curso de español por módulos

Fichas y Proyecciones

Nivel

C1

Material disponible en

ELEteca

Edinumen

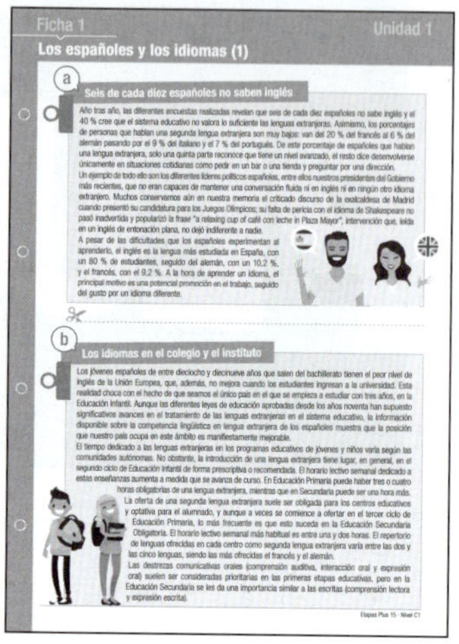

Ficha 1. Unidad 1
Los españoles y los idiomas (1 y 2)

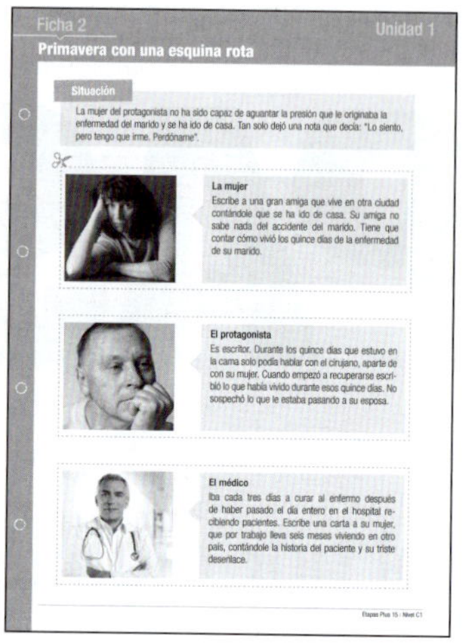

Ficha 2. Unidad 1
Primavera con una esquina rota

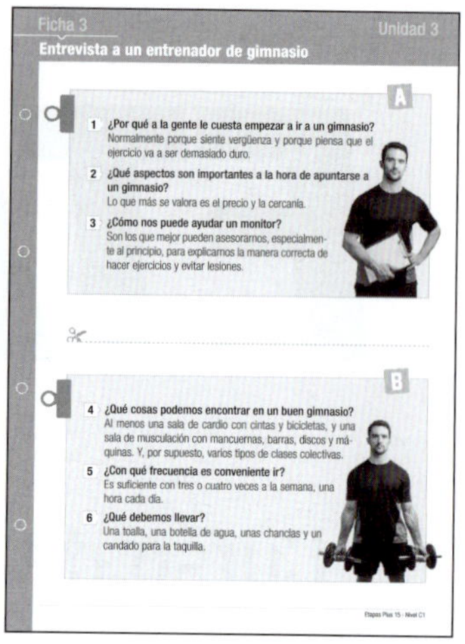

Ficha 3. Unidad 3
Entrevista a un entrenador de gimnasio

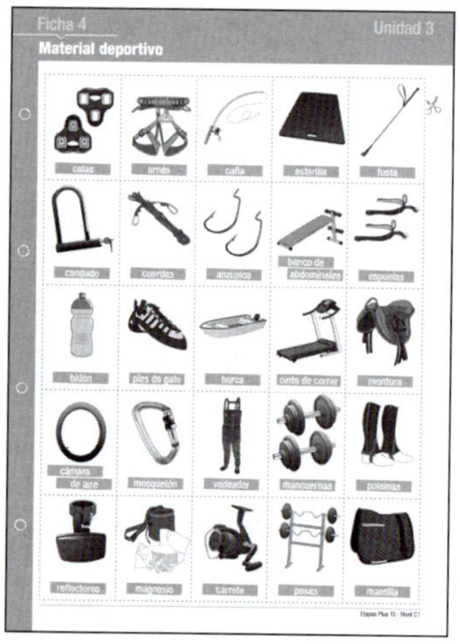

Ficha 4. Unidad 3
Material deportivo

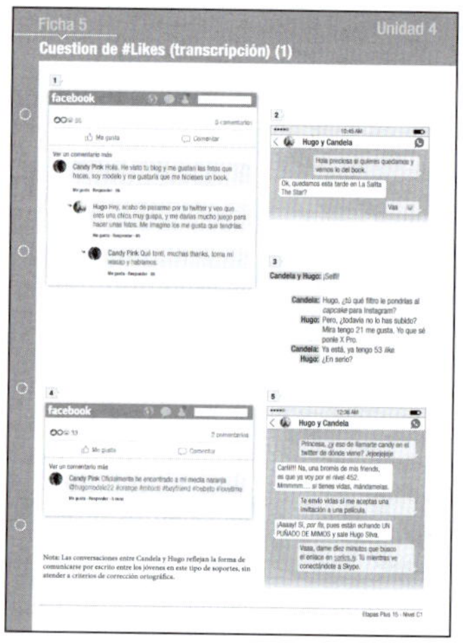

Ficha 5. Unidad 4
Cuestión de #Likes (transcripción) (1 y 2)

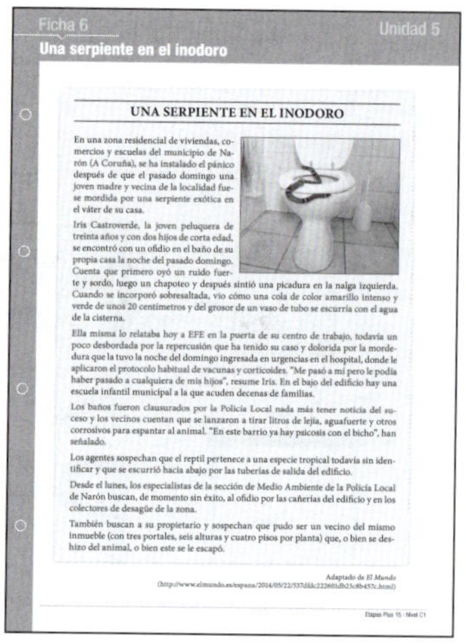

Ficha 6. Unidad 5
Una serpiente en el inodoro

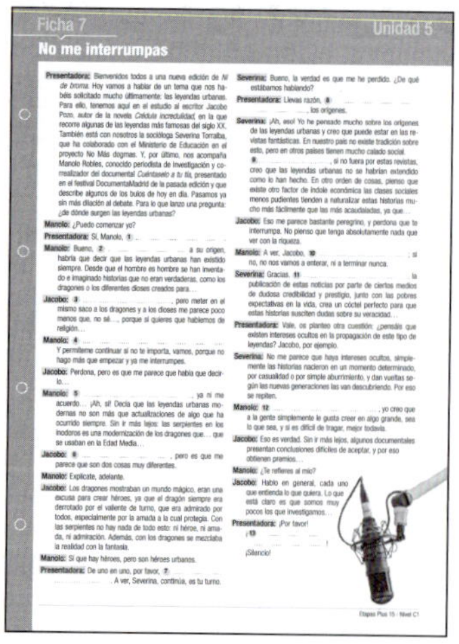

Ficha 7. Unidad 5
No me interrumpas

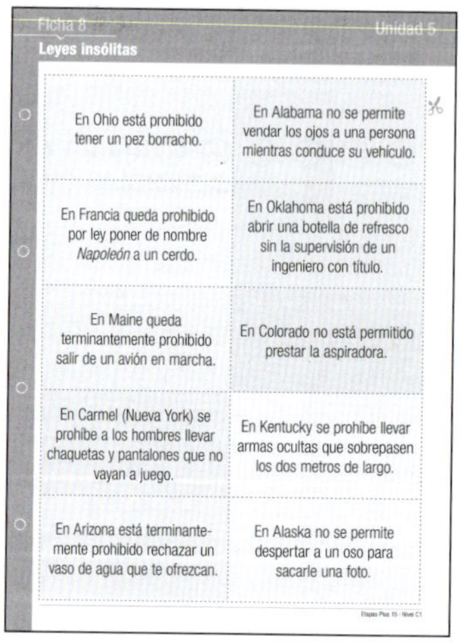

Ficha 8. Unidad 5
Leyes insólitas

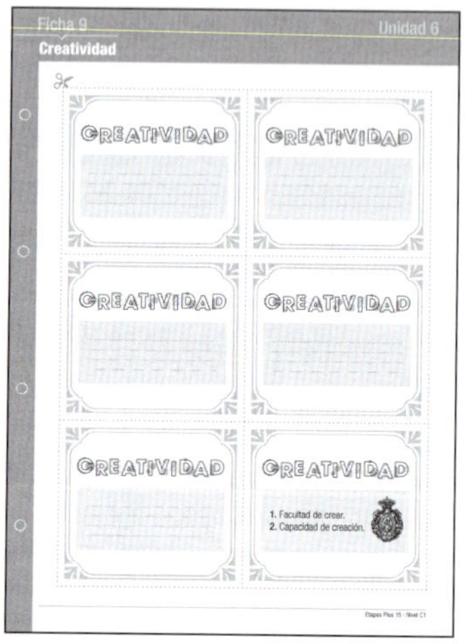

Ficha 9. Unidad 6
Creatividad

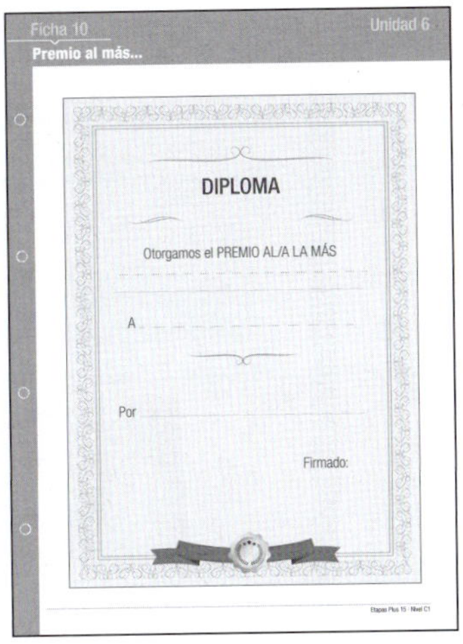

Ficha 10. Unidad 6
Premio al más...

Ficha 11. Unidad 6
Reacciones

Ficha 12. Unidad 6
Mundo laboral

Ficha 13. Unidad 6
Te Comería a Versos

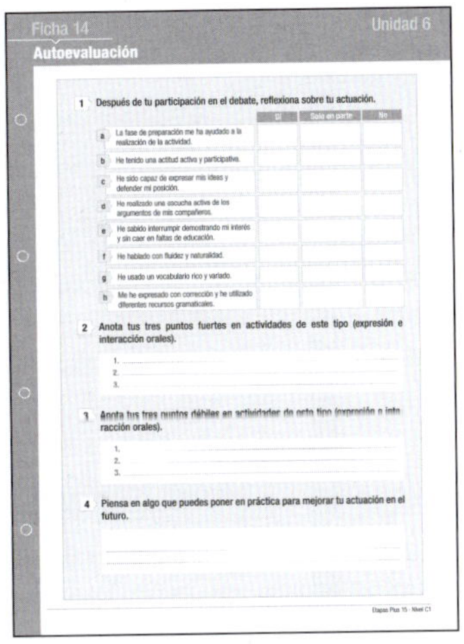

Ficha 14. Unidad 6
Autoevaluación

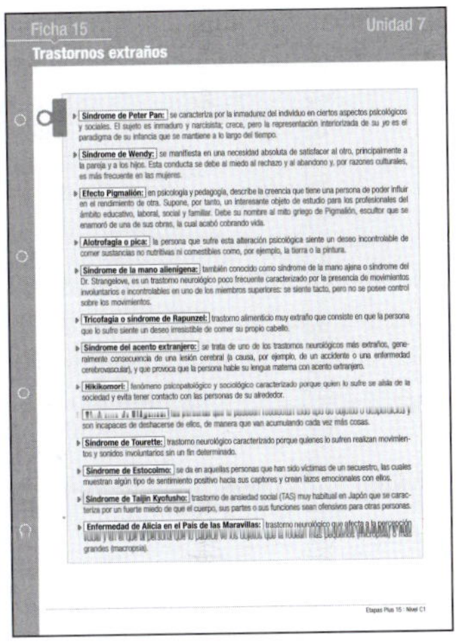

Ficha 15. Unidad 7
Trastornos extraños

Ficha 16. Unidad 7
Descripciones literarias

Ficha 17. Unidad 7
Poema V

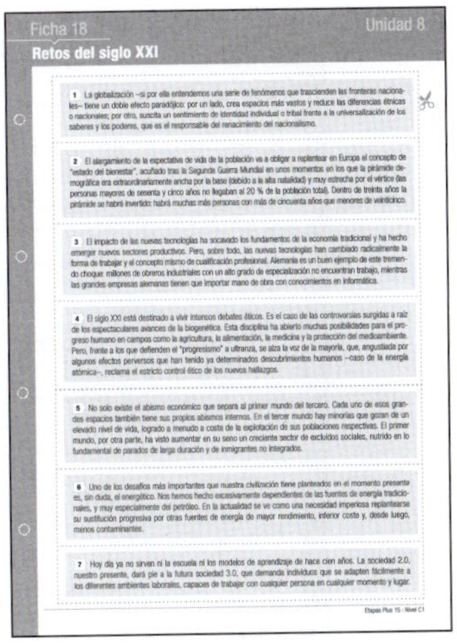

Ficha 18. Unidad 8
Retos del siglo XXI

Ficha 19. Unidad 8
Líderes carismáticos

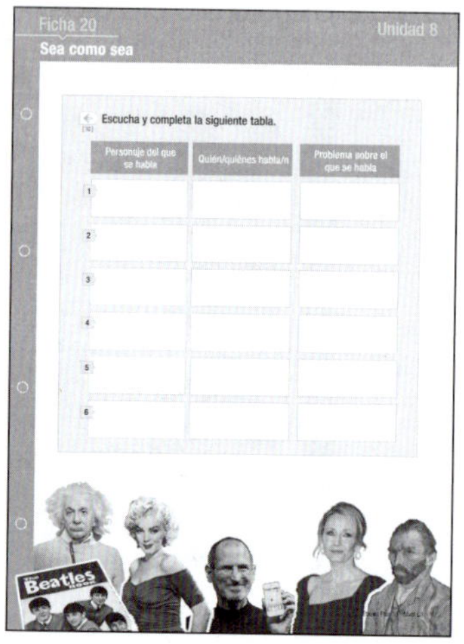

Ficha 20. Unidad 8
Sea como sea

Ficha 21. Unidad 8
Cartas de la semana

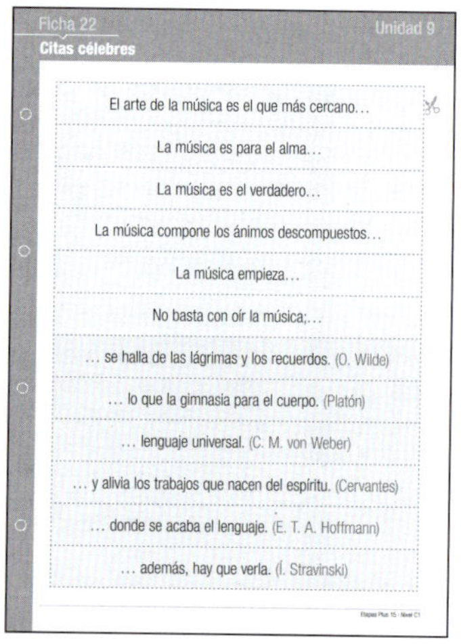

Ficha 22. Unidad 9
Citas célebres

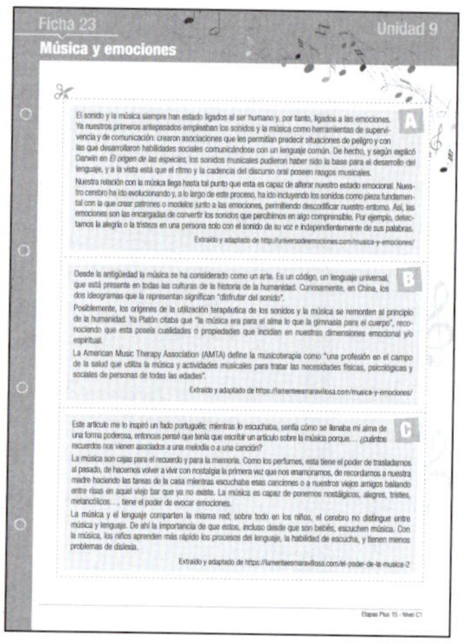

Ficha 23. Unidad 9
Música y emociones

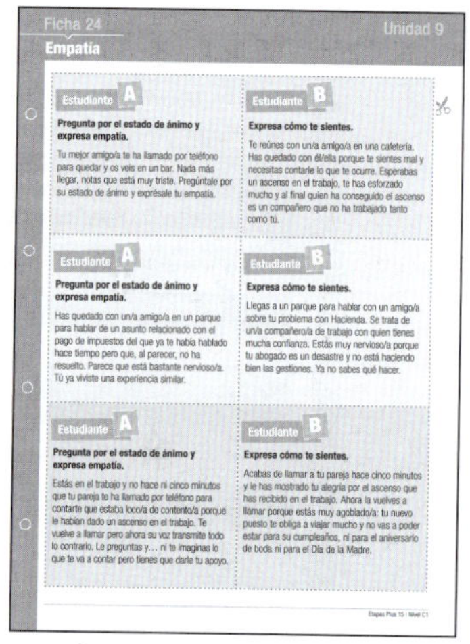

Ficha 24. Unidad 9
Empatía

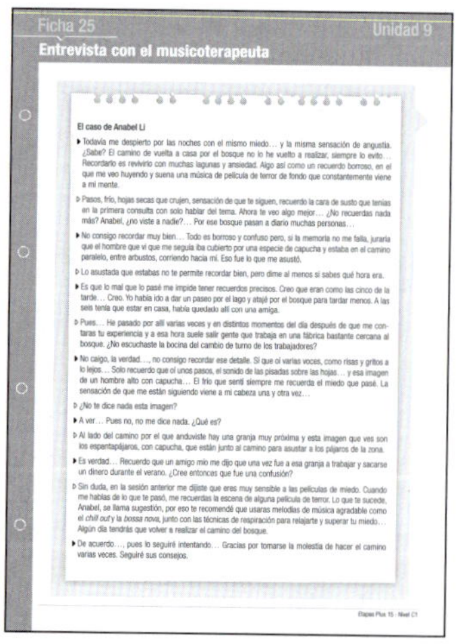

Ficha 25. Unidad 9
Entrevista con el musicoterapeuta

Ficha 26. Unidad 9
Quien canta sus males espanta

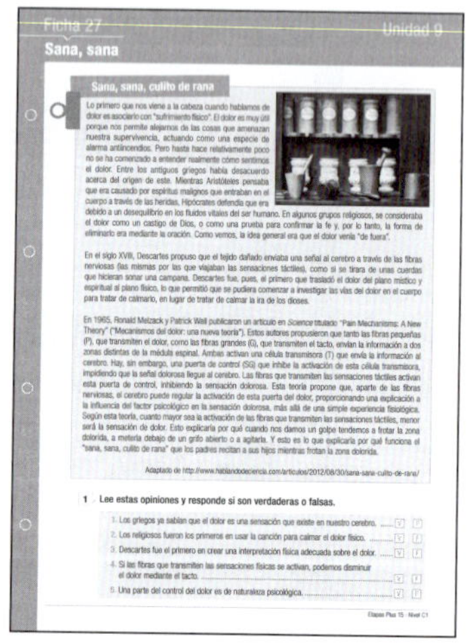

Ficha 27. Unidad 9
Sana, sana

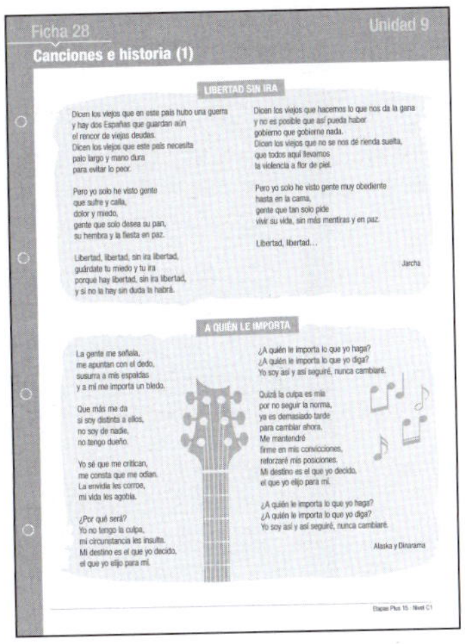

Ficha 28. Unidad 9
Canciones e historia (1 y 2)

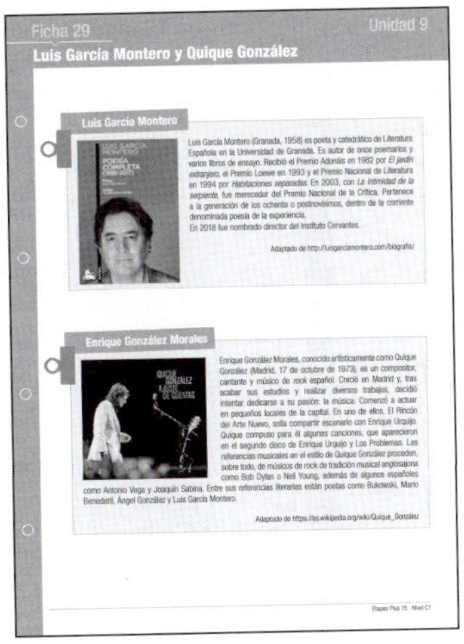

Ficha 29. Unidad 9
Luis García Montero y Quique González

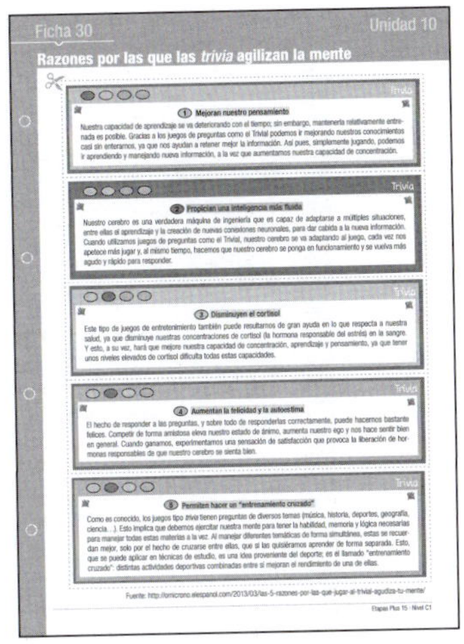

Ficha 30. Unidad 10
Razones por las que las *trivia* agilizan la mente

Ficha 31. Unidad 10
Tres en raya

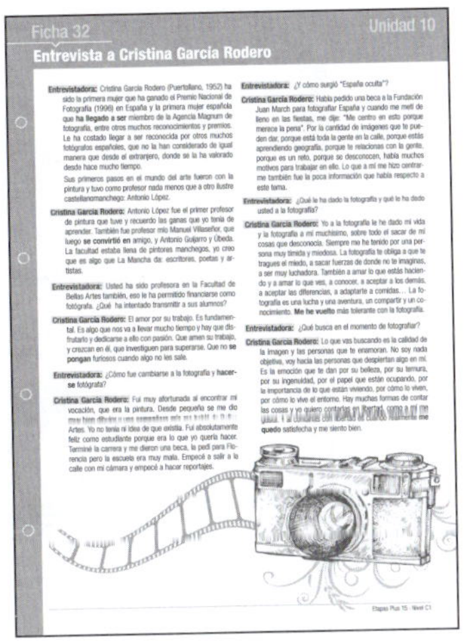

Ficha 32. Unidad 10
Entrevista a Cristina García Rodero

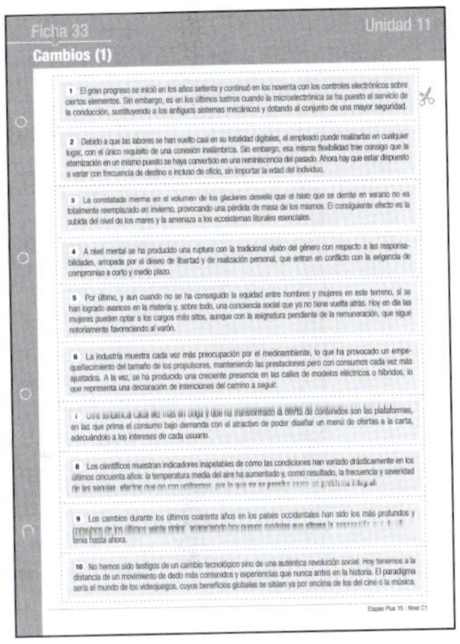

Ficha 33. Unidad 11
Cambios (1 y 2)

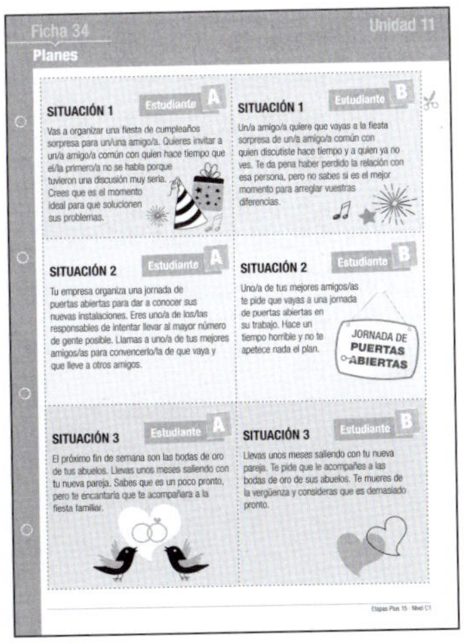

Ficha 34. Unidad 11
Planes

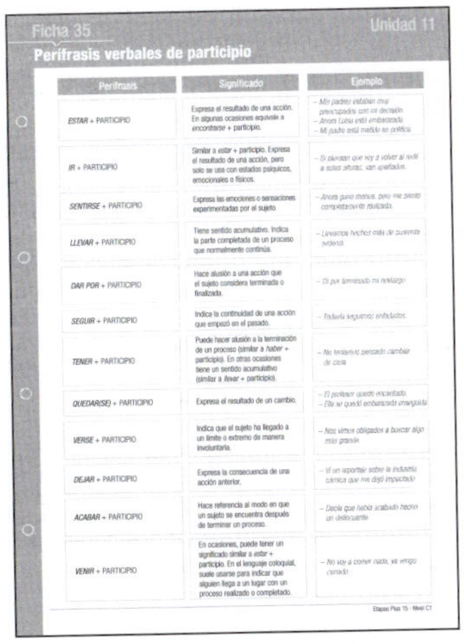

Ficha 35. Unidad 11
Perífrasis verbales de participio

Ficha 36. Unidad 11
Si pudiera cambiar...

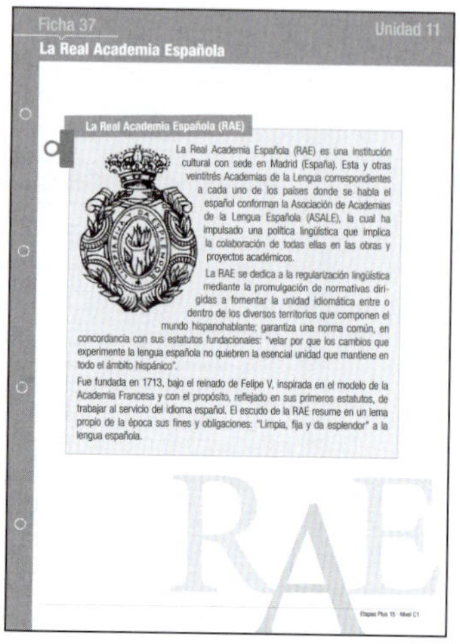

Ficha 37. Unidad 11
La Real Academia Española

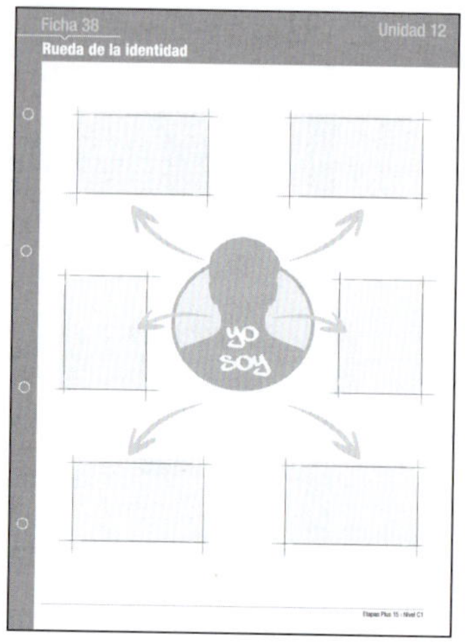

Ficha 38. Unidad 12
Rueda de la identidad

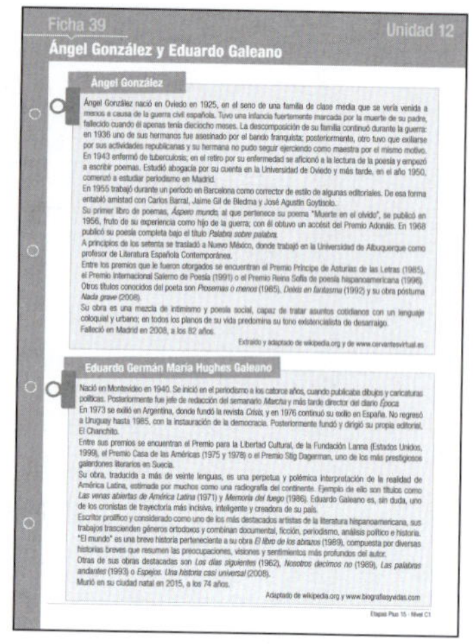

Ficha 39. Unidad 12
Ángel González y Eduardo Galeano

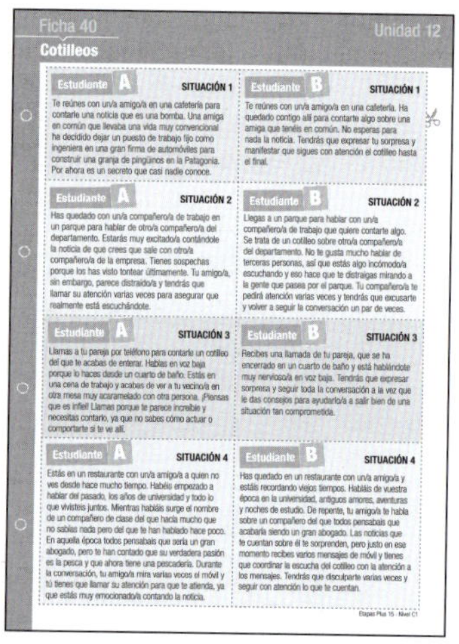

Ficha 40. Unidad 12
Cotilleos

Ficha 41. Unidad 12
Metáforas de animales

Ficha 42. Unidad 12
La historia de Daniel

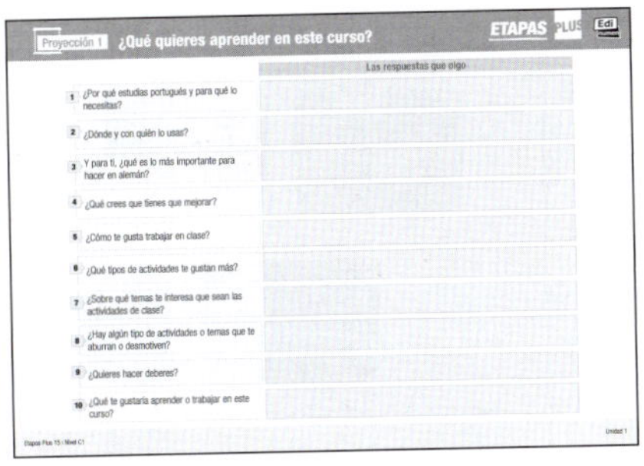

Proyección 1. Unidad 1
¿Qué quieres aprender en este curso?

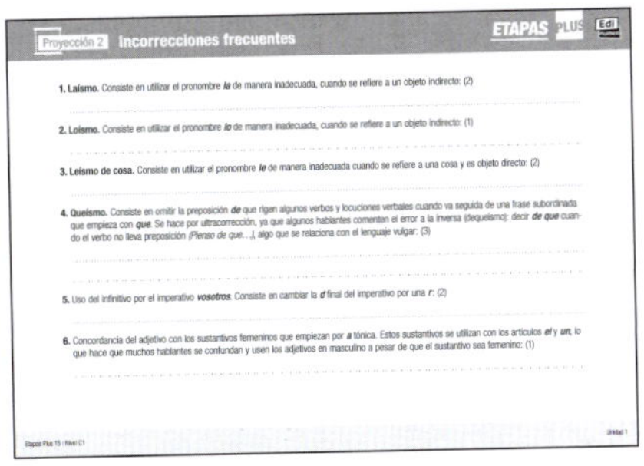

Proyección 2. Unidad 1
Incorrecciones frecuentes

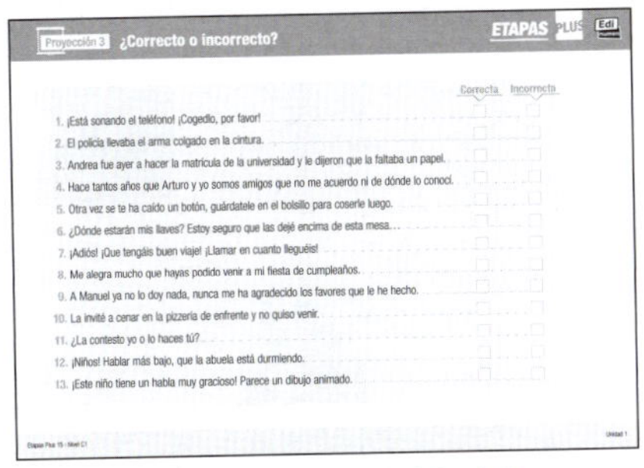

Proyección 3. Unidad 1
¿Correcto o incorrecto?

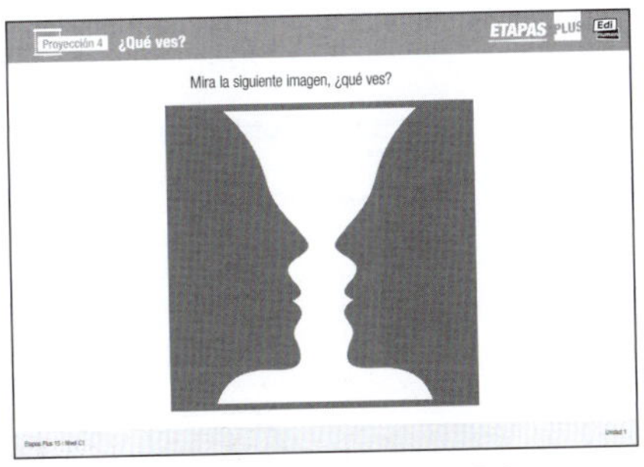

Proyección 4. Unidad 1
¿Qué ves?

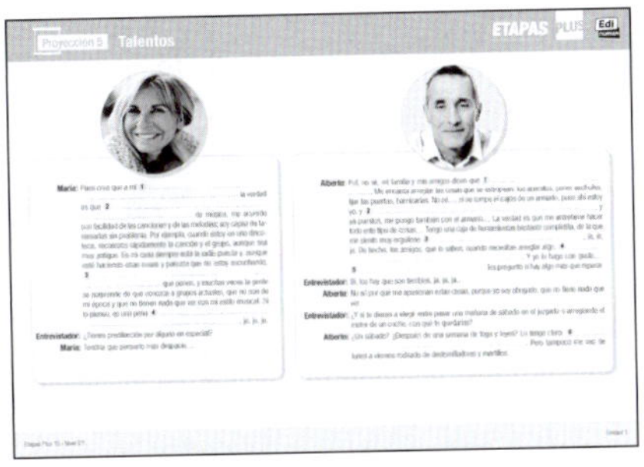

Proyección 5. Unidad 1
Talentos

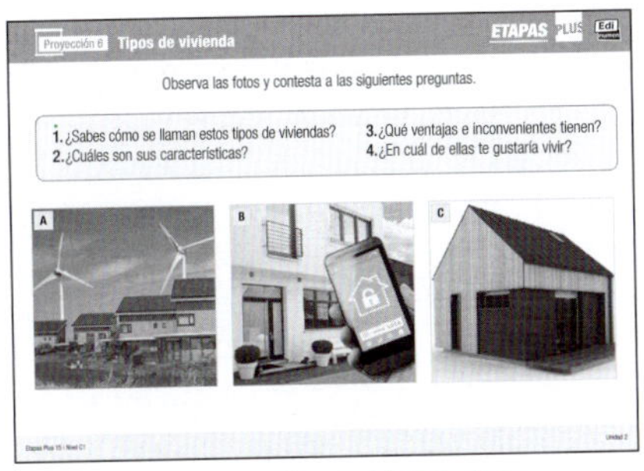

Proyección 6. Unidad 2
Tipos de vivienda

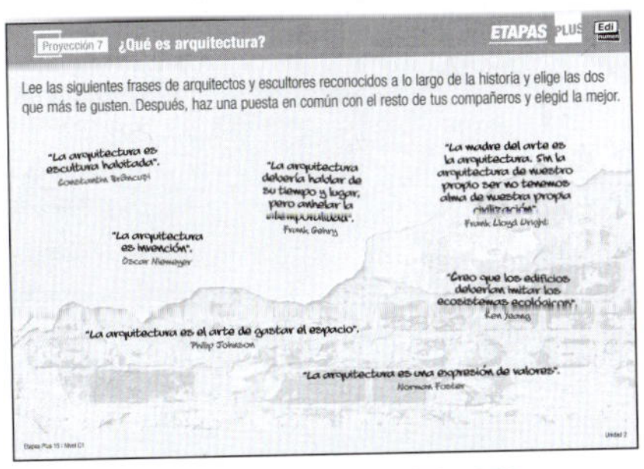

Proyección 7. Unidad 2
¿Qué es arquitectura?

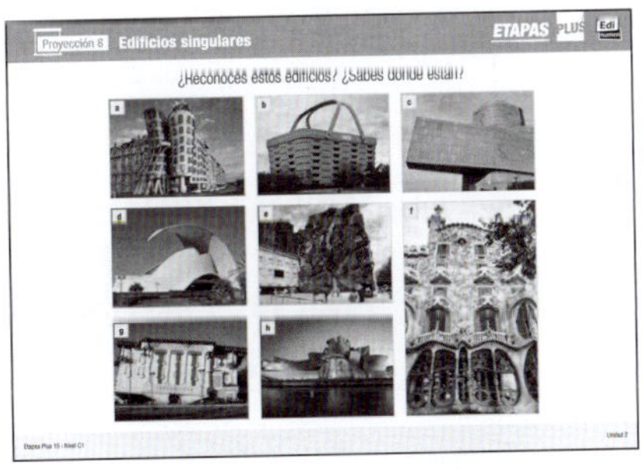

Proyección 8. Unidad 2
Edificios singulares

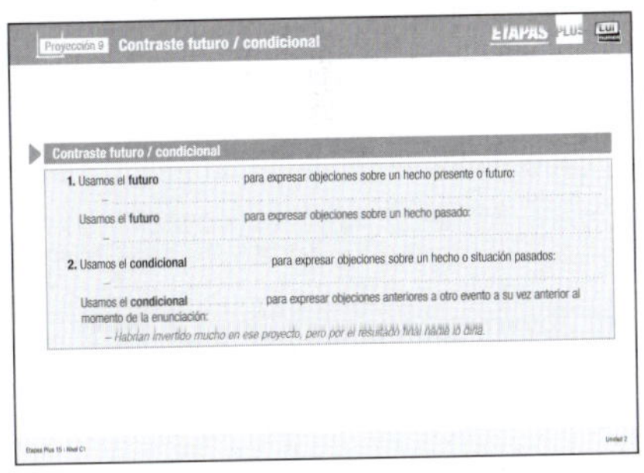

Proyección 9. Unidad 2
Contraste futuro / condicional

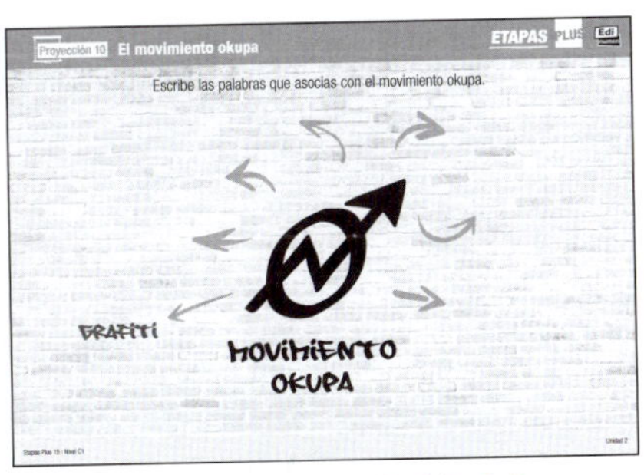

Proyección 10. Unidad 2
El movimiento okupa

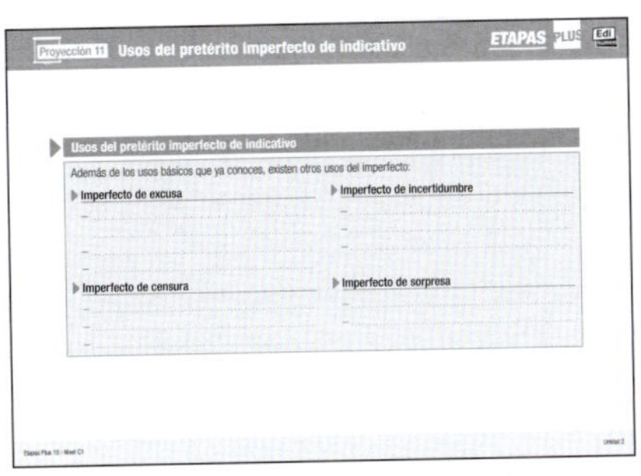

Proyección 11. Unidad 2
Usos del pretérito imperfecto de indicativo

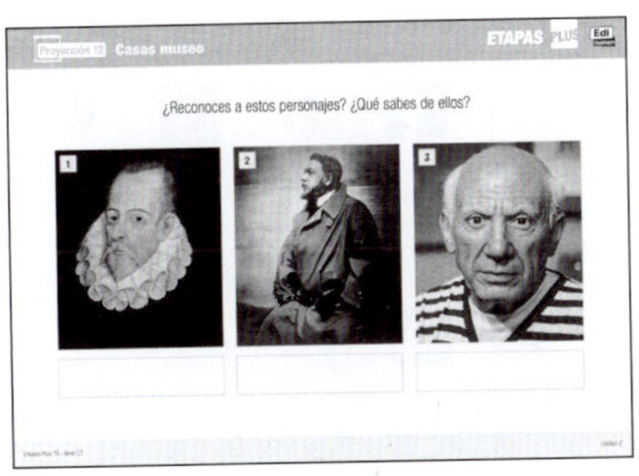

Proyección 12. Unidad 2
Casas museo

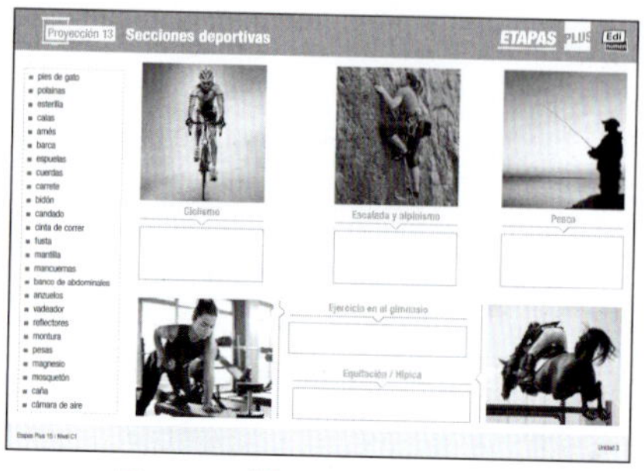

Proyección 13. Unidad 3
Secciones deportivas

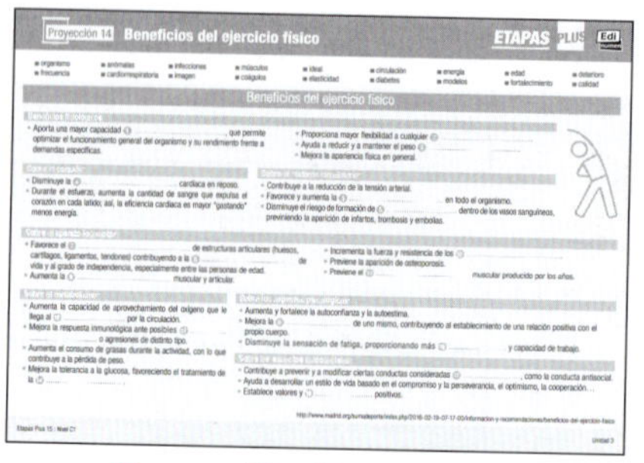

Proyección 14. Unidad 3
Beneficios del ejercicio físico

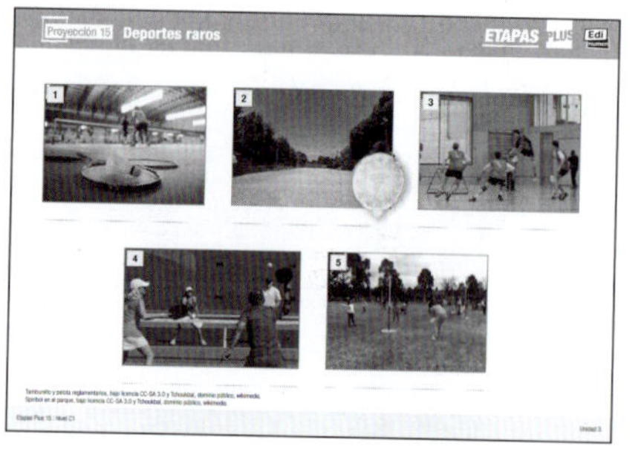

Proyección 15. Unidad 3
Deportes raros

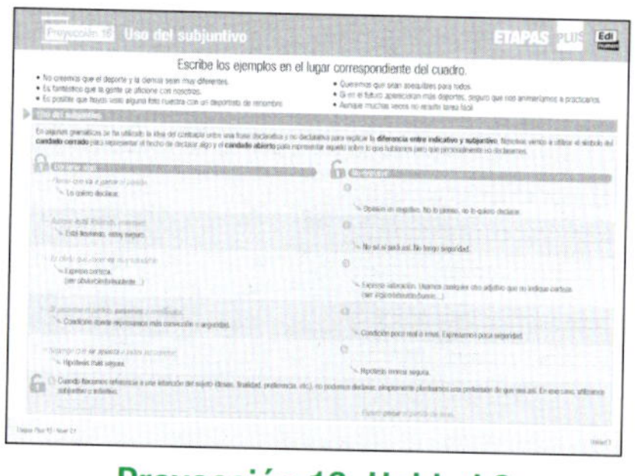

Proyección 16. Unidad 3
Uso del subjuntivo

Proyección 17. Unidad 3
Usain Bolt

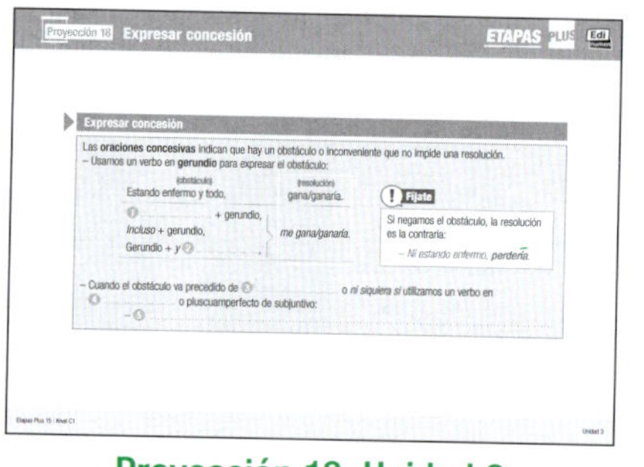

Proyección 18. Unidad 3
Expresar concesión

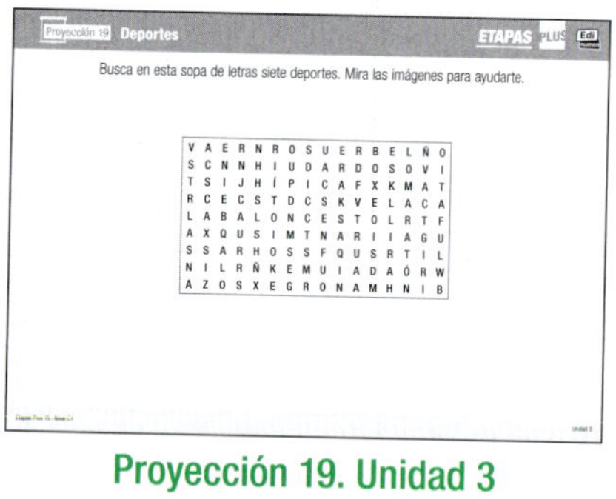

Proyección 19. Unidad 3
Deportes

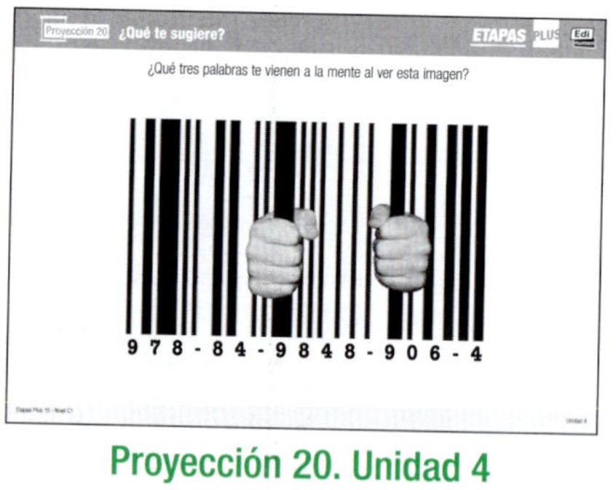

Proyección 20. Unidad 4
¿Qué te sugiere?

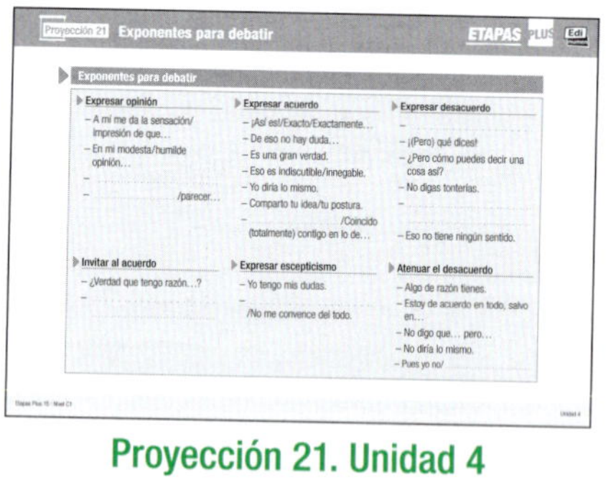

Proyección 21. Unidad 4
Exponentes para debatir

Proyección 22. Unidad 4
Redes sociales

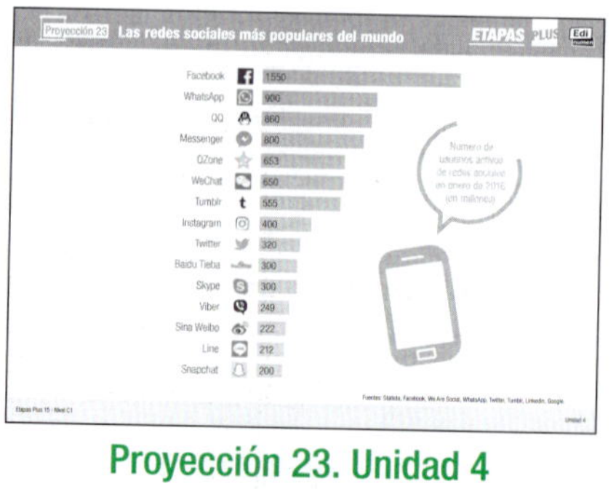

Proyección 23. Unidad 4
Las redes sociales más populares del mundo

Proyección 24. Unidad 4
Mi isla ideal (1 y 2)

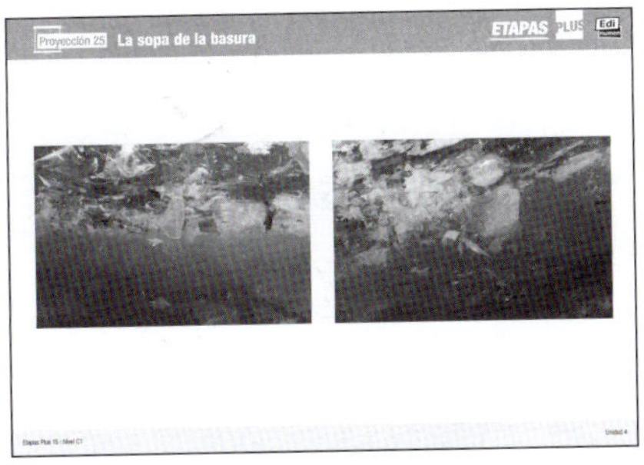

Proyección 25. Unidad 4
La sopa de la basura

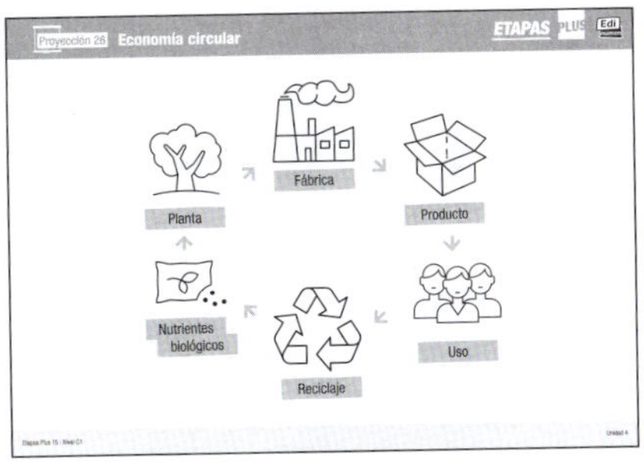

Proyección 26. Unidad 4
Economía circular

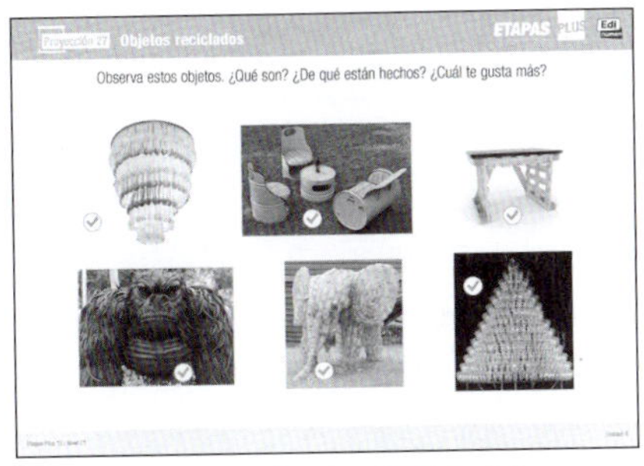

Proyección 27. Unidad 4
Objetos reciclados

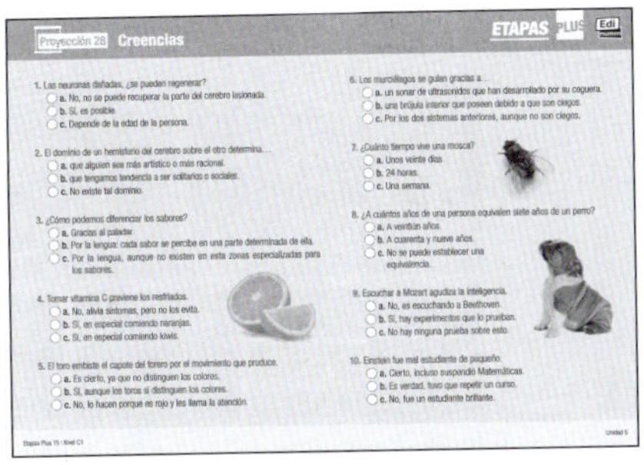

Proyección 28. Unidad 5
Creencias

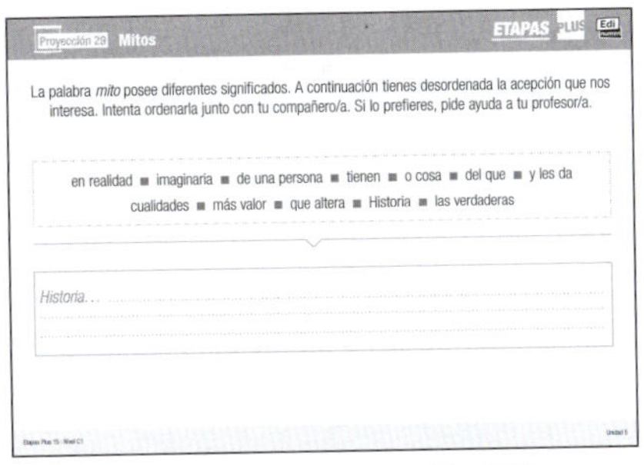

Proyección 29. Unidad 5
Mitos

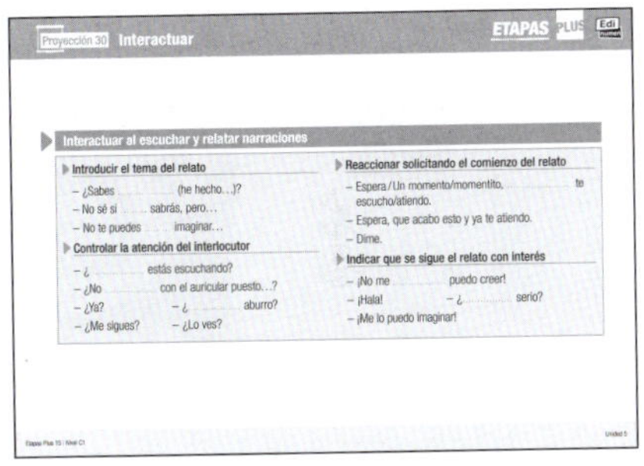

Proyección 30. Unidad 5
Interactuar

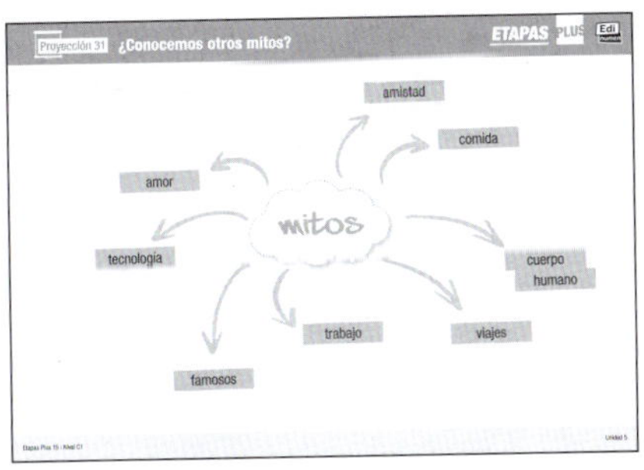

Proyección 31. Unidad 5
¿Conocemos otros mitos?

Proyección 32. Unidad 5
¿Real o no?

Proyección 33. Unidad 5
Leyendas urbanas

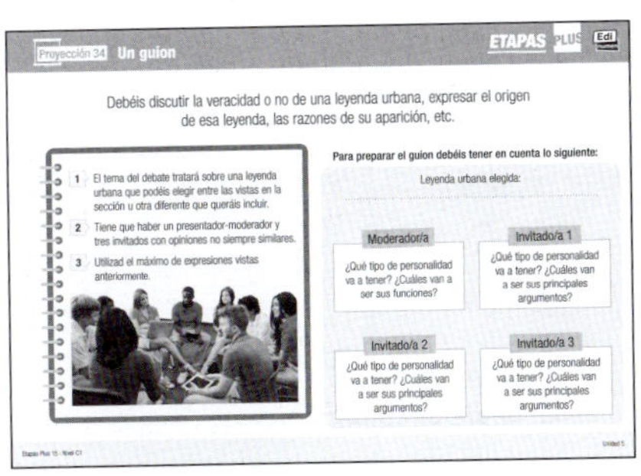

Proyección 34. Unidad 5
Un guion

Proyección 35. Unidad 5
4 bombillas, 4 interruptores

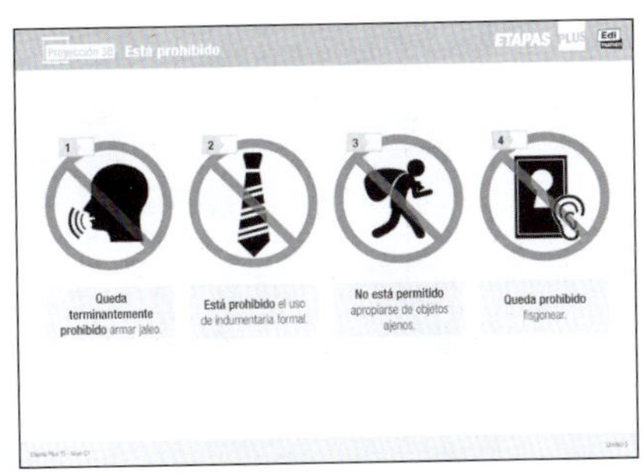

Proyección 36. Unidad 5
Está prohibido

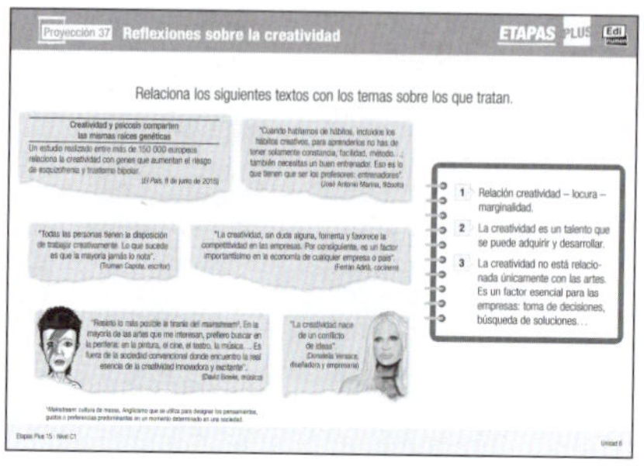

Proyección 37. Unidad 6
Reflexiones sobre la creatividad

Proyección 38. Unidad 6
Mentes creativas

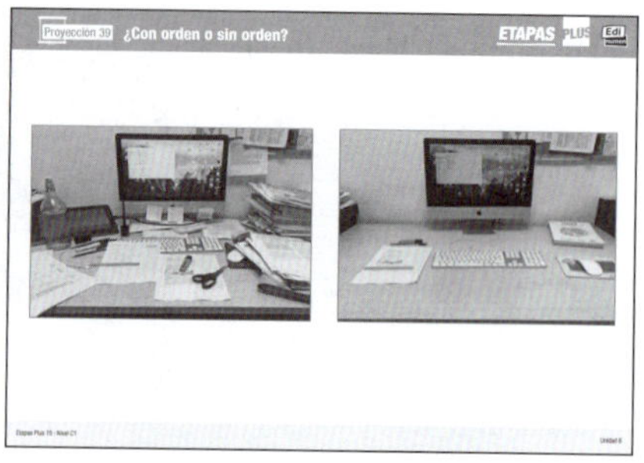

Proyección 39. Unidad 6
¿Con orden o sin orden?

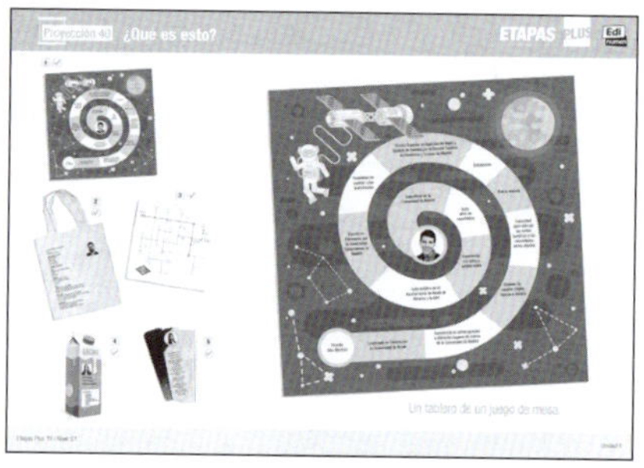

Proyección 40. Unidad 6
¿Qué es esto?

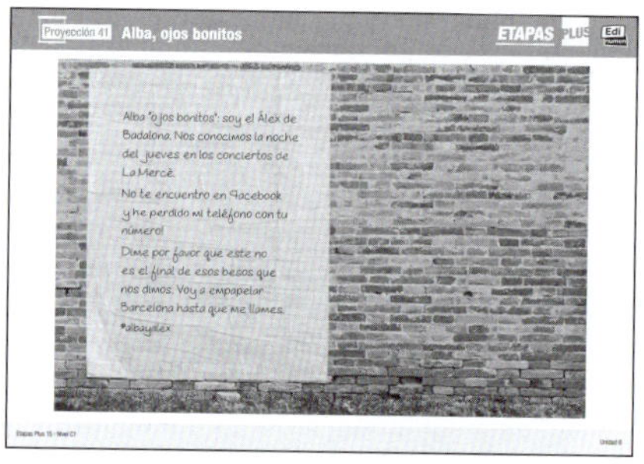

Proyección 41. Unidad 6
Alba, ojos bonitos

Proyección 42. Unidad 6
Te Comería a Versos

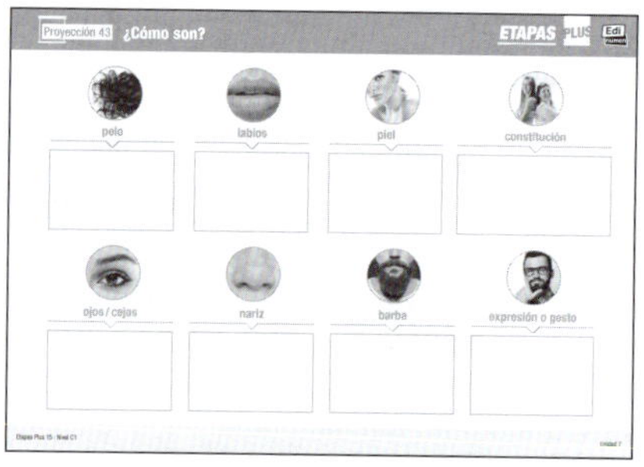

Proyección 43. Unidad 7
¿Cómo son?

Proyección 44. Unidad 7
Mi personaje literario

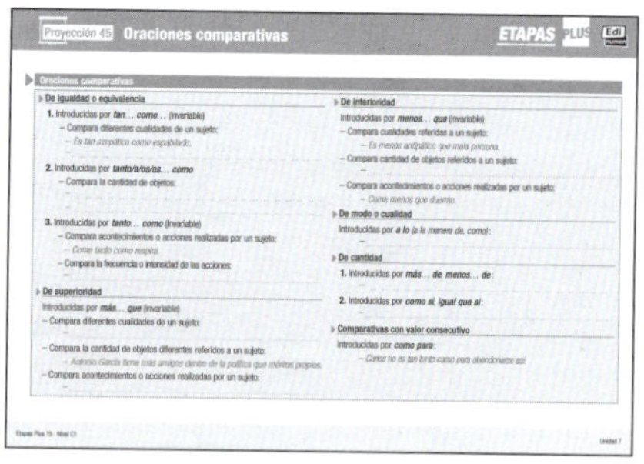

Proyección 45. Unidad 7
Oraciones comparativas

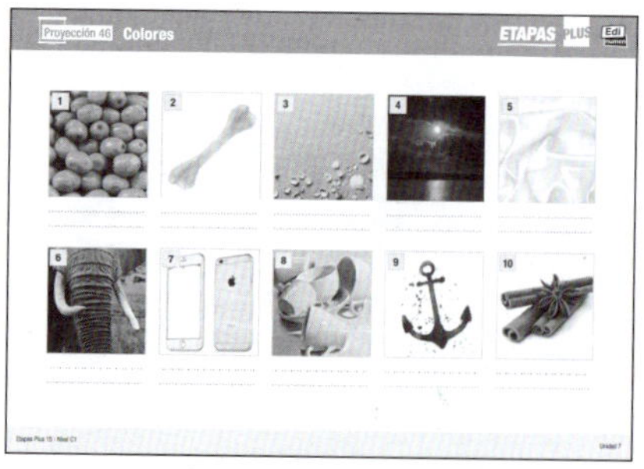

Proyección 46. Unidad 7
Colores

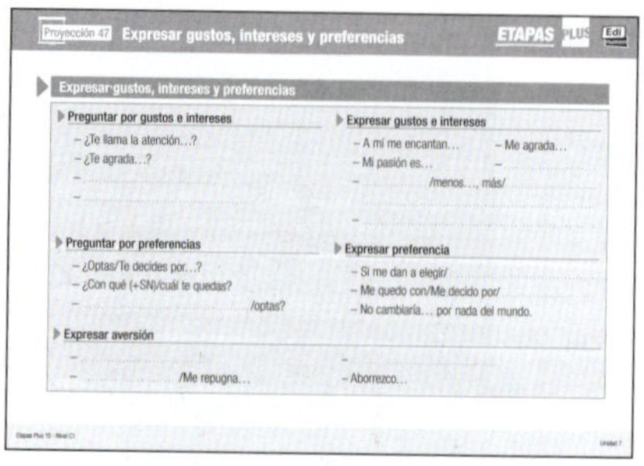

Proyección 47. Unidad 7
Expresar gustos, intereses y preferencias

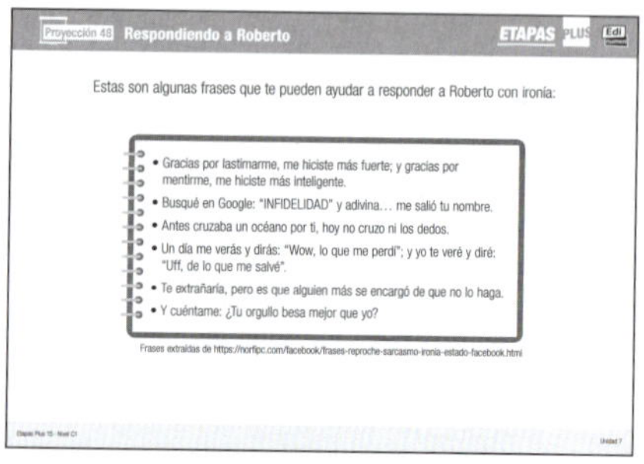

Proyección 48. Unidad 7
Respondiendo a Roberto

Proyección 49. Unidad 8
Transformar la realidad

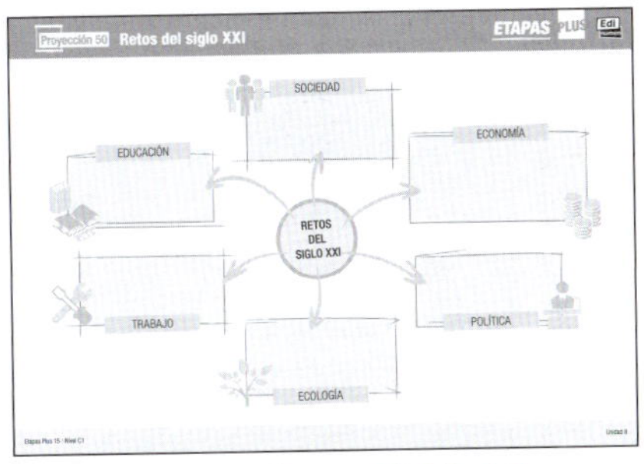

Proyección 50. Unidad 8
Retos del siglo XXI

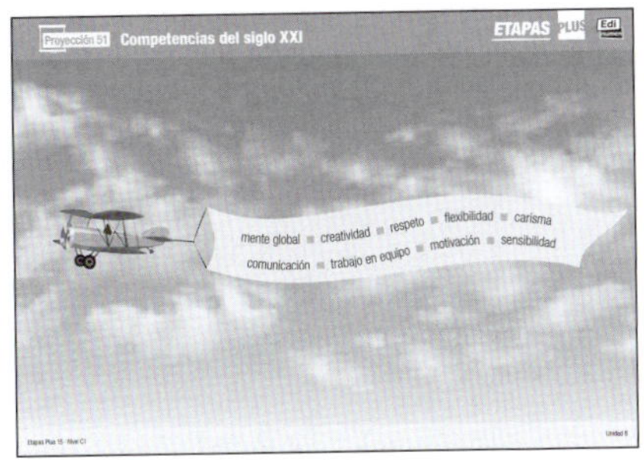

Proyección 51. Unidad 8
Competencias del siglo XXI

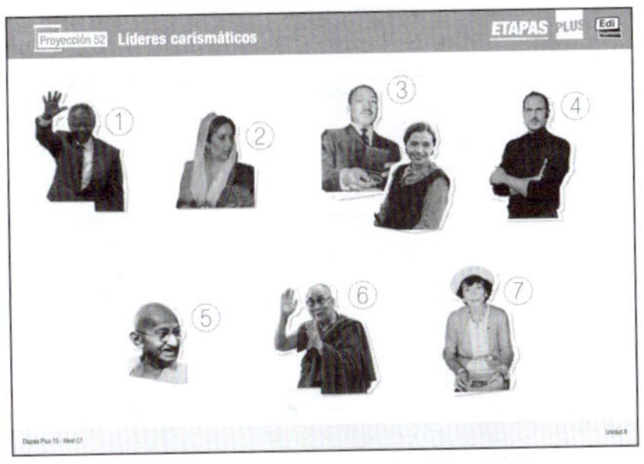

Proyección 52. Unidad 8
Líderes carismáticos

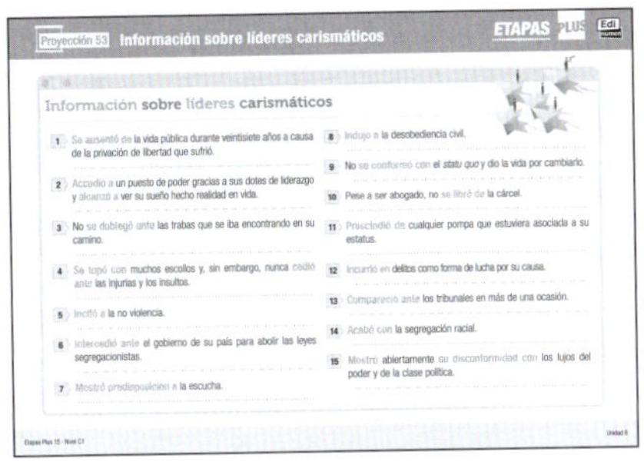

Proyección 53. Unidad 8
Información sobre líderes carismáticos

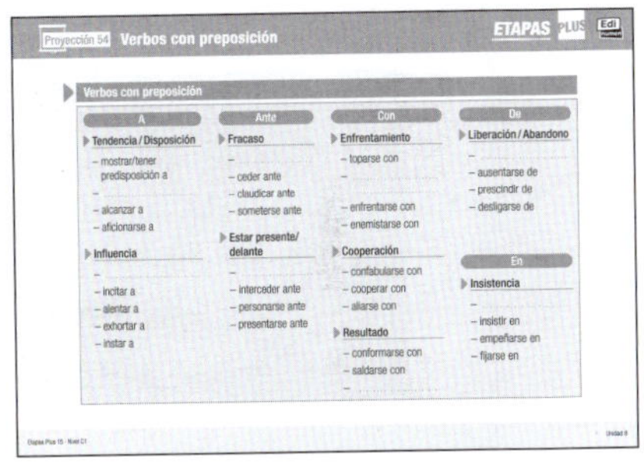

Proyección 54. Unidad 8
Verbos con preposición

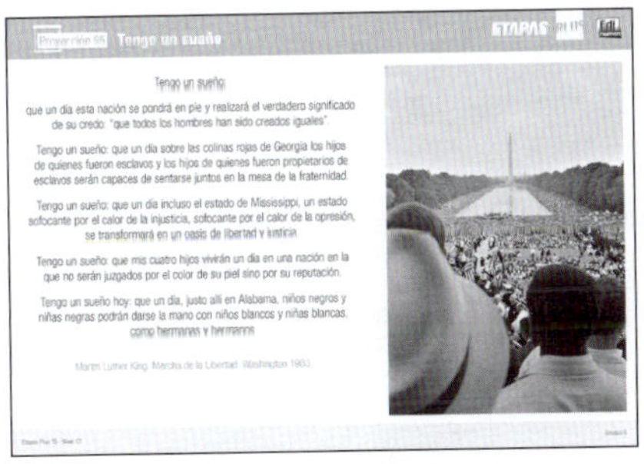

Proyección 55. Unidad 8
Tengo un sueño

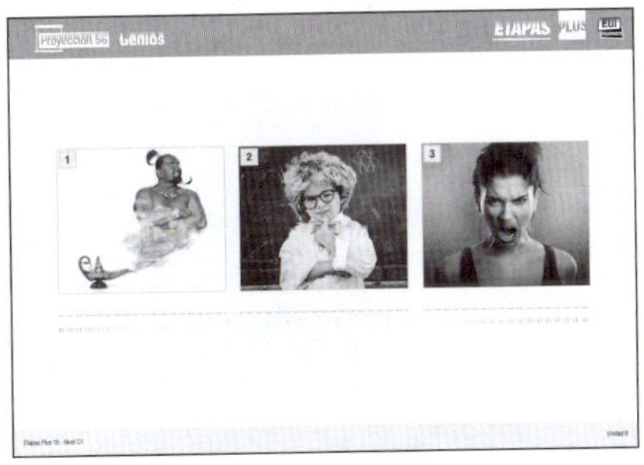

Proyección 56. Unidad 8
Genios

Proyección 57. Unidad 8
Qué contradicción

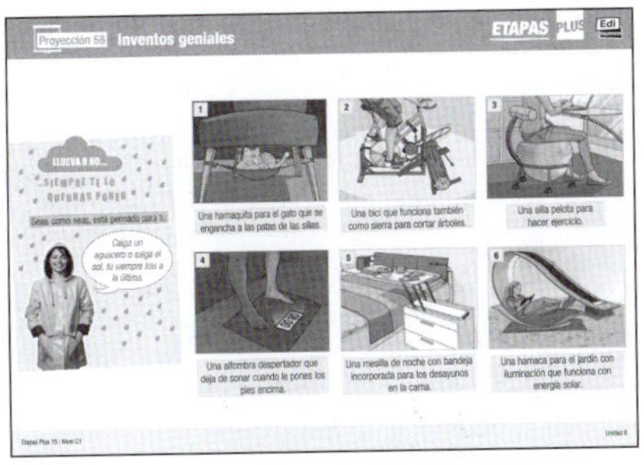

Proyección 58. Unidad 8
Inventos geniales

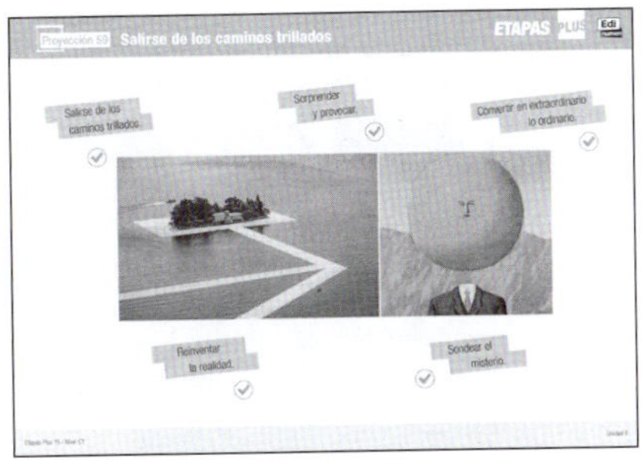

Proyección 59. Unidad 8
Salirse de los caminos trillados

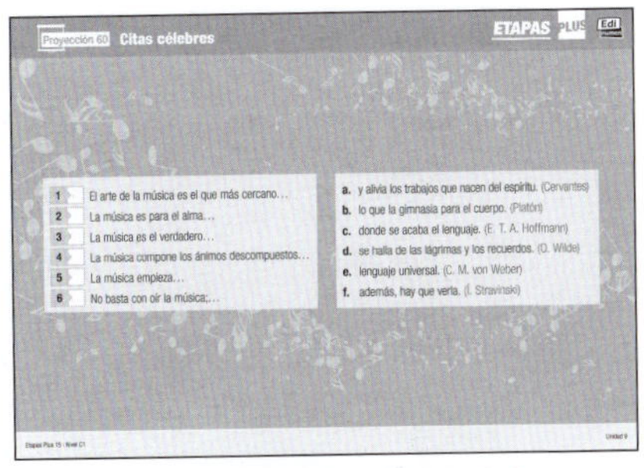

Proyección 60. Unidad 9
Citas célebres

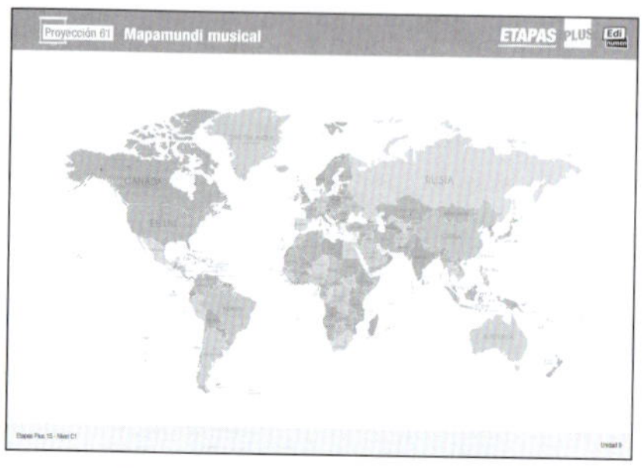

Proyección 61. Unidad 9
Mapamundi musical

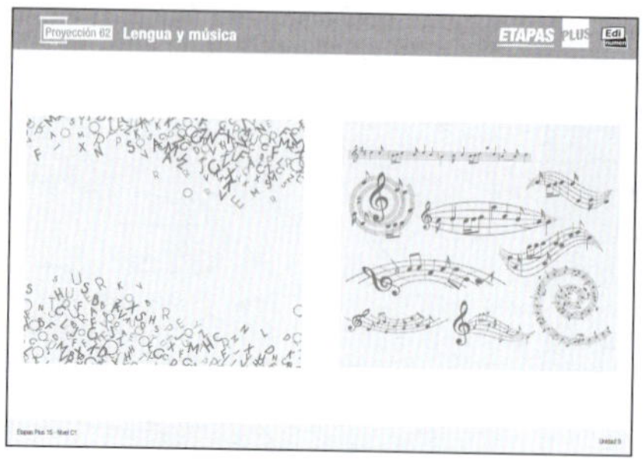

Proyección 62. Unidad 9
Lengua y música

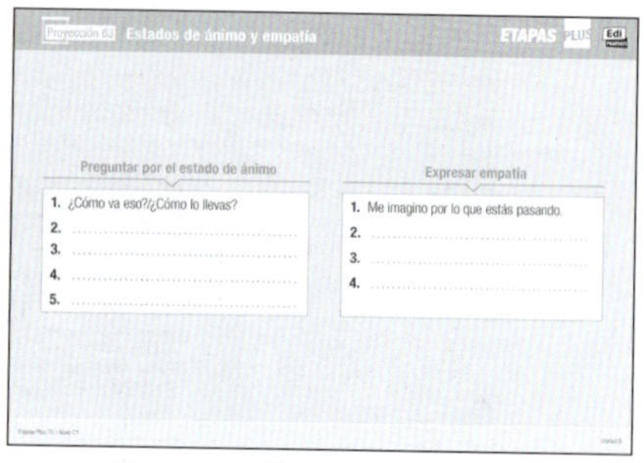

Proyección 63. Unidad 9
Estados de ánimo y empatía

Proyección 64. Unidad 9
Q Train

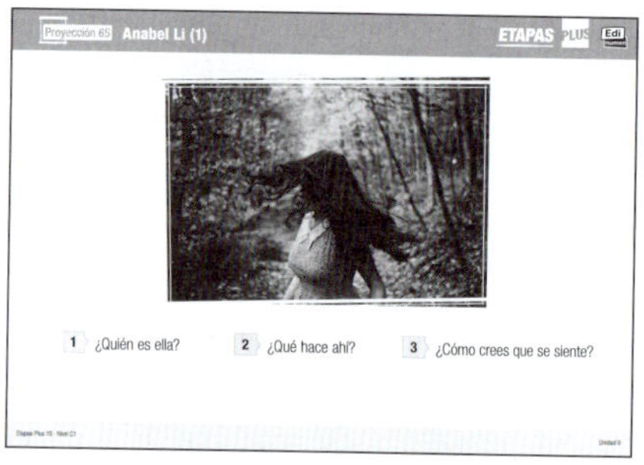

Proyección 65. Unidad 9
Anabel Li (1 y 2)

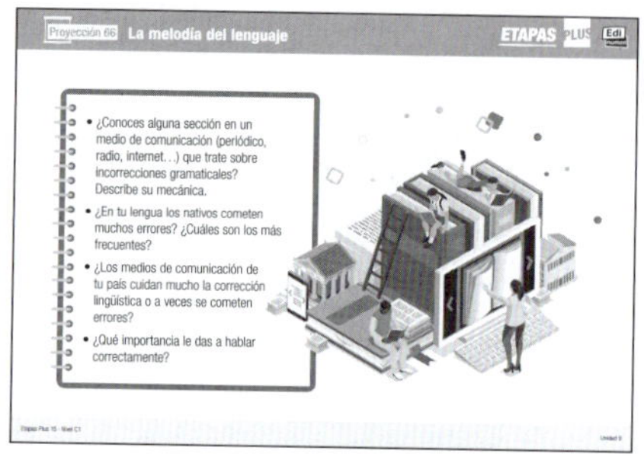

Proyección 66. Unidad 9
La melodía del lenguaje

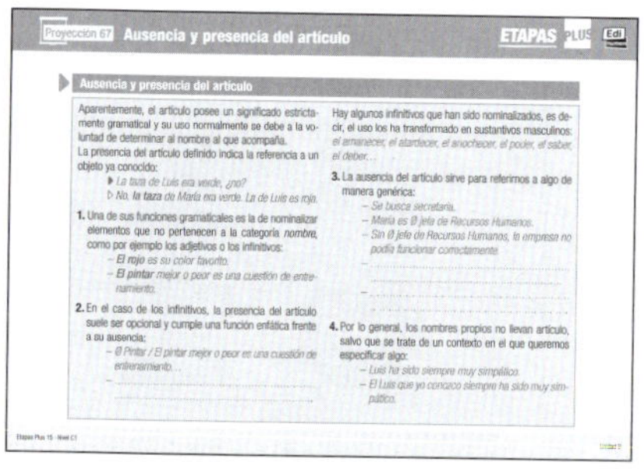

Proyección 67. Unidad 9
Ausencia y presencia del artículo

Proyección 68. Unidad 9
Automat

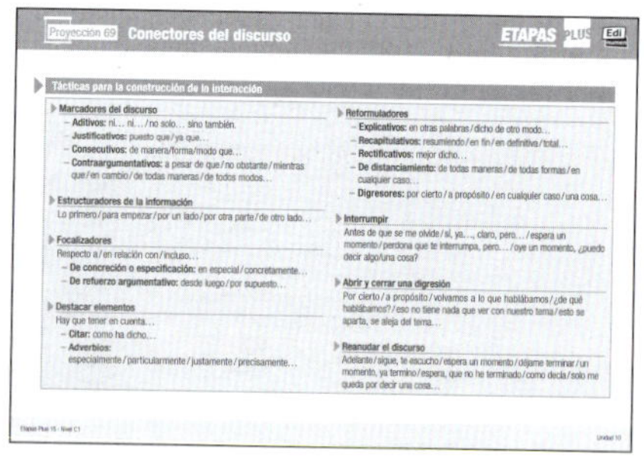

Proyección 69. Unidad 10
Conectores del discurso

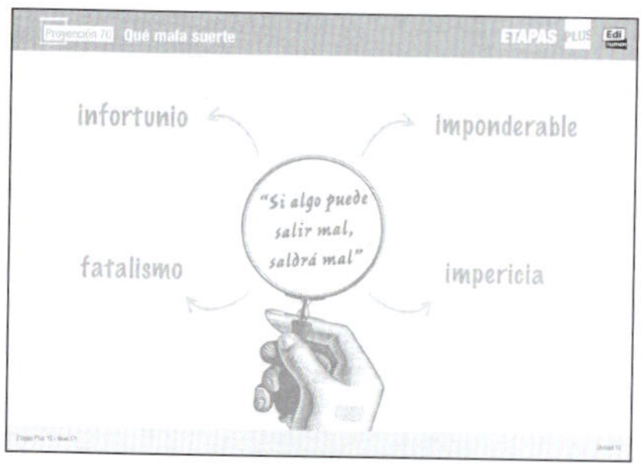

Proyección 70. Unidad 10
Qué mala suerte

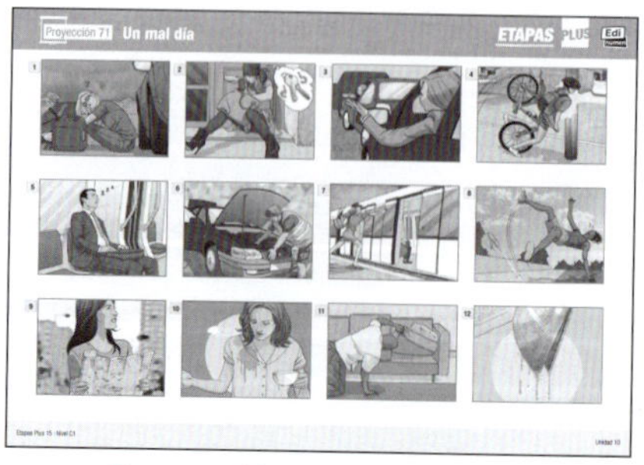

Proyección 71. Unidad 10
Un mal día

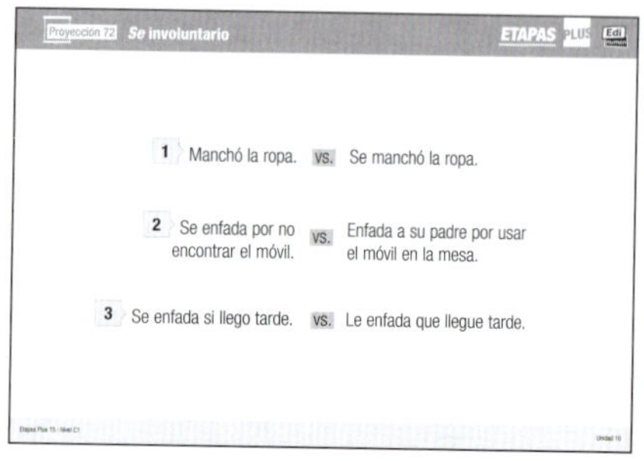

Proyección 72. Unidad 10
Se involuntario

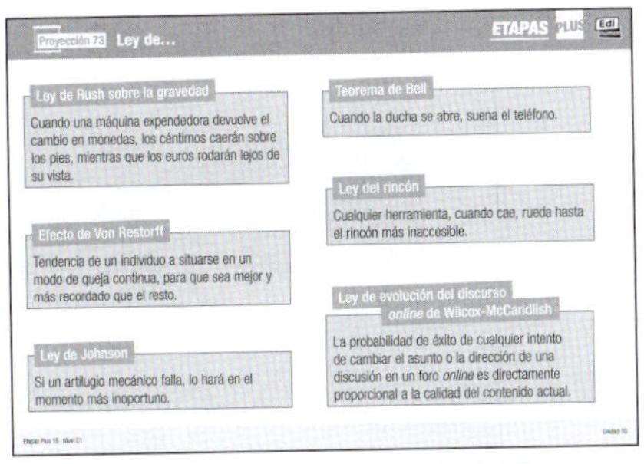

Proyección 73. Unidad 10
Ley de…

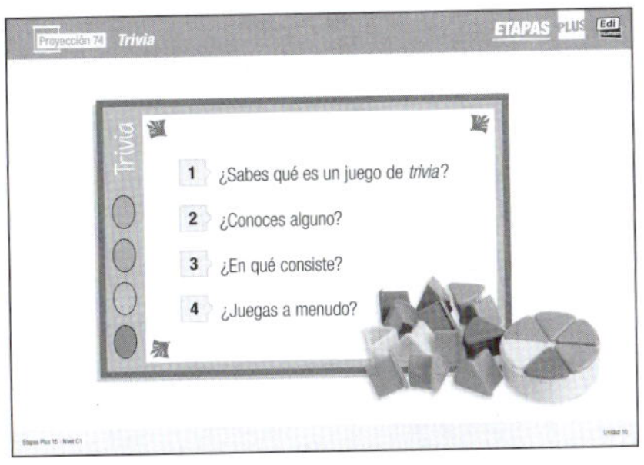

Proyección 74. Unidad 10
Trivia

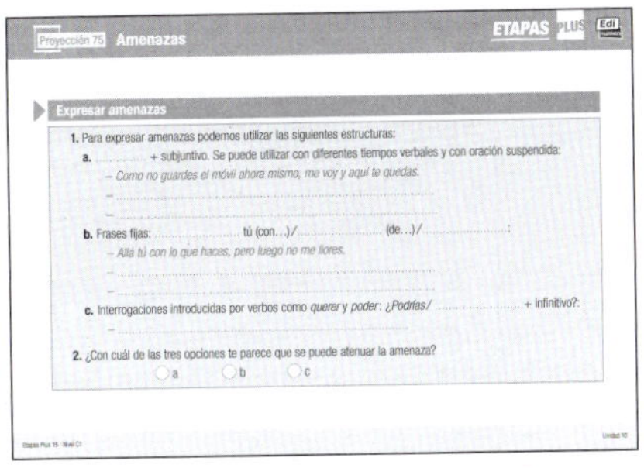

Proyección 75. Unidad 10
Amenazas

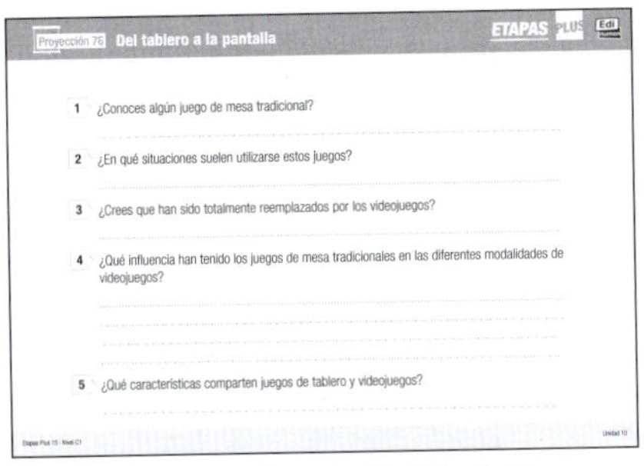

Proyección 76. Unidad 10
Del tablero a la pantalla

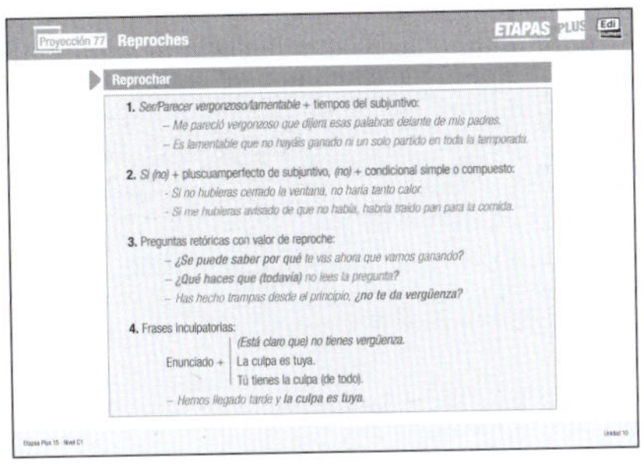

Proyección 77. Unidad 10
Reproches

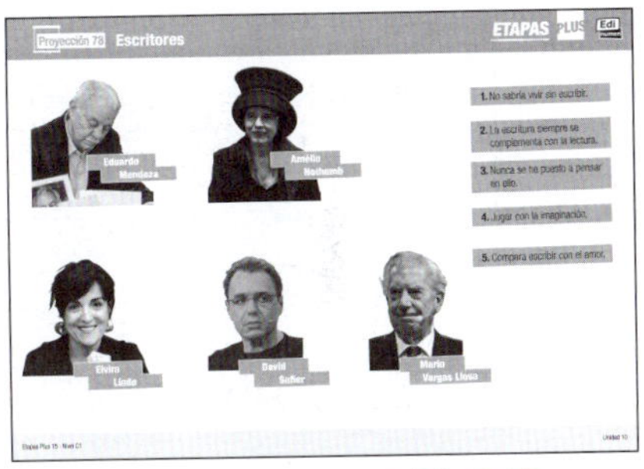

Proyección 78. Unidad 10
Escritores

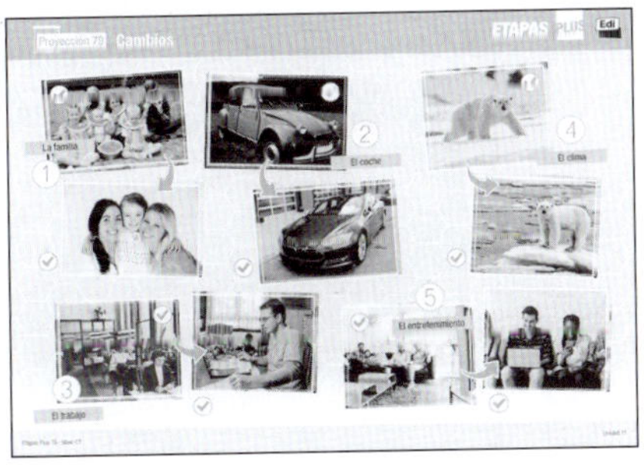

Proyección 79. Unidad 11
Cambios

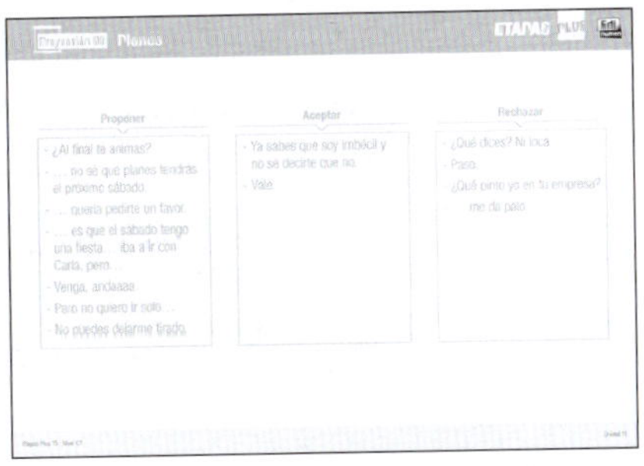

Proyección 80. Unidad 11
Planes

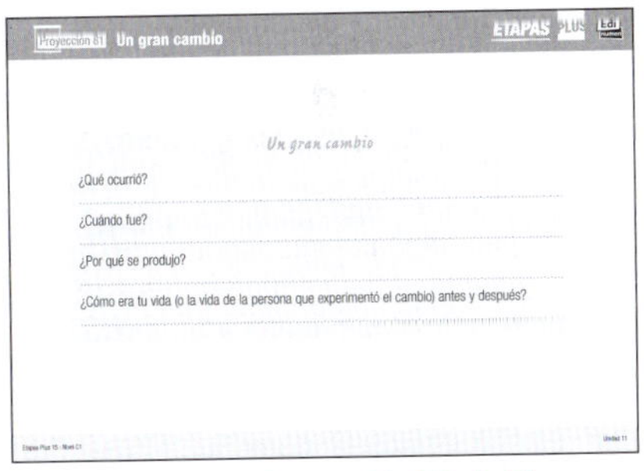

Proyección 81. Unidad 11
Un gran cambio

Proyección 82. Unidad 11
Testimonios

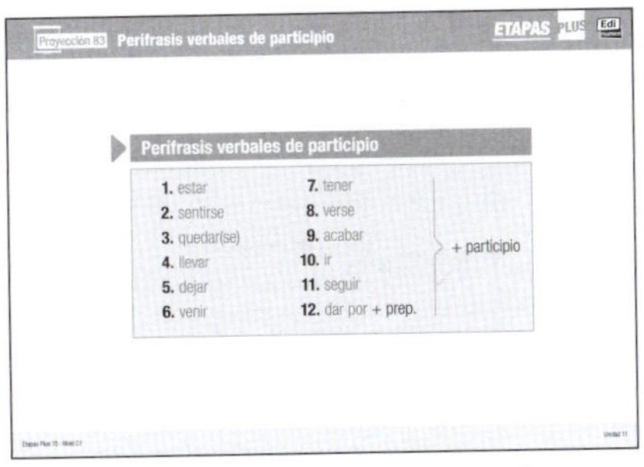

Proyección 83. Unidad 11
Perífrasis verbales de participio

Proyección 84. Unidad 11
Cambios sociales

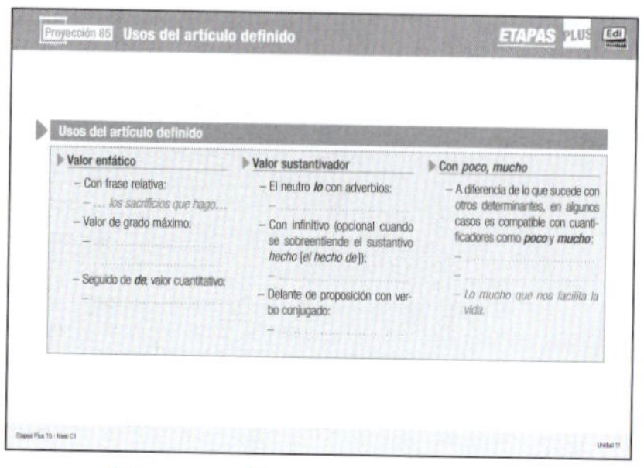

Proyección 85. Unidad 11
Usos del artículo indefinido

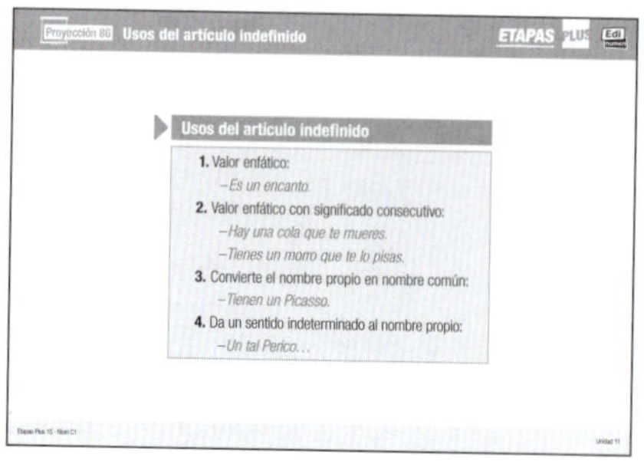

Proyección 86. Unidad 11
Usos del artículo indefinido

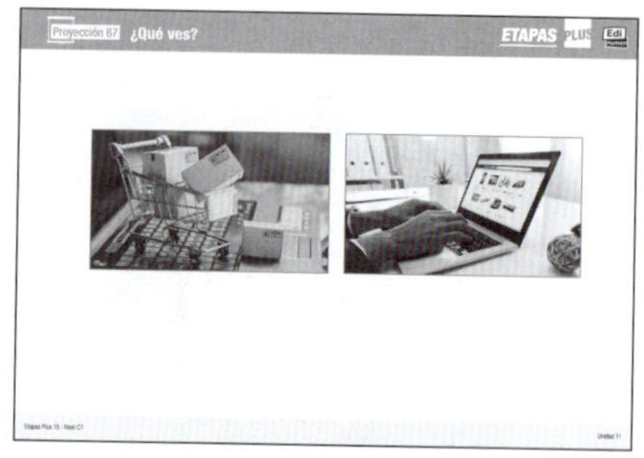

Proyección 87. Unidad 11
¿Qué ves?

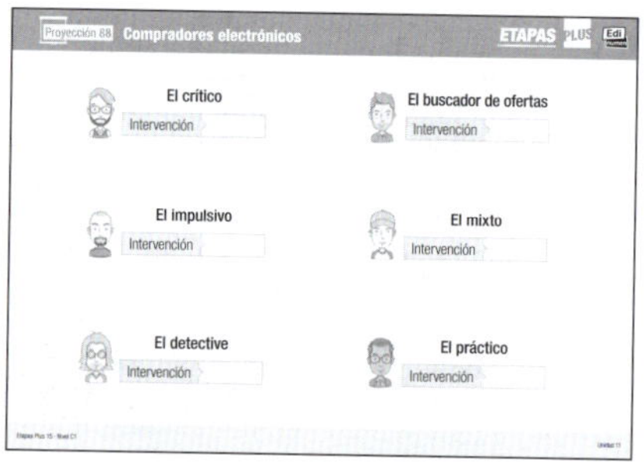

Proyección 88. Unidad 11
Compradores electrónicos

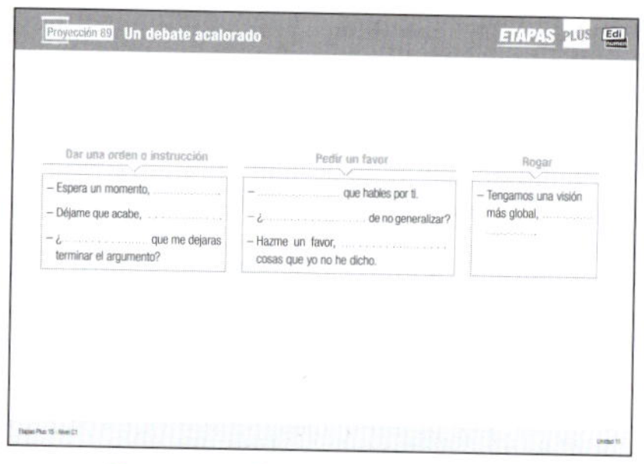

Proyección 89. Unidad 11
Un debate acalorado

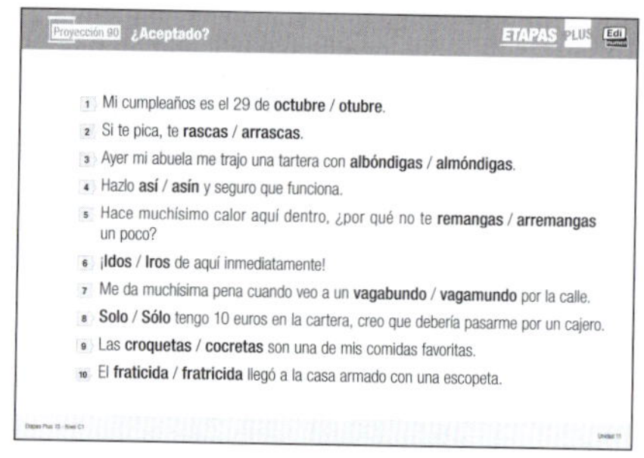

Proyección 90. Unidad 11
¿Aceptado?

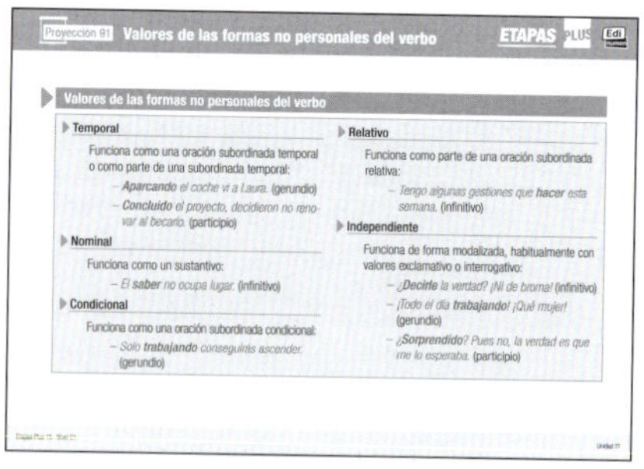

Proyección 91. Unidad 11
Valores de las formas no personales del verbo

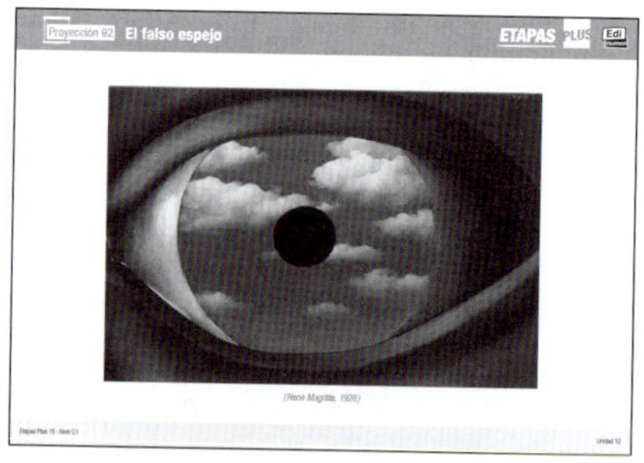

Proyección 92. Unidad 12
El falso espejo

Proyección 93. Unidad 12
Eres un lagarto

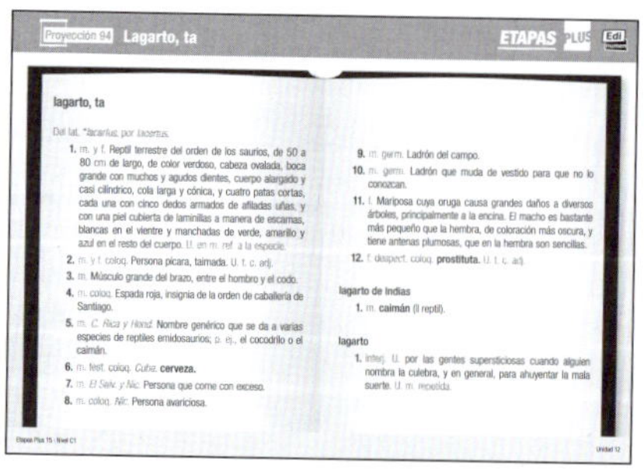

Proyección 94. Unidad 12
Lagarto, ta

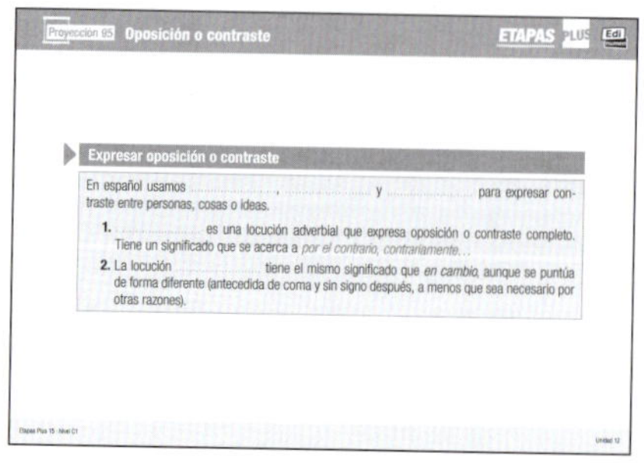

Proyección 95. Unidad 12
Oposición o contraste

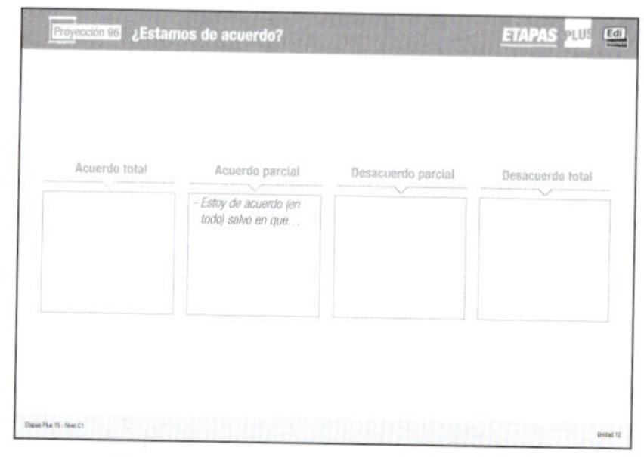

Proyección 96. Unidad 12
¿Estamos de acuerdo?

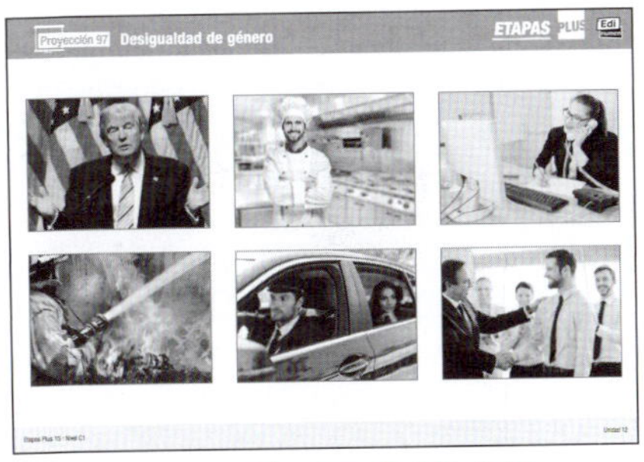

Proyección 97. Unidad 12
Desigualdad de género

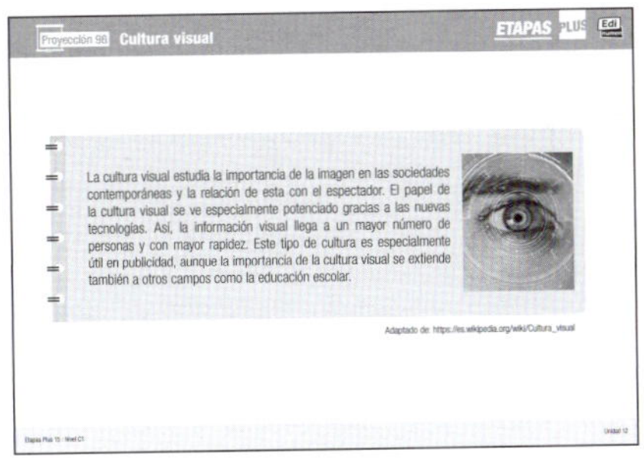

Proyección 98. Unidad 12
Cultura visual

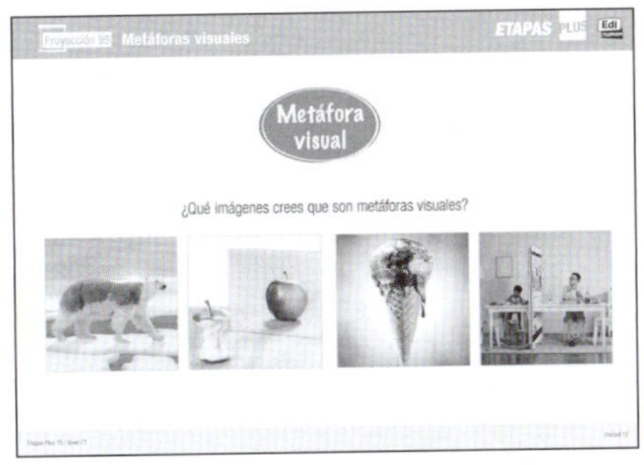

Proyección 99. Unidad 12
Metáforas visuales

Proyección 100. Unidad 12
Daniel

Proyección 101. Unidad 12
Alfabetización visual

Proyección 102. Unidad 12
En el aeropuerto